本書は縦書きでない事を、お詫びします。古狂歌の半分に英訳も伴うから横になった。理想は二段組の細長い本で、上段は縦書きでどの歌でも二行に折らず天の矛一本一行に垂れながら、下段は横で英訳も受けるが、英文の方向性は本来の漢字と同じで、自然に即ち美しく読めるために縦書きを含めて本の流れは左から右へとしなければならぬ。初心を忘れず、左から右へ進む縦書きの本を出す勇気ある出版社求む

本書に「ああ惚れた」と思ってくださる首を見つけたら、この頁の裏に、つまり最初のペイジに、ご自分の手書で、きれいに書いて下さい！或いは数首でもいい。ペンは宜しいが、筆は最高。いつか、お会い出来れば、その下に絵入サインを書いて挙げます。最初は上に「コロンビア大の図書館から借りた近世上方と江戸狂歌本のシリーズを完読、ボールペン二十本も消耗しながら、ご覧の通りに狩りた全首を書き留めて、後に打ち込んだ証明」の写真だったが、狂趣がなかったから、それを後書きへ回して、二十年前の在日の頃の本棚です。　敬愚

塵の身のちりをきれいに吸いとらん
玉のようなる言の葉にこそ　　行風

呑まねども読みにさえなお気の薬
これぞ百薬の長が狂歌集　露月亭 1766
We do not drink but read it – this medicine for the soul,
chief of a hundred remedies, is a book full of kyouka!

狂歌は「気の薬」になる事は我が特許販売かと思ったが、近世上方の狂歌業書の第 24 冊を開けて見れば、最初の本がなんとの『狂歌気のくすり』だった。1770 年成立で著作権は問題にならずも、二番茶がいやで、新案を考えた果に単行本をしてもっと良い書名『古狂歌　ご笑納ください』に到着した。そして「気の薬」も惜しくなったら、シーリーズを「古狂歌 気の薬 あくまでも不完全大集」と称した。「大全」ではなく「不完全大集」とは、諸君のご協力できたら、改造＋拡大をずっと続けてもいいという電脳時代ならではの出版企画を夢見ているからです。上記の狂歌本にあった書名に因む首を詠んだ盲人は、貞柳の高弟子米都の門人。百歳まで生きたかった上方狂歌の祖師貞柳は、八十歳を越えたが体質が協力しかねて 1734 に他界したも、その門に長生きと同一なる錬金術としての狂歌詠みという潜在発想が続存したかと思う。盲人の歌は、1766 明和三年戌の春の「翁金八老人の塈鑠*たるを見侍りて」、114 歳の賀歌の中の一首だ。（*もう辞典にない語が輝いている感じか）。初期狂歌のもう一人の盲人の狂歌も有難い。

踏み知らばめくらも蛇におちつべし
知らねば易き和歌の道かな　盲人私可多咄 17c
Ignorance is bliss, as we blind fear not snakes we cannot see,
knowing nothing about it, the Way of Waka is easy for me!

自分の無知も、けっして負担ばかりでは無かった。とは言え、大人になってから学んだ日本語だ。日本人の清書・校正こそ要るが、原稿を見てくれる人は一人もいない。知人がみな稼ぎに追われし、和書を書く殆どの外国人の世話になる日本人の妻も、手伝いを雇う金銀も無いから、お目を汚す滅茶苦茶のてにをはも、ご笑納下さい。robin d gill

万葉集まで首狩に行ってきました
古狂歌　ご笑納ください

robin d gill, *aka*
初心洞の敬愚
又 Flying Tofu

道可道
非常道
paraverse press

皆人のこうべにカミのましませば額を抜きて鳥居とや見ん　深山奥住

この気の薬を読まなければ、気の毒になるぞ

二百年前に上記のごと凄まじい着想も詠まれた事、ご存知でしたか？

古狂歌 気の薬は
拙出版社 paraverse press の
初和書のシーーリーズになります。
author-publisher の美しくない日本語の僕は
只今、ふるさとの小島 Key Biscayne フロリダに
住みながら、一早く日本へ戻るように頑張っておる。
ソフトの問題で、当分サイトの paraverse.org にメイル無用
so please find him me at Facebook か Twitter か hotmail.com にて
uncoolwabin（甥のために作った格好悪い小父）と云う宛へどうぞ

©2017　robin d gill, paraverse press, all rights reserved
but so long as you cite my name & book title, you need not ask
to quote whatever you wish. 要するに、著者＋書名をきちんと
触れたら。引用の許可を取る必要はない。誤謬と誤訳と追加も
あるから当の有無をオンラインで調べて下されば、感謝します。
But please check for errata and glosses at paraverse.org, or
elsewhere if I have not yet remade and updated that site.
司書諸君 Librarians, love you all, sorry to be so difficult!

The main title:　Furu Kyouka　GoShounou Kudasai
sub-title: Manyoushuu made kubigari ni ittekimashita
副題は「万葉集まで首狩に行ってきました」
書名の本題は『古狂歌 ご笑納ください』
著撰訳は　ロビン・Ｄ・ギル 1951 生
author: robin d gill
selection, translations,
mistranslations & explanation
all by the same. 狂号は、敬愚
ISBN# 978-0-9979463-0-7 (pbk)

1. Kyouka (also, kyōka, or kyoka) – from Heian to Bakumatsu
2. Waka (Tsurayuki, Izumi Shikibu, Saigyou etc – from Heian to Meiji
3. Poetry – comic, lucky, natural, parody, religious, romance, satire
4. Criticism – reflections on the neglect of interesting poems
5. Anthology of pre-modern Japanese 31-syllabet poems
6. Translations of about half of the poems by the author
As the book is in Japanese: 日本語だと、少々異なるが
1. 万葉集から幕末までの温かい狂歌と機知を感じる和歌の大撰集に総合紹介
2. 宿屋飯盛と同様に.狂歌というジャンルの大観を歌例で論証する文学批評
3. 「古狂歌 気の薬 あくまでも不完全大集」の様々の別冊の内容の見本
4. 題は＝祝賀、罵倒、新年と四季、恋、懐中、もじり、旅、ルポ、
画賛、哲学、酒、食べ物、神祇、釈教、凶悪の吉善化、辞世、哀傷
5. 原文の歌をよりよく判るために全首の約半の英訳＝意訳＝狂訳付
6. 貞徳、行風、太女、未得、卜養、信海、月洞軒、貞柳、赤良、飯盛、智恵内子、
真顔、一茶、言道、良寛、小野小町、元方、貫之、和泉式部、西行、手持女王など

First edition, printed by Lightning Source 注文は Amazon, Google, Ingram 等
出版流通大手 INGRAM CONTENT Group の子会社であるライトニングソース社

古狂歌 気の薬 あくまでも不完全大集
（近出版予定・未定の別冊とその決定・仮定の書名）

万葉集まで首狩に行ってきました
『古狂歌　ご笑納ください』
978-0-9979463-0-7

鮑の貝も戸ざさぬ国を祝ふ
『古狂歌　滑稽の蒸すまで』
978-0-9979463-2-1

託せば思ひも軽くなります
『古狂歌　物に寄する恋』
978-0-9979463-1-4

神祇と釈教こそ屁理屈の穴場
『古狂歌　神と仏を弄ぶ』

面白く歎けば悩みも有難くなる
『古狂歌　貧乏神にブルース』

にゃんでバチ当たる吾が輩
『古狂歌　猫は恋に限らない』

栗の本こそ柿も梨に目がない贈答
『古狂歌　人と人の興あれば』

乱髪の女より面白う黒田月洞軒は
『古狂歌　色を好むさし男』

屁も涎も鼻毛も詠む
『古狂歌 珍題集』

天象から始まる物の世界
『古狂歌 森羅万笑』

酒の是非を四季と飲みながら
『古狂歌 来る世虫に成ても』

三十一字は画に勝る事もある
『古狂歌　画賛の画廊』

細長い恋の星合を祭る
『古狂歌 七夕の絵空言』

菓子は可笑しいがスキ焼きは好き
『古狂歌　笑化によい食べ物』

大工・学者・座頭・カピタン等
『古狂歌　妙に所えた職人』

鉄砲・鞠・水遊・碁・硝子・等など
『古狂歌　別冊ハまだない雑題集』

上記ほかの別冊の更なる情報は後書の後になる。自分で全執筆したい本と共著にしたい本も、帰日しなければ完成できない本もあります〆

古狂歌ハ気の薬

古典和歌に負けぬ甲斐ある三十一音詩ながら
無視されたり二次的文学と侮辱されたり、汝
狂歌ほど誤解され続く文学のジャンルはない
△▼△▼△▼△▼△▼△▼△▼△▼△▼△▼
和歌同様に掛詞が多いも概念一辺倒は古狂歌
落首と風刺とバレ歌はその一部でしかないし
無心歌と見下されても笑ひに涙を誘う心有る
古狂歌に新規こそ不可欠が可笑しと限らない
誹諧も物名歌も夷曲も鄙唄も辞世も狂趣の類
上方のもあっぱれ！天明の特許専売じゃない
一割がもじりなるも和歌だって本歌だらけぞ
詠み棄てと呼ばれたが紙上こそ面白いは狂歌
△▼△▼△▼△▼△▼△▼△▼△▼△▼△▼
秀歌撰や辞典の用例に見逃されてきた古狂歌
傑作も参考に成る駄作も新人類と老人に奉る

読まねバ気の毒

短い蛇足で読める年代順の見本十五首

海人の住む里のしるべにあらなくにうらみんとのみ人の云ふらむ
（シルベは案内人で浦見むは恨なるが恨を怨む小野小町の掛詞）
世の中ハいかに苦しと思ふらん ここらの人に怨みらるれば
（見事の逆視座が詠人の古今集一番歌も掛詞なき概念狂歌）
徒然と空ぞ見らるゝ思ふ人あまくだり来むものならなくに
（心理学的な観測ながら合理を弄ぶ泉式部は狂歌の天才）
玉箒星を見るにも君が代は塵おさまりていや栄えなん
（日蓮等が凶と恐れた史大の箒星を吉兆化する忘れた歌）
借銭も病もちくと有る物を物持たぬ身と誰が言うらん
（桃山時代の人は朗らかで理屈を弄ぶ概念狂歌に長けた）
砂糖よりあまみつ神のいますこそ山蜂多く有馬なるらめ
（道真なる天神を同音で現象と結ぶ初期狂歌不敵の編集者）
詣でする道にて泡をふくの神これぞまことの弁財てんかん
（江戸初期の良医が金欲を風刺しながら不吉の症を吉兆化）
詠む歌を聞く人ごとにひやされて冷汗かけばここぞ納涼
（納涼をどう詠むべきかと人に訊かれた元禄の変な狂歌師）
生酔の行き倒れても辻番のよく世話をする御代ぞめでたき
（大道の横筋交ひに来る赤良の名歌と異なる上の首もよひ）
歌よみは下手こそ良けれ天地の動き出してたまるものかハ
（歌詠みを詠む狂歌の系譜に古今序を弄ぶ国学者の著名歌）
一夜あけて心の駒いさみつゝふける煙草の輪乗りをぞする
（午年迎える除夜に相応し後期江戸の摺物の想像的な画賛）
冷たさに冬のかしらを打つ真似か 握り拳へ息をかけたハ
（現在の邦人は人の顔をめたにしか殴らないようですが）
書もつも残らず棒にふる郷の人の紙魚／＼憎きつらかな
（シミですね。怒りを有心狂歌に託した俳句三大師の一人）
雁鴨は我を見捨てゝ去りにけり豆腐に羽根の無きぞ嬉しき
（多くの日本人に愛されつづけている坊さんの歌も狂歌だ）
隠れゐて我があと去らぬ影法師ゐ並びてだに月を見よかし
（ダニは、せめて。外来語の弁護も買った江戸後期の歌人）

万葉集までも狩りた狂歌と狂歌らしい和歌の数千首々々の面白さと多様さを伝えるに、上記の十五首で十分かどうか自信ない。本書を読みながら、諸君、御自分で別な見本、或いは章頭歌を択びたければ、一寸解釈か感想と共に送って下さい。改造版も作りたい。　　敬愚

「古狂歌 気の薬あくまでも不完全大集」
共通の紹介とアポロギア即ち言い訳

狂歌とは何か。いきなり説明しても無理。一首／\を見ながら少しずつ解ってくるものだ。ここで主旨を三つだけ予めに言っておく。イ）狂歌は、もじりと落首と難しい謎や言葉遊び、また大田南畝の天明狂歌ばかりではない。「万葉集」の時代より和歌の身内ながら、古典のそれより内容と歌体と単語が多様で面白い三十一音字のポエムだ。ロ）狂歌を無心歌で実の無いつまらない和歌と看做すことは、根から間違っている。情けなく相手を退屈させる有心歌を詠むことよりも、相手の感想ないし反応を考慮した上で詠んだ可笑し無心歌の方に情（こころ）有る。ハ）狂歌の傑作は、概念も描写、雅も鄙ぶりも問わず。新奇一つで充分になる粗野の詠みあれば、内容の新奇度が低くて掛詞や縁語が抜群で充分のもある。双方が充分なる傑作も、どう見ても面白くない狂歌もあるが、下手こそジャンルを問わず。

　下手と言えば「古狂歌　気の薬」は、お馴染みの秀歌・名著の体系ではない。各本はテーマをめぐる文学的冒険だ。題集は無味乾燥の辞引の如に聞こえるが、敬愚の題は物で「ものは尽し」が目標。清少納言じゃないが、首々を適切に並べば読者も束の間に、その物の数奇になり、歌も断然面白くなる。狂歌の系譜も打ち明けんとするから、なるべく時間順も守るが、学者が追求しがち門系の話は少ない。歌の内容の系譜だ。多くの傑作を載せるが、題を縦横に肉付けるため、凡作や駄作も歌次に不可欠になる。紀貫之じゃないが、それでも比喩の筋にギャップあれば、拙歌で埋める事も時折ある。とは、編集の理になるが、自白すれば下手詠も我が好み中。万葉風のとんでもないミックスに目がない。秀歌百％の行列ほど退屈のものはありません。おまけに、蛇足なくも読める下手な歌こそ独学に良いし、読者は「それならば私・僕も出来る」とて、我も我もと参加したくなる。歌に限らない原則です。素人だったら、芭蕉の秀句集を勉強するよりも、凡作や駄作も事欠けない二万句ある一茶の日記を読めば絶対、得が多い。

シーリーズ名「古狂歌 気の薬あくまでも不完全大集」が「大全」ではなく、「不完全大集」となる理由は。まだ未発見か未解読の古狂歌と共著者も知らずに別冊の数と内容を予めに定めないし、題次第に徒然草 82 段よろしく本デザインも変わるし、誤謬や誤解を版毎に直おすし、読者諸君一人／＼のご協力次第に、歌例と解釈の余白を詰めたり、各本もシーリーズも有機的に成長させて頂きたい望みもある。

古狂歌と大和言葉と偏見

頼みます。和歌の「素直」な歌体をのみ敬い、技巧と擬人と誇張と情緒などを中国の悪趣味と見下したりする国文学の紹介者、狂歌を「二次的文学」と軽蔑したりする本来米人、今や日本人の偉大日本文学者の先入観を、皆さま、一切空にして下さい。狂歌の良さを知らぬ先生は頭が悪い訳でもない。千年前の手書きを読む修業の果、古典の隅々に光を注す詳しい研究をし続きながら学生の面倒見に大会出席や賞を受けるために世界中を飛び廻らなければならない先生たちは、暇人敬愚のように数万時間も腰を折りすわったまま、狂歌を何十万首もじっくりと読む余裕こそ無いから、狂歌は食わぬ嫌いのも当然。或いは天明の江戸狂歌の名人の作品をのみ狂歌と認める。失礼するつもりではないが、それは、当の先生、ご自分の無知を明かすのみです。読者に頼むぞ。心を開いて本書の狂歌を己が目で読み、我が主張を裁いて貰いたい。そして、古狂歌をもっと世に見たければ、ご宣伝も下さい。

偏見は、先生には限らない、一般人にもある。FB 友Kさんは古狂歌の見本を丹念に読まず、こう述べた：「千年も語呂合わせに苦しまれて、もう飽きてる私たち日本人よりも、外国人の趣向に合う」。敬愚は確かに、救いようもない脚韻魔で外人同士にも駄洒落に強い（つまり弱い）だが、古狂歌の言葉遊びは、概して言えば頭のいい人なら直ぐ飽きるような親父ギャグではなく、和歌の道のそれ（或いは、その極め）であるし、言葉遊びの全くない概念遊びしかない狂歌も少なくない。友は、正式的な落語を別にして、ユーモアを反射的に疑う、戦前に捏

造された、戦後の古き良き糞真面目世代が引き受けた心を無意識に見せて下さったという訳です。古狂歌の別国の人だった明治以前の日本人が、どうやって可笑しい日本語の外人の私ほどにも狂歌を鑑賞しかねる、笑えなくなった日本人に化けたか。その史的異状ないし病理学は、なだいなだ著『江戸狂歌』に社会心理学の視座から丹念に解剖されたから更に述べる理由はないが、これだけ言って置く。十八年も日本を留守にしているから自信ないが、現在の日本人は、古狂歌を験し食いさえすれば、偏見を乗り越え、古狂歌を鑑賞できるに充分なる本来のユーモア・センスを持ち合わせているかと思いたい。

狂歌に限らないが、日本人は「ギャグ」と「ジョーク」という英語を使い過ぎ、ユーモアを外来のものとする事も困る。大和言葉における掛詞と縁語と屁理屈の総合的な働きと頻度は、英語のそれをはるかに勝る。「外人好み」と棄てうる飾り物では、ありません。凶を吉に転じる祈願歌や怒る上様の角をぽっきり折れたり、ご褒美を得たりする「歌徳」ある首の殆ども、この日本語独特の機知に頼る。暦の祭日と行事に吉となる縁物や祭日その物の日の定まり（今日は11・30でいい味噌）までも、同音が単なる偶然ではなく、幸運と結ぶ一種の力となった。外国との縁が薄い民謡や小唄などの心も現在の落語と漫才の起源になる鄙ぶりの笑話のオチも然り。「詠む人しらず」になりがち歌謡から借りが多ければ多いほど、和歌には機知が減るどころか増さる。むろん、歌謡にない技巧もある。貫之の山を平らに減らす鹿の恋で女郎花を頭文字で綴る物名歌は、民の歌を超える複雑な機知になる。又、清濁を分ける点の無さに頼る紙上にしか楽しめない近同音の機知の（発声すれば片方になってしまう）歌例も狂歌に多い。民の歌になくても、そういう視的な機知は、日本語独特の発明であろう。天地根という後期上方の狂歌師詠みの歌例を一つ、

　　　大指を股に挟まぬ握り手の何おかしくてわらひと云ふらむ

この首は、０１８章の「蕨」という意外に流行った話題の狂歌の中の好例。いかがでしょうか。声に出さない方が可笑しいと思いませんか。

『古狂歌 ご笑納ください』

「宇宙の間にありとある物。歌に洩るるは無し」　行風

本書『古狂歌 ご笑納ください』は、不完全大集の中で唯一の総合紹介ないし一般読者向けの案内書です。狂歌に携わる単行本は無論あるが、歌の内容を縦横に読者と一緒に探検し尽くす案内書は、これだけです。他の本は、落首、百人一首のもじり、文学体系内の名書、名狂歌師の伝記、画中心の摺物や妖怪、難解歌辞典などの限られたネタに限る。狂歌の三大体系の各本（そして只今「夫木和歌抄」）から小撰集を一冊一冊にして丁寧に紹介する、お世話になっている歌人の生夫郁夫さんの「狂歌逍遥」の著書以外には、世に出る狂歌の多くはごく限られている詠人か人気の対象をめぐるもので、九割以上も他の本か blog に何回も再載される。これらを合わせて見ても、古狂歌の多面体の全貌を知る事はない。敬愚は「和歌のＢ面」と称する数多古狂歌は、殆どが一般読者のみならず、国文学の研究者同士にも読まれず、図書館の棚をめたにしか去らない、大辞典の用例にも拾わず、注釈すらない高値で専門家しか買えないシリーズの研究書の中にぐっすりと眠る。　※ 本書を読んでくだされば、敬愚同様に古典和歌に比べても、古狂歌が無敵のジャンルだと諸君も頷けるかどうか知らないが、ローマの劇作家テレンティウスの名言で締めくくる　"Homo sum, humani nihil a me alienum puto"「人だから人間に関する無縁と思う事柄は無し」。古狂歌だと、人間どころか、森羅万象に弄ばぬ物もない。とは言え、この無類なる総合紹介は、完全でもない。別冊で尽くしたい題、既に流行った類、バレ歌、少者向けの珍題、苦手の難解歌（回文、謎歌）の首数を抑えた一方、心を暖める観測と望み、大胆の仮定や仮想や元気の志願や自嘲で機知ある歌を、大目に入れた。百章も駄目だ。本書の章数を拡大しながら各章を読み易くように縮む前に、編集者を求む。後書で詳しいが、自費で研究を長年続いた果にお金もない。借金の淵に溺れぬ先に未完全の本を出し、こうしてアピールします。

目次

・序歌　番外　歌よみが下手を上手に読む歌の心
・祝賀　1.凶兆の箒星を見るにも　2.君を祝う過ぎたる歌人 3.酔いと交番は有り難い　4.詣の不吉も吉に弁転換症
・罵倒　5.『ひねくれた一茶』にも見逃された彼の怒る傑作
・奉納　6.恨みの道真に初期狂歌の編集長の甘口なる奉納歌
・新年　7.年内の古今集第一歌は子沢山の狂歌　8. 牛の涎は涙の氷柱だったか　9.タバコの輪を走る除夜の心の画　＋煙草 10.岩戸を「通ります」粋の女詠　11.去年今年の歌になる初筆 12. 下手弓のいられぬ道　＋迎春の霞　13.蓬莱に泳ぎつく亀の子 14.初夢の富士が現実を勝る　15. 小松にひかるゝ心地　＋菜摘 ＋若菜＋七種＋薺＋芹＋仏座＋七種叩き＋七草粥
・春　16.若草の汚れ根も袂の地肌に　17.鶯と柿本や栗本の歌門 ＋春の梅　＋柳もいと可愛いし　18.蕨と手を取って踊る 19.春風が見せてくれる開　＋山笑ふ　20. 恋猫の手も借りたい 21．残雪を丸めて守る　22. 春雨はちちか　＋春風 23. 時わかめ春の海の海女と　＋睡魔＝永き日、＋二日灸 24. 帰る雁の翼もない豆腐　25. 花に我が身をねが分けば ＋桃と三月三日と人形　＋梨の花もありのみ 26. 頭を撫でる藤　27. 行く春をなく蛙
・夏　28. たんぽゝの綿抜も衣更　29. なく郭公と笑う山のキ違い 小章＝松魚　30. 短夜の時計を時鳥の鬼がカケタカ＋早苗 ＋早乙女　31. 五月雨の人は人魚か　＋五月五日＝菖蒲う＝印地 ＋筍＝竹の悪子　32. 螢の火尻と古の聖が　33. 蚊なしこそ嬉し 34. 草かるより新家かりたがる男　＋牡丹　＋夏の花撫子 35. 角力にハあらぬ裸の門涼み　＋苦熱の誇張　＋汗と納涼

＋打ち水に扇子の造涼　＋竹婦人と抱き籠　＋夏祓と西瓜
　・秋　36. 年に一度ぬれ過ごすべき七夕の雨　＋初秋
37. 顔はられ足ふまれても盆踊り　＋魂迎え＝魂祭
38. 名月と人類は睨みっ子する　39. うか／＼と牛につき当たるも
40. 十五夜影法師と肩並ぶ月見　＋桂の男＝桂雄
41. 稲穂が寝れば徹夜だ我ハ　＋野分（台風）＋栗＝毬栗
42. 菊酒も用意せず不性は長生きする　＋女郎花　＋萩と荻
　＋露と葛　＋松茸　43. 星も動く落雁の竿は
44. 秋の夜の長尻雪隠の寒さ　45. 虫のねごとは昼の野辺に
　＋薄＝尾花　＋蜩の声　46. 踏み迷う紅葉狩は鹿の食欲
　＋鮎　47. 旅立つ神に菊の用ズミ杖を
　・冬　48. 冬の頭を打つ真似　49. 偽のある神無月＋時雨
50. 日を恋しがる冬　＋枯葉＝枯野　51. 寒き夜に読むべき歌人
　＋炬燵　＋霜・霜柱　52. 一人雪見の翁　＋冬至に冬の花
53. 雪ころがしに成った人　＋雪と汚さ　＋大雪と雪女
54. 川ウソと薬喰の真　＋海鼠＋氷＋霰＋柱氷をモウ一度
55. 糞世話も行年の尻　＋煤払＝煤掃　56. 年の数を
打つ豆を食う鼠　57. 年行くも心配は無用
　・恋　58. 空を見る恋は現代心理学　59. 恨まれるを恨む　60. 涙で
思ひの火が消防　61. 水あぶる若衆の塩尻　62. 涙の床に舟型の
枕を　63. 大石の如くの思いとは　64. 恋の釣針がかかる痛い所
65. 山の芋鰻になった否やつめなり　66. 棒ほどの涙に恋の重荷を
67. 恋風ひいたら最高の口説き台詞　68. 背中打には読み
方が多すぎる　69.「死にます」と後朝は何になるか
70. せめて花のようにネにかへりなさい
　・色街　71. ありんすの世＋「寄○○恋」ないし「物に寄する恋」
雑部・旅　72. 獏も困る旅の枕　73. 蛇の如の山道に読者も呑まれ
　・落首・評判・私的ルポ・時勢　74. 過去未来ゲンザヘモン

75. 枕にならぬ火事以後の金玉　76. 蒸気船の来日を茶化す歌と先例　77. 悪評の「世の中」までも哀れむ古今集の狂歌
・嘆き・懐中・懐旧　78. 貧乏の剃刀より薄き襟を着る首ハ
79. 涙の池に身をなし月を宿す男　80. 老は世間と拍子違い
81. 年寄れば腰の弓の矢ハ何　82. 猫背が膝に抱かれし
・無常　83. 己が亡き身を哀れむ泉式部は狂趣の塊
・もじり　84. 伊勢もこもれり百人一首もこもれり
＋世話（諺、慣用語句、など）
・天象・現象・物名　85. 天へ登らんと言う人
・画賛　86. 亀の背の火山が大和の養生灸　＋文字遊び
・描写　87. にやんの苦もない三毛の舌　＋職人など
・哲学　88. 持たぬ身に物持たす理屈の金錬術　＋夢　＋教訓歌
・酒　89. ほろ酔いの日が暮れたかあ　＋煙草も狂歌の十八番
・食べ物　90. 銛が突くと嬉しいが独り占め無用の鯨
・神祇　91. 禰宜事を全て叶えば困る　92. 額を抜きて鳥居にする
・釈教　93. 無の捏造は尺迦の罪　94. 極楽を通り過ぎる熱心
95.「唯我独尊」は気持ち悪い　96. 鬼の褌の由来
97. 鬼への恩こそ仏にまさる、その理由は
98. 屁とホトケを結ぶ「仏」の字
・辞世　99. この世をばドリャ、上手に死んだ日本人
・哀傷　100. 手持女王の万葉歌にユーモアを見つけるか
＋狂歌師回忌 DEATH DAY と賛辞

文献
後書　軒の松風　※　狂歌よまず八損　※　執筆までの過程
アポロギア　※　全百首の章頭歌
古狂歌 気の薬 あくまでも不完全大集リストに数行の要略
手書きの狂歌の狩首と著者の写真と初心を表すバナナの青葉

表記と綴り方

分けなく続く平仮名の行列か活用の仮名もない漢字。初心者には、古代と中世の和歌、いや江戸時代の俳諧歌や狂歌も、活字化されても原文のままは読み難い。江戸時代には、片仮名の「ハ」と繰り返し記号の「ゝ」と「ゞ」と「／＼」と今あまり見ない簡単の漢字で平仮名に潜む単語を見分け易くする。俳句のおかげで「哉」は皆ご存知だろうが、「社」（こそ）、「扨」（さて）、「迄」（まで）、「計」又「斗」（ばかりは「程」の意味）と読める人は、そう多くはない。それでも使いたかったが、FB で人に見せたら駄目だったから、主格直後の「ハ」と「計」（時折「迄」も）くらいに抑えた。とは言え、単語を早く見分けるように随所、難字を平仮名に直したり、平仮名も漢字に直したりした。「てふ」と「けふ」が読み難いと思った場合「と云う」と「今日」と直したから、時々心の中で音字数を調整する必要ある（「と云う」を見て「ちゅう」と読むか「ちょう」と読むか読者の勝手）。原文を勝手に直すを古文学者には歌の同定も困ると言うが、全国民に愛でるべき歌は、学者に独り占めの秘蔵に一生終わると困る。凡人に読み易くなるべき。実は、代々の狂歌集に再載された首の綴りを丹念に見比べたら、どうせ変わるべきして変わる。我々現代人だけ「本物」に拘る必要はあるものか。だって、詠人か記録した人も、理想的な綴りで歌を書き留めた保証もない。漢字を忘れたり、紙か墨か筆か時間が不足の故「原文」の綴りが、しばしば不本意だったはずです。或いは、各行の綺麗に揃う様に編集者が綴りを調整した例、古本よむ人ならば誰でも見覚えあるでしょう。それに比べて、読み易さを考慮の上に我が直し方の罪は軽いと思いませんか。

古文の出版は。規則正しく一貫して古綴か古漢字などを直るか直らないのが普通。我も「は⇒わ」「くわん⇒かん」などの古綴りを直すが、全部を直すと限らない。狂歌もポエム。ポエムは美学。科学じゃない。一貫性は無用。「問ひ⇒問い」でいいが、「思ひ」の「ひ」は、恋の比喩の「火」に掛けがちで、そのままにして置く場合が多い。同じ理

由で、「買ふ」と「飼ふ」を「う」に直すも、「迷ふ」と「舞ふ」などの「ふ」の仮名には動詞に相応しい視覚上の雰囲気か擬態を感じれば、そのままに残す（視的擬態は手話できる読者以外に判る人はどれだけいるか！）。他の単語と混合されない場合、先に取り上げた「てふ」も、そのままに残すこともある。

言葉遊びをめぐる綴りの問題には、これぞという選択ないし正解一つなんかありません。昔、発音を読者に任せた濁点無用が好例。音素の少ない大和言葉は口語体でも掛詞や同音の縁語や回文などの言葉遊びに強いが、清濁を示さない昔の音無し、紙上の両義性を活かす綴法は、鬼に金棒だ。若しも言葉遊びの気配もなければ、濁点が現代の普通ならば付けるが、遊びあると原則として原文のままの（濁の可能性も含む）清に残す。しかし、例外ある。清の方の単語は誰でも文脈から気付き易くて、濁点あるべき単語の方に読者は気付かない心配が強ければ、点を打つ事もある。

言葉遊びを考慮して漢字にするかしないかの問題は似通う。平仮名だと、二つ以上の意味として読み易いから、言葉遊びを活かすが、漢字でないと二つどころか一つ意味もよく解らない場合は、漢字を使う。読み終わったら、心の中で「ああ、同音の縁語もあった」と解ればいい。漢語の片方が漢字で片方が平仮名も狂歌には珍しくない。しかし、小生は「転掛詞」とも称したい、ある語に着くまでの意味が後から転じる pivot pun や語呂合などを楽しく読めるためにも、綴りの正解もないです。漢字の有無という綴り方に左右される両義の各意味素の安難度と、それを認識する順番も、一首のオチに気付く早さと遅さも、何かが望ましいかと言えば、十人十色。言語学者のように、その認識の過程を丹念に調べても、綴りの指南には、なりません。直ぐ合点する綴り方が良いか、合点するのに数秒かかる綴り方が良いか、という事は文学も科学も定めない。これは個人の性か、趣味次第で、我々一人ひとりの狂歌を読む願望で決めるべき。本書に読む特定の首の綴り方に不満を感じれば、ご自分で気軽に直せば短冊に書けばいい。

序歌

歌よみは下手こそ良けれ天地の
動き出してたまるものかは　飯盛『才蔵集』
（歌に天地を動かす力あるという古今序を弄ぶ）
Our Bad Poets, I say, are the ones to be preferred –
Who wants to see Heaven & the Earth disturbed!

蛇足と駄弁の弁護

　読者の皆さんを古今問わず数多ある無名歌の新世界へ早くもご案内して上げたい。そこで英訳さえ両手に数え切れない、誰でも知っている江戸の天明狂歌の宿屋飯盛の著名歌を又もご紹介する事は、悪いかと不安だったが、意外のことに漫画しか読めない若者ではなく、敬愚と年はそう変わらぬ日本人の翻訳者に十二首の狂歌の面白さ度を1から10点を付けるように頼めば「ぴんとこない」理由から点を預けた四、五首の中に飯盛の名歌も入った！「地震などがあったら困るという行間を読み取れなかったか」と聞いたら、そうではなかった。答えは、「どこかが面白いかを知らない」。飯盛が国学者だった事も「古今序」の事も短い蛇足で触れたが、彼女は「古今和歌集」の序の内容について何一つも覚えていなかった。それも、本来『詩経』にあった歌効果論ないし人と神の心のみならず天地も動かす力が歌に内在する発想か信仰も、全く知らなかったのがネックだったと云う訳。
　　言霊を祭り上げた宣長や平田等の類は、飯盛の達観したユーモアをいかにも気に入れなかったろうと思えば、にゃっと笑うが、教養ある日本人の無知は笑ってはならない。彼女は例外ではなかった。多国語をうまく使いこなせる更に年上も精神が若い日本人の男性も、やはり誰でも解るかと思った何首にも「？」を打った。そして、あれこれと説明すれば、4点だった首も9点まで高くなったりしたが、小生に期

待外れの感賞文（？）もくれた。「総括として、狂歌そのものよりも、ROBIN様の注釈、解釈、説明のほうが圧倒的に面白い。」。蛇足一本もなく180万部売れたという『サラダ記念日』同様にすっきりとした紹介がいいかと思っていたのに、我が駄弁こそ面白ければ、どうしよう！光栄ながら困る。嬉しくも悲しい。皆さんの目を蛇足にではなく、自分の愛でる古狂歌そのものに目を向かせたい。

　老若とわず多くの日本人も江戸時代以前の文学を読む知識もないようです。国語の古典文学に強い読者には申し訳ないが、本書の百首の章頭歌を始めに、その他の二千八百首にも蛇足がかなり多くなります。思えば、百足になる。とは言え、本書には古典文学専攻ばかりではなく、古狂歌の専門家までも喜ばせる世にも珍しい首も沢山あるから、古文学通の読者に無用の蛇足を踏まずに、無駄の駄弁を乗らずに、飛ばし読みで閲覧をし続けて下さい。

物を動かす歌の力とは

歌の力を懸念する先例もある。多くの笑話を狂歌で括る1628年初版の安楽策伝著『醒睡笑』の「ふわとのる」章に「けしからず慢じたる顔」した連歌師を脇から「いき天神、いき天神…あまりな突かれそ。社壇がゆるぐに」という囃は好例。当時、歌詠みが上手の印に社と寺の屋根が地震の如鳴りがちという迷信があったか「古今序」を弄んだ囃しか、ともかく気配あった様です。蛇足ながら天神は「自由自在」が枕なる道真の生き霊の天神。連歌師は、天神にあやかり思うのままに詠むが本来の発想が、かの梅の木までも飛んで引っ越したら、物を動かしても可笑しくなかろうと思えば、可笑しい。★中期上方狂歌の1731年成立『雅筵酔狂集』にも先例ある。肯定も否定でない皮肉の落首、

　詩人我天地さへも動かすに米屋の手代など動かざる　T48
　That our poets who boast *"We can move even heaven and earth"*
　　can't budge the price set by rice-dealers is no cause for mirth!"

狂訳ではなく、原歌では「わが歌人」ではなく「詩人」となる理由は「古今序」の歌力論を善政＝正音＝詩と云う古代中国の道徳との連想に由来するからであろう。換言すれば、天神が出なければ、歌力論は日本よりも古代中国のものと見做されがちだったようです。

　「古今序」には、もともと二筋の歌力論がある。宿屋飯盛の歌は外の世にある物を動かすという魔法使いっぽい一筋を弄んだ。貫之も、自ら書いた序を文字通りに信じていたかどうかは、疑問です。★不可知論者の敬愚は、それを証明しかねるが、『万葉集』を読んでも日本の知識人は、既に相当客観的であったかという印象を受けた。

三輪山をしかも隠すか雲だにも
情（こころ）有らなむ隠さふべしゃ　女中の反歌#18
Hiding this mountain we would see – Oh, Clouds, how do you dare!
You know you ought not do so, for clouds with hearts should care.

額田（女）王の歌#17の尾句をほぼそっくり繰り返すが「うま酒三輪の山あおによし…」で始まる長歌のリリカル雰囲気を剥いで歌の意志のみ裸で詠む反歌には『万葉集』の編集者は、上さまの歌に乗り、雲を人であるように叱る女中の「隠すべきじゃないよ」という幼稚っぽい心を伺いながら、あの可愛いさに微笑んだはずです。歌の前に星印を付けたが、初心に出来た狂歌と見做すからである。換言すれば、『万葉集』まで遡っても大和の文化人は、言霊云々と説明する近代人と現代人の思うほど単純の心ではなかった、と思う。

天地もあわれ知るとは古のたが偽りぞ敷島の道
Our Shikishima Way of Waka! – Who, long ago made up
the idea that Heaven and Earth have hearts to hear us?

落首を狂歌として認めなかった大狂歌師真顔の肩を持ち、飯盛の「下手こそ良けれ」名首を落書体として非難した奇人の国粋主義者平田篤胤等もいたようだが、その狭い心が正気の沙汰ではない。『古狂歌

滑稽の蒸すまで』に取り上げた上記のとんだ自嘲の狂歌（？）を詠んだ藤原定家ですら信じなかったフィクションを怖そうに詠みふざけた宿屋飯盛だけではなく、Golownin 船長も丹念に観測したように教養ある日本人が殆ども free-thinker だった。神などの信仰に拘らず客観的に自由に考える者で、愛想よく吉語と忌語に一応、気を配ったとしても、言語で物を文字通りに動かす行為を信じなかった。逆説的になるが、若しもの天地がという名歌の仮想を読めば、むしろ読者の瞼に初めて歌で物が動き出したかも知れない。歌でなければ、飯盛が子供の頃から聞いたはず、気力で物が動く市内噂 urban myth もあった。川柳に登場する池袋出身の下女が部屋に入るだけで家具などが勝手に動き出したそうです。妙な事に、同時代の英国にも poltergeist と云う、ほぼ同じ超自然現象が広告された。日本は「言あげせぬ国」と云えば、英国とではなく、天に喧しく聞こえた大声で祈るアジアの他国の船人との対比になるのが敬愚の仮説だが、旱の時、彼方に雲を見たら雨乞の為に「みどり子の乳乞ふが如く」なる自分の気持ちも伝えながら大伴家持が「言挙ぞ我がする」が、長歌と反歌の二首万葉 4122＋4123 直後に、言挙げせずにも雨が降り国は栄えるという主旨の短歌 4124 もある。声を出して祈る事が珍しく、歌を神社で奉納する方が普通だったか。いずれにして、民の命がかかる旱を止める雨乞歌を詠まずに、つまりトライするにはいられなかった。★雨乞歌の中で初代狂歌集にもよく出る中世以後の可読説話か笑話の歌例もある。その同音語に寄る裸の理屈で矛盾を指す訴え調のためか、式部か小町詠みとされがちだった。

<blockquote>
日の本の名に合うとてや照すらん
降らざらば又あめが下かは　詠む人しれず
Of course, it shines! – if not, this would not be home to the Sun,
but without ame=rainfall, how can we be under ame=Heaven?
</blockquote>

数多変種か派生歌あるからフォーク上がりらしい。雨が天のオチを尾句まで預けた傑作だ。上に神あらば笑って雨をいち早く降らせたに違いない。★それから能因法師の名歌「天の川苗代水に堰き下せ　あま

下ります神ならばかみ」も狂歌集に見たが、「かみ」は「下」と対照する「上」と掛けて天の川までも繋ぐ狂あり。更なる雨乞歌、又、様々の祈願や本能歌などは、『古狂歌　神と仏を弄ぶ』（副題：神祇と釈教の屁理屈）に預けます。

人の心を動かす歌とは

物ではなく、神と人の心を動かす「古今序」のもう一つ筋の歌力論は、本筋であろう。雨乞でも、雲が相手ではなく、相手が人か神になる。「日本書紀」の正気でなかった雄略天皇が、鎚打ち違う「絶対ない」と威張った若工匠の自慢口に御腹が立ち、仕事場まん前に裸の女相撲を開かせて、やはり打ち違ったら「工匠の嘘つき」に下した死刑を取り消すように雄略の心を変えさせた言葉が、やはり歌だった。短歌より少々長かったようです。そして『古事記』にも同じ雄略に召された茶に落ちた小さな葉に気付かなかった采女も、やはり、もっと長い歌で即場の死刑を危なく免れた。『古今集』の序は大変美しい歌論ですが、この天皇が人の命を蚊ほどとも重んじなかった良心欠格者 sociopath としか言えようがない。だから若工匠を救った大工達が唱えた歌の主旨は「誰か懸けむよ　あたら墨縄」でなければならなかった。人間ではなく道具が可哀そうで人を殺してはならぬ、という訳ですね。采女の長歌では、茶に落ちた葉を大きな木と天皇の国と世の全てまで言及し、場違いの葉は不吉どころか、その宇宙を結ぶ印に転じる。両歌の戦略が全く異なるが、いずれも曖昧なる「言霊」ではなく、視座の跳躍を基に建てた理屈に頼る。思えば、可笑しい。心を変えさせた歌徳説話の鑑ないし第一番目の証拠は、正常の精神の人ではなく、雄略という狂人とならざるを得なかった。

　歌徳を思えば、もう一つ矛盾ある。その序のにも関わらず、人の心を変えさせる歌の力を示す好例は古今集には、意外と見当たらない。それが、当集には狂歌と変わらない可笑し和歌が多くあるも、笑話と説話が殆どない、裸の歌そのものしか載せないからである。歌徳は、前後の話がなければ、無意味。貫之は、なるべく歌次という筋だけで

歌を活かす撰集を志し、前文も後文も避けた。例外もある。藤原俊之の甕＝亀歌だ。前詞ある。要するに帝の飲み残りを乞う伝えと空いた酒瓶を奥の方へ送って見たら、甕も返事も戻って来ず、問いの再新も黙殺されたら、こう詠んでアピールもした

玉だれの小ガメやいずらこよろぎの
磯の波分け沖に出でにけり　としゆきの朝臣
*So where, oh, where has our turtle flask gone, if not the beach
to part the holy sea and disappear from mortal reach?*

が、その後の詞はない。歌のおかげでカメちゃんが無事に酒一杯で戻って来たかどうかと云う歌の効き目に関する情報は、皆無だ。貫之って編集者は、渋かった。だからと言って、心を動かした歌は古今集にないでもない。恋歌を受けて口説かれたり、惚れたりした人は何人もいたかと思う。本来、和歌が大半までも恋歌だった。ある歌集は、八割ともそうだが、恋歌の働きを「歌徳」と称された覚えがない。源氏が代詠みのために末摘花というブスに惚れたのが、歌徳か歌罪かどう言えばいいか判らないが、ともかく、心を動かす事は、他の歌部よりも恋歌に多い。多いからこそ、当然過ぎて稀になるはずの「歌徳」という現象には相容れなかったか。★いずれにして、狂歌の恋を詠む首には宿屋飯盛の古今序をくすぐる名歌の先例ならば、ありますよ。

ちょっと見て心動かす遠眼鏡
古今の序にも似た君の顔　東陸　K3-2　1759
*Oh, that telescope! My heart is moved by just a glimpse of you,
which means your face resembles the preface of the Kokinshu!*

英訳にもそのままなる、いい加減の論筋で狂歌として大成功。無論、序に似る顔ではなく序に出た歌徳に似るが、そういう出鱈目ながら通じるところにこそ狂趣ある。上方狂歌も捨てたものじゃないね。

雄略を相手にした先の例と異なり、命にかからない弁護に役立った微々たる歌徳の好例を、二首ほど見よ。いずれも詠む人が無作法の事をしでかしたら、人の好意を買おう為に詠まれた、飯盛の読本っぽい『新撰狂歌百人一首』の導入部にある歌例だ。★一首は1157年の和歌の稽古本『袋草子』に先ず現れた『古今集』編者の一人の壬生忠見の歌。忠見が内裏から召された時に適当な乗物が無いと欠席を請ったら、「竹馬にでも乗つて来い」と手厳し出席命令が戻ってきた。やばいと思って、上さまの心を和らぐために出発の支度をしながら作り、先に送った歌は、

竹馬は節がちにしていと弱し今夕かげに乗りて参らむ
All joints and little meat, my bamboo horse is pretty weak:
I'll ride over now as twilight shadows extend my feat.

竹縁語の節勝ちの痩馬が夕かげ即ち栗色の駒ながら竹馬は子共っぽいで卑下、己が馬の風刺で自嘲。機知と可笑しみで上様のお許しを請う。★もう一首は、飯盛の狂歌読書（E7-5）の最初の歌例になる。詠人は『拾遺集』の編者藤原輔相だそうで、出典は1220年頃の『宇治拾遺物語』。ある日、留守なる下司（げす）の家へ入り、鍋の粥を無断に食うところ、折悪しく水汲から戻った奥さんに見つけられた。慌てずにその場で詠んだ歌は、

昔より阿弥陀ぼとけのちかひにて煮ゆるものをばすくうとぞしる
The sutra say He will scoop up sinners from the cauldrons of Hell:
I found salvation in your Soup and Buddha told me all was well!

どうせ近所に居たら、その近い＝仏の誓いが（地獄の釜に）煮ゆる者を救う＝物を掬う事を知る＝汁の縁語で余韻も残す完全に磨かれた英訳無用の掛詞に限る並行筋の狂歌の鑑です。よくも即興であんなに旨く詠んだと思いませんか。詠む人は身分上で、卑下も自嘲も無用だが、やはりまずい事をした。笑いをもって、面目を守り切ったようですが、

このような三十一字の詭弁がなぜ相手の怒りを和らぐかと言えば、言霊やら腹芸やら日本語か日本人の独特の神秘か心理などの難しい話は無用。状況に相応しい屁理屈と言葉遊びが可能とした並行筋が万人聞いても可笑しい、頭さえ良ければ誰が読んでも愉快だ。この心地良さこそ、狂歌だ。宿屋飯盛の択んだ好例に誤りがない。★藤原輔相の粥盗みの弁護歌とよく似る芋盗みの弁護歌は、1623年成立の安楽策伝著『醒酔笑』の笑話集にある。「常に牛に乗りて遊行ありし」小狂歌集も残した夢庵坊は「月しらけて興ある夜、野に出らるるに牛芋畑へ引き行く。畠主腹立しわめきければ、坊は「こらへよ、歌を詠みてそのことわりを聞かせん」とて、「月も見ずいもが子供の寝入りたを起こしに来たは如何あるべき」。前詞を縮む才能に長けた行風が編集 1666年の『古今夷曲集』にて「盗人の詠める」歌で、夢庵が第五句は「何が苦しき」と終わる。いずれも芋＝妹で畑主は女性かと思うが、これらの弁護か謝罪の内容をまじめに考えると申し訳ない申し訳で逆効果になりそう「内容」ながら、微笑ましい理屈という飾り物にして「ご笑納ください」と言わずに判って、引き受けられた。詠む人は、直接に「御免なさい」と言わずも、歌を作る苦労も、気配りも。ともかく自分が好人物であることを、間接的にも相手に伝える。「力をも入れずして」天地を動かすか動かさないか、人の心は、狂歌に弱いです。

和歌ないし狂歌を読む真の効力

古今序の物に効くと人か神に効く二筋に、加えたい第三筋の歌徳もある。雄略の殺気を頭に貫之が古今序の「猛きもののふの心をも慰むるは歌なり」と云う語は、人の詠む歌を武士が聴くと先ず受け取ったが、再考の上、武士は自ら詠む歌で自分の心を慰む意味にもなりうるかどうか知らない。古今序の文意は、個々の歌のみならず、歌の道の修業の修行する人への副作用まで拡大したがる敬愚の誤読になるでしょうが、歌論として、その方が正しいと思う。★因みに、飯盛の「歌詠が下手」の名歌と同じ天明号の本に出た、全く無名なる上方狂歌もある。狂名が最高なる抱臍（1759-1807）は、ごく若い内に詠んだようです。

天地（あめつち）ハとても動かさざれ哥に
我れが心の鬼を和らぐ　　抱臍　1787 以前
Hardly moving heaven or earth, my poems not worth a fart
still work to mollify the hard-assed demons in my heart.

上は言わんとする歌の効果論の最も尤もな表現だ。道元の教え（外よりも心の内に仏を求め）も思い出す。抱臍の「動かさ（ぬ）」で切って、「ざ（じゃ）れ歌」へ転じる掛詞は、飯盛の読み易い名歌と異なる鄙ぶりで荒っぽいが、いかがでしょうか。中学校の国語の教科書か「古狂歌 気の薬」の別冊の『狂科書』に、同じ古今序を弄ぶ抱臍の無名歌と飯盛の名歌と一緒に紹介すべき。心身の元気に残る為にもなるかと思えば、そうしないと無責任だ。抱臍が云うじゃれ歌、つまり狂歌こそが詠む人の為になる証拠は、中世から江戸初期の狂歌師に七十や八十年代まで長生きした人がどんなに多かった事だ。連歌師の場合、やはり長生きの宗長も狂歌詠みだった（『狂歌大観』にその日記抜粋の小集もある）。むろん、事欠けなかった貴族だったことも永生に一役を買ったが、それでも真面目の和歌ばかり詠む者と笑い上手の詠み手を二重盲検法で調べたら、没年の齢差が出るかと思います。黒木香対談集『パブロフの犬のよだれ』に現代短歌人林あまり曰く「自分が満たされている人は歌なんか作らないと思うんですね。だから精神病院のセラピーとして俳句は作らせるけど、精神衛生上よくないという事で短歌は作らせないんですって。短歌って陰にこもって独り言のような感じで。」。うん。苦甘さもあるが主に陽気そのものの俵万智女史の短歌が例外によく売れたが、短歌の主流はその通りだった、或いは今もそうであろう。当然、正気の人だったら、音楽にしなければ他人の陰気な思いを伝える歌を、余り読みたくもないから、そういう短歌はあまり売らない。狂歌は、他の短歌と異なって、根から陽気で外向き。陰気な事を詠むも、朗らかに詠めば惨めの感じもしない。嘆きはブルース同然、自嘲や誇張で、人と分かち合えば共に楽しめる悲喜劇と思えば、この敬愚の極貧も毎日楽しい。英米においても、精神を

癒す治療法となる poetry therapy の世界にも、句作の為に外世に気を配らなければならないからこそ、内向きの心の毒々しさ、つまり己を責める心の鬼を祓う。しかし、気を配るべき対象は大自然に限らない。無我になって言葉と遊ぶも薬になる。他人が可笑しく読める歌を作る過程で、一人笑いもよく出れば、その歌は俳句同様に気の薬になれる。抽象論ではない。貧乏で仕方が無く長年の独身を堪えるに大自然を相手に句作してきた敬愚も、五年間、片田舎で癌治療中の妹と住んだ間、狂歌を読み、脚韻英訳作りに伴う笑ひこそ命を救ったかと思う。これは体験証言です。が、変な米人以外の古狂歌の証言も見よ。★1820 に上方狂歌を始まった間もなくの人は、こう詠んだぞ。

よみ得たる言葉の今日も面白き
一ッさく日からつゞくひな歌　芳蘭　k11-1
The words I've learned to compose make today as interesting
as yesterday, when I started the rural ditties I'm *kyouka*-ing!

一昨日からと云われても、玉の作品だから芳蘭は六十歳の愚に返った俳諧上がりの方かと想像します。この首などを読めば、隠居の触れ出しより狂歌を楽しめる人が多かったはずだと思う。「鄙」の中でも今日も一作を思わせた昨日と同じ「日」を気づいたのが初めて、物名の喜びを無意識にも詠む歌だ。鄙唄と狂歌は別物でないが、英語の狂訳では後者は動詞になる。出鱈目ながら、鄙うたを狂歌しってるとは、原歌意に近づくかと思う。などを書くと、実用 how to より理想 ideals を長年おもんじてきた敬愚は、複雑な気持ちになる。心身に狂歌が効くというより、面白いから詠むべき。副産物として元気も出れば、長生きもできる。元気は好運同様に直接に狙うが駄目。副産物こそ福福しい。中国の仙人を夢に見たか百歳になりたがった上方狂歌の祖師貞柳以外には、狂歌師に長生きなどの大欲張りが珍しかったと思う。心が元気の人には具体的な理由が無ければ、執着はせまい。★狂歌史の中で最高の天才か聖とも思われている天明狂歌の四方赤良（後に蜀山人、本名太田南畝）の「祝の心を」詠む下記の首は、その心になる。

鶴もいや亀もいや松竹もいや
只の人にて死ぬぞめでたき　赤良 E8-3
Who would be a crane, turtle, pine or bamboo?
I'm happy to die as soon as humans usually do.

★しかし、年配の赤良、即ち蜀山人は、やはり生の人間になった。「箸立て草履へ灸をすゆるとも千秋万歳われは長尻」と詠んだ事を一緒に紹介しなければ、不正直。とは言え、長尻の狂歌は、武士は永らえるを恥じとする理想に合わない自嘲で、真面目の願寿歌と言うよりも、自画自願の祝歌の風刺、つまり己ながら意外になる酷い執着を、元気に笑う歌と思えば矛盾はなくなる。その 1786 年の『玉鉾百首』の九十三目首で「穢国（きたなくに）」の黄泉は「否（いな）醜目（しこめ）」で行きたがらず、千代永久にこの世に生き残りたかった本居宣長の気持ちも解らないでもないが、やはり自分の身を超凍して永遠に生きんとする英米の成金と同様に、元気の大人の考えではありません。或いは、達観こそ不自然で、死にたくないこそ素直で天子になる日本人は、から国（儒教か仏教）に毒されなければ、心から誰でも永遠に生きたいという訳か。米国詩人 Dylan Thomas も死に際のお父さんに *Go not gently into that good night* （諦めて死なないで）と述べたが、文化人類学を広く読めば、儒教も仏教もキリスト教と関係なく、多くの文化にも大人は自分の死と仲良く共存していたという事も判る。日本人の辞世こそは、これら文明国の宗教と哲学で伺う態度あるいは姿勢を上回る死ぬ覚悟で元気な精神をしめす。狂歌をつまらない風刺かもじりとしか認めない人も、辞世をよく読めばその考えの誤りを判るはずだ。何故かと言えば、多くの辞世は狂歌体としか言えない。本書の０９９章も辞世になるが、歌句にユーモアを遠慮なく詠むは、死に際まで待つのが可笑しい。或いは、可笑しくない。

祝歌

００１

玉箒星を見るにも君が代は
塵をさまりていや栄えなん　權僧正公朝
*In my Lord's Reign even this great Comet shall be Thy broom
to sweep away our troubles, bringing affluence, not doom!*

文永元 1264 年に詠まれた權僧正公朝の玉の歌は、二万首ある 1300 年頃成立の『夫木和歌抄』の「天象」部の「塵」が題中から拾った。よく見れば、凶を吉化、厄をお祓いしながら「君が代」を祝う混合歌だ。「箒」と言えば、一本が数百年後に四海を治めた阿蘭陀の船の帆柱先に縛られた。敵船を海面から綺麗に掻き払う印に。彼ら同様に日本人も家の中の清潔を大切にしたが、中世の彗星を詠む歌にその心を伺うのが驚いた。しかし權僧正公朝は精神の清らかさも詠むから、星の箒は帆柱先のそれより、いかにも品が高い。大箒星の歴史を調べたら、歌が記録された年に、数世紀一度しかない首尾全空（中天でないから、百度ほど）渡る、昼にも見える眩しい大箒星が欧州、中東、中国、韓国、日本にも報告ある。

　權僧正公朝は、どれだけ偉いかと言えば、日蓮さんと比べば宜しい。後者が、この「大長星」を十数年連続の大地震を含む五百件におよぶ災難の大尾のみならず「大慈大悲の御本仏を憎み迫害するゆえ」日本に「一天を罰する」いや「他国侵逼の先兆」と見し、即宇宙法界で「日月衆星も手中」になる（「大彗星の時は又手に握りて之を知る」云々）妙法で仰せられて国民を救済する危機と、受け止めた様です。1271 年、大隕石が空を折りよく上を飛んで死刑場の日蓮の首を救った話を、どう考えたらいいか判らないが、1274/81 年のモンゴルの船団を日蓮が祈り起こした神風に吹き払わわれた（事実はやや違う）話が今

までも皆も知っているを、よくも權僧正公朝の塵を治まる玉箒星の吉化の狂歌は世に忘れている！それも予言と見做す人は、小生以外には、おられませんか。

　　前兆を後智恵で予言か原因とする事は無責任で、大箒星の歌の意義をもう少し謹んで説明します。彗星の到来のタイミングが大事。亀山天皇即位の改元＝文応（1260-1）と辛酉革命の改元＝弘長（1261-1264）に次ぐ甲子革令の改元＝文永（1264-75）の代が始まったばかりの四ヶ月メに現れた。凶厄と見做された彗星は既に六回も年号の改元（四回も単独）の理になったが、その改元の平均長さが四、五年だった。彗星が類の常より大きかったとしても、たった四ヶ月は困るし、文永という号の代をちょん切れば猶さら大変で、亀山天皇か将軍か年号に携わった何とか局の者は、權僧正公朝の玉箒星の吉化善果なる解釈を大いに喜んだはずを、歌徳の話や御褒美どころか、何一つも消息すら見当らない。歌は、歴史のブラック・ホールに消えてしまった。我が知る限り拙著 Mad In Translation に出たまで、題別なる巨集『夫木和歌抄』以外には、再掲載が無かった。

　　章頭歌の危厄を喜化する縁語と暗喩の力は、多くの要素の組み合わせに因る。百薬の長は「愁へを掃う」から、「玉箒」は酒の別称であった。★赤良の友人、医者の金鶏が天明三年頃に詠んだ狂歌をご参笑に見よ：「諺に酒はうれひの玉はゝき　はき出したる跡ぞ清けれ」（網雑魚）。古今問わず酒は祝に欠かせないから、權僧正公朝の和歌が天災のお払いながら、賀祝歌の縁もしかり。★玉の箒その語にも、やはり歌歴ある。后妃の蚕関係の儀式を家持が「初春の初子の今日の玉箒手に執るからにゆらく玉の緒」（万葉歌♯4493）と詠めば、古代より玉箒は既に君のお手に入ったし、1105-10 年頃の『堀河百首』に藤原仲実の「〜手おり餅玉の緒長く栄ゆべらなり」と終わる玉箒の首の餅が対なる酒も仄めかした為に「いやさかわえる（彌栄）」願祝賀歌の前例になる。という訳で、「玉箒星を見るにも」權僧正公朝の勝手に理屈のみ寄せた発想でなかった。様々の糸を縁り合わせた傑作だ。にも拘らず見逃されて来た理由の一つは、言及と掠りあっても、新規だ。古典和歌では名人でなければ新規は馬鹿にされがち。『万葉』の

讃酒歌十三首が大伴旅人でなく、無名人の作品だったら入らなかったし名歌にもならなかったかも。上記の箒星の歌に限る問題では無かろう。『古狂歌　苔の蒸すまで』に、そういう祝歌何千首も、対象や比喩の系譜を年順に載せるが、幾つかの歌例は下記の段、又002と003章に紹介されている。

　　『夫木抄』の雑部十八の「賀」に出てくる、次の無名の宝はいかがでしょうか。★日本人を宇宙と結ぶ岩船を常盤井入道太政大臣詠の「岩舟」祝いは、いい。『滑稽の蒸すまで』の章頭歌になって取り上げているが、Mad In Translation の拙訳だけは、ここにもみよ。

> あま雲に岩舟うけし其のかみを思へば尽きじ山と島人
> （尽じ＝着きしも上の微妙な神と響くも山と大和の同音も）
> *Boulder boats, floating in on heaven's clouds, and who can go*
> *beyond that I do not know . . . . . the island folk of Yamato.*

誤魔化しながら、英訳は原文の気持ちのいい歌体を伝える。カミ＝上の限りなる遠過去を賀しながら、カミ＝神も尽きじから国の未来も寿ぐと言えば考えすぎか。この歌は名歌にならなければ駄目と思うから、引き続く。★直後の歌は西行上人の「苔うつむゆるがぬ岩の深き根は君が千歳を固めたるべし 」Like a boulder green with moss and rooted deeply in the earth, / may my Lord remain in place a thousand years from birth で君を地と結ぶ。『夫木抄』の編集者の名を知らぬが、中々いい歌次を褒めたくなる。Mad In Translation で、両和歌を英訳すれば、双方を一体化した自分の古里を思い出して、謎々の脚韻詩も作った：

> *What is this boat, that after floating in to shore*
> *raises a sail, drops anchor and goes to sea no more?*

これを読み、すぐ解る人は少ないと思うが、砂浜につい到着かと帆こそ上げ錨を下ろす此の舟ハ何と言えば、答えは一つしかない。お解りでしょうか。答えは、ココナツ。最初の四、五葉は船の帆とそっくり

なる。★『夫木抄』の神祇歌中にある「君が代」の唯一の賀歌例も、岩舟を詠む賀茂氏久の

<blockquote>
神山に天の岩舟こぎ寄せて繋ぎ初めしも我が君のため
That a boulder boat from Heaven rowed to Gods' Mountain
and moored for the first time was for you, my Sovereign!
</blockquote>

常盤井入道の歌の神秘こそ感じないが、地名で神祇となる上に「漕ぎ」の具体性を岩舟と組むが新奇だし、かの「君がため」で雪間の菜摘む古典歌も掠る。因みに詠む人は、二条為世 1250-1338 の妻（1271-1299）の父だ。ひょっとしたら「我が君」が「若君」に掛けた。★後なる『風雅和歌集 1348』に賀茂遠久の「久かたの天の岩舟漕ぎよせし神代の浦や今のみ荒れ野」に地理学上の価値はあるが、山に漕ぐほど可笑しくはない。★ずっと後なる 1809 年に「寄船祝」と題された上方の岸水の狂歌「高砂もまつ代朽ちぬ岩船を動かぬ世々の例にぞ引く k12-4」で、やっと 001 の派生歌も、紛れもない狂趣に達する。当時、岩を運ぶ船ブームの有無知らぬが、動きそうでもない古き仮想物の「岩舟」をもって「動かぬ世（代）」の祝うべき印と引くのが面白い。一方、六年後に江戸の又遜？は古典和歌の美に通じる俳風狂歌も詠んだ。「雲の波いづるの方に打ち寄せて風ぞ涼しき岩舟の山 E9-3」。良過ぎては英訳を拒むから、章の結論へ。頭歌「玉箒星を見るにも」と「その上を思えば尽きじ」岩舟の歌は、狂歌であれ和歌であれ、多くの日本人にとって面白いはずだし、偉い学者に嫌われがちの技巧や言葉遊びもない。見逃されてきた理由は、学者の趣味か偏見では無く、精密な研究か教える任務に多忙なる古典学者は、多くの歌集を丹念に読む即ち我がように首狩する暇もないからであろう。何年前からは、地球外の生命探しなどに天文学者博士は、数多素人の目を借りている。無数ある天体を自分達だけで相手にし切れない覚悟の上に皆の参加を誘うと云う訳です。文学の博士も読み切れない日本の古歌と古句は、同じではありませんか。我々素人の目を借りなければ、三十一音の宝の多くは、この玉彗星の歌のように広漠たる宇宙の闇の中で迷ひつづく。

002

おとゝしも去年も今年もおとゝいも
昨日も今日も我こふる君　「柿本人麿」
Two years ago, last year and, now, this year too – I'm never bored;
Ye day before yesterday, yesterday & today, busy adoring my Lord!

出典『遠近草』は、安土桃山か江戸初期か専門家にも異見ある。狂歌がオチになる笑話集の盛は後者。自由の雰囲気が遍く感じるは前者。狂歌の心は、六山のとんでもない禅衆の漢詩を別にして日本のポエムの中で最も自由だ。狂歌が貴族の中で益々成長した桃山時代では、日本人の外見までも然りだった。偶然一致ではないと思う。面の毛が自然流一式だった南蛮人は、日本人の髭の形まで及んだ趣味の多様性に驚いた。その系譜を丹念には調べていないが、近代の顔の髪まで許す個人差を、欧州人が日本から学んだ可能性は十分あると思う。自由自在で自分自身あり余った自尊心満々のこの日本人の耳には、人麻呂の美しい調（拙耳ではカヌーが静かに小川をのり揺らぐハイアワサの詩とそっくり）をうっとりと聴いていたとも、重ねがさねなる大君の讃美やら忠実の誓は、気味悪かったはずだ。イエスさまに抱かれたいという基督教の讃美歌を聞けば気持ち悪くなる敬愚も、その気持がわかる。一語句にすれば、情けない。で、『狂歌大観』の参巻の『遠近草』の晒し首のみ（笑話抜きの抜粋）見た限り、上記の狂歌を大君愛に到る忠実心を馬鹿にした数々の長歌の諷刺画と見做した。諸君は？

　やっと『遠近草』の全文を取り寄せたが、「我が君」の同定を直ぐ打ち明けると面白くないから、その前に、狂歌の自由に触れる三首を見よう。★先ず、中世の伝説的狂歌師の暁月坊に「あまりに狂歌を詠みければ、定家卿秀歌の一首も詠みてさる物なりと人に言われかし、教訓せられければ」、当然、腹立たしく成った。「暁月に毛のむく／＼と生えよかしサルもの也と人に言われん」と答えた。前詞に出る正統和歌にしか興味ない奴のお説教に出た言葉「然るもの」（その様な

物）を掛けて、「猿」として反応したが、「自由」という語こそ出なくても、藤原定家卿秀歌に見当たらぬ狂歌の間接的な反応は、意外性という心の自由を見せた。しかも、毛も生えた！初期狂歌集に再掲載が多かった理由はそこにあるかと思う。★もう一つは、月洞軒と貞柳という江戸中期の名狂歌師の師なる信海（1634-88）が連歌・俳諧・狂歌師がよく訪ねた湯島の天神別当「喜見院が許へまかりけるに兼て狂歌の頓作聞き及び侍り所望と言へれば」、師は現在アメリカのラップ・ミュージックの如に詠めば下記なるが、

我が歌に作意の自由しまするをさらば申してきけんゐん哉
To show you the freedom of my poems to create better yet;
Ask me for anything and, at Kiken-in, that is what you'll get!

★何でも言うて見な、詠んで見せるぞと突っ張ればぱ「かく詠みければ、狂歌とても自慢ハいかにぞや、ちと卑下ありても良かるべし」と傍なる人の不満を聞くと師は、英訳無用なる天神得意の髭＝卑下は、

狂歌には自慢天満大自在天神ひげをしても良けれど　T27　T33
Hearing that, they said *kyouka* was boastful and needed some humilty

Kyouka *has it all, our vanity fills heaven and our hearts are free,*
still, as our Sky-God's whiskers(hige) *pun, we also love* humility.

無論、日本語の知らない人には、両ヒゲも説明すべきが、件の髭の特徴とは。★安楽寺で顕興は「飛梅の花咲く比は天神の御髭のちりを取て見ましや T30」と、★北野で一圃は「拝殿にかけし絵馬の書付も撥ねたる文字の天満天神 T30」と詠んだ首は詳しい。006 章に歌人の守護神になる天神＝道真の話は続く。ともかく、信海の奇人っぽい自慢と生意気には、徳川幕府の新世に残った桃山時代の精神の形見も伺う。それは又、狂歌の新鮮さを守るに不可欠の野生の心である。★自由を示す三番目の狂歌はむしろ、その限度を仄めかす。「祝」という題で布留田造＝正式が 1671 年成立の「堀川百首題狂歌合」で詠んだ T28。

> 先もって御機嫌のよき君が代を畏れながらも祝ふめでたさ
> *First of all, we are so blessed to celebrate with trepidation*
> *the good temper of our Lord, his Reign and domination!*

「恐れながら」とは、敬語の慣用ながら文字入りの「恐れ」が皆無でもない。その君に対して日本人には、昔 God-fearing と自称したキリスト教国の人々が、その神に対して感じた気持ちに通じる、今は多くの人にない、あるいは相当うすくなってきた気持ちだ。さて、お待ちどう様でした。本章頭歌の出典になる『遠近草』の全文をやっと取り寄せた。「わが君」の同定を打ち明けます。「狂歌大観」に出なかった前詞は「柿本人まろ或女をとしころ恋とて詠みてつかわしける」でしかなかった。女か！なるほど。人麿の歌に出てくる「君」は、本来、天皇か皇子か妻のどれかが対象かを見分けるのが（少なくてもこの外人には）難しい。とは言え、これで一件落着でもない。落首の０７６章で詳しいが、三十一音字のちょっとした非難の為に、いと簡単に死刑なりかねない日本であった。因みに『遠近草』の第二段になるから、大切な内容と思えてならないし、当局の目に入りやすい。などを考慮すれば、笑話ながら本音を誤魔化した可能性も十分あると思う。★「遠近草」の場合と逆に、支配者なる「君」を妹と勘違いした狂歌もある。桃山時代に栄えし 1602 年に他界した、中世の暁月坊に次ぐ二番目の大狂歌師の雄長老の再載も多い下記の首だ。

> 君が顔千代に一たび洗うらし汚れ／＼て苔の蒸すまで
> *Thy face, it seems, is washed but once ev'ry thousand reigns,*
> *dirt upon dirt builds up until the moss thy Age proclaims!*

一見で思ったことが「こいつは女苛める酷い亭主関白」と早合点した。実は、「君」の方が妻どころか、一国の関白つまり秀吉だそうです。お伽だったから、猿と似るじゃなくて、或猿にはたま／＼君に似る、という弁護も言わざるに詠まれたか。或いは関白は「おれや国のこと

で忙しくて顔を洗う暇もないぞ」と自慢しながら、信長が暗殺された場だから風呂などを怖がるようになったか。秀吉の前に詠まず、日記にのみ書き止めた可能性もある。関白の名前も出てこないが、本歌は大君を寿ぐ類で、雄長老が友だったし、死後間もなく出たその百首集に注を付けた者は、これに「憚ある」と書いたから、専門家は秀吉が対象としがち。★笑話集と奇人の狂歌と無関係にも、祝と賀にはユーモア、つまり狂趣のある和歌もある。その枕や語句や通念を微妙に弄んだから、その類の系譜に親しくなるほど解ってくる渋いユーモアであるが。『古狂歌　苔の蒸すまで』で丹念に取り上げている 1152 年以前の花園左大臣小大進の下記の歌は好例だ（異出典＝数も知られず）。

君が代は光尽きせぬ日の本に朝立つ塵の数もゑ知らず
In our Land of the Sun light never-ending even dust grain by grain
rises up beyond number to illuminate the morning of Thy Reign

早朝の横に入る光線に埃の粒粒が目立つ。汚いと忘れてその美しさに見惚れたか。同時に、平安時代から始まる「積もればやまと（山と、また大和）成る」系譜の祝いと中世の君を祝う「光」の系譜と背後に合流するが、この女性は君と仲良かったから、新奇の寄せ合わせを心配せずに公にも詠むことできた。本来、恋の強さを浜辺の真砂の数で形容したが、朝の日光の中でしか見えない塵（埃でしょうね）が、はるかに数が多いはずだ。同時に君の為に尽くしたい心の深さと誰よりも永い先を寿ぐ歌になる。この小大進の誰より早く起きて玉箒で玄関を払ふ姿を見たい。★江戸時代の狂歌の祝と賀は、公と私に分ける。前者の「君が代」の場合、詠む人は誰よりも泰平（平和）と豊かさを派手に誇張せんとした。天明ながら上方の歌例を『古狂歌　滑稽の蒸すまで』から抜けて貰えば、五福亭染（K26-1　1783-6 成立）。

かくばかり納る御代は太刀の魚も抜くと云うのはワタ計り也丸
In this Reign where thy rule extends so far only the spawn
or guts are now pulled out, no sword-fish is ever drawn.

一本立できる歌例は、徳川初期まで遡る滑稽の祝いの系譜から、本書に何首も入るが、多くが成語句や通念の系譜の中で楽しんだ方が良いから、今ここで上記の太刀魚しか御紹介しない。私的な賀には、他者を祝いながらも囃したり、自分自身を祝いながら自嘲するのも多いが、甘い微笑ましさは常になる。これらの独特性が「君が代」を詠む歌よりうんと高いから、一本立ちでも面白く読める。『古狂歌 滑稽の蒸すまで』にある齢を祝う章の七十歳の十数歌例の中の数例を、今ここに七十才という希年を祝う三首のみ見よ。全てが上方狂歌。

★その寿命よむ共つきじ百迄に
今年を入れて和歌の文字数　木端　1760

*Though we may count your years, let your life be infinite
and, say, with this year included, 100 is but a waka away!*

★つわものと人や見るらん十とせづゝ
七つ道具をおひのことぶき　如錐　1778

（寿の画数を仄めかすも、負い＝老も不可英訳が）

*At seventy, we see in you a warrior: at your kotobuki core
behold buki and strokes enough for all seven arms of war!*

★何某七十賀　祝ひつる齢は限りなく今じゃ
いたゞき禿て赤くなる迄　柳生「～題鶴」1770

（すでに見たとても渋い鶴の序動詞化は英訳無用が）

*Respecting my age, I fete it yet accept no limits to body or brain,
though that should leave me as bald and red-headed as the crane!*

剣道と縁ある友人で和英訳の先輩 William Scott Wilson（その宮本武蔵伝はいいですよ）の「古希」賀のために七首ほど英訳したが数年前になるが、氏の自宅の宴会で読み終わったら間もなく、酷く寂しくなった。自分とビルとその蛸焼き名人の妻のエーメリーさん以外には、日本語の解る者はいなかった。こんなに楽しい狂歌を、日本語できる一億人もおられる本国に誰も知らない、古希に何百年も出てこない狂歌…、いや、日本人は可哀想！飲めば、敬愚は馬鹿情緒派で目も潤んだ。

003

生酔の行き倒れても辻番の
よく世話をする御代ぞめでたき 赤良
巴人集 E2-2 （なまゑひ＝生酔の礼者＝G18）
*What a happy time to be alive, knowing without a doubt
the police will help you when you drink 'til you pass-out!*

生酔は、当時は泥酔の意味。意訳の time を Reign＝御代に直してもいいが、天明狂歌の聖なる赤良の「目出度さ百歌」の最も大胆の一首だ。世界中に評判の高い日本の交番が酔っ払いに優しい。指摘は新奇ながら、今も祝うべき事実だ！★しかし、なぜ名歌名句集に入る赤良の寄生酔祝はいつも「生酔の礼者を見れば大道を横すぢかひに春は来にけり」の方になる。一茶の泥ついた下駄同様に、歳時記にも相応しい擬人の春は人気者だからか。★名歌の本歌は中世の暁月の「今日と言へばまた珍しき味酒のみは酔ながら春は来にけり＝酒百」。一世代前の雑俳集『武玉川』に本句もある＝「四角に酔って歩行く年の礼」。★お酒で御代を賀しながら自分の好運を祝う発想も、上方の木端が二、三十年前に詠んだ「万民の機嫌のよいハメくみある君がなさけをのみ込みしから K1」。良の酔いも、恵みの酌みも情けの酒もいずれも微妙の掛詞で上品。狂号が卑下ながら盲の亀の幸運を祝う木端は、赤良同様に情け深い好人物だった。★敬愚は最後までも赤良の親切な交番と章頭歌の席の首相撲した歌は、江戸狂歌の影響も受けた後期上方の魚丸の 1812 年頃の「元日や箒とらねど年酒には酔過ぎしてぞハキ初めにけり K28-1」である。身と気の薬なる屠蘇酒を戻してしまう愛しの出来事を、書き初めに掛けて「初もの」の吉に軽く転じた彼の心を描けば、「酒は笹という愁いを払う箒ならば、反吐もはき初めじゃないか！よし、硯だ！墨だ！筆だ！はき初めを書き初めにしようぞ！」。軽薄と言えば軽薄。屁理屈と言えば、臭いが、★「人の大酒しげるを異見すとて」橘枝が詠んだハードボイルド天明狂歌「実酒は憂いを払う箒な

れどはいてハ塵にまさる汚さ」（若葉集）に比べて上方狂歌の魚丸の吐き初めは、目出度き、次元の上の詠みだ。※敏感の読者は、上方狂歌とか天明狂歌あるいは江戸狂歌をいちいち指摘するのが煩くまでも感じるかも知れない。お気持ちは判らないでもない。しかし、多くの狂歌集の解説などでは、天明の前の狂歌に本格的な文学「ジャンル」と称すべき甲斐も無いと述べてある。自分がまだ殆ど読んでもいないくせに、上方狂歌を見下しながら、江戸の文化と御代を肯定した機知もあふれる天才の大田南畝＝四方赤良とその友と連の狂歌を、空前絶後のジャンルと称しうる文学を仕上げたという誤解か偏見の前には、敬愚は閉口にしていられない。偏見の系譜はバブル経済の泡に浮き上がった江戸ブームより古い。戦前にも関西の文学専門家ながら偏見を述べた者もおられたが、我よりも吉岡生夫さんの書物とウェブサイトが詳しいで、遡る事を遠慮します。お鼻が高い京学派に一発を噛ましたかった江戸っ子のお気持ちも、よく判るし、狂歌史の天才の中の天才だった赤良の素晴らしさを認めながら、いい加減は、いい加減だ。

さて、親切な交番の首の出典になる赤良の「めでたし百歌」は。めちゃくちゃに好きだ。後代の、もっと有名な橘曙覧（あけみ）の「楽しみは」尽しの狂歌ぎみの短歌と同様に、新奇で想像性の高い作品です。しかし、当の百歌に入るお月様までも羨ましくなる名歌をもって、赤良と天明狂歌の「現実肯定的狂歌」を特別と見た、二、三十年前の日本株式会社＝江戸ブームの自画自賛のお祭りは、当時も今も頂けない。嘆きの章 077 の中で、その視座を広げるように『古狂歌 滑稽の蒸すまで』で丹念に追求した泰平祝いの系譜の歌例を何首も見るから、ここで更に言うこと無し。ただ、要略すると、泰平なる君が代に対する肯定や有難みや感謝の念は、天明を待った訳ではない。二十世紀末に真面目臭く鵜呑みされた赤良の名歌も、ある系譜を弄んでいる事は明白に例証します。お説教したくないが、もう少し軽みを身に付かねば、日本の将来も重くなると心配は今もやまない。赤良も見直すべきだ。※とは言え名歌「大道を横すぢかい」は、交番ほど面白くないと思うも、確かに派生歌は多かった子沢山だ。★1834 年の上方狂歌本に「東」

の琴廼屋岡辺松人の「寄道祝」に「君が代の直なる道をほぎ酒に酔つゝ横に歩む楽しさ k17-3」の「ほぎ」とは「ことほぐ」ないし寿の意味で屠蘇酒を指し、赤良の道歩く生酔の礼者と重なるも、他人の観測にない一人格ならではの暖かさも感じる。狂歌の聖の名歌も凌ぐかと思う。この英訳など『滑稽の蒸すまで』にどうぞ。章頭歌に択ばなかった理由は、真っ直ぐという概念は、君が代と御代を祝う歌の比喩の系譜の中で読まねば、概念は通じないからです。単独では、損が多過ぎる。個人としては真っ直ぐの道が大嫌い。直線しかない無味乾燥の風景の中に住めば、毎日酔わねば外へ出まい。敢えて狂歌にすれば「変わらねば我から変へる天地を酒に任せてよろよろこぶ身」。駄作か。※「酒」は089章になるが、飲酒と狂歌詠みを繋ぐ一口をここで言わせて貰う。伝説の初狂歌師の暁月坊の「酒百」以降、酒こそ狂歌詠みの道具にも肴にもなる。我が古狂歌総合草稿にある「酒」の字は1171回も出てきます。戦後の初一般読者向き狂歌の紹介『江戸狂歌』を著した精神医のなだいなだ氏の関心も、万葉の酒十三歌よりうんと深く飲酒の心理をさぐる江戸初期の上戸対下戸の歌合を或日、アル中毒患者が彼に見せたから始まる。四方赤良も道教の聖（又は李白）の如に絶えず少しずつ呑めば泥酔せずにほろ酔いを常に愉しんだと云う。下戸真顔以外には、天明狂歌の大御所は皆も上戸。初期狂歌の天才医卜養も下戸。日本人は約半分も生まれつき下戸が、古狂歌の旨い者の殆どが上戸。その理は。2012年のChicago大の研究手Jennifer Wileyの実験によれば、ほろ酔（運転禁止の法的酔いの.08の少し下回る.07）の学生達はremote association puzzles 一見して異なった単語か発想か映像の遠連想を求める謎＝知能試験の解決率は、飲まず正気の対象群の三割以上だった。普通に働く記憶能力 working memory capacity が減るだけに、直勘が自由になって捗るだろうとは、仮説。物を見てブレーキを踏むに要る時間が長くなるから、酔えば認識が鈍くなると思われても当然が、酔えばこそ頭がよくなる微妙な動きもある。中国の格闘技ではないが、斜めに逆様に連想の跳躍しながら詠む狂歌師には、お酒は活油なり処方箋にもなる証拠は、今、あります。長い翻訳を短時間内で出来上げなければならぬ時、敬愚も普通より何倍も呑む。

００４

詣でする道にて泡をふくの神
これぞまことの弁財てんかん　卜養 T32
（吹く⇒福も弁財天⇒癲癇も不可英訳の転掛ながら）
On the road to the Shrine of ye Goddess of Weath, a sign of plenty:
foam that overflows a mouth – a Charm we have . . . in Epilepsy!

章頭歌には前置無用と決めたから、大半が笑話集みたいに場面が用意された上にオチとして出てくる初期狂歌には先負ある。江戸で藩医を勤めた上方出身の半井卜養（1607-78）の首も、単独歌として情報不足で、歌意は両義的になる。そのままでは、現世利益の信仰を茶化して信者を風刺する歌とのみ読む。発作を起こす泡を吹くほど欲張る人々が癲癇の患者みたい、

On a pilgrimage to the Goddess of Wealth, men foam over insane,
as if they had the malady some call 'holy' that puns Her Name!
（欧州で癲癇症は王族に流行り恵まれた天才と結ばれた）

現在の基準では癲癇症の人への差別と見做し、目くじらを立てる人もおられそうが、患者に対する「諧謔」ではなく、金持ちになりたがる人を囃すはずだ。卜養の百五十年後、かのヘンリー・ソローも金を掘る為に西海岸へ向った男達の心の浅さと国の金熱 Gold Fever の病を何回も嘆いた。要するに、弁財天信仰と発作や泡で知られた病を結ぶ金欲を笑う「道歌」としか読めない。が、原歌に前詞もある。「弁財天へ詣でする道にて癲癇やみ泡を吹きけるを見て詠みける」を読めば、これは又、厄病と差別された癲癇症を吉化する、この上も無い良心的な歌かもしれない。卜養は下戸の弁護歌十首も詠んだ、親切で機敏のお医者さん。患者を苛めるはずがない。想像するところ、彼は患者の世話を見なから岡見に「せかくのお詣では不吉ですよ」と云う声を聞

いて、病症を「吉」に転換する歌の必要性に気付いて詠んだ。癲癇を狐憑みたいの「気違い」ないし「厄」として畏れて発作中の患者から逃げるか草履を頭に置いたりお払いした情けない過去おさらば、これから縁語の力で吹く泡が「福」を招く。すると人は近づいて助けたくなるはず。むろん狂歌一首の歌徳で癲癇への恐怖や差別が消える訳でもない。百年後の美人局の詐欺を描く川柳曰く「小便は古いとめかけ泡を吹き」。つまり、男から契約中退料を脅し取る偽寝小の「小便組」が有名に成り過ぎたから、癲癇の真似する妾に取り変わった。※当歌をどうしても「差別」とお考えになる人々のご了解を得なくともご寛容を乞う。万葉の諧謔歌と比べて下さい。悪口の章にある痩男、赤鼻男、長腋毛男、剃る跡が駒繋杭の坊主の囃しか苛めには、卜養の歌と異なって、救いも無い。卜養の「ふく」の上に「べんざいてんかん」の大転掛詞、しかも歌尾にぽんとオチつく首は名歌にならなかった事には納得できぬ。因みに、二百年後の本に天明狂歌の四方赤良の作品として、その変種が掲載された。明治三十三年の武島羽衣著『霓裳歌話』博文館（1900年）に「蜀山の狂才」という章に、元日に儚く息絶えてしまった泥酔の礼者とその家の主の忌々しい年の始を救うために、蜀山人（老赤良の狂号）の助言を頼めば、やはり「門松に倒れて泡をふくの神これぞめでたき弁財天かん」と即興する。武島羽衣は、これを卜養の歌集を種本にした笑話とか、落語家のでちあげを飲み込んだか、蜀山人詠みが本当だったか、それこそ分からないが、本歌の言及はなかった。人麻呂と和泉式部の場合、なんでもかんでも笑話本の為に口に入れるのが何百年後になったが、蜀山人は、まだ生きているうちに伝説になった。歌徳までも盗まれた卜養にとって、不公平だが（『古狂歌 苔の蒸すまで』の凶を吉化する章を参考）。★中期上方狂歌の大御所百子も屁理屈を妙薬にして、どんな悪い事でも吉化した。1734年の本 T52 に「やごとなき御方鮎の鮓まいりけるに石嚙みあて給ひ御機嫌あしかりければ」ところを「君がよわひ鮓にありたる此砂の巖と成て押と見るまで」と詠んで、主の気分を取り直した。代⇒齢は古くからある掛詞だが、歯というへんまでも縁語となる。寿司を押さえる重石の押し＝惜し（い）も旨い。京方言の「いし（おいしい）」

を活かして「歯応えと言えば石かむ気味わるも都ならイシこそ旨そうが」と敬愚は詠んだが、相手の寿まで考慮した百子の歌には及ばない。

　　同じ類。★1756 年の鈍永撰の『興太郎』に、やはり「興歌」集には、二首の好例もある。「或人元日石に蹴つまづき転びしを」紅圓が「君が命ちよに八千代にさゞれ石に蹴りつまづいて苔のむす迄」と詠み上げた。かの巖の一角と思わせば動かぬ御代の証しにもなる。★それはいいが、心を奪う吉化の例は「三郎吉といえる小児、元日に転びて眉間に疵附ければ親たち気懸けられければ」という前置が不要ならば絶対章頭歌にした春林屈梅鴬の傑作は「武士の心で春を向かう疵あぱれ目出度う三郎吉相」。これは可愛いのみならず、己が為に人か神の心を左右せんとする歌徳の常よりも、子の親の心を癒すが狙い。大変親切な詠みだ。★又も上方ですが、最後の例は 1763 年没柏木遊泉詠『柳の下草』k7-1 より「難波曽祢崎新地日野屋清蔵方にて酒たうべける時、天井より鼠の小便しけるを紙もて拭けるに一首と望まれ」たら「大黒のつかう鼠の小便はすると其まゝ早ふくのかみ」を呼ぶ！紙を素直に頼みながら、いと簡単に惨めな場面を幸運と結ぶ即興に脱帽するが、この依頼は他のと異なる点もある。ネズミの小で主の面目がつぶれた所、本人は詠むべきを、狂歌師の方に頼んだ。

　　注文に応じる事は、純粋文学というよりも職人みたいと鼻を鳴らす方もおられるかどうか知らないが、安楽策伝（作伝）の 1623 成立の『醒睡笑』と富山道治の『竹斎』から伺う限り、早くから狂歌が多くの人々に好まれて、他のジャンルに負けず人気だったことが明白。やはり、狂歌師こそは当局のそれと限らず万人の御用歌人であった。そう言えば、世界中に Poet は注文に応じたりしてきた。心を癒すがための詞の笑婦だった。どんな際にもお誂え向きの脚韻詩を語数で売る職業 rhymester は今でも英米におられるが無論、多くの作品が軽薄でうさん臭い。古狂歌の師はもう少し尊い存在かと思う。掛詞は脚韻よりも深い縁語になるためか、その類の安っぽい宣伝を日本でまだ見ていない。いい加減の駄弁になりましたが、要するに、好転吉化する狂歌師あるいはその狂歌は、悪夢を食う獏のような、感謝すべき存在だ。その復活を願う。

因みに、卜養の弁財癲癇の歌の弁護を買ったが、買わない差別狂歌も確かにある。美貌に恵まれていない女を、情けなく描く歌が多い。★弁財天とお多福を比べた関百銭の 1822 年の「みめかたちいと美しく拝まれてお福と言えぬ福の神さま k9-4 E9-3?」には近代の分別も多少あるが江戸中期、つまり 1740 年の「醜婦身嗜」が題の上方の花国詠「ふご尻をふる川のべの杉がだてふた本ならでふためと見られぬ T58」とは、どう見ても許しがたい。二本＝太女⇒豚めと云う悪称がオチ。★一方、栗洞の 1767 以前の上方狂歌「貧乏に暮すとてしも女房のお福ばかりは嫌いものなり K2-3」は、情けない現実だろう。他の面は構わない貧楽を達観できる男にも、美人を求める願望は消えはしない。思えば、お多福はその縁で夫が金持ちになったら美女の妾を取るから、貧乏神と力あわせて夫をずっと火の車（設計に苦しむ）に残した方が彼女にとって利口。★棗風の「乙御前」と題する 1823 以前の上方狂歌「欲めには低い鼻でも高う見んお福と言える名に惚れるから k6-6」の「め」は「目＝女」だろうが、★梨葉の「邪魔になる鬼ハ外へと追い出して内のお福と心よく寝ん（題林）」は、わざとブスの下女を択んだ妻。それがいい。寝ながらの年金だ。★美濃の月見庵桃斎の 1813 以前の上方狂歌「今こそあれ我も昔は女郎花坊主落とせし事もありしに k17-2-46」は、画付で一見明白。お多福でない醜婦だ。もと遊女で鷹の高鼻が決まったが、その先も垂れ、顎も刺々しい組み合わせは、なんと西洋の黒玉の悪魔女そっくり！笑婦の意味での女郎（女郎衆ですね）と女郎花の掛詞は旨いし、色移りの無常も解るが、やはり情けない歌だ。行間も詰める（絵が見えないからそうした）我が狂訳は更に酷い。

*This ugly me you see now – a long time ago, I was a damsel flower
who knocked priests off their high horses with my beauty power.*

とは言っても、朗らかだった昔の日本人の無邪気の狂歌遊びを、敬愚と云う変な米人がこうして弁護したりお詫びしたりするのも可笑しい。

呪歌か罵倒歌
００５

How They Do Bug Me!
書物も残らず棒にふるさとの
人の紙魚／＼憎き面哉　一茶
All books must go: that is their wish –
In my hometown, capital to silverfish!

棒を振る⇒古も紙魚⇒しみじみも英訳無用が狂訳した故郷の掛詞は古い。五百年前に斎宮女の「嘆きつつ雨も泪もふるさとの葎の門の出で難きかな」と高倉の「行きて見む今は春雨ふるさとに花の紐とく頃も来にけり」の二首もある（玉葉集 1312）。が、里の枕に棒もふる者は、恐らく堪忍袋の緒が切れた小林一茶一人。数十年の江戸住いにおさらば、片家をでも引き受けんと里帰りした間もなく出来た、この紙魚／＼（しみじみの「／」に濁点欲しい！）の狂歌ほど激怒たるポエムの覚えもない。怒る理由を後に説明しますが、敬愚同様に知らぬが仏と思う読者もおられそうで、当分その詳細を預ける。

　ともかく俳家が大狂歌師の顔負けの助動詞の掛詞には、舌を巻く。英語に Tom Swifty と称する掛詞で言葉遊び魔の間に有名が、日本語では珍しい。近類で我が見た最初の例は、檀王法林寺本の俳諧連歌「さらなる魚ぞあまり小さき何事もいわじ／＼と思えども」という動詞の掛詞。★が、最近『江戸狂歌本』に、本語句も見つけた。「寄虫恋」が題で高積の「虫の名のさてもしみじみ嫌うかも送れる文はあな封のまゝe7-1」は、鯉鮒編集の『狂歌浜萩集』に出たのが文化三年。一茶より七、八年も早い（余談が「あな」は「あな哀れ」のような強調だけか、日本国語大辞典にもない「あな封」もあったっけ！？）。

　　　　国語研究所で一茶全集を初めて見た時である。たまたま手に取った巻を開いて見た頁に、当時まで見たことのない「／＼」マークに目が引かれた。そして、あの「紙魚／＼」。英語で silverfish だから直ぐ判った。英国の古民謡 ballad 集の大半もお風呂の火を焚きし永遠に失くされた悲しい歴史をすぐ浮かんだが、一茶の狂歌に「棒」もあったから、棒で尻を拭いた禅僧の古話も連想してにゃっと笑った。大事に預かった一茶の句が尻をふく仕舞だったか。Damn my town of illiterate arseholes – what behavior! / To them, a book means but one thing, toilet-paper. それが狂歌との初出会いだった。お金そんなに無かったが、『一茶全集』すぐ買った。そして十数年後に読み直せば、余白に小文字で見逃した注があった。損失された書物は、原稿などではなく、村長か次長に預けた一茶のお父さんの書類だった。又「わがみだ」と指摘した老一茶の焼け直しも見つけた。本当はこうなる。

　　　Papa's papers, saved for me, the fruit of his hard labor...
　　　Gone! My hometown's motto? "Silverfish thy neighbor!"

やはり情報過剰で狭くなる首よりも広く読みうる無知の翻訳の方が上だ。いずれにしても、悪口の傑作だ。拙著 Mad In Translation に出た 2009 年まで、よくも世に見過ごされてきた！一茶の句集も伝記も辞典も小説も読み切ったが、無かったぞ。田辺聖子の『ひねくれ一茶』と吉田美和子の『一茶無頼』に伺う生意気の一茶象に誂え向きにもなるくせに。有心の狂歌を鑑賞できる目は日本人にないか。それとも、皆さんは多忙で、一茶の日記を完読する暇こそ無かっただけか。どうでもいい。我が知りたいことは、一茶以外の俳諧の資料の中に潜まれている狂歌はどれだけあるか？狂歌は狂歌師の専売特許ではない。

悪口と言えば、五種もある。※イ）虐め・つまり先に触れた万葉式諧謔は主に体の異常をからかう中学生っぽい悪ふざけ。負け側を侮辱したり馬鹿にする落首。可笑しければ、狂歌として認めるが、情けない。民に慈悲、不正を直そうために立ち上がった可哀想に滅ぼされた大塩平八郎の「乱」の後に彼の首と出た次の落首はそう。★「我が為か人

の為かは知らねども切支丹やら何したんやら」。直訴が旨くいかず、乱になる一過に損害受けた人の恨みも感じる。当局の責任を問わぬ、失敗の跡知恵は不公平だが、もう死んだから虐めではない。★「平八の頭を切って万人の気も安うなる米という文字」（鈴木の落首辞典より）。正義と人を救う為に尽くした英雄に対して甚だ失礼だ。とは言え、二番目の方が米も安くなったと認めているから平八の犠牲（首は牢内に病死した後に切断されて塩漬けになった）を祝う歌にも読みたい。念のため、落首は苛めと限らない。０７６章が詳しい。※ロ）大悪口・罵・呪い。憤慨から湧き出る大怒り。少々惨めであっても、尤もであって、場合によって天晴れと叫びたくなる類。一茶のもそう。狂歌の最も有名な悪口も、然り。★それは定家の舎弟の狂歌人暁月（1328没）の片庭が天皇の母に取られた不正への反発であった。

女院の御前の広くなる事は暁月坊が私地の入る故
My Queen stole Her front garden from the wrong monk-bard
Kyôgetsu left Her Highness too wide to take another yard!

「しじ」は「指似」で男根を卑下しながら女陰が広くさせた責任？を威張ったのが仕返しなる。前庭で女陰。家前後にある芝ヤードが古語で大人の男根で偉い狂訳もできた！損しても、とりあえず仕返しの傑作で、気を払った暁月は、これで怒りの脳卒を避けては長生きできた。相手の反応を想像するもいいが、おそらく一茶も暁月も生前には歌を公に打ち明けなかった。怒りの狂歌は何よりも、残念な事件が恨みに固めて生涯も元気な精神の邪魔になる前に、悪気をほぐしてくれる。ご自愛の為の気の薬の一種也。一茶は、紙魚じみの狂歌を詠んだ直後の文化十一、十二年に句作が花咲いた。初婚も一役になるだろうが、この狂歌を詠んだ事も忘れてはならない。※ハ）小悪口。恋の嘆きと落首の多くもこの範疇に入るが、人か何かを恨むではなく、誰にもある不満か嫌味か悩みがあって囃子、毒舌、人の名の茶化し、ともかく機知をもって文句を吐いたり、風刺を描いたりする。この日常のちょとした摩擦からとばす言葉の火の子は、放さなければ静電気が溜まり

一触爆発の心になるから、抑えない方がいいと思う一方、他人への文句は無作法で失礼から、その火の子が火事にならないように気を付けるのも当然。この小悪口もほどほどにしか分かち合えない方が利口。歌例の大半が家集か日記に見つけなければならない。★「貞徳狂歌集中」に解り安い文句の歌例ある。「さる人閨の戸さしこめて寝たりしに、隣にけわしく砧打ければ、響に驚き眼を覚しぬ。殊の外恨みて擣衣と言ふ題にて歌よみてけり」は前詞。「肝心の寝入時分にまた衣うつけ者とや人に言われん」。「うつけ」は間抜けと同じが、四季（砧は秋）の部にも入れるちょっとした文句を詠めば、俳諧の連歌師の貞徳は、きっとぐっすりと寝入れたかと思う。★七、八十年後の貴族ながら野生っ子の月洞軒の日記っぽい『大団』は好人物の貞徳よりも文句がいっぱいなるが、ここに適当の例を二つばかり見よ。「冨永弥太夫切々よべども来らざりければ」いらいらの筆は「宿もとみながく楽しみおぢやるやらこちへ来る事やだ／＼といふ」。★或いは「度々噺に来んとて」も中々来ない人に「くる／＼とめぐるものから水車まことにくると云うてくるかは」。文学上の価値が微々たるものながら、詠んで気の毒が払われたら十分だ。※ 二）大であれ小であれ、文句の九割も恋部になる。昔の和歌集の大半が有心、狂歌のが無心なった事は和歌が恋に凝ったからでもなる。暇になる読者おられば、拙著『古狂歌 物に寄する恋』の数千首の恋歌の中で、悪口になる割合を決算して下さい！情報を再版に加える。小野小町の恨みを恨む傑作も本書の恋部の章０５８-０７０にあるが、上記で見た月洞軒の「来ない人」の対照として、★狂歌の初個人大集『吾吟我集 1649』を著した未得の「寄狐恋」の首を見よ。「君こんと言ひし夜ごとに過ぬるは頼まぬ狐身をや化かせる」。★二十年後に、同題の貞氏の「こん／＼と言いし詞の跡無きハさて／＼我をふる狐かも T30」が、文句ながら問いの歌体の後味がそう悪くないと思う。※ ホ）古狂歌集の雑巻の述懐・懐旧・無常という三部にも悪口が不足しないが、それは他人にでは無く、我が身に向く小悪口、すなわち嘆きと自嘲だ。ブルースだ。０７５章も０７８−０８１章もご参考に。

お口直し
００６

砂糖よりあまみつ神のいますこそ
山蜂多くアリマなるらめ　白布行風
（天満つ＝甘蜜も在り⇒有馬も不可英訳が）

Sweet as honey, our God must present be & here is why
– in the hills of Arima don't hosts of hornets fill the sky?

「〜らめ」は「〜だろうか」。歌人など文芸に携わる人の間には、名も数々ある道真の存在は大きかった。弁才天がその幸運を招くミューズとなったら、道真が守護神。★何首か後に行風は「山口の両方に生ゆる村草を見ればさながら釣り髭にこそ」と詠めば、江戸初期の読者は、釣り髭だけで道真と同定した事も判るが、上記の「砂糖より」は、文学を愛した道真が追放されて以来、その敵に短命など不運が多かったから、蜜のみならず罰あたる懲らしめる天満天神の生き霊を山蜂に詫く大神社奉納歌かも。王様までも怖がった古代アイルランドの詩人の呪う力を思わす歌徳の怖い裏面をこんなに甘口に詠められた。出典『地誌所載狂歌抄』の観光書の 1672 年の有馬編の編集も行風。師の貞徳同様、落首だけ許さぬ優しい人だった。因みに「子をもうけたる人に」遣った師の名句「ねぶらせて養ひ立てよ花の雨」ある。花は女の子で雨が乳を吸えばよく眠り元気に育ちながら、眠らせるは古綴で舐むる意味だったから「飴」も掛け縁語にきかせ、子供を甘やかすアドバイスだ。★貞門と無縁でなかった、後に上方歌の祖師になる貞柳も 1679 以前の号、言因で「亡母孝養の一夏九十首も中に」読んだ首に

難しく説いたり又は柔らけつ一味のあめをねぶらされけり

Teaching hard stuff so it softened up sweet & quick,
each taste was like a lollipop or caramel I could lick!

章頭歌同様にここにも、硬さと柔らかさと甘さまじる。因みに、俳諧師の兄貞因の二人が甘口が代々引き受けた歌流のみならず、名菓子屋だった。行風の天満天神の歌の対照にほ同地誌 1687 の別巻「故郷帰の江戸咄」の一首「牛天神」を見よ。★詠人の名もないが、言葉から九年前に亡くなった卜養作か（*脚注）と思う「昔こそ物うし天神なりければ今は御自由自在天神 T 参 44-1534」。静かな道教の赴きに牛は相応し使いだった道真は先ず浮かぶが、卜養は先に見た癲癇を詠んだ医者だから、道真が受けた不正に凝らず、天生鬱病も仮定できたかと思う。道真は本来性格が優しくても、怖い神になった所は鬱病に多い二極症になると。★時代少し下る 1734 年以前に百子が詠んだ「御本社ハさいふにいます神なれば金銀自由自在天神 T52」は、当宮の総本社なる太宰府の略「宰府」に「財布」掛ける内容に金欲を嫌う敬愚は苦笑しか出ない。やはり、行風のあまみつ歌のように心を温まる何もないが、あの狂歌を詠んだ俳諧上がりの百子にも天神に対してそれなりの複雑な気持を抱いた。★数年後に彼は「我は若きより鼻のきかざりければ」と前詞し、こう詠んだ：「誹諧の肺のひらけぬ鼻つんぼ憐れみ給え梅の神様 T57」。梅の神も、むろん天神だが、香を「きく」と云えば、きかぬ鼻は「聾」となる発想は愉快。★天明狂歌本 E15-1 に再載された友知の 1672 以前の「おぼしめす所へひょっ飛びむめハ誠に自由自在天神」に見受ける狂歌版「かるみ」としか言えようが無い首も愉快。梅を呼ぶ主か飛ぶ梅のどれが自由自在が曖昧になった方がいい。

　　　　狂歌の百章頭歌の六目の首に、天才でなかった行風の天神を詠んだ地道の首をなぜ択んだか。歌次だ。貫之の優先した内容の筋というより、良い雰囲気を守りたかった。悪口を紹介すれば、恨みある文学の神ですら快く詠んだ行風の歌しか頭に浮かばなかった。しかも、行風には他の詠人と争う淘汰もなく、百章頭歌の仲間に入る特別パスに価する。貞徳という仕掛け人から狂歌の書物いっぱい貰った行風がいなければ、狂歌は笑話のオチと雄長老・正式・未得・卜養・月洞軒などの天才の一過に終わったかもしれない。多くの人が参加できる文学のジャンルに成らなかったかも。合わせて詠人数五百人、歌数約五

千首も越える大狂歌集三冊（1666, 1669, 1672）の編集を相次いで首尾よく完成した行風こそ、万人の狂歌の恩人だ。「地誌」ないし観光の巨大集の、殊に面白い有馬巻の編集も同じ行風。諸大集にある行風と何十人との贈答歌は別冊まで、預けしますが、人を奨励したり安心させたりする編集者だったからこそ、文学に大貢献が可能となった。この人を無視する日本を、好人物の彼は怨むはせまいが、敬愚はもう少し気が荒いから、許せないぞ！行風の山蜂の対に、或いは肴としながら、次章から始まる新年歌への橋渡りに、★宿屋飯盛編『万代狂歌集E8-3』に出る蟹子丸二世（1780-1837）の歌「山蜂のみつの初のためしとハ嘗めてぞしるき屠蘇の土器」もご紹介します。蜜に年月日の三つの初めを掛けるのも素晴らしいが、これを読むと東京からそう遠くもない可愛い小山の上のブルーグラス大会で必ず飴を吸いながら見事に歌った男性の歌手と全身入れた fiddle（バイオリン）の可愛い女性の演奏を聴きながら、我が呑み物を舐めに来た山蜂の往来秒を数えて、それぞれが巣の距離が異なるから、一羽一羽の同定もできた楽しい日を昨日のように覚えている敬愚は、天神の梅の如く日本へ飛びたくなる。あの土器を持ち上げて、読者の皆さんとご一緒に狂歌の知的ながら暖かい遊び心に乾杯！したくなるです。敬愚は俳句上がりの為か、蟹子丸二世の手触りに舌触りまで感じる狂歌にも惚れているから、行風の００６章頭歌に取り替える気すらある。

*卜養同定を頼む。両手で数える狂歌の大御所ながら『故郷帰の江戸咄』の始めての数十首が卜養作として図書館資料などで同定されていない事を、卜養ファンとして許し難い。卜養の歌集の歌に重なる詞扱いのみならず、内容も然る。例えば、天神の「うし」。「巣父（そうぶ）」と題した「世を憂しと引っ込み思案する人ハそうぶ*の悪き生れつきかなＴ絵６又T27」という卜養歌もある。*中国伝説の許由巣父が木上の巣に棲んだ。まあ、風呂盥に住んだギリシアの哲学者より楽しいかと敬愚は思うが、この「そうぶ」というより「そうぼ」の発音が多い。現代遺伝子や心理学に寄れば、鬱病は両親というより反対の性の親の親より引く。祖父か祖母！有心よりも有意味の掛詞ですね。

新年

007

年の内に春は来にけり一年を
去年とや言わむ今年とや言わむ
在原元方『古今集』905 年の首歌

*Spring, they say, has come today, so tell me if we may
Call This Year "Last Year," before New Year's Day?*

「俳句」と名付けて、芭蕉のずっと前になる連歌師宗祇の俳句も何百句を、死後に完成された『分類別俳句全集』に入れた子規の判断力と度胸に頭を下げる、子規の大ファンだ。今になっても、子規が「俳句」を利用する以前の句を全て「発句」と言うだけではなく、そうしない人を俳諧知らない無知者と侮辱をする馬鹿もおられる（英米に多いという気がします）が、ずっと前の宗祇などの連歌師のいわゆる「発句帖」にある句の多くも、明らかに発句に相応しく無いし、単独にも味わう句が少なくはない。一茶の二万句の場合、発句になりうる句は、多分その十分の一以下になる。やはり、何百年を遡るも「俳句」という語あるいは概念があったら役に立ったはずです。子規居士が偉かった。けれど。その、我が尊敬する子規は又、貫之を「下手な歌よみ」と『古今』を「くだらぬ集」ということは許しがたい。元気になって長生きしたら、子規の意見は変わったかもしれない（和歌は若い人よりも老人を喜ぶ）。ともかく、古今集とその編集が悪い証は、本章頭歌が第一首になるとのべた。元方の「歌が出て来る実に呆れ返つた無趣味」を述べたところに、異見を申さざるをえない。とは言え「しやれにもならぬつまらぬ歌」は、その通りであろうが、太陽と月の両暦合せに内在する矛盾を「日本人と外国人との合の子を日本人とや申さ

ん外国人とや申さんと…同じ事」（「再び歌よみに与ふる書」）にしては、困る。陰陽暦の元年と立春の複雑な関係、ないしズレのお陰で見過ごしがちの文化の寓意性は顕わらに浮かぶ事を、陽暦の世界に産まれた子規が実感できなかったようです。

貫之は元方の歌を択んだ理由は幾つもある。歌集の頭に、洗練された歌よりも幼稚っぽい土器の如の歌こそ目出度いが、その一つ。それに、皆も考えていた事でありながら、誰も詠まなかったからこそ、一見して陳腐と即時古典と聞こえる正当性が、その二つ。子規が「理屈っぽい者のみ」受ける歌と見下したが、元方の見え透けた理屈は、学士の詭弁や狂歌師の複雑の言葉遊びと異なる稚児の初心で素朴な疑いで、すなおに読めば、誰でも受けたはずが、その三つ。そして、編集者にとって年内立春の歌を冬に置くか春に置くかという決断は、単語の空論ではなく、避けられない実践的な問題（実に、子規の死後に完成されて出た『分類別俳句全集』の「年内立春」句が冬と新年の巻に少々心地悪く分け方に編集者の苦労も伺える）で、年の尾を嚙むべき口開にするのが、その四つ。序で既に述べた下手な詠みこそ読者の考になることも、読者を考慮した上、玄関より「この程度だったら我も詠める」と思わせるようにわざと択んだ下手糞な詠みが、その五つの理になります。

とは言え、論より証拠。我も／＼と替え歌を作らせたくなる繁栄力と云うか、在原元方の歌ほど子沢山の和歌は他にない。あるいは、片手で数えるトップファイブ中だ。和歌と狂歌の出身を問わなければ、その子ら即ち派生歌は何百首もある。★中で我が手元にある最古の面白い例は、956年の『後撰集』の雑中で「月のおもしろかりけるをみて」躬恒（みつね）詠んだ「昼なれや見そ紛えへつる月影を今日とや言わん昨日とや言わん」である。月の明るさを弄ぶと判ったら悪くないが、★一番気に入った首は、1310年の『夫木集』に再載された、葉室光俊（1203-1276）が詠んだ下記の和歌だ。

暮はてぬ年のおわりに春立て定めかねたる我がよわひ哉
*Spring is here in the Winter before the Year turns its page:
another thing that can't be settled . . . what about my age!*

在尾張（おわり）の任務に勤める人か、尾張人だったら、掛詞上には、更によいが、そうでなくても年内立春の問題を我が年齢の問題とする私化で、和歌ながら狂度が高い、本歌をはるかに凌ぐ。若しも元方の歌の rehabilitation つまり名誉回復が必要でなかったら、この光俊の歌を章頭歌にしました。或いは、改造版にいつかそうします。とは言え「another thing もう一事」を「さだめかねたる」と云う英訳も、本歌へ頷くと思えば、我が心も中々定めない。★それから、1623 年頃の安楽策伝著『醒睡笑』の「上戸」章より。年内立春が「めでたしとて奉公の衆各々」に飯器一盃を出し「これにて一つづつの御通り」と定むを古老の人が二盃うくる。「それは何とて」と咎められば「畏まりて候「年の内に春は来にけり一年を去年とやいひわん今年とやいひわん」と吟じて時の興をぞ催しけり」。1672 年の『狂歌咄』にも出た。酒の只呑みの歌徳の類にもなるから、やはり再載が多い。ひょっとしたら、狂歌徳の八割までも杯に酒を入れたがる動機にできたと思う。★江戸狂歌の鯉鮒（1749-1818）の「年の内の春はしかとも分らねば午とや云わん羊とや云わん e3-6」。「しか＝鹿」か。~~知らなかった事を「憂し」と考える完ぺき主義者ながら、転じて「牛」か羊かという軽み抜群の詠みに「やれやれ」と言いたい。~~ 2017.6.29 校正。午は馬だ。縦乱視で午は牛になった上に、十二支の順を覚えるだけの記憶力もない証だが、「しか」は掛詞ならば、漠然として覚える中国の文字通りに馬鹿な故事もある。馬を鹿と、或いは逆だったか、ともかく嘘に賛成する要求を優しい紳士に強いる乱暴者…。その故事に掠るのが狂歌の微笑ましさだ。ともかく、去年今年の興に乗り、犬の春が酉年内立春に鳥の玉と新玉を食うに去年もワン one 今年もワン one いう新案を詠み切れなかったが、十二支をそれぞれ交じれば、子規の憤慨した「合の子」を、面白いキメラにもなりかねないかと思うようになった。ならば、元方の下手な歌を「呼び水型の傑作」と称すれば、いかがでしょうか。

話を子規が見下した編集者・歌人へ戻すと、貫之の気配りのいい歌次のおかげで蛇足が殆どなしに面白く読み得る『古今集』に学ぶことが多くても、『万葉集』から学ぶこともあると思う。それは、家持等が、読者から「なんじゃ、これ！」と大声出させるほど、とんだ下手のかわの歌の存在である。家持等が編集者は、大器で寛容か、大雑把でだらしがなかったか。そう思わない。似通った良い歌に眠くなる読者を目覚すように、わざと入れたかと思う。『万葉』を完読してから三十年も経つが、二例もすぐ思い出す。★第二巻早々に出る内大臣の美人うぬめを娶った時に詠まれた無名人の万葉歌#95 は読者にもきっと見覚えあるが「我はもや安見児得たり皆人の得難にすと云う安見児得たり」。おそらくまだ十代で頭がよくない美男子が詠んだ。きっと安見子もあんまり利口ではなかった。で、上様は二人を結んだと敬愚は仮定する。もう一首は、和歌より倍以上も長いが、尿臭い（か醜鬼の様）悪罵の形容詞「しこ」を三回も繰り返す裏切れた恋の恨みを吐いた万葉歌#4270。しかし、いずれも最初の歌ではない。貫之が在原元方の歌を最初に置いた。頭から、読者を起こしたかったからでしょう。現在の編集者を考えさせるべきな、褒めるべき選択かと思います。

読者として自問すべき。上出来歌のオンパレードの中に、時折に間抜けた自慢や情けない怒り等の下出来で歌にならない首にも出くわす事は、面白いかどうかを、真面目に考えて欲しい。これは意識の有無と趣味の良悪を超える問題です。人には、二種類ある。音楽で言えば、期待しない曲と演奏を感謝せず、自分の択んだリストばかり聞きたい者と、期待しない曲と演奏を望んで、有線かラジオで人に任せたい者。敬愚は音楽のジャンルに好みありながら、やはり後者の Surprise me！タイプだ。個々の歌手と曲を注文したくない。食べ物もそう。日本の会社で勤めた時、近所の居酒屋から、その日の弁当を知らぬが仏と思った者は敬愚一人だった。「「びっくり弁当」と名付ければ売る」という我が新案を居酒屋のお上さんが受けてくれたが、それでも我と一緒にお任せする人は一人、二人増えたが、多くの人が一々決めたかっ

た。心の飲食物も同じかも知れない。期待しない物を求むと期待できる物を求む派はどれが大きいか。★脱線の駄弁の道草はもう飽きたでしょう。本筋へ戻る。先ず下記に置く、元方の歌に頷く後期江戸の声音が詠んだ首（E9-3 1815）を見よ。原題は「旧年立春」となるが、再読する度ごとに意味が解らなくなる一首だ。「古今」を直訳すると雰囲気は少しは出るが、在原元方の名前もなんとなく掛ける所は訳無用。

年の内の春は古今に在原のもとかたのごと立ちて来つらん
Spring comes within the Year just like it does in our poetry
viz., Ariwara no Motokata in the Old-Now anthology.

こういう歌は、二番茶で衰えているかどうかも再考に値する。敬愚に言わせてもらえば、只の焼き直しは存在しない。必ず本歌に何かを加えている。文学にとってのプラスだ。★談林俳諧臭い悪ふざけで本書の百章頭歌として失格ながら、自分の齢にした和歌と一緒に最も気に入った首は、天明狂歌の「古今狂歌袋 1787」にあった、浜辺黒人の「踏み跨ぐ年のうちまた膏薬のどちらへもつく春ハ来にけり」である。内股の膏薬は気持ち悪い。たまたま只今ＡＭラジオで聞く極右派の番組の宣伝に、太り過ぎの保守派米人の男の為にちょどそういう薬の押し売りを聞いた！思えば、ぎゃっ、思えたくないが現在の米大統領も、あれを塗っているかもしれない。とは言え、若しも前足が内股になる寅年の春であったら…。★又、1778 年に出た紫笛の「唐人に会う長崎へ行くこの身あつち者やらこっち者やら K23-6」は面白い。派生歌になるかどうか、という歌例として。時間を空間に取り替えただけか、全く関係ない。いや、歌と言うべきかどうかすら知らない例もあるが、結局、新年の頭に元方の歌しかなかった。狂歌そのものの百章頭歌を択びたかったが、その素直な読書を邪魔になる明治より始まった真面目臭い文学観を先ず相手にしなければならないと思えば、この次第になりました。お説教は悪い。時折に退屈だったら、お詫びします。章ごとに駄弁は少しずつ少なくなるように努力します。ただし、次章は、牛の涎も避けられない。その次の章から、さっぱりした文になります。

008

*Last year's tear-icicles having melted, now, am I deceived
or does Spring rise up wet even from my mossy sleeves?*

年暮れし涙のつらら溶けにけり
苔の袖にも春や立つらむ
俊成　新古今集#1435

九十歳まで長生きした百人一首の定家の父が出家した 1178 の二年後の詠み。二条の后＝藤原高子の「雪内来春」を詠んだ「古今集 c905」の「鴬の凍れる涙」の歌まで遡る。人の氷る涙は中国の詩にありそうが、鴬は恐らく繊細で想像力も活気なる若い后の新奇の歌だった。上記俊成の歌が出た「新古今」の数年前になる寂蓮法師集に鴬の涙の氷柱は二度出るが、一首は『新古今』に入る二十歳の惟明親王の 1200 年作「鴬の涙の氷柱うち溶けて古巣ながらや春を知るらむ」。同新古今（1205）が出る前に亡くなった俊成の上記の人間、つまり自分の涙の氷柱が、鴬のそれより早く、ひょっとしたら「涙の氷柱」の初出ないし新造語句になる。少なくとも、日文研の和歌ＤＢを調べたら、より古い歌例は★氷柱でない凍る涙の秀歌は 1198-1199 成立の「御室五十首」の釈阿が詠んだ「あわれにぞ春を知りける雪のうちに涙こほれる鴬のこゑ。」「雪の内」と「凍る」で二条の后の名歌にふれながら、０１７章に詳しく述べる鴬の声の「零れる」質も濁点つければ見事に捕らえる。★氷る涙の和歌の中で俊成の歌より狂趣の濃い歌例は、下記の 1371 年詠を見つけなかった。

偽りの初ねならまし鴬の涙の氷とけてなかすは　宗良親王
*The nightingale's first call came from the heart so these tears
broke the ice and mine joined the growing flow, my dears.*

初「音」に「寝」も掠るかどうか知らないが、清濁無用で聞かぬが仏の「流す＝鳴かす＝泣かす」の掛詞が「ハ」で強調するオチになると余韻も抜群。親王がその声を聞いたら泣いたかと敬愚は読む。英語らしく歌を読む人＝my dears＝も加えると狂訳になるが、狂歌だけではなく、和歌の面白さを現在の日本人に伝えるためになるかと思います。
★俊成の「氷の柱」の派生歌とまで言えないが、その新造語をつかう、最も謎めいた和歌は、正徹（1459）が詠んだ「歳暮恋」がである。「さ夜ころも涙のつらら年暮れぬたれにとくらんよその下紐」。衣＝頃も、辛⇒つらら、垂れ＝誰、溶く＝解くなどの微妙な掛けながら、どうでもいいが「よその下紐」とは面白い。面白いが、意味はまだ判らない。誰に謎を解くかしら。生田の豆腐屋の前に出会った方の本『氷柱の鉾 四季の古俳句』の書名から、母なる自然の紐を氷柱の鉾が解いたと変な思いつきもしたが、お手上げです。それでもいいが、今度来日の光栄あったら、正徹全歌の解説も求む。ネットでは無理です。
★もうそろそろ、本格的な狂歌でも、一首を。百丸の「題林」再載だ。

鴬の氷れる涙はいざ知らず人ハなきこと言わぬ元朝
Classic Nightingale, I don't get those frozen tears, but if you're crying instead of singing, that is something we don't do to welcome Spring!

出た本が後期江戸になるが、詠む人の名から上方狂歌であろう。正月に鴬をたまたま聞いたら、古歌の不現実性を囃し、鳴くが泣ければ晴と吉事に限る元日は忌むべしですよね、とくすくす笑ふ。欧州の古典的なリリカル詩とロマン話の nightingale という古翻訳語の替わりに現在の学者が好む wood-thrush とか bush-warbler に変えたかったが、止めた。しかし、脚韻のために「迎春」の元日にしました。俊成の和歌の替わりに章頭歌にしたくなる狂歌らしい狂歌だが、心なくというより心凍った隠居も我を忘れて苔袖の涙川を立つ霞が印す春を世と共に喜ぶ、その浮き浮きした気分、あるいは氷柱の涙という水で苔衣に青い春が

来る俊成の歌にも狂趣あるという宣伝をしたかった。又も一首の章頭歌級首もある。下記の無名の『古今和歌六帖』（985年以前）だ。

泣きつめし冬の涙は凍りにき溶けん春日は身もや流れん
My winter tears all froze in place, so on this balmy day
in Spring, I fear they'll melt and I'll be swept away!

上記は『古狂歌 物に寄する恋』の「寄氷溶恋」歌だ。伊勢物語流のアクションも借りた大雑把な誇張は章頭歌よりも狂趣度が高いが、俊成の情が深いし、氷柱こそ貞徳の悪名高い「牛の涎」句の弁護を買う機会を備えてくれる。俊成の涙の氷柱と比べたら「今朝たるゝつらゝやよだれウシの年」と云う貞徳の悪名高い句の氷柱が素直と云うか、無害でしょう。とは言え、貞徳だけは、なぜ何百年も引き続いて不公平に馬鹿にされてきた。立春に垂れそめる氷柱と云うのが自然現象です。立春は暖かくて垂れるも、喜ばしい（それを精子を垂らす鉾とした方が宜しいとでも、蕉門の方は思いますか）が、丑年の迎春と牛の涎との偶然一致を見出し、目出度き縁を喜ぶ事は、いったいどこか悪いか。蛇足ですが、つらら「や」で仮定的な新案で新鮮し、涎に「やよ誰」と聞けば「牛の年じゃ」と答える遊びも静かに込まれている。人の涙を氷柱と見るよりも自然です（申年の赤面の日出も、虎年の霞が縞なども同じ）。若き自分の心の中の貞門の詞遊び癖と必死に戦った芭蕉が貞徳に厳し過ぎたら、許しえるが、その事情もない後世の学者の貞徳蔑視を、許せない。幽玄の俊成だ、ウシの涎のつまらぬ貞徳だ。不公平ではありませんか。★さて、貞門というよりも独立な俳諧と狂歌の言葉遊び屋で、貞徳と文通あった史上最初の個人たる大狂歌集を出した未得にも、丑年の下記の首はある。

月と日を両輪にかけて廻り来る今年はウシの車よせ哉 T24
The Year of the Ox, in a cart, backs up to our dock where we greet
it w/ the Sun and moon, each a wheel, and fete the day we meet.

回り来る車は年で、三つ初めになりがちを年の方が車で、日の月は輪とは１＋２という少々異なる感覚だが、「車寄せ」は良い。簡単に乗るように、バックして縁に車の尻（？）を寄せれば、乗ると最初から前向きだから、元日には気分が良いはずです。とは言え、車としての年月も人工的な概念で、貞徳の牛の涎だけは、どうして問題になったかという事を又も考えてしまう。因みに、『古狂歌 珍題集』の草稿には「涎」が 69 回も出てきます。その歌の多くに貞徳の句の直接な影響が無くても、涎が自由自在に出てもいい世の中は、部分的には貞徳のお陰だと思います。★本書に載せる心地の一番いい涎歌は、冬の部まで surprise として預けるが、心地の一番悪い例は、言って置きます。「涎のみ垂らすのっぺらぼうの子は女に目なき人の種かも」。これは、江戸後期で『狂歌百物語』という天明狂歌系譜の怪物画廊ながら、実に目鼻も無い奇形なる人を説明する低俗仏教の因果論をそのままに詠むから情けない。慣用の「目がない」のために、本当の眼がない奇形が因果としたブラックユーモアの屁理屈には脱帽ながら、貞徳の気持ちの宜しき目出度き涎句と心が正反対だ。牛の涎には汚さは全く感じない。青葉でも干し草でも噛みかかっている丑年を氷柱の垂れ初めに見出すのが、美しい（それを納得できない人は農場に数日以上の滞在を勧める）。

腹に一物なかったら、又その良い英訳が可能と思えば、敬愚は涙と涎を止めて、下記の首を章頭歌にしたかも知れない。★『輿太郎』という 1736 年成立の上方狂歌集にある鈍永の風俗ぷんぷんながら香りも高い「お雑煮祝」の傑作「久方の天津のつとの太ばしら探る雑煮の餅うまし国 K13-2」（同時に裏なる凸の逆鉾箸に対する餅焼くと張れば、ぽっくりと穴開くことを指す 1767 年以前の「あなうまし国 K13-4」の変種あり）。★宿屋飯盛の「山の井を手習う人の書き初めにくむや古今のわか水の音 1902E」という「若水」が題の狂歌に成熟した美もあるが、松の内の面白い題が本書には既に多過ぎると思えば、お説教に都合のいい和歌と題に定めた。悪いですね。四季と恋の部を待たず、次章から駄弁が減り、その変わりに面白い狂歌の数は、増えます。

００９

一夜あけて心の駒いさみつゝ
ふける煙草のわ乗りをぞする
山陽堂　摺物 1798 午年

*Up all night waiting for Spring cannot come soon enough
our pony hearts race around the rings of smoke we puff!*

遊女と居続く客の煙で大きな馬を吹かす画賛 Courtesan with a Client Blowing a Horse of Smoke with four poems になる四首の中で、我が心を引いた首は、山陽堂が詠んだ煙の輪乗。絵に見えないが、心を詠む素晴らしい珍歌だ。「すりもの」とは、主にお得意先と別門の狂歌師に親友や門人に配れた年賀みたいの画中心の印摺物。除夜を外れかと思えば、春駒と正月の縁語になる「勇み」こそ午年の新年を活かすと知れ。しかも、昔の中華文化圏では駒の存在が精神上の意義が絶大だった。「心の駒」とは今の「自我」より親しみ易い、欲張りながら嫌味もない、心の抑えがたい気力の具現でありましょう。常に大人は、心の駒を抑えた方が良いが、新年は違う。野望一杯の初心の春駒の綱を外して自由に遊ばせた方が正しかった。老若男女も「勇める」といい。★ 下記なる天明狂歌名人宿屋飯盛の 1812 以前の首は、その心を綴る。

顔見世に顔は見せねど己さえ勇みて走る馬の跡足
*Ponies in spring, though naught but stilts of bamboo,
are lively and spirited, as all of us should be, too!*

約十年後に一茶の「春駒は竹でしてさへ勇みけり」は、まさしく同じ心。勇みの歌例へ戻るが、摺物の狂歌そのものに関する考あり。多くの摺物には、画一か二枚に二から八首の狂歌になる。狂歌が先のも、

画が先のもあるが、歌と画の内容には、少々のずれあった方こそ良い。期待しない寄せ合わせで、ちょっと考えたら合点のゆく方が最高。何首もそれぞれが絵と面白く交じる場合、清少納言の物尽しの品々に等しい、編集芸を極む寄せ合わせの文学芸となる。残念ながら、狂歌の三大シリーズに摺物の狂歌は皆無に近い。画本（美術館の厚奴も古本屋が売る薄い奴も）を集めるお金もない、狂歌こそ愛でる我々に見過ごされがちであるが、十数年前から欧米で何冊も出た（頭章歌の摺物は McKee 著 *Japanese Poetry Prints* 2006）。2009 年の拙著 *Mad In Translation* に数千首の古狂歌の英訳＋和文が出たまでに、翻訳された狂歌の 95％以上も、英米独仏の美術館と博物館出版の数々の大カタログっぽい摺物本の中だ。殆どが後期江戸でしかないが、古句の二割だった新年部の英訳はただ 2％でしかない（文化的記号が多くて、訳者に避けられてきた）と思えば、正月中心になる摺物の翻訳は日本の文化に対する知識のギャップを埋めてくれる貢献は、大きい。★さて、摺物の脱線終わり。章頭歌の候補者だった、もう一首も「勇む」。

玉虫の光のどけき春の日は海馬も勇む浪の初日かな
On a halycon Spring day irridescent as a rare beetle, green, red and gold in the NY sun – sporting seahorses, a sight to behold!

又、午年の摺物。北斎が前年の 1821 に描いた、柔らかい曲線美の半ば透明になる海に見える海馬（Carpenter: 2008）。波と流れの曲線はアールヌーボーが、すっきりとした所がアールデコのミニマリズムの前兆。画賛は、鶴雛子（梅好）。元旦の第一枕「長閑なる」にもう一枚の「勇む」。静で夜明けに、赤い日が海を出ながら海面の色が益々青くなる玉虫のごと目の前に変わるか、海の日の出入りが赤緑のちらりと見える現象か。ちっぽけな鰭が大船をゆっくりと動かすタグボートの様なスローモーションに「勇む」だと、可笑しい。★馬の輪のる首に決めた前に、もう一と首の煙草歌を章頭歌に考慮した。行風編 1666 年の『古今夷曲集』の四番目歌で、正長が詠んだ下記も傑作だ。

たばこ呑む内より春は来にけらし煙も霞むはなのさき哉
Spring just came, right as I took a smoke – you think I joke?
The haze that comes with it rose from my blooming nose!

スムーズに呑み込める前句に、気から霞が見える系譜を弄ぶ。無理もなくまだ冷える鼻先と、花先と花のそれと掛ける。ひょっとしたら、年内立春を祝いながら花が咲く新年後の本番を待ち遠ける歌意になるかも知れないし、正長が老人だったら肺中の煙りこそ年の内の春となる。タバコの輪乗り狂歌より少々優れているが、煙輪に馬の走る空想の新奇と口語の「～をぞする」の突っ張りは、変人敬愚の心を奪った。

おまけ小章　煙草（タバコ）

煙草ほど、いと簡単に可笑しく詠める題もなかろう。英国のコミックな脚韻詩も狂歌同様にタバコに強かった。初期江戸には、古臭きもの同様に、新奇臭かった煙草には、時場違いの可笑しさはあった。片方は過去より、片方は未来より来たが、珍客は珍客である。初期狂歌には、狩人よりも鉄砲がよく詠まれたのも同じ理由からであろうが、鉄砲の大半は比喩にすぎなかったタバコが本物が多い。出くわした煙草歌を全首拾った訳でもないが、それでも「古狂歌 気の薬あくまでも不完全大集」の種本ファイルには、煙草 147、たばこ 51、烟草 22、莨 10 （莨菪 5）、敬愚が平仮名を片仮名に直したタバコ 76、キセル 31　煙管 24、合わせて 400 回もでてきます！やはり、パトロン見つけた次第、煙草も別冊にする。下記に、その中からぱっぱっぱと八首のみ、見本に吸いましょうか。★古いは 1633 年の犬子集の 14・17 連歌「胸の煙ぞ病とは成る・呑み込むナただ慰みに吸ふ煙草」。多分（コピーは不完全）貞徳の一人連句。煙草が肺に悪いというより、恋焦がれて病になる類似病の心配かと思うが、同じ頃に出た噺本「百物語 T 参 31」の古今問わず四十四狂歌に詠人知らず煙草の危険を警告する十首の数え歌もある。八首抜いて★★首を見よ。数字は英訳できなかったが、

九せとして煙草にすげる人毎に我は持病の治りたと言ふ
All tobacco addicts will make the same damn claim:
Whatever ails them, the cure, smoking, is the same!

十損のありとは知りて呑むからは煙草にまさる慰みは無し
To smoke, however high the cost, is simply wacko,
which only goes to prove, no relief beats tobacco!

もむろん火事の種になる歌もあるが、逆説と矛盾の自然たる皮肉をもって中毒の心理を見事に詠まれて、怪しい理までも呑みこむ上記の二首は原文も拙訳も説得力ある傑作。★それでも煙草とのロマンスが続いた。極東のタバコの思想的適応方を物語る江戸中期夢庵の「山（仙？）人の口もからす（？）に白雲を吹きみる多葉粉いのち伸ぶらん 1768 以前 e1-1-27」は、読めない所もまだあるが、リリカルでしょう。★同時代の上方狂歌の木端の「煙と云う草の始は其むかし誰ぞ思ひの種や蒔きけん 1760 以前 K1-50」には恋歌の思「ひ＝火」を適応しながら、牡蠣を初めて食った奴の勇気を祝う金言を思わせる。★後期の川かせの「大和歌からうた作る案の種煙草や言の葉草なるらん 1806 K25-3」と★柴栗の「思案にも工夫するにもけぶり草　煙に智恵の輪をやふくらん 1823 k6-6」の二首は哲学っぽいのみならず、煙草は考えるに良いという化学的な仮説と繋ぐ。ひょっとすれば、序で紹介した酒と同様に、空論ばかりではない。吸う動作で心は微細に動けば連想は沸くとか、ニコチンは酒と反対に集注力を高めて思想が挟るようになるか。煙草なかったら、近世哲学も無かったと真面目に論じる人もいる。★辰丸の 1803 年以前の上方狂歌 K26-2 は、奥深いか軽薄か中々悟らない敬愚には言え難いが、映画のタバコ吸うアップの生命力を感じる。女優の場合、眼つきが岩でも念が通せるようになるのが不思議。

呑むばかり腹にたまらず禅教の悟りか空に輪とけぶる見ゆ
Compared to drink, smoke doesn't make you sad or mad staying in,
but comes out as naught but a ring of harmony: tobacco is Zen.

上方の思ひの草に対して、天明以下の江戸の吸殻と吹き殻の副題の数十首から択んだ俳風狂歌を三つのみ見よ。★緑亭員久の「蛍狩それかと見れば是は音を出だして水に消ゆる吹殻　E8-4」は芭蕉顔負け。★緑洞園の「不二見茶や景色みとれて吸殻の落ちて衣の裾にぬけ穴　E13-1」は、当の山の岩屋の人穴を仄めかしながらハードボイルド。妙な組み合わせだ。★下記の江戸後期（E12-6）の誇張法は文字通りに見事。

  腹の中見ゆる国より渡りけん 膝に穴あく吹き殻の跡　　橘薫
  It came from the land of men with bellies you can see right through
  or so I feel seeing the holes my tobacco burned through my robe.

腹から背まで大きな穴が開いた島人は、日本流のガーラバー旅記にあるが、文字通りと言った理ある。早く燃えるような薬が無ければ煙草は吸うだけで消える。外へも呼吸をぷっと吐き出さないといけない。古き汽車みたいで、火の子もよく飛ばす。Garam というタバコで、我が服装も穴だらけになった懐かしい思い出もある。因みに、当の歌の題は「懐旧」。★章頭歌の近代摺物のタバコの輪のる駒に、当の候補者の初期狂歌のタバコ呑む鼻先の霞に、又も季節に合う章頭歌にしたくなる煙草でないが似通った 1813 以前の鷹並の江戸狂歌 E9-3 ある。

  春立つという口よりも出る息にあなたのやがて霞初めけり
  Breath comes out from mouths that shout "Spring is here!"
  And, in the horizon, ere long we see the mist appear.

息即霞ではなく、春の広報する皆の息がとどのつまり、共同の春が立つ印か証拠に成る気の長い筋は、特筆に価する。事実、息のよく見える寒い日より、霞はもう少し後になるがち。とは言え、他のいずれの詠みにない暖かさを感じるから、2016.9.5 現在は、やり直す余裕もないが、再版する前に、この方こそ章頭歌にするかも知れない。或いは、2017.5.2 の校正中ですが、百首を二か三百まで増やした方が良さそう。無論、その前に本書の読者のご意見を伺いたい。

010

From the far side of the Cave-door gate, *"I'm coming through!"*
And, we see the Sun's bright legs stride into Spring anew.

通りますと岩戸の関のこなたより
春へふみ出すけさの日の足
智恵内子 **E2-4 1785**

絵に正座の後姿しか見ていない智恵内子。黒髪のすらっと背中を流す畳にこぼれ流れる。評判は「美人」で読者は自分の理想と当時の日本の理想の美人の顔を想像しながら読むと「とおります」の発声は、とりわけ清らかに聞こえる。掛詞も新規の観測も一切も無きを、最後の一句で日の光線と同時に、擬人（天照大御神？）なる日の足とその天声を拍子よく結ぶ名歌となる。これで天象までも粋の江戸の小股の切りあがった心がひびくが、光線は具体的に言えば、どうなると聞けば難しい。東の海の真上の雲の隙間から、光線が出る瞬間か、江戸の東にある丘？より町内の屋根や道などに当たる瞬間か。★我が見た画には、丘と木と大建物などに分けられた光線の進み具合が、かの鶴の歩みか人似神よりも、桜川慈悲成の 1830 頃の摺物狂歌のような物である。

今朝となれば霞の海を大蟹のいとゆったりとあゆむ日のあし
Come the Dawn, how slow and easily the Sun beams expand
like legs of a giant crab, through seas of mist o'er the land!

瞼に煮たように赤い巨大の丸い赤身と長い足が海底を静かに這い出て江戸を歩くこのカニジラの姿は、見える（見つけた洋書の英訳では蟹が「火の鋏を振った」が、訳者が日の足とその歩みの馴染みがなかった為の誤訳でしょう）。しかし、比喩が見事もカニジラの歌には腰も

無い、筋が貧弱で今一つ。とは言え、変なことに、我が脚韻の狂訳で読めば、十分だ。★智恵内子の章頭歌の対と最後まで争った首も又ある。下記なる同じ天明狂歌の『徳和哥後万載集』掲載の奈間川野等人の、数冊の本で再掲載を見た覚えあるから現在の狂歌の惨めな基準からして、名歌だ。

とこ闇の葦簀の岩戸ひき明て面白くも出づる辻君
A reed screen, her stone-door, moves and out
from the everlasting dark we see before us
the white-face of a crossroads whore

当本手元にないから、わが解釈は確認できないが、好掛詞の「闇の夜⇒よしず」の葦簀は、簾と異なって、野外に立つ葦の壁か屋根みたいな奴で、辻君が中に利用できる小部屋（床＝常闇ならば）あるか、ただそこで飲む安酒屋か、夜鷹みたいに自分の穴場が舞台になるか分からないが、出づる行為で岩戸からそうした太陽神の天照尊になる一方、兒が「光る」と詠まず「面白く」という語で、最初のストリップとよく言われる舞、つまり諸神の笑い買って天照尊の好奇心を起こし、一幕の英雄になるウズメの尊を思わせる。辻君は双方の役割を同時に演じる訳もないはずが、これも掛詞ならぬ掛概念か。原題は「寄夜初神祇」。いずれにして、飯盛の歌詠の下手が良いを非難した国粋主義者は、神を辻君と一体化するこの首をどう思ったか。★因みに、奈間川野等人の歌より解り安い1670年頃の卜養が「白き扇」に書いた微笑ましい歌 T31 も神話に対する概念的なもじりで参照になる。

久かたの天の岩戸にあらねども開けば表しろ／＼と見ゆ
This fan is not the cave door that once let out our light,
but opening it, we see on the face of it, bright white!

少々回りくどい参照用の歌例は失礼しました。★上段を書いた数日も経ないと『狂歌上段集 E4-1』という1794年の集に、知恵内子の「通り

ます」のすっきりした粋に比べて素朴ながら、かの神話と見事に初日の出を結ぶ、同じ天明狂歌の坂月米人の下記の歌に圧倒された。

> 神の代の骨折り見えて天の戸を易くも明ける日の初め哉
> *The Gods of old had to work so hard but now it is easily done;*
> *She opens and shines through Heaven's Gate, our new Sun!*

これを滑稽と思う人もおられそうが、温かい傑作だと思う。初日の出は、睦月らしい安産の祝いにも感じる。神の代にふれながら、苦労もないところに我々人も感謝する。又、晴れた今朝の春のルポだし、間接的に泰平の豊かさも祝う。どう見ても、この首は知恵内子のそれよりも狂歌らしくも感じるが、本書では女流狂歌師の首が少なすぎるし、江戸っ子の粋の歌例として「通ります」を通した。米人もよく知られている天明狂歌の方ながら、名狂歌集に出なかった為か、この首は名歌にならなかった。なってもいいと思うが、読者諸君のご意見は？本筋へ戻るが、元旦に再演する神芝居は、かの岩戸の面白い場面だけではない。初日に加えて、日の本になる列島の始めもある。★氷柱の溶けるを春と自分を結ぶ００８章頭は、私的な詠みならば、1785 年以前の詠が詠んだ下記の上方狂歌 K27-5 とは、公的な詠みでしょう。

> 神の代の昔もかくとみつの朝軒の氷柱の雫よりなりて　群丸
> *The icicle dripping on the skirt of the house as our New Year dawns*
> *recalls drops from ye jeweled halberd tip when our gods spawned!*

見⇒三つの朝ながら、男根ならぬ神根を鉾たる氷柱と見做し、貞門の涎の落としならぬお年子とも呼べる精液に改良したところに、世の始まりにも二つ以上の源点もあると考えさせてくれる狂歌だ。狂訳の最後の動詞 spawn は魚の交尾ならぬ、雌の魚卵に雄のそれを垂れる行為で天の橋から垂れて大和国を造ったに相応しい。人の交合の様なではなかった。★最好と思う初日句は、鬼貫の「春立つや誰も人より先へ起き」だ。近い歌例といえば、雪亭の後期江戸の『題林』掲載の下記

の歌であろう。「夜明け」も「夜が明ける」に等しい英語はないから、素朴な内容を、ご覧になる英訳に転じるには、三十分もかかった。

常ハたゞ夜が明けてから起きるのに起きてから夜のあくる元朝
While waking up at daybreak is the usual way we part from night,
at the dawn of the New Year, we're awake to see it grow light.

★元日への態度を 1784 以前に詠む酒丸の上方狂歌「うどんげを笑いやすらん花の春くる年ごとに珍しがられて k27-4」も悪くない。元日は狂たる句も多い。巣枝（1810-1886？）の「春立つや寝らるると言う人もある」は申し訳ない傑作。『三日月集』（1730）に出た茶静の「日を人に問う正月となりにけり」を It's New Year's / when we ask each other / how the Sun is と英訳すれば、太陽の具合に気を配るのが正月という心温かい歌としか読めなかったが、「〜にけり」の含みを再考すれば、本人が病気で参加できない正月であろう：New Year's became / one of those days I must / ask others about。狂歌には本歌の存在が誇張され過ぎたから、「難しい」とよく言われているが、十七文字の方が難しいかと敬愚は思う。短ければ解り安いというよりも、情報量が少なければ、何だかが何だかと解らないから、読み難い場合が多い。息の数が多い三十一音字を身につけるのに俳句より時間はかかるが、じっくりと読んでみれば、慣れる。そして、むしろ読み易いジャンルだと悟るはずでしょう。

新年の神と人と文化が対象になる狂歌を読みながら、先章同様に一世紀なる俳句英訳の歴史も、どうしても悲しくなる。換言すれば、大自然が主役になる四季部でない新年部を紹介する英訳の割合は、日本の四季のそれと比べて十分の一でしかない。四季は五感で誰でも知ることができるが、文化は説明しなければ通じないから、蛇足を含む翻訳がくどくなりがち。既に述べたが、日本の新年はタイム・マシン。万が一日本は沈没するか、若者は日本語と過去の文化を忘れてしまったら、タイム・マシンに乗れなくなる。で、摺物の英訳も有難い。

011

My poem began 'Another last year' before the dawn of the New
surprised me with better words from where I have no clue!

よみ歌は又古とし や明けて今朝
あらたま／＼に出来たと思えど
僧源聖院観阿 k27-3　1783 以前

また古年を「又古とし」と綴れば「反故」紙の山も見えるのが敬愚のみか。素人っぽい書き初めだ。それでいい。我が英訳も、失敗を重ねて、もう少しワインを呑めば、脳みそに飛び込んでくれた弁才天か誰からの贈り物だ。思うには、双方にある磨かれていない初心が魅力なる。僧源聖院観阿の狂歌を読めば、敬愚だって、同じ内容を伝える洗練度のより高い狂歌でも、いと簡単に詠めるかと思って、

年明けてあらたまらない去年の反故かみたのみ過ぎ二日よい歌
（改まるを仄めかすあら、堪らないに溜まったはずの反故紙⇒
神頼み⇒呑み過ぎた二日酔い⇒良い歌できた英訳無用）

我ながら、偉い狂歌かノンセンスか、判断しかねる。その判別は日本人の読者諸君にお任せするしかない。けれども、掛詞が一杯詰めたを、詠み繰り返しうちに凝っているかと疲れてしまった。或いは、ペンキの塗れ過ぎ。どういう訳か、僧源聖院観阿のす焼きには、疲れない。★我が失敗作と又も異なる、後期上方の僧源聖院観阿の「あらたまたま」の歌の百数十年前の、月洞軒の「年づよと生まれにけりな歌のすけ去年孕ませて置いて目出たや T40」を＜対＞にすれば、いかがでしょうか。思えば、こうして過程（プロセス）をよく詠むのも狂歌が得意。

よって、永久に前衛的な文学だ。★月洞軒の数十年前の 1672 年の大集 T30 に出た満永の狂歌は、いかが

呑む事の口あけにとて酒と茶と煙草と三つの春祝う也
（年月日の day=sun month=moon でないと三つの英訳無用）

One for *Toshi*, one for *Tsuki* and one for *Hi* – all Three for *Me*!

Let us celebrate the First Opening of things we would imbibe this Spring, by which I mean the wine, tea and tobacco tribe!

男の中の男のような趣味物なる「口あけ」も「〜初め」と同じで、これも章頭歌に考慮したが、時間単位と天体名が同語ならぬから英訳も拒んだ。脚韻で可愛い狂訳できたが、三つの意味を伝えるには長い詩も要る。事実、「あれこれ初」は、狂歌よりも俳句が強い分野だ。その例外は「書そめ・筆はじめ」という三十一音詩の伝統ある副題。★『題林』に再載された上方の木端（1763 没）の「書初のすゞりの海の淡路嶋おろせし筆や天のさか鉾」とは先章に見た氷柱の垂れた神代ごっこですね。★同本再載の「卑下初め」と称してもいい長尾の「取り出だす去年のふる筆ふるう手にことしも恥を書き初やせん」と、★1790 以前になる上方の玉雲斎老作「筆しかむことのはも無しちと舐めてかゝれど老ハことを書き初め K27-1」のいずれも素晴らしいが、筆噛む歯もない掛けた言の葉もない老作だけは傑作かと思う。★書き初めの卑下に次いで好副題になるは、子供。★国定画に市川団十郎七世と女性が子供の書き初めを見る摺物に楽聖庵は「やすらかに筆の志りとる大師やう墨色もよき春のあけぼの」は、大師流の筆尻取という跳ね上がり書法を通して同じ弘法が日本に紹介したと云う稚児恋を仄めかす。江戸中期より、稚児恋がいけない事になったからぎりぎりのところまで詠まれたかと思う。（★念のために、鷹羽番の 1785 以前の天明狂歌「いとけなき心に思ふまゝごとの末は人目を隠れん坊哉」とは、勇むもいい元日に乱暴になり過ぎた子の描写か。★同じく紀定麿の「稚子の思ひつめたる一つ身になどつけ紐を解かぬ君かな」は、単な

る晴れ日の飾りで色紐の数が増えた事だけではなく、恥じらずに解けた昔でない君が代の祝いか。）★後期江戸の子供の書き初め歌には、現代人の誰にとっても気持ちのよいものになる。1855 以前に詠まれた緑樹園（飯盛？）の江戸狂歌「書初の牛の角文字ほめられて子より涎を垂らすたらちね E12-7」と★同本の菱持の「鬼の首とりたる様にぢゝばゝが書初ほむる桃太郎月」は好例。大筋は川柳に過ぎないが、十七文字に縮めることが無理なる心に訴える暖かさと云い、読み応えと云う何かがあるかと思います。書初以外の初物の詠みを三首ほど見てから、次の章の謎なぞめいた首へ進みたい。二首は、俳句にあまり見覚えのない小題の「乗り初め」です。★「題林」にも再載なる読み易い勝重の初期狂歌「春立て乗り初めをするお舩ならあらた丸とも申すべきなり」も、章頭歌に入るかと束の間ながら考えたが、よく見れば句に過ぎない内容だと気付き「乗り初めの船を名づけばアラタ丸」で十分だと解ったら、観阿の「あら、たまたま」出来た歌の方に変えた。笑話の中で使えば、おふねという下女と結べばいい。★念の為、「乗り初め」が三日になれば「丸という名やいつ付かむ空海に造りかけなる三日月の船」（題林）という金鳳の狂歌は、船を「丸」と称する事自体を面白く弄ぶ。月の舟は確かに、とどのつまり皆も「丸」になる。★三番目は、最好。題は、なんと「初姫」になる。そして、この 1777 以前の上方狂歌 K13-5 を詠んだ人の名は、又なんと春丸！

姫はじめとは面白い名也けり其本祝は何で有ろう
*That First Princess is an interesting name none can doubt,
whatever the original celebration might be about!*

ずっと想像した初交合で無かった事を何年前に覚えたが、その前に自負できた俳句や川柳も作ったかと思えば、今も恥ずかしい。この歌を読めば、小生と同様に勘違いした男が、二百五十年前にも日本に生きたと知るだけで喜ぶ。女の子は大体わかる、本当の事は。「初晴れ着」だった。今は、初和服か成人の日か何か、でしょうか。

012

Heaven bends as all make a ring of Spring soon sprung below,
now please teach us the Way no aim can hit, oh, artless Bow!

天下皆はるにわなりの下手の弓
いられぬ道を教へ給われ
貞徳 T22-19 c1630

正月の弓に詳しくない。弓を造たり、射たり、楽器として引いたり、弓矢の通と思いながら、日本の新年のそれとは、まあ、社員だった頃、ある年、破魔矢の嫌な思いでもあるが、神社で当たるかどうかに運が定める弓とか、子供のおもちゃのような貞徳の「下手の弓」の意味がよく判らない。春庭＝張るに輪、つまり平和の印という英訳無用の点は解るが、「下手の弓」は絃をつけて過剰に丸いから力もない、役に立たない安い見世物、即ち神社で買った別な力ある弓か、貞徳が本当に下手な弓だったか、そこが判別しかねる。後者だったら、こうだ：

All below Heaven is Spring harmony, round as a drawn bow,
may my bad shooting serve to teach the Aimless Way to go!

Mad In Translation に入れたから、貞徳の歌の正解を何人かの日本人とそうでない学者にも訊いてみたが、「難しい」としか答えが無かった。名人の作品でネットに何とか見るかと思ったが、結局、自分でやるしかなかった。以上の二通りも出来たが、心には只何となく道教みたい。★などと独り相撲中に下記を和歌集に見つけた。好人物良寛の作品だ。

当らねば外るともなき梓弓空を目当てに放つもの故
Do not aim and you can't miss with an Azusa bow. – Why?
When we release the string there is no target but the sky.

良寛の歌を読めば、貞徳の歌の後者より前者の解釈かと思うが、どれも生かせて自負できる内容で、今のところ思い切って択べない。結局、（2016.10.22）貞徳の下手な弓にしたが、十五日前に鮮やかな夢にかなり丸い弓を手に、先ず試しに弓を四十五度まで持ち上げて、少しだけ引いて射て見れば、子供みたいに矢が十、二十メトルしか前へ飛ばなかったが、きれいに飛んで、又同じ角度に着地したら弓に自信が身につけて（或いは先ずのこる三方へ同じことをしたか）、今度、弓を空の真ん中へ狙い、弓をいっぱいに引いて放つ瞬間、完璧とわかった。何秒も経ち、返ると自分の脳鉢を割るを束の間に心配したが、そのイメージも見事で大当りだったとしても御めでたいと怖さが消えたところ、大地に戻った。我が身を動かずに、右の腕を横へ伸ばして、矢の柄を掴み、それを適切な力で、確かに土から真っ直ぐ上へと抜けてから、我が元へ取り戻したが、これで数日以内に来るかと皆が心配したHurricane Matthew は近く通るもマイアミに当たらない事が判り、目が嬉しさに潤みながら覚めた。断って置くが、夢では、文字通りに上を射たが、良寛の空へ届くものは、当の弓の弦の鳴る音かという気もします。★事実、今日（2016・8・13）までは、章頭歌が題が全く異なる1799年の摺物（北斎画「未年の美人揃」逆訳）にある下記だった。

佐保姫の衣の浦に春たちて霞の袖をぬふ沖の舟　南枝春告
Spring comes to Princess Sao's Robe-lining Bay to cut cloth for her sleeves of mist loosely stitched by boats tacking offshore.

景色の写生画は章頭歌として不十分が、その動画っぽい性質に惹かれた。未年の羊が洋の字と衣と縁もあるが、★少し後なる1812年の江戸狂歌集に立吉の「久方の雲の羽袖を縫うかそも長崎針と見ゆる帆柱 e7-1」に帆柱が針になると明確にしてくれる。俳諧に「霞」が去年今年を分ける幕になりがち。遅い立春でなければ、どうも霧か霞か見分けない感じもしますが、０１９の章頭歌にも佐保姫の霞と重複になりかねないから、「下手な弓」の歌にしました。

小章　迎春の霞

とは言え、迎春の霞の歌が章頭歌になったように、もっとご紹介したい。★1679 以前の方碩の狂歌「昨日まで丸裸なる山姫も霞の絹を着衣初せり T37-8」の場合、雪残らなかった元旦になる着衣始でしょうか。★名女流天明狂歌師知恵内子の「さほ姫の霞の衣ぬひたてにかゝるしつけのをがわ町哉」の掛詞（緒⇒小川＝革？）と縫縁語の一連が名歌だが、★走帆の 1740 頃の無名上方狂歌「さほ姫の霞の衣ぬひさして今朝なん寸と積もるゆきたけ T47」の方が江戸っ子でないこの外人好み。「縫いたて」や「今朝」でいずれも迎春かと思えるが、後者は「正月廿日」とある。★煙草の煙以外の新年霞の最好の首は、元禄の月洞軒詠み「身の程を感じて」と前詞した文字通り「立春」歌 T40 に他ない。

とし若きしるし也けり朝霞よく立ちおゆる我がはるべの子
　　（霞が立⇒立ちおゆるも春辺⇒張るべの掛詞は英訳無用が）
Proof of the youth of this Year and yours truly rises at dawn:
my standing part mist-hidden signifies the Spring, tres bon!

蛇足なるが「おゆる」は、勃起する義で後代の「おえる」。未完成の『古狂歌 色を好むさし男』の表紙のカットにもしたい大胆無敵の珍歌を本書で章頭歌に出せまいが、傑作だ。まだ若い黒田月洞軒の倅も早起きしたのが珍しくなかったが、元旦は何でもかんでも意味ありげ、含蓄一杯。百数十年後の一茶曰く「小便もうか／＼してハならぬ今朝」の春は、茶を沸いても煙が初空を傷する心配を句にした。その心地ですね。月洞軒の元気な私的現象は、一致だけではなく見事の吉象にもなるから、報告に価する。この狂歌を読めば現在人には「あっぱれ」と云うよりも「いやらしい」と思う人も少なくないと思うが、かのお祭りもある日本だから多くの人は歓迎する気持ちでしょう。出典の『大扇』は日記みたいなもので、たぶん両色の笑歌を交わした親友自剃坊を含む数人にしか見せなかった。ひょっとしたら、このはるべの子の元旦祝は、拙著 *Mad In Translation* 以外に、まだ再載されていない。

013

Is that our own little turtle paddling up to Mt. Merhu?
I guess it's dawn for the month named Swaddling, too!

蓬莱に泳ぎ着きたる亀太郎
これぞむつきの初朝ぞや
長生堂永田柳因 1737

前文の「今年二歳の小忰有伯父長命を譲らんとて亀太郎と名つく座敷の往来亀の水に泳ぐの如くなれば T55」の詳細を知らずとも、多くの読者は幼稚の這い／＼と解るはずで、一応これを章頭歌にした。原文の「ふつき」（ぶつき）を「むつき」（月名とオムツの掛詞を活かす為によく混合された子音）を直した。終句に「と」も加えたくなるが、「あした」と発音すれば、そのままでいい。上方狂歌大師貞柳の弟の一人かと思うが、これは全く素直でよい意味で素人の味がする。新年には、申し訳ない詠みだ。確かに、一茶句

蓬莱に南無／＼と言う童哉

の神と仏の棲み分けを誤る子の内容に比べて知的面白さもないが、小島育ちの敬愚にとて、これほどお目出度い動画像はない。草稿で再び読めば、この亀太郎をもう放せられなかった。さもなければ、蓬莱が題の章頭歌を止めた。何故かといえば、蓬莱の空前絶後のポエムを、既に十数年前に見付けた。狂歌ではない。虚子の句です

蓬莱に徐福と申す鼠哉

ジョフクないし Xufu は、五百の若き美人を連れに中国を出て長生の山島の蓬莱を求めた者。これより enchanting（人の心を奪う）蓬莱のポエ

ムはありえない。虚子は著名で名句に成ってもいいと思われるが、昼の鼠ほど見当たらない。狂歌に等しい狂句ないし愚句か冗句か妙句（これを滑稽と称するに良すぎる）は、写生ぎみの句界に川柳と勘違いされやすいためか、早くも日本の子どもに紹介したい虚子の鼠徐福は、古本の中で紙魚と遊ぶ。そう言えば、徐福の代わりに、子規の生まれ替わりに出くわしても不思議はなかった。子規の句に「蓬莱に我身ちぢめて入らうよ」ともある。子規には可愛い女の子になりたかった願望もあったから、敬愚は虚子句の変種も作りたい：

蓬莱に子規だと申す嫁が君

俳句ほど惚れはしなかったが、亀太郎の他に目を引いた蓬莱の面白い狂歌もあった。★上方中期の大御所鈍永の 1776 以前の首 K13-3 は、狂歌においても、珍しくも国大ないし国民的な規模の自嘲になる。

何やかや塵が積もって蓬莱の山となるという国の風俗

*Making a pile of all sorts of crap and calling it Mt Merhu
is customary in our country . . . just something we do.*

本書と同時出版なる『古狂歌　滑稽の蒸すまで』には、塵積もれば山と成る系譜の国か君が代祝の室内一寸版ですね。その系譜の歌には、「山となる」は「大和」即ち国体になりがち。★一方、義栗の 1795 以前の上方狂歌「元日は掃かぬ座敷の塵ひぢ積もりてなれる蓬莱の山 k4-4」は、和歌の公に対する狂歌の私的視座でしょう。元日は皆も掃かないが、こんなに早く造れた小大和は、食い詰めの類だったら、ああという間に食われちゃうも、はかない（笑）。正直言って、日本の蓬莱の写真を見たら、圧倒されなかった。わが国のクリスマスツリーというよりも、プレゼントに詰めている飾りの大靴下に等しいか。塵はカミと交われば、靴下にも縁があるようですが、国際比較を止めよ。狂歌師は、伝説の山の蓬莱と自分のと比べたためか、ともかく塵だと卑下して詠む事が意外だった。いや、完全に意外でもなかった。狂歌を

読むと、期待しないものを期待する。文化の仕来りも、槍先に乗せてみる勇気ないし遊気こそ、狂歌の中でなければ日本の文学のどこにあったか。★蓬莱の親類の「食い詰め」の方には、嵐雪の「ほつ／＼と喰つみあらす夫婦かな」と争う御風という人のとてもどうけた 1815 頃の江戸狂歌は、傑作と思いませんか。

旨き物飲み喰い遊ぶ春来れば人の心も喉になりけり E9-3
The New Year, or coming of Spring, was a calm, meditative thing;
but our hearts are in our throats w/ such great eating & drinking!

親父ギャグ（gag は、英語で先ず喉に引っかかる意味の動詞で飲食し過ぎる折に合うが、腰抜けるジョック）は、つまらないと我が趣味を叱る読者もおられそうが、敬愚同様に元旦の枕なる「長閑さ・き等」が陳腐と感じるまで古句と歌を読み過ぎた読者は、それが「喉」になるところに、その知的体験のない人に説明しかねる読む喜びもある。狂訳には英語の慣用句の heart in one's throat つまり心配というのを飲食し考えていないと御用して同じどうけた雰囲気を復活しても、弄ぶ元日の枕が無くて、原文と比べて面白くない。★草稿の中で、這い／＼の小亀の首に御めでたく再逢する前には、「餅」が題の元禄の月洞軒の狂歌「弓ハふくろ治る御代じゃと祝いつゝ締めた甲の具足もちろん」も、章頭歌の候補者だった。長閑に喉を見出す、同じようなどうけた言葉遊びは、新年の初心初歩のあたりに相応しいかと思って。もちろん、これは泰平を祝うが、祝歌の別冊の執筆が進めたら、その中でなければ、読者は十分には鑑賞できないはずだ、と判って、下げた。★一方、保友の 1666 年の「鏡餅」を詠む狂歌「年越えて花のかゞみとなる餅は黴かゝるをや曇ると言ふらん」と、★其丸の天明三年の上方狂歌「機嫌よう腹立てぬと云う天朝は餅の張れもふくと祝いぬ k27-3 蛇足：天朝は天皇王朝、転じて朝廷、そしてここは日本国の今朝の春」のいずれも、黴と腹立つ忌む語に触れながら笑ふのを十分に楽しく読めたが、蓬莱に向こう亀太郎ちゃんを除けるまでも及ばなかった。

014

Seeing Mt Fuji in a dream, your good luck is already here:
no tolls or tired legs.....beats going there to start the year!

不尽の山夢に見るこそ果報なれ
路銀も要らず草臥もせず
鯛屋貞柳 1654-1735

我が最好なる夢の富士ポエムは、句で章頭歌になれない。本を書いたまで、猫好きの敬愚には、一茶句「初夢に猫も不二見る寝様かな」を上回る夢のポエムは、ありえない。上記の上方大狂歌師の代表作となる名歌も悪くない。両手で数える著名狂歌の数に入り、読み覚えのない読者はなかろうし、歌意は解りやすいから蛇足も無用が、★同じ貞柳には、一味違う初夢狂歌もあるという事は有名ではない。初夢を見たい夜は、地方によって異なるが、枕か床の下に敷く「宝船の絵に」書かれたと云う「仁（じん）以て宝船とや聞くからに人にぞ物をたゞやらんやら T50」は、画賛とも祝とも言い難い。「から＝唐」という掛詞一つで渋いが、この宝船考は、英米文化人類学用語ではカーゴ・カルトと称する他から運んでくれる尽くせない富積荷信仰を思わせる。飛行機が太平洋の少数派民族に現代の品を運んだ、その八百年も前に中国の品が巨大船で海を渡った。宝船は、その再現と思えば面白い。貞柳よりもう少し後になる海鼠名句もある太祇の傑作「宝船訳の聞こへぬ寝言かな（1772）」を、参照に置きます。★さて、貞柳のもう一首。英訳しかねた文中の歌ほどの価値もないが、ともかく

宝船なんの夢のよ金銀をもてば寝覚の心易すさよ　T50
Treasure Ships, what of these dreams they bring at night! Please,
gold and silver 'twould let us wake up with our hearts at ease!

一見して、ぴんとこない人もおられそうが、敬愚の身に近過ぎる。二日酔いしなくても貧乏の寝覚が苦しい。貞柳が貧乏でなかったが、商人の心は常に貧乏か。兎に角、夢ながらもお金少し入ると魔法使いの如く夜明けのブルースの奴が来なくなる指摘は、事実。★扇鶴亭百人の 1793 以前の江戸狂歌「宝船に乗った心地ぞ屠蘇酒に二日酔して覚めぬ初夢 E4-4」は船酔いの連想もいいが、百薬の長と称するも、夢見に酒は良くない。夕方の宴会と寝酒を呑み過ぎた人が多かった為か、江戸狂歌には夢そのものよりも、宝船を売る方の狂歌が面白い。★1855年版の天明老人編『狂歌四季人物』にある松経舎の首を脚韻訳もしよ

宵のうち何万艘も宝ふね売れる江戸こそ大湊なれ E12-7
By nightfall, tens of thousands of boats, all treasure ships are sold and Edo, our watergate city, becomes a mighty port full of gold!

金は脚韻の副産物になるが。★森風亭波部賀の「問屋から品うけて来て人よりは先へ夢見る宝船売 E12-7」も好例だが、夢窓園敏住の「鷹の夢見よとてひさく宝船あしを握りて戻る商人 E12-7」は、夢分析のフロイド博士に見せたかった傑作。蛇足の足ですが、「あし」はお金になるが、船乗りシンドバードの冒険に巨大鳥 Roc の足を掴めて戻った『千夜一夜』のエピソードもあるが、彼もやはり、商人。当本の和訳は明治まで無かったかと思った。又も狂歌のスクープか。ただし、「ひさく」は敬愚はお手上げです。販ぐに提ぐに秘策に引裂に… ★終に、宝船売り方でない面白い江戸の宝船狂歌を一首、やっと見つけた。かの紙なる宝船を布団か枕の下に置いた晩、振吉は起きて家族を見た。「宝船敷寝の夢も永夜に鼾の浪の音のよき哉 E11-1 1819 以前」を、子規の 1902 年の句「鼻息に飛んでは軽し宝船」と共に読むと双方とも益々楽しくなる。翌日は、狂句になる。「六つからは捨て小舟」ないし「旦一片の反古」。その反古に宝船の画の他に、三十一音字の回文もあったかもしれない。「なかきよのとおのねふりのみなめさめなみのりふねのおとのよきかな」（長き夜の遠の眠りの皆目覚め浪乗り船の音の良き哉）。1548 成立通俗辞書『運歩色葉集』が出典らしい。

０１５

On Mouse Day, when humans visit the fields of Spring to play,
I feel we're the ones drawn out (pulled up) by the pine-trees!

子の日すと春の野ごとに尋ねぬれば
松にひかるゝ心地こそすれ
崇徳院 1119～1165 年

多数の和歌集に載っている御製歌。宿屋飯盛著『新撰狂歌百人一首 1809』にも見つけられた。『万葉集』の情けない諧謔から平安後期のこの心を暖める首まで拾った飯盛の尤もな歌論を無視、狂歌を天明天才の特芸としか見ない現代学者の心を、敬愚は理解しかねる。いずれにして、和歌集に子の日の首を狩る必要もなかった。先章のように、俳諧に頭を下げる必要も皆無。小松引きだと、優れている狂歌は極めて多い。上記の松に惹かれた和歌を章頭歌に決めたは 2016.1.25。★一年以上も前から０１５章頭歌には、御製ではなく下記の月洞軒の 1694 年の首であった。自負できる脚韻訳にもなる。

ゑいやつと引くにはあらぬ小松原 ねのびし後は大木と成れ
The little pine, even my grunts could not budge, may she grow
into a great tree because I stretched her roots to make her so.

引き損いを恥じるどころか、相手の姫松の根を引っ張り伸ばしてこそ大木になる発想は原文にもどれだけあるかよく判らないが、子の日の掛詞が渋いし、もの親しき奨励調は、まだ生まれていない一茶坊を思わせる。子日草（ねのびそう）とも称された小松ながら場が小松原という重なる語で腰が少々重くなるが、引き続きは、すっきりで気持ちいい。★1820 以前の潮鯉鮒の江戸狂歌「手頃より過ぎたる松やいざ引ん千代のためしに力ためしに E11-2」も又そうだ。千年の試しに引くも

引かずと云う狂歌ならでは発想。★月洞軒の450年前にも、小松の方が勝った歌例ある。「新撰和歌六帖」に出た知家の「子の日にも人に引かれぬ野辺の松いまは老い木の春や経ぬらむ」だ。松の内に老木も愛でる姿勢がいい。★もう少し解り安い存続の松の首もある。1829以前の八新舎若根の江戸狂歌「E12-2」。

子の日する野にねぢけたる拗ね松は昔の人の手にも余るか
Out in the field on the Day of the Mouse, that sullen old pine –
was he so gnarley the folk of old found him too much to pull up?

勝手でない仮定の歌体は良い。八新舎若根に向かい、そうですねと言いたくなる。2016.9.6の今日は少々飲みすぎて、このように物を見る人に惚れる。同じ日本人の皆さんも惚れまいか、くどいこと言いながら聞きたくなります。★しかし、松は生き伸ばしても、どうなる。多くの松の現実は厳しい。『題林』再載なる正式の初期狂歌曰く「子日して植えし小松も年を経ば伐られて板に又や引かれん」。★一方、人も己が善行の報いを見ない。繁雅は1815以前に詠んだk17-1通りだ。

子の日して今日引き残す姫小松お婆々に成るを見るよしも哉
The princess pines I tugged on Mouse Day remain in the ground
if I could but stay around to see them all become babushkas!
（力不足の老人に恨みも少し抱いたら下記の毒舌でいい）
The princess pine I couldn't budge on Mouse day was a bitch,
I wish I could be here to watch her turn into an old witch!

語句「よしもがな」は気に入るが、ありえない長生き願望は情けない。昨夜FBでちらりと通り過ごしては出典こそ失ったが「楽園とは、自分が生きて見る可能性が皆無も種をどんどん植える老人おられる所」と云う言葉。★先に見た月洞軒の「根伸びし後は大木」の語句に又、子は寝ながらこそ育つという諺も微かに覚えたが、本人もやはり寝上戸だった。別な歌で「こくり／＼こくり眠りに眠たきハ是やネの日の印

なるらん T40」。印か瑞は又験だが、「こくりこくり」は引っ張る根の穴から出る音が觧と重なるか。★1649 年以前に天才未得は、月洞軒のどの歌よりも複雑なネの日歌を詠んだ：「老ゆかん年に引かれて是も又ねのびのまつげ長く成るべし T24」。寝伸びは常に手足だが、睫毛が長ければ？やはり未得の首は、まだ未解。★一方、青＿亭舎鷹 K8-1 の 1814 年以前の活発な描写は問題ない。章頭歌にも良さそう。

小松をばうんと引きさま仰のけにこけた姿やね伸びなるらん
Pulling oh so hard, when suddenly flat on your back you lie,
a wee root-stretched pine in hand, looking up at the sky.

根＝寝伸びこそ英訳不可能で、狂訳の方が少々くどくなるが、要は、容量の無い人は力入り過ぎて引っ張れば、根が急に土を放すと、後ろへ倒り、姫小松の土で汚れた尻に敷かれる。その一過を、敬愚は明白に見えます。★根が「寝」ではなく「音」を弄ぶ首も相当少ないが、とりわけ楽しい。好例になる闌外上注の 1784 の天明狂歌「子の日する野辺へに琴抓なかりせば姫松の根を何で掘らまし E2-2」。へっと？掘るも許されたか。琴抓に通じる鷹の爪は万葉の第一歌にある小さな和風スクップ、筒（つつ）に似るが…。★それとも冗談だったか。と言うと、日本も含めて、昔は音楽無ければ、行事も行われなかった国もいた。子年ならば、我が書き止めた 1825 年は間違いが岳亭春信画「白鼠と女」というの摺物（Carpenter: 2008）に金地亭砂子の狂歌「小松にはあらで音のよき三味線に引かれて千代や野辺に出けん」とは「ひかれて」の語句で章頭にある中世の和歌に似るが、「小松」の第二義は端女郎。白鼠はネ類の中で高級で、これは今なら芸者という贅沢三味弾きも伴った子の日の遠会だが、少々大めの松を狙ったら、力入るような三味の演奏も要るか。★風が奏でる松が音色は三味線と琴のそれと異なる笛か三弦に限る。一緒に演奏すると、同類の楽器か別類の楽器の方が面白いという事は、人の耳によるが、江戸後期の最も人気の狂歌師の真顔は 1815 の自著本 E10-1 に後者を選んだ歌ある。

琴の緒に通う子の日の松脂を胡弓にひける人もありけり
On Mouse Day, when we imagine them crossing koto strings
there is one who plays a fiddle making pine resin sing.

蕪村の琴を渡る鼠が寒中だったか、中国の詩が双方の言及か。子の日は春ながら結構さむい。琴を弓で弾くか胡弓の二か三弦を弾く音の得意の震度で鼠も松も人も温まるはずです。松脂と言えば、翁容堂の「けんびきも厭わで引きし力手に粘り付いたる千代の松脂 E5-3」もある。けんびきはケンベキの変種の第三義なる按摩で指が強い。厭わないのが「糸」と「引き」の縁語のためか。敬愚は手造り一弦の弓にも、棒高跳びの手の滑止にも、銅版版画のアクァチント（aquatint）にも、松酒やギリシア式の葡萄酒の味にも、色々と松脂の恩人だから、こうして余計に長い道草を皆さんにも喰わせてしまったという訳です。趣味が共にする者おられば喜ぶはずが。★数年前の、子の日の章の初章頭歌の候補者（現在のが三番目だ。二番目が月洞軒の根伸ばして上げた奴）が、桃山時代なる貴族の野生禅僧の雄長老の悪名高い首だ。

An Old Man's New Year Season – his first Mouse Day outing
やみつきて野辺に初寝をせし春は小松は引かで風や引きけん
Caught up in it, I spent my first night in the fields this spring;
not one wee pine did I make mine, but boy did I catch a cold!

通常無害の単語すら忌む松の内。狂歌は自由自在かと思われたが、他足軒御判詞は曰く「立春の頃の題に病事を詠せられたる事」が「不可然」で「是を鏡として必凶事を可慎」…。「狂歌大観 T13-2＋T47-11」と異なる名古屋大のPDFにある「天下ゆう長老の百首の御歌」では「病つきて〜引きけん」の忌むすべき個所は「酒つきて〜引くらん」となる。万が一単なる婉曲ではなく、変種だったら、上戸で酒あったら寝ずに騒ぎ続いたを「酒尽きて」しまえば、その場で草枕をくって、体は冷えて cold=風邪を引いたか。*Mad In Translation* の狂訳に多少尾鰭つけた）英訳だ。風は英語で「引く」ことはないから工夫を尽くした。

★雄長老集の次の首は、代々の立春の吉象なる霞を弄ぶ「春毎に去年より物の見えぬ目は空に知られぬ霞なりけり T13」。今度は老目の霞を長生きの証明と思えばおめでたいが、懐中ないし嘆きと言えば正直。
★因みに、敬愚は益々気に入てきた源俊頼（1055-1129）にも危なそうな子の日の歌もある。「何事をまつみとも無き怪しさに初子ハくれど引く人も無し」（散木奇歌集）。待つべき、いや困る、よし行こう！が、誰もいなかった。雪でしょうか。電話がなければ大変。待つ⇒松身⇒みともなきの転掛詞には狂趣あるが、内容は現代短歌。★間もなくして俊頼に読み易い歌もできた。

ねのひして齢をのべにゆきふれば二葉の松も花咲きにけり
After sleeping in, I walked to the mouse-day fields to stretch my age
where the snowfall made even the two-leaf pine seedlings flower.
（狂歌に比べて概念が曖昧で悪いが下に綺麗な花と賢人似）
After sleeping in, out to the fields I went (both extend our age)
as snow made pine seedlings bloom with pretty flowers or sage.

子の日＝寝伸びや行き⇒雪などの掛詞も見事だが、引かずとも朝の内に二葉の苗が花を咲くという花咲き爺さんの心地になるトシヨリに、「いや、お若いです」と脱帽したくなります。既に他の章より歌例が多いが、後三首だけ引き続く。★可愛くない玉の狂歌は玄康の「女松をば子日の友に引かれなば陰蒙無しとて笑われやせん 1666 年 T27」。松ふぐりは、いかにも誹諧風が、これは雑俳風。★可愛い我が子の日は田原舟積の「皆人の袖や引らん子日せし松よりたけの育つ小娘 1793 年始物申どうれ百人一首」。蛇足：丈に縁語の竹。★そして、毎度みると章頭歌にしたくなる正式の 1671 年の「堀川百 T28」の左勝も可愛い。娘おられば、上の首ほど可愛くないが、鼠愛好者おられば、

己が名に立ちぬる日さえ姫小松人にひかれて屈む野鼠
Even on this Day that bears my own name, oh, wee Princess Pine,
people love and pull you up while bride-to-be mouse is cowering!

（この狂歌は言葉遊びも情報も少なければむしろ英訳は迷ふ）
Even on this Day bearing her name, little Princess Pine, I see
while people love and pull you up, a cowering field mouse!
（余計の嫁が君を止めて原文に近づくが、話相手を変える）
Even on this Day bearing thy name, men pursue princess pine
while, you cower in the shade out of the sun, field mouse.

崇徳院御製の章頭歌同様に慈悲深い歌かと思う。農夫の田打ちを怖がる野ネズミ cowerin' timorous beastie（屈みながらびくびくする小獣ちゃん）を哀れむスコットランド詩人ロバート・バーンスの名詩 To a Mouse 同様に、日本の紙幣に描かれてもいいではありませんか。短いから、歌句を紙幣に入れないのが、日本のお手落ちだ。又も、愚説教は失礼が、環境保護の意識歌としても、バーンスのそれと異なって日本で既に名歌でないのが残念。せめて中学生の教科書に早くも見たい。とは言え、決定的な英訳は難しい。姫小松と話すか、鼠と話すか、全てを第三者の描写とすれば、鼠は he, she, it, they のどれにするか。英語は面倒くさい。

小章　菜摘・若菜摘・七種・薺・芹・仏の座・七種たたき・七草粥

★若菜摘＋老　つむ人は腰も二へになりにけり
老いせぬ野辺の若菜なれども　寂蓮　百 1202 没
Picking them, just look and see our backs, all bent in half:
young greens in Age-not Field stop aging? What a laugh!

★同か　とし／＼に頭は光源氏にて
春の若菜の色好むなり　櫻川慈悲成　摺物　1805
My head that with the years has come to gleam like Genji also came
to love those young herbs of spring: so in the end we are the same.

狂趣が溢れている寂蓮が首の「老いせぬ野辺」は、★『拾遺集』の円融院歌「春日野に多くの年は積みつれど老いせぬ物は若菜なりけり」を踏まえた表現だろうが、二重の「へ」の字、いや爺の屈む背中の図と思えば「え」には直せぬ。後期江戸の慈悲成の歌は英訳された摺物から拾ったが、日本にも禿が鼻の下が長い象徴となったかどうか知りません。双方の首も気に入り、どれか若菜＋七種の章頭歌にするかと定めない内に、PCがブルースクリーンと云う悪夢。新PCを買い、日本語できるように工夫するに数週間もかかった。まだ仮定的だった章が永久に消えた。最近、別なファイルで二首の英訳をたまたま見て、やっと思い出したら、もう遅い。原稿に百章が既に出来た。小松引きよりも多い七種（草）かと思えば、狂歌の取捨選択も時間がかかると出版は借金返済期を遅れてしまうから、上記の二首で、この章を締めくくり、1,200,000 語の Doc ファイルから、若菜や七草などに関わる首を全部そのままに、参考用の一列を書末に置くという新案ができた。が、首をあちこちに動き整理しながら、狂訳すれば面白いと思って、PC 故障で無くなった英訳に負けない新訳は、下記の通りになった。

★武蔵野＋菜摘　武蔵野に今日ハ遠慮もしら雪の
富士を股から見る若菜摘み　貞意　題林（白＝知らが）
On the broad Musashi Moor today snow brings informality
as plucking young greens we see between our legs Mt Fuji!

★同　爪の立つ地も無き今の武蔵野は
青物店に若菜つむ也　問中庵松朝 E11-2　1820
No room now even to tiptoe on our broad Musashi Moor,
I'll pluck my young herbs at the green grocer next door!

★七草叩き　打つ音も下手は多つか七草の
妻も笑えり我も笑えり　むせん E2-3　1784
The sound made by our seven-herb-chopping was far from trad
my wife had to laugh and I had to laugh because it was so bad!

参った！全三原文も蛇足無用。全三狂訳も傑作。若菜摘むは本来、七日のために六日の朝も、同日の朝早いか、双方かよく判らないが、叩きはその後になる。六日か七日か双方渡る夜中か。十年も前に調べたが、もう忘れている。それに、2017.5.3 の校正子で七草と七種は本来粥違いで片方が小正月の十五日になると。参ったが、叩き囃しだけは OK だ。♪七草なずな 唐土の鳥が 日本の国に 渡らぬ先にストトントン♪は、音楽だからネットも渡りきっている。三番目の狂歌は、包丁を手にだけではなく口と舌も動いている。リズムが下手と手を切る心配もあるかどうかは知らないが、近所ごとに台所の叩きの調は台無しになりそう。この章みたいに……　★春へ進む前に、心に響いたもう一首。1789 年の上方の栗丈の「君がため若菜よまんと腰折をあな難しく一夜ねりけり K10-4」。これは、寂蓮の「二へ」の老の若菜が和歌の野を出でて、歌詠を詠む狂歌ならではの好例。そこで本章を〆括ったが、2016.10.10 の校正中、本の後に挟んだ追加を読めば、ああという間に又も、四首の狂訳依頼が心から発された。そして今朝 10.11 その追加の後半を整理せんとすれば、更に三首…。栗丈は、夜もすがら歌を練るが、敬愚は好きな狂歌を見れば、数分で狂訳を詠む。そして編集者はまだないから、依頼を中々断らない。「小章」は大章になる。

★西行に見せたや今朝の賑わしき
鴫立つ沢に若な摘む人　琴成 E7-1 1812
*How I'd like to show Saigyo these people out picking young greens
at dawn as snipe clapping loudly rise from the bog: a spring scene.*

★七種を寺には少しはゞからん
仏の座をもたゝくと思えば　栗毬 K4-2 1780
*At the temple plucking seven herbs my knees feel weak
to think we will soon chop up even the Buddha's Seat.*

★江戸人は手をも汚さで葛師の
若菜つみ来る船をこそ待て　麟馬 E11-1 1819

People in Edo don't dirty their hands 'cause they know to wait
for the herb doctor's boat to bring fresh picked young-greens.

★七草を打ちまぜ摘んで里人の
渡らぬ先に洗う芹川　三枝 K17-1 1815

Picking all seven herbs together, in Seri River I wash off their crud
before not just "Chinese birds" but our folk, crossing, turn it to mud.

★土混じり摘みし若菜を取り出して
あとは袂もたゝく七草　鉄廼屋大門 E12-2 1829

After pulling out the young greens I'd picked, still a dirty mess,
my first seven-herb whacking of the day I did to my own dress.

★白粥の中にちら／＼みどりなるは
雪間を分けて摘みし七草　前田朝雲 K9-4 1822

In the white gruel, tantalizing glimpses of something green:
the seven herbs we picked in the snow was this very scene!

★粥杖を打ち損なうて腰折の
歌でわぶるも可笑しかりけり　紫色主 E5-3 1799

Missing her behind with that good-luck-in-bearing-boys gruel-stick,
I made amends with a bad-back poem and we laugh ourselves sick.

西行の名歌を皆もご存知だろうが、前田朝雲の上方狂歌には本歌らしものある。★藤原仲文（923-992）は「雪の降りたるあした院の御粥おろし給わせて歌詠めと仰られければ」、「白雪のふれる朝のしら粥ハいとよくにたる物にぞ有りける T47-2」と「似たる＝煮たる」の言葉遊びには、上方の狂歌よりも狂趣も伺えるものの、走帆は、その 1730 年の本に俗語不用でこれを「和歌の筋」の俳諧歌の好例とした。要するに「ちらちら緑なるは」という口語で狂歌は狂歌になった。ともかく、差異は絶対的でない、狂歌と和歌こそよく似たる歌例にもなる。

春
016

題しらず　汚さじと思う袂も厭わずに
根ながら入れる野辺の摘草　民女 K8-1　1814
Unmindful of the bossom of my dress I thought not to soil,
I stuff in the herbs I pluck in the meadow, roots and all.

かの君がため春の雪の中に若菜摘む「百人一首」の歌が白き表ならば、これは黒き裏。心が通じる一茶坊の 1810 年の名句「門々の下駄の泥より春立ちぬ」も好きが、この首もっと好き。根と春の土を身に付ける民女の歌には、女ならではの胴も関わっている肌感覚。男は雪のような肌えを見るが、ここでは肌に春を感じる。疎かにされがちの第五感覚の希なる出番。地味ながら上々吉々の静かな祝いだ。七種も草と呼ぶし「汚さじと」云うも正月部に相応しいが、「根」を肌に感じるエロスだと「野遊び」を思わせる、上方の春の野になる。★下記の柳下の 1770 以前の上方狂歌に古き良きアメリカ合衆国も伺う。「面白や」はミソ。「賢いや」だったら、論理はすっと通すが、くどくなる。

野遊びは夜遊びよりも面白や眠たくもなく親も叱らず K24-1
Playing in the fields all day beats playing all night, for it is fun
not to be a sleepy bum lashed by our parents' sharp tongues.

★江戸後期出版の『題林』に再載された睦丸の 1786 以前の上方狂歌「弁当の結びをほればなづく犬の手をくれるまで遊ぶ春の野 K26-1」（ほる＝投げる）もピックニックですね。手を貸すではなく呉れると言えば、犬に「お手」の芸を教え込むほど長い一日。お辞儀か伏ししかない日本人は何故、握手っぽい芸を犬にさせたか、さっぱりだが。

★1815 以前の桃笛の「杖つきし隠居の供にたすき取る下女も一日丸の野遊び K17-1」は、狂趣こそないが、情報が有難い。なんと古き良き安心できる雰囲気！廊下にも寝たりした日本の下女の暮らしは楽ではなかったが、心は、英米の下女よりも幸せだったはず。十九世紀末と二十世紀前半に訪日した英米人は、下女や僕の知性と知識と常識が主人かお上さんに認められて、話相手にもされ、共に食べたり、命令を待たず自ら動き出す事等を驚いた。で、お二人の野遊びは楽しかったに違いない。これらの狂歌に笑いこそないが、内容は多様で日本人にとっても、色々と考えさせて呉れる過去という外国の良き案内となる。さて、野遊びは、弁当のみならず、酒も煙草もあったが、大酒と若タバコで命の洗濯する場は花見。野遊びは決まって健康的な行動になる。又アールピンの類ではなく、履くと着る物も自由の野歩き。そういう砕けた雰囲気は和歌よりも狂歌にもってこい。後期江戸の三首を見よ。★三日町人の首は、心の駒は例の猿にではなく、孫に引かれる甘口のご馳走 E6-4。★鏡月亭池水の首 E12-7 も然る。「道草」は英訳無用が、

孫の手に引かれて今日は春の野に心の駒も道草を食う 1802
Led here & there by my grandson through spring fields today
my old heart-pony should graze its fill of grass by the way.

道草を喰ひ／＼出でる野遊びや心の駒に綱ゆるして 1855
Ramblin' the fields, I let my heart-pony's reins stay slack
so he may graze on whate'er he wants until we go back.

歌として、一番目の孫の方が面白いが、二番目の心の駒と二人（？）っきりの散歩が、殊に新奇で楽しい。いずれにして、作法が厳しかった（又都内で各馬に別人の綱もちが義務付けられた）江戸に、野遊びの開放感が我々より深く感じたはずです。★花垣真咲の 1855 以前の「蝶を追ひ蝶に追われて夢心ひと日栄花の春の野遊び E12-7」は、初 12 音字は、一茶の名蝶々句を思われるが、後半のように夢を通して春の短い栄花と蝶々を結ぶが 31 音字ならではの詠みで、一茶に負けない。

017

Where is fun of neither ye Persimmon nor ye Chestnut school?
'Tis found around flow'ring Plums, where Uguisu singers rule!

柿栗の流れの外に楽しきは
梅のもとなる鶯の歌　　百年

約八百年前の歌仙は、柿の本の和歌の一団と栗の本の狂歌の一団に分けられた。前者は当日、歌合で記録すべき有心和歌の勝首の歌人達。後者は詠み捨てる無心の狂歌と遊ぶ、当の歌合の負け首の歌人達。これは藤原定家の歌体としての「狂歌」の初言及の要約＋私的解釈になるが、詳細と駄弁は「後書」まで預けたい。とりあえず、和歌も狂歌もいいが、梅本の鶯の歌も又格別だとは歌意。ただ「鶯」は、かの鳥か白拍子か、双方か。梅の花に来る鶯の同定が分かりかねる歌は『古今集』まで遡る。★宴会に来る鶯がお許しの有無を訊かれて「梅の花に招かれた」と答える和歌もあるが、率直に鶯と狂歌を弁護する狂歌を見よ。1815 以前の曲肱百年の章頭歌の数年前になる同じ上方の季隆の歌 k17-1 は、本歌かどうか知らないが、参考になる。

詠み捨てにしても捨たらぬ鶯の歌は世間の耳にこそあれ
Sung beautifully with no thought to have them written down,
the songs of the uguisu in the ears of our folk stay around.

唄い女の歌が流行ると述べながら「詠み捨て」は栗のもと即ち狂歌の形容で、古き世界を幽かに蘇らせる。狂歌の機知は耳に限らないが、本来、唄女の歌謡と鳥の音と同様に、聞き捨てられたという。無論、誰かに書き留められて残された首もあった。狂歌は読み捨てるに限れば、本書もない。俳諧同様、観測も主観も賞した初期狂歌では、鳥の鶯の声を、大雑把に聞いた訳ではない。★笑話の天才策伝（1554-1642）

の「鶯の今日紐ときてよむ初音一分八巻聞き飽かぬ哉」T参 25（策伝和尚送答控）には、余計に繰り返えす鶯を真に受けて、それなら経と聞けば退屈もしないと思えば可笑しいが、「初音」にこそ飽かぬ性質はある。★貞徳（1571-1653）の名歌「銭金でねをさすならば鶯の法々華経も一ぶ八かん 」（T20-4、T27 E15-1 又題林 1902）は、音を値と掛けることで経ながら安っぽく詠んだ。★貞徳が狂歌詠みの鑑とした細川幽斎（1534-1610）は、ある法会へ行けば鶯を聞いた。「初音ですね」と言えば徹夜で読経した師が「昨日も聞いたよ」と答えたら、幽斎は即時に「昨日よりけさかけて啼く鶯の声も尊しほふほけ経」と詠んだが、袈裟を掛ける傑作ですね。和歌通でない読者のための蛇足ですが、狂歌を好んで詠んだ細川幽斎は桃山時代の和歌の第一人物だった。★1798 以前の根来庵定規の狂歌「鶯も音をはるの日も長談義あくび混じりに法華経となく（E2 絵は談義）」にある「欠伸混じり」で春の睡魔も起こすと聞く人の顔も見えてくるが、初音には欠伸っぽい音色もある。この定規は間違いなく静かな庵かお寺で初鶯を丹念に聞きま.★1672 年以前に満永は T30 と云う情けない悪評も下したが、確かに異なった節を曲に繋ぐフロリダ Mockingbird に比べて、鶯は歌手ではない。

> 同じ音に鳴く鶯の歌もたゞ鸚鵡返しと申すべきなり
> *Uguisu sings the same note/s for his song, I say, how dare it!*
> *That should be called naught but the parroting of a parrot.*

本当は、定家か定規の傑作を英訳したかったが、無理。双方ともずっと日本語を学ぶ人だけのご褒美に残る。★江戸中期の黄表紙作者・狂歌師酒上不埒（1789 没）は又、手厳しい評価になる「夜鶯の鳴きける」と前おきて「よる夜中思ひ寄らずも鶯の鳴くはほうほけ狂気なるらん E2（狂言鶯蛙集か）」。一見して、鸚鵡でない人の耳には繰り返しが精神異常と感じるか、と前の満永の首と一緒に考えたが、酒上不埒の歌意が、鶯の歌は恋歌ではなく経であるくせに、夜中ずっと繰り返す行為こそ狂気だ。概念も面白くて秀歌になる。★我が耳では、通常繰り返しがうるさく感じる鳥は鶯ではなく、五月の時鳥だ。鶯の声には

耳を擽る繊細なところもあるから、何回も聞きたい人もいる。敬愚もその数に入る。その初声は美味だ。1666 年の『古今夷曲集』に行安が詠んだ歌の云う通りだ。

  ほそ／\と鳴く鶯の初音には朝と生まるも及ばざりけり
  The first sounds of our Uguisu are so tender and fleeting;
  by comparison, 'Born in the morning…' is, well, nothing!

人間を、鶯の初声に惚れる人とそれをまだ不完全と悪く思う人に分けられる。後者の方には音楽のセンスがない。試みの初音があんまりにも暫定的で脆い、綱渡りの素人みたい。朝産夕可死という命の儚さを凌ぐ繊細で危うい音です。また憐＝哀れの聴覚的な鑑だ。★とは言え、繊細とヤバイは紙一枚のようです。元禄十一の日記に「十日の朝鶯をきゝて」と題する黒田月洞軒の歌「初声は千磨りこゑか皺がれて内所の庭に来なく鶯 T40-1853」は、その証だ（蛇足：江戸時代は千擦・磨等が手淫だが、2016.10.23 の Google 翻訳では、Onanism の和訳の四つに三つの漢語に「釣」の字になる！蔓釣りとか）。恐らく、それっぽく聞こえる音は、初声の導入になる一番長い、他の鳥に聞こえない息が吸い込まれながらゆれる音符だ（鶯を真似るために生涯初めて、逆口笛を学んだが、そのおかげで只今、口笛しながら呼吸も出来る！）。
★参照に 1779 年の歌合せ型で早期の摺物狂歌本『百千鳥』に則水由の歌「軒近くふふうとつくる一声ハ我恋中を見たか鶯」は、良い。一応擬声中に夫婦を入れるが、含み笑いには普通の小鳥の鳴き声にない何とかあります。★天明狂歌一のずばり屋の手柄岡持の首 E3-4 もある。下記の「ほひ」は「放屁」なる素晴らしい「年の尻歌」（055 章を参考！）ながら、月洞軒の初鶯の聞き違いに比べては、弱い。

  ふる年の尻から来ぬるはるべよりほひと告るゝ鶯の声
  As its first call in Spring comes from the Old Year's rear,
  Uguisu's hoi *has that fartsy air-passing quality we hear.*

初声は、時鳥の一声と異なって、二、三日も続く練習期の歌だ。還元すれば、初声の音が弱いが面白い。★好例は、秋風女房の 1794 以前の江戸狂歌「鶯の鳴けども春の明け方はどうかまだねの足らぬとぞ思ふ E4-3」。寝不足という春の枕を完璧に掛ける。ただし鶯の歌の未完成は音量不足のみではない。まだ型に嵌っていない頃の鶯の歌は一節ながらも、音符の微妙に遊ぶ不安定を敬愚は愛でる。その内にこそ我が心は耳に宿る。その経が出来上がったら、つまらない。★1829 年以前の白波酒店甘喜の歌は、その音に動かされながら土器（かわらけ）同様の未完成の段階で造化のエロスも感じる傑作だと思いませんか。

鶯の歌きく今朝は土くれも動きてめぐる屠蘇の土器 E12-2
The uguisu's song that I hear this morning, even clumps of earth are moved to circulate – our unglazed cups with Toso wine.

ここには、我が指摘した鶯の未完成の声の話こそないが、完成声の経は土くれを動かす訳にはいけないから、きっとそうだ。若しも、あの声を聞きながら土器から呑む幸運あったら、目は潤むに違いありません。我が趣向はともかく、鶯の声の描写を詠む狂歌を尽くして見よ。★天明狂歌の大御所の橘洲は『酔竹集』で「鶯の歌に力は入れねどもこの頃うごく花の唇」という「春興」の歌は古今序も声の美しさも間接的に伝える。★思文の 1830 以前の江戸狂歌「鶯の口にふくめる玉つしま霞のきぬを透き通る声 E12-4-97」は、日本語にしかない対象の形容でしかない歌体の好例にもなる。欧米人も鶯の音の液体的曲符 liquid melody of note は、どの小鳥より優れている unsurpassed by any songster whatever と気付いた（Aston の日本文学史 1899 年）。液体の流れを絹のように（silky）形容する英詩もある。敬愚ならば euphonious gurgling か softly wavering, even bubbling glissando としたいが、和訳はお任せします。やはり、毎年聞きたくなる音だ。★天明の前に江戸狂歌の一人者だった夢庵詠み「鶯の声を訪て春くれば耳ガネ欲しく思ふぢゝば e1-1」の気持ちは、耳鳴りもする敬愚はよく判る。念の為、この「耳鏡」は『日本国語大辞典』にすらないから、新造語らしい。

小章　春の梅

★宗良親王（1311-85）御製「鴬の羽風に雪を散らしてや花なき里の慰めにせむ」という大好きな和歌を読みながら、本書に梅を廻る章を設けなかった事をいきなり覚えたが、梅好きの皆さんを慰めるように、又既に述べたように、梅の花毛まで詳しくもその香をきかない自分の寂しさを癒すように、977 年の歌合へ無断に来て可哀相に退けられた好忠の傑作を見るが良い。花＝鼻の掛詞こそ英訳無用が、意訳は大成功。

匂わねど微笑む梅のはなをこそ我もおかしと折りて眺むれ

I cannot smell, but the plum tree does know how to crack
a blooming smile, so I break a branch and bring it back.

我が鼻は花同然に嗅げないという自分の思いつきが「可笑し」で？旨く読みこなしない歌を「傑作」と断言する敬愚も可笑しかもしれないが、もう少し駄弁を続く。このような微笑ましい首は、鼻が高い和歌の世の中では、所謂「醜い家鴨の子」The Ugly Duckling ではなく、尻をふりふりする可愛い可愛い家鴨になる狂歌は「醜い白鳥の子」として白鳥の撰集に歓迎されなかった。*Kyouka is The Ugly Cygnet of Japanese poetry* を書いてみると、我が新造句で真面目に使う比喩ながら、口は自ら笑う。★口と言えば、各花びらに美しい唇を思わせる小さなvがある桜の花の特徴で、その口を詠む歌句が多いが、珍しく詠んだ梅の口は 1784 年の『狂言鴬蛙集』にある宿屋飯盛の首だ。原題は「梅」に過ぎないが、擬人化を非難する者へ飯盛の答えを英訳の題にしました。

佐保姫の乳房に口をひらきつつ南枝の梅の庭に腹這ふ E2-3

♪Poem for Mutsuki, the Month that Wears Diapers ♪

While its wee blossom mouths part to suck Sao Hime's tits,
the Southern plum branches crawl o'er the garden floor.

オムツの睦月の産める梅の漢字を木＋母で梅干も乳首に見える等を思えば、擬人化は避けられない。★鶯いるも梅中心の 1793 年の宇和空成の江戸狂歌「鶯の羽風のみかは大空の月日星まで匂ふ梅ヶ香 E4-4」は春の月の笠ないし朧の何故何故説話になるし、香の中では全てがうらうらなる意味で、匂う所が星まで及ぶ点が新奇になるかも知れない。結局、改造版まで、春の梅は、これだけです。

小章　柳もいと可愛いし

その枝ぶりを一見でうまく把握できる盆栽の梅には惚れているものの、小鳥が大勢尋ねる自然の梅の小林以外には梅には惚れない一方、猫柳を始めに、あらゆる柳に目がない。★和歌にも狂歌と称したい例にもなる、1381 年成立の『新葉集』にある宗良親王か後村上院（日文研は詠む人の名を書くお金がないようです）御製の「糸枝の花をぞ添えて奉る此の言の葉に色の無ければ」。己が歌の具合も打込むのが古狂歌の特徴で驚いた和歌だ。★ところで、我が資料の大 Doc に、梅よりも柳の首が多い。桃山時代の道増の『誹諧百首』の「削られて楊枝となれる果までも葉霞はらふ風の青柳 T11-8」は、葉霞＝楊枝の縁語の歯が墨（又歯粕？）と遊びながら果てまで見ると柳祝になる。★「新撰百」と「題林」も再載なる西行の「風吹くと枝を離れて落ちまじく花綴じ付けよ青柳の糸」と、★西行歌を借りた 1685 頃の長崎一見の T39 の首は、柳を花を守る糸に松葉の針を組み合わせば、密度は高くなる。

縫いとめよ花の衣のほころぶを青柳の糸に若松の針
Sew them back on! Stop those blossom robes from unraveling!
Won't green willow threads & pine needles work for mending?

★1651 年の面白い、読み易い『崑山集』にあった初期狂歌の天才未得の「青柳の糸いて釣るかさくら鯛」が本句になる後期江戸の公朝僧都の「桜鯛花の名なれば青柳の糸をたれてや人の釣るーらん（新撰百（なれや）題林）」は、小学生向きでしょうが、それもいい。★1810 年の一杯亭少々成増の上方狂歌「長閑さハうろくず遊ぶ川岸に釣の糸ほど

垂るゝ青柳 K16-」は、大人向けの傑作。なるほど昔も川が混んだか！長閑だと小魚大勢が見えるし。★1820年の熊野蟻道の江戸狂歌「風吹けば網打つさまの岸柳吹かねば釣を垂るゝとも観ん E11-2」は、なるほど。三十一文字をもって句に難しい二本の天気に二本の比喩。★1671頃の『堀川狂歌集』の猶影詠む「枝毎にめのほそ／＼と青柳は是ぞ菩薩の先手千眼 T29-24」は平凡が、又も小学生か中学生を喜ぶタイプ。★同じ早春の後期江戸の二喜詠む「つくろわぬ神代の儘の春にあれば柳も髪は結ばざるらん E12-4」の乱れ髪弁護は新奇。★柳の腰もあって、艶やかな木と思われたところ、天明狂歌の赤良の E3-5 の首も、★天明後の江戸狂歌の好人物の狂歌師、浅草庵市人の E5-1 の首と★後期江戸の也理の E9-3 の首も、どれも新奇そのものながら、蛇足無用の好詠み。

　　抱きついて見れど他愛ハなかりけり庭の柳の細き腰元
　　I hugged my willow expecting joy, but neither of us felt much;
　　her waist is too thin for one who wants some more to touch.

　　昨日より今日は柳のめに立ちて伸び上がる子の手は届きけり
　　Today more than yesterday, anon, ye willow catches the eye
　　of a child whose hands outstretched finally reach that high.

　　春風に狂ふさまなる青柳は立ち寄る人をたゝきては退く
　　Madly swirling in the Spring Wind, this green willow
　　seems to whack away whoever dares approach her.

赤良は美少女なる柳を愚体的に抱くが、コブラが笛に踊るように谷の微風にそよぐ片手で掴めば指先も会う小柳の可愛さを知らぬ人は、この狂度の高い歌も鑑賞できるかどうか疑問です。小柳は、少々隔て見れば飽く事はないが、近寄れば中・大柳の裾の中に入るような全知覚的な深い喜びはなければ、物不足も感じます。一方、市人の垂れ育つ柳と立ち育つ子の出会いは狂趣が今一つも、余りにも可愛くて、ふたりの先点（？）が上と下から段々近づき・初接触・すれ違うのをパラパラ絵本にしたくなる。近づく者を手のひらではなく糸枝で打ち身を

守る無名人也理の首の打たれた人でなければ余韻が今一つも、微笑ましくて早く長短動画ループにしたい。★同じ風に雨を足す上方の好人物の鈍永の 1768 以前の「春風にみたれてなびく雨の糸と柳の糸とよれつもつれつ　K23-1」は、どうけた傑作だ。日本の画家のはっきりと見える線状型雨をこうして詠むとこれも又パラパラに仕上げながら、★同本に菊ニの「櫛けづる風よりも先ずふり乱す雨に洗うてよき柳髪」という、さっぱりした首を、その尻取りにすれば良い。雨に洗えば、同じ風を最後にドライヤーにするか。下記の★虫を狩る燕を描く凡字の往来を思わせる上方のゆめみの 1806 以前の首と★1829 の白紙堂好成の江戸狂歌の燕の「魂」が雲雀の夢になる。異なるも双方とも面白い。

　　　わが国の仮名にしたるゝ青柳に来ては梵字をひねる燕 K25-3
　　　Young willow branches dangle down like lines of our kana script
　　　while swallow seed letters fly back-and-forth like Sanscrit.

　　　青柳の眠る中より飛び出でて夢のゆくへと登る雲雀か E12-2
　　　Something flies from the young green willow fast asleep –
　　　is that her dream climbing to heaven . . . the lark's peep.

★上方の貞柳以来、誰よりも多くの弟子できた後期江戸の狂歌師真顔は 1793 年の本に、靡かれやすいから風次第に心が移る嫌な木と非難されがちを「雲雪と欺く花のちえもなく柳の糸は真直なもの E4-4」と弁護して上げた。★いや、明らかに褒めたし、1806 年に出た真顔も関係した上方の本に沙汰丸の「青柳は小町の歌に似たるかな剛からずして腰折もなく K25-3」も然る。（詠む人は天明の紀定磨の上方風改号か他人がもじたか）。★如石一名有栗の 1813 以前の上方狂歌で次章の用意。

　　　誰一人とひ来る人の無き宿も庭掃くように見ゆる青柳 K7-3
　　　Even at this Inn which no one ever visits, I beg your pardon,
　　　the green willow would seem to be raking the garden!

018

一おどり踊ろか下から手を出して
やあっと早蕨ソレ／＼そっこに　玉雲斎 K26-2 1803

*Shall we dance? Yes, indeed, for up comes hand after hand
suddenly maiden ferns, here, there – but where's the band?*

貞右が玉雲斎になって愚に返る老狂歌師の幻想におよぶ擬人化はなんと言えばよい！人と植物の活き／＼とした交際は楽しくてたまらない。「バンドはいずこ」という英訳は出鱈目が、「ダンスをしましょうか」と手を出すことは日本にて先ず無かったはずを、と云う所こそ面白い。因みに「やれ打つな」と手をする蝿などの原型になる手が先ず、蕨のそれだった。その句と歌は、両手両足で数え切れない（拙著 Fly-ku! ご参考に）。俳諧と狂歌を合わせたら何千首、いや手もあろうが、蕨の手の仕草の多様性を「古狂歌」の別冊に入る展覧画廊に預けて、本書では十数首に割愛します。★1532 年の狂歌合せに釈三トの左持の「山賤の宿に暮せば打たねども大戸あけたる鍵蕨かな T9-17」は初めての鍵蕨か。★1600 頃の入安は「手を握り頭をはるの野には又喧嘩多みいやいてゝさ蕨」は、出でて＝痛てかどうか知らないが、三條西実隆T参 7 の室町の蕨の「鼻さける」拳を本歌にしたようです。★1649 年の個人狂歌大集に天才未得は「T24-55」（わら「べ」も「あひせ」も原文で題林は春風に「愛せられ」となるが、誤りであろう）。

春風に浴びせられてやさわらべの手打ち／＼をするハ幾たび
*Taking blow after blow from the huffy Spring Wind, enough already!
How many times have young bracken had to resort to fisticuffs?*

ハワイイ二系人の enough already と古英語の fisticuffs と fiddlehead fern の大雑把過ぎる語 bracken の組み合わせこそ狂訳。★参照としてご紹介するが、1666 年の初諸詠人の大狂歌集の編者なる行風の「ともすれば

花の顔さへ打ち散らす風の手ぐせを直してしがなT27」は、蕨と異なる花の桜を詠むが、風の悪戯が「手癖」なるのが面白い。★1671 年の正式著『堀川百首題狂歌合』の早蕨の右の歌「春風に浴びせられては手打ち／＼をかぶりをぞする野べの早蕨 T28-18」も平仮名の「あひ」だったが、fist-fight と解れば読み易い。★左の歌「もえ出づる時分しらせハ来ておらん烽火（のろし）を上げよ野辺の早蕨」の「萌え＝燃え」を火と弄ぶ古典的な系譜もいいが、風に殴られないようにボクシング用語っぽい「かぶりぞする」即ち頭を左右に動く仕草には勝てまい。★同じ 1671 の別な書に如竹は「春雨にた〻き出れて早蕨の手や紫の色と成らん T29-26」とある。★題林に出た後期上方狂歌の酔花亭春雲は、風や雨や古典的な燃える暗喩も捨ててと新造何故何故物語を詠んだ。

柔らかな早蕨の手の紫ハあまたの人の摘める故かも
Why the purple color of bracken bairne's tender hands you ask?
Perhaps too many of us pinch them and should be taken to task.

どうみても蕨は可哀想が、自然の現象ではなく、人間こそ責任者にすると面白い。はい、つまらない狂歌もあります。泰平の時代し boxing 好む国でなかったはずの日本のくせに、喧嘩好きの江戸のみならず上方にも拳で喧嘩し、はな咲かす蕨は何十首ほども手元にあるが、本章ではもう十二分、ファイト・オーバー。★1671 の「燃え出づる時分」の紫色は煙とも見えたから暴力無しに詠まれた 1846 以前の橘薫の江戸狂歌「萌え草へ吸ひ付けそうに見ゆるなり煙管の形の野辺の早蕨 E12-6」はシュールだったら、★もう少し珍しい身振りを詠む平則吉の 1793 以前の江戸狂歌 E4-4 の優しい仕草は、印象派。いかがでしょうか。これもお気に入らない読者おられば、敬愚と喧嘩になるぞ。珍しいといわれども文学と異なって情報はもう捨てられた可能性もおられる。

子の日せし野辺によう／＼起き出でて伸びをする手と見ゆる早蕨
On Mouse Day when we head for the fields, how fetching
to see the early bracken bairnes rising up and stretching!

蕨手の形の意義は、詠む人の気分次第。眠ければ、欠伸で伸びる手、怒りをのめば、喧嘩の拳。心理的転移の好例として教科書にイラスと狂歌を入れてみたい。★章頭歌にするかと考慮したもう一つ秀歌ある。北斎の漆盆上の童の玩具の画付なる、真顔の四方連の摺物にある秋長堂物築の狂歌「子宝のつちをもたげて早蕨の手打ち／＼も愛らしき春」だ。解読が問題になった。博物館の摺物洋書に「てうらてうら」即ち手占いとなるが、敬愚はそれを誤りと見る。「ら」の字と「ち」の字が似る。土＝槌し、槌は打つ物。既にご紹介した初期狂歌に蕨手打ち／＼の先例も数多ある。下記の狂訳の二通りを合わせば、一つ歌意の二面も伺えるかと思う。

How sweet to see Spring's dear bracken bairne push up earth opening their little hands to wave and punch away in mirth!

~~~~~~~~~~~~~~~~~~~~~~~~~~~~~~

In Spring ye bairne w/ bracken hands their magic mallets raise to be pounding out creation is adorable and worthy of praise.

上訳は土を押し上げて手を出し心地よく拳を振ったり打ったりする早蕨の童だ。下訳は、春だと早蕨の手が魔法使い（金の打ち出す）小槌を上げて、万物を打ち出す。摺物の画讃ながら、本格的な狂歌しかも傑作かと思うが、専門家諸君に異見おられば、教えて下さい。★一方、前書に既にご紹介した上方の天地根の 1821 以前になる次の首は清濁問わぬ古綴法のおかげで楽しめる視覚的な掛詞の好例になっても解りやすい：「大指を股に挟まぬ握り手の何おかしくてわらひと云ふらむ K7-5」。「蕨＝笑ひ」で紙上にしか生きられない玉の歌体のみならぬ、霊長類にある親指は蕨の「手」にない観測も笑いに値する。手の仕草中心の数首を見よ。★江戸狂歌の千代折鶴の 1799 以前の「手のうちの物当てよとや山姫の握って出だすのべの早蕨 E5-3」は可愛くも品が入りかねる細い小拳だから、説得力は今一つ。★1815 以前の於兎門の江戸狂歌「この頃をさぞ待つらん早蕨のこぶし握りて飢しのぶ身ハ E9-3」

きっと早を詠んだが、細腕の早蕨の感覚とよく重なる。★下記なる上方の倭文の 1815 以前の幻想歌 K17-1 の新奇は、いかがですか。敬愚も蕨を見て時折 SF の他界の生物を思い出すが、後一週間は Halloween。

早蕨の独り手を出すカラクリは地にぜんまいの仕掛け有るしか
The frightful way young bracken hands just pop up to be found
– who can doubt a contraption with a spring is underground!

さて、フィナーレだ。★片手で数える優れたロマンチックな、それとも能劇のリリカルな蕨歌の一首を見よ。六石園飯持の摺物狂歌の「恋知らぬうなゐ乙女も早蕨の手をなつかしみ握る春の野」以外にも手弱女が手を握る首になるが、愛した二人の男の争いを止めさせる為に自殺した「万葉」の二首の主人公なる処女の幽霊の乙女です。たった八歳だったかな。その雰囲気とは争わないが、悲しい。★蕨讃と言ってもいい鳥億の 1770 以前の上方狂歌 K24-1 の陽気な詠みを最後にしよう。

♪*the bracken bairne, maiden-hair or fiddlehead fern* ♪

里人に焼かれても又凝りもせず今年も手をばのべの早蕨

Though burned by the locals every year, they never shrink
and this year, as always, stretch out their hands in a blink!

植物の生きる願望に触れることは、一種の歌徳かと思いますが、生態に対する情報は、まだ不十分。春の野を焼く日と早蕨の出るタイミングについて詳しくならなければ、狂訳の決定版も書けない。焼く日が早ければ、一番早い蕨は年どし焼かれては子孫を残さない。後だったら、ぐずぐずした蕨も沙汰してしまう。恐らくどちらにもならないが、それも蕨のいる所次第か。蕨に親しい者と相談したい。

蕨の手が日本の擬人法にどれだけ大きな貢献をしたかと知りたければ、拙著 *Fly-ku!* の第三章は詳しい。洋書ながら原文の句もしろん入る。

019

　　　棹姫の裳裾吹き返しやわらかな
　　　景色をそゝと見する春風　　貞徳

*What soft country, the scenery glimpsed above her knees
when Princess Sao's skirts gently rise in the April Breeze.*

一茶の紙魚じみとした怒りの狂歌同様に、この優しい描写には腰折どころか腰その物も見当たらぬ首は、一行詩だ。文尾の語の形容でしかない筋こそ欠ける日本独特の歌体ですが、助動詞の「そそ」は、女陰。「開」とも書かれた野暮な「ぼゝ」の対極で、最も上品のあそこの名称になる。歌の雰囲気は風景と女陰を一体化したシェイクスピアーの country matters と同じ。佐保姫と風は頭尾の配置が逆も歌意の厳訳。

*The Spring Wind gently shows us, now, her soft country
matters as he blows up the silky gown of Princess Sao.*

★同じ股部も、宗鑑（犬筑波）の名連歌「さほ姫は春立ちながらシトをして 霞の衣裾は濡れけり」の嫌らしい描写の好対照だ。★天命狂歌の赤良の「狼のすむ山／＼も春来れば衣と云える霞立ちぐそ」は、貞徳の美歌よりも宗鑑の感覚に合う派生歌。同時に山犬（狼の糞を見て鳥肌になった一茶っ句も思い出す）。念のため、京女が立小便で有名だった。下肥を集める町中にあった長盥を跨って遠慮なくシトしたそうです。四方赤良と朱楽菅江編著 1783 年の天明狂歌の古典なる『万載狂歌集』にも貞徳の傑作が一番目の首で、まだ全国の東西を問わず著名だった。★派生歌にとりわけ意味ありげものは、女性の観点なる 1798 年以前の上方狂歌 k5-3。題は「余寒厭風」Too-Cold-Hate-Wind.

　　　棹姫の霞の裾のうらゝかを吹きな返えしそ春の山風　　鹿女

Blow it not back up, that beauty of this mist they call the hem
of Princess Sao's gown, Mountain Winds of Spring (ah, men!)

「な吹き返えしそ」を「吹きな返しそ」にする文法も面白いが、貞徳が使った当字から当てて見れば、まだ若い痩せた棹みたいな身を恥じたではないかと思ったが、肉ついた女に惹かれる敬愚の変な見解か。

小章　山笑ふ

ギリシアの詩に農業を大地との交合と喩えられ、フェミニストがそれを女が受動的対象に見下された証拠にするが、古代日本では男山女山以外には地理の擬人化はあまり見当たらない。極東にはギリシア文明の人体筋肉と曲線）美崇拝も、そもそも無くて自然そのものを美と認めた（例外になる日本の春画は、性器と衣に凝るも特殊）が、女体の自然はなくとも、眉も鼻も口もずっとあった。「山笑」という宋時代の禅画の新造擬人的語句は、たぶん室町時代の雪舟と来日したが、ポエムに現れるのが更に遅い。俳句歳時記によく出る最古句例は蓼太の「筆取りて向かえば山の笑ひけり」になるが、狂歌には俳句と和歌のように捜査できる総合 DB がないから、先例比べは難しい。★現在は、春はやばやと笑うが、蓼太と同じ 1787 没の天明狂歌の山手白人の「にっこりと山も笑ふて今朝は又　機嫌よし野の春は来にけり」（小学館）は「春三」になった。★同 1787 以前の徹底客観であった飯盛の「年のよる春のめでたい／＼と祝う愚かを山も笑ふか」（狂歌才蔵 E3-5。）は、内容から見て年をもう一つ頂く「春一」になる。まだ寒いから愚か。★1792 以前の江戸狂歌の平花庵雨什の「山はまだ笑わぬ先に柳から木の芽ふき出す春の口もと　E3-12」は山笑を季節の過程に入れる。★1795 以前の上方の宵眠 K2-5 の笑ひは噴出すなるが、春二の傑作だ。

昨日まで睨み合いせし山々も今朝は吹き出す花の春風
Stark mountains that glared at one another until yesterday,
this morning burst-out laughing with the blossom-wind of spring.

葉無き裸の山は、通常の冬眠ではなく、芽と目の睨み会うにも合点。★1794 以前にそれに幾地内子の「あそここゝ山が笑えば春風も堪えかねてや吹き出すらん E4-3」も、★ゆめみの 1806 以前の「ぬりつけし雪の化粧のとけ失て素面に笑みを作る山々K25-3」も可愛さが溢れるが、★1807 以前の遂良の「果てしなく冴る雪気に山のはの白きを見るは苦笑いかも K14-3」は、狂歌ならではの端＝歯（又葉も？）のど現実でいい。寒さに、南育ちの敬愚は涙も出る。★1820 以前の上方の下記の首 k11-1 を読めばこそ、欧米より極東的な山の身振りを掴むかと思う。

笑いかゝる春の山のハ顕には見せぬ霞の袖に覆いて　庵道
Spring hills, as they smile with blossom lips and leaf-shine teeth,
feel shy to be so patent and raise sleeves of haze between us.

上記山の笑ひはまだまだ渋い方。★1809 以前の『題林』再載の沢辺霞丸の「富士のねも筑波の山も武蔵野のはらを抱えて笑ふ春の日」（新撰百）と★1810 以前の綾織主の上方狂歌「風の手にこそぐり立つる山の腰くつ／＼笑う春は来にけり K23-2」は、いかがですか。敬愚好みの軽みでしょうが、英語では、原が腹にならないし、風は裾を吹き上げる悪いことできても、手こそないから惜しくても狂訳するも不可能だ。説明を織り込んでみたが、下記の後者は少し可笑しいが前者は無理。

Mt Fuji's peak and Mt Tsukuba, too, embrace Musashino, a moor
homophonous with "belly" making such a laugh one fine Spring day.

In the Land of the Rising Sun where the Wind has hands like you & me
the mountain butts get tickled in the Spring: see them laughing heartily.

★『題林』にも再載の江戸下作の天才京伝（1816 没）の「山々の一度に笑ふ雪解にそこハけた／＼ここハくつ／＼」も、★1819 以前の江戸狂歌の寿米留の「見渡せば春の笑ひのヘヘ／＼とヘの字重なる四方の山／＼E11-1」も、英訳せんとすれば、敬愚も笑い物になるが

*All the mountains break into smiles or laugh as the snow melts
some are ice-cracking cacklers, some make a mushy chuckle . . .*

*When we scan the horizon what we see is Spring laughing hey, hey, hey!
in Japanese letters, such* へへへ *shows mountains but looks like dismay.*

これも駄目。後者は原文がとりわけ良い。へのへのへの顔の絵は笑うどころか、不満そう。と思えば、逆説的におもしろいが、やはりもっと長い丁寧な説明でなければ、無理。★やっと018章の蕨のお手へ戻してくれる同本同題「春狂言」になる宝市亭が属名なる方の「これで山が笑ふ」滑稽を極まる説話好例を見よ。

早蕨の握る拳を痩せ腕とあさ笑ふ山や春の対面　升成

*Skinny-arm ferns, clenching their fists as if they're ready to fight;
the mountains can't help but grin at our spring face-off, all right!*

春の笑わない山は、旅などに出てくる特定の山になるがち。★1812年の春霞が着になる雪吹庵仲次の首「佐保姫に借り着しつらん富士の山霞の衣のすそ短なる E8-1」と云う詠みは静かで、微笑ましい。貞徳の章頭歌どうように。春よりも、丈が長い「富士」という名所に属すべき内容でしょうが。本章を再版する前に、霞と雲を衣と、或いは春に笑うと云う山が詠まれた和歌は、どれだけ佐保か黒姫など名前のある山かという研究も拝見したい。★しゅんらい又は、としより（俊頼1129没）の「佐保山に霞の衣かけてけり何をか四方の空は着るらむ」を読めば、急に山以外の春を解らなくなった。不思議。「何をか四方の空は着るらむ」とは、俳句には、貧乏の青い衣になるが、これはずっと前。地球はそれを着るだろうが俊頼は、宇宙からそれを見たか。

0 2 0

Hey, Tom yowling on my porch, if you can feel I'm blue,
while you're at it, why not call out that girl I love, too!

軒のはに妻乞う猫よ心あらば
吾が思う人も呼び出してよ
渓雲　k8-2　1818

拙著に The Cat Who Thought Too Much（考え過ぎた猫）もある吾輩に言わせれば、猫を恋と同定するのがけしからん。俳諧では季語になったから仕方が無いが、近刊『古狂歌 猫は恋に限らない』の書名の云う通りです。とは言え、寒の内の春は確かに「恋猫」又「浮かれ猫」の季節になるし、猫は発情の鑑にもなる。★『万代狂歌集』E8-3 にも再載なる蕪村の親友で、大変心の温かい名著『鶉の羽衣』（兼好の徒然草と異なるが、お薦めです！）にも知られる也有（1657-1743）曰く。

人の恋季はいつなりと猫問わゞ面目も無し何と答えん

Asked by Pussy, "What season, then, do men come into heat?"
The cat has got my tongue – we humans must admit defeat!

拙著 Mad In Translation には四通りの英訳もあるが、人の英訳も二、三本をどこかで見た。やはり名歌らし。とは言って、耳にめだつ恋にちがいない。飼わぬ人までも毎年あれを聞こえる。狂歌史の名場面なる柿本＜対＞栗本の歌交換の返歌をもじれば、耳あらば日本人の脳はどうであっても東西古今人は恋猫の声に驚く。犬派には、それだけで猫を嫌う者いる。★1539 年頃の笑話集『遠近草』にある「権中納言定家卿」の変な当て字から始まる歌「浦山し声も惜しまず野ら猫の心のまゝに恋をするかな　＜参 15T参 35」から伺えば、羨ましさも嫌味の中かもしれない。★浮かれ猫の声の擬声語は狂歌の得意だった。如竹

の初期狂歌「風よりもそつと凄きハ ふう／＼と 吹てかゝれるのべの野良猫 ＜T29-262　1671」と★漁産の題林再載の歌は、夫婦と風の音が重ねる面白さは、英訳無用が、古き英国の詩人の比喩で補うとこうなる

軒口に妻こう猫の恋風やふうふ／＼と吹きあひし声
On my porch, our cats mating sound like anything but doves,
hissing & howling up a storm, they make hurricanes of love!

因みに我が知る hurricane という英語の最古用例も恋猫の脚韻詩にある。留保ですが、鳩の声は酷くないが、その争いの激しさは猫より凄まじい！しかし、夫婦よりも、猫の恋祭りは雑魚寝でしょう。★手元にある約八十首の恋猫歌の中から、０２０と章頭歌を争った一首は夜這のまだ多い時代に近い初期狂歌の一見の「我を捨ていづくへ軒の妻を乞忍び返しの家根うらみなく（T39-165）」である。裏⇒恨みの掛けや珍しくて菖蒲と無関係の「軒のつま」掛けてもいるが「我を捨て」には、ただの「猫」ではなく、甘え甘やかされる関係にある飼猫、いや友猫も感じる。その心は尊い。★しかし、あの破廉恥の声は、やはり困る。「猫妻恋」と題する 1815 以前の上方の花夕の俳風狂歌「千金のあたいの春の一刻も猫に小判よ宵の妻乞い K17-1」以上に、言う事なき。★春ながら猫の恋を寒中と見るが恐らく、寒さが骨まで感じる雪の夜に猫の恋を一度聞けば一生忘れないからであろう。季節はともかく、あの音で首と背骨の隋までも寒気が入り鳥肌になる。一茶も大寒中恋猫狂歌を詠んだ。「朝夕にかまど離れぬ老猫の恋にはあらぬ身を焦すらん」。

♪*Day in, day out* ♪
ne'er leaving the stove
Old Tom, you leave no doubt
even one who does not rove
for love can still get burnt

宗長も炬燵にて小町と異なった胸の走り火を嘆いた事を一茶にご存知だったか。俳諧師には意外にロマンチクかその逆も真也詠みで、時間をかけて踏めばＡＢＡＢＣの脚韻で自負できる英訳できた。第三者の描写で、これも０２０に取り替わる内容ではないが、同じ理由で、他の編集者と学者諸君と違って、中年一茶の名句「年の内に春は来にけり猫の恋」よりも、歯も子も無かった老一茶の春に対する自分の複雑な気持ちを自白する「年の内に春は来にけり要らぬ世話」の方が好き。拙著以外には、再載されない有心の狂句。

白紙は無駄になるから、わが猫の絵を下記に入る。先に述べた本より。確かに、半ちゃんは研究社の英和辞典の上に寝ている。今は殆ど使わない。手元にあるものは小学館の日本国語大辞典だ。窓に出入りする鳥の blue jay は、その上に置くピーナツを食うに通う。ああ、合わせて欲しかった。半ちゃんと彼らと。

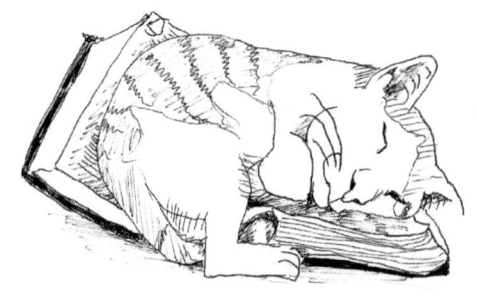

021

摺物狂歌　壺折を水になさじと童わべの
まろめあけたる春のあわ雪　asahi no sajubô 1830 頃

*Hems held up to keep their dresses dry, the girls do not let go
to keep it from melting they roll a ball of fluffy Spring snow!*

八島岳亭画に女の子三人とも壺折という衣の裾が濡れないような工夫をしながら、せっかく降った吉なる春雪の命も保たんと丸めて「上げたる」。摺物は元日御用で今朝の春が「明けたる」掛けあって、清濁問わず古綴りのままに置いた。源氏の朝顔巻にも因むと云う。節松嫁々の連の摺物らしい（McKee 2008）。古代西欧では、壺折よりも壺割れたり零したりする童貞損失の印だったが、童貞フェッチでなかった日本ですから、せかくの晴れ着が濡れないように気を付けながら、雪も愛でて溶けないように頑張っている好意に満ちる可愛い女の子の笑ひも聞こえる。松の内だったら、一挙両得、羽子の場と礼者の道を用意できそうが、新年の首を春に突っ込むのが編集上、罪になりかねない。けれども、日本の雪の大半は現に春の内に降るから、その雪を新年部に紹介するのも困る。改造版は、章数を増やして新年遊戯と春雪を別々にしたいが、既に何回も述べたように雪マイアミで借金も積もる敬愚だから、本版はこのままに置かざるを得ない。で、ほんまの春雪こかしを見よ。★摺物狂歌の数十年前の 1787 以前の天明狂歌に浅倉森角の「Ex1＝古今狂歌袋」の首は、見事（蛇足：消える↓）。

春の雪こかしハ鞠に似たる哉アリと言ふ間も無くてけぬれば

Rolled up in Spring, snow-balls can only recall the *mari* we kick;
when in the air, we shout *"It's there!"* – but, so quickly, it ain't.

マリが空に残る受けたり蹴たりする内にかけ声の「アリ！アリ！」と蹴ぬるを消ぬると掛けて雪転しの儚さを絶妙に伝えるが、童の雪を丸めんとする心は、この単なる類似に勝るかと思う。★1812 以前の江戸の吉住は「丸めんと思ひし歌の一趣向　水になりたる春の淡雪 E7-1」という心の中と外を旨く結ぶ成り損ねた雪こかしも詠んだ。歌をもって短命の出来損ないの歌の供養か。歌詠を詠むのが狂趣だと判るが、やはり憂きよりも望を章頭歌にしたい。★雪こかしも鞠と限らない子供の遊びを疎かにしている代わりに、多くの遊びを一首に詰め込んだ繁雅の 1803 年の上方狂歌 K14-2 をご紹介する。雑俳の愛嬌ある詠みだ。

　　まだ強い寒さに負けぬ童遊びあげくは汗の玉も走らす

　　That children at play do not fear the cold who can doubt –
　　for, in the end, sweat the size of marbles also runs about!

雪こかし以外の春の雪を見よ。★月洞軒の「雪折の冨士の大だけ筒にして残らず活けてみよし野の花」は、宇宙衛星の写真を待った壮大のパノラマに、ぱらぱら絵本（巨大の神の手は雲から下がり桜をぽっくりぷっくりと折れて大岳の火穴に突っ込むのを百コマに）。想像も大器になる名歌。同じ月洞軒の富士を武蔵野の大団扇とする歌は、日記の『大団』の書名歌になるが、あの山のお陰で春ながら、雪の降るも溶けるもしないで有るのみも詠みうる（校正中蛇足：「冨士」の上に点がないと気付いたか？誰よりも多くのふじ山歌を詠んだ月洞軒の師の信海は、富士が頭をぶっ飛ばした事ぐらい気付いたら、或いは山を達磨かと同定したから、その一点のない漢字を常に使った。ふじの古狂歌別冊は出たら詳しい）。★万英の「春ながら余の山々の雪解をも富士はしろりと知らぬ顔也 E？K?10-1」は、「雪解けやしろりと知らぬ顔は富士」と省略も出来るから傑作ではないが、その通り。★1818 以前の大西戯雄の上方狂歌「山も笑ふ春の光に瓦家の鬼も涎を流す雪解 K8」の平凡詠みも、貫之の本歌あるだろう 1786 の初丸の上方狂歌「これは又つらゆきどけよ麗らかな空に知られぬ軒の絲水 K26-1」の新奇の詠みも、春の得意なる汚さと綺麗な雰囲気を見事に詠みあわす。

022

ほろ／＼と降る春雨や花育つ
ちゝかとも思う母かとぞ思う　ア入 1834※

What is this *it* that rains each Spring but *tits* – at least for me,
as all my flowers suck – though butterflies like the milkweed.

掛詞の「乳＝父」無くて、母との対も英訳無用で、Allan Watts に学んだ It rains の it を弄んだ。お解りになるでしょうか。その事を言う我々英米人だって、判らない。語学の先生は特定しない力かなんか言うでしょうが、やはり子供は正直で答えが欲しい。It は神でしょうか、雲でしょうか、抽象的な it はどうも怪しい。しかし、It is hot （It's hot が普通が）と It's cold とも言うのが普通。『風土論』で和辻哲郎は「寒い」というだけで、自分と環境を一体化しながら観測、広告する日本語の賛美を独逸のなんだ現象主義の哲学じめた説明で半殺しにしたが、やはり、日本語の方が楽。ちびっ子は、「何が寒いか」と不思議がることもないし、「ともかく、cold というだけではなく、It's を先ず付けなければならないという馬鹿げたアドバイスを三、四歳の子に言わずに済む。日本語は当然。英語は変。同じことは、動詞と対象の順番については言える。だから、米国の手話では、日本語と同じ用に対象を動詞のの前に示す。状況をよく考慮すれば、多くの場合、相手も判る。対象すら打ち明けたら、動詞まだ続かなくても判る。拙著 Orientalism & Occidentalism の中で紹介した話になるが、あるインドの哲学者は、動詞すら思えば後は当然に続くから、欲張りを乗り越えるには動詞まで続かないように努力しなければならない。何であっても want とすれば終わりじゃ。しかし、対象が先ならどうでしょう。そこまで哲学者は無口だ。彼の頭の中では indo-european 語しかない。日本語も考慮すれば、哲学までも何倍も面白くなります。さて、It の英語だけの問題の上に、また英語だけの suck（乳 tits などを）の問題もある。

英語では、「吸う」が「最低」にもなるから詠む人の庭の花を卑下しながら、せめてガガイモ科のトウワタ（英名＝母乳＝milk 雑草）は蝶々好みになる異訳で肯定化せざるを得なかった。本来、茶化しの対象は「雨は花の父母」という諺だ。1018 成立の「和漢朗詠集」が出典らしい（漢詩にではなく、年付はっきりしなかった説明にしか見当たらなかった）が、後ににできた謡曲「熊野＝ゆや」やその 1456 頃の歌舞伎化の「髄脳記」に「草木は雨露の恵み」とか「養ひ得ては花の父母たり」とあるを、雨が乳そのものになる、小生が見た初歌例は、天＝あまの腹の乳が掛詞なる天象に関する０８５章に英訳もした十七世紀の狂歌だ。和歌の DB に「ちち」と「ちふさ」を検索すれば雨のそれが皆無。その代わり見つけた 990 頃成立の「元輔集」に「日の本をうしろ安くぞ思ひぬる国の乳房の景色みつれは」は面白かった。藤原実資（957-1046）の娘の誕生を賀し、将来が安心だと云うようですが、和歌も変ですね。さて、本筋へ戻れば、雨の乳が父より古い証拠になる和歌はまだ見つけていないで、今の所の見解は、比喩として父母の方が先で乳が掛詞か親父ギャグの産物になるようです。とは言え、章頭歌の「ほろ／＼と」降る前句を読めば、茎たちが「育つ」雨とそれを受ける花の唇も実感できる良い描写にもなる。ギャグがなんとなくできた有様で、最後の句の「母か」を読めば、初めて前の「乳」が「父」にもなる馬鹿げたオチも、丹念に工夫された事も間違いない。素人っぽいも玄人の詠みかと思う。そのため、説明し難い一種の余韻もある。単語は難しくないも小学生には詠み難いかと思うが、我々と同様に、二度も読まなければ味わえない。（※字が小さくて、印刷が悪くて、了入？の可能性もある。名の前に「（東部）」あった。K17-3 は 1834 に出たも成立が二、三十年前で、天明の江戸人かも知れない。）

　　　父は天さて又母は地をみれば早生えかゝる草はみどり子
　　　If papa is Heaven, that makes mama the Earth – it must mean
　　　this grass that sprouts so early would be their "green" infants!

★「春雨」の語こそ出ないが、「草」を詠む 1814 以前の江戸狂歌本に出た布吉の上記の首 E7-1 は、章頭歌が茶化す凡歌擬人法の好例＝悪例。英訳しかねた緑の色を掛ける「みどり子」だけに読み応え有る。とは言え「草はみどり子」を小学生に読ませてみたい。彼らにとって傑作かも知れない。春草と春雨は、数多首ある五月雨と甚だしく茂る夏草に比べて、不人気の題。朗らかで誇張ぎみになる古狂歌には、ひ弱いか、繊細すぎるか。一章を満たすに草と雨を合わせて紹介せねば。★中学生という残虐の極まる年齢。「題林」再載の 1813 没なる平沢喜東詠み下記の首も見せたら良い！意外な暴力で詠む人を調べたら、片手で数え切れない号の主、天明狂歌の最も貧しい名人の手柄岡持だった。

子供らに踏まれて寝しを又雨の足に蹴られて起きる若草
Trampled down by children, it lay flat on its collective ass
until the rain came to kick back up this young grass.

あほらしい乳＝父母の首を択んだ理由は又もう少し真面目の春雨が狂歌を見つけなかったからである。秀歌の無さが本当か、それとも二十数年前に一茶句「春雨や猫におどりを教える子」を読めば、それ以外の句も歌も無用と思うほど惚れたから、他の春雨を詠むものを見ようともしなかったか。★求めずとも目に飛び入る首もあるが、1730 以前の湖松の上方狂歌「春雨のふるき趣向でよむ歌ハめはを出して笑ひ草哉 T47-23」とは、我が印象を確認するのみですね。ふるに蛇足不要が、芽葉の目歯が方言で「まえば」にもなるかもしれない（英語にも eye-teeth だ）。これでは、山笑ひに草笑ひも追加したいが、笑う対象の古歌は、どれでしょうか。読者諸君に「これぞ」と示してくれる歌をご存知ならば…。★草抜雨ならば、1760 年の貞柳廿五年忌の上方の本の撰者ながら詠んだ狂歌師木端の下記の首 K1-1 も素晴らしい。

破れ網つゞくる海士の手伝いを春雨やする軒の絲みづ
While fishermen and women stay in mending their old nets
spring rain threads from the eaves are all the help they get.

渋過ぎて、焼酎も加えたくなる歌ながら、棒二つの間に張った大網をよく使いこなした海の側の軒ある小家育ちの敬愚は、どうしてもほって置けなかった。（故父はヤマハの烏賊釣りの船の改良を図るために、九州かどこかへ派遣されたら、雨が数日引き続いたら、お腹に大変なる rot-gut 焼酎を毎日海人と呑んだ話が記憶に残る）。★1310 頃成立の「夫木和歌抄」まで遡って探せば、面白い和歌を二首見つけたが、詠むが定かでない「佐保姫の甲斐なかりけり春雨は鳥柴（としば）？毎に色は染めけり」は一つ。春の女神の役割を否定する発想が狂に違いないが、ひめとかひのひ＝日と思えば、日より雨との潜在的な意味も可能か。平仮名を「鳥柴」に直したが正しければ、念のため「鷹狩りの獲物を人に贈るとき、その鳥を結びつけた木」となる。それとも「野芝毎に」か。★もう一つは、本書にしばしば訪ねるかの俊成御製の歌を見て、先ず参った。英語だと、空は緑には成らないがケンタッキー州の馬がよく育つ高野の草はまさしく音楽と同じブルーグラスで、

春雨は緑の空をうつしもて野辺の色をも染むるなりけり
The Spring Rain took the blue-grass Sky, transplanting it so the fields were dyed as to reflect what was above below.

小章　春風

本書の春風はもっぱら春三中の花、つまり桜風になるが、集めた単なる春風は意外に少ないで、面白い首一本で勝負するしかない。★行風が編集した 1679 年の『銀葉夷歌集』にある顕行の「腕立てか氷の張った川つらを打ちはる風は陽気者なり T37」。なるほど。雨の足に風の手だ。手は上が、腕立てしながら相手の面をハル。即ち、春と云いながら、ぶん殴るかぴっしゃり打つかご想像次第が、神業に違いない。片手の腕立てをしながら片手で暴力をふる悪っ子の天才の風だ。この首を章頭歌に使ったら、英訳も不可能なるまま子になるから、ちちははの無害の方にしたが、顕行の腕立てする風の狂度を上回る章頭歌は、額を抜き鳥居を造る０９２章頭歌を除けば、ありえない。

0 2 3

On a spring day, in the lee of the reef there is no weather;
divers plucking wakame *and I lose track of time together.*

春の日に磯の波わけこゆるぎの
　あまも時をぞわかめ狩りつゝ
　　藤原光広（1579-1638）

百数十年後になる蕪村名句「春の海 終日のたり／＼哉」も思い出す。「ひねもす」にもなんとなく同じ刻を越えた時間を感じます。磯の上にも静かに超ゆる⇒小揺るぎ。ゆくりながらも部分的には海女の浮く窪を左右に分けてゆくし、また穴に入りたりもするが、small ground-swells spill gently into the reef で詳細を短縮しかねて、海士もの「も」together と weather「天気（変化）もない」の脚韻をふむ意訳にした。Weather に形容が無なければ悪い方になるから、no weather だと長閑なる。海中体験も多いから、絶え間なくスローモーションにゆるぐ磯内の独自の拍子よく覚えておる。別な次元ならぬ時元のもとで睡眠術にかけられているかと、己が呼吸と心臓にも気付くこともある。或いは、時間は消えるとも言える。光広卿は貴族で「波分」という「よく浮く相」の馬の胸の旋毛にも連想あるかどうか敬愚に知らぬが、痩せた海女は世にないから、皆もよく浮く相。卿の号は鵜ではなく烏丸だが、若布刈る海女の観測だけでは無さそう。ご一緒に泳いだか小船に腰掛けて水面の中まで体験しなければ、到底よまれなかった主観的写実かと思う。天明狂歌の宿屋飯盛の『狂歌新撰百』に見つけた。別書で既に読み通したが、飯盛の編集センスを信用し、じっくりと読み直せば、その良さに悟った。同じ体験のない読者までも悟るか。０２２章のちちははの春雨が浅過ぎれば、今度は深すぎるか。という疑問もあるから、章頭歌にするかどうかの一人相撲が長かった。★我が選択をまだ不思議がる読者のために書き加えるが、幼稚園から中学校までも魔法

づかいの春日だと母は Stop-day 停日、つまり学校へ行かずで砂浜などで遊ぶ日を設けた。好集「四生歌合」の著者かと云う秀吉夫人の甥の長嘯子の歌は下記の上になる。★水垣さんの yamatouta.sennin サイトで拝見した本歌らしなる正徹の歌も、やはり下記の下になる。

音もせず春日のどけし時守のつづみや今日はうち忘るらむ
On this halycon spring day with nary a sound, our Time-watch
has either forgotten to drum his tom-tom or is not around.

常よりも惜しき春かな時守の打つや鼓も今日な聞かせそ
Even more regret that it cannot last forever, Spring on this day:
so, let's not hear your drum, Sr Time-watch, please, let it stay!

同時に儚いと永遠に感じる時間は中々分けないように和歌と狂歌も分けられないから、これで長嘯子の生涯の間中に一生を過ごした烏丸の章頭歌の選択に満足。★是非章頭歌にしたかったもう一首の 1814 年頃の上方の潮干歌もあった。まったく無名人の懐古亭英風の下記の首 K8-1 を読んだ瞬間、独りに居たブルックリンの大雑音絶えない黒人街のアパートの中から、この静かな白人から、お隣さんも不思議に思ったに違いない大笑いの声が自ら出ました。

裾まくる貝取り妻に悪ざれも言わで口をば閉づる蛤
Seeing my wife, dress hem held high, collecting shells – wow!
How hard to say nothing about something: I had to clam-up.

興奮のあんまりに、芥山から拾った足が自由自在に伸びる工夫を加えたロッキング椅子から立ち上がって、部屋の中を獣が檻の中でするように室内徘徊で脳内気圧を発散せざるおえなかった。六階の窓を望みながら、狂歌を明日ではなく直ぐにも、皆と分かち合えたくなって、それも無理で逆にたちまち偉く寂しくなってしまった。さて。蛤を詠んだ馬鹿正直の男の心とは。髭はえては隠蔽するが、貝を拾う女を見た懐古亭英風と変わらず、敬愚もやはり鼻の下が長い。身を曲げたり、

しゃがんだりする女の姿に肺が酸素でいっぱいになり、血脈も激しくなって色々と想像してしまう。少し開いた貝を見たら「ほっ、あそこはハマグリか水鏡か」とか、洒落たる言葉を呑み込まなければならなくなる。しかし、英風の自白の筋の微妙さには舌を巻くしかなかった。知らぬが仏ならば、言わぬが蛤か。★藤原敏行の「住の江の岸に…夢の通ひ路ひと目よくらむ」が本歌なる上方狂歌大師の貞柳（1654-1734）の「住の江の蛤にじる下女はした脛の黒きや人目よくらん T59」に、英風の閉口蛤の歌よりも古典的な偶像破壊性を伺うが、己が心の駒を急に止める汐干の私的寸劇の甲斐は上と思います。「尻ふりて蛤ふむや南風」と云う涼莵の俳風の色（女御ヶ島を因む）にも、「蛤は溜め小便をたれて喰い Y8-37」という川柳の疑的汚さにも負けず、独自の複雑な塩梅がある（参照に★英風の 1818 以前の上方狂歌「蜃気楼ふかば蛤も雛さまの御殿を見ては口を閉づらじ k8-2」を）。

小章　睡魔・永き日

十数題で季節を尽くせない。次題へ進む前に、百章の題にならなかった二題を手短く見よ。いずれも古句に親しくなるまで、大変異質のものと感じた。一つは、睡魔。永き日、遅日、章頭歌の磯にも似通った雰囲気もあるが、ずばり言うと眠たい春の概念だ。概念に気付くには、在日十年もかかった。「睡魔」という語をどこかで読めば、雇われた出版社の誰かに聞いたら、春の季語だと教えてくれたのが初意識になった。幼稚園の頃、Sandman が瞼に砂か粉を置けば、瞼が重たくなると眠くなるという変なことを母が睡眠術かけるような声で話しかけた記憶はあるが、季節と関係ある事を夢にも考えていなかった。★1806 以前の上方狂歌のたる明の「急ぎうる冬の近路はるかにもあゆみかえけり永き日の足 K25-3」は、時間を空間に変化しながら肝心の日光の有無を詠む。雨同様に日に足なんかない英語は、狂訳も駄目のが悔しい傑作です。★未得の 1649 年の『吾吟我集』歌「永き日の昼寝の枕夢さめて今朝は昨日の心地こそすれ T24-106」は蛇足無用。伊勢か西行あたりに本歌はありそうが、そのままでいいから本歌検索を省く。★1809

以前の芦辺田鶴丸の「花鳥に今めが覚めて是までの朝寝くやしき春の曙 e7-5-325」は宿屋飯盛の『新撰百人』の後にある百人絵の第一歌。凡調ながらいい指摘。★1812 以前の上方の永美（桜井谷）の「暁を覚えぬ春は人のみか眠気に見ゆる朧夜の月 k16-3」は、抜けた季語「朧月」のうまい何故何故は有り難い。★題林再載の 1813 以前の桂雄の歌は、未得の洗練された時間の春よりも可笑しくてたまらない。

春の日の昼後になれば逆さまに今朝を忘れて酒思い出す
By afternoon on these long Spring days it is topsy-turvy time
as I've no memory of morning and am thinking of wine!

どういう訳か、英訳に time という語も要る。夕べを忘れてしまう程飲めば酒を思い出したくもないとの逆も真也か。★後期江戸の名狂歌師市人の「永き日を一日ふりし行列にくたびれもせぬ春雨の足」はただただ可愛い。小学生に見せても損はない。★1820 以前の三陀羅の「鼻毛まで抜き尽してもまだ暮れぬ馬鹿らしきほど延し春日 E11-2」は敬愚も小父さんから no comment。★同の不知の「ねにかへる花も有るのに春の日のまだまくらには成らぬ夕暮 E11-2」のずれ掛詞「枕＝真暗」は繊細。★1829 以前の俳道堂厚房の「春の日はいとゞ眠気のさし柳ねつくに早き物にこそあれ E12-2」は、米の Almanac という古き良き暦にある共感的呪いっぽい農法を思わせるが、寝＝根つくが英訳できない。★寛容なる国語学者に歌人の言道の和歌は、この外人にも通じる。というと、日を永く感じるのが、もうそろそろ夏になるところです。

春暮れて永き日さびし山彦も独りごちだに今日はせよかし
Summer nears, the days grow long and lonely – Echo, say,
You, too, might do well to talk to yourself today!

小章　二日灸

二日灸。もともと０１３の亀太郎の蓬莱と０１４富士の初夢の間に入れんかと思った。雛祭は三・三で月も日も解るが、二日だけでは、正月と勘違ってしまった。★我が目を覚ましたのが「題林」に再載ある千舩の歌を偶々読み直した。確かに、二月だ。

夢のように睦月は立てきさらぎの二日灸に富士を見る哉
The First Month, when all is young, passed like a dream for me
and in the Second Day Moxa of Month Two I see Mount Fuji!

二月の美しい名前をそのまま英語にならなかったのも惜しいが、いい意訳でしょう。★又、蓬莱と蓬（よもぎ）の関係もよく考えていなかった。桂夕の 1814 以前の上方狂歌「さしもぐささしも長生きせん人は蓬が島に尻すゑてすむ K8-1」のを読めば、なるほど仙人が住む蓬莱は永遠の若さの里ならば、健康に長生きせんと思えば蓬の灸の山もきく。蓬莱に年を越せば、二月二日は蓬が島に尻をすえる。★二日のそれではないが、蓬にふれる最高の歌は「さゞれ石のいわほと成れる寿は蓬が島田丸くなるまで」という四方赤良＝蜀山人の傑作かと思う。前詞を見なければ謎々のようで、その心を言い当てる人は無かろう。それが「歌妓おかつの丸髪にゆひしを見て」。中国にてヘアースタイルは昔から「牛糞」と称す。狂歌の天才の歌は十中八九も、この蓬が島田のような特定の事情とからむから、前詞などの古き散文の少ない撰集には、紹介し難い。「古狂歌」の贈答歌集の別冊もいずれ出すから、そういう歌に関心あれば…。★灸へ戻るが、おまけに天明狂歌の名著「若葉集 1783」に望月の秋よしが「人の灸治せしを見て」と前詞をした歌には、現在もとても面白い情報に出くわした。即ち、

麻の中に交る蓬をすえぬれば直ぐに病を治すとぞ聞く
Mixed w/ hemp, mugwort moxibustion brings good cheer
for it can immediately cure your disease, or so I hear!

024

雁鴨はわれを見捨てて去りにけり
豆腐に羽根のなきぞ嬉しき　良寛　1758-1831

The geese & ducks abandoned me, they all took to flight;
the fact that tofu has no wings now fills me with delight!

一見了解で蛇足無用の首と思ったが、日本の知人に見せたら「何故わざわざ豆腐か」と訊かれた。答えは、幕府に義務付けられたが、坊主だと豆腐は動物淡白の換わりに食べた。★百五十年前に、当時無敵の狂歌師の山城男山八幡豊蔵坊の社僧信海の歎き「厂帰る常世の団子いかならん花ハいづくも同じ春の日 T33（いずこ＝題林）」を、良寛が読めば、「豆腐は、いかがでしょうか」とその傑作を返歌として思い付いたか。★或いは良寛が三、四歳だった頃に詠まれた倚柳の中期上方狂歌「冥途（土？）から来いと言わねどかりの世をおっ立て汁の実は消えて行く K15-2」を聞いたか。春の歌ながら、狂歌集の「無常」部中だった。★更に遡れば 1533 年の釈三卜左持歌の「嬉しなきに鳴てや帰る去年ことし御汁の実にも成らぬ雁金 T9」も、★少々後なる詠人不詳『詠百首誹諧』にある「今はとて兜率天*にや帰るらむ汁に成りたるカリの世の中 T12-13」などの古歌もある…（*六欲天の第四天）。★帰雁が題の秀たる狂歌が無くて、わざわざ他所から良寛の首を借りなければならない訳でもない。桃山時代の雄長老 T13 の歌は良い。

花見する供衆のはなす鉄砲に当らじとてや帰る雁がね
Those geese are all just trying to leave before they
get hit by blossom viewers shooting the breeze!

あの「はなす鉄砲」は恐らく第二義の「出任せの言動」と云う野鉄砲の祖か、日本人も南蛮人に学んだ空鉄砲礼・祝の際にばん／＼と空を

打つようになったか。南蛮人が種子島に来た頃、雄長老が子供だった。花山に酔っ払いの大声の響きよりも、鉄砲そのものが内戦と朝鮮半島の侵略のために鼠算式の如に数を増やし、普及が世界一になった為に極東亜の鳥の観点からしては、戦国時代の日本人の賢さはどんなに辛かっただろう。かの種子島で日本人がまだ鉄砲を、おもちゃ以上のものと認めなかった時点で、ある日、葡人が飛ぶ鳥を打ち止めて見せたのが、雁の苦労の始まりだった。★1820 頃に江戸狂歌師の鯉鮒が首「来し頃は高飛びをせし其数も減りくだり行く雁の哀れさ E11-2」の云う通り（★とは言え、砂長の 1811 年の上方狂歌「何羽とも定まらぬのは神代うたの風にや帰る雁の文字数 K15-5」を読めば、長歌を綴るほどの羽数がまだいた）。★物理的な心配と視的なる文学概念から帰る心理へ進めば、西行は「いかでわれ常世の花の盛り見てことわり知らむ帰る雁がね」の問いがいい。鼻先に花が咲いても去る理は様々なるが、どれを読んでも納得してしまう本題は狂歌天国。★1371 年の千歌に宗良の御製も旨い。章頭歌にしてもいい珍味だ。心の中で飛ぶ雁の順が替わり／＼する如、これと良寛の首を章頭歌に置き換えたくなる。

いつしかと花無き里に急ぐ雁おのれ帰りて春や知らする
Whenever it is, our geese rush off for their flowerless loam;
each goose would be the first to bring Spring tidings home.

花を自分で楽しむよりも古里の皆にお知らせする気配りの雁が出鱈目でもない。我が部屋を自由自在に出入するブルージェーという陽気で乱暴たる鳥は殻の中のピナーツをやれば、垣根か大木へ飛びとまり、ピーナツを独り占めにせず、嘴に挟んだままに大かなぎり声で類を呼ぶ。巣の中の子鳥は欲張りという自愛しかないが、かの孝行カラスに限らない、大人の鳥に他愛は珍しくない。むろん、他愛のみならず。蟻から人までも、私報広報を問わず伝える事を競り合って来た。他の種より早く他の星までなんとか伝えんとしている、美しい地球も去りたい人という大サルの信天翁は、雁の急ぐのを笑う権利が無かろう。★さて、宗良親王のお知らせする雁と雄長老の「はなす鉄砲」を合わ

せる上方中期なる 1730 以前の辻河春房の「土産には何を話の種がしま命目出たく帰る雁がね T47」は、とても軽口。種が縁語として成らぬ先に飛んだ汁の具は優れた厷めかし。★帰る雁の心の解釈のとんでもない多様さを伝える首を次々と見よ。西行よりうんと早かった好忠（10 世紀後半）の「なき帰る雁の涙の積もるをや苗代水に人はせくらむ（夫木に再載）」は、無心か有心か分からないが、水田農業の何故何故物語りみたいで童向けの絵本にしたい。★1790 年の上方狂歌本 K26-3 にも凄く気持ちのいい帰雁の理由も伺える。

> 咲く花に己が羽風も厭いやと芳野の里をあれ帰る厂　武丸
> *Feeling bad about wind from their own wings hitting the bloom,*
> *the geese leave blossom-viewing Yoshino and head for home.*

己が羽風の責任を認めない古今集の梅を散らす鴬めとの好対照ですね。童の良心を育むように、これも絵本に入れてもいい。★一方、消極的な捉え方もある。十八世紀半ばより栄えた上方の紫笛の「盛りなる花の錦を着て見ずに故郷へ帰るうっかりの所作」は。★その本歌らし 1312 年の玉葉集の番号外作者の「春も猶ゆきふる里に帰るとや花の錦のころもかりかね」と、★1318 年の「文保百首」の公顕が詠んだ「秋きりにきつつやなれし春もまた分くる霞のころも雁がね」のどれも同じ頃も＝衣を掛けるが、後者の秋よりの意味のきり＝着り＝霧と霞の対も来つ＝着つも重ねては狂歌の顔負け。錦を着て見ず中期江戸と着て帰る南北時代の違いは天気によって桜前線の時差のためか、と不思議がるが。★消極的のみならず、手厳しい詠みもあった。1777 年の上方狂歌本 K23-5 に出た紫煙の首は、好例だ。

> 花を見捨て帰れる雁は古里を忘るゝことのならぬ愚痴者
> *Geese that abandon the blossoms to fly back are rude*
> *grumblers who just cannot forget their homeland.*

唐の雁が終に、大和を愚痴しながら帰った訳。★1815 以前の繁雅には、もう一つ情けない例もある。「盛なる花を見捨てゝ置き去るハ詠みのくだらぬ雁のふみつら K17-1」は「文面」すなわち趣旨か文体ながら、上陸直前に水面を踏むところの連想か。肯定も消極もなく、只可笑しく読める二首でバランスを取り戻せば、★先ず 1808 以前の晒楽斎工の江戸狂歌「南より花に追われて雁がねは残る寒さを引き連れて行く E5-4」は、現在の桜前線という語の存在しなかった先に発想こそ、あった。★季違いながら 1790 以前の弓丸の上方狂歌「秋されば雁は南へ越しの山故郷の六つの花を見捨てゝ K26-3」を読めば、春の花捨雁の陳腐に新しい視座を与えてくれる（蛇足：六つの花＝雪）。★秋に到着する雁の方が、筆がまめみたいが、帰り雁にも玉便はある。題が「春動物 k17-1」の後期上方狂歌師茂喬の首は、月と鼈の文字比べ版になる。

字をなして雁は帰りし春の日にのたくり廻る蚯蚓哀れや

One Spring day in neat lines of script writ large across the sky,
the geese leave writhing in the sun a mess of worms to die.

ひょっとしたら茂喬は、字が下手糞で蚯蚓を見たら憐れと思った。その「哀れや」を生かすのが初英訳。だが、英語のいう鳥の足跡を、日本語でミミズ文字となりがちから、その行間こそ伝わってこないと困る。再意訳は、「哀れや」を入る余白こそ消えたが、天にも地にも文を置くに成功した。或いは古語というか低俗で駄目でしょうか。

One Spring day, writing large across the sky in neat lines of script
geese leave writhing below worms whose letters look like shit!

章頭歌を詠んだ良寛は、西行と一休と沢庵の様に日本人の皆さんに好まれている僧だと、どこかで読みました。だったら、彼の飛ばぬ豆腐の可愛い歌は、いったいナゼ著名にならなかったか。敬愚は、その心こそ知りたい。大新聞と文化庁内に検討・討論・公聴会すべき。教科書に載ったら、国語嫌いになった中学生までも、文学の面白さに興奮

するはずだ。豆腐屋の壁にも、これより上の短冊か掛け物はあるまい。が、豆腐屋でまだ見ていないぞ。くどくなるが、敬愚は良寛の歌を読めば、目蓋に羽の生えた豆腐一丁の飛ぶ姿をすぐさまに見た。だから、FlyingTofu を己が第二狂号にした。お説教するのが失礼ですが、教育関係の者、歌人と称されている者を初めに、皆さんから聞きたい。この歌は何故名歌にならなかったか。その事知りたくてならない。

小章　雁燕

帰る雁に違う雲路のつばくらめ細かにこれや書ける玉づさ

*On cloudpaths inbound, while geese now leave us, swallows near,
their letters too damn fine to read until they're almost here!*

★雁に対もある。取り替わるに来る燕だ。西行（1190 没）の歌は、いかがでしょうか。「め」という軽く見下す語尾が眼こまかに描ける読み難いほど細かいユーモアを詠んだ西行も狂歌師と見なす。英訳したが、西行は手元に紙不足の時に人宛の手紙の細かな字が窮屈かと心配していた贈答ないし社交歌かもしれないが、兎に角、面白い。西行は業平と同様に、片足が常に栗の本に踏んだかと敬愚は思う。何回読み繰り返すも、これは狂歌だ。これらの和歌と狂歌どれ一つも良寛の飛ばぬ豆腐の相手にならない。★一休の「掘らぬ井の溜まらぬ水に波たちて影も形もなき人ぞ汲む」とか★「植えもせぬ根もなき松の梢にも鳴かざる蝉の声や聞こえん」の道歌も無物を取り上げているが、いずれも既在か存在してもおかしくない「そこにないもの」に過ぎない。良寛の羽根もない豆腐は、実在しながらも、読者は心に有羽豆腐の新奇なる幻想を起こすのが特異。あったかも実存する無い物も創ってくれる。歌の副作用でしかないし、その歌徳を、心理学で何と呼ぶか判らないが、ある色の眩しい光を見て眼を閉じると瞼に見える反対の色のアイデア版のような現象ではなかろうか。

025

身を分けて見ぬ梢なく尽くさばや
よろづの山の花の盛りを　西行上人 1118-90

*I'd split myself up not to miss seeing a single limb
of one blooming tree on every cherry mountain!*

上下無差別に心から女を愛したバイロンの分身ドン・フアン曰く「願わくは女類にバラ色の口が只一つ that Womankind had but one rosy mouth・北から南まで一度に吸ゆるように！to kiss them all at once from North to South!」。新武士道の江戸後期までは桜はもっぱら女だったから、鼻の下も長い西行の本音も花見のみならぬ可能性は皆無とは言えかねる。桜を褒める方便とも見える西行の欲望とドン・フアンの裸の性欲は、むろん異なる。複数の相手の身を一体化して御馳走するのが我が身勝手。「身を分ける」という西行の表現は大胆ながら、自分を犠牲するためか、気持ち良い。★上方狂歌師繁雅の 1815 以前の首「花咲けば蜘蛛の巣のごと四方山の梢に心かけぬ日ぞなき K17-1」は細かいが、西行の比喩に比べては、生ぬるい。この世の男同士又恋合戦に無敵ながら、しかも世を慕いながら、坊さんとして尽す西行は、確かにに聖として哀れであり、天晴れである。ギリシアの神話＝故事に女等に体がばらばらに分けられた神と男もいるが、西行は桜のために自らしたい。これは偉い。日本人は皆も西行を大好きと聞きますが、西行の比喩が無敵に大胆で狂歌にも通じると気付いた者はどれだけおられるか。★さて、西行ほど知られていない歌人の桜は。章頭歌にしなかった事が悪いかと思うほど好きな「詠み人しらず（日文研）」で最近（2016.5.7）見つけた「新古今」再載もある 985 頃成立の『古今六帖』歌「臥して思ひ起きてながむる春雨に花の下紐いかに解くらむ」の良さは、春雨のざーざーに催眠される同時に漠然としていると瞼にも丹念に絞る人の心の描写にある。縁に近い花を観測し詠んだか空想したか知らないが、前句は素性の君を寿ぐ古今歌#354 に仮がある狂歌にも

なるという気がします。★西行の桜愛の前兆と言ってもいい源俊頼（1055-1129）の「散木奇歌集」の歌は面白い。先ず、誤読＋誤訳は、

花見んとお壬生心に引かされてすがるすがるもかき登る哉
When I'd see bloom, that monkey-play spirit enthralls me
& though I basely cling to life, I scamper up a cherry tree!

大胆無敵で章頭歌の候補者にしよかと思った。掛詞皆無も己が肉体を詠むと江戸時代の狂歌どころか短歌も連想し、俊頼の首に有頂天になったところで、FB友S教授は我が狂言に出る猿王の「お壬生」を見出した「おにふこころに」という誤句は、日文研の和歌DBの誤植だろうと教えて下さった。「おもふこころに」となるはずだと。検索すれば「思うごころ」は、確かに件数が多い。件数は一つしかない語句は、狂歌に珍しくないが、和歌の場合、お判りになるでしょう。上方の狂歌本にある壬生王の狂言の首を読んだから、小生が平仮名の混沌の中から救った猿は、誰かが「も」の字を「に」の字と間違った産物だった。「思ふ心」だったら、歌意はどうすればいい。個々の木を登るのを止めて花山を、である。脚韻のために「屋根」を勝手に加えたが、

When I'd see bloom, drawn by my own longing, I am moved
to claw my way up Cherry Hill or even try to scale rooves!

まだ、十分ではない。先に述べた一件しかない語句ですが、この和歌にもある。「すかるすかるも」考慮せずには歌を読み切ったとは言えない。十五、六歳に花を見たくて急崖を上る途中、スガルに刺された。下から見た両親は「下がりなさい！」と命令し、半分以上まで登ったし下がる方が難しいから「出来ない！」と呼び返し、無事に峰に着いたら危なくない長い坂道で川へ戻ったが、そのスガルではない。

When I'd see bloom, drawn by my longing, I can't stay still
though old and decrepit, damn, if I don't scale cherry hill!
（末枯は老いやつれるが二回繰り返すのがそのするがか）

*When I'd see bloom, drawn by my desire to follow my will
though barely clinging on to life, I'll climb you, Cherry Hill!*
（同じ盛りを過ぎて衰える身は登りながら命に縋ると）
*When I'd see bloom, drawn by my longing, though I must
depend on people and canes I'll fight my way up that hill!*
（人の助けと杖に縋っても格闘して脚韻踏まずも登る）
*When I'd see bloom, drawn by my longing, I must gain will
for it amazes me how light I feel scrambling up cherry hill!*
（素軽／＼も可能なら重い英訳は別が原歌は軽くなる）

思えば逆に、一件しかない語句あったら、その和歌は狂歌だ。さて、章頭歌へ戻る。西行に身を分けて花を召す願望あったら、ドン・フアン流に花を皆も口吸う願望が詠まなかったのも不思議。キッスこそなかったが、日本流の「口吸い」あったはずが、その葉が剣みたいの水仙を「口ゐせん」と詠む卜養の狂歌（０５２章の小章を参考）に限る。★桜の唇が花弁ごとに見えるから、和歌にもありそうが、かの和歌 DB を検索すれば、1117 年成立の『永久百首』の一件、即ち仲実の「春くれと野辺の霞につつまれて花のゑまひ（笑まひ）の唇も見ず」以外には「くちひる」すら皆無だった。★狂歌の花の唇は先賀詠んだ 1815 以前の下記の上方狂歌を待ったが、先章の「山笑」首々と共に中学生に紹介したい。

山々の貰い笑ひか にっこりと動き初めにし花の唇 k17-1
*Would they be catching the giggles from our laughing hill-sides,
all these cherry blossom lips that have started to crack smiles?*

口と唇を詠めば花に近づくが、遠望も見よ。★神秘の花か桜花か解らないが、古今集の多くの桜の花の歌の直ぐ後にある。宗祇は「見ぬ花もおもかげに立つ霞哉」と見事に句化した下記の貫之の首は万葉歌＃18 の雲を霞に取替え、当の山に又相応しい神秘を加えた

みわ山をしかも隠すか春霞人に知られぬ花や咲くらん

Mount Miwa promises we "see" so why hide it, Spring Haze?
Blossoms unknown to man must be blooming these days!

★桜と雲を詠む西行歌は数多ある中から、狂趣なる擬人法。

よしの山人に心をつけがほに花より先にかかる白雲
Mount Yoshino puts on a face to prime the hearts of men
why else do white clouds come just before it blooms again.

★その「雲」の下の花見の狂歌を、数首みよ。かの卜養（1607-1678）の「花盛り下戸も上戸も呑み給え開かぬ先にさけ／＼と言う T31-12」は愉快。★1855 以前の江戸狂歌の焼き直しもある。桜福左衛門の「さけ／＼と言える上戸や下戸はまだ開くを待ちつ花見弁当 E12-7」も愉快。★弁当と云えば、1815 以前の亀住が詠んだ「桜狩り弁当かつぐ竹までも花の雪にハたわむようなり E9-3」のような景色美は、上方狂歌に多いが、江戸が中心よりはるばるまで及ぶ真顔連の俳風狂歌四千首の好歌例に入る。★その頃の上方狂歌 k19-4 の最も洗練された暗喩も詰めた花見弁当は、茂津の下記である。

生命の重荷負うたも帰りには背中と腹にかわる弁当
Even the burden of life we bore, on the return trip, ignored:
box-lunches once on our backs, now ride inside our bellies.

自白になるが、花見の弁当をあまり覚えていない。赤の他人と滝呑みはよく覚えているが。★残念ながら、太閤が一行が五千名ほどであったと云う芳野の花見、つまり先章で詠んだ雁も帰りたくなるドン騒ぎの大花見をうまく詠んだ狂歌知らないが、1812 の後期江戸狂歌本にある黒茶屋長広が詠む下記の首でまだまだ騒いだ事が伺える。

唐までも聞こえし花の芳野に邪魔をなしそ雲の黒んぼ　E8-1
Yoshino blossoms, the din can be heard in China for crying outloud;
would thou please not rain on our party, my black-moor cloud!

黒ん坊という語が丁寧語か敬称ではないから、先ず how dare you threaten our viewing, you black-skin cloud!にしたが、文法の「な〜そ」は強くても、丁寧ですね。直訳はいけないと四、五百年前の黒北アフリカ人にした。★日本で最後に覚えておる花見は、古学数奇の随筆家（又拙著『誤訳天国』の編集者）の鶴ヶ谷真一と乾杯した、蜀山人の奈良の八重桜の名歌のもじりのもじりで同定できる別所であった：「この春は八重に一重をこきまぜて厭が上野の花盛りかな」。その四、五十年後になる上野の戦いを、鶴ヶ谷さんから少しは聞きましたが、当時よく理解しかねた歴史音痴で知らぬが仏を守り切った敬愚が、花弁も浮いたお酒を呑みながら、目の傷跡に沁みる桜冷えの涙までも記憶に残る。★もう一所をみれば「飛鳥山の麓なる人の家に桜の盛りなるを見侍りて」、天明狂歌の大御所酒月米人は「七重八重ここの家にも桜花かしこの山のあまり物かも」の九重の半分ちぎって「ここ」とした手も「かしこ⇒この」の単純の言葉を活かす不思議の転掛詞は、さすがに『徳和歌後万載集』にあった。

花見＋桜は、秋の七夕と月と冬の雪と同様に編集者に大問題を提供してくれる。現代の歳時記は、題上の平等主義が甚だしい。この大題は本来、それぞれ全首の約一割も占めた。今は、句例数が小題の十倍までもあるが、戦前は何百倍も多かった。宗祇から子規までの桜と花見の句集＋英訳の拙著 *Cherry Blossom Epiphany* を、三千句と六十五章の740頁まで絞るのが大変だった！宗祇といえば、愚句「互いへはかぜは避きけん遅桜」は、彼の自愛と花への他愛が一体となるから、温情ある余韻もする。一方、一茶の「移るとも桜のカゼぞ花の陰」は抜群の自嘲。雲なら、上記拙著の第十七章の句にある 1651 年の吹白の「白雲を枝にや接ぎ木花盛」や 1690 年の亀洞の「一天の雲吸ふ山の桜かな」や江戸中期の蕪村の「雲を呑んで花を吐きなるよし野山」と逆も真也「花を呑んで雲を吐くなりよし野山」やその親友の也有の「今植えし桜や世々の春の雲」などの新奇を読めば、狂歌は無用という感じです。★芳野山が満開だと、天明狂歌の宿屋飯盛の警告は楽しい。

仙人も天狗も雲と見たがへて梢を踏むなみ芳野の花　飯盛
*Long-lived sages and long-nosed goblins over Yoshino take care
not to step on the tree-tops, as blossoms not clouds are there!*

1759 年の府月の句「雲の中に遊ぶ仙あり桜山」と後の老一茶の同じ芳野の花を天の羽衣と看做した句もある。本物の花見に飽きはしないが、既に数千句を集めて英訳すれば、狂歌を含む花見の歌も閲覧する気力は、狂歌の三大シーリーズを読む前に弱くなった。とは言って、俳諧に比べて狂歌が面白い幾つかの副題あるかと気付いた。★姥桜などの「杖」が狂歌詠が得意かと思う。1757 と 1787 の上方狂歌本（K15-1、k19-1）に再載された初期狂歌の長嘯子（1569-1649）の狂歌が好例。

人毎に腰折歌をよみ置いてあたら桜を杖に社つけ　長嘯子
*With all of our lame poems hanging from its limbs I think we
need to provide some crutches for that poor cherry tree!*

★散る以後の花の狂歌にも惹かれた。1672 の行風編「後撰夷曲集」に出た是急の「桜ちる木の下陰で笠ぬげば空に知られぬつらゆきとなる T30」は貫之の 913 年の「桜散る木の下風は寒からで空に知られぬ雪ぞ降りける」歌のもじり。双方とも愉快。同じミニマル変化で本人の名を弄ぶ「百人一首」もじりは、百十年後に四方赤良が尽くしたが、★同 1672 年の本 T30 に出た友知の下記の狂歌は、新風の一本立ちらしい。

雪のように散るを悦び花を踏んで惜しまぬやこれ少年の人
*They are delighted by petals falling like snow, and thinking it fun
do not regret treading on them – the people we call 'the young.'*

★1737 以前に「花の散るを見て」た上方の山下氏一叟の「春毎に桜にのませ正気散はなの出ぬ間の風の養生 T56」は、申し訳ない口語も効果的に働かせた狂たる花＝鼻の歌だ。前もって飲める風邪薬の存在さえ知らなかったが、「風の宿り…我に教えよ行きて恨みむ」とか、帝の

勅令で風を脅す古典和歌に比べて、達観と褒めましょうか。★題「花厭風」という下記の上方の島丸の 1790 以前の歌 K26-3 とは、好きが気持ちが複雑。和歌の脅しを、新奇で改めたが偉いか酷いか？

> めでたいと云うとも散るな花盛り可愛いがられて死ぬ様な物
> *They say it is something to celebrate when blossoms fall but, hey,*
> *the full bloom is something lucky to be loved while passing away.*

★1815 以前の山守の江戸狂歌「盛りなる桜の花を散らすなと風の手形を撮りて置かばや E9-3」は、その好例。江戸で悪人の手形を集めて置いた事を覚えても、詠みが平凡。★それと全然異なる、ぎゃっと言わせる同じ江戸が、数十年前の天明の無頼漢貧乏の狂歌師手柄岡持の首は好対照になる：「花さける春はかたわに成れかしな風のてんぼう雨のあしなえ」。手棒（てぼう又てんぼう）が役に立たぬ腕だが、現在差別語として避けている言葉を気にしないでよく読めば、雨こないとせめて花を吹き散らす風が欲しいが、それもない、という文句が歌意でしょうか。★1809-10 頃の江戸狂歌 e7-4 に別な、一見で歎きと見るが、それより面白い枕流亭喜代記（仙台人か）の落花と芥の二種の「ちり」の様々の意味を旨く混じる哲学っぽい狂歌もあった。

> 人毎に塵こそ厭え世のうさの捨て所なる花の木のもと
> *All of us hate litter yet meeting here below the cherry trees*
> *that drop their blossoms, we dump our blues, our miseries!*

命の洗濯なる花見を、誰よりもよく作句した一茶は、1810 年に「人足の埃を浴びる桜哉」と桜の味方にもなった。1698 年に既に、蕉桐は「立上る埃の中の花見哉」の句もあるから、後期江戸だけの問題ではない。それにしても、一茶の 1815 年の句「日々の糞だらけ也花の山」は凄まじい。拙著 Cherry Blossom Epiphany にある汚くなる花見か桜を悩む何十句もある。枕流亭喜代記の狂歌の主張は一茶のような、反汚染のそれと異なる。暇あったら一茶より進んでいる、同時に遅れている断りを説明したい。★さて、花見帰りになると、中期上方狂歌の大御

所木端の「寐よげなる若草と見て散りかゝる花の錦を敷布団かや K1-1」は愉快。どうせ散ったら花を貞徳の艶やかな春景色の第二幕にしようとしたが歌意か。★「題林」再載の素足斎の「ちら／＼と野辺に降り敷く花の雪丸げていざや家つとにせん」は、一見で、★1829 以前の田隣舎唐錦の江戸狂歌の「桜狩帰り待つ児に面無しやすがる袂は花の歌屑 E12-2」と比べれば、面白いかと思ったが、「パパ、何じゃ、これ！」とがっかりする幼っ子の顔を想像すれば、右勝ちにならざるを得ない。章頭歌にしても良い程に気に入るようになったが、英訳は

A cherry bloom hunt but how can I face my kids waiting at home
when I return with nothing but scraps of paper with poems!

花がえりと言えば、花もかえる。★1803 以前の上方狂歌本に出た桃縁斎詠むその例 K26-2 に我が好む「やって見ん」調の首だけは英訳を。

花は根に帰ると云えば木の本を一鍬ほって匂いてや見ん
Blossoms return to their roots they say so there I go to see
if my hoe can yet dig up scent enough to prove it to me.

★根＝寝の英訳こそ不可能で惜しいが遅桜の和歌の中で一番面白い首は、1243 年成立の『新撰和歌六帖』の知家詠み「春の行く山路に残る遅桜ひとりや今日はネにかへるらむ」。何故かといえば、行春を惜しむ宴会の暇を請うという場面を想像します。即興だったら傑作になる。★遅桜は夏に咲き続くことは。天明狂歌の美人狂歌師の智恵内子の「花はネに帰りし跡の夏山に夢かと計り咲く桜かな E4-3」も、季越す歌の無駄が全く無い素朴の傑作だと思う。★０２３、０２４、０２５の三章の季題を合わせる一首もある：「かりがねを返しもあえず桜がり潮干がりとてかり尽くしけり（巴人集の変種は「〜をかえした跡も桜がり汐干と迄にかり尽くしたり E2-2」）。天明狂歌の聖なる赤良詠みだが、三つに二つのカリ重ねたら、路費が大変で終なる「借り」が困るブルース。★『風雅集』の永承五 1346 年の賀陽院の歌合に桜を詠んだ藤原家經朝臣のあらゆる季を越す下記の「〜もがな」調もいい。

> さても猶あかずやあると山櫻花を常磐に見るよしもがな
> *Stop already, I just can't get enough of these wild cherries –*
> *if just bloom could be the Rock of Ages always there to see!*

★更に二百年以上に遡れば、西行が具現する桜愛の原型と言ってもいい源俊頼（1055-1129）も見逃せない。

> 惜しみかね我も散りなば来む世にも花にむつるる虫と成らばや
> *When I, too, fall without regret even in the world to come*
> *I would be reborn a bug cuddled by the cherry blossoms!*

赤人の酒十三歌の「虫にうまれても」飲みたい、と云う万葉名歌と後になる西行の「願わくば」花盛の木の下に死にたい歌も覚える。俊頼の『散木奇歌集』は、中々良い。広く読まれたら宜しいかと思います。

小章　桃と三月三日と人形

> 誰もみな今朝は桜をうち捨てて桃をたづねて過ぐすなりけり
> *On this morning, all men ditch the blooming cherries: it is when*
> *we call upon the peaches and spend the whole day with them.*

春第三部の三月に入れば、★桜を愛でた俊頼も曰く「（同）」。
木の変種によって桃の花が先になるが、遅桜、少なくても山の遅桜は後になるから、木から木へ移る思い切った文化の掛詞もない描写は、それだけでも狂趣の新奇に足る。江戸時代だと桃を訪ねる事は歌句に見た覚えもないが、桃の折枝を見ながら桃酒を呑む三月三日の雛祭や、その日か前後日にもなる曲水という飲みながら詠むか小唄を唄う昼の宴会も人気の題だった。桃酒と曲水の歌を、お酒の０８９章まで預けて、ここは三日の主人公になる雛の歌例に絞る。長い伝統を伕めかす難解の狂歌を先ず二首ほど見よ。★於腹撫彦の 1802 以前の江戸狂歌「伝授もやあらむ古今の雛のつらゆきにまがえる花のしゅんせい 1802　e6-5」。古今雛は 1764〜72 年頃に現れた有職の人形。「貫之＝

面雪」は明白が平安末期の「俊成」は、花の旬盛か、春晴かなんだか、素人敬愚は解らない。★一方、古今雛さえ知ったら、1810 年の後期江戸狂歌本に目出亭極丸の「歌屑やかんなくずもて造りなす古今のひなに腰折は無し e7-4-163」は、判る。かの腰折れの卑下をうまく利用する繊錬度のお高い首。談林俳諧に遡る蛇足を、始めたら百足になりかねないから、止むが、傑作だ。★元禄時代の月洞軒と貞柳の師信海の後期江戸の「題林」に再載された「若草のはもしながらも餅祝うもゝの酒よりちゝの花より」とは、清濁不明の古綴りが可能とした視覚ならではの好歌例にもなるが、「葉もし」の「は文字」は、酒が困る下戸の「恥」を認めながら餅を、花より又酒より祝う。餅は酒飲めない人が好きで、花と云えば信海は女嫌いだった。★次の 1820 以前の綾人の江戸狂歌を読んだら信海は涎を垂らした：「太りたる裸小僧の外にまたもゝのすれ合う雛の花瓶 E11-2」。前句は稚児愛の股らしき枕の縁語で腿⇒桃へと引き続くが、たぶん寿ぐ桃の青王女の使いになる稚児が桃を運ぶ絵が花瓶にあった。★出典なくしたが、孤仙の「秘蔵するひゝな祭と小娘の箱入りも出て並ぶもゝの日」は蛇足無用の微笑ましさ。男として聞きたいが、女性には桃＝腿の意識はどれだけおられましょうか。★1810 以前の江戸狂歌ながら上方っぽい号の最中万丸の「雛棚の蛤よりも愛敬は汐をふくめる裸人形 e7-4」は、謎。蛤人形は知っているが本物の蛤も汐吹く事もある。狂歌の意味は？★しかし、液体を大事に守った笠原標山の上方狂歌「帯解かず養生深き雛さまは腰を屈まで幾春もたつ k8-1」の歌例もある。英訳は下記で良いか。

Their obi kept tied, the vitality of these dolls was never spent –
how many Springs have they stood ramrod straight not bent?

★1819 以前の色成の江戸狂歌「雛棚に枝をはなせし桃よりも物を言わざる裸人形 E11-1」の枝「花せし⇒話せし」は解るが、まさか雛棚に裸人形を置いた人がおられたか。おられまい。裸で買って、衣装を自分で着せてやるのを面白がった変態か。何も言わない恥ずかしがる女の

子が好きと云う事が本音だと気に入らない狂歌になりますが。★一方、1813以前の上方狂歌本にあるk17-2は、いかがですか。（東）の人だ。

　　ぜんまいの雛とは知れど心まで動かして見る女人形　読兼
　　Though I know she's a doll who runs on the power of springs,
　　I can't help trying to move her heart and mind and things.

これも、教科書に載ったら面白い歌例。等を笑いながら述べたが、女が詠む雛祭の古狂歌も欲しい。雛祭の狂歌は、男の視座に傾いている。

小章　梨の花もありのみ

桃は家内に小枝を生けたりしし、日本に存在したかどうか定かではない林檎と野中の梨は、やはり日本にも美しく咲きます。★1790以前の笑馴の上方狂歌「k19-2」とは、盛りの濃さを描く。

　　真っ白に咲け乱れしを雪かとぞ見ればそうでも梨の花なり
　　Blossoms so white and wildly profuse pass for snow, so fair
　　yet, on closer perusal, we see them as a flowering pear.

にも関わらず、梅と桜のように無数の讃歌はない。笑馴の狂歌を狂句に焼き直せば「六つの花と思えばこれ以上は梨」。掛詞になり易い同士。贈答は「古狂歌 気の薬」の別冊になるが、一本立ちで活ける稀なる梨の歌例を二首のみは見よ。★栗窓（1756-）の「題林」再載歌の「世の中は有無の二つをなしの木のいかに悟りてありのみの花」と★同本の夢窓国師（疎石〜1275-1351）の「桜散りて花なしとこそ思いしに猶この枝に春はありのミ」は掛詞の楽園になる。和歌DBで検索すれば1227年成立の藤原定家奥書の相模集には女流の贈答ある「おきかへしーつゆはかりなるーなしなれとーちよありのみとーひとはいふなり」そして「つゆにてもーおきかへてけるーこころさしーなほありのみとーみるそうれしき」。やっぱり。今のところ、このままにして置く。梨は、記号上の大題になるから社交歌の古狂歌別冊の主人公になる。

026

The color does it: people viewing say "By thy leave, my Grace,"
as Wisteria bloom pats your head and softly strokes your face.

K8-1　お許しと色に言わせて見る人の
　　　　頭を撫でる藤の花かも　渓雲 1814

高貴な人々にだけ許された禁色の紫に近づくがための「お許し」だ。江戸初期に、数十年も引き続いた「紫衣事件」と云う紫を着る権利のご法度争いのおかげで、禁色への意識が二百年へても、まだ高かった。下の者の頭を撫でる仕草は、高僧か王様に相応しい仕草。敬愚は白藤とその種の鞘の形態美に惚れて、清少納言のように紫を好まないが、どうせ紫の藤に出会ったら、この歌に従うしかない。★子も信者ではないから、我が頭に本物の王か法王などのお手の世話も無用が、藤に撫でられたら、1812 以前の上方の右左丸の下記 K28-1 の首に伺う猫同様の行為をするかも知れない。そういう御めでたい猫はおられる、ね。お許しと言えば、渓雲と右左丸の両首は名歌にならなければ、この敬愚は許さない。とは言え、

　　しな垂るゝ花に頭を撫でられて藤の下にて咽鳴らす猫

Stroked by the dangling blossoms (he has no hat)
below the wisteria, sits Tom, our purring cat.
（猫といえば、野良と思えば tom cat だから）
Her head stroked by dangling baubles of bloom
beneath the wisteria, a pussy cat is purring!
（雌にしたが品垂るるが褌の中身か売物棚か）
Head gently stroked by its purple hanging bloom,
below the wisteria, kitty purrs to be so groomed.

（↑藤を紫の高身分に、↓猫特異の上へ凭れて）
Stroked on its head by a dangling bloom of wisteria,
a cat leans upward in the throes of purring hysteria.

原歌の品垂るるで松のふぐりの仲間と思えば、又、猫だと必ず我が猫たちの思い出にも圧倒されているから、英訳のやりと知りながら…。改造版までに一本に決めたいが、我が脳みそより生まれた英訳は愚子で、間引き無用の親の馬鹿です。ともかく花の特徴とその接し方を描く意味で蕪村の「氷物の詩を口ずさむ牡丹哉」も思い出す。花の豪華や歴史を感じて漢詩を吟ずることも言えるが、蕪村には猫と同じ心を持ちながら喉がごろごろならしたとも見えます。たった十七音字で、一般読者はどこまで感じるか判らないが、狂歌の三十一音字になると、皆も乗るかと思います。★1672 以前になる元成の狂歌「長さをば比べ申さんさかり藤ながむる我が涎八尺」（T30 題林）の牛のもうす涎が登場してしまう理は、ぶら下がる物は馬鹿されがちの証明。★例外に題林再載、1760 頃の上方の栗洞も曰く

桜花雪と散るにし跡なれば是は氷柱と下がる白藤
Cherry blossoms fall like snow but, hey, watch and smile,
for wisteria bloom droops but like an icicle stays a while!

★物外の「下へ／＼引き下がるほど世の人に見上げられる八藤の花房同」もあるが、概していえば、狂歌は俳諧同様に悪趣味に平気。★雄長老の「まといつゝ藤にしたゝか締められて難儀そうなる松ふぐり哉 T13-18、T27」（清濁：纏い＝惑い？）と★貞徳の「紫のふどしに似たり藤の花まつのふぐりを咲いてつゝめば T27 新撰百」のような睾丸と褌の比喩が多い。★上方の栗毬はもう少し上品のお相撲に焼き直した：「さかり藤に内股とられふぐりまで締め付けられてお松迷惑 1780 年 k4-2」。★江戸天明狂歌の土師掻安の「弁当もなくてながむる藤棚ハわけて淋しきはなの下かな Ex 5 絵本 1797 年」は、敬愚ならば「藤の花たれ見てもうし涎あるものを弁当なきはなの下」にしたが、★1855 年の俵

舎の「初午に騒ぐ小供の鼻からも提灯さがる藤棚の下 E12-7」もやはり、垂れ物尽し。夜でないから、夢ではなく夏風邪の鼻提灯であろう。★桃山時代の解り易い本歌？もある。道増の「松に吹く風をや引きし咲く藤も打ちすゝりつゝはなハ垂れけん T11 道増誹諧百首室」は江戸後期の『題林』で玄旨法印詠となる。この啜りは又、葉と花の風の音も仄めかす。★本来この花は垂れる類よりも「波」の比喩が多かった。1318 年の「文保百首」に公顕の和歌「藤咲ける時はやよひの末の松だが偽りに浪の超ゆらむ」は。★杉丸の出典失の上方狂歌「春も末の松山に咲く白藤を波の越すかと見やる花房」に負けない掛詞と世話を組んだが、求めている和歌の藤をまだ拝見していない。それが和歌を沢山読んだ頃、まだ藤の面白さを感じなかったから見逃したか。約十年前に藤に囲まれた家に五年ほど住めば、花は凄いが蔓と根はもっと凄いと全て判った。★1679 年の、太女の「T37」の云う通りだ。

春の日の長物らしゅうくる／＼と纏いつきたる松の藤つる

*Spring days grow long and so do the wisteria's winding vines,
that climb like snakes and winding around hug the pines.*

日長に蛇も見た女流は面白い。おそらく彼女も、敬愚同様に、本物の蛇も藤に身を隠しながら、静かに登れば、小鳥の巣を狙うことも見たが、広い庭の面倒を見ながら自分なりの観測もできた敬愚は「鉢あるもはち切れた元気な藤や人のつまづく夜這ひする根に」。★1679 年に且保という者は、似通った内容をもう少し洗練された歌体で表わした：「花を見て腰が抜くると思ひしに足さえ惑う藤の蔓かな T37」。

*Oh, yes, at the sight of flowers slipping we fall and are beat,
but the quickly growing vines of wisteria do trip up our feet!*

賛成。日本ではなく、北フロリダになるが、芝刈ると藤の横足（？）というか、蔓の速さに驚いた事はよくありました。蛇の顔負けですよ。

０２７

心には 誰も思えどかわづほど
春の別れをなく者は無し　蜀山人

*In our hearts we know it is no joke
that none so mourn the passing of Spring
as they, who crying, always croak!*

辺りに水田あれば、春の末の蛙のとゞろく音の強さは、大都市の公通やテレビの雑音を上回るように遺伝子が淘汰されたかとも考えた事もある。日の早く暮れ、夜が早く明け、雨早く降れ、もう止め、それとも其のままがいい良がり声か、只各々隣と鳴き比べか、縄張り守るか求愛するか、その歌意こそ分らないが、きっと歌ふくろなる喉の動きは、蛙の健康に良い。歌句に蛙の歌意を色々と詠む系譜もあるが、蜀山人・四方赤良の章頭歌は新奇。その類無き大音を見事に何故何故化する。英語の蛙は必ず croak と「なく」が、日本語の両義性「鳴く＝泣く」はないから、三行詩の狂訳ができたまで英訳無用かと思った。

*Deep in your heart, you know it is the frogs, beyond doubt,
who most hate the Spring's leaving and most loudly cry out.*

とは、初トライの失敗。小指の爪ほどの小さな雨蛙以外に蛙は cry としないが、大ガラス同様 croak 鳴きする語は、幸運にも「死ぬ」とも意味する。春の過ぎる passing も「逝く」の意味と成りうるから、結局、赤良の原首に負けない解決に着いた。これを Lost & Found In Translation と称すればいい。★さて、蛙の何故なくに答える他の狂歌を何首でも見比べよ。1809 以前の刈安の江戸狂歌「あま水を待つ苗代になくかわづ雨乞をして歌やよむらん E7-5」は、一見では今一つなるが、雨＝天で雨乞歌詠むを更に強調する「や」と「らん」で古今序に出てくる蛙の

歌詠みとしての身分こそ同定されている所が楽しい。★蛙の歌意と無関係が古今序の蛙を詠む 1815 年の上方狂歌もある。なんとか田丸の「鳴く蛙蛇に尻から呑まれても古今には序にくわえられたり k17-1-19」とは、狂歌得意の歌論の歌。因みに、和歌の蛙が 99％ までも山吹と組まれて、読むも面白くない。例外は、1250 年頃の『後選集』の雑四の詠み人しらず「我が宿にあひ宿りして住む蛙夜になればや物は悲しき」。狂歌の可笑しみは不在が、こんなに強い「私」が和歌よりも狂歌によくある親しみも感じるから、脱線ながら敢てご紹介した。W.H. Hudson が何百年前から英国の或る田舎教会の内に住み慣れて、ミサの間も出て、歩きまわる墓蛙を描いたが、日本にも蛙の合宿りは、どれだけあったか。★1815 以前に、もう少し微妙な超自然的現象をその声と結ぶ上方の半月の歌 K17-1 もある：

神鳴に子も尾の落とし蛙とてころ／＼言えば雨気づく空

Frogs whose tails fell off to the peel of thunder croak back
"koro-koro!" and the sky begins to feel like it will rain.

清濁を無視すれば、雷のごろごろも聞こえる。★同じ 1815 以前に、江戸狂歌の本に空躰の「雨ふれば御礼を申すさまをして猶空仰ぎ蛙なくなり e9-3」をどう評価すべきか。面に小便の厚皮ではなく、蛙が感謝するかどうか知らぬが詠む人の心と思えば褒めたくなる。一晩中その有難さを聞く天の神は「もう判ったから、静かにせろ！」とお考えになるかと思うが。同時に或る情けない解釈も想像してやまない。米南部で toad-strangler と云う強烈などしゃぶりに感謝の姿のままに「啼くなり」ではなく、「亡くなり」にけり、その姿だ。★とは言え、雨に拘らない蛙の詠みもある。1666 年まで遡って行風編の「古今夷曲」に満水詠み「水にすむ蛙が歌をよく聞けばとかく卑下なり愚意／＼といふ T27」の首に読者も頷きたいか。「ぐいぐいと夏の蛙の鳴ずとも」の句主になる鬼貫 は 1661 年生まれから五、六歳の時の狂歌ですね。★1753 以前に、上方狂歌の狂歌師鈍永の蛙の画賛に「愚意／＼を述べて賛とは恥ずかしや歌よみと聞くかわづ殿には」k13-1。

Praising thy song as croaking humble pie when I hear, Sir Frog,
you are a poet, shames us, too, as we are all in the same bog.

愚意と云う擬声語はともかく、「画賛」の概念すらない英語では「賛」を弄ぶには、Emily Dickinson の名詩 *I'm Nobody, Who are You?*（How dreary to be somebody! How public like a frog. To tell one's name the livelong day. To an admiring bog!）を本歌とするしかなかった。とは言え鈍永と異なって、あの愚意愚意で良いと思う。★1778 以前の上方狂歌の如山は蛙の姿勢を「水にすむ其身の程を知らずしもたゝ上を見て鳴く蛙かな」K23-5 と見た事は、江戸時代の日本人としてごく当然の疑問になる。上様に対して目を上がるべきではなかった。猿猴は月を助けようと溺れたが、その他愛的善意なる行動までも身分に相応しくない行為に対する教訓になってしまった。身分に拘る事を嫌う米人として敬愚は、如山の生意気の蛙に拍手も送りたいから、下記の they're okay となる。今も日本の刑務所には囚人が上を見てはいけないが、世界にも珍しい。

They may live lower than air and earth in water but, hey,
they look up while singing, frogs are gutsy, they're okay.

蛙に別な面もある。一つは被害者ですね。既に古今序のみなる蛙の一角がその天敵の口から出た田丸の後期上方狂歌の恐ろしい傑作を拝見したが、初期狂歌まで遡る。★酒粕の 1679 年の詠み「朽縄をくちなわと観て驚かば蛙が歌の妨げにこそ T37」は単純すぎるか。蛙の歌袋の口を縄で綴じる縁語掛けも、珍しい生態学上の観測もあると思えば、秀歌とも見なしうると思う。★しかし、被害者だけではなく、正反対の面もある。古今序まで省みる飯盛の「歌よむが下手」名歌によく似通う風水軒白玉翁（1653-1733）の「雅筵酔狂集」の一首「ものゝふのこゝろ慰む歌よみの蛙はいかで軍するらん T48」は、発想上抜群。

The frogs of old who pacified the heart of warriors, what
makes them sally forth today to make war and kick butt!

成るほど。歌袋もあって…蛙の騒ぐを戦と見る俳諧が多いが、この矛盾の枠の中に詠む面白さが新奇。やはり、狂歌は上だ。白玉翁のこの狂歌は高校生の教科書に入るべき。★蛙の声が煩いと思う者もおられるから、1815 の江戸狂歌本に見つけた光俊朝臣（1203-1276）の「勤めずと寝もせで夜を明かす身にめかる蛙の心無きかな e9-3」を読めば「勤めず」があんまり近代的に聞こえたから 1310 年の『夫木集』で確認しました！厳しすぎるから、光俊の没日を調べた。旧暦の六月九日で、弱った状態で神経過敏の詠みの可能性も考えたい。★同集に「よみ人しらず」の「草まくら旅にもの思ふ我きけば夕方まけてなく蛙かも」を読むと、やはり蛙の音は気分次第だ（が「負けて」ではなく、シュールの「曲げて」は可能？）。★同「夫木集」に見つけた鎌倉時代の藤原為家の子の藤原為顕の「いたづらに啼くやかわづの歌袋おろかなる口も思ひ入ればや」と云う歌の行間には誰かの非難か、「我輩も蛙」と思えば批判ではなく自嘲になるか。★狂歌の世へ戻れば、元禄時代の月洞軒の首もある：「夜々毎のかわずが歌は声々に寝もせでこぢくもの貰い哉 T40-1880」。「こぢく」は「乞食」の動詞化なるが、声は煩く聞く理由の半分は健康が下り坂だった月洞軒の心にあると思う。喧しい！★という文句が多い中で最も新鮮で、異質な詠みは、1806 の上方の「狂歌言玉集」に出たなかえ（女性？）の次の歌だ：「土のうちの長寝も覚めて啼き立つ？る蛙よ人を睡むたがらせつ K25-3」。初蛙らしいから、春二でまだ鳴く数が少なかろうが、春一にもよく出てくる睡魔の具現になるところが面白い。

Awakening from your long sleep underground, hey, frogs starting to croak, would you put us people to sleep now!

脚韻を止めて、我が想像するなかえさんの歌意を素直に英訳した。一語句ならば、眠気のバトンタッチだ。はっきり言って、傑作。★ところで、蛙と言われても、様々だから、人の心次第だけではありません。1679 以前の宗賢の狂歌「山の井にすめる蟆の歌きけば何のその／＼そ

のゝ鴬 T37-137」は疑いもなく、敬愚も聞いたことある鴬に負けない美声の蛙なんだ。★良寛が記録した「ほとゝぎす我が住む山は多けれど今宵のかわづまし珍しも」とは「かわづ」と詠まれても、原文の題の「蟆」だった。これも指の爪ほどしかない一寸坊のヒキと見える、声美人。★しかし、美しい物好きは安すぎる。煩い類を肯定する 1808 以前の江戸の一瓢庵春先詠「歌の友小田に集めて天地も動かす計りかわづ鳴くなり E5-4」は、古今序を弄びながら轟く声の天地動かすほど凄まじさを祝う。今だったら「動かずばかり」と同じが、芭蕉の石にしみ入る蝉の声の対にしたくなる。★しかし蛙は声だけか。題林再載の首は故事もまさる。

猿猴にまさる蛙の働きや水に浮かびし月に抱きつく　石文
Working the water, frogs beat that monkey (he drowned I note);
we can see them hug and clasp that moon tightly as they float.

小章　行春

蛙が主人公になったが、本章の四方赤良の章頭歌が本来「行春」を詠んだ。その系譜も少し遡ってみなければ夏へ進めない。★1371 年没？の宗良親王の和歌「目に見えぬ春のゆくへハさもあらばあれ散るをば止めよ花の関守」も章頭歌に価するから英訳もオマケに

Who knows where the Spring we can not see leaves us to despair;
but, border guards, stop at least her bloom from going anywhere!

その身勝手な注文が狂趣ではなかろうか。★1785 以前の天明の摺江鴬の「くれ行くと言えばどふやら良けれども何もくれず逃げてゆく春」は、年の暮＝呉れ歌の類の陳腐に「逃げ」と云う新奇を加えた。なるほど、美人だから佐保姫は逃げがちであろう。★1792 以前の上方の華産（女？）が詠んだ「明日からは馴染みの夏が来るけれど惜しやお春の出代わりの今日 k3-4」とは、温かい。読みながら、初めて来日した客船に屋敷の下女として勤めた日本の農家育ちの直子さんを思い出し

た。陽気で笑いも絶えなかった直子ほど謙遜の人に出会ったのが初めて。出代わりのお春は愛嬌の上で、けっして佐保姫に負けない。★行春ではないが、ご参考に玉枝亭月弓（女？）の 1809 以前の江戸狂歌「荷をしまう今日出代の涙雨ふるしきにさえ包みかねたり e7-4」。★一方、元禄 T40 の月洞軒の男流詠み行く春の儚さの比喩は粗野に描か

討つ如くげに春三月たつが弓矢よりハはやし鉄砲の玉
Faster than the arrow shot by that last moon-bow drawn
our Spring shoots off as fast as a bullet from a gun.

消える前に弓となる月の矢と鉄砲の玉の対照は新奇というよりも三を縦にすっとる銃弾が底に当たると少し撥ねて点になる「玉」だ。★約百年後に、山手白人の天明狂歌「さほ姫の暇こひしてゆく春のうしろ姿や藤の下げ髪」も男詠みながら、古典的な春の後姿を見守る。★佐保姫にもおさらばした『千載集』(1187)の和歌が本歌でしょうか。

何方に匂ひますらむ藤の花 春と夏との岸を隔てて 康資王母
As we row gently down this stream with a spring & summer coast,
from which side does the wisteria bloom appeal to us the most?

白人と王母の二首を敬愚に結ばれたら「佐保姫の下げ髪の花やぎ化けし夏女房の出尻の藤棚」となるが、御製のお高い詠みに比べて敬愚のはなの下が藤ほど長いのが恥かしくて、購いに王女の詩的な唄を美訳しました。★多田人成の「松が枝に這いかゝりたる藤の花 春と夏とを跨ぎてぞ咲く 古今狂歌袋 1787、吾妻曲」の裂くが掛けるも敬愚好みが、再載も多い秀歌です。*A wisteria creeps up to the pine's crotch to say / I bloom while straddling sprind and summer, today!* ★1815 以前の雪也の「鶯とほとゝぎすとの栞なり春と夏とにかけて咲く藤 E9-3」と★「題林」再載六合の「春三月いつの間にやらくれ竹の藪蚊と共に夏は来にけり」とは狂訳に値しないが、俳句歳時記に見える楽しい凡句の狂歌版でしょうか。

夏

028

E7-1 今日は早夏のころもに成りぬれば
　　　脱げてぞ出でるたんぽゝの綿　　永春　1812

*Summer clothes and the living is easy when stuff comes out
like our cotton lining, or is that dandelion floating about?*

わた抜きと言えば、★貞徳の「衣替の今日しもわたを抜かるゝは魚の腹もやう月なるらん」という名歌を先ず章頭歌にしたが、「う」の転掛（腹模様⇒原もや卯月）が判っても、前置の「卯月朔日魚の棚通りけるに魚ともあまた洗ふをみて」が無ければ、読者の理解も心配して、永春の後期江戸狂歌の「頃⇒衣に」なる軽い掛詞こそ首夏に相応しい。魚の腸よりも臭くないタンポポの綿の比喩も再読ごとにますます気に入った。お馴染みの黄色の花も好きが、幼稚も一息で飛ばせる唯一の首、つまり可愛い真丸い種の球を択ばざるをえなかった。初心洞敬愚はあらゆる蒲公英の歌は好きが、蕨の悲喜劇風の歌に惹かれて、本書の春に花の蒲公英を飛ばした。鼓（つつみ）草として音楽っぽい擬音が多いのに耳も目もないから道草ながら、本題の「替衣」へ進む前に、三首ほど見よ。★「題林」にも再載された未得が 1649 以前に詠んだ「あま下る天鼓のあれバ打ち返へて地から囃せるつゝみ草哉」。雷は地方に寄るが冬か夏が、初雷は春の内。二の現象が互いの理になり立つ囃し合いの傑作だ。★1678 頃の「地誌所」の有馬巻の「多舞保々能城山」が題で友易の旅歌「太刀は鞘に治る御代は腹つゝみ打つや打たずやたんぽゝの城」が江戸初期の平和を感謝する気分をうまく伝わる泰平祝の傑作で『古狂歌　滑稽の蒸すまで』に英訳二通りもある。★その平和に相応しい雰囲気あった上方大狂歌師の貞柳（1734 没）が詠

んだ「たんぽゝに手を打つほどの歌もがな鼓の趣向聞き古しけり」は或る特定の能曲を思い出せない老の懐旧歌という気がしますが、蛇足は以上。★早くも本題の「衣更」へ進む。桃山の雄長老の名歌で 1666 年の初大多人狂歌集 T27 から 1856 年の狂歌江都名所図会 E13 迄も再載。

めおと中に只二つ持つ衣をば換えあいて今日の初や合わせん
With two pairs of dress between them, a man & wife use reason,
exchanging their robes today, they, too, change with the season.

体臭交換はロマンチックと思えば、良案だし、敬愚は貧乏で択ぶ贅沢もないがためか、先ずこの「賎衣替」の歌を章頭歌にせんと考えたが、章頭歌になった雄長老の歌が他にも数首もあった。★まさしく色々と新着を択ぶ大金持ちのように何回も首こそ打ち替えてしまった内に七十年後になる貞徳の直弟子で著名の俳人ながら没年も見つけられない正式のハードボイルド自然主義の風俗描写のに詠んだ歌（1671 以前 T28-41 左勝）も中々捨て難い候補者になった。

冬の物を夏にもなれば質に又おくこそ今日の衣替えなれ
Sometimes winter & summer things can serve for one another
by hocking my former rags today I change into the latter!
（「ホック」とは質屋に物を置くと云う意味の動詞）

考慮すれば、藪医竹才の狂歌のように、一本立ちとして、単純すぎる。しかも、雄長老の酒買うために質屋へ蚊帳を金に交換する歌ほど面白くない。★それから、心笑の 1672 以前に詠んだ「後撰夷曲集」の狂歌「侘びぬれと今裸にもなられねば身を裏表かえて着るもの T30-223」こそは、臍に茶を沸くと思えば…この裸で最も新奇の奴も又捨て難い。

Living low on the hog this change of clothing is a bummer:
buck-naked must I turn my body inside-out for summer?
（米国東海岸山地方に住む貧乏白人風の慣用語二つ）

三首とも『古狂歌　貧乏神とブルース』にも入れる奇抜なブルースにもなる。雄長老の首の英訳は Mad In Translation にあるが、他の二首は、校正しながらの即興狂訳だ。三首を共に読むと、面白さ度は倍になると諸君も思いませんか。自嘲や誇張は年々代々の歌人が競い合う事は古今東西にあるが、短型のポエムでなければ、その進歩を見て楽しむことは難しい。欧米のポエトリーが比喩のジャンガールで、比喩の系譜の把握は、人工頭脳の検索なければ無理だった。十七と三十一音字ある日本では、よく読む歌人だったら、解かり得る。歳時記はやり易い。★とは言って、狂歌はブルースだけではない。貧乏地獄を出でて、章頭歌になっても良い、衣替えを祭り上げる系譜の二首もある。馬場霜解の 1792 以前の江戸狂歌 E3-11 と、★古ゝ路長丸の 1793 以前の首 E4-1、双方とも可愛い可愛い狂歌で、陽気なる狂訳の世話もしたい：

産みおろすおみなに似たる嬉しさは身軽になりし衣替え哉
This joy we feel like that of a woman who has just given birth:
changing clothes for summer, our life becomes light on earth!

安々と身軽の夏に成りにけり空も産着のあさぎ色にて
Summer has come, so smooth of body, easy and light;
even our sky, the color of clothes for babies, is bright!

内容はやや異なるも、双方とも夏独特の開放感を祝う。一見して好きだった前者は女の子の一人格詠みだったら、絶対に本章の頭歌になった。後者は、後に成る一茶の名句「元日や　上々吉の　浅黄空」より好きが、夏は睦月ではない。読者諸君にファボーあれば、教えて下さい（と言うよりも、新聞で歌の面白さを論じ合うコラムが欲しい！敬愚は清少納言と異なって外国語の歌を裁いている。英国詩を見て、自分の判断を信じるが、日本語だと日本人の意見を聞かないと小心です。）

029

*Spring and Summer, are you raving mad? Only yesterday
softly smiling, thy hills now boast cuckoos loudly crying!*

春夏のき違ひなれや昨日まで
笑ひし山になく郭公
三陀羅法師 E4-3

歓喜と鬱気が裏腹なる躁鬱病を思わす季＝気違いに笑いと泣＝啼くの掛詞の良さで、この 1794 以前の江戸狂歌は明治時代にも数回再載された。元方の去年か今年の同定に困る年内立春歌同様に、三十一音字のポエムに対する吟味となる。元方の場合、裸の概念だったが、これは裸の言葉遊びだ。キとナクの掛詞を認める人は、三陀羅法師の首を傑作とみる。そうしない人は、そう思わなかろう。時間をかけて英訳したが、怪しい論理を誤魔化す程いい掛詞しかねて原文の良さは、やはり lost in translation になってしまった。狂歌の狂を仄めかす mad（気違い）に満足しておる。さて、色々の笑ひをする山は、既に春部の０１９章の散文中に飽くほどまでもご覧になったでしょう。時鳥はこれこら。★辞典などに一番よく出会う時鳥の狂歌は、決まって下記の左なる山崎宗鑑の首。蛇足：うつけ＝まぬけ。★下記の右には、有名でない 1815 以前の上方 k17-1 の砂長が詠んだ生意気の返歌ですね。

かしましや此里過ぎよホトトギス京のうつけいかに待つらん
*What a ruckus! Quick, Cuckoo, pass through this town
for the dunces in our Capital eagerly await you!*

宗鑑は知らず此里過ぎたらばやよ時鳥おらは聞かぬぞ
*Soukan knew not this town which if you pass through
will mean, my dear Cuckoo, that we won't hear you!*

上のうつけの英訳の dunces は dunce cap つまり、古い英語の何も知らない印も被った本物の馬鹿の意味で、下の「やよ」を〜hey there, Cuckoo, we〜にしてもいいが、英語にある我が my dear こそ、にゃっとしている皮肉な感じもします。軽い悪口こそ、翻訳は難しいです。★宗鑑の歌に次いで、よく辞典などによく見る、あるいは狂歌としてそれ以上に有名な首は、頭光の天明名歌「ほとゝぎす自由自在に聞く里は酒屋へ三里 豆腐屋へ二里」。あまり可笑しいとは言えないが、人生の選択と地理学の真実というか、その現実的な新案はきわめて人気になった。今、思えば「天は二物を与えず」の諺の拡大になります。一声を聞こえたら、酒も豆腐も駄目と言えば、二物に三物。即ちお世話の狂歌にもなり得る。★1679 の「銀葉夷歌集」の信安詠んだ

　　一声を聞いて喜ぶものハ唯うゐの赤子に山ほとゝぎす T37

The only single voices that make all who hear rejoice?
A new-born baby's cry and a mountain cuckoo's call.

同本の伯水詠んだ「聞きぬるは茶碗の息のそれならで誰もすきやの山時鳥」も面白いが、いずれも名歌にならなかった。★一声に終わらないから、時鳥はやがて煩く聞こえた。連歌師宗長（1448-1532）の「聞く度に胸わろければほとゝぎす へどゝぎすとこそ云うべかりけれ」（ぎすに反吐ですね！）も、★1760 以前の上方狂歌の華産の K1-12

　　ほとゝぎす竹田の宿で水銀の人形のように落ちかへりなく

The cuckoo recalls a mercury doll seen at a Takeda Inn
as its call just won't settle down and neither do we.

も、★天明の智恵内子の緑で木の風がうるさい山家の系譜も連想する「郭公ひるとも言わず夜泣きするみどりこやまのかしましき声 1785 後万才」（翠子⇒小山か翠子屋⇒小山？）も★凄い自白かと思った下記の天明の花本住の 1792 年の江戸狂歌本 E3-12 の首も、全首も面白い。

浮かれ女と同じ夜中のほとゝぎす鳴いてかけては我を寝かせじ
Like a woman who comes time and time again also late at night
when you keep crying like that, cuckoo, I cannot sleep right!

鼻の下が長ければ耳こそよく効くから、善がり声に発情してしまう男の一人ながら不思議がる。まさか、時鳥を聞いて、あんなに興奮する人が実におられたか。正直言って、時鳥賛となるか非難になるか分からん。英訳に「浮かれ女」がただ「女」になっては、お許し下さい。精密の英訳したければ、slut ですが、現在つかったら女の敵と思われてしまう。★良しかり悪しかり時鳥は声ばかりじゃない。緑子の泣き声から浮かれ女の善がりまで進めば、恋歌と別な場面で似通う例を見たい。天明の宿屋飯盛著撰の「新撰百」にある荷物倉積の「手枕も待ちくたびれてきゝ腕のきかぬ頃しも聞くほとゝぎす」。手枕で草臥れ、痺れ、などは恋歌の常のねただ。★鶯の巣に卵をよく産み込む時鳥の子育ても当然詠まれたが、「題林」再載なる栗園の「あの声のほそんかけたか／＼ハ経よむ鳥の育てからかも」とは「本尊かけた」の理だ。犬筑波集に「仏壇に本尊かけたか時鳥」は古いが、狂歌に比べて判り難い。★1811 以前の頭紫亭野良の上方狂歌「一口にこわ音聞かせよ親に似ぬは鬼子と言わんやよホトゝギス k6-5」は、鶯好きな人の当然の気持ちかと思うが、産み込んだ母こそ鬼かと敬愚は思う。★1799 以前の江戸狂歌の綴元安の「親無しとゆう山陰のホトゝギス木の股よりも鳴いてや出でん E5-2」は、時鳥のまま子に優しい。★一方、1812 以前の上方の鮒丸の「鶯の古巣やいづこ初声は天のはらより出るホトゝギス」K28-1 は達観。★最も親切な解釈は、1802 以前の江戸狂歌本 e6-5 の重井竹光の下記の首であろう。

時鳥うたよみ鳥の巣より出て友を呼ぶかに起こす一声
Cuckoo leaves the nest of the sutra-singing bird of song
and makes that single call for a friend if I'm not wrong.

英語では友は日本語の友のように類を呼ぶ意味に通じるかどうか自信ないが、原文を中学生に紹介して、何のために鳴くかという生態学的な話へ移ればいい。結局、多くの時鳥歌を読めば、鳥と人の心のどんな面を一つ択ぶのが辛かったから、情報が少ない三陀羅法師の春は笑う夏は泣く季違い山のどうけた首を章頭歌にした。Cuckoo=時鳥呼ぶのが、昔から英国にも夏は来ぬる、声たかく啼いてククー！Summer is icumen in / Lhude sing cuccu! という役が似るから、二季の年の長い高湿度の鬱たる冬が晴れて楽園の如くに感じた人は皆も cuckoo に（即ち頭が可笑しく）なり、気が上々の manic 躁の方に変身した。要するに Cuckoo は「くるくるっぱっ」の陽気過ぎる精神異常の婉曲だった。一方、日本の時鳥はどの漢字をとっても狂う意味はない。ただ欧州と逆に、日本では湿度が段々高くなる季節に現れるから、頭痛もとらす鬱の方にも結ばれて、雨が降ると頭痛も治る晴の直前と直後に良く啼くから気の薬の「躁」と結ぶ。★1768 の江戸狂歌本 E-1 に出る上方の丸名の方の歌は、待つ人の心をよく詠むし★1815 の江戸狂歌本 E9-3 に出る同じ文丸が名の大自然の現象を結んでくれる歌。双方も英訳と見よ。

 耳の垢ほっても聞かぬ薬より待つが病にきく郭公　的丸
  It worked better than medicine or digging out my ear wax,
  for the disease called waiting, hearing cuckoo was healing.

 二声め聞きたる時ぞ疑いの雲も晴れわたる山ほとゝぎす
  Hearing the mountain cuckoo's second call, clouds of doubt
  cleared away, leaving the night sky with all the stars out.

左、的丸の「聞く＝効く」掛けは英訳無用だったし、右、文丸のよくしまった玉の作品は英訳で太り過ぎた。時鳥と頭痛の関係を先ず考えたのは、二十年前に読んだ老一茶の八番日記文政二の「時鳥なけや頭痛の抜ける程」を読んだ時だった。時鳥肯定の心と判ったが、何故かといえば、お手上げだった。又、明治廿四の子規の句「ラムネの栓天井をついて時鳥　」の意味もよくわからなかった。清涼剤の爆発的な明

け方には時鳥の一声のエネルギー賛と読んだらしいが、我が聞いた時鳥の声（本物かどうか今も知らない）には、大した気力を感じなかった。とは言え、頭痛を抜けると頭をぬける、ラムネの栓もび玉と思えば、玉の声は鉄砲の弾の如になる。★偶々校正中 **2016.10.30** 猪葉という狂歌詠みの情報を探したら、吉岡生夫のサイトで『狂歌気のくすり』（1770）に見逃してしまった同人の「目にも見ず手にも取られぬ鉄砲の玉ほととぎす耳に触れけり」という首に当たった。なるほど、抜けると触れるのが同じではないが、やはり鉄砲が単なる玉の序詞（名が擬声で序詞を受けるのが鳥とその一声）のみならない。飛びながら発した声の速さや、そのインパクトの含蓄も感じます。★時鳥の声の動きながらを以上の例より早く突き止めた歌は、**yamatouta.sennin** という水垣さんの文化庁が賞を与えてもいいサイトで拾った長嘯子（1649 没）の弟子が死後に組んだ『挙白集』歌を見よ。

夢路よりまづ聞き初めて時鳥遠ざかるままに声ぞ消えゆく
*I first heard the cuckoo's voice on the path of a dream
and, then, as it moved away, I also heard it vanishing.*

藤原定家の「拾遺愚草」歌「まどろむと思ひもはてぬ夢路よりうつつに続く初雁の声」は、本歌のようになるが、時空間の経つが新奇。長嘯子の「遠ざかる」のおかげで場の渡りも感じ取る。その時空の広がりに、狂歌と看做してもいい新奇あると思う。★又、たまたま男同士の「背子」（友情の愛称）の歌例を調べたところ、正税帳使として派遣された万葉集の編集者が友の大伴池主との別れを悲しんだ四月三十日の歌。これは、声が物を抜ける初例かどうか知らないが、

わが背子は玉にもがもなほととぎす
声にあへ貫き手に巻きて行かむ　大伴家持
*Dear friend, I wish you were a bead so, w/ the cuckoo's piercing call,
I'd string you up to keep close and wrapped 'round my hand, I'd go!*

英米人にこの歌を紹介すれば、原歌は My papoose と直訳できる、後世異性同士の恋に限る語だと説明した方がよい。さて、本題へ戻るが、子規が血を吐いて、その俳号を取ったはラムネの句の一年半前だった。伝説に時鳥も血を吐きながら歌うのもあるが、頭痛と時鳥の関係をもう少し追及したい。矛盾でしょうが、文献を広く読めば、頭痛持ちは心次第に同鳥の連発声の響きで頭痛ががんがん苦しくなるか、正反対に治る。後者の場合、天気予測か予告として聞くだけで安心して治り初める耳の砂糖錠剤かという具合になる。1633 年の『犬子集』の「蝉に似ぬ耳の薬や時鳥」と云えば、蝉は耳鳴に効く飲む薬が時鳥を聞けば頭痛治る違いの要略。★頭痛じゃないが、治療になる一声の概念と猫を寄せる 1812 以前の江戸狂歌本 E7-1 にある上方丸名の歌は、

薬ぞと猫も待つ夜の一声ハまたたびかけの初郭公　稲丸
"It's medicine!" I say for tonight pussy, too, awaits the call
that will hit us both like catnip – the year's first cuckoo!

これも、やはり章頭歌にしたくなるが、夜中の鳥の声を部屋の中で聞く猫の目が急に細める事を見たことがある。両耳も中の毛と髭も立ち直ぐさまに狩りに出たかった。とは言え、猫の季節記憶が強いから、鰹もそろそろ飛んでくる頃だと知っていて、既に有頂天になるかもしれない。あああ、犬が世話してくれた育ちも、猫派の敬愚（拙著 *The Cat Who Thought Too Much* も薦めたい）にとって、稲丸の首より可愛い時鳥の歌は在りえない。とは言え、新奇度の負けない秀歌はまだ数多あります。★やがて門人数が最大なる江戸の狂歌師真顔の 1793 以前の詠み「仰向いて寝て待つ夜半のほとゝぎすここ押せに啼け我が腹の上 E4-4」は、不思議。Belly button を一度押せば、オンとなり、もう一度押せばオフとなったら、郭公は世界初めてのラジオになった。或いは、まさか、あの浮かれ女…。或いは俳風の真顔だから芭蕉の鹿のなくお臍も出る句を弄んでいるか。★ 一方、天明狂歌の星屋光次の 1785 以前の半名歌（再掲載一度見た）は、解かりやすい。思えば、動詞の「ま

し」だけは、増しか神々しく「いまし」の略かという敬愚に読みにくい個所あるが、それでも子供の絵本むきの感じです。

> 木鋏をほとゝぎすまし夏木立刈透しても聞かんとぞ思ふ
> W/ giant sheers I'd trim the summer bosque where Cuckoo hides
> the better to hear him through no leaves while resting inside.

★1806 以前の望月真丸の上方狂歌は「盥にも雨の音聞く我が宿に一杯洩らせよ時鳥 K25-3」は、大人に楽しい。★幾つかもある耳にかかる眼鏡の時鳥歌の中から選んだ 1809 年の「新撰百」にある歯朶庵元家の「ほとゝぎす眼鏡の玉の一声は老が身もよく耳にかけたり」と、★1820 以前の紐長の「郭公めがねのたまに音づれて鳴く音は両の耳にかけたり E11-2」のどちらが面白いか。★東都ながら田鶯丸なる 1819 以前の歌「月代を刈りかけて聞く時鳥耳に危なき横ぎれの声 k18-1」とは、又親爺ギャグと云う奴か。★同じ問いは、1815 以前の江戸の本成の E9-3 歌と、★赤良の名歌についても伺える。双方は同順に下記ある：

> 声のみに姿は見えぬ時鳥月の鏡の裏に棲むらし
> Just the voice, as we cannot see the form of the cuckoo
> who seems to live on the backside of the mirror moon!

> 時鳥なきつる影は見へねども聞いた証拠は有明の月
> We could not see the Cuckoo as he sung out, but I have proof
> we heard that none can doubt, the chop of dawn's full moon.

いずれも本物の鳥よりも面白いかと敬愚は思うが、どれが面白いかと言えば、判らない。妹の癌治療を五年間見守った鄙送り中で日本のホトトギスと一番近い Whippoorwill（貧乏＝哀れな Will を鞭で打って）を一晩中繰り返すのを聞いたら、時鳥非難派に傾くようになった。時折聞いた梟の声には決して疲れなかったが、単調の一声の繰り返しは地獄だ。）★我が気に入た卯花も出てくる 1819 年の『陸奥百歌撰』の一

首「ほとゝぎす親の真似して卯の花の雪の中より告げる一声」もある。畠竹廣（別号　洋洋亭）の歌は、一声、しかも数段前に見た時鳥と鶯の難しい関係を、綺麗に詠み直すところが後味が良い。

小章　鰹・松魚

敬愚は江戸っ子（東京人）だったら、きっと時鳥と組んで詠むことも珍しくない鰹のためにも、一章を作ったか章を半々に分け捌いた。それや出来ないが、とりあえず二首を見よ。★先ず、天明の聖なる赤良の山口素堂名句を言及する名歌ある：「目に青葉耳に鉄砲時鳥松魚はいまだ口へ入らず」。鉄砲が子規のラムネも狩人のことであろう。誰だった英国人の自伝に学長が初 cuckoo を間違って撃ってしまった微笑ましい小話も覚えてしまうが、赤良の狂歌のみそは、中身が皆刺激剤になるか。蒸し暑くなる夏の目にも、耳にも、口にも要るが、貧乏は残念ながら…　★天明狂歌の武士たる橘洲の更に有名な首もある：「いずれ負けいずれ勝つをとほとゝぎす共に初ねの高こう聞こゆる」

What madness! Will bonito beat cuckoo, breaking my purse,
or will cuckoo the bonito, so my eardrums they burst first?

Bonito bidding goes so high it drives me cuckoo, that I know –
but cuckoo are themselves so loud, they're driving me bonito!

Bonito and Cuckoo shoot by as price versus voice they vie,
the first notes of both so high it's an apples & oranges tie!

著名日本文学者は、橘洲の歌を翻訳の過程で面白さが全て失くされてしまう好例に取り上げたから、敬愚は Mad In Translation に二通りの狂訳を作って見せた。上は一首を足した。原文の「勝つを⇒鰹」の転掛詞が良すぎて我も言語的発情してしまったが、英語にしかない名詞 cuckoo, bonito の即興的動詞化を活かした翻訳の方が、原文と最も異なるも、その効果は断然面白い。　林檎と蜜柑は英語の異質物の慣用だ。

030

短夜も待つには長き時鳥
そちの勝手に時計かけたか 炭折　題林

*Even short nights grow long waiting for this bird to chime:
is Cuckoo, then, a demon messing with the clock of time?*

夏の「短夜」は章題のつもりでありながら、寄ホトトギスの副題から始まる。あれこれ「〜かけたか」と云う時鳥の古い擬声も先章で見た。現代はもっぱら「特許かけたか」となるが、上記の後期江戸の有名でない人が詠んだ首の時間的相対主義は更に現代的に感じる。★俳諧連歌もした方碩が 1679 以前に詠んだ歌「もがもがと待てども汝が一声も夏の夜ぽうどたいくつで鳥」のとんでもない転掛、即ち夜⇒よほうど、退屈⇒くつで＝沓手鳥（日本国語大辞典に面白い説話もある）のおかげで読者は退屈しないが、相対主義の達観というよりも歎きの類だよね。★1792 以前の無心亭左蘭の上方狂歌 k3-4 は、まさしくその系譜。

筆取れば早かけたかのホトヽギス山崎宗鑑ご尤なり
*You pick up a brush and no sooner have you begun to write when
Cuckoo calling asks if you are through! Soukan's complaint is true!*

責めるのを聞いたよりも。思考中の邪魔になる所を嫌ったかと思う。利口すぎる電話派からのテクストの知らせが本書の執筆の邪魔にもなるから、無心亭左蘭の気持ちを良く解る。★時鳥、郭公、杜宇、子規、不如婦、不如帰、杜魂、ほととぎす、かけたかの鳥、沓手鳥、杜鵑草、油点草、歌い鳥、卯月鳥、早苗鳥、田長鳥、蜀魂、橘鳥、黄昏鳥、霍公鳥、恋し鳥、網鳥、杜鵑の名の数の万倍も多い時鳥の和歌を読み尽くし狂歌を択ぶ暇はないが、たまたま出くわした一首を見よ：1357 年以前の延文百首にある通相の下記の和歌は大勢に同じ tweet で邪魔する

現在の不便の便り方（ネットはまだいいが、生兵法のスマートフォンはあらゆるインチキ電話を受ける馬鹿で困ります）を思わせる。その問いの答えは、何でしょうか。お解り、誰か。

> なべて世に待たれ待たれて時鳥 たが為となき今の一声
> *With everyone supposed to wait and wait for you, "Cuckoo!"*
> *who the hell is your so-called single call really addressed to?*

小章　短夜

章頭歌にもう一題あった。短夜だ。とは言え、時鳥が主人公（？）になったようで、こうして「小章」で年順抜きに、人それぞれの寝方に寄せた「短夜」の歌例を並べてみることにした。ホトトギスに大章二つを、短夜に小章とは釣り合いが悪いと思われても当然が、現在と異なって古狂歌と古句の世界では、あの鳥の一声は七夕や名月や雪に等しい大題であった。気持ちとしては納得しかねるが、事実です。★1818 以前の山田呉郷の上方狂歌 k8-2 は最好の短夜かと敬愚は思う。

> いつもとく起きる親爺の朝寝にて夜の短さを初めてぞ知る
> *Seeing how my old dad who always wakes up early sleeps in,*
> *for the first time the brevity of summer nights dawns on me.*

夜の短長を気づかぬ若者の心を素直に詠みながら、道綱母の百人一首歌の「歎きつゝ一人寝の夜がいかにも久しき（長い）を知る」のが逆本歌と称しょうか。寝る時間は年だけではなく、健康にもよるが章頭歌級の観測＋反省である。英訳の dawns は夜明け＋悟る意味。★季節こそ違うが 1790 以前の鵺丸の上方狂歌「小便に八たび起きぬる霜の夜は寝るの間も夏よりやっと短い K26-3」も現実だね。一茶の寒に十回も屁を捨てるに出ざるを得なかった情けない句も思い出す。★1778 以前なる上方の放過米の「夏の夜はさても短い／＼と言いつゝ長う寝る人もあり K23-5」の言語対照による偽矛盾も、同時に正確の観測です。冬

の夜を長い長いと言う人も寝続く時間こそ短い。しかし、これだけでは川柳（夏の夜はさても短いてふ寝ごい＝敬愚）か俳句（短夜の誠を知るや一夜妻＝子規）に過ぎない。★1672 年以前の『後撰夷曲』の次木の「短夜も独りはねうし寅の時うきたつ恋のみをしせかめば」は、夜を刻々と詠み掛けるが狂歌だ（*Mad In Translation* 78 頁に狂訳）。★本章頭歌の初候補が中世の狂歌師暁月の幻し「狂歌酒百首」の再載も多い、★清原深養父の『百人一首』の首が本歌になる「宵⇒酔ひ」の英訳しかねるミニマルもじりだった。下記は、本歌が先に置く。

夏の夜はまだ宵ながら明けぬるを雲のいづこに月やどるらん
Dawn comes on summer nights before the ev'ningtide is done:
will Luna find lodging in a cloud, or stay out in the sun? ＝本歌

夏の夜はまだよひながら覚めにけり腹の何処に酒宿るらん
Summer nights – I'm still drunk when I wake to a new day,
so where in my guts does that sake find a place to stay?

まだ宵かと思えば夜明けだという和歌の誇張にも狂趣を伺うが、二日までならぬ「酔い」と掛けるがもじり傑作としか言えようがない。多くの変種の中で一番よく綴ったかと思う天明中の『狂哥五十人一首』の変種に従った（が、スペース不足で平仮名だったいづことやどるを漢字にした）が、その本に作者名がなんと「酒心」です。「夏の身＝呑み」となる変種もあるがよい。★さて酒も抜ければ、季喬の 1807 以前の上方狂歌「仮寝する間もなつの夜は手枕の痺れだにせぬ内に明け行く K14-3」とは上出来。とは言え、厚くなるから身を動くからだよ、と直ぐ痺れる敬愚は本当の事を知る。「なつ＝無き」という遊びある掛詞も大好き。江戸時代に多い掛けぶりながら、現在は戦前の律儀に毒されては、この接近ごろ合せの良さは十分鑑賞されていない。八十年代のブーム中は三味のドローン弦のそれと似る雑音を、祭り上げた者もおられたが、バンジョウにもあることを気付かず、日本の白か黒志向の強さを見過ごしてきた自画自賛で進歩を生む反省は行き届いて

いない（怒らないでくれよ。同輩なる米国人に対する我が非難と絶望の念の比べにはなりません。…日本人がまだ元気だと思います。さもなければ、この本を書きながら、日本を夢見る訳はない）。★菊亭本丸の 1810 以前の上方狂歌 K16-1 と、★題林再載ある梨葉の妙な詠みを

持ち遊ぶ達磨人形が短夜はこけると直ぐに起るせわしきと
Daruma Dolls that tipping over spring right back up might
just signify summer nights too short to let us sleep tight.

夏の夜は宵の寝酒もさめぬまに明星さまは西へちろりと
After a nightcap in the summer, you may wake up still tipsy
to see Venus apparently heading West and quite wobbly!

もう一首の★佐気粕人の 1812 以前の「暮れる日の入りにし山の手の裏を返すが如く明ける天の戸 k16-3」も英語で見たいが、地名もなる山の手が無理。しかし三首とも短夜を早業の如く描く傑作で、勝負の判断しかねる。★天の戸で短夜を詠めば『古狂歌 寄〇〇恋』の和歌を勧めるが、恋を抜けば平安中期の好忠の「影きよみ夏のよすから照る月を天の戸わたる舟かとぞ思ふ」は渋くても狂趣あるかと思う（敬愚だったら「天」を「蟻」と直したいが、説明を遠慮します）。★1812 以前の（津の）大方白人の「天の戸の車に油さしたるか、しめて間もなくあけ易き夜は（明け＝開けは不可英訳のが残念）k16-3」には、れっきとした上方狂歌のインフォーマルな良さが和歌と好対照になる。天の戸もからくりっぽくなる内容は中学生向きを、残念ながら歌体は複雑。いや、敬愚にも知りたい事がある。あの車は、タイガー立石の漫画で見た日の歯車か、岩の石戸の下にあの頃も Star-Trek の滑り戸が既に歯車までも備えたか。★子供に絶対よませて貰いたい狂歌は、下記なる 1823 以前の同じ上方 k6-6 の一等の獏歌の傑作。

獏はさぞ飢えもやすらん人も夢を腹に入るほど見せぬ短夜
Baku, who kindly eat our bad dreams, find summer a nightmare,
with nights so short we lack time to sleep, said food is not there!

可哀想な獏！（参焦：秋になっても稚愛曰く「喰らうべき夢おどろかす夜すがらの砧は獏の咽しめやする」「題林」）。獏とは良いか悪い存在とは言いがたい。悪夢に苦しまなければ、人は砂糖を食べすぎ歯は全てなくなる。獏がその悪夢を食うと儲けるは、虫歯を埋める歯医者だけ。拙著 A Dolphin in the Woods の第八章にこの Emily Dickinson 風の近脚韻の詩ある：

> *The Nightmare is a noble beast*
> *but dentists like her not the least . . .*
> *For thanks to her, we save our teeth,*
> *by avoiding sweets before we sleep.*

小章　早苗・早乙女

秋には、お米の重い耳を詠む章頭歌はあるが、四季に約五十題しかなければ、早苗に一章を捧げる余裕が無かった。『古狂歌　森羅万笑』の中にある「歳時奇」なる部に入れるからここに出さなくてもいいと思う楽観的な馬鹿元気の面もあるが、お金も健康保険も家も車も何もない六十五才と思えば、今此処、出さねば出ない可能性もあるという心細い面が勝った。で、昨日、2016.8.14 の一日（十七、八時間）をかけて、下記の通りの早苗小集を用意しました。英訳も八割が新しい。最初の一首のみが 2009 年の拙著 Mad In Translation より。★元禄の弟子もない一人狼の大狂歌師月洞軒 T40 の下記の首は決して早苗取女を詠む最初の試しではないが、時代を超える傑作で、先にご紹介します

> 太腿の白きに昔を思ふかな早苗取女の尻からげして
> *In the whiteness of their thighs, I see the world long ago.*
> *Hems into belts up-tucked, women planting rice bend low.*

★月洞軒の大先輩、桃山時代の雄長老（1603 没）も、誰よりも男らしい朗らかな詠みを後世に残したが、下記の首 T13 の描写に、男性の泣き所も微笑ましい比喩を通して自嘲する勇気も伺える。

早乙女にもまれて暫しおへつかぬ今日の早苗ぞ萎えて見えぬる
After rubbing up against our rice-planting maids, for quite a while,
the plants stand not erect but sad limp things that bring a smile.

男は蛙に生れ変りたい。★1672 年の「後撰夷曲集」の是誰作「水鏡見つゝ植れば嫁御前のけわひ田とは此事やらん T30」。男はけっして水鏡を忘れなければ、武家娘の嫁入特参の化粧田は女性自身＝御前＝の毛の気配ないし生え際を映る掛詞となる。★正式の 1671（T28）の首。

地頭殿のお手さくの田を先ず植へて参らせ尻に並ぶ早乙女
Starting with the private field of the headman, let me be blunt:
it heads our way planting, arses-first, that rice-maiden front!

この歌は一茶のお尻が田植えする数句の本歌になるか、偶然一致か。ともかく。地頭殿で尻は対なるも、丁寧な参らせ等は狂歌ならではの詳細。下記の英訳の front は桜のそれ（前線）に学んだ。そして、脚韻に繊細なるお方ならば、背後に男の愛でる C の韻＝陰も潜む。思えば米の字も鏡に映す陰部で無ければ、日本の猿学者初めて名付けたボノボの「ほかほか」とそっくりですね！★動きと身に方向を合わせば、1679 年以前の一入の「堰き入れる水の流れに尻しざり植ぬる田子は海老腰にして T37-194」とは偉い。なるほど。髭の生やした爺さんだったら更に完璧な比喩。★1812 年でずいぶん後になるが、方向性だから次にご紹介する芝口やの「喧嘩には先へ飛び込むますら男も跡しざりして植える若苗 E7-12」とは、いかにも江戸っ子好みの狂歌。「男の」あれこれ、だから。★1804 年に出た『西都紀行』の第一歌、編集の抱腹が詠んだ「民草は国の本とや歌の題君も早苗をとり給うらし K25-1」を読めば、狂趣こそなかったが、代々の天皇や将軍などの参加に関心が

沸いた（抱臍か白玉翁か雅蕍の六百字の解釈注にも関わらず、内容がすっかり忘れているが、フレイザーの『金枝篇』に置ける王の役に関心ある敬愚です）から、やはり狂訳を尽くす：

> Common folk we call plants are this country's foundation, nice,
> but as a theme for us, note: even our Lord deigns to plant rice!

意訳は少々やり過ぎが、いかがでしょうか。★1740 以前に知人が詠んだ「菩薩」と題し「蓮花座の慈悲の相かもまのあたり泥より出て清き早乙女 T59」という首も勉強になった。蓮花座は亡くなった人の魂に捧げる菩薩というお米を植えた寺の組の名に違いない。★1792 以前の物事喜丸の詠む水田農業に対するより広い有り難みを表す歌 E3-12 とは、蛇足無用が、下記の字余り大英訳も分かち合えます。

> 辛苦して植えるを見れば喰う飯の一粒つゝか汗の玉苗
> Seeing the labor that planted it, meshi stays cheap at any price,
> for a bead of sweat is in each grain we eat of our precious rice.

★下記は、上方の秀でた田植え狂歌。乳と血の同音を仄めかす微妙な英訳こそしたかったが、脚韻を踏む力を借りて意外に凄い描写が浮かんだ。ただし、全てが早乙女の形容になる原文と異なる歌体ですね。

> 畦に泣く子は打ちすてゝ蛭に血を
> 吸われながらも植える早乙女　笠丸 K29-1　1812
> Baby left crying on the bank, she pushes rice-plugs into mud,
> breasts full of milk ache but the leeches suck only her blood.

早苗という題の富を仄めかす 1820 年以前という後期江戸狂歌の二首で締めくくる。★日誉里の「くる／＼と藁でたばねし早乙女の髪も早苗も投げ島田なり E11-2」も、★不知の「尻に帆を上げて植女も走りけり早手にかゝる田子の稲舟 E11-2」は、今も日本人に蛇足無用でしょう。

０３１

Summer monsoon, when house and all are soaked to the gills
we humans become rain-fish surviving on our pluvial skills.

家も皆水にひたらば五月雨の
あめの魚にや人も成りなん
正式　T28-56　1671

正式の首は★師の貞徳の「青梅は梅漬けになり世の中は水漬けになる五月雨の頃（題林再載）」に頷きながら、梅漬けよりも一体化しやすい雨魚（産卵期には大雨の日に群れをなして河川を遡上する＝Wiki）という比喩にしたが、五月雨つまりモンスーンほど誇張・滑稽詠みに都合のいい季題はない。雨の魚ほど近くないが、より可笑しい首が幾つかもある。江戸後期狂歌の好例の二首は貞徳と同じ形容でしかない日本独特の筋なき歌体もある。★1815 以前の三千春の「山里の根なし水にも釣りたるゝ海士も出そうな五月雨の頃　E9-3」を読めば、米国ネイチャーライターのアニー・ディラードが名著 Tinker Creek の空想を覚えた。暴雨に暴れる山川に百年前の北航路探検に消えたはずの一団も流されて来た妄想が誇張と成り代わった。狂歌の「根無し」とは、水源のない溜まり水で静な写生が、海士も出ると漫画っぽくなる。★もう一つは 1819 以前の麒馬の「大象の重み計りし船をさえさみだれ髪に繋ぐこの頃　E11-1」は、うまい掛詞を通して女の髪の諺を弄ぶ。濡れる程と雨の量ではなく、絵にはっきりとした線になる雨に絞るところも新奇。★天明間もなく 1792 以前の花高丸の「天河底や抜けしと疑ひの晴るゝ間もなくふれる五月雨　E3-10」は、歌として雨の魚を上回るダイナミックな筋だ。天河が巨大の滝の如く頭の上に落ちている感覚もしたら、花高丸の首をこの０３１の章頭歌に択んだが、敬愚は梅雨を底抜と感じるよりも、自分が川底に居るかと感じた。★初個人狂歌大集を 1649 年に出した未得の「細がりし滝の糸筋より合わせ大綱になす五月

雨の頃 T24」は、客観的に言えば、双方よりも旨い比喩ながら、心の糸こそ引かない。芭蕉の「五月雨や桶の輪切るる夜の声」に有るエロスと云うか肉質感が欲しい。★1799 以前の方根来庵定規の江戸狂歌 E5-2 は、うまい描写だけではなく「日 day」を「日 sun」に転じるオチも上手。正式の章頭歌の「魚にや人も成りなん」よりも業度が高い。

五月雨は軒端に瀧と落ちながら幟の鯉の上がる日も無し
June's monsoon turns eaves into waterfalls, but not a day
has sun enough for the carps to climb as only they may!

★諺通りの題林再載の松丸の後期江戸以前の詠みは、誠に過ぎない。

過ぎたるは及ばざるとや沢山な水こと欠く五月雨の頃
Too much means too little, they say – indeed, so many things
we do with water we miss, due to floods the monsoon brings.

五音字の「水事」をまだ辞典に見つけていないが、英訳では水に関わる事にした。★和歌の源俊頼（1055-1129 年）の「五月雨は軒の雫のつくつくと降りつむものは日数なりけり」。ぽたぽたと落ちる雨粒を日数という誇張が凄い。一日は百年の孤独か。★旱は困るが、1799 以前の林秀亭面吉の江戸狂歌 E5-2 も、その半面なる雨中作業をよく詠む。

田植えよしと賤は暦を手に取れど月も日も見ぬ五月雨の空
Almanac in hand to plant his paddies the poor man is keen
but in this rain neither moon/th nor sun/day may be seen!

植えても種が流されてしまえば、止めた方がいい。天体と月日が浮き離れた英語では工夫と説明が無ければ翻訳は無用。Month は moon に近いが、day は sun と全く関係ない。★同じ江戸狂歌本 E5-2 の同題「貧家五月雨」なる千年友住の下記の歌は、上記のより良い。干しに縁語の星、干る⇒昼間という優れた掛詞は英訳出来ないが、概念もいい。

干し物のひるまだに無く曇りては月夜に劣る五月雨の空
With no sun to dry laundry by day this monsoon in June
is worse for poor households than any overcast moon!

月見は遊びが、洗濯のアルバイト取らねば貧家は食えない。供水で川も井戸なども汚くなると病気になる。必死に日乞をした者もおられなかったか。★1815 の「狂歌芦荻集」に後期江戸の大狂歌師真顔詠んだ「五月雨は晴む祈りの法尺で数珠を切たる軒の玉水 E10-1」は、そのものだ。遥々に散らばった門人へ旅しなければならなかった本人は、裸になって馬を乗るような人では無かった。豪壮なる服装を好んだから、雨嫌いだったに違いない。★五月雨は時雨と異なって、単なる修行という肯定すべきものではなかった理由は、野分にもあった供水ではない。敬愚は、黴ではないかと思う。★1685 頃の長崎一見は曰く「五月雨は馬のまら黴ひよりにてふらり／＼とふり続く哉 T39-44」。睡魔は春と云うも、夏に睡眠術の振りっ子のゆっくりとしたリズムに、黴もあると落ち着けない。★1669 以前の卜養狂歌集の梅雨の首は面白い。

この頃は恥さらしなる天気哉ふりまらすると人に言われて T32
At this time of year the weather puts some of us to shame
when our privates loiter outside and people complain!

「天気」と言えば、金玉も照る照る法師となるか。という連想もあったかどうか知らないが、卜養は医者で通気が無ければ蒸し暑い男の股部に黴類たる陰菌、即ち水虫が襲いがちと知った。褌を少し外しておく上に扇子で空気を送り込むのが常識だった。若い頃の敬愚も、ちょどその事（褌ではなく、浴衣だったが）で、叱られて恥ずかしい思い出もある。女性にあまり無い皮膚病だ。男は辛い。やはり。★題林に再載された有名でない鴉山の「五月雨や濡れし畳に毛が生えた虎狼より漏るぞ恐ろし」も、敬愚は体験ズミ。日本の湿りっぽい谷の土にぺっちゃんこで下に気流不十分の家の古畳は、一日すら布団を置けっぱなしにすれば、毛もじゃもじゃの獣に化けた！★更に酷いことに、1812 以前になる弓箭為麿の「箱に入る歌かるたにも置く霜の白きを見

する五月雨の黴 E8-3」の指摘の通り、片付けた物までも穢れてしまう。★暗き日が長引くともう少し微妙なるムードの問題もある。北極の長い夜と似る。1741 年の上方狂歌本の「釈教」部にある陰賢の「五月雨のふりにし寺にもる僧のだゝ／＼／＼と続経の声 T59」のザザザにダダダも想像に共演すれば何となく欠伸が出る。★下記なる 1819 以前の桂影の上方狂歌 K9-3 は渋いが、蒸し暑い頃は、まさしくそういう感じ

鳴神の太鼓の皮のしめりてや今日も音せぬ五月雨の空
Even the skins on the heads of the Thunder-gods' drums are so damp today, the monsoon sky made not a sound.

落雷前の空気も活気になり、心の清涼剤のごとくの刺激を与えてくれる雷の音も無ければ、退屈。古里のフロリダの夏だと雷が殆ど毎日で、在日の頃のころころ不足の曇り空に苦労しました。★テレビとネットあれば 1787 以前の菊二の「昨日今日かたり尽くして新しい話も黴る五月雨の頃 k19-1」の人同士の退屈は昔ほどないが、話に黴すれば、耳も目も口も同じ。★1806 以前の上方のもり次の「月星は生壁にある新宅やまだ天井のはれぬ五月雨 K25-3」は、たまたま一昨日と昨日、執筆中の我が真上の屋根の古き脆き瓦が取られては、薄いアスファルト防水に取り替えられたが、夕べ降った雨の音度が百倍も高くなった。前は、雨が木の葉っぱに降る音も聞こえたが、今は屋根しか聞こえない。日本の話へ戻ると、もり次の不思議な狂歌を読みながら、日本の生壁の風土論も浮かんだ。来日の新米米人として金銀色の砂や塵できらきらと光る壁を成金趣味かと感じたが、在日十年目の辺りから合点できた。冬に閉じられて暗くなる上に一日中海鼠曇りの五月雨を堪えるためにも発明された、目から呑み込む気の薬だと判った。さみだれに云われなくとも月星の壁こそアメが下国の知恵。★日本人ながら、五月雨をうんざりして、もう少しやばい反応も狂歌にした者もいる。「五月雨の下拵へや山の腰をおびたゞしく雲の廻れり」と★「雨もよひ日も黒姫の山のこしにおびったゞしくも巡る雲哉」という二首の歌意と詠む人は、ご存知でしょうか。紅葉にたつだ姫の月給も詠んだ、同じお爺

さんです。当時は月経に着物を汚さないような具は今より複雑だったから、川柳に出る下拵えは馬具と見立てて「乗る」さばきを少女は学んだが、文政 7.5 又 7.6 年に小林一茶の云う「下拵へ」は、それ。そした一茶も誰も厭になる悪天の下にて、子規だけは、

蝸牛の喧嘩見に出ん五月雨　子規　明治廿六年
Let's go out and watch the snails fight in this bloody rain!
人格も数を明白しないから、何十英訳もすぐ作られるが
The monsoon rain – out I go to watch a fight between snails.

物書き居士の人生と小さな命を活かす名狂句だ。一茶の文政句帖の「隙人や蚊が出た出たと触れ歩く」と共に自分の人生にもなる。しかし、「喧嘩に」とは素晴らしい。五音字だから、雨名が「殺気雨」と発音すればいい（笑）とは左の英訳。子規は一匹の角の左右にも出る姿（故事の戦場）まで連想するが、蝸牛が多く出れば文字通り喧嘩するかどうか、よく判らない。つまり、写生かどうか判らない。いずれにして、雨が降っても「見に出ん」精神こそ天晴れ。★一茶と同時代なる上方狂歌の天地根の 1814 頃の歌 K8-1 は、対照的になる。

角をふり己が家居を引きありくは牛より強い蝸牛なり
Waving horns, he moves along, pulling along his home;
Snail is stronger than an ox, though tiny as this poem.

文字通り家畜化された蝸牛なり。子規の句と共に小中学校の生物学の教科書に入ればいい。★因みに、拙著 Mad in Translation で大きく取り上げた七百年も前に詠まれた寂蓮法師の警告には四季の用語こそないが、蝸牛のあらゆる歌の中で最も有名だろう。

牛の子に踏まるな庭の蝸牛角の有るとて身をな頼みそ
Please take care, garden snail, not to be tread by a cow;
Trust not in your horns to protect you somehow!

蝸牛に直接に声をかける歌句大好き。それに比べて第三者の描写は、色褪せた感じです。古より伝わった童歌の中に、頭や角を出さねば、あれこれと仕打ちになるぞ、と云うような酷い脅かしあったが、その存在を知ってこそ、寂蓮法師がこの優し歌を娘の養育のために詠んだかと思う。改造版に章数を増えたら、この一首を必ず章頭歌にする為に他の蝸牛歌を集めた章を考えているほど気に入った狂歌だ。

小章　五月五日・菖蒲う・印地

一章に価する五月のもう一つ中ぐらいの題がある。★1666 年の大狂歌集 T27 に出た左衛門督藤原義景の下記の首は、五月雨を詠みながら、五月五日の日を祭る俳風傑作だと思う。

風の手の礫のやうに打ち散らす雨こそ今日の虚印地なれ
*This rain thrown by wind hits hard as stones so we might
just today, call the same our 'faux village-rock-fight!'*

今のいう鯉幟がなき、村と村の印地（投石合戦）が行われた五月五日。武士の心を磨く男の子の日だから、暴力はしかたがない。敬愚には疑問あるが、原始民は大人も参加して、小戦争遊びのお陰で大戦争せずに済んだと述べた文化人類学者もいる。犬と猫が降る英語の大雨と槍が降る日本のそれが、この日だから雨が印地を欺く発想が面白い。因みに、藤原義景（1533-73）は戦国時代の武将、大名で、歌人の名が殊に無さそうが、藤原で第一妻は和歌と縁深い細川です。★徳川の泰平を知らず、秀吉関白を知ってた読者にもお馴染みの雄長老（1602 没）の「さしさまに軒の襲（おそい）の石に当てゝ菖蒲刀のは折れにけり T13」にも、実戦の対決を思い出す詠みかと思う。襲は「かさね」とも言うが掛詞なる発音は良い。屋根葺を押さえる大石か印地のそれがあやめの葉⇒刃折る比喩はハードボイルド。★しかし島原以外に暴力を見ていないはずの正式の 1671 以前の狂歌「印地する礫に当たる頭よりたらり／＼と血をあやめ草 T28」も、生々しいではありませんか。人の怪我らしいが「血を」は「千代」か。菖蒲の掛は謝るの命令形か、

「危め草」か。参った。知る人おられば、教えて下さい。★やはり、恋の敵に目がなかった元禄人の月洞軒の菖蒲歌も凄い。「軒口を吸いつきながらさし込ませ善がるあやめの汁たらしかな T40」とは、まるでポルノ SM 小説。和歌に遡る色が濃いあやめの妻＝端も『色を好むさし男』でゆっくりと誉めて見たいが、ご笑納くださいは、以上です。

小章　筍・竹の悪子

五月雨を潜在力に生える、黴より怖い物があり。はい、何処にもいきなり顔を出す竹の子ほど文字通り有り難き物もない。★後期江戸の斗栗の「煤掃の箒とならん根ざしにや畳を上げて生える竹の子（題林）」は。閨の中に生えたら何の志願か（一度竹林の筍にスキンをかけて写真撮った敬愚は）笑うが、毎年、写真かビデオで報道される竹の悪戯に比べて、この一首は、格段上になる。★1784 以前の万英の上方狂歌「もとよりも竹の皮にぞ包むから筍は好い土産物なり k10-1」が歌としては今一つも、八百屋で筍宣伝には、誂え向き。★1812 以前の小田手乗安の江戸狂歌「五月雨のふり出るころ笠に縫う皮を被って出る竹の子 E8-3」もあるが、多くの子は五月雨より少々早めに出る。皮が黒いから、竹林の床に少ない日光を頂戴し、部分的に日光の力で水分を地下の水道から吸い上がる。そして、五月雨が始まれば、竹林の共用水道の圧力が段々高まるが、遠くまで這い寄り一夜にぱっくんと畳を抜け出る奴は、たいてい五月雨ど真ん中になる。★その時の成長ぶりが早くこそ江戸狂歌の浅草市人は 1793 以前に「大空へ指をさしつゝ筍の生まれ合する釈迦の誕生　E4-1」と詠んだ。四月八日に生まれたベイビー釈迦は#1 の字を空に指すのが行儀悪いが、竹も「唯我独尊」と言えないのが良い。『滑稽の蒸すまで』に筍の祝もご参照に。十年も竹林に囲まれて生きたから、もっと大勢の竹の首を載せたかったが、体験が多すぎて道草は刈りなくなるまで茂る心配もあるから、止めた。

032

As sages once gathered fireflies to study through the night,
calling ancients hijiri (which sounds like "fire-ass") is right.

螢をば集めて学ぶ古の
人を聖と云ふは尤
走帆 T47　1730

何回読んでも面白い偽語源学 facetious etymology ですね。中学生向けの狂歌百に入りたい。火尻＝聖の掛詞に夢中になるはず。因みに大辞典の六語源に含めていない。★蜀山人＝赤良の首「勧学の窓に蛍はあつむれど尻からもゆる火をいかにせん」とは、屁学にも強かった狂歌の聖が尻に対して失礼になると糞慨して敬愚は勉強の行為も考えて「蛍火に物しりとなる人はその上に腰かけたる尻の恩」と詠んだが、再考すれば、赤良は本来、人より先へ進みたかった。古学には蛍の光と知りながら問題ないが、前衛となる蘭学などは前向きでなければならない。方向性の心理学でしょう。★1357 年の「延文百首」にある通相の下記の首の「標」は何のしるべか信仰に弱い敬愚は知らぬが

飛ぶ蛍おのが身に添ふ光こそ暗き夜ごとの標なりけれ
Flying fireflies, what accompanies you, to wit, the light,
is a sign to help us find the Way to go on a dark night.

知らなくても面白い。★読書多かった赤良も知ったはずの山蒼斎＝称名院三条西殿の 1533 成立『玉吟抄 T9』に出た次の首の問いは良い！

人の行く前は提灯明松や蛍は尻をなど照らすらん
Torches, lamps, in front we hold, to walk without fear:
so what's with fireflies, I mean: why light up the rear?

狂歌と読むと、突っ込み度は足らないが、Mad in Translation のためにできた狂訳を見れば十分。★一方、初恋の芽生える高校生には、上記の対になる釈三卜＝栖雲寺潤甫和尚の首こそ面白く読めるかと思う。

　　　逆さまに恋もなる世の蛍かな胸には燃えて尻ぞ焦がる〻
　　　Oh, those fireflies! Can even love's passion so backwards turn
　　　that flaring up in the breast, it should make their asses burn?

『古狂歌　色を好むさし男』に若衆も登場する蛍歌もあるが、男色がやばいならば、★和尚の首の代わりに、能因法師（1050 没）の「夏は羨ましくや思うらん 己が思ひに燃えぬ蛍を」という思ひの「火」をうまく取り入れた狂たる和歌を高校生に紹介すれば宜しい。鳴く虫＜対＞光る虫の合戦歌は多いが、これは微妙。★或いは学生に身の上の火の配置を考える上方 K11-2 の路芳（1789 没）が詠んだ下記も見せて。

　　　夏の夜をあてども無しに飛ぶ蛍すわって居れば尻が焼けるか
　　　Do lightning bugs on summer nights fly about without aim
　　　because sitting on one's butt burns and that means pain?

初めて凄いと思った蛍のポエムは、和歌でも狂歌でもなかった。一茶の無名狂句「悪土の国とも見えぬ蛍哉」である。油代のない生産力が低い畑しかない貧乏村を欺く姿。べらぼうに細長い町の「本通をゆらり／＼と蛍哉」も。大蛍だ。貧乏しらぬ人は、判るまい。★純粋描写なら 1800 以前の可笑の狂歌「鍋尻のすみだかわらに飛ぶ蛍もゆる火打のカチ／＼音す K14-1」は良い。這い転び背中が下向けば、身の節腰をカチッとして空に跳び上がる火の点が肩に近い背中両側にある米搗虫を思わせる。★1815 以前の鵝習の「草の露にすがる蛍は尻に火のついた景色も見えぬ也けり k17-1」も 1533 年の狂歌と同観。先を見るような光が役立つが、電波探知器でなければ嗅いだ方がいい。★南北時代の『新葉和歌集』に出た前内大臣詠「集めては国の光と成りやせん我が窓てらす夜はの蛍は」、長年世界の為にと読み過ぎてきた敬愚の馬鹿

は褒めたがる。★とは言え、1857 以前の遊蝶窓種詠む「文をよむ心の底も浅草の腐れ儒者まで蛍狩せり E12-7」の気持ちも判る。蛇足＝蛍は腐った草の変身だという迷信もあった。★1768 年の雪縁斎一好の上方狂歌「書のために集めぬるかと立ち寄りてみれば蛍を読売にする K20-1」で、蛍を売る商売にも窓を開く。★俳諧にもある自嘲が 1830 以前 E12-4 の春人の字も見える勿体無さを描く点が新奇なり。

恥づかしや学ばぬ窓に反古帖の文字を照らして蛍とび交う
Embarassing, yes! To see at the window never used for study
lightning bugs flying about illuminating scrap-paper for me.

最大の蛍歌の種類は蛍狩になるが、★その喜びを詠む石季の「題林」再載歌「尻に火の付いたばかりに騒ぎけり京童が蛍見つけて」に感じる。尻作だ。★貞柳は蛍狩の唄をもじるよりも尾鰭を加えた「蛍こひ女房どもの乳を呑ましよ金の釜は出うと出まひと T51」と★同本の「蛍こひ乳を呑まさふ姥玉の闇にありくも子供すかしに」（題林で「鵜羽玉」となるが）、雰囲気ある詠みは、いかがでしょうか。★数十年後に一好は「蛍来い乳を呑まそうとゆう暮に姥ヶ池より這うて出らん 1771 K20-2」と分かり易く詠んだ。★鈍永は「蛍こいこっちの水はうまい事その手は喰わぬと尻にききゆく 1773 K15-3」で、前句に既存の蛍来い台詞を借りて、後句に新奇のお断りする蛍と結んだ。それに比べて一茶の蛍来い句の狂趣度が高い。一茶も既に蛙も相手にした独特の招きあった＝「養老の名酒を飲めし用を外で済めば」と前詞つければ「小便の滝を見せうぞ来よ蛍」は英語では、こうなる：

Come, firefly!
And I'll show you this
waterfall of piss!

外人も日本人も上記の句を川柳と勘違いしがち。俳句の多くが一人格の観点が、川柳は第三者を描写したり囃したり、人か職業か場所など

のステレオタイプを段々細かく開発、伸ばしてゆくも、俳句ほど根本的に多様ではない。壁に小便する漫画になるような事は川柳だが、小便の滝に、蛍を観光客の如く招く行為は全く新規で俳句だ。川柳と俳句を混同しないように、「狂句」と云う語も使えばいい。川柳を狂句と称した年代もあるから、研究者はそれを使わず「滑稽句」を使うが、一茶などの変わった句の多くは「滑稽」と形容するに相応しくない。狂歌の狂趣と変わらないから狂句とした方が正確かと思います。もう一句を例にする。一茶全集を買った時、中に見つけた投げ込み記事に一茶の「やれ打つな」名句などを気持ち悪い偽善か情緒などと思って一茶嫌いだった評論家が「蝿を打つたびごとに南無阿弥陀仏」というさっぱりした句を読めば、やっと一茶好きに成ったと云う証言を二十年間後の今も覚えている。しかし、「やれ打つな」も狂句で可笑しくも、現代の日本人に通じない。既に堂の中で数珠をする蝿句も「やれ立つな立つな」と危なく立つ波の前に数珠する「船弁慶」の川柳も知らない。「足もする」は単なる情緒ではなく、重ねて祈るという屁理屈として可笑しく読める新奇の発想だ（拙著 Fly-ku!ご参考に）。とは言え、俳諧に多いが狂歌に少ない蛍の副題もある。合戦また軍。戦いから休息を求めて逃げ込む蛍の句作も、一茶に詠まれた。★とは言え、我が知る蛍合戦をめぐる唯一の可笑しい歌例は、月洞軒の歌 T40 だ。

> 己が尻うまれながらの火脅しの鎧を着てや蛍合戦
> *To be born with your buttocks already wearing this armor*
> *with a built-in flame-thrower – of course, The Firefly War!*

月洞軒は別にして、合戦が詠まなかった事を不思議と思ったが、美しい歌例が多い。★例えば「題林」に出た眠虎（没など未詳）の首は

> 人目にハ火をする様に見ゆれども仲良く群れて飛ぶ蛍哉
> *To the human eye it seems they're ablaze, dangerously hot*
> *yet flying in swarms fireflies get along fine so they are not.*

素直その上もない狂歌を読めば、今の歌句の合戦の少なさの理由を悟った。生物学者は、蛍の戦国時代の名前と遺伝子の淘汰と行動学の世界観をもって蛍合戦を説明するが、多くの蛍の中に遊びながら育った小生は、合戦どころか喧嘩っぽい行動にも気付く事がなかった。原文の「火をする」の含味には「危なそう」のところもあるかと思って、そう英訳しました。武器というより、単なる火だ。遊ぶと危ない、ご用心すべきなる火。面白いことに、戦国時代においても蛍像はただただ美しかった。同時に狂歌を思わせる新奇なる詳細もある二歌例を見よ。★狂歌研究家に歌人の吉岡生夫の『あぁ蛍』にて狩りた 1381 年成立の「新葉和歌集」の従三位行子が詠んだ「集めねど寝ぬ夜の窓にとぶ螢心を照らす光ともなれ」。歌は文脈で見た方がさらに良ければ、これだけでも、集めなかったが心を照らす蛍は妙に現代的な歌とお判りになるはず。★同集にあるが夫木集に自分で見つけた喜多院入道（1202 没）の「明け行けば燃ゆる蛍も影消えてけぶりを水に残すなりけり」とは、和歌の中でも大変優雅ながら火が煙になる所が狂趣も豊に感じる傑作だ。Mad in Translation に拙訳を参照すれば、忘れた 1313 年成立の「玉葉集」の十数蛍歌も見つけた。『古狂歌　物寄する恋』別冊に数首を入れた。★同時に、どうしても拾わざるを得なかったもう一首の、よくも忘れてしまった。追加する歌は、

軒しろき月の光に山陰の闇を慕ひてゆく蛍哉　後鳥羽御製
By our eaves white in the moonlight, heading for the darkness
in the shadow of the mountain that they crave . . . . . fireflies.

★それと争える蛍の三十一音字の歌と云えば、桂雄の 1814 以前の上方狂歌「夕風に吹き立てられて散る蛍ひるの暑さのゆくへなるらし K8-1」。芭蕉の最上川の名句をもじるというより、もう少し想像的に焼き直した名狂歌と評価してもいいと思います。

033

Tears from smoking smudge are the funny reason why
the absence of mosquitos is said to make me cry!

煙たさに泪こぼしてふすべ出し
跡でかなしと言うぞ可笑しき
天地根　k7-5　1821

本歌ならぬ本蚊なるかどうか知らないが、★約八十年前に上方狂歌の祖、貞柳が「論語よみの論語よまずと言わば言え死すとも蚊なりふすべ散らさん T50」と詠んだし、その前に宗朋の『鷹筑波』句「夕には死すとも蚊なり夏の虫」もあるが、論語と結ぶ「かなり」より涙と結ぶ「かなし」の掛詞が新奇で天地根の首を択んだ。★貞柳と同じ信海の弟子だった月洞軒の首 T40-372 は先に詠まれたかと思うが、これだ

思ひ出る折たけぬかの夕煙むせぶも嬉し蚊めがおらねば
As memories come at dusk we burn punk and make smoke;
If that means no mosquitoes . . . then, I say, let us choke!

★後鳥羽院の狂趣ある新古今集歌#801「思ひ出づる折りたく柴の夕煙むせぶも嬉し忘れ形見に」とは本歌か。★1808 年以前の江戸の夜宮被戸夏系「心なき身にも涙はこぼれけり蚊遣くゆらす宿の夕暮 E5-4」の心なきの坊でも涙が、という新案も良いが、天地根の「蚊無し＝悲し」をわざわざ可笑しだという見栄っ張り下手臭さの芝居に比べて、平凡だ。★蚊遣りを詠んだ早めの狂歌は 1533 年の「玉吟抄」にある潤甫和尚の「ときを上げ寄せ来る蚊をや待ちぬらん賎（しづ）は蚊やりの先を揃へて」でしょう。大戦場に軍が立合う如くで、蚊の大軍の羽音がトキになるも簡単の思いつきが、蚊遣りという人間の防衛具を蚊の槍にも化する発想が中々恐ろしい。音と武器いっぱいの場面で大河ドラ

マみたい。★その一過も捉える傑作で章頭歌に可なる蚊歌は、1737 以前の上方の中葉の「宵／＼に蚊遣りすれども増えくるハ子を産みやらん軒で餅つく T56」。蚊遣りに「蚊柱」も詠んだが、他三首の蚊柱も皆面白い。★1814 以前の百丈が詠んだ同じ上方の焼き直し「せゝなきの子子虫も蚊と成りし出世祝いの餅やつくらん K8-1」にも、談林俳諧の蚊柱鉋屑大討論に感じない独特の可愛さと、狂歌独特のオチで歌を結ぶ読み応えも伺う。★1812 以前の江戸狂歌の花下永美の仮想文学っぽい「いぶすとも油断をなせそ蚊柱に火の用心の札ハ貼らねば E8-3」の在りえない事が仮定になる屁理屈に脱帽子。空想百歌ないし幻象百歌が実に組めば入れたい首だ。英語に蚊柱という語さえあったら狂訳した。★蚊遣りを消して蚊帳を吊れば、好例二首ある。中世の狂歌師暁月の「酒百」の下記の歌は、七、八回も狂歌集に読んでいる名歌だ。

> さりとてハ今日また質にやれ蚊帳酒にぞ我は喰らわれにける
> *And so it goes, today, again I must pawn my mosquito net*
> *and be eaten alive by my sake before I pay my debt.*

自嘲ながら酒を呑む最後の段階、酒に呑まれるという諺を弄ぶ「世話」という題の好例にもなる。★貞徳が「たゞおかしき節に詠みて、すこし賤しきかたに詠むを、却ってよきなり」と、狂歌詠みの鑑に出した幽斎公の「夏郭公」の首もある。

> 夏の夜は時鳥にぞ喰らわるゝ蚊帳へも入らず待つとせし間に
> *A summer night is long enough for one to be eaten alive*
> *by the cuckoo while you wait outside the mosquito net*

これに暁月の歌の影響を敬愚は感じます。蚊帳は、狭くとも入りたい物の品々の一つ。ホトトギスは血を吐くと云うから、その一声を待ちながら自分の血も吸われてしまうのが不可思議の縁にもなる。そして、その食われる間には、夏の夜も長く感じるという事も間接的に詠まれている。細川幽斎は、暁月と雄長老より難しいが、貞徳のべた通り、

狂歌の聖にもなる。★もう一首は、筋がそれほど面白くないが、詠んだ人をよく知る読者にとって驚いた作品です。上方狂歌の祖貞柳は、画象の顔も菩薩同然、あるいは優しい蝦夷人と唐の君子の合わせた鑑で気配りも良い、師の信海と同輩の月洞軒のように色事を大胆に詠まなかったはずが、その蚊帳の歌 T-51 は浮世絵に出そうな内容。

人を網へ入た様なる蚊屋の内は赤貝も有り蛸章も有けり
Mosquito nets make all flesh fish – or food, if you wish –
some hold red ark-shells, others octopus (the best dish).

或いは、これをばれ歌と詠むのが敬愚だけでしょうか。狂歌史最大なる弟子の数ほども自作を残さなかった彼の狂歌の中で、我が知る限り、この一首だけは暗喩ながら、江戸の色言葉を少しでも解る読者の顔も赤くなるぷん／＼と匂う蒸し暑い夏の夜の女体を、しかも濡れている網の中に捉えている『末摘花』の艶歌たる川柳に負けない。我が見た 1980-90 代の四コマ漫画にあったら、蚊帳の中を望む男の子の鼻の穴から血が爆発の如くに出る。最初は、０３３の章頭歌にしたが、女の読者も考慮すれば、男の観点を詠む歌を遠慮した方がいいと思って散文中へ却下した。（＊2016.9.11 章頭歌しないもう一つ理由は、赤貝は若い女性か生理中の性器と章魚ないし蛸はタコ壺という性器の敬称ないし類の一つ。けれども、あのぷんぷんは敬愚の空想でしかない可能性もある。頭剃った法人と女の子が無邪気に蚊帳を共にする、我が知らない物語のイラスだったら…。★とは言え、貞柳の蚊歌には、これも見つけた。

ぴっしゃりと蚊こそ哀におもほゆれ誰ふと腿を食し血なるぞ
Splat! That's that, but lo, the poor mosquito – it's sad to know
just whose fat inner thigh he, stabbing, drank just to die.

自分の血を吸った蚊を打ち殺したところに男色念者の誓いを寄せて可笑しみを搾り出す、この手を読めば風俗は風俗で赤貝と蛸の色好み解

釈も完全には諦めない（蛇足：近代以前は、蛇＝飲み込む女＜対＞蚊は指す男）。★本筋へ戻るが、本章頭歌の「蚊なし」主の天地根 k7-5 も、貞徳が紹介した細川幽斎の蚊＋時鳥の歌を見事に合併し焼き直した蚊＋鴬の血作も見逃せられない。

この頃の時鳥とは裏腹に血を吸うて蚊の飛び啼きは憂し

*About this time, it gets depressing to hear the cuckoo's reverse
also crying on the fly, come to suck rather than spit up blood.*

歌体という歌体はないが、血を吐くまで鳴く伝説で逆になる血を吸う蚊の対照と鳥類の中でも珍し飛び鳴きに蚊の羽鳴の類似を近代人簡単に解る言葉に移した功あり。因みに、両首のせられた『狂歌一橙集』は、大胆の掛詞や逆説を蚊ほどの歌題に取り寄せるべき天地根の愚に返る 1821 年に出た。★蚊もないから、又も脱線なるが、かの鳥の血と言えば、凄まじい上方狂歌もある。火事などあって、十数年も出版が遅れた永田貞也撰の 1803 年の本に出た桃凌の「はしり痔の血に鳴く鳥の声するをきくやおいどの穴をあたりに k14-2」。冬の０５３章内にも尻の穴が歌例に出るから「又も、この敬愚の変態！」と言われる心配あるが、痔患者か肛門医学専門の読者おられば、それだけサービスいたします（敬愚を敬偶に号化するか、痔知らぬがじわりとこないも 2016.9.12 の一、二週間前のＷＣ読書に「減点パパ」一巻の 31 段の痔のうんちくをたまたま拝見した。学校帰りの子が障子閉じても「イタタ」と主人公。「肛門は神経のキィステイションだ。遠くで雷がなっても痛む!!」ようだ。だったら、人工内耳の手術にもヒントあるかもと思いながら、うん蓄を流してＷＣを出た。）天地根の時鳥＜対＞蚊の対照へ戻れば、鳥の声を聞けば頭痛も治す善音。一方、蚊の羽音を聞けばぞっとする。それから、蚊の名前は一音字。ホトトギスは五音字、しかも漢字名の選択も一杯。沼の傍に育った敬愚ほど蚊を同輩と見る人はい無かろうが、蚊に代わって「郭公」を羨ましく詠む：「無数なる蚊の身を一つ名にあまた有る珍しきかっこういいな」。

We mosquitos are countless in number but boast just one name
while the cuckoo is so cool it has a hundred and none is plain!

大人になっても猫や小鳥が出入りできるように年中窓を開けっぱなしにしてきた敬愚は、蚊遣りも蚊帳も無ければ、どうせ蚊に食われたら、何を飲むべきというアドバイスがある。お酒やビルなどよりも、赤い葡萄酒がお勧めです。アスプリンと同じ salicylic 酸という神経を鈍くする薬も入ているから、泥酔いしなくても痒さに効き目ある。正直言って蚊の俳句も無数ほど作っている。いつか、自分の体験と蚊句を一冊の俳文に纏めたいが、蚊に熱心になれない読者は可哀相から、後一蚊首と一蚊句と一歌のみの蚤の首で、この蚊の章を閉じる。★寛政九年 1797 以前の嘉水の上方狂歌「なむあみだぶう／＼／＼の声聞けば爰もさながらかの国と知る K5-3」という狂歌の「さ」ながら「か」なるという所は、未解読が、この歌は我が気に入る一茶句の本歌となったかもしれない。「鐘鳴るや蚊の国に来よ／＼／＼と」は、文化七年＝1810 作。我が勤めた日本の出版社の編集部の数人に、その句を見せたら、一人とも直ぐに「面白い！」と言ってくれなかった。裸に育った小生は、昼さす蚊も時々いるが、普通、蝿の国おさらばと蚊の国よっこそは、肌で覚えた。しかし、聞けば、直ぐ解らない理由が「こよこよこよ」と云う鐘の擬音が辞典に無かったユニークな語句を中々認めなかった。又、国は普通、空間で時間になると引っかかったかもしれない。押しがましくなることは申しわけないが、小生を雇って下さった前衛的な出版社においても、狂句と狂歌を読むに必要な心の遊びが感じなかった。谷川俊太郎の「イルカいないか」の言葉遊びを皆も受け入れたくせに、と思えば今も理解しかねる。さて、章頭首の「蚊なし」と言っても、蚤はまだおられる。千錦堂百綾詠み「蚤の喰ふ夜半の枕草紙には憎きものとぞかきにけるかな『陸奥百歌撰』1819 年」。搔きと書きの掛詞は英訳無用が、在日の古畳の蚤地獄は、もう懐かしい思い出になっているから、皆さんに蚤歌句のご案内もしたくなりますが、お酒が題の０８９章に、呑みと同音の蚤も肴として摘み上げるから、次章へ。

034

Rampant and rank, what a mess fills my garden this summer
a grass hut is just too much: I am off to rent a house!

むしゃくしゃと茂れる庭の夏草の
草の庵もよしや借宅
月洞軒　元禄

古歌ならば、万葉 16 番目に額田王が秋対春の遊競を「秋山我は」で御意を下した長歌の中に、夏ならぬ先にも草の茂みに困るとあるが、その後の「茂る夏草」を歎く和歌も数多ある。★元禄の弟子ない狂歌師月洞軒の章頭歌に争うべき歌例に、1318 年の「文保百首」より空性の「庭もせに茂る夏草そのままに刈らでや秋の花を待たまし」という肯定的な例外と、★詞の「葉」を活かす同出典なる公顕の「言の葉は希なる宿の庭のおもに己ばかりと茂る夏草」も、茂み度を見せてくれる 1357 年の「延文百首」の通相の「踏み馴るる野守も己が跡をだに辿るばかりに茂る夏草」も、刈るよりも他所で新家を借りたがる月洞軒の狂趣には及ばない。とは言え、1318 年の空性の姿勢は、そのまま敬愚の姿勢になるから、校正中が、やはり英訳を一本を置土産にする。

In my humble garden I leave as is the rampant summer growth
not mowing it at all, but simply waiting for the flowers of Fall!

調べたら空性は、1299 年の出家の号（又悦空）なる西園寺実兼公卿 1249-1322。琵琶秘曲伝授の師に、後深草院二条の「とはずがたり」に登場する恋人「雪の曙」でもありそう名歌人だった。敬愚と性格が同じも、その身分は…。秋の花草を待つ場所は相当涼しい山寺とも想像します。我が貧乏の同輩、一茶曰く「手に足に置き所なき暑さ哉」

「身ひとつをひたと苦になる暑さ哉」という情けない蒸し暑さには、何もかもをすっきりしたくなる気持ちも解る。杉田久女の名句「短夜や乳ぜり泣く子を須可捨焉乎（すてっちまをか）」に寝不足や暑苦しさを伺う。★月洞軒と同じ夏草恐怖症の理をここまで理屈で追う光風の下記なる 1818 以前の上方狂歌 k8-2 は、日本の歌史に珍しい詠みだ。

百草のおい茂りでハあつ苦し 雪の下には花の咲けとも
Dense weed cover is not just warm but hot & heavy: doom
unlike the snow, below which flowers even come to bloom

要するに、希望を孕む厚苦しい雪と救いもない丸損なる暑苦しい夏の草。★千利休の言及（春を待つ雪間草の如く）する藤原家隆の「花をのみ待つらむ人に山里の雪間の草の春を見せばや」が本歌であろうが、夏草の淵に沈みながら、対照なる雪まで想像するのも中々の功だ。★初期狂歌の天才未得にも新奇の夏草二首ある。「茂るゝは難しとてや草村を刈りのけ顔に分るかまきり」は、雑部の「虫」中の「蟷螂」になるが、あんなに酷く睨める目は暑くて苦しい、と敬愚は見える。★思えば「夏草の色なき中に咲く花は悪女のねたむ美人草哉 T24」とは、夏草の性格までも悪く言うが、その醜女はまた国の者で美人は 1649 年の時点でまだ外来草だった。★未得の歌を掠る 1814 年に出た天地根の「蔓延りてこれも可愛いげなつ草や撫子の外は憎まれ子かも K8-1（題林の再載は「はびこりて」）」も、美醜を愛憎に取り替えた夏草の焼き直す。★エクゾーチックと言えば、行就の 1812 以前の小野小町伝説の悲しい跡を詠んだ「九十九夜かよいし道も跡絶えて腿に届きし夏の深草　E7-1（E7-4 は雄左丸詠で「届ける」）」。拙著 The Woman Without a Hole は詳しいが、もう一夜と、たとえかの穴が欠けても深草少佐は、せめて美女の内股に挟まれて交じる許しが下ると物語る川柳ある。とは言え深草は、冬に通い路に風引いて死んじゃったから、ここに紹介すべきではなかったかも知れない。★卯波澄の「いつのまに野中は歩き難いほど夏痩もせず肥える草ぐさ E5-4?」を読めば、敬愚は痩せた子規居士の憎い、つまり羨ましがった夏に肥える小傾城を覚え

た。憎いも自然の力と美を求める。★1812 以前の寿々女の「夏草の太くのびればのびるほど細く成りたる野辺の通路 E7-1」とは、ぱらぱら絵本に描きたいが、人を呑みこむ蛇の如の路草を詠む旅章073の章頭歌に比べて凡作だ。★1819 以前の振吉の後期江戸の「夏野ゆく人を横に投げるほど足にからまる角力取り草 E11-1」は「物名歌」の好例。辞典で引けば角力取り草は、何と別々なる四種類の植物も登場する。★同じ後期江戸の織方の「名に負いし夢野の原は跡先の分らぬ程に茂るなつ草 E11-1」は、尾頭も分けぬ目もない海鼠の名句を覚えたが、海鼠を踏むよりもハブが怖い等と連想もするが、草の海のシュール「地名歌」だ。★1820 以前の鯉鮒の「髭字体いかに観るらん庭の面花の香もなく延びし夏草 E11-2」。髭字は文字とは、字の一角の端から小さな毛一本もあれば、端がすべて伸ばしても、墨がなべて刷毛のようになるとか、一様でもないがともかく月洞軒の首に感じる嫌味こそない。そして「髭」には、006の章に紹介されている自由自在天神に望んだ活気、江戸後期の狂歌にまだあった活気を感じた。

小章　牡丹・深見草

桜のみ花と思ひし目うつしに類もなつの色ふかみ草　赤良
　　（類も無つ⇒夏と色ふかみ⇒深見草の転掛詞も英訳無用が）
You who think just the cherry bloom worthy of the name flower
feast your eyes on beauty unmatched: summer is peony power!

★天明の天才四方赤良の深見草賛は嘘ではない。熱帯の森にある花を除けば牡丹は花の王だ。★赤良は又「十日づつ春と夏とに咲き分けし花やどちらが色ふかみ草」で「廿日草」を加え、二つな牡丹称をもって二季を跨ぐ牡丹の色比べを求む。残念ながら敬愚には答えない。ボタンと暮らす幸運はまだです。ただし、色はは文字通り深いは間違いない。しかも、汁いっぱいの奥あるから、セクシーな色も他の花を凌ぐグラマーだ。その花の触りも薔薇をすら勝る。思えば、美肌の感覚だ。★英風の 1797 以前の上方狂歌「いつか／＼いつか／＼と花咲くを

まちおふせてぞ見る廿日草 k8-2」は「待ちお伏せ」に、「町お布施」を掛けるかどうか知らないが、五日の重なる「いつか」は、たまらない！★門松人の 1793 以前の江戸狂歌「喩にも云う耳たぶと引き替えて牡丹の富貴はハナにぞ有りける年 E4-1」は蛇足無用が、参照に一茶句「福介がちゃんと座ってぼたん哉」を一緒に投げ込みたい。牡丹は尊くとも謙遜の君子で、地面に近い、低い花だし、福助人形も、本来座っているか足が超短なるが、物貰うために家を廻った派手に跳んだり、踊った福助らが物乞い貧乏の一茶にとって煩かった。「ボタン」をどんと腰掛ける擬音とする新奇でこれも玉の狂句だ。★赤牡丹に閻魔の口の中や蟻の王国の出入りを見た蕪村の熱い赤い牡丹の好対照に 1815 以前の真顔の「原の宿植松亭にて E10-1」が前詞の歌がある。

富士のねの雪をつまみて仙人の爰におく庭の白牡丹かも
A handful of snow carried down from the peak of Mt Fuji
to our garden by a mountain sage – this white peony!

この首の狂度は平均の俳句同然。★もう一色は、天明の秋風女房の「寄牡丹恋」歌にある：「相思ふ二人が中もこく牡丹うしとは言わじ色ふかみ草 E2-3」。牛ではなく猪だから？★大きさだと一茶のちびっ子の「これほどよ」と腕を広たり、一輪で大椀を満たす句もあるが、彼がまだ若者だった 1793 の麓近道の江戸狂歌 E4-1 も注目に値する。

南京の皿ほどに咲く深み草風も大事にふいておけかし
This flower with rich, erotic hues as large as a Nanking plate –
even the wind seems to wipe with care, i.e., it blows delicately.

華の名を掠る「拭＝吹＝福か富貴」上に江戸時代の密蔵品と同定する牡丹賛だけだったら、つまらない。牡丹特異の花糞の多さを知ってる人だ。その金色の花糞は大蜂が一杯持ち帰ると花弁にこぼしがちである。それも、こぼした汁も風は、悪く見せることもあるが、ちょどいい位だと綺麗に拭いた感じになる。通りかかった近所の牡丹を何回も

見たから、言える。★下記なる清滝糸女の 1820 以前の江戸狂歌 E11-2 の蛇足を先に付けてやる。鰒の毒が最も強い内臓は蝶型だ。

　　鰒は毒これは見るさえ目のくすり牡丹の花に蝶ハとまれど
　　Blowfish are poison, but just look at this "medicine for the eye"
　　they call a Peony – is that not on its blossom . . . a butterfly?

Microsoft と Google は河豚の字にしか目がないようだが、フグは身を暖める薬にもなるから江戸時代では「魚＋夏」の漢字が一般だった。しかし、糸女はやる！その家集あったら読みたい！★同じ 1820 年に没なる俳家の桃渓作の狂句「錠さして牡丹のさかり守る夜哉」も好き。猫と牡丹の盛りがバトンタッチしたりする句が貞徳まで遡るが、その話も月洞軒の「草庵の猫の額ほどな庭にさへ牡丹の花が咲くやきんにやうにゃ」の最後の句の意味と★名医に現代的な言葉遊びにも長けた初期狂歌の卜養の「目覚ますな胡蝶の夢の深見草なひそなゝひそ？ねゝねこの子」の解り難いところを『古狂歌　猫は恋に限らない』か『〜猫にゃんでも詠む』（仮書名）が完成するまで蛇足を控える。

小章　夏の花撫子にも章がない

我が見た歌の撫子が殆どが庭という檻の中。★正徹の 1381 年成立の『草根集』歌「真垣にも稀なる色ぞ天つ袖いまや岩ほを撫でしこの花」とは、庭と野生の間に置くが、巨大な巌を千年一度天の羽衣に触れたら無に減るまでの絶大時間単位の却 kalpa を掠る撫子の花の祝と云うか、御代と君が代を祝う歌を誰よりも多く詠ん伺えば狂趣の香ときく。
万葉時代の撫子は可愛い大切にしたい人になるが、複雑ながら面白い系譜は、丹念で丁寧に著した鈴木武晴の「家持となでしこ」を凌ぐ参考はないから、ここでは遠慮します。★多人詠大狂歌集の編集の祖なる行風の「野に立てり夜風ひきてや撫子のはな垂れたりと見ゆる朝露 T27『古今夷曲集』1666 年」の掛詞による擬人の病と病症は滑稽に終わらない。風害うけては花は垂れたりするし、万葉集まで遡る撫子を愛

する人の手に取られる飽かぬに見える形見として身の近くに大事にした箱入娘とそう遠くはない庭入花だからこそ、防風なる垣根などない野辺はやばい、この事になっちゃったという発想は、概念は文学上は自然。ああ、洟垂れを欺く露にすぎなかったオチもいい。★行風の百年以上後に赤良は「放屁百首」の中に「今朝みればいつしかよ屁をひり起きて いとどね臭き床夏の花」という失礼なブラック・ユーモアもあるが、★中世の慶運が詠んだ「いつしかと起きうからでも見ゆるかな さくやあしたの床夏の花」という家持が詠み初めた手元にある撫子に別名をもって、繊細な詠みながら狂趣もたっぷりある和歌は、赤良の本歌だろうか。だったら、和歌の勉強をし過ぎて、うんざりし、恨んだか、若き赤良は。しかし、赤良は観測も抜群だったから、万が一当の花の（寝と掛ける）根が臭い方になるかと思って検索してみたら、ネットで「オミナエシはウンコっぽい臭いがする」と読んだりしたが、撫子の方は別に臭くないと思う。★初期狂歌の且保の 1672 年以前 T30 の詠みがいい。

撫子の花の口びる動くこそ風の手あてゝあはゝなりけれ
The maiden flower's name, it asks to be caressed and so we think
as petal lips move that the touch of ye wind has tickled her pink!
（上は原歌より優雅になる狂訳の傑作、下は別名でバレ訳か）
The slightest touch of breeze & the petal lips of gilly-flowers move
as if they're being fingered so to speak, the silly gigglets love it!

上の口か下の方か敢えて当てて見ないが、いずれも笑歌らしい。前戯っぽい「あはは」は、擽られたがる浮かれ女を歌う英国の古バーラドの各節 Fa la la と似る。風が手ないし指の如く「撫」子の意味と風の「手」も英語にならないが、pink という色に、擽りっぽい名の gilly-flower で狂訳できた。因みに、元禄のバッドボーイ月洞軒は「妹と我がぬる夜たがゐに目があけば臍のあたりをなでしこの花」もあるが、かの別冊までも解釈を預ける。★先にのべた万葉集では撫子が笑みする二首には擬人度が低くて「口」や「唇」の具体性はないが、そういう

古き良き撫子の狂歌は 1731 以前の白玉が詠んだ下記の首 T48 が植木屋さんか花屋さんに読ませても顔は赤らまずに済む好例。

露と塵うち払ひ筒いけて見ん世にしおらしき床夏の花
I'd keep mine from both the dew and dust with a bamboo pot –
yes, I mean my sweet fringed pink – all summer long she's hot.

「塵をだにすえじとぞ思ふ」花を頼まれた隣を断った古今歌♯167 を掠る常夏ながら、床の間の花に副う掛け物にも合格だろうが、筒「つつ」一本の掛詞だけで狂趣は今一つが万葉の庭道具を生け花の器に使うのが風流でしょう。或いは筒は竹でかぐや姫の感じか？★下記の 1809 以前の月六斎市吉の江戸狂歌 E7-5 も同じ古今歌を念に置かれたようです。

わがまゝに育てし上は花一つ抓めるも厭う庭の撫子
Growing up spoiled as spoiled can be, our Fringed Pinks
may be "rub-lings" but they cannot bear being plucked!

ただし、これは人の望みではなく、撫子つまり花の観点らしいが、摘めたら、つまり切ったら他の花と比べて生け花に良いか悪いかという知識なく、真の観測かどうか言えない。川原撫子は　★ホトトギスの比べにならないが、撫子も多名の生物だ。1679 に出た行風編の三冊目の巨大狂歌集 T37 に見つけた伯水の初期狂歌らしい朗らかな撫子歌は別称の石竹を活かす。前文は「花生けし人への挨拶に」なるが、

空礫それにはあらで軽そうに投げ入れたりし石の竹かな
As fringed-pinks are also called bamboo-stone you could toss one
into a flower-arrangement and with such a light spirit, have fun!

やはり、章をこの笑いで閉じましょう。美を分け合えたくないけちな（すえだに云々）首々にこそ、この礫を投げ込む世話をしてあげる伯水の心は有難い（同時に結婚に負けた側が石を投げた風俗を思えば、全く別な笑話にリサイクルすれば面白いと思う敬愚も悪人か）。

０３５

Naked, but no sumo wrestler, I cool off by the front gate,
thinking I, too, will not be beat, at least, not by the heat!

角力にハあらぬ裸の門涼み
我も暑さに負けじとぞ思う
三陀羅法師 e3-10

法師と言えば苦蒸さなくても衣の中の姿しか想像できないから、これこそ必死の対決だろうが、かの「〜にも〜にも〜にも」名台詞よりいかにも微笑ましい断言の前には、宮沢賢治は負けます。★そう言えば、和歌の名変人好忠（**c990**）は下記のハードボイルド苦熱歌を詠んだ

燃ゆれども煙も立たぬ夏の日の暑さ濡るさを忍びてぞ古る
We burn, the summer Sun and I, when even smoke lies low,
such heroism ages us for heat with humidity is no joke!

そういう題はまだなかった和歌をして珍首になるが、題だらけなる狂歌には「苦熱」の歌が多いを、秀歌が少ない。一方、納涼には傑作も多いという気がします。数多章頭歌の候補者の取捨選択が大変で冷や汗というよりも脇の下水の流れも止まなかった。★という変な書き出しは、2016.2.10 の数分前まで、下記の月洞軒歌が本章歌だった。

詠む歌を聞く人毎にひやされて冷や汗かけば 爰ぞ納涼
Whenever I read, they laugh at my poems; and hating defeat,
I'm soaked by cold sweat but then and there, I beat the heat!

元禄十五年に前詞ある。直重方という人は「納涼」の題が「はき難き」、どうすればいいかと月洞軒に訊いたら歌はその答えになる。歌詠自体を取り上げる歌詠は、狂歌の十八番だが、その多くが点（評価

を頼む弟子の卑下か師から安心させる褒め詞ある贈答の言訳か、和歌に対して狂歌の自由自在自慢などの歌論のいずれ。この私的なハウツーは珍しい。この歌を一読しても面白がる人もおられるが、前詞つまり背後を知ると更によくなるから又、丸く寝る冬の章頭歌とよき対にもなるから、三陀羅法師の暑さとの相撲の首に取り替えられた。とは言え、この月洞軒の歌こそ、前詞と一緒に国文学の教科書に早くも入れて欲しい。月洞軒は師にならず弟子を受けなかったが、この答えこそ狂歌師のみならず、国文学師、短歌師などに勧めたい。★冷汗か鳥肌か分からなくなる納涼を詠むとも綱の 1806 以前の上方狂歌 K25-3 がいい。むの字は蛇っぽいし、動詞の縁語で締めた意外性も宜しい。

むかし蛇のすみたる池と聞きしかと今は涼みに人の取り巻く
I have heard that long ago a big snake lived in this pool
people now dare visit to be enveloped by the cool.

This 池にするか that 池にするか以外には英訳も簡単だったが、次の首がもっと面白いくせに、英訳無用かも。★1812 以前の夫丸の上方狂歌「是は／＼お互い／＼丸はだか見るに遠慮もなつの夜の月 K16-3」とは松嶋の月の名句の「是は」と比べたら、狂歌の含みが複雑で「是は／＼」という表現は、はるかに面白い。納涼のために裸かの人は、春のかさも雲もない夜空にいる裸の月との出会は。もしも四方赤良詠だったら有名になった首です。「夏⇒無つ」の掛詞は英訳無用が、summarize 要するに＝夏の眼 summer-eyes で似訳でも試してみたが、

Well, well! To summer eyes, how cool we are both naked
so, Luna we need not be shy, let nature tonight be x-rated!
残念ながら原文の高い品格に比べては上下も低俗なるが
Well, well! Seeing both of us are naked, to summer eyes:
Luna, you and I tonight might as well self-advertise!

松島の月は日本一ならば、日本語の掛詞は世界一。そして同音とズレある、この不完全な「な（く）＝なつ」の掛詞こそ、日本語で踏む韻

を退屈にしがち音素の完全の一致は、子音一つずらしては、少し努力する人の耳と認識を喜ばす遊びになる。ゆっとりした心地だと思います。「無つ＝夏」はよく使われたから陳腐なる駄洒落とは言えども、皆さんの語学的な健康にとて尊い存在だ。章数を増やせば、この夫丸の首も章頭歌にしたいが、納涼と苦熱を一挙両得なる三陀羅法師の首にした。★暑さこそないが、多数の納涼の副題を一首に詰めた天明のフレンドリー侍の唐衣橘洲の狂歌も英訳に値する。

涼しさは新し畳青簾妻子の留守にひとり見る月
*What is coolness? New tatami mats, still green rattan blinds
& viewing the moon with my family away and out of mind.*

諺を掠りながら物は尽くし風に詠んだ精神的な涼しさ。蒸し暑い夏の日が宵にも余るが、AC 無ければ、人は一人当たり放射する熱が百ワットの電球ほどだと、精神だけの問題じゃない。縁の傍の蚊帳から夏の月の出を大の字の爺一人で見た方が文字通りに涼しい。例外は、文政二年の老一茶句「寝むしろや尻を枕に夏の月」だ。田辺聖子の小説『ひねくれた一茶』が正しければ、一茶の相当若い妻の菊は量感たっぷりの臀部もち。だと、涼しい枕だったに違いない（敬愚の体験から言えば女の大尻も AC 同然）。そういう事で、一茶句も、納涼になる。

小章　苦熱の誇張のみ

苦熱は本章にも深まれているが、その極端の文句はどういう訳か別章が要る感じです。★古狂歌には暑さを詠む首は、近代俳句ほど多くはないも、和歌より多い。お角力さんごっこの法師の軽いタッチに比べて、1806 以前の上方の沙汰麻呂の「世の人の頭も割るゝばかり也日のまさかりを受けて行くとき　K25-3」は重苦しいが、天道様の鉞という比喩に頭蓋骨が武器で壊される恐ろしいホメロスの『イリアッド』の描写も瞼に浮かぶ。そう云う内容は、最終の一語が主格なる日本独特

の筋無しの形容歌の歌体に相応しい。そういう時だ。★1812 以前の浜辺友垣の上方狂歌は、同じ頭の上を詠むも、可笑しい。

水干せて川原小僧も弱りなん頭の皿の割れる暑さに
Water dries up and the shallow bowl built into the head
of the kappa boy cracks in this heat like his river-bed.

河童の「軟頭」は乾かなければ割れないが、こうだと危ない。★1767 以前の上方の大御所が詠んだ下記は、具体的な行動せんという、我がファボーなる歌体だ。「可愛い百人一首」あったら入れたい一首だ。

小町ではないが暑さにひいやりと
砂糖水あらば飲んとぞ想う　栗洞　K2-3
While I'm no pretty Komachi girl in this heat I do think
that, if led to a cup of chilled sugar-water, I would drink.
二語の do と that 抜きの方がいいかも知れないが又
While I'm no pretty Komachi girl, in this hot little town
if I saw a cup of cool sugar-water, I'd gulp it down.

現在も飲食の男女差が米国よりも日本で明白に見当たるが、年寄れば男性も暑さに弱くなって、恥ずかしくも…。小町は可愛い小傾城の同類語。或いは、可愛い女の子の皆も。狂訳すると以上の如く little town で小町の直訳ながら、砂糖水売る所はそうなりがちと思う。敬愚はよく冷やしたレモンと水と vodka をすする（2017.5.7 校正中は違う。今日は凍ブルーベリーにアニスの一花弁の vodka だ）。★小町を出れば、田に入るが、下記は 1803 以前の上方狂歌 K14-2。羅龍上、と★其遊下。

田にも病い付かぬようにと灸より暑き日を背に受けて農作
Doing farm-work, taking the heat o' that sun hotter than cones
of mugwort on our backs is what keeps the fields healthy, too.

焦熱の地獄の責と暑さ苦に病むや菩薩を作る身ながら

*Having to suffer the pain of heat & burning torture of Hell while
we/they're the ones who produce* Bosatsu *rice with a smile.*

左の脚韻ふまずに終わったが、灸より暑きで無病なるといい…。右のWeかtheyを択ぶ視座を敬愚一人では中々選びにくい。詠む人其遊の人生を調べなければ。当の日本の米の銘柄はこの間、米国にも見たかと思うから和風仏語をそのままにしておいた。正直言って、苦熱は日本より誇張法に長けた言語文化（主に威張りが歓迎される文化）に面白く弄ばされているが、日本語独特の形容でしかない短型ポエムに個々の「〜暑さ哉」は便利で、その手の俳句は無数ある：鯰さえ仰のけに寐る暑さ哉 野径・蚤蠅も相手に成し暑さ哉 野径・世の外に身をゆるめみる暑かな 太義・我髭の林に残る暑さ哉 吾仲・影ぼしのあたま踏まゆる暑さ哉 鼠弾・石も木も眼にひかる暑さかな 去来、などを集め尽くしたら、収集家の心になって暑さを楽しみうる。このような句は、ポエムかどうかという判断は、別になりますが。★狂歌には、俳句同様に、苦熱か暑さの誇張にもない暑さの写生もあるが、その好例の題が「夏日読書」で、小池連雲が 1814 以前に詠んだ上方狂歌「夏の日もやゝ竹取の物語みいりて汗をかくや姫ごせ K8-1」は、上半身裸になった盲の按摩の肌を流れる汗までも明白に見えながら、三十一音字ならではの「読書」に相応しい、聴覚ではなく視覚に頼る清濁の自由読みが可能した「かく＝かぐ」の掛詞も素晴らしい。歌意に自信がなくても、気に入た首の一つだ。

小章　　汗と納涼

苦熱も済めば、その裏返しの納涼を。苦熱の歌より多いし面白いから、改造版で絶対別章になる。既に幾つかの歌例を見たが、心地よい納涼歌が七、八首ほど残る。★苦熱と納涼を素朴に詠む天明直後のいせあは輔の 1792 以前の江戸狂歌 E3-10 は、風の世話つまり諺に留保する。

百病の長とは言うな此風に死ぬほど暑き身は助かりき

> *Say not that it's the boss or chief cause of all of our disease,*
> *for the Wind has just come to save us from dying of heat!*

この me を us に直してもいい。新風は新風です！★1799 以前の江戸の春風亭名曳の妙歌「昼は汗たまりし脇の下よりも風のこそぐる夕べ可笑しき E5-2」を、男の諸君と脇を剃らない女の諸君が読んだ瞬間、当の汗と毛の風にちくっと擽られた感じもしなかったか。★1811 以前の茂喬の上方狂歌「夏痩も忘れて涼し帷子の袂より入る風に膨れて k16-2」は、冬の着太りと反対なる肌で感じるよりも見える納涼は珍しい。★1820 以前の業技の江戸狂歌「仕立てるハ下手こそ良けれ夏衣 風の袋の入りてすゞしき E11-2」は同じ発想に新風を吹き入れた★が、1385 年の「文保百首」の公顕の「夏衣たち寄る袖を吹き返し青は涼しき森の下風」は古風ではありません。★また 1754 以前の紫笛の上方狂歌 K24-4 のどうけた掛詞は、新奇ながら敬愚には、連想が溢れる程多い。

> 汗尽し背中を干しに河端へ出て涼みとるすっぽんと町
> *Sweat rinsed-off, climbing up to dry off on the river bank*
> *where all can enjoy the cool in* terrapin=pontocho *town.*

子共の頃、素っ裸でスポンなどいた池によく泳いだりした頃、名経済学者で地球一回りした祖父は、たまたまサイン入り本 Geishas of Pontocho を持ち帰りました。本には魂を奪う美女こそ無かったが、「ポントチョウ」という地名がほんまに可愛い。★地名ある納涼歌をまた二首見よ。天明狂歌名人の橘洲が 1812 以前に詠んだ「芥川ゆうべ涼しくなりひらや女ならねどせなにおい風 E8-3」の「成り⇒業平」に「平屋」、しかも背中の背と恋人の背が「伊勢物語」の芥川の段で、女を背負って逃げる場面を踏まえては「負⇒追い」の高密度の掛詞傑作。★1813 以前の入舟松成の江戸狂歌「汗を干すさほの河原の夕涼風に命の洗濯をして E8-5」は、すっきりしていい。桜の花見無くても、命の洗濯を。偉い！★挿図「涼舟」にある語安台有恒の 1855 以前の江戸狂歌 E12-7 とは、中々うまい展開で読者までも鳥肌になる。

昼中の汗の玉子のかえりてや鳥肌となる夕すゞみ船　未得
Drops of sweat like eggs after noon, incubate and hatching soon
become goose-bumps on a river boat catching the evening cool.

★1649 以前に天才未得 T24 が詠んだ、見る度に気に入る慣用語と日本語と英訳無用かと思った今日 2016.9.13、朝ながらコーヒーとワインの良い組み合わせで、なんとなく判った。とは言え、

暑き日は身をうき汗の流れ川誘う水あらば浴んとぞ思ふ
On hot days, feeling I might be carried off by my sweat, I dream
of water enough to bathe if it could be primed by said stream.

「水遊び」の首を「鞠」と「囲碁」などの「遊び」別冊のために預けたいが、二首ほど今ここに見よ。★先ず 1855 年という江戸の末期の勇々舘道草詠み「叱っても尻から抜けて水泳ぎへとも思わぬ河童野郎ぞ E12-7」。水遊びに目がない、親に言わせればしょうがない子。熱心はいいが、命になると思えば、歎くべきか褒めるべきか、言えがたい。河童もその熱心も初期狂歌になかった、後に成る。「へ」が「屁」と転じる掛詞は、聞くだけではすっと通ってしまうから、目で読むべき首だと思う。★もう一首は、詠人不知が天明の「万載狂歌集」に題が「河童」Kappa で、河太郎の画賛になる。

世の人の己と水に溺れて八咎を汝に浴びせるぞ憂き
How sad that those people in our world, who go out and get
themselves drowned blame it on you, when they're all wet!

英語で「濡れ衣」も「咎を浴びせる」慣用もないが、運よく大間違いすれば「all wet 全く濡れた」という慣用語は、あった。又、無数の良い狂歌ある納涼という本筋へ戻れば、★上方狂歌の大御所の鈍永（1767 没）が詠んだ「石にくちすゝぐや涼し川床の清き流れに枕しつゝも

k15-4」は、妙にところ得る川床茶屋かなんかを古語（大自然に棲む意味の「石に枕し流れに漱ぐ」という語句を逆に述べた人は石で歯を磨くなどの屁理屈が夏目漱石と敬愚の類の理屈屋に好まれている古語だ）を通して詠みながら感覚上には直接に訴えるシュールの歌になる。★1810 以前の其亭其酔の歌「k16-1」は、ただの描写ながら涼しい情報にもなる。床机とは、小屋の縁が切り離されて脚を四つ以上に付けた和風のベンチですね。お客も草履か下駄を玄関に置いて、裸の足を川に漬けながら昼食をしたようです。

ひいやりとする水茶屋の夕涼み床机の脚も川にひたして
Even the legs of tables where we cool down in the dusktide
at this chilling cold-tea shop pickle in the stream outside.

小章　打ち水に扇子の造涼

しかし、川へ行くよりも臨時的な川を造るという日本の知恵も見逃してはならぬ。★下記 1783 以前の斧丸の上方狂歌 K26-1 は、傑作。門も出入も「口」にならない英語ながら、門に throat 喉で工夫すれば、

打つ水を往き来が乞うて何盃も飲む間に門も乾く日盛り
In the heat of the day, while the passerbyes gulp down water
that we splash on dust below, the gate's throat grows dry.

★清澄の 1812 以前の江戸狂歌「盗人も涼み取らんと庭もせに白浪たつる昼の打ち水 E8-3」もいいが、余韻はない。★又、涼しい風こそ待つではなく、我が手で造る知恵もあった。中国由来ながら Fan が日本と同定されるようになった。「納涼」部に入るも扇子と団扇は、打ち水同様に「造涼」と称しても良いかと思う。「題林」に再載された本来 1649 年に出た未得の扇讃「この夏も又手にふれつ命あれば海月の骨にあふき也けり T24」は、清濁にかまわぬ古綴法のおかげで幸運の海月が骨に「会う気⇒扇ぎ」へ転化できた。★1760 以前の遙擲（に近い漢字）

の上方狂歌 K1-12 は下。扇の肋財も「骨」。ひやりと怖い妖怪の類にもなりがちを、扇縁語にもなるがいずれも不可英訳。

汗かいて骨折る夏の扇屋を人の暑さの身替りとみる
Every summer, the fan-makers sweat their asses off to meet
demand which makes them scapegoats for our body heat!

Sweat を骨の代者となうるが、成句は work one's ass off。★1900 年の『国歌評釈』で拾った狂歌五百題よりなるが、天明の名狂歌師の宿屋飯盛が詠んだ「あふぐにも余る団扇のすゞ風はのりの力かかみの助けか」の「〜か」の歌体には、飯盛の国学者としての珍しくも優しい性格も伺える。★1806 年の五十瀬住の歌は神のみなるが、その理を丁寧に述べる「空に無き風を起こして涼しきはあおぐ扇のかみわざかそも K25-3」も又、扇。★そして、神と仏を捨てて 1815 年に後期江戸狂歌の大師真顔の「E10-1」と云う歌で Fan を手品ないし魔法使いの道具に見立てる。

手妻師の持る扇の心地してあうげば消ゆる汗の玉かな
Imagining I am a sleight-of-hand artist working with a fan,
I lay back fanning myself, and pearls of sweat just vanish!

これで涼風の歌例が一応済んだが、マイアミで史上最高の暑さをＡＣ無しに堪える敬愚は、『古狂歌　森羅万笑』のために後釜に残した更なる三首も追加したくなる。★後期江戸の小泉涌成の「団扇には暇をやりても風鈴の忙しくなる軒の涼しさ E7」は、単なる描写か稼ぐ手伝いの有難さを描く秀歌か。★1802 以前の浪華の綾丸の「夜や暑きころげて涼む市中に行合の人の足や踏らん e6-5」の描写にＡＣの前の過去という外国も見えた。★山は涼しいが、日陰の角度と湿度次第に、山も暑くなる日和見分の 1809 以前の江戸狂歌も見逃してはならない：「蝉しぐれ涼しきまゝに浮かれ出て抜け殻となる山住の庵 e7-5」。

小章　俳句得意の竹婦人と抱き籠

「暑さ哉」と云う苦熱誇張比べは、古狂歌よりも俳句が得意だった。概して言えば、古狂歌を詠んだ人よりも俳家の方が暑さに苦労した為であろうか。Hot-ku Cold-ku の大ファイルもあるが、それだけは本書に遠慮しますが、納涼中で狂歌よりも俳句が強い竹婦人と抱き籠の「狂度」がとりわけ高いから、ご参照に少しでも見よ。子規『分類別俳句大全』から拾った下記の句の半分も、拙著 Topsy Turvy 1585 の 581 頁に英訳もあるが、ここで日本語のみ、雑魚寝の如く並べる。・天にあらば比翼の籠や竹婦人＝蕪村・そろばんも枕敷なり竹婦人＝卯七・ふところへ閨の灯影や竹婦人＝素外・神鳴て痛きひしぐや竹婦人＝通雪・暁は小町が骨や竹婦人＝蓼太・竹婦人や夢に来る美女妬ますや＝几董・君思ふ心を作れ竹婦人＝仙露・暁の別れも涼し竹婦人＝竹雅・竹婦人此の君なくばいかで夜を＝紀？・より添うや夏も盛りの竹婦人＝不禅・空蝉の名にも立ずや竹婦人＝希因・物言わで涼し過ぎたり竹婦人＝韋流・抱籠や夢も涼しい事許り＝山行・抱籠や君が心のうち涼し＝吾束・抱籠や一年ぶりの中直り＝希因・抱籠や夢に涼むも竹の蔭＝也有・抱籠や月雪花も骨と皮＝柘泉。狂歌と比べてみたら、どうか。

小章　夏祓と西瓜

夏をさらばに秋へ踏み入る前に、首数が相当少ないが、どうしても取り上げなければならない題もある。抜けてしまった題は、抜けなければならない夏祓です。★空寝の 1815 年の江戸狂歌「身ごもりの神業すれば胎内に喩えてくゞる茅の輪涼しも E9-3」は、一見では消化しかねたが、蒸暑い着太りの母体を抜けて世に出るといきなり涼しくなる赤ん坊と見なせば…。★1809 以前の切抜覚 E7-5 は現代短歌っぽい。

祓とて持ちて行てし雛形も流して帰る空手涼しき

*After sending scapegoat dolls downriver in our stead,
it feels refreshing to return home empty-handed.*

姥捨て山の帰りと反対に空手は良い感覚でしょうが、文政八年の老一茶の「形代にさらば／＼をする子哉」の句の狂趣がまだ強い。「バイバイ」の言葉と横短い手振りの仕草もなかった当時は、お辞儀しながらの「さよなら」だったか。「さらば」その言葉だったか。*A child waves Bye-bye! Bye-bye! to the scapegoat*。生まれ変わる茅の輪の比喩よりも、一茶の句が心に訴える。しかし、切抜覚の雛形流しのお帰りの心地も感じます。夏が秋へ移る心と精神上に涼しくなる意味にも合点したが、英訳せんとすれば、転んでもただで起きない何かを掴むべきと云うから空手が本来よくないニュアンスを初めて悟った。それも入れたら秀でる歌。★オマケに、夏に「おさらば」と言うより、夏と秋を亘る題もある。西瓜。多くは贈り物として古狂歌の贈答編に預けたいが、二首を今ここで分かち合えます。「西瓜をもらひて照りを見るとて」が前詞で淵龍の 1793 年の上方狂歌「真実をあかしてきたを心無く叩いて見るはこちのぶすいか K5-2」。敬愚は古魚を買った魚屋で魚の目を吟味したり鼻を寄せて嗅いだりもすれば、魚屋の主に怒鳴れた事もあるが、西瓜は？まさか。無粋⇒西瓜の掛けオチが最後になるも旨いが、やはり、この章のオチには成りかねる。★約二百年前に「板垣善兵衛方へ西瓜おくる」際に添い、月洞軒のアドバイス狂歌のわざわざの腰折りは、まさしく夏と秋を越しながら分けるんだ。

冷えた計リ味が良かろうと言うはスイ
カッと打ち割って見てきこしめせ　月洞軒

*'Tis said the cooler they are the better they taste – water\\
melon! Split it with one blow to eat fresh from your well.*

上の井戸の蛇足訳は良いかどうか知らないが、粋⇒水の掛詞が惜しかった。下記の狂訳には題の good taste も you know what's what こそ粋だ

a poem about good taste to go w/ a summer gift

*Cooling it down shows you know what's water\\
melon when you open it with one decisive cut!*

秋

036

While they meet, let's doff our hats to show the Stars respect;
one night a year, it would do all of us good to get wet!

逢ふ時は笠や脱ぐらん 天の川
年に一度ぬれ過ごすとも
有皮 T57-207　1740

七夕は宇宙一ロマンチックな濡れ場とでも定義したくなる。その夕に用意された水盥に星夫婦（めおと）の姿が見えても、立ち聞き出来ないと嘆いた建礼門院右京大夫（Lady Daibu）の 1232 以前の和歌を★1799 以前に焼き直した真顔の「聞かばやな二つの星のさゝめごと耳盥にも映らましかば E5-2」という読み易い願望歌もあるが、星が本当に映ったかどうかを知りたくなり、調べて見たら樽に写ったのが星ではなく、お二人の人形だった。それならば、七日の月の船と人形の角度と距離をうまく合わせたら重ね写りで人形の乗った姿も見せたかと、色々想像したが、星合のご馳走を詠む狂歌を紹介する前に、月丸も全く目に見えないと云う初秋の狂歌を二首ばかりここに置く。

小章　初秋

「初秋」に一章を与えるべきだったが、傑作多かった月見に三章も上げてしまった。「初秋」を割愛するしかなかった。その報償に幾つかの「初秋」の首をここで見る。★初期狂歌の闇将軍たる貞徳の「涼しさを巻き込んで来る文月は一葉の風の散らし書也」は、可愛い。お菓子屋の掛け物か女子向けの手紙を美しく書く趣味の本の表紙に載せて

もいい。★同じ桃山時代生まれの入安のT27の歌は、正月でないから忌む内容ではないが、風邪で雄長老同様に驚く。

秋きぬと目には見えねど引く風のしわぶく声に驚かれぬる
*Fall arrives unseen but the cold we do not see some caught
so the season surprises us with a husky voice and cough.*

藤原敏行の古典和歌「秋きぬと目にはさやかに見えねども風の音にぞおどろかれぬる」の本歌取りですね。★貞徳の秀歌の派生歌後期江戸の秋風女房は「秋きぬと風が知らすや文月の封じをきりの一葉ちらして」は、また秀歌。春信の浮世絵にも書いてある彼女の歌は、七夕の間に逢ふ恋の手紙でしょう、と田中優子氏。★元禄の月洞軒と上方狂歌の祖貞柳の師の信海の「慰みに今朝ひろげたる文月ハ見ぬ世の人の来る盆の前」に脱帽です。月そのものは今朝はやく見初めるに盆の気配を感じる社僧。題林の「初秋」の最初の首になる。★軽い意味で狂歌っぽい首は百呉の「物かかぬ目にハ猶／＼見えねども風の便りに聞きし文月」。★同題林再載で本書欠席の「残暑」のも一首、おまけに追加します。1770頃盛りの上方狂歌本に出た猪葉詠みだ。

二三ぷくたばこ呑む間に夏過ぎて火皿にハまだ残る暑さよ
*Summer passed as fast as a few puffs of a pipe but, say,
I still feel the lingering heat as if it were in my ashtray.*

歌数の多さとは別に、星祭で秋を始める理由はある。お祭りのために選んだ月日も想えば、自称「蕉門」の俳句数奇も含めて日本人の皆さんも貞徳の弟子、つまり貞門だ。己も知らず唯名論者だ。その証拠は、日本の暦は天文学的に変わっても、七夕は「たな」と韻を踏む「なな」の七・七という名のみ堅く守って来ました。関わる星と天河の配置と月丸の形（船になりうる陰暦七日月）と出舟時間という天象の現実に背き、物名ないし言葉でしかない天と無関係の七夕のdateを、現代日本人は択んだ。西欧キリスト教の太陽一辺倒の真冬に始まる陽暦を採用、春に近い振り出しあった陰陽暦を捨てたから、秋の天のアベック

を夏へ移っただけではなく、七日目の月の船も捨てしまった。若竹の葉が秋よりも新鮮という事以外には、すべてが残念。七月にしても、せめて本当の月の七日に戻して欲しい。陽暦の七月の中で陰暦、つまり本当の七日月を合わせるだけの知恵が欲しい（キリスト教の復活際だって、その事をやるだけの知恵が今もある）！★そうすれば、蜀山人＝四方赤良の秀歌「天河の二つの星の仲人はよひのものとや月のいるらん」は、再び誰にも直ぐ合点できる。「よい」も「つき」も掛詞で英訳無用が、そういうものだ。しかも七日ならば、月は船っぽい。

失礼。暦のお説教は終わり、本章へ戻る

唐の空言でしかない七夕。どうしても祭れば、見る人の心は章頭歌の有皮の詠んだ通り、濡れなければならない。宇宙に開いた心は、地に居ながら帽子を脱いで天にいる星と共に遊ぶ。或いは、嫉妬するもいいが、生きる。いつか読んだ右京大夫の歌集に、彼女が恋のシケしたらば、少なくとも年一度はご馳走様！と羨ましがった小言なる和歌は、心のない歌句に勝る。★その心を人間以外の大自然へ投影する 1533 年成立の歌合にある釈三卜の狂歌 T9 の方が更に益しかと思う。

> 七夕を羨ましとや夜這い星スバルがあたり飛びまわるらん
> *Are those stars among the Seven Sisters shooting about up there*
> *lustfully swiving themselves from envy of the Tanabata pair?*

その年（1532か3？）七夕と流星群もきっと重なった。十万人の一人しか知らない語だが上記 swiving は、古英語で夜這いするという意味の動詞。★天明狂歌の礒の屋黒人が、又も七夕に流星群を見たようです。

> 天の川あちこちと飛ぶ夜這い星は祝いて打てる石にや有らん
> *Those shooting-stars we may see fly about Heaven's Milky Stream*
> *must be stones thrown to fete the stellar couple's nuptial dream.*

出典を失ったが、ともかく美女が結婚すれば、負けた婿の候補者とその友人が幸せの二人の住まいへ、礫を打った話は日本と多くの国にある。気持ちはなんとなく判るが、誰か怪我すれば、と思うと恐ろしい。当日の夜這い星の理でありながら、黒人の歌もその前の釈三トの歌も読む我々も心の中で参加したくなります。「ふんどしに笛つゝさして星迎」へ出かけた一茶も然る。自分だけではなく、自然までも参加して欲しがった。「女郎花もっとくねれよ星迎ひ」（この「くねる」意味は０４２章は詳しい）。天地を動かさぬとも天と地を結ぶ歌句である。拝見した何千七夕歌から択んで Word Doc に打ち込んだ約五百首のすべても参加系ではなかったが、ここに御紹介する和歌を含む数十首のすべてにもそれなりの七夕独特の enchantment（妖精的雰囲気？）は、ある。★とは言え、家隆卿の「思ひきや七十七の七月の今日七日に合わんものとは」とは、目出度き心こそ長生きの秘密の一つと思えば、つまらない歌も、そう。★多くの文明が共通する機織女神の蜘蛛と雲を掛けた実方（958?-98 年）の記録した小大君の下記の首は、傑作。思えば、珍しい七夕の昼の歌だった。蜘と雲は英語で結べないが、

  織女のもろ手に急ぐさゝがにの雲の衣は風や裁つらん
  Yes, the Wind is bent on renting her robes of gossamer cloud;
  the Weaver can use some help – how good to see spiders out!

毎度手造りの英訳で数字か語も変わるが英訳はほぼ拙著 Mad In Translation のままです。★当本できた七年前、「狂歌大観」にあった初期のもの以外に、上方狂歌をまだ読んでいなかったから、上記実方の和歌の八百年も後なる天地根の 1821 以前の k7-5 も御参照に。

  尻に糸ひいて一針よばい星雲の衣を縫うかとぞ見る
  I think I saw one shooting-star, that looks just like a needle
  pulling a thread by its butt, sew up their nebulous robes.

とは、一見して不足であろうが、尻にと言えば機織とゆかりある蜘を仄めかす。★雨降れば月舟出ないから、その支度にもなる一農屋武雄の「星合を待つ夕暮に我が妹子がしかける眉もかさゝぎの橋」も★珍ゝ楼鈴雄の「船に積み牛に負せて一年の恋の重荷を運ぶ七夕」も蛇足無用。★後期上方の活水の「世の恋と天地の違い星合は互いにアキが来るを楽しみ」は、それぞれの飽＝秋を見事に対照する同音語あそびの傑作。高校生向けの教科書に入れてもいい。「あき」を片仮名にしたのが敬愚。★露の比喩は哲学になりがちを、下記なる 1802 以前の陽春亭慶賀の江戸狂歌 e6-5 は、高低だけの対照ならば、つまらないが此の世の恋風のままの夜這いと二人の星の一筋の恋の対照だ。

芋の葉に風のまゝ這う露の玉これや凡夫の星とみるべく
*Those dewdrops blown hither and thither o'er taro leaves
represent run-of-the-mill stars doing their night-crawling.*

★年越し蕎麦あれば、七夕にも素麺ある。中国は餅のようですが、細長い愛を考慮すれば素麺にアメンです。上方狂歌の祖師貞柳（1654-1735）の「ひこ星の来べき宵なりさゝかにの蜘の糸より細きそうめん T51」の蜘は機織以外には、人の来るを印す。年年の七夕を経て老女の白髪の素麺やら願いの糸のそれぞれで五色蕎麦など麺食いの秀歌は多いが、七夕別冊を組むまでに預けたい。★ここで、ただ最もとんでもない歌例を一首を見よ。下記なる蜀山人の歌を読むと、彼には、この川の大きさに対する情報もあったこと以上に、アメ＝天リカの Amazon のそうねんを素麺と語呂合わせる天才級のどうけた傑作。この言葉遊びは、英訳が無用で、先の貞柳の素麺をやって見よう。

七夕を思へば遠きアメリカのアマサウネンの事にや有けん
*Maiden-hair somen thin as the web of spiders, whose movement
lets her know Cow-herder comes, tells me Tanabata is present.*

★江戸狂歌の米都の「題林」再載歌「天にあらば比翼の鳥と成るもせでたった一夜のかさゝぎの橋」とは。恋愛の二人が片翼＋片翼をを合わせて飛ぶ比翼が有頂天の中で、かの鳥の羽の橋を渡るかどうかと関係ないと敬愚は思うが…。★本来は空言ながら、上方狂歌と天明狂歌を跨った皆友厚丸の理屈上の心配「及びなや下から見れば七夕の危ない恋の雲に掛橋」（落栗庵 E1）も、又可笑しい。★危ないと云えば、下記の天明狂歌の大御所杢網の題林再載歌とは、更に我が好み。一年ぶりだと、塵は一杯溜まるから、砂嵐の如になるべきという警告だ。

> 星合の空な詠めそ今宵払ふ枕の塵の目にや入るべき
> *Were I you, I'd gaze not up at those Loving Stars – and why?*
> *Tonight their bed is dusted and some might get in your eye.*

★後期上方の一好（1801 没）の「星合も見えぬ計りの黒雲ハ天河にも硯洗うか」は、疑わしい。逢う瀬の星は手紙を書く暇はあるものか。★笠を被るか被らず、常に濡れていた元禄の色男の月洞軒の歌 T40 とは、やる気満々の天体としか言えよがない、ね。

> 千夜を一夜弓矢鉄砲よひお中だいて寝てよりそこがほし／＼
> *A thousand nights in one, as tight as bow and arrow is to gun*
> *as soon as they embracing fall the Stars pant "hoshi! hoshi!"*

「星さん」というよりも情交はやく「欲しい／＼」か。★1679 年の由郷の詠み「彦星の千話たら／＼にたら／＼と牛もや涎ながす成らん T37」所を低俗の敬愚も、もう少しは品よく詠んで欲しい。★一方、女嫌いの信海（又孝雄）は、1670 頃に星合を教訓にした。T34 に T54 に題林にあるが、思えば、毎晩できない男色の嘆きに良い顔をつけたようです。

> 若きより年に一度の星合は養生深き天の川哉
> *From a young age, doing it but once a year, no doubt,*
> *building up vitality is what the Milky Way's about!*

なるほど養精たっぷりか。だったら、毎年は子も出来るかと思えるが、★1793 以前の江戸狂歌の赤松金鶏の「七夕にお子の無きこそ不思議なれと渡る舟の帆は孕めども E4-1」というような指摘（？）時折に伺う。ロビン・ギルという「反＝日本人論」家として名声あった頃、敬愚は或るホテルのレストランで一年に十五万冊も売れた『もう一つ万葉集』の著者李寧熙女史とそのお娘さんと食事しながら、彼女の山上憶良の七夕歌（万葉歌#1520）の読み方に関する、小生の疑問を述べた。彼女が描いた濡れ場では彦星と織姫の交合が膣外射精で避妊できた。万葉歌が猥褻か性教育になってもいい。古代語に弱いロビンの意見は甲斐ないが、笑が無ければ御解読に不足あるはずです、と。洋の東西を問わず原則だ。ばれと笑いは一緒。日本人の伝統的の読み下しも女史のそれを表裏の二つな読み方共存できれば、面白くなるが…と提案したが、我がように色々と猥褻詩歌を研究していなかった為か、彼女は納得してくれなかった。当時、たまたま古代ギリシアの長詩になる古典的科学（唯物論的自然哲学）書（Lucretius: *De Rerum Natura*「物の本質について」の和書名で詩的な良さが日本語になったかどうか心配が）をも読んでいたが、中には過剰に興奮して動けば精子は子宮に入らないから、子を孕まないという情報と、年一度の情交で子はできないか、天河は乳ではなく飛ばされた精液ではないか、という結論を寄せてみた。とりあえず、性教育書よりも何故何故物語りとお考えになった方が面白い。それも女史は納得してくれなかったが、彦星と織姫はもともとお子さんがないと限らない。反対かも知れない。夏納涼か苦熱に己が睾丸を団扇に載せた子規居士は曰く「ぬか星や七夕の子の数しれず」。★とは云え、上方狂歌の木端が詠んだ糠星は「織姫の今日の化粧の残りかや盥の水に映る糠星」で、お子さんのような感じもしない。山上憶良までも遡らないが、やはり初期狂歌の七夕歌が良かった。★1672 年の政長の「互ひ誓ひ天のかわらけ取／＼に酌みたる酒やほし合の空 T30」の上戸の干し＝星合に乾杯だ。毎年、変わる川に酌む土器の初心を守るのが何よりも。★七夕短冊の狂歌も少なくないが、華産の「書家七夕」と題した 1792 以前の「手習い子わんぱく顔の墨だらけも

寝る夜少なき星合の空 k3-4」は狂趣が今一つも上方狂歌の可愛い面を見せてくれる。★それに、色々ある手向見本。1830 以前の影住の江戸狂歌「蜘のゐに似し麻の葉の模様衣さゝがに姫に今宵手向けん E12-4」の前句の詳細は面白い。★1832 以前の『七夕狂歌』にある堀江崖女の下記の歌には情けある

恋痩せし七夕様へ手向けには身に付くような哥を詠めかし
I would compose a poem with solid food for thought (not puff)
to fatten the weaver, who pining for love, is thin enough!

★江戸狂歌の大御所の智恵内子の娘ひまのないしの 1787 以前の「星合の夜半ふくれば妻琴の弾き捨てられて牛は独り寝 E3-5」にも女流の温情が伺えるが、動詞の引きを橋渡りに琴から牛へ動く歌筋は超一流。その歌集でも見たいが、ネット検索で本名は小余綾磯女で 1852 没以上にはなにも見当たらなかった。★一茶が詠んだ文化九年作改良の文政四年の狂歌は、女性に負けない天人に対する共感か達観は感じる。

七夕の人見たまわば武蔵野の草葉の虫とおぼしめすらん
To ye Tanabata pair, we humans would be as easy to ignore
as bugs upon blades of grass in the vast Musashi Moor.

原文は「人見給わば」と詠んでも、人の念願が中々見届けないという和歌の読み覚えもあるから、一茶の答えと見る。和歌といえば、七夕に限って、狂趣ある首は数多ある。★笠を脱ぐ章頭歌と並べて最高の参加系七夕歌で又章頭歌にしたくなるは素性の古今歌＃181 であろう。

今宵こむ人には逢わじ七夕の久しき程に待ちも社すれ
I shall not meet whoever comes here tonight, for my wish
is not to have to wait . . . . a year for every date!

今夜、縁が悪い、次逢は一年後になるかも、と云う発想はまさしく狂趣ですね。敬愚は見事の概念狂歌として褒めたいが「女心を理屈っぽ

く歌った」素性法師が「本当の恋をされたことがなかったのではないでしょうか」と見下すブログの馬鹿もおられる。「本当に恋する男と女なら絶対にこんなこと言いませんよね」という前提こそ駄目だ。歌は「本当の恋」を詠むと限らない。セックス優先だったら、どうか。或いは縁が何よりも大事と思われた初逢だったらどうか。はてまた相手をじらす為の歌はどうか。歌意の可能性が広くてこそ、傑作の証明だと思う。諸君、古歌の理屈に対して、もう少し寛容になってお読みになって下さい！★人の心の解読を休憩して、七夕を季節と大地と庭などと結ぶ四、五首も見よ。1243 年成立の「新撰和歌六帖」にある知家の「天のかわ秋はあさ瀬の波の上に紅葉の小船はやこがるなり」という首以上に現在と異なる七夕歌は無かろう。★左京大夫顕輔の「七夕のあまの岩舟こよいより秋風吹きて真帆に会うらめ（新千載 337 又「今宵こそ」）」の船も珍しい。星は石や、宇宙に重力がないとなんとなく解ったか。帆とは船になりがち月か。★故白の後期江戸「題林」再載狂歌「星様は何時の今宵に落ち初めて石より堅き契り成らん」もう少し地味になるが落ちた星は石という事実に振る。★従二位藤原為綱（1722 没）の七夕の和歌は、洗練も感じる和歌ながら時間と空間の捉え方は妙に面白い。優雅狂歌百を作れば入れたい首だが、深く読みたければ、『古狂歌　滑稽の蒸すまで』をご参考にどうぞ。

千世の秋契りにかけて星祭る庭のさゞれや巌とも見む
With the vows of the Stars unbroken for a thousand Falls
I see boulders in pebbles as we fete them in the garden.

研究書『狂歌大観』以外に一度とも世に出なかった無名人の有皮の「共に濡れよ」と云う章頭歌は、藤原為綱の優雅の和歌と古池やの俳句と上下を付ける必要もないと思うが、有皮の狂歌の価値は益々高くなるかと思う。昔の空、もうない。多くの人々は、日と月と大彗星を別にして天の最大なる現象だった天河は見えない。そこで、読者に聞きたい。有皮の歌「逢ふ時は笠や脱ぐらん　天の川　年に一度ぬれ過ごすとも」をご覧になった時、じわっと感じましたか。無理ですか。

037

Faces get smacked, feet are stepped on yet all is 'yoi yoi!'
in our unbroken rings of peace and joy . . . folk-dance!

顔はられ足ふまれてもヨイ／\と
互いにまるう行き踊り哉
蕪坊　1815 没

青青園蕪坊（1758-1815）は婦人科医師だったが、それは歌の内容と関係あるかどうか知らないが、この「丸う」は妊婦と無関係の優しい行動になる。とは言え、盆踊りのみならぬ、日本の多くの祭りも危ない。敬愚の前歯だって浜松の凧祭の生贄になってしまったが、それでもよいよい。盆踊り大好き。何回も参加させて頂きましたが、大勢が今も参加する山車を運ぶお祭りと違い、東京の辺り盆踊りは女と子供が九割以上で男は、時折の空手っぽい身振りを威張るほろ酔い爺でしかない。蕪坊の描く古き良きのヨイヨイハッピー叫喚の大混みを描く画はどういう訳か見覚えがない。太平記の合戦の大勢が瞼に刻まれていても、踊る人と言えば…　★1814 以前の「踊子妨道」と云う天与之の上方狂歌もある：「急がるゝ道さまたげの大踊まぬけ拍子にぬけられもせず　K8＋題林」。やはり、交通ライトも然り、リズムが合わなければ、急げまい。★しかし道を一杯に進むと違う、広場をぐるぐる回るのもあった。1793 以前の臍黒主の江戸歌 E4-1 は、役に証言になる。

世の中は丸盆踊むつましく人の振り見て直す我が振り
In our times, Bon Dances have literally come 'round like a cradle,
good to watch the moves of others and correct mine as I'm able.

一茶が花見では赤の他人もないという主旨の句も作ったが、同じように皆も仲良く命の洗濯をする。踊りに限って、大人もお互いを教えた

り学んだりする機会にもなる。★所変われば、ヨイ／＼か睦ましくというよりも、余所／＼しく感じた町もあったら、天明狂歌本に、紀若人 E4-1 は褒めるか歎くか知らないが、下記の町もありました。

  衆目の見るは許せど此町の盆の踊は指もさゝせじ
All the onlookers are permitted to look, but in this town
no one is allowed to point a finger at the bon-dancers!

へえっ！狂歌というよりも、三十一音字の長さ以外には単なる散文だが、狂歌本の編集者が正しく大事にした意見です。和歌の前の平等をどこかで読んだが、皆に教えた証言有るというのが狂歌と盆踊りの方だった。非難の指が許されなかったら、誰でも心配せずに自由に踊れる。敬愚は踊り名人が、そういう町に住みたい。不寛容に寛容は無用。原文通りの非詩的な狂訳では、★和歌を遡ってみたが「おとり」のヒットが全てが「劣り」で「踊り」が先ずなかったが、江戸初期の狂歌には 1672 年の「後撰夷曲 T30」に出た宗奸の「踊子のきる帷子のうら盆はしっぽり汗に奈良晒し哉」と、★同本の信安の双首も浴衣みたいな薄着一枚で参加しながら身を音頭に任せる踊りの花となった賤女の写実に過ぎないが、艶やかな女体が見え透けていた詠む人の心の中で興奮する首でしょう。

  瓢箪の川流れする帷子を着て踊る身も浮きに浮きつゝ
The bodies of dancers wearing robes light as our spirits
like gourds floating down-river, go bobbling along . . .

★初期狂歌の最後の狂歌大師の信海の「機嫌よく踊る浮世に賤しきハその裏盆と思ひ社やれ T33」。表盆には貴、裏には賤が踊ったかという物名遊びに止める首。機嫌よくとは、祖先の霊に見守っているからと？しかし、信海は女嫌いで、あまり丹念に見ていなかったかもしれない。★十、廿年後になる長崎一見の詠む（或いは拾った落首の）所が、やっと敬愚の想像する通りだ：「見るに心ひかれて胸も躍り子ハ

うらぼんのふの絆とぞ成る T39」。章頭歌の丸う踊る盆が祖先との円も繋ぐ絆をうら煩悩に延長するも子孫づくりを確保すると思えば、祖先の霊も頷くはず。★行風編の 1679 年の題三大集『銀葉夷 T37』に多くある近代的な風俗の描写の中で江戸後期の「題林」にも再載された金門の「夜もすがらあなたこなたも踊子の豆ふみ出す足のうら盆」もある。楽しい歌ですね。この足の豆とは、いかにも無害。★同本に安親の「題しらず」なる歌は、足の裏のうら盆の掛詞なくて英訳可能。

酒に酔ひ気をうからかす踊りしは盆に肴を多く出す故
We drink until we're drunk and feeling giddy try to bon-dance:
so, the reason we participate is the abundance of salty snacks.

一見では、肴のせいにするだけか、と思ったが、再考で沢山飲む理は「盆踊り」の「盆」に御馳走のおかげで、普通より多く呑む。物名歌だ。本当は、男には「踊り」出す勇気を促すために酒は不可欠だったかもしれないが。又この首は、当時、白拍子と賤女に限らず、狂歌を詠んだ男もちゃんと踊りに参加した証にもなる。狂訳の bon dance と abundance の似音は十分ではないが、敬愚は東京で盆踊りに参加した男が確かに大酔っ払いのみ。働き盛りが遅くまで働くから暇ある老人と敬愚みたいな変人しかいなかった為であろうが、1679 年の場合どうだったか、さっぱりですが、上の歌例で盆踊りの概要が一応済みましたが、この題に限って詳細も面白い。蛇足無しにどんどんとご紹介します。★1815 以前の斎休の上方狂歌：「竿竹に挑灯を釣る大踊りこゝが命の洗濯場とて　k18-2」。★狂号は上方っぽいが 1809 年の江戸狂歌本に出た染丸の「乙女子の小町踊に汗かきてなゝ度ほども替わる色衣 e7-4」は、戦後のブーム中の結婚式みたい。★その十年後の兼吉の江戸狂歌「洗濯のふりつけてやる踊のて流石拍子も垢抜けた婆々E11-1」。洗濯ごっこの音頭あったら、安全運転音頭の先輩か。★親子関係を携わる雑俳風の盆踊りの古狂歌も二首ある。★四方赤良の「子は知らぬ親の心の染めゆかた盆まえ胸の躍る思ひを」。気に入るが歌体の腰に色なき、天明狂歌聖をして平凡の詠みながら、再載が多い、盆踊りの最

も有名な狂歌でしょう。★十数冊の上方狂歌本を編集した繁雅は 1800 年以前に詠んだ下記の首の方が、よほど狂たる傑作だ。

父は子に子は父のため顔隠し踊るを見れば吾が党の者
Seeing the dad hiding his face for his child's sake and the vice--versa while they danced, I saw in them my type of nice-guys!

第三者という観測しながら、自嘲に転じる。若しもこれが赤良詠であったら、これこそ名歌になった。★同上方の狂歌師天地根が 1821 年に詠んだ下記 **K7-5-68PIC** は、師の六十の賀の配り本にあったから、本人も愚に返えた老踊り手の一人でしょう。

夜ふけては祖父祖母までも大踊り千代の始は子供のみにて
After midnight, even grandpa and grandma dance so large
I feel we were all children long ago at the very start.

（歌は深ければ、二つ以上の英訳に値する）

In the wee hours of the night,
even grandpa & grandma grow bold
in their dance and a thousand years ago
there was naught but children if truth be told.

ああ、今年も盆踊りせずに終わった。敬愚は、盆踊りに出れば、ああという間に子共十、二十人も跡につけて我を真似る。というと、適当な踊りを学んだ上に歌詞の意味にそう派手な尾鰭をつけたりするから、面白くなります。思えば、若しも米山ままこが盆踊りすれば、そういうマイムの様相で、子もなにがなんだかと直ぐわかる。遊び好きの人は、言葉であろう、踊りであろう、やはり一日中遊ぶんだ。

小章　魂迎え・魂祭・玉棚

年一度と言えば、七夕に次ぐ「魂迎え」の別章をた百章をもうける余裕なかったが、やはり。★光広卿つまり烏丸（1579〜1638）の初期狂歌を「題林」という後期江戸の再載で見つけた。

秋の来る方を木艸も願うのか露の玉こそ水晶の数珠
*Do even the plants pray for the good souls who come each Fall
that they are covered with dew seemingly crystal juzu beads?*

恋の予測なども巫女は、ジプシの水晶よりも、紙を浮かんだ水占いが普通だった様で、本物の水晶ならぬ水のそれも力と見る驚いた歌です。とは言え、予測と祈りは同じではない。確かに、今は水晶の数珠は「イザという時に不幸を予測しているみたい」が、本来は澄んだもの、たとえ川の中でも、時間の遠眼鏡みたい（『古狂歌　滑稽の蒸すまで』のニュアンスは細かいが）。霊の訪問を願うと同時に、その時空を今に持ってくるという訳です。等を書くと、光広は文字通りに信じたかと言えば、no でしょう。韓国の知識者の 1525-54 年の雑記 chapki では、巫女 mudang の記述は日本の知識（儒）者の心も描く。迷信を信じなかった著者の祖父が亡くなると家族が、それでもムダンを尋ねて見たら、彼女が連絡取れて死者からの初伝えが「あの世との連絡は馬鹿げた話で巫女を訪ねる事をしないと言ったんじゃないか」、と家族を叱った！これは不可知論の世界だ。信仰と無神論でもない余裕ある世だ。烏丸など貴人の狂歌は、それと通じる明白ではい心は好き。★太極の 1672 年の狂歌「なき人の今夜ハこゝにくる／＼とくるとハ珠数の玉祭哉 T30＋題林」も、★1819 以前の順馬の江戸狂歌「蓮葉に置く白露をたまと観て寄らば消ぬべしなき人の影　E11-1」も蛇足無用。★一方、下記なる百呉の 1748 以前の上方狂歌 K3-1 は故人を個人と捉えて、「たま」を掛けない英訳は無用ながら、メタ狂訳としてトライせねばならない。

招きても常にお出のなき人は誠に玉の客にぞありける
*"Rare" and "soul" share a homophone and so, said in Japanese,
our current guests are all tama-ni or tama-no visiting in peace.*

七夕同様に当のお客に対して、手向かえある。★1672 以前の信安の「聖霊をもてなすびには桃柿や世にありのみを集めさゝげよ T30」に捧げるは又「ササ」、お酒になるが、「ありのみ」は梨。しかし、あれだけ色々あると在日の思い出も沸く。果物の多い八百屋が、一本とか一切れも売らず（江戸時代の独身を知らず、西欧でないから一家に便利のバスケットしか売ってくれない馬鹿）、収入の八割が追善用。★行雲の 1818 以前の上方狂歌「玉棚にたまの御客のありのみや目に見えぬからナシかとぞ思う k8-2」。★果物のみならなかった、元禄の月洞軒の詠む「是も手向く袖に泪の玉まつり南無あみだん子ハ勿論の事 T40-45」通りだ。★同じ月洞軒の玉迎えを笑う「死なばかな物とぞ見ゆる瓜の馬なすびの牛に乗かしょうりよう」は、敬愚好みだ。最後の句のウリは瓜ながら、そういう為の野菜を売り出した事であろう。★それに、別な視座ならぬ座もある。都吧の 1809 以前の上方狂歌 k12-4。

なきたまか今日は見えると聖霊を祭る盲は秋や楽しむ

A dead soul is invisible but today he sees it best of all:
the blind man celebrating our spirits enjoys the Fall.

亡き魂＝無き（眼）玉の掛詞の有無知らないが、心地いい詠み。目に見えない世界に眼で見えない人は有利か。考えさせる首だった。残念ながら詠んだ人の都吧は検索しても存在しなかった同然が、この無名人の歌を教科書に入れないと損するかと思う。★ご白賀の同上方本の狂歌「見ぬが花水を手向ける盲人の知らぬが仏まつる玉棚」は諺を弄ぶのがよいけれど、内容は情けないか可笑しいか判らない。★職業別の「なき玉」を囃す歌を一首だけ読むのが淋しいが、桂雄の「しゝ落とすから鉄砲も棚へあげてなき玉まつる山かつの庵 1814 K8-1」は、よく出来た首。子共の絵本にもなる。★山形の 1819 以前の江戸狂歌「何所やらか仏臭くて亡き魂もござったように匂う蓮飯 E11-1」で章を締めくくる。狂趣は今一つが、余韻あります。

038

This day is when the people of the world convene each Fall
for a staring contest – the moon's one eye against us all!

今日の秋眼の玉の月は一つ
睨みこくらによるや世の人
　　林栗　題林 1818 以前

芭蕉の田毎の月とこの目毎の月。大地と云う同じ土俵に立つも、林檎と蜜柑だろうが、雲来亭林栗の歌は芭蕉と負けないと思いませんか。ちょっとした話がある。十数年前に、ガレッジ・セールで買ったメヒコ製紙粘土の猫を母に上げた。色は白いか黄色と思うが、可愛い花の模様も幾つかあった。母の猫は独りぼちでその伽になったらと、冗談半分に思ったが、数日後、電話あった。母によると猫が偽者猫を怖がるあんまり、寝屋も出ないと。我が診断＋相談は、絶対支配者タイプの猫で、睨み比べしてしまったら、大目で瞬かない猫形に負けたはずで目隠しでも付けてみたら、それでも駄目なら、猫人形を誰かに上げてください。「あの、それは…もう遅い」。母が愛する猫のため、既に紙粘土猫をコンドの芥シュートへ流してしまった！月には瞳がないから、睨み比べも睨みこくらもありえない。必ずしも合理的ではない世の中を中学生に紹介するに良い狂歌です。思えば、芭蕉の田毎の句よりもの重頼？の「月は目に目は月に入る今宵哉＝1645 成立毛吹草」か、闌更（1726〜1798）の「月をながめ月をながめて明るまで＝分類別」は章頭歌に近い。或いは歌に「本句」あらば。★それに比べて、の 1792 以前の上方狂歌 K27-1 は、いかがでしょうか。

中空は星まれにして下界には月見る人の目玉きら／＼　貞右
While stars in mid-sky are few & far between, on earth below
the eyeballs of moon-viewing people twinkle as they glow!

題林再載に國丸になるが、こんなに面白い名月の星闇は 1821 以前の天地根の愚に返る賀の配り本 K7-5 にある下記のシュールな首に限る。

夜這い星もかげ見えぬまで照る月に空はカラス飛ぶ斗りなり
（計りは美しくないで程の意味のばかりの古当字はごめん）
*When the moon shines too brightly to see falling stars,
the only thing flying in heaven must be those ravens.*
（烏の意味をどう理解すれば知らないでもう一本）
*When falling stars cannot be seen in the moonshine
the night sky is so dark it must be crow-flying time.*

敬愚は想像する。「変な暗喩だ」と言われたら、天地根は「月は日光を写ることを知らないか。これは日の烏だよ」と答えるかも。そいつは raven か crow か知らないも二通りの英訳の理由になるが、これまで見た月見歌すべてを一句にすれば、一髪?曰く「可笑しげに褒めて詠る月夜哉」（鼠骨他編、子規の「分類別俳句大全 7.297」）。御代か君を褒める（祝う）和歌に対して四季の現象を褒める（祭る）のが俳句の任務だから星が見えないは名月の眩しさを褒める陳腐になりがち。梅郊（溝口直温 1732-1761）の句「名月や寝て居るものは星計　同 7.62」は、月見の人と夜行動物を仄めかすから例外に面白くなるが、先に見た貞右の「〜目玉きら／＼」の狂歌は面白いだけではない。壮大な美しい夜景を描く。その優しい雰囲気は、章頭歌の睨みこくらと全く異なる。睨みこくらは緊張の具現だ。★確かに月見にキツイ面もある。目だけではなく、長い月見に首こそ痛くなる。少年のころ首を怪我した敬愚は上を向くと歩かなくても涙がこぼるしかないから、下記なる 1679 以前の安親の歌 T37 を読めば、すぐ合点。

月見ばかり蟹と鰈にあやかりて眼の苦労せず空ながめたや
*How I wish we might moon-view like the crab and butterfly
without the strain or even pain of gazing at the sky!*

普通は人間である事は有り難いが「月見ばかり」目が棒に高くふる生物に化けたい気持ちは誰にもあると思う。敬愚のように首を怪我した人だったら、殊に感じる。蟹と蝶に蛙も加えるが、羨ましい。★月見の姿勢に関する最も面白い指摘は 1812 頃の虫丸の上方狂歌 K29-3。

いんぎんに腰をかぐめな仰向くが月の主へ礼儀なるらん
Oh, no, bend not at the waist in the formal style tonight!
When the moon is host, looking up is how to be polite.
しかし、申し虫丸ご本人または月の座の主だったら
Oh, no, do not bow low to me in the formal style tonight;
when the moon and I am host, looking up you are polite!

一日中も頭をぺこぺこしなければならない日本人よ、今夜ばかり眼をぱっくり開けて上を向くもいい。しかも礼儀だ、作法だ。上下の身分意識を極めた徳川幕府が背後なる。これも教科書に入れるべき首だ。「月の主」と言えば、月そのものの他に月見客の主催者で、主が二つなる曖昧さが面白い。けれども、吟江の「客あるじ一つ心に月見哉」とか如行の「われを客われを主や今日の月」とか栗堂の「月今宵我が宿ながら我も客」等の俳句は、どういう訳か、面白くない。狂歌が持ち込む複雑さがなければ、余韻ない。★因みに、これらの狂歌を読むと恐らく吾輩も桂雄と仰向くほど背の低い俵万智が詠んだ短歌を、一首を思い出した。学生も瞳も同じ pupil で狂訳いたせば、こうなるか

教室にそれぞれの時充たしおる九十二個の目玉と私
In my classroom, each fills up his or her time I see does
indeed fly in the pupils of these 92 eyes here with me.

かの『サラダ記念日』は 46 対 1 ではなく、歌人一人に読者は数 million 倍もおられる！敬愚と言えば、一万頁に一億字もびっしり書いた本を出したが、その百分の一の読者もない。さて、提案です。若しも本書

の数多首から、俵万智女史は何百首を択んで、お得意なるミニマル駄弁、蛇足なしスタイルで狂歌撰を出して見ませんか。『サラダ記念日』の短歌の売れ高最高記録を、我と組めばご自分で破って見ないか！本書の E-本の編集の依頼です。多くの日本人に紹介する甲斐あるくせに、知られない古狂歌。本書の中に終われば、可哀想と思いませんか。★さて、その他の名月の名狂歌は。「今日の月衣通姫は曇りても」と云う桃隣の句の方がよっぽど良いから、狂歌は無用と思うこともあるが、蓬莱帰橋の 1785 年の天明狂歌には、それなりの面白さはある。

> 今宵この月は世界の美人にて素顔か雲の化粧だにせず
> *As a world-class beauty, is the moon tonight, so damn proud*
> *she goes out barefaced eschewing makeup, i.e., clouds?*

裸の月の別な捉え方。★中世（1214 年）の歌を読めば、雲が無くても「白土を重ねて白き月を見てモロコシ迄の昔をぞ知る T1-44」という「壁塗」の（沢山あった職人歌合の中の一つ）観点も面白い。断って置くが、昔、品のある美人は白肌で白粉が無用ながら、他の女と同様に塗った。さもなければ肌の黒い人は恨むからでありました。今よりも昔の日本人は恨みを怖がった。女同士と限らず、美女を中々物にしない男の恨みを弄ぶ明月賛もある。千来（又小弓？）の「名月に打たせて見たき礫哉」は、好例。★三十一音字の狂度が最も高い美人月を恨む歌は「美」という語こそない、かの紀貫之の古今歌 #880 だ。

> かつ見れど疎くもある哉月影の至らぬ里もあらじと思へば
> *Oh, I used to love that Moon, but now s/he makes me blue,*
> *when I think there is no land where s/he is not on view!*

性別は難しいが、友人のミツネが訪ねた時の詠みで、男の友情も月が見立てに詠まれた可能性もある。いずれにしても、無心の狂たる擬人化だ。誰も月をそのように思う訳ないからこそ可笑しい。とは言え、現在はどう？山の上の高い所を金持ちが独占する国おられば、逆に貧

乏に譲る国もある。日本は知らないが米国の大都市では高いところも水・海際は、お金持ちに敷かれて、天体の出入を見る権利（人権）もない貧乏は一生、見ない。★貫之に負けない西行の狂たる月の有心歌もある。これを読むごとに Burton 著 *Anatomy of Melancholy* を思い出す。何回も英訳をして見たが、二通りを。

　　心をば見る人ごとに苦しめて何かは月のとりどころなる

Torture is her art and she knows just how to hurt each heart:
Luna, author of this harm, what's the secret of your charm?

Reading minds, to each of us she brings a separate gloom;
So . . what is it, then, that draws us out to view the moon?

月様を情けなく描いた、最も鋭い例は句だ。貞徳の犬子句「釣針で慈悲を垂るるや三日の月」の前後の連句あったら、いつか読みたい。イエスの徒が投げ網でやった事を仏教の徒が釣り針でやったか。一方、静壽の毛吹草句「月見ぬや浦島が子が玉手箱」を馬鹿にしてはならぬ。体験もある。失恋や借金地獄は、嵐を聞きたい。その方が楽だ。問加？の句鑑？の「月や人の心を入れる器もの」（全句が子規他の類別俳句より）も、その通りが心という器に入れて月は水の如く形を変えるとも詠みたくなる。★長嘯子（1649 没）の詠み捨てては弟子が拾った『挙白集』にあるという狂歌には、業平の月を積もればと老になるを精神的な負いに、西行のかこち顔も万顔になる。というと下記多くの人に詠まれた広い地域に大勢が同時に見ているも、昔の人も見ていた意識も、自分の力になるどころか、耐えなくなる驚いた月見観だ。

　　世々の人の月は眺めし形見ぞと思へば思へば物ぞ悲しき

Thinking of the moon as a memento mori *of all who gazed*
over the ages is to think of something sad indeed.

★少々くどくなったから、素直に月を詠んだ歌も、ご紹介しよ。下記は、あまり有名でない西行歌だ。

ながむるに慰むことは無けれども月を友にて明かす頃かな
These days, I gain no consolation from watching the moon,
and yet he is my friend and I stay up with him all night.

情緒も誇張も何も無い。しかも、西行の他の月の歌と共に読めば、驚く。劇的な擬人法や嘆きなどが常になると、これこそ概念狂歌の新奇とも感じる。英訳の月の性別をどうぞご自分で he/him、she/her か冷たい代名詞で勧めない中性の it/it もご自由に。と書きながら、母国語の英語は嫌になる。その選択をしなければ成らないのが自由ではありません。いやです。

2017.7.2 校正中。例の借金の淵に沈みながら、亡くなった大家さんの不動産を引き受けた人は、ここを売るから一ヶ月、二ヶ月しかない。早く本出して、日本へ戻らなければ、人の長椅子で暮らせる、六十五歳をして悪夢が迫る。で、とりあえず、同じ秋の月ながら一章を頁の頭から始まらなくてもいいかと思うから、その調整（まだ英訳されていない和文を英訳するなどもしないで、合わせてみる。仕方がない。

039

In a reverie, I walk through the fields . . . right into a cow;
and saying "Pardon me!" below the Coral Moon, I bow.

うか／＼と野飼の牛に行き当たり
お許しあれと言ひし三五夜
餐霞亭雨風 K16-2 1811

五年間ひき続いて病む妹とその農場を世話した頃、牛飼だけは面倒みながらも、苦労とは一度も感じなかった。隣の草が青ければ、その大

脱走も大変だったし、雌牛は時に他の雌牛に悪いこともしたが、常に優しく、その匂いまでも心を安らいでくれる人より尊い存在だ。そのためか、雨風の章頭歌を文化八年の上方狂歌本に見つけた瞬間、一見惚れだった。この雨風と我以外にも、牛に向って「御免ね！」と申した事のある男は何人おられよか（どう言う訳か、女性なら何人もおられそうという気もします）。脱線になるが、人を安心させる牛ご本人は怖がり屋だ。同時に好奇心が非常に強い。で、牛を呼び集めるために、変な事を何でもかんでもすればいい。逆立ちするか、逆様に足を空にペダル運動すれば、走って来ます。★雨風の月夜の牛より早くなる、我が詠んだような1781年成立の上方狂歌本K7-2に義栗の写生もある。前もって蛇足なるが、「なろわし」は「ならわし」ないし習慣的な行為でしょう。

  牛やかく逆さま事になろわしか蜻蛉返りが好きであつたハ

Cows – does this go to show they're contrary to a fault,
that I can recall how much they liked to somersault?
（こんなに和歌らしくない変わった口語の歌体は）
So, are cows just like this, contrary and quick to balk?
I can just say those I knew loved to do somersaults.

読むと敬愚は涙出るほど嬉しくなる。そうよ、牛はそれ。土の窪みに逆様になってくねるし、気分のいい時に、片肩を土に下ろして柔道に投げられたように蜻蛉返りした巨大の赤い牛も知っていた。殆どの牛は又、空に人の足を見れば、己も空にいる気持ちになるか、背中が痒いでくねるだけかよく分からないが、飛んできます。又態度には微笑ましくなるほど逆しまの面もあるが、話が牛の小便より長くなる前に、残った章頭歌の蛇足もある。十五夜を「三五」と呼ぶ意味だが、古歌句の世では、それが粋なる掛け算の言葉遊びだけではなく「珊瑚」ある海底の生態（竜の宮を含めて）も仄かに思い起こす。雨風の歌が「三五夜」で終わるからこそ、月光の中を寝歩き、或いは夢遊病の浮いている雰囲気が伝われる。そのため、bow お辞儀と cow の脚韻を捨

てて、かの月が句尾なる英訳もいいかも。即ち"I beg your pardon!" says I, this night of the Coral Moon 三五＝珊瑚の例に1672年の『後撰夷曲集』に貞徳が詠んだ「しゃこめなふ」という難字名の貝の馬具がやはり「三五夜中の月澄めば」なる「金銀瑠璃の世界」も、『鷹筑波集』にある駄句「海中にてるや珊瑚の月の色」も、一滴の「龍宮へうばひし玉か海の月」は背後になる。三番目の句に三五こそ出なかったが、狂歌に出てこないも海の世と感じる二首を見よ。★笑喜楼福門の1813以前の江戸狂歌「あまが家に肴もあらぬ月見酒いわし雲さえ空はしけにて E8-4」とは陰詠みながら、★陽詠みが浪花の一歩の1807以前の上方狂歌「さやかなる月の夜すがらひんぬきの大太刀魚をふり売りにする K14-3」。因みに後なる一茶の名句より音色が良い『武玉』の雑俳の「ひん抜きの大根」で路を教える本句もある。しかし、珊瑚の月を敬愚の記憶にどんな古歌か句より深く打ち込ませたものは、故大河立石 Tiger Tateishi の漫画通りの珊瑚の生えた月だった。同じ月かどうか覚えていないが地球に接近しながら重力が相殺される漫画だ。家具と人が空に浮いた場面が屋敷だったから、とりあえず「月＋屋敷」の二首の江戸後期狂歌も見よ。★吉原の一日を一刻ごとに描く「戌時」より頭丸の1816以前の「兎より里の芸者のおもしろや 踊り跳ねたる月夜座敷 E10-2」と、★栄芳の1820以前の「狸より松のふぐりの影法師 八畳敷きに一っぱいの月 E11-2」のいずれも楽しい。月夜のふしぎな重力は、かる身にも、おも身にも感じる。★海と離れた珊瑚の三五も見よ。千丈の1767以前の上方狂歌「天の原雲間を分けてにょっこりと産みし三五の玉の桂男 k11-4」は月に居るも月になるが、珊瑚の玉になる美男子の桂男はふたなり＝二形⇒業平＝両性という説もあるから、三歳は女子と五歳は男子にも掛けるかも。この桂雄は、次章０４０に登場します。★桂雄よりも歌の数が多い月の号を見よ。1666年の最初の多人詠狂歌大集『古今夷曲』に「望月」の好例二首ある。先ず浄久の

望月を汝が箸にかけんとやぽっかり口をあきの夜の空
This Full Moon as brightly white and soft as a sweet-rice ball,
chopstick pinched in mid-Fall: open thy mouth & don't let it

& don't let it fall 米語の秋=Fall=落とすな。早くぱっくりと食って、という狂訳。視座ですね。そのパラパラ絵本も早くも作りたい！★同本の釈教歌部に勝可の「くふに在りてくふて見られぬ望月の其の味わいを誰に問わまじ」には、蛇足無用。両首に初期狂歌の朗らかの味もする。★黒砂糖も好むから 1793 以前の上方無名人の淵龍の「正月を待つ心せしもち月に曇りかけたは黒砂糖かや K5-2」は？なるが、★徳和集 E2-4 題林再載の 1785 以前の天明狂歌名人濱邊黒人の月詠みに脱帽です。

喰い足らぬ噂も聞かず唐大和 たつた一つのもち月の影
Who, sighing in dismay, wants more mochi *in the sky tonight,*
when this moon is bright enough to feed Japan & all Cathay!

万里にも不足しない明るい月が Bright は英語で、賢いにもなるから妙に生かされた狂訳できた。*Mad In Translation* で餅を pie としたかも知れない。一方、原歌は大胆の比喩ながら、蕉門俳諧も腹立たしくならない、素直で美しい明月賛。★1783 以前のもう一人天明狂歌名人の山手白人は上記幾つか首の内容を組み合わせた詠みもある：「桂男は下戸か上戸か杯の影とは見えてもち月の空」（万載集又題林）。餅=望も月=盃の掛け無ければ英訳は無用。★それに月を詠むと、色々の表現で現れる「兎」もおられるが、拾った十数歌から四、五羽を見よ。最古で最高は、元禄の月洞軒の題の「月」以外には見えない月歌は、いかがでしょうか。

丸て／＼あんな山からちょっと出るを
ちゃっとすいしたこれも兎じゃ T40
Soft, softly round that hill, peeking up, just barely there
coming out a wee bit so as I thought it, too, is a hare.

画家に求められている対象との一体感に負けない狂歌詠みのそれかと思う。殆ど病気（神経質）の描写だ。★兎にならない最高の月出のポ

エムは、老一茶の「山のはや心で月を出して見る＝文政七」だ。山の端の弱い掛詞で自ら早く出さんとするが「〜して見る」というほろ酔い心の遊び残った残った老一茶。天地を動かすかどうかを歌ではなく心の力でやって見る一茶は。パラサイコロジーの創立の五十年も前に。これは「古池や」に負けぬ宇宙と結ぶ秀句だ。若しも芭蕉のものだったら名句で教科書に入ったに違いない。或いは、蕉門の支配というよりも、一茶に期待されないタイプの句で先ず選集に拾われない。だから好奇心ある人はなるべく全集を読むべき。★兎に角「月前眼鏡」という一茶調とよばれがち自嘲の出来秋万作の 1783 以前の天明狂歌「月影をうつす眼鏡の玉兎 ひたいの波にかけてこそ見れ　題林再載　若葉集＝湏明詠」と、★蜀山人の「日の鼠月の兎の皮衣きて帰るべき山里もがな」とは「無常」部中の述懐で月見歌は場違いが、兎の面白い出番でご参照に。★1813 以前の中山楼美千人の江戸狂歌「掃除して月の兎をとゞめばや 馳走は庭にはゝきめの浪 E8-4」とは、変な歌ですね。禅寺の人か。狂歌以前に俳句に目がなかった敬愚は、月洞軒の狂歌と共に第一の兎月歌句賞を超波の「名月や兎の糞のあからさま」に差上げたい。

the harvest moon, how clearly i see each pile of rabbit poop

★一日から闇夜までの過程中に「酔」と掛けやすい「十六夜」が小闇ながら面白いが、あらゆる十六夜歌の中で一番面白い首は、又も、元禄狂歌の野生っ子月洞軒が詠んだ「乗物の窓からつらをつきだいて空見てバアと言うが十六夜 T40」。窓から頭を突き出しては、自動車を運転する現在人でないと幸運。我が知らぬ情報がなければ、本歌は、師の信海の東海道三十四番目（京都から廿番目）で同じ都人に出会った時の首「乗り物のよしだ通れば窓よりも顔つんだいて会うた嬉しや」。★二日酔と十六夜の俳諧は多いが、朝の悪い気分というより二日相続いで飲むという気配する狂歌が多い。1729 以前の元信の「盃の数を重ねて酔ばよえ月も今宵ハいざよひの月 T46-55」は潔い。望月になると敬愚は既に疲れているのが常。けれども、十六夜を祝う元気の奴の心

を祝いたい。★夫の朱楽菅江の連日連夜大飲みぶりに苦労をしたという節松嫁々の「体験をそのままよんだ（濱田義一郎）」題林再載の名歌もいい。待ち遠ければ、月という盃を見るのみか、予もいざ酔うかという考えかよく分らないが、素晴らしい掛詞を捨てて、

かたぶけし昨日の酒の二日酔 空にいざよふさか月の影
（傾く含蓄も十六日＝いざ酔ふも杯⇒月も英訳無用が）
Up all night long and tipped over like you still hungover
in the sky . . . a slightly less than full sake cup moon.

★牛に突き当たり失礼をした餐霞亭雨風の章頭歌と兎のように出た月を描いた月洞軒の首の双方の心と説明し難い共通を感じる、何もない十五夜を歩く雰囲気そのままに描いた 1829 年の『四方歌垣翁追善集 E12-3』に出た俳風狂歌もある。詠む人の名が一字の清だ。

十五夜にうかれ出でれば月も又浮かれて供にありくようなり

When I wandered out on this full moon night, Luna too,
seemed giddy so together we drifted about as lovers do.

When I went out, the full moon, too, seemed out of it
and, then, we seemed to be walking around together

I wandered out and there was the moon also carried away
and it seems wherever I went, he stayed with me to play.

原歌は、和歌の優雅を好む人だったら反吐するほど素朴か粗野か幼稚な歌ながら、たまたま英語が苦手の個所が多くて納得できる英訳できず、諸君に詫びるしかない。翻訳読書じゃないから、詳細を省いて清の可笑しくもない狂歌の良さを説明します。我々一人一人の月との体験を掴んだかと思う。時折、自分の情況と回りの環境（木の高さ、地理の凸凹と歩く路の曲がり方など）次第に、月は普通よりも自分とぺちゃんこに歩む。少し歩いて回れば、月も回る。まるで、共に踊る。

その思い出は、人によって、思い出は異なる。月を犬の如く連れてゆく、五、六歳の子供時代の記憶ある人もいるが、敬愚は或る森に路を無くなって、怖くなった時の付き添う月を覚えている。方向を知りたかったが、あの畜生の月も道を迷ったようで何も助けにならなかった。そういう恨みっぽい思い出は早くも忘れたいが… 読者の思い出も知りたい。一冊の小話の本になりそうから、なるべく詳しく書いてね。

Moon-viewing night:
I hear the calls of birds
kept awake by us.

章頭歌の雰囲気を俳句でもう少し探検してから、次章へ進む。句は、鼠骨編子規の「分類俳句大全」より。立濁の「酒壺の内の世界やけふの月」は、珊瑚より濁った空気ながら、他界っぽさは似る。上記の英訳もしなければならなかった涼の「名月や人に寝かねて鳥の声」のおかげで、鳥と牛以外のあらゆる動物も考える。なるほど、肉体的に突き当たらなくても、無害と思われる月見は、他の生き物にとって邪魔になったか。東京の戸外にて、敬愚の観測はやや違う：「寝たがるも月の光に馬鹿カラス」。蕪村の友だった也有の「傘さして行く人とへば月見哉」も、渋い傑作かと思った。月見場へ到着するまで月を見ない変わったルールかと想像した。「名月の雨に」という前詞を見たら、面白さが減りました。やはり、期待しない変な事を読みたければ、狂歌の方が頼りになる。※さて、三番目の月の章へと…

040

隠れゐて我があと去らぬ影法師
居並びてだに月を見よかし　大隈言道
（古語の「だに」は「せめて」「よかし」は優し命令か）

You would hide, Shadow-monk, and always follow me about;
Let's try sitting side-by-side . . . if only when the Moon is out!

尤もの望だ。古き画には、肩並んで縁に座る月見しながら後の畳か障子に影法師はよく見える。一人で月に向うと淋しい。★1677年の『秋の夜の友』という随筆（？）の本にある狂歌「世の中にあらぬ願ひをする人ハげに石亀のじだんだぞかし T 参 38」も又尤もが、敬愚に言わせれば、全く無理の注文こそ、あらゆる願いの中でも最も無害の類だ。その欲望は儚くて、執着にはならぬ空想に過ぎないからである。★大供家持の万葉歌 4076 は、まさしくそれ。

足引きの山は無くもが月見れば同じき里を心隔てす
I wish them gone, all those leg-tiring mountains as they part
our countries, when viewing the moon we feel of one heart.

前後の万葉歌を見ればよいが、章頭歌とその詠人の話へ戻ります。月に向かいながら、影法師と座るとは概念狂歌に違いないが、言道は狂歌界の人ではなかった。大変心地のいい和歌論も述べた歌人です。大和言葉こそ唯一の自然で誠の言語で、和歌から外来語ないし漢語は異質物として除くべき、と云う気持ち悪い神国主義者の連中を相手にした言道は、上田秋成の毒舌と異なって、優しい反論が特筆に価する。代々使い成れて来る漢語は無論、個人も若い内に学び身に付けた漢語なども無意識に使いこなしてきたらば、差別せずに歌に詠んでもいい。漢語は不自然で、あくまでも心に根ざせない、大和言葉と相容れない異質なもので、和歌につかってはならぬと主張した本居宣長などは、個人の心理言語学的発生を判っていなかったという事を、優雅に論じ示した。無論、言道は現代用語を使わなかったが、我が下手糞の要約よりも、皆さん御自分でネットか図書館でその和歌論を探し出して読んだ方が有益。古語から当代語まで怖くなかった言道の寛容こそ、国

語学には、誇るべき者です。★言道の優しい望みにかろうじて章頭歌の座を譲った首は、1790以前の上方の栗圃の「月前酔人 K9-1」である

月影も芋の名にあう今宵とて箸にさす程酔にけらしな
This evening, we eat below the moon that is named Potato
and here I am drunk, stabbing one with a chopstick, whoa!

挿すが簿力的に聞こえる行儀の悪いが、栗圃同様に酔って、ねばねばとした大和芋だったか里芋だったか、小さくて毛も少しあった皮の中の白肉がねばり多くて、海鼠かその海鼠腸ではないが箸をすばやく逃げたりはしたから、片箸で真ん中に挿して喰う記憶は敬愚の心にもある。粗野と知りながら、芋の柔らかい光と甘味とふわっとした口応えか、あの時の友情も覚えるためか、今も懐かしい思い出だ。けれど英訳は無理。後の月で、芋＝妹をさしてもいいとかの暦のことなど記憶がない。在日の頃、芋月の存在すらまだ知らなかった。★言道の影法師から「秋の月」へと話が進み、その姿を見失ったが、月見三章を締めくくる前に影法師へ戻れば、古典和歌へ遡りたかったが、これぞと思った月の影法師がなく、自分の影を詠んだ源俊頼（しゅんらい・としより 1055-1129）の首をご参照に。

かげのみや立ち添うものと思ひしに嘆きも身をば離れざりけり
I thought my shadow was the only thing that stuck by me
but I am afraid trouble, too, will not leave and let me be!

いきなり暗くなるが、自白ある。月の歌句を見るだけで、敬愚もかこち顔になります。恋の病か鬱病ではない。自分の限りあったお金で行った長年の研究、何千時間の読書＋書留＋分類する仕事の果に、「月を愛でる」という八百頁の大本をいと簡単に書くだけの資料用意を、北フロリダのＷＣの中での竜巻から安全の場所に隠したら、我が妹を助けるために訪ねたもう一人の妹に捨てられた。悪夢のような損失から回復する唯一の方法は、いつか日本の大学に雇われて学生さんと月

見の本を作ることです。数十人おられば、わが案内のもとで学期一つ、二つで、損失された草稿は蘇るに違いない。しかし、博士号もない小生は、本書なども売れなければ、学生とゼミが出来る勤め口を見つける事も無理。念のために、我が気に入った月句♯１は、一茶の師と雇い主の成美の「名月やすみ登り行く噺声」です。煙草をのめば判るが、澄んだ日は真上の月の目を潰すほど真っ直ぐに煙の糸が立つ。声は八方に散らすが普通でしょうが、昇り行く感覚もいい。★1758 年の『狂歌かがみ山』にある上方狂歌の大御所木端の「胸の輪になづけし月の影なれど今宵の空ハくまのケも無し」は、俳諧に既にあった三点（熊の輪、隅なく、け（穢）なく）も取り入れた明月賛になる。その七か八十年後になるが、文政三年の老一茶の「許々多久（ここだく）の罪も消へ［ゆ］べし秋の月」には、月光の罪を祓う力は勿論が、木端の毛＝穢もない雰囲気は同じです。一茶に申し訳ない現在風の狂訳。

Fall's full moon, when all of our sins vanish as if by vacuum.

欧米の怖い超自然的な人狼と血を呑むドラキュラなどと正反対になります。一茶句を現在化すれば、月は精神的な真空掃除器のようなものになる。★同じ上方狂歌の本に当時の日本人がどんに真剣に月を見たことを証明する、まったく異なる首もあった。岫雲亭華産の「俊寛がしばしは月の舟よのう　雲の波間に見えつ隠れつ」がである。長年追放された小島から引き上げずに、去る船を見届けながら空しい空しい俊寛の心を、月丸に寄せては凄い誇張。今 2016.10.31 のところ、十八年ぶりに日本へ戻りたいが、あしがない敬愚は、俊寛の気持ちを益々わかるようになってきた。

小章　桂の男　桂雄

ところで、月見は一人ながら相手になる存在は、影法師の他にもおられた。奇人其角の「名月や人を抱く手を膝頭」の人を抱く意味はよく判らないが、無名人平砂の「抱き寄せて月見る友や膝かしら」は、す

ぐ判る。子共にも読ませてはいい。狂歌を検索すれば、「月の友」と言えば、膝頭よりも桂男だ。★安土桃山時代の「詠百首俳諧 T 参 12」には「二千里の外の女の人を見はるるや三五夜の月の桂男を」とある。雲の仙人は女を見下るが、これは反対に世の女が全人もこの美男子を仰ぐ。★女の人を求愛した業平みたいな存在だったが「女に代わりて詠みて送りける T40」と前置する月洞軒の下記の歌は、三十一音字の下作小説か笑話のような口語体になります。

あまりじゃの秋の夜毎の色ごのみ月の桂の男よけれど
This is just too much, sex and thinking about sex, every night:
the Man in the Moon is handsome enough, but it isn't right!

和名を抜けては月中の男という英語の童唄の称は御免。あの木の名前が長くて省いたが、やはり美男子だと女性の方から求めん。すくなくとも、心の中では（男性は面食いとよく言うが社会心理学の調査で女性こそ選好みが厳しけれど、男性が経済的な力を証明する服装なだも外見と混合されがち）。★百年後の月見の代詠みならず本物の女詠みは、節松嫁々の「うか／＼と長き夜すがらあくがれて月に鼻毛の数や読まれん」。その歌意は、イ）本人の一女月見で桂雄に注意すべきと軽い自分への警告という独特の自嘲か、ロ）旦那さんの狂歌師朱ら管江の月見会の遊女に気をつけて下さいと云う警告か。この嫁々の首を更に突っ込みたがる読者おられば、拙著 *Mad in Translation* には、七つ通りの読み方（英訳＋説明）は 92-3 頁にあります。485-7 の小さな文字の注には、更なる討論と月洞軒の「あまりじゃ」の首の色強い（？）ここと異なる英訳も三通りある。の近刊「古狂歌　珍題集」の「鼻毛」何十首の殆どの鼻毛の主が男で、後者であろうが、鼻毛抜く桂男の首を後三首も見よ。★天才未得の 1649 年の『吾吟我集』より「よい／＼に出逢い遅しと月のうちの 桂男を招く稲妻」も、★同様に後期江戸の「題林」に再載された上方狂歌の大御所の木端の焼き直しも月の過程を描くのもよい。

月影のさしあい遅しと月の内の桂男を招く稲妻
As the Man in the Moon comes later each day or, rather, night
we see his Rice-wife-lightning starting to flash him an invite!
（結局、否妻の英訳はどうやっても不足なるから二通り也）
As the Man in the Moon comes later each day: after twilight,
his wife, Heat-lightning, comes out to flash him in the night!

とは、上記の二首の狂訳がどれの訳か、それもよく分からない英語として無理もある。★元禄に月洞軒は外人みたいに単語「かつら」に懲りて「秋の夜の月のかつらの長かもじ女とも見えつ男なりひら T40-104」と詠んだ。西鶴の業平を弄んだエロ小説が出た間もなくなるが、桂男を男女問わず lady's man か ladies' man の双方に詠むことは、いかにも『古狂歌　色を好むさし男』らしい。★などで、ロマンチックな桂男を弄ぶ歌が多いも、恋の範疇を去る歌例は未得と月洞軒の間に盛る名医卜養が下記の軽みある詠みもしました。

名月雲 Seeing Some Clouds by the Famous Moon T32-21
桂男鼻やひるらん世の人の名立てがましき月の陰ごと
Did our ladies' man up there just blown his nose? What a cartoon!
I guess someone on earth must be bad-mouthing the Moon.

俳諧には朝顔に鼻をひるを、狂歌は美男子が鼻をひるが、何の形の雲がお医者に鼻糞のように見えたかしら。日本の迷信は英語圏に通じないし、「名月のくせに…」という行間の意味も失うが、題を拡大、脚韻のために「漫画みたい！」と狂訳すれば、原文の如く読み物になった。同時に、心の優れた卜養のポエムの行間には、美男子を引き下がる恨み以上に、女性の生理ないし月経を月の触り（雲も月食も）として囃す俳諧に対する alternative （もう一つ説話）を提供したかたかもしれない。

041

稲の穂の寝て話し合う民草は
秋の最中のよさとこそ知れ　友つな　K25-3　1806

Our heavy rice-heads put to bed, we folk-tale all night long;
if you think anything beats mid-autumn, you are wrong!

耳には「たみぐさ」は美しい言葉でしょう。民衆を見下すぎみと聞くが、明治天皇の和歌の中で愛称の感じになるし、童用の昔話のパステル色の優しい描写の中で、美称ではありませんか。「話し合う」を「民話する」とした英語の新造語は「民草」の雰囲気をかもす試しでした。気分が優れても、友つなの文化二年頃の上方狂歌の「稲の寝て」が人と結ぶ言葉以外には技巧も無き、狂趣は今一つで章頭歌の選択が苦しかった。★下記なる桃山の雄長老 T13 の狂歌も魅力あるでしょう。

人はみな萩を秋と言うイナ我は米の出てくるを秋とや云わん
Though all say clover is what stands for Fall, let's get over that:
The harvest of our new rice is what makes this season nice!

萩に「秋」をもって、否やの稲こそ良いという掛詞が英訳できなかったが、nice を rice と脚韻ふめばなんとなく相子でしょうと思えば、そうでもない。「皆＋萩」と「否＋秋」の脚韻踏む語呂合わせに運んだ原歌の腕には、負けました。その語学的な力は、章頭歌の友つなの力もはるかに上回るが、通念の一人寝の寂し秋の長夜を優雅にも打ち返しながら温和の雰囲気をかもした功で、又、世の中で伺う狂歌像には、落首ともじりと技巧が強調され過ぎるから、敬愚は一応そういう「狂歌」と相容れない静かな美をご紹介したくて、「秋の最中のよさ」を詠んだ友つなの首に決めた。★章頭歌に入れたかった稲をめぐるもう一首は 1812 以前の亀成の下記の江戸狂歌 E7-1 の滑稽たる稲狩り歌。

煙草より外に休まぬ稲刈の手足をひるの間なく吸う也
*The arms and legs of the rice harvesters who can only break
for a smoke are themselves not smoked but sucked all day!*

英訳しかねた田植えに出会った同じ昼＝蛭ですね。乳がタバコになっても「吸う」は困った。口も煙草も英語では吸わない。Kiss も smoke もそのままに動詞に成るから。ともかく煙草のおかげで日本は休憩天国になった。稲刈も例外なかったようです。当時、皆も煙管だったのが残念。巻タバコだったら、蛭の尻に付けて見たら効くかと思えば。単なる描写っぽく読めるが、後句の昼＝蛭の最後までも続く並行筋は傑作級。亀成の首が章頭歌の友つなの首より上になるが、蛭は刈る時よりも植える方が凄いし、縮む昼よりも延びる夜を秋の首に優先した。

小章　野分（台風）

ちょうどこの年中最も心地のいい季節に、柳田国男の比喩で云えば海賊のごと外洋から恐ろしき奴も来る。虚子曰く「大いなるものが過ぎ行く野分かな」。狂歌を見る前に、幾つかの句も見よ。芭蕉の「吹き飛ばす石は浅間の野分かな」。軽い石だらけの山にて、それとも浅間山の噴火の時のと同じか、良く分からないがどれも面白い。礎石の「野分して蟷螂を窓に吹き入るる」も、絶対目撃ルポ。石は飛ぶのが原則として不思議が、蟷螂という一寸武士が家の中へ吹かれ込ませた、その驚きの方が大きい。★さて、狂歌。俳諧の語彙と発想にも借りある好例は「身にひぜん瘡を出来せつなるまゝに」と前詞ある甚久の 1722 年の上方狂歌「うみもかわも大雨風に吹き払ひ我が身のかさや軽く成るらん」。野分け最高の傑作だ。海＝膿も川＝皮という厭に感じる部分があっても、台風に比べて個人の皮癬瘡の苦もなんともないという指摘で台風の激しさか怖さがよく伝わってくる。★六十数年後の天明狂歌の大御所朱ら管江が詠んだ首「里の子に追ひ駆けられて毬栗の地に逃げまわる風の激しさ」は、全文「激しさ」の形容でしかない

日本語得異なる歌体で英訳でポエムの感じはしないが、どういう訳か三つ以上もあるから洋書で片手で数える名狂歌です。敬愚にも既訳はあるが、やはり新狂訳です：

Wind so strong that fallen chestnuts fly across the ground
beyond the grasp of urchins trying to run them down!

英語の栗に毬あるも「毬栗」はない。管江の栗がその毬にぴょんぴょん跳ねながら逃げるイメージが見えるが、この話を始まれば長くなったから章尾の小章にして、野分けへ戻ります。★繁雅の 1800 以前の上方狂歌「激しさを一首によみも尽されね浜の真砂をあぐる野分は K14-1」の数える激度は、和歌の恋歌調（白砂が名物だった根浜海岸で「根」掛け）とそっくり。管江の視覚的に見せてくれる速さと正反対。★下記は、古七月の美称を大変詩的に詠み込む浅草千則の 1793 以前の江戸狂歌 E4-1 と、★ハリケーンの体験が数多ある敬愚に言わせれば、完璧な要略になる馬道霜解の 1792 以前の江戸狂歌 E3-10。

文月の半ば見かけて吹くるは草木をしおる初嵐かな
Midway through the Month of Letters our first-gale parts
leaves of grasses, bushes and trees as if by a bookmark!

夜もすがら野分の風の激しさに草は臥したり人は起きたり
All night long, the violent winds of the Field-splitter kept us
men up and wide awake, while making plants lie down flat.

★連雲の 1818 以前の上方狂歌「天のはらにいたく当たりし風の手の爪か鷹とも見ゆる三日月 k8-2」と★後期上方の笠丸の「野分して店のとがらし散ると見ん伏見の里に飛ぶ赤蜻蛉 K29-1」の俳諧顔負のシュール比喩もういいが、野分にもう一章を加えば、章頭歌に置きたい狂歌は、先に見た浅草千則の文月の栞となる江戸狂歌か★水月の 1815 以前の上方狂歌「くゝり置く棒杭もがな田も畑も荒らす野分の風の手先を」k18-

2 だけ。田も畠もどれがどれも分らなくなるから、測量士のそれかと早合点すれば、ああそうか風の手を縛るに！残念ながら英語の風には口こそあるも、手がない。その口を閉じるガムテープ以外に翻訳は両手上げだ。

小章　栗・毬栗

菅江の歌以前に、毬栗の最も有名な歌は、★1672 年出た「後撰夷曲集」にあった権僧正公朝の「手に取れば人を刺すてふ毬栗の笑みの内なる刀おそろし T30」だった。それが多くの栗狂歌の本歌になるが、「笑いの内に刀を研ぐは此頃の人の心地」という太平記 16 が初出となるらしが、*Mad In Translation* に英訳何通りもあるが、二つが夢の中に出来た！その一つをご笑納ください。二行目がバレ句を欺く。

The chestnut has a pleasant smile, but beware its tricks:
when you reach for its nuts, you find a beard of pricks!

★宿屋飯盛が編著の 1809 年の『新撰狂歌百人一首』と云う素晴らしい狂歌読書には、太平記より古い道命阿闍梨（974-1020）の「恐ろしやむきともむかし毬栗の笑みも会ひなば落ちもこそすれ」（参照：空人法師の「恐ろしや木曽のかけ路の丸木橋ふみ見るたびに落ちぬべき哉 e7-5」とは、半ば本歌？）まで遡るが、それは、どうでもいい。★栗追う子を詠んだ同じ菅江は「毬栗の笑みハふくめど秋風の吹けば頭の上に恐ろし E5-4」も詠んだことは敬愚、喜ぶ。思い出が沢山あります。落ちずとも危ないのが確か。妹の農家で収穫の前に、野生がえりしてしまった栗小林の下刈と草取りをした時、なるべく怪我しないように気を付けたが、フロリダが暑いで甚平とサンダルの敬愚は傷だらけになった。そして、困ることに馬鹿でかいワクチン接種の跡が痒いし治るのもえらい時間がかかった。★1672 の初期狂歌本にもう一首は正香の「落ちてあるも知らで木陰へ立ち寄れば足にたちまちびっくりの毬 T30，K15-1」。再載した 1757 年の上方狂歌本もあった事は素晴らしい

> *Entering the shade, unaware some had fallen from the tree*
> *suddenly I was surprised as the chestnut's spines stuck me.*

「ビックリ」の掛詞は惜しいが、敬愚も体験した「びっくり」で英訳をせざるをえなかった。★「秋興」と題された阿闍梨契沖（1640-1701）の題林再載歌「老猿の子に戯るゝおかしさに絶えずや山の栗も笑むらん」も心を奪う。栗の実はその頃割るが、子猿も、その毬を触って見る場面を明白に見える。同じ元禄の芭蕉のどんな句にも負けない描写だと思う。★良寛歌の名歌「月よみの光を待ちて帰りませ山路は栗の毬の多きに」（別種：の激しき、の落つれば）は、毬に光を射すが、山路に栗は拾い易いから餌場にしがちようです。実もない毬の殻も危ないし、猿は木から落ちなくても毬栗を落とす事もあるだろう。或いは人は歩きながら、毬栗に重くなった小枝が路に突っ込むから、暗くなったらぶつかりかねない、等々。★笑む口から実を無事とっても、まだ危ないんだ。題が「鍛治焼栗」の貞右（1790 没）の上方狂歌 K27-1 と云うも恥ずかしい事ながら、これも体験済みだ。

> 鉄砲の鍛治しやさかいて？焼く栗も玉と飛ぶ也ぽんと弾けて
> *As the blacksmith forges muskets, a chestnut roasting on the side*
> *explodes with a bam, shooting off like a bullet: we could've died.*

四十二、三年前だった。栗に開くべき穴を抉らず、ストーブから栗のばんと爆発し、弾けて四畳もない石の小屋の中で壁から壁を何回も撥ね返した時、四人の誰にも当たらずに済んだのが奇跡だった。故父に叱られた最後の思い出として、只今われも笑みながら目が潤む。そういえば、★1778 以前の紫笛の上方狂歌「栗もまた人のしまいと同じ事やくのもあればうづむのもあり K23-6」。父は焼かれた方。亡くなる数日前に、冬のアラスカの友人の火葬のために主人公が大変苦労する長編コミック脚韻詩を彼に読んだ。その詩を聞きたかった父は、日本人だったら、立派な辞世を残したに違いない（又目が潤んじゃった）。

０４２

今日酒に菊も浸さぬ不性者
なか／＼命長く有るべき　辰巳？ 出典？

He who today lacks even drive to steep 'mums in wine
will probably be the very one to live a long, long time!

寿に対して菊がよくキクという当然の掛詞無用なる、この九月九日の純粋概念狂歌を読めば、海鼠を道教の聖と賛した支考の珍文と馬卵（1760 没）の「天地の昔しも今も海鼠哉」の古句を合わせた様なる子規の「無為にして海鼠一万八千才」と云う句も思い出した。何を飲むよりも、落ち着いた心は長生のこつだ。しかし、やはり薬と聞けば薬になる。菊酒あれば呑みたい。★赤良が年まして蜀山人になってから「菊の絵かきたる盃に」書き込んで詠んだ「酒のめばいつも慈童の心にて七百歳も生きんとぞ思う（蜀山家集）」という画讃、いや精神の主は、何歳に逝ってもけっして老死はせまい。★もう少し地道の魚丸の 1812 以前の上方狂歌「毒じゃとて常に叱った山の神も今日は薬ときくの酒盛 K28-1」は、川柳っぽくも三十一音字のおかげで川柳にない余韻ある。その山の神も少し味見でもしたかしら。★狂歌として今一つが、概念と物の観測が静かにぶつかる 1243 年の『新撰和歌六帖』の知家が詠む下記も好きな首です。

積もりては下ゆく水となりぬらし今日つむ菊の花の上の露
Rejuvenating liquids all flow out below, or so they say –
but the dew was on top of the asters I plucked today.

前半ほど優雅のばれ句は他あるまいと思うが、敬愚は中国文化圏の菊の事を何も知らなかった若い頃から、花の香りに惹かれた。これは妙薬に違いないという気がしました。ほんのりとした甘苦さは、腐りと

朽ちを止めるかと感じた。そういうきき方を詠む狂歌はないが、★菊の香りを詠んだ元禄の月洞軒の首もある：「七重八重今日こゝのへにつんだるハ匂ひをきくの花の都か T40-782」。「聞く」は「嗅ぐ」という意味の香道の美語は無論のことながら、「つんだる」は「摘んだる」かと思えば、方言で「ついていく」の意味もある、いずれにしても、花の香りが対象のようです。同時に奈良を屁と掛ける八重、九重へ桜の替歌も掠るに違いない。★しまった！敬愚と似通った鼻を見つけた！朱ら菅江の題林再載の天明狂歌の中で。

人は皆秋ハ悲しと言う中にかゝる香のある菊ぞめでたき
People say Autumn is a melancholy time but all isn't dour:
the chrysanthemum with that scent is a blessed flower!

時折しか嗅ぎたくない薔薇と異なって、日に何度とも嗅ぎたい菊は、古狂歌シリーズ同様に気の薬だ。

小章　女郎花

欧米で花の典型でない春の木の花が日本で「花」になる為か、花も咲く秋の「草」の数とその首の多さに驚いた。秋の草の中での首数を比べれば、和歌も狂歌も女郎花だらけだ。或いは、面白い首が多いから敬愚の勘違いに過ぎないか。★古今集のとものりの「白露を玉に貫くとやささがにの花にも葉にも糸をみなへし」と★貫之の「おぐら山みね立ちならしなく鹿のへにけむ秋をしる人ぞなき」は、双方とも狂歌。前者は「女郎花＝を皆へし（貫く）」の掛けも、後者の頭文字で綴る「お・み・な・へ・し」を代々恋い続くために峰を平らにする奇抜な発想も、狂趣の内。「物名」部に潜みながら後者は、男の情念をどんな歌よりも厳かに比喩する傑作と見做す人は敬愚だけか（二筋の意味の side-by-side 平行英訳は Mad In Translation にある）。★見た目では、大した花でもない女郎花、その名のために万葉まで遡るが、歌中の人気は、下記なるかの遍昭法師（816-90）の著名歌のおかげでしょう。

> 色にめで折れるばかりぞ女郎花われ落ちに来と人に語るな
> *Drawn to thy color, my damsel flowers, I bent to break-off a stem,*
> *but now I've really fallen for you, don't tell a soul what happened!*

前に maiden flowers と英訳したが、女性の学者が damsel という騎士の口から出そうな称を使うのを拝見すれば、その方がいいと思った。「花と見て折らむ」と始まる古今集#1019 など派生歌も絶えなかった遍昭の歌には英訳という変種も数多あるかも知れない。★その後で、源俊頼（1055-1129）の「かくばかり激しき野辺の秋風に折れじとすまふをみなへし哉」も特筆に価する。発想も新奇で「を見⇒女郎花」の転掛けも上手い。万が一「相撲」に「舞う」が仄めかされているかと漢字に直さなかったが、それぞれの茎達の風に舞う姿も相撲のファンで丹念に観る敬愚は、自然観測に季節の行事なる相撲を取り入れた俊頼の歌を俳風狂歌の傑作と見る。★下記なる宗良親王（1311-85）の首は武家が支配する中世らしき、馬に乗る人の相手に成ったら、「敵」だ。

> 名乗るべき花の名ならぬ女郎花落ちかた人もいかが答えむ
> *Thy name given, "damsel flowers", is not proper to do battle:*
> *how may the vanquished party reply to quell thy prattle?*

が、「をみなへし」と言うだけで、固有名が要る名乗りではない（万葉第一歌の雄略天皇すら卑下っぽい調子ながら女の子の名を訊いた）。作法違反で取り組むもお詫びもきちんと出来かねる宗良親王の御製歌は、狂歌の七、八割よりも狂趣が濃い。それほどの機知もないが、★念のために「題林」に再載された如竹の 1671 以前の狂歌「男山たづね探れば女郎花すそ野の風に股をすぼむる T29」は、流行った俳諧の猥褻趣味の二番茶に過ぎない。★一方、元禄の月洞軒の「今の世の通りもの也女郎花男山にし抱いて寝慣れて T40」とは、単なる言葉では無さそう。『古狂歌 色を好むさし男』まで詳しい話を預けたいが、比丘尼の格好する売笑のルポになるはずです。実際に多くの女郎花は、そこに

居たかどうか知らない。★百年後なる天明の天才赤良の歌「女郎花口もさが野にたつた今僧正さんが落なさんした」の遊郭っぽい訛りか方言はともかく、佐賀の女（取り分け下女）の色気違いと云う悪評よりも好評を、川柳の研究で判った。★江戸中期からの評判かと思ったが、「ある物の本の中に見えたる T35」月洞軒の師の信海（1688没）が、こう詠んだ。

何にやら似たもの人のあだ口ハまことにうき世の嵯峨の松茸
They sure look like something and from what I hear people say, matsutake mushrooms have a hard time in Saga even today.

念のため、この師は男色ないし女嫌いで、本人は松茸を狙う嵯峨の女郎花を思うだけでぞっとしたはずですが、この情報で赤良の上記の首の女郎花の擬人化が一層面白くなる。章末に松茸へ戻るが、思えば、松茸は女郎花の男版。★桂影の 1818 以前の上方狂歌「遍照が口止めせしを守りてや言わぬ色にも咲く女郎花 k8-2」にこそ、敬愚は拍手を送りたい。女の子の性格を弁護する人もいたぞ。いたぞ！（蛇足：くちなし色。濃い黄色。）★さて、かの遍照が落馬のおかげで有名になった女郎花の性格ですが、室町か桃山の道増の「前こそハしとけなけなれ女郎花うしろめたしと誰が言ふらん T11-39」は、今にも通じる十代の女の子を描いた。前は女陰とその人なるが、しとけなさは、いい加減、生意気。後で後悔するが花か相手になった僧か両方か。★1660 頃に卜養の「T31」は、希なる花同士の芝居みたいの傑作を、芒・薄の英訳は困難で、科学名となっているが

御座れとて芒の穂で手招けとも厭やだとてくねりくねる女郎花
*'See, we have them!' beckon the waving plumes of the Miscanthus;
How they squirm in dismay! The Maiden Flowers cannot stand us.*

野がまるで赤提灯地帯に化ける申し訳ない狂たる擬人劇場ですね。とは言え、女郎花にも自我あるんですね。★道草になるが、二つ以上の

劇場っぽい狂歌の類も集めればありそう。1785 以前になる群丸の題林再載の上方狂歌「名や立たん野辺になまめく女郎花案山子ハわらてしても男ぢゃ」の「藁で＝笑て」なる機知は付加英訳が日本語でいい。虫と植物の劇場は０４５章にお楽しみに。★思えば、女郎花を貴族の視座から詠まれた大昔は良い対照になる。956 年の「後撰集」の題しらず読人不知の歌の雰囲気はなんと異なる！皆も serve したいが…。

宮人とならまほしきを女郎花野辺より霧の立ち出でてぞ来る
Though they all wish to serve the Court, it is beyond their power;
'tis fog rising from the fields to come, not our damsel flowers.

★卜養の百五十年後に赤良は「女郎花なまめきたてる前よりもうしろめたしや藤ばかま腰」。★男色と思ったが、雲多楼鼻垂の 1812 以前の江戸狂歌「女郎花なまめきたてる秋の野に何いんぎんの藤ばかまそも」E8-3 をよめば、そうとは限らないと解った。確かに袴が着難い。女郎花は浴衣でしょうね。★愚に返えた年に着いた天地根の 1821 以前の首「女郎花なまめく野辺に厭らしう誰が脱ぎ掛けし藤袴そも k7-5」を読めば、やっと、なるほど卜養の薄同様に女郎花を嫌がらす中・老年男の心が間接的にも描かれているではないかと。合点か勘違い、ともかく、その可能性も判った。★その数年前に同じ上方の至果亭桂普の「野分け」詠みなる「女郎花はぎのあたりを吹きまくる野分は風の性わるぞかし K8」というも、遠からず。★女郎花歌を締めくくるに、全く新奇ながら多くの古首を掠る作法礼儀をもって、大変気持ち良い「門前女郎花」と題なる下記の畝丸の 1812 以前の上方狂歌 k29-1 は、いかがでしょうか。提案にもなる歌を、敬愚は愛でるが、読者は？

名に愛でて下りるばかりに下馬札のある門前に咲く女郎花
Seeing they have that reputation, for both of our peace of mind,
the damsel flowers bloom by that gate with a "Dismount!" sign.

因みに上記の数多女郎花狂歌の中に藤袴の和歌が本歌になる首もあったかと思う。★『古今集』のとしゆきの朝臣が「なに人がきて脱ぎかけし藤袴くる秋ごとに野べを匂わす」もそうだし、★貫之の「宿りせし人の形見か藤袴わすられがたき香に匂ひつつ」もそう、素性が更に「ぬし知らぬ香こそ匂えれ秋の野に誰が脱ぎかけし藤袴ぞも」然る。本歌群と云うべきだろうか。★江戸時代の狂歌には、既にご紹介した赤良の藤袴以外には、面白い首があたらまだ見ていない。★けれども、平仮名百％の日文研究の和歌DBから拾った次の源俊頼（1055-1129）の下記の歌は、まるでSFの世界ながら童文学だ。

  ささかにのいかにかかれる藤袴 たれを主とて人の狩るらむ
  Little Arachne, why are Fuji pantaloons hanging in your net?
  Who is your master that you should be hunting humans yet!

藤袴が小型で蘭の一寸法師と云ってもいいが、どの巣にかけても蜘に切り落とされなかったら、そのままに残るはず。幻想歌ながら精密の観測にもなる。新奇だった本歌同様に狂歌合格。同じ秋が、もう少し蘭（藤袴は菊科の蘭草）っぽい蘭を詠む狂歌も三首ばかり見よ。★天明狂歌の唐衣橘洲著「狂歌初心抄」に再載された1731以前の白玉翁の上方狂歌「山蜂の姿を花に咲き出でてにほひや遠く人を追ふ蘭 T48-209」は、傑作。★下記は、公通卿つまり初期狂歌の烏丸の名で天明狂歌本「狂哥大体 E15-2」や題林などに出た少々くどい変種もある。国文学の教室にこの首を紹介すれば、古文の「〜らん」を学生は早く覚えそう。

  山蜂のかたちに花の似たる故にほひや遠く人を追ふ蘭
  Lillies look so much like wasps, it's no surprise at all to find
  their scent chases us all about, driving us out of our mind!

残念ながら、あの「らん」掛詞のオチ無ければ、狂訳も原文ほど面白くない。★同時に生物学の先生とグルして、教室に「題林」再載の後期上方の漁丸の「鉢の中に育ちて花ハ蜂に似る似我蜂としも是や言う

らん」を紹介させて貰えば、物覚えに良い繰り返しで記憶に留めた方がいい。ジガバチは、アナバチ科でやはり地中に穴・孔を掘っては棲むから、その点も合点！

小章　萩と荻

★1679 以前に且保が詠んだ「餅の色の萩の花をし喰い散らす童ハさぞな風の子にこそ T37-274」とは。わんぱくを指す「風の子」はここだけ文字通り風になるが狂趣。人は花ではなく萩の実を粉にして粟と混ぜたて餅にして食べたらしい。★1783 以前の古鉄の見多男の天明狂歌「秋風に山の裾のの吹きまくり顕らに見える白はぎの花　若葉集」は擬人的白萩賛。萩＝脛を英訳できないのが悔しい。★同の加陪仲塗の「吹きまくる裾のゝ風に仙人も落つるばかりの白はぎの花」も同じが、久米仙人の故事にふれる。★橘打枝 E3-10 は下記。例の掛詞は無理が、

真っ白なはぎにみとれし仙人の涎なるらん花のべの露
*By white clover/calf besot, the cloudborne saint became a fool
that is to say, the dew upon that flow'ry field is his drool!*

とは、露の何故何故物語にもなる。敬愚は露そのものの色っぽさを詠む「洗濯の川も無用は仙人を落とすにたるる白萩の露」は、いかがでしょうか。白い萩は希なるらしい。同音語の脛のおかげでよく詠まれたかもしれない。★肉のピンク色の萩が一般的だった。天明狂歌の山手白人は「穢多村を過ぎ侍りしに萩のさかりなれば」を前詞に詠んだ「露よりも心を置きて通るなりこのひとむらはかわはぎの花 1902」も、★真顔の 1804 以前の江戸狂歌「かる人もなくてや縄を覗きけん匂ひよろしき穢多村の萩 e6-6」も部落の職業を触りながら、楽園の如く美しく描いた。★湖向亭蔵住の 1809 以前の江戸狂歌「秋風の立つは暑さの暇こい腰をかゞむる軒の下はぎ e7-4-174」とは佳句の狂歌版でしょうね。★漢字も近い荻は。為兼卿の 1815 以前の江戸狂歌「荻の葉をよく／＼見れば今ぞ知るたゞ大きなる薄なりけり E9-3」を読めば、ああ本当

か？と世界電脳巣を検索すれば、なるほど外人の我も日本人の多くも「薄」とよぶものの大半までも、萩だった！★荻は、びっしりとした株になる薄と異なって一茎一茎一本立ちするからこそよく摩する。和歌に哀れなる秋の風の音と同定されるを、元禄の月洞軒は「風の子ハわらべ也けり庭のおぎ葉むけの音を聞くもしおらし T40」と可愛いがる。可愛いと云うが、葉に傷つけられ泣く音になるかも知れない。

小章　露と葛

★遍昭の名古今歌「蓮葉の濁りに染まぬ心もて何かは露を玉と欺く」を、★1649 年の「吾吟我集」で天才未得は「見事にて手には取られず白露の消え易きこそ玉に疵なれ」と弄んだ歌に断りあるが、★瓢のからの酒の天明狂歌「飯はみな食ひ尽したる蓮葉に残れる粒や露と欺く」は、その単純の観測で双方を勝るという気がします。★一方、根本から比喩を断る本居宣長（1730-1801）の「風こえて散るぞ涼しき蓮葉に何かは露を玉とのみ見む」も真に有難い傑作だ。★とは言え、是非の理屈を捨てた 1819 年以前の上方狂歌 K9-3 の大御所の百年の狂趣が渋い俳風傑作こそ本書に相応しい。「野辺＝述べ」の掛詞は英訳に渡る。

しら玉か何ぞと問わば其まゝをのべよ千草の色々の露
Asked what are these pure white-gems , I'd literally field
that query to the dew, unique to each plant, each leaf.

露とりわけ白露の玉の歌句の第一哲学者は、小林一茶だ。単なる玉の美か儚さの鑑ではない何十句もある。その全貌を『古狂歌 森羅万笑』か、露のみの別冊まで預ける。驚くべきことながら、和歌も俳諧も現代写真家も、観測による露の多様さをうまく押さえていない。大玉が蓮ならば、小玉は、米国で「緑癌」と称されている日本から来た葛は数が最も多い。★俊成女の「新古今」歌「葛の葉のうらみにかへる夢の夜を忘れがたみの野辺の秋風」などを掠る後江戸狂歌集「題林」に伺う英訳できない葉の特徴を見事に捉えている丸家の傑作もある。

何をかハうらみ／＼て葛の葉の風に面を合わせざるらん
Who says kudzu leaves turn their backs away as if in disgust,
what they really do is face one another when the winds gust.
（一葉は三葉で厳密に云えば、風が吹けば鼎談になるが）
Who says kudzu leaves turn their backs in disgust: wind
makes them turn the other cheek to meet face to face!

とは言え、葛の葉の特徴は、葉の開いたままの表にもある！敬愚が在日の頃に発見した事は、葉面ないし表の肌の気持ち悪い産毛のおかげで露の粒こそ、世にある他に見たどの葉の露より細かくて、一葉に天の川の糠星の数を欺く。そして夏茂るも当然が、秋も越え渡り、冬至までも四方をわがもの顔にすると思えば、誰かもう少し詠むべし。

小章　茸・松茸

茸いえば、ちょっと道草を。何十本のとんでもない古歌句を珍題集の別冊に預けているが、幾つかみよ：★細川の改名長丘幽斎が詠んだT参21の桃山時代の傑作は

松だけのおゆるを隠すよしだ殿　わたくし物と人や言うらん
Stop, Sir Yoshida, hiding mushroom erections and share thy wealth
lest people say that you keep what nature endowed for yourself!

男根の比喩で旬の密蔵をけちしてならぬぞ、と叱る傑作と思いませんか。★1790年没上方狂歌の貞右の二首「取るという言葉をおかし何やらに似た／＼／＼と笑う茸狩 K27-1」も★枝風の1820年の上方狂歌「木の子をばとるにも父の恩高き山のはらをや今日ぞかり物 k11-1」も、皆も珍物ですね。又、「取る」で婿採るの「とる」となるが、強調の「おば」のおかげで、おばさんがという事にもなりかねない。

043

The geese arrive, all still alive, beyond the bird-catcher's ken,
flying a line straight as a pole, pulling the stars behind them.

鳥さしの手には及ばぬ雁がねの
　　さおに引かれる星月の影
　　　為也　文化十三年

何かが引かれる雁歌の先例ある。「初雁のなきつる空の浮き雲を鳥の跡とも思ひける哉」。源俊頼（1055-1129）の歌だ。飛行機雲を知らぬ先の思いつきは抜群。章頭歌の「鳥さし」は、焼鳥屋ではなく、鳥餅の竿か、それで鳥を獲る人。及ばぬ手が屋根に上り天体を棒で狙う童の故事と重ねて見るうちに、雁がね渡る美しい星月夜景色の動画に変わる。見下されがちなる後期江戸の狂歌 E10-2 の無名人の無名の首にも、この美しい歌。★十年前の有武の上方狂歌「雨の雁の濡れて来にけり羽衣は晴れ間に竿と成って干すらし K25-3」は又、美しい幻想ですね。★確かに、後期江戸の狂歌集に殆どなかった歌類もある。例えば「九月朔日の晩初雁を聞きて」元禄の月洞軒の秋竜山の漫画を思わせる歌「食べたうて其まゝ口をあきの空など初声の耳にばかりハ T40」の様などぎつい欲張りの心を遠慮なく詠む朗らかな歌体が好例。★或いは「秋野」を詠んだ同人の「玉なしに空行く雁を止めし（じ？）とはなすも秋の野鉄砲かな T40-770」は。鉄砲がなくとも食いたがる「口をあき」たる飽かぬ秋の食欲ばりの涎が垂れぬばかりの男ぶりだ。初期狂歌の狂歌好きな貴族の間に雁を良く食たり贈りたり貰たりしたから、雁の狂歌が多い。ひょっとしたら江戸っ子の初鰹みたいな狂いだった。★1649 年以前の天才未得の唐から渡らぬ先の大鳥の菜叩き歌を掠りながら雁の無事を公報し、飛ぶ列を運ばれる竿に見立てるもやはり喉を飛び込む呼び水の涎も垂れぬばかりなる首と★彼より少し年上の文通友だった初期狂歌の闇将軍の貞徳のズレ掛詞やオチは歯応えはいいも

少々飲み込み難いごた／＼した所もある落雁詠の二首を合わせてなんとなく狂訳すれば、下記なる。

御狩にもあわぬ先よりひと竿につらなりて来る天津雁がね
Before hunting starts, geese fly in and each line I see as a pole
人の腹へお汁に成っている雁は是もミなみにとまる也けり
（南＝身並みに＝皆身に？又題林再載は「原へ落ちる」）
from which they all dangle and imagine eating them whole!

江戸後期には落雁歌は多様化した。★文之の 1807 以前の上方狂歌「天の河今渡ったは七夕に貸したる跡のころもかりがね K14-3」とは、借り金が多すぎる雁の川柳などの世の中に、在り難い借り物だ。★壺十楼安成の 1810 以前の江戸狂歌「鶏頭の赤紙ほどにそむる頃よるひる来たる雁の早状 e7-4」の季感を生かす描写もいいし、当時の赤紙は軍と無関係だったが、現在は珍しい雁の大軍も蘇らせる徳ある歌だ。★1810 成立「狂歌手毎の花」という良い書名の上方本に「葉鶏頭」を詠んだ閑楽堂歌鼠の「手習い文字につらなる初雁の頃よりそむるいろはけいとう k16-1」では、鶏頭の咲くと雁落の順番が逆になるが、「初むる」に縁語の「染むる」は常なる同音掛ながら、オチは「鶏頭＝稽古」の母音韻踏む語呂合せ。★下記なる後期上方の大御所天地根の歌は、掛詞の屁理屈の傑作であろう。

鳥おどし矢は放さねど秋の田に落ちるハかりの当たり前也
The scarecrows, their arrows never shot – yet, seeing fields below
the Autumn geese can't help but fall into them as if they were.

０２４章で見た帰雁よりも、落雁に文の歌が多いかと思う。★無染という後期江戸の道歌師の「雁がねの夜も厭わぬは公家の文もて急ぐ類ならまし」は、雁が音の寝床の涙になるちんぷに取り替えられた。桃山時代のイエス会の方が公家の夜行生活のために大変苦労した（拙著 Topsy-turvy 1585 参考）。万葉時代から衣何枚重ねずには出られない貴

族が昼は暑すぎるから夜這いを始めに夜行性の身になってきたとは、我が仮説です。★栗園の題林再載の上方狂歌「達筆に書く玉章と見ゆる哉つら／＼／＼と渡る雁がね」。擬態語としてのつらつらをまだマスターしていない外人だが、速書きだと雁がかなり低く飛び渡ったではなかろうか。低いから面々々々も見えるし。★むろん、日本に来た雁には編隊飛行が様々だった。1815 以前の首「五字七字五字と翅をつらね歌の発句とも見ゆる空の初雁 E10-1」は、さすがに狂歌を俳諧と同定したがった江戸「狂歌」大師真顔の俳風的観察。★更に砕けては一羽、一羽を見て澄丸が 1820 以前に詠んだ「玉章はまだ仮名文字のひろい書き「ふ」の字に見えて渡る雁がね E11-2」。狂歌だから、手書きの存在しない字も時々入っているが、「ふ」で十分と敬愚は思ふ。「ふ」と言えば、新案ある＝「飛ぶ雁のけら／＼笑ふくせになに夫婦／＼／＼と着陸したり」。★又桃山の？頼益の「遅れたる一羽の雁は雲の海 投げ筆をせし文字にやあらん」とは、空海が中国で筆投げた空想か。★ 1900 頃、武島羽衣著「霓裳歌話」に再載の後期江戸狂歌の下記の蟹子丸の首は雁の現象のよき観測だ。長距離自転車競走の選手同様に代わり／＼になる飛行の編隊中も、配置次第に心臓の脈は 15% も減る。

あと先になるもどうやら女文字候べく候の雁の玉章
The way what was last comes first, for some reason they seem to me like a woman's script, the beautiful letters of the geese!

女の文章には、そういう所あったけ？女言葉の文尾にぽつんと置く「私は」だったら、先は後なる。或いは逆も真也でどちらも同じか。★最後に章頭歌と同じシュールの美を感じる天明期の上方狂歌一首をみる。玉雲斎貞右詠「飛ぶ雁の翼に文の有るならば 透かしてや見ん月の今宵は k26-2」。月が印鑑となる歌句は既在ながら、雁を詠みながらこれ程うまく名月の明るさを祝う例は他に知らない。俳風の観点から考えても、見事だ。「見ん」という口語体の望み、或いは試す決心も敬愚好み。おまけに、句もひとつ。蕪村の俳友の也有の「文にあまる言伝もあり雁の声」は単純ながら余韻ある。

044

*Though the w.c. window is closed on this long autumn night,
my buttocks feel a cold draft as I, too, take my time.*

雪隠の窓は閉じても秋の夜の
長尻寒う吹きまくるなり
琴之　k12-4　1809

琴之の首の章頭歌の初合戦の対は、★同じ上方狂歌本に出た狸鏡の「秋風のふく手も寒し雪隠にすわらぬ尻のあなめ／＼を」だった。吹くに拭く手、しかも小野小町の髑髏の目の穴を寄せた狸鏡の首は雪隠歌の中でも哀れなる焼き直しの傑作でしょうが、琴之の首を敬愚も在日の頃そのままに体験した。約十年も堪えた古小屋のＷＣが妙に寒かった。閉窓ながら、汲み取りに外への通気あったためか、突き止めなかった寒い微風が尻をふいて鳥肌になったりした。かの「厭らしい小窓」（Edith Hansen の言葉）が閉じても枠から小さな空気の洩りも、洗濯バサミで鼻を抓まざるをえなかった恐ろしく大きな浄化槽の独特なる臭さを、全て覚えてしまった。それを蘇る力が琴之の狂歌にあった訳。★しかし、似通った章頭歌はまた冬中にいた。季違いながら、念のためにご紹介します。雄心の 1814 以前の上方狂歌「賤の女の夜の手業に糸つむぐ車の風も冬は寒けし k8-1」は、府中の多摩川に近い暖房無し部屋に徹夜で鉛筆による執筆をしながら、指に寒風を感じて、十数分ごとに生電球を数秒掴んだ敬愚は、この首も身に近いが「糸車から寒風を引く賤女」というように句化できるから、章頭歌失格。先章に述べた公家のみならず、恋の夜這いのために和歌そのものにも夜行が多いし、その中で秋の夜長は、たとえば「百人一首」には四〜七首もある。狂歌にはそれほどの高い割合にならないが、面白い首を狩りてきた。★弄花の 1815 以前の上方狂歌 k18-2 は月名と時刻に触れる。

長うなることわりなしに秋の夜は段々時をつき延ばす鐘
*Without advance warning the autumn nights have become long
as time is further pounded out with each dong of the bell*

古九月は「長月」で、断無と言えるか、理為しとなるべきか判らないが、前者にした。十三日から月見するのも関係しているかどうか知らないが、この頃は年中に、日の出入次第、昼と夜に時刻を半分半分に分けたから、夜が長くなると各時刻も段々延ばす。撞きのばすとなんとなく時は狸の金玉みたいなものに見えてくる。★同本にある継風の首を読めば、読者諸君に見覚えあるかと思います。

世の中の人が十分寝あまれば喰らう獏もや夢にあきの夜
*On these Fall nights when people get more than enough sleep
the nightmare-eating Baku finds he has more than he can eat!*

夏痩せする短夜の獏の良き対になる。内容が薄いが、最後の句に飽き⇒秋の掛詞で十分。★宿屋飯盛編の玉の狂歌集『新撰百』にどうけた傑作も見つけた。群馬県の？上毛という出身らしい薄糸成の作品だ。

*The people who say that Autumn nights are hopelessly long
must not view the plump round moon to get it so wrong.*
秋の夜を長き物とハまん丸な月見ぬ人の言うにやあるらん
*Folk who complain nights are long as bean-poles in the fall
must not moon-view or they'd think them round as a ball.*

異質物比べながら、矛盾は外装でしかない。月見熱心か夜這熱心で月もよく見る人の時間感覚では、確かに永い夜も短く感じる。上の英訳はよく出来たかと思えば、物は尽くしの文学なければ、丸＜対＞長と言うも通じないかも。で、下の狂訳も追加した。★1806 以前の題林再載なる手広の上方狂歌 K25-3 は『古今集』一番目の歌をもじりながら別な夏の「短夜」の名歌の概念を逆様に取る見事の誇張だ。

昼の内に夜は来にけらし一寐して今日とや云わん昨日とや云わん

Night comes in the day, so when I can't help but sleep, I wake wondering if it is still today, or if I should call it yesterday?

解るには少々酔わなければならないという気もします。★もじりと云えば、蜀山人の「狂歌百人一首」の右大将道綱母の歌の括弧入りの二個所のみ変えて、こう詠んだ。「酔ひつぶれ（原＝歎きつゝ）独り寐る夜の明くる間は馬鹿（原＝いか）に久しきものとかは知る」。「秋」こそ書いていないが、昔そのこと皆わかった。★思えば、この季節の最高のポエム（歌句双方とも）は、夜長の裏になるが「短日」になる。1770の上方『狂歌気のくすり』の題は「蜩」、詠む人は猪葉。

The crying calls of bell cicadas seem like whips frantically applied to rumps of Fall days as they, faster than race-horses, speed by.

はや馬の足よりはやき秋の日に鞭うちたてるやうな日暮

A crescendo of bell cicada cries whipping the fall Sun to outspeed himself day after day until he seems faster than the fastest steed.

傑作ながら、どういう訳か読み逃したが、よく拾った吉岡生夫は曰く「早馬に鞭打つのではない。早馬の足より早い日脚すなわち秋の日に鞭を盛んに打つような、そんな蜩の声が聞こえるというのだ」。同感ながら、日 day の他に日 sun を入る為に、2017.5.8 校正の段階で下記の狂訳を追加せざるをえなかった。別章で詳しく述べたように、蜩の曲はただならぬ複雑な調べだ。全体としてドップラー効果の擬態。当の効果が頭の中にない読者のために説明すれば、前半は詰まる日の益々早める（そこが鞭）調べで、途中に変わり、逆にますます遅れると哀れなる。一茶の句「つまる日を虫もぎいちょ／＼哉」の虫は、前句だけです。とは言って、四日も続く妻の菊女との「三交」を日記で記録する。これは詰めるか妻るかよく分らないが、句のぎいちょ／＼を、どこかで時の輪 Wheel of Time がきつくなったかと英訳いたしました。

045

Crying at night is what they do, too boring, I say, to listen to;
visit fields by day when bugs talk in their sleep – that's new!

夜なくは珍しからず昼の野へ
虫のねごとを聞きに社ゆけ
白鯉館卯雲　徳和 1785

思えば、これは天明狂歌の最も高い評価をうける『徳和狂歌集』から択んだ第二章頭歌です。最初は智恵内子の０１０章の「通ります」元日の足だったが、この「虫の寝言」は、蛇足無用の傑作。★さて、平安時代にも虫音の狂趣ある歌を伺える：「藪隠れきぎすの在処伺ふとあやなく冬の野にやたわれむ」好忠の「秋の野の草むらごとに置く露は夜なく虫の涙なるべし」は、注目に値する夜なき虫を聞いて、感動した古き証と、上記の天明狂歌の好「対」にもなる。和歌のほうが有心ながら、今は陳腐に聞くかもしれないが、天明狂歌が新鮮ながら、心は難しい。可笑しいだけと評価する人もおられそうが、敬愚は素人も参加できる古きよき英国流の自然科学への関心は、江戸時代にもあったかと、受け取ります。別に命令形と限らないが、「聴きにこそ行け！」の為にも小・中学生の教科書にも紹介したい首だ。★上方・江戸狂歌に問わず、後期江戸に成ればなるほど虫に対する共感が深める気がします。下記の 1820 以前の上方狂歌 K11-1 を詠んだ人は、静音。

踏むも惜し踏まねば行かんかたもなし心尽しの野辺の虫の音
We hate to walk lest we might tread, but cannot otherwise head
out into the fields to hear the bugs until our hearts rest content.

★下記なる寝待の 1819 以前の江戸 E11-1 狂歌の心を温まる俳風詠みを伺えば、なるほど屁ひり虫の句すら（拙著 *A Dolphin in the Woods* に一茶

の屁ひり虫をめぐる一章ある）多いという変わった趣味を別に、一茶の虫好きも異常ではなかった。そういう時代だった。

秋の野に鳴きを聞く／＼足もとも虫の這ふ様にありく旅人
Out in Fall fields, listening to calls and cries below their feet,
travelers who walk as if they were the bugs they'd meet.

可愛いですが、★最も深く共感した狂歌は、自然科学の素人の描写ではない。下記なる宵甫の 1813 以前の上方狂歌 K17-2 に感じる心です。

秋果てばいづれ必死と城跡の草むらに音をたて籠る虫
When autumn ends and desperation grows amid castle ruins,
we hear a rising din from clumps of grass as the bugs dig in.

これを★芹麻呂家の 1794 以前の江戸狂歌「草刈の鎌にかゝらぬものながらかれる迄なく虫の声／＼　E4-3」を比べてみればいい。後者の「狩れ＝嗄れ」は悪くないが、敬愚には前者の印象が深い。城を守る人間の必死でないも、それなりに生き物は皆も必死。それを無理なく伝わる宵甫の歌を、教科書にも見たい。★初期狂歌の歌には面白い無心の虫詠みもある。或いは、無心というよりハードボイルド写生か、1672 年の『後撰夷曲集』に出た友和の狂歌だ：「童の薄の中を尋ねぬとて手もしたゝかにきり／＼す哉　T30」。虫を狩る悪っ子の天罰よ、というお説教も擬人も情緒も何もない。不思議なほど現代てき口語ですらすらと読める一方、★失出典が、多分正式の怪我を報いとする「里の子が薄で手をばきり／＼す いたくな泣きそ悪さする故」は、本歌。★友和の歌の直前の歌は一圃の「尖りたる音をよく聞けば耳の穴もみ貫く程なきり／＼す」であった。程なき⇒きりぎりすの転掛はいいが、敏感の耳の痛みの描写は原題俳句に等しい現実度は関心感銘。三首とも虫狂歌の傑作だが、友和の切りぎりす詠みの優れた音感は格別だ。切られたのが後から気付くスリリングな速度感。しかし、キリギリスに「切り」が無ければ、英訳は無用。或いは、一圃の、それほど面白

くない錐の方だったら、狂訳で近づく方法ある。日本語で言えば、もう少しくどい、どうけた droll 詠みには成りますが。

Hearing her cry so sharp and shrill I feel like Katydid poke
a hole in my eardrum, yes, Katy did, and it was no joke!

因みに、薄とキリギリスを組む俳諧の連歌も、上記の初期狂歌より三年後の 1675 刊の談林十百韻に出た。一朝＋松意の共作と思えば、

化けものゝすむ野の薄穂に出・毛のはへた手のきり／＼す鳴
On the moor where changelings appear in sawgrass plumes,
crickets bare their hairy legs and arms, crying to the moon.

狂歌より怪々しながら、ひょうきんの所もある。約七十年後に雑俳「武玉川」十に「女房は足をいやがるきり／＼す」になる。比喩に両義ある。夫の足の毛深さを嫌がるか虫を嫌うか双方とも嫌うか分らない。更に時代を下げて、江戸後期の狂歌には、それが見事の虫画象に変わる。★下記の 1819 以前の真名井の江戸狂歌 E11-1 には、蛇足無用。

草花の露を乳房に吸う虫の髭面なるハ可笑しかりけり
Sucking the dewdrops on wild flowers as if they were tits ...
those bugs with venerable whiskers give me laughing fits!

俳諧の「野」を湿度も地も高い moor にする前に By the river と low-land と変わりがわりにしてしまった。現在は、大川の洪水用の地に多いが、二百年前にどうなったか、イメージは。いずれにしても、俳諧の化け物と後期江戸のそれが面白い物比べになります。後者は、雨露の乳なる和歌・俳諧・詩の陳腐を茶化しながら、名狂句「双方も髭をはやす猫の恋」よりも、乳を呑む髭面の狂歌の方がよほど微笑ましいと思う。念のために、先の段の耳を貫ける音が立つ虫は今の云うキリギリスで、

これら毛の目立つ奴はコオロギだったはずで mole cricket の穴にすむ、さえずりがとても憐れなる類でしょう。

小章　薄　尾花

薄は、虫を詠まなくても、一章に値する。★家隆（1237 没）の夫木再載歌「くるゝのも契はかなき秋風に稲妻招く花すゝきかな」を伺えば、時代劇の薄くらい怪しい雰囲気は鎌倉時代は既にあった。★桃山時代の独り狼の雄長老の題林再載歌「招き寄せて化さんとてや秋のゝにふれる狐の尾花なるらん」を見れば、後期江戸の化け物画の背後はもう完成だった。「秋の野」の野を漢字にしないと、目には満月＝のの様も見える。★皆ご存知の「あなめあなめ」の小野小町の骸骨を抜けにして、葉の怖い薄の狂歌をもう少し見よ。「古戦場薄」と題す栗嶝の 1767 以前の「戦の跡とて薄の剣葉にちょと障りても足を切られた k6-1」と★1810 以前の月六斎休の k16-1 を一応（道草抜けに）英訳すれば、

　　　道草の薄に疵をつけられて露も身にしむ秋の夕風
　　　We call it sawgrass, but it slashes like a sword, and at dusk
　　　even the Autumn dew smarts as wind blows over my cuts.

二首の上方狂歌にそれぞれの旨味あるが、1823 年の一茶句の音感は凄い。「向うずねをざぶと切ったる芒かな　文政六」。血の飛ぶチャンバラ・ドラマを思わせる薄は、初期狂歌の株の中にキリギリスを狩る子供の描写がその初でしょうが、一茶の「ざぶ」も英訳しがたい。

小章　蜩の声

軽薄の狂歌択びで、日本人と虫の関係を茶化すつもりもなかった（1984 年の拙著『反＝日本人論』で人間と虫の声の関係を真面目に検討した敬愚です）。仮に怪しい仮説を一応、真にうけたら、外人ながら

も、敬愚の脳味噌は、日本人型のみならず昔の日本人のそれと変わらないようです。片思ひだったか失恋だったか覚えていないが恋病最中、早朝の蜩の合唱に片耳が涙の小池になってしまった事は、その証。だから、虫の音を詠む深い歌を読めば、判る。★蜩を、朝と言えば、敬愚だけではない。宗良親王が 1371 年以前に「山里はいつなくとても淋しきに今朝よりしつる蜩の声」を詠んだ。「しつる（為連）」は共になる事。（この歌例は『日本国語大辞典』の西鶴の引用よりも秀でる。しかも、ずっと前です。）★泪と言えば、為家（1198-1275）の「秋風に村雨過ぐる梢より涙しぐるゝ蜩の声」も、我が感覚と一致する。★老赤良、蜀山人の妾のしづの何年目の回忌に詠んだ「しづやしづしづのをだ巻はてしなくなど物思ふ夏のひぐらし」 の良さを判るには、倭文の苧環（緒手）巻の麻の糸車絶え間なく回るから、痴呆のように同じ言葉を繰り返すか昔を今に繰り返したことを知るのみならず、蜩の遠近より、それぞれの数秒も続く曲の音環のバトンタッチ、或いは多ければ Row, Row, Your Boat 式の部分的に重なる合唱を直近に聞いていなければ、説明も無理。個々の音符が清らかで陽気ながら曲が暗愁そのもの。それが蒸気車の通り過ごす感じ。速く来て、あっと云う間に越して、ゆっくりと低さに消えて行くドップラー効果だ。その合唱は、明るさか暗さが微妙に変わる間に聞くと情感は中から湧き出る。★敬愚と蜀山人と最も近い聴き方を詠んだ人は、七夕の０３６章に数首ご紹介した建礼門院右京大夫。大夫婦人の「こと問わむなれもやものを思ふらむ諸共になく夏のひぐらし」は、その耳の良さを証す。因みに、夏から始まるも確か。★江戸後期の詠む人の名前を失ったが、「蜩の鳴きたる跡の淋しさは涙こぼるゝ宿の蚊遣火」も、★1848 以前の芝居の百人一首歌#70 のもじり「蜩の笛や砧の外座（げざ）囃子いづくも同じ秋の夕暮」も、それなりに哀れな調べを伝える。それぞれの虫には、特異な情緒がある。蟋蟀の小唄の哀れみに目を潤す力あれば、蜩の合唱に泪川を流す力もある。★とは言え、状況次第だ。源俊頼の夏部の蜩歌「風ふけば蓮の浮き葉に玉こえて涼しくなりぬ蜩のこゑ」とは、納涼の内にもなる和歌史上の最も美しい場面の一つになります。

046

Lost on a trail, high in the hills, while hunting ye colorful leaf,
the paper marking our way (good grief!) was eaten by deer.

踏み迷う山道に気をもみぢ狩
しおりの紙を鹿に喰われて
（門に龜で）籠丸？題林

上記と★朝雲の 1822 以前の上方狂歌「旅人のしおりの紙を喰い尽くし恋の山路に鹿や迷える K9-4」の両首は、散る花に迷う和歌よりも新奇が、人間が鹿の仕業に迷ふ方には、心を温めるなにかがあった。発情期には、雄は食欲がないが、雌には有る。しかも変な物も食いかねない。★1649 年の天才未得の「妻乞に通える山の下紅葉鹿の立てたる錦木やこれ」。なるほど、これで鹿のそれがわかるが、在日二十年の過去ある敬愚は、求愛する女の門前の地に挿す人間の錦木（にしきぎ）を一度とも見ていない。和歌や能によく登場するも Google で絵が中々出たこない。貫之の古今歌「見る人もなくて散りぬる奥山の 紅葉は夜の錦なりけり」も、ひょっとすれば誰に見られていない求愛の錦木という奥義もあるかも。北山に紅葉を折るに行く所で詠んだからほって置かれた妻らの淋しさも詠むかも。古に人の錦木も栞同様、鹿に食われたかどうか解らないが、紅葉が題と、狂歌をしてもとんでもない（詠む人も顔を赤らむような）首がどんなに多いか！★狂歌のとんだ紅葉へ入る前に狂趣ある中世和歌一首を見る。赤良の行春を誰よりも鳴いた蛙（０２７章頭歌）の本歌にもなるかも知れないが知家の 1243 年成立の『新撰和歌六帖』より。

誰もみな秋の哀れは知るものを独りや絶えず鹿のなくらむ
Though men are all melancholy in Autumn, we find some cheer,
but there are some who never stop crying: we call them deer.

狂訳の前句の幾らかな cheer ないし陽気一点は、敬愚の勝手に追加したか、脚韻の責任と言うよりも、原歌は翻訳を考慮したまで解読できなかったから、他の読者を助ける必要あるかと思って、その工夫だ。★私感を一山に写す光廣卿狂号烏丸（没 1638 年）の「弁当の遅さに腹の立田山もみぢの色に顔の赤さよ　題林再載」は、まだ趣味の良い方だ。後に例証するが、俳諧こそ酷かった。★馬鹿げた紅葉詠みの系譜は俳諧の連歌か和歌まで遡るかどうか知らないが、我が知る初出は、雄長老（1602 没）の可愛い名歌 T13 だ。

やよ時雨小猿の尻の無かりせば木の葉の後に何を染めまし
Hey-ho! punctual Time-rain, if baby monkey asses should disappear what would you dye once you're done with the leaves 'round here!

伊勢物語や古今集歌#53 の「桜無かりせば」のもじりが沢山あるが、時雨を人物の如、話をかける親しみは新奇。初期狂歌として珍しい名歌で、「やよ」派の也有と蕪村と一茶（「やれ」打つな句の初案は「やよ」だった）に繋ぐかと思う。赤子のニホンザルの尻も急に調べたくなる。生まれた時点はまだそんなに赤くないでしょうか。★雄長老の歌は、けっして恥ずかしくないが、一度あの赤いお尻が出れば、1671 年の「堀川百合」の著者なる正式が詠んだはずの歌「奥山の紅葉と見てや猿丸が尻をも鹿の踏み分けて行く T28」で〆た。これほど呆れた滑稽は笑話本以外には、空前絶後ではないか。在ったならば、誰も書き止めなかった小唄かなんかの風俗の世界に生まれては消えた。猿丸の百人一首歌「奥山にもみぢ踏み分け鳴く鹿の声きく時ぞ秋は悲しき」のもじりよりも、歌の一部分と詠人の名前から連想する寄せ合せになるが、猿の尻をよく染めた雄長老の歌で正式が発情して、ついに猿丸をマウンティングしてしまう無礼きわまる傑作ならぬ尻作の滑稽歌が誕生した。恥ずかしいことに *Mad in Translation* では、「蜀山先生」詠と間違ったが、その狂訳は、タイトル Deep in the Hills も付けて、大胆無敵な表現にと歌体になった、

Thinking what he sees is Fall foliage, the buck stops
not here but, treading, parts Monkeyman's red buttocks
（バックは雄鹿また米ドルで buck stops here＝責任を取る）

断って置くが、正式の猿丸が尻歌は「右」で「持」得た「左」は「柿本も山辺もみなもぢせば いづれ人丸いづれ赤人」だ。歌人ふたりも出ると薫り高い。★さて、百数十年後に右のを読んだ四方赤良＝蜀山人も又紅葉に浮かれた。百人一首集のもじりだ。胃潰瘍の「いかい」かどうか知らないが、歌人の尻を分け入る正式の狂歌に比べて渋いが、狂訳はこれ、

なく鹿の声きくたびに涙ぐみ
さる丸大夫いかい愁嘆　　赤良

Each time a deer bleat strikes his ears,
poor Monkeyman, his eyes turn red with tears
the maudlin season is now here!

★そのことを百も承知だった蜀山人は「放屁百集歌の中」と題す過激変種、いや変態種も詠んだ：「おはしたの龍田が尻をもみぢ葉の薄くこく屁にさらす赤はぢ」。ここに恥の意味の「はの字」は葉になる所が脱帽子するが、猿丸を止めて、秋の女神に或る山の神を尻が軽い下女に、という悪趣味を「葉の薄く濃く⇒こく屁」という品の高い掛詞で、日本一の狂歌師の腕を見せた。後者の狂訳も拙著にあるが、品が下げ過ぎて、本書では遠慮します。無論、系譜はもう少し複雑だ。正式とは別に 1633 年の『犬子集』にも「竜田姫たやをやこぼす下紅葉」。「たや」は小便盥。約二百年後に、一茶句「立田姫尿かけたまふ紅葉哉」もある。要するに、悪趣味は狂歌ではなく、俳諧だった。★文化という好号なる 1800 以前の上方狂歌 K14-1 も、当山に対してやや失礼の形容だが、正式や蜀山人に比べては、無害。

> ま赤いな梢の秋は酔どれで寝たる姿と見る東山
> Mount Higashi in Fall, with all the tree-tops pink or red,
> looks like a drunk who passed out and is sleeping it off.

赤は又、興奮させる色、紅葉は薬（肉）食いの美称。いずれも罪意識と結ぶかもしれない。★技たらしい「百人一首」もじり歌と質が違う甚だし紅葉歌の鑑は 1812 以前の江戸狂歌本に出た上毛人の目細の「鯨とる猟師もわざと立ちよりてモリを打ち見る秋の紅葉〲 E7-1」。森＝銛を打ち見ても詠みこそ渋いが、敬愚のように突かれた鯨から出る血と血合いの多い鯨肉などが瞼を染める読者おられば、血作だと判る。★下記になる 1804 以前の安人の江戸狂歌 e6-6。これも言葉こそ渋いが、

> 九年まで座禅はせねどもみぢ葉の色には腰を抜かす達磨寺
> I have not done zazen for nine years, but the maples' bright red
> leaves me breathless and swept off my feet at Daruma Temple.

達磨のお尻が長座禅で腐り真っ赤になるという狂歌と川柳などからの知識と合わせて見ると渋い詠みながら、かなりやばい暗喩です。今までに見た紅葉狂歌と雰囲気が全く異なる章頭歌に入れたが紅葉を一章に絞れば落とさざるをえなかった秀歌二首も又ある。双方とも同じ 1812 年の江戸狂歌本 E7-1 が出典。★先ず、下記なる藤人の首、否や足

> 山川の早瀬の浪に流るかとみづから鳥の足の紅葉〲
> Flowing along with the swirling rapids of a mountain stream
> as if by their own power – maple leaves become fowl feet.

他の紅葉歌と異なって紅葉を一つ葉ずつも見えてくるが、何回も読み直したまで、藤人の鳥の足の良さに悟っていなかった。★ご参照のため、同じ 1812 に橘竹の絵も伴う上方狂歌「もみぢ葉の形は鳥の足跡とふみ散らしたる書物屋の庭 K29-1」もある。★約十年後の『狂歌百人一首闇夜礫』で泥亀は春道列樹の「百人一首」歌＃32 の前半（山川に風

のかけたる柵は）のみ取り替えて「広庭に遊べる鳥の足跡は流れもあ
えぬ紅葉なりけり」もいいが、いずれも藤人の「みづから鳥の足」の
活気には、かなわない。★それと似通った活気は、1808 頃の本にあっ
た安成の江戸 E7-1 狂歌にある。

山川の紅葉ゝに甲を焼かれてハゑきなき事と亀や逃げらん

Spying maple leaves in the mountain stream, Turtle saw red
from a primordial fear of being burnt for an oracle, he fled!

「益無き」は亀の甲焼きの「易」の連想になるが、初めて読んだ瞬間、
Brooklyn のアパートの板床に転んだほど可笑しくて、直ぐ是非章頭歌の
仲間にしたかった。紅葉を火と見做し古代の易のための犠牲されそう
と怖がる亀より馬鹿／＼しい擬人化は、ありえない！今も、栞食う鹿
に許した選択がいいかどうか、自信ない。その首と川瀬の紅葉が家鴨
の足になったのとこの怖い亀の三首とも子供にも紹介したくなる。

小章　鮎

同じ秋の川の鮎も見よ。鮎釣りも体験あるから小章も設けたいが、今
の所は金も時間もないから改造版できる暇がある次第に…。★とりあ
えず 1679 年の「銀葉夷歌集」に出た信安の一首 T37 にしておく。

料理せねば吾が包丁と諸共にこの山川の鮎も錆びたり

If the mountain stream sweetfish are not soon turned into food,
I'm afraid both my knife and their color will be rusted for good

徳川初期の狂歌の朗らかな心を我々に打ち明ける。成長した「さびあ
ゆ」と刃の錆を組むのが名案。殺生だと非難されがち釣りの旨い言訳
にもなる歌です。

０４７

Tomorrow, ye gods head for Izumo and, for send-off presents,
behold these staffs our 'mums no longer need, in abundance!

　　出雲路へあす立つ神に捧げばや
　　　菊には要らぬ杖の数々
　　　　方雅　　k8-2　　1818

木の葉も散れば、その枝を杖ではなく風車の柄にすれば最高と敬愚は空想するが、章頭歌を読みながら目蓋に飛び込んだは、大正か昭和の何だかの戦争へ出かけるための送別パレードか、急に多くの小型国旗が求められたら、菊の杖が即時に日の丸の棹に再利用された古き記事か本の中の写真だ。或いは夢の中で見た存在しない偽記憶の可能性もあるが、ともかく日本の数多神を考えさせる狂歌です。神には、祟りという怖い面もあるが、短気の座頭（という通念）を除いて杖つきは、皆無害。しかも。鬼と魔の武器にもなる棒などと比べて、菊の杖だと出雲へ出かける神こそ人形のように可愛く感じます。★神を送る歌は古くからあるが、山鳥の 1812 以前の江戸狂歌「行く秋の足留をせむ法＿なし神さえ今日は旅支度して E7-1（法事か）」とは神の用事で人は無用が、方雅の章頭歌の菊の杖が「菊には要らぬ」という語句で「だからやる」という連想が神に対して少々無礼になるから、和歌に詠んだら叱られそう。★神の支度の名歌ないし好例は 1672 以前になる満水の下記の首 T30、正しくは冬に属する。時雨ふれば十月一日でなければならない。とは言え、宵の用意と思えば、前夜と思えば…。

　　神々の旅立たまふ道筋を清めに降って来た時雨かな
As if to wish a bon voyage to the gods, the time-rains
come to purify the whole intinerary, so much is plain!

★秋の末の狂歌には、行く春に比べては面白い歌は少ないが、1671 以前の猶影か正式の「明日よりハ商もなく成りぬべし冬籠して人の出でずハ T29」の隠れ掛詞「「あき」ない」も、神が出るという無言の対照も渋くていい。章頭歌には、渋すぎるが。★貞徳の「九月尽」歌 T20 も解くまで時間かかった。英訳しながら意味がやっと通じった。

明日は又しんきな冬と聞くからに今日よりいたき神無月哉
Hearing the dreadful winter will be here again tomorrow,
the absence of the gods already fills me with woe today.

無意識の理解までも呼び出すは「翻訳徳」と称すべきではないか。★月洞軒は「狂歌を霜月初めに人に語りて聞かするとて忘れて出ぬを傍らの人笑ひければ」詠んだ「老が身は九月しんきや歌忘れ禿頭かく前髪な月」という自嘲流の弁解も、貞徳の末秋歌を掠るが「九月」の新造称「前髪無（な）月」は、いいではないか。★下記なる栗洞の 1767 以前の上方狂歌 K2-3 も良い。当の字の長さを気づいた例は他にありますか？下記の事で秋は又「明るい」とでも言えるか。

長月の月という字は長けれど日の短く秋ぞ暮れゆく
Sure the character for "moon" 月 is very long, but look at day written "sun" 日, it is short and means that Fall is on its way!

冬が怖くても、退屈になる人に限って秋も困った。★言うまでもなく、貞柳の「寂しさに書物とり出で詠むれば昔も同じ秋の夕暮」は、★百人一首#70 良暹の「寂しさに宿をたち出でて眺むればいづくも同じ秋の夕暮」のもじりになる。普段、元日か月夜の概念的枕になる（全世も雰囲気は同じ）を秋に寄せた新奇を認めて「百人一首」をしても狂度が高いから、星印だ。★良暹は法師だが、お寺はとりわけ寂しかったようです。1803 年の上方狂歌狂歌本に貞也の「猫も来ば袋に入れて鞠に蹴ん山寺淋し秋の夕ぐれ」に説得力ある。吉岡生夫はこれを近世編の歌謡集などまで追及したが、寺の稚児たちの仕業で「ぽんとけりや

にやんとなく」可笑しい童唄もあったそうです。これを知ってほっとした（笑）。お寺の坊さんがＳＭと考えた事もないが、ちびっ子とりわけ男の子は確かに残虐で、ありえないでもない。★どこでも同じという「百人一首」の秋の歌の「蜀山人百」のもじり「寂しさに宿を立ち出てながめたり煙草呑んだり茶をせんじたり」は、名歌であろうが、「〜たり」無ければ、英訳はこうなるしかない、

Lonely, I get up and leave the lodge . . . gaze far off,
take a smoke . . . coming back, make some tea . . .

詠むも寂しい。脚韻を「〜and cough.」できちんと踏みたいが、遠慮しました。★1810年の仁義堂の俳風江戸狂歌「暮れてゆく秋ぞ知らるゝ二つ三つ枯れ枝にとまる烏瓜みは e7-4」は、芭蕉が本句よりも淋しい。通う路に烏瓜を毎日見た敬愚はそう感じる。★とは言え「題林」再載の都流の「淋しさは都も鄙もおしなべて踊り止んだる秋の夕ぐれ」と★下記なる玉雲斎＝貞右（標山＝題林）の「k26（秋＝開きが無理が）」のもう少し一般向けの淋しさも詠みに共感を覚えた。

誰にかもあくび移さん友も無し吾のみ口をあきの夕暮

Nobody here to catch my yawn I open my mouth in vain,
drinking alone at nightfall, I swallow my autumn pain.

★花夕の「西行や定家ならねば歌もなく無下に淋しき秋の夕ぐれ k18-2」は狂歌らしい首の好例。★西行と言えば、天明狂歌の飯盛や東作は同じ1787年に別々の本（狂歌才蔵と古今狂歌百人）に諺「漁夫の利」を弄んだ前者の「蛤にハシ押しつかと挟まれて鴫立ちかぬる秋の夕ぐれ」が、数十年後に名画家の春画の扇子に出たら、伊勢物語の或る段も連想してしまう。詣で中に誓に反し交合すれば、二人はそのままに連理の木の化石の如、ぺちゃんこに成る悪夢。江戸時代に訪日した欧人も、それを「このあいだ」の噂かニュースとして記録したから、当時の日本人の共同的な想像の中で現実だったようです。不思議もなく、交合

の暗喩の名歌になった。★後者東作の「鴫は見えねど西行の歌ゆえに目に立つ沢の秋の夕ぐれ」も、自分の甲斐に自信なかった若き一茶の「つく／＼と鴫我を見る夕べ哉」も無名のままだ。一茶の句は、名句にならなかったのが残念。★秋の首と尾を結び冬へ進むに最高の二首は、先ず平安中期の好忠の下記なる和歌（継ぎ＝月たてば？）

> 秋ふかみ山の錦もつき立たば着る人無しに散りぬばかりぞ
> *Even way back in the hills, late-fall's brocade gowns once so fair*
> *with no one here to wear them are ditched like old underwear.*
> （尽きでは無く月経てば、着る者無しとまだ色鮮やかで）
> *In late-Fall, deep in the hills at month's end, even brocade*
> *robes yet to fade with no one to wear them are just shed.*

確かに「古下着の如に捨てる」のが少々狂度が高過ぎる意訳だが、納得のいける尤もな英訳しかねた。晩秋の見所に柿の紅葉あった上山？ 柿の葉は山もない北フロリダ州にも落ち葉が確かに美しい！★もう一つよき秋おさらば歌は、序道頼の 1794 以前の江戸狂歌「E4-3」。

> 来る時は目にも見えざるものなるをなど行秋に涙こぼる〻
> *Though Fall came unseen to human eyes, when the season leaves,*
> *we do see something falling — teardrops: is reason what grieves?*
> （いや脚韻を踏む為の問いなどは駄目。下記は自負の訳）
> *We did not even see Autumn come but now she's here*
> *we hate to see her go as our spilling teardrops show.*

或いは、又一茶のような寒がり屋もいた。怖い涙の可能性もあるし、敬愚のように少しだけ寒くなると両目から涙は自ら出でる（手術の傷跡もしみる）し、耳の穴から入る痛みから泣くし！が、そういう不幸なる者は少ないから、見てもいないを、馴染みになった秋という良い季節と別けるのが辛いというのが正解でしょう。

冬
048

*Am I about to punch Winter in the head for being so cold?
Just blowing warm breath on a clenched fist if must be told!*

冷たさに冬のかしらを打つ真似か
握り拳へ息をかけたハ　紀信時
e7-4-220　文化七　1810

この只々楽しい首は、後期江戸狂歌本の「冬」部の頭歌だったが、初冬の見事の擬人化です。この冬の奴に一つ喰らわせたくなるが人。日本人は米人ほどいと簡単に拳で他人の頭か顔を打たないかと思えば、驚いた首だ。或いは、喧嘩で有名なる江戸に拳が流行った時代もあったか。★例え、天明狂歌の国学者宿屋飯盛の「貧乏金を手に握りこぶしで我が仇の貧乏神のつらをはりたや」は間違いない punch in the face だ。「はり」という語で開いた手かといつも思ったが、「金を手に握り拳」は間違いもない重みで強化した knuckle sandwich を食らわしたい。顔はいつも笑みあった優しい飯盛だから、江戸に朝飯前の行為だったか。正直言って驚いた。さて、章頭歌の蛇足へ戻る。その詳細が良い。寒い拳骨で物を殴れば、骨節は痛いめにあうから、一つ食らわす直前に手を息で温める（男の多くにとって蛇足になるが女の多くに説明は要るかと思った）。上方狂歌に通じる親しみやすい口語体は、こんなに可愛い仮想あれば、掛詞は二の次だ。夏の暑さと裸の一人相撲する０３５章頭歌と同類ながら、身振り一つに二つ意味を持って前句と後句を謎っぽく働かす、この歌の方が面白いと思う。それもめでたい。何故かと言えば、十七、八年前に出た０３５歌の主の三陀羅法師は、本章０４８の歌が出た狂歌集の編者だ！★初冬の章頭歌と争える、秀

でる首が実に多い。1740 以前の上方の大御所になる百子の冬の擬人化「褌のふり身ふらず身定め無き手は懐に冬は来にけり T57」は、初冬のふる・ふらぬ定めない時雨の連想に、前句の人々の異なる具合と後句の冬神の擬人を組む歌体は、振＝降るの同音なく英訳は無理が、日本語だけで読めば後句のみなる泥下駄に来る一茶の春来る擬人法名句より面白い。しかも、読む人しらず『後撰集 951』の時雨名歌「神無月のふり身ふらず身定めなき時雨ぞ冬のはじめなりける来にけり」のもじりです。歌句の季語の系譜の最高の探偵、つまり山本健吉によれば、この歌こそ冬の初めを記す＋人生の定めなき儚さを合わせた「時雨の本意」を代々広々に宣伝して、近代まで繋いだ宗祇や芭蕉の時雨の哀れに繋ぐ。★哀れはともかく初冬と結ぶ可笑しみあると思う狂趣ある歌は古今集（905）の冬巻の第一首になる。

竜田川錦おりかく神無月しぐれの雨をたてぬきにして
That brocade on Tatsuta River woven in Gods-gone month
has the cold Time-rain for the weave as well as the warp.

秋の村時雨は紅葉を染めた。織るも時雨と言う発想は新奇、しかも夕立と異なって横降る時雨は珍しながら、経緯は織り懸ける縦糸と左右に通す横糸を詠むのも新奇。竜田川が山坂で横風が町よりも激しいという観測も新奇。狂歌の詠みすてよりも、名捨てなった詠人しらずか。★下記なる 1798 以前の遙擲の名もある上方狂歌 K5-1 は、ある。

冬が今日みやげに持ちてきた時雨ふりかたげたる雲の風呂敷

This Time-rain that the Winter brought us as a present today,
shook out, so to speak, from a cloud – its furoshiki, I'd say!

英語人に「風呂敷」の説明も要るが、大成功の狂訳。単純で余韻がないけれど、楽しいだけではなく、初冬に少ない目出度さが特徴で歓迎します。次章で見る偽りなき時雨の誠やら小中学生に見せない方がいいけれど、この風呂敷の時雨の首ならば皆も笑うはずです。そして、

子共の注目を得てから、冷たい雨は何故おみやげになるというお説教もできる。因みに、敬愚は李御寧の『風呂敷文化のポストモダン』を読んだ（中央公論の記事で、その批判もしました）が、この比喩歌は、確かに入らなかった。狂歌は殆ど全てが無名だから、記事などに、めたにしか言及されない。古狂歌一連の本でそれが変わったらいいと思います。★下記になる題林再載の桃員生の 1802 以前の江戸狂歌 E6-5。

針程の穴より今朝は棒を持て撲る如き冬の初風
From a needle-sized hole this morning it brought in a pole
large enough to beat the hell out of us, winter's first gust.

恋風邪の瞳の穴を通すほど怖くないが、やはりやばい。マイアミの冬でも針程の穴から風が入ると母の密蔵猫は、猟犬が鶉を指す様に一メトルほど離れて正座（？）しながら身で漏る穴を指し、母がグラス戸窓の端に風を防ぐ工夫ができるまで一寸とも動かない。★ 下記の 1672 年以前の貞富の狂歌は当然の防備、或いは天気次第という初冬の留保ある定義には狂趣ある。★ 又、面成（1807 没の面成砂楽斎？）の題林再載歌も見事に神無を掛けて、冬を活かす。いずれも日本語の原文は判りやすいでしょうが、とても気に入った二首の英訳を尽くした。

神無月月がしらより寒ければ帽子ぞ冬の始なりける T30
When it is cold from the head of ye Godless Month, also hairless,
wearing a cap means Winter's here: for kaminashi and the rest.

手あぶりに炭はつけとも神無月灰に文字書く冬は来にけり
Charcoal keeps our hands warm enough to write in good cheer
on ash now that the God/paper-less winter month is here!

★此君亭竹国の 1814 以前の上方狂歌「秋もはやすぎの板戸のガタ／＼と嵐かたゝく冬の入口」k7-4 も、俳風なる余韻もあろう。あの雨戸のガタガタへの気持ちは複雑が。「杉＝過ぎ」の掛詞は無心が、「神＝髪」も「神＝紙」には心を結ぶなんとかあるから、英訳しても有心。

049

*It's Godsgone-Month and our world is full of falsehood, see
the God of Poverty remains here, as always, he's with me!*

偽のある世なりけり神無月
貧乏神は身をも離れぬ
雄長老 1547-1602

雄長老の章頭歌の前句は、時雨がきちんと十月一日に降れば「偽りのなき世になりけり神無月」と始る定家の名歌の肯定を後句で否定するために、そのままだ。この雄長老の理の読み易い傑作を始に、貧乏神を詠む神無月の狂歌を、何十首も狩り集めた。★中には且保の「貧乏神出雲へ行て帰るさの路銭落として居停まりにせよ」という歌（1589 T13-56、1679　T37-480 には「神祇」中）は、たぶん再載が一番多い。路銭まで御手数のかけた詠みには魅力あるが、時雨のタイミング次第の偽りの有無を述べた古歌の矛盾を指した雄長老の力強い歌の相手にはならない。★章頭歌の最強なライバルは、十一月になるが同じ雄長老のもう一首の貧乏神の歌だ：「貧乏の神を入れじと戸をたてゝよく／＼見れば我が身なりけり「戸をさして」の変種もある）」。 新撰狂歌集と唐衣橘洲著『狂歌初心』にも再載されるが、現代っぽい自覚です。その帰りの方ですね。まず、送別です。トライーせねばならん。一茶曰く「よい連ぞ貧乏神も立ち給へ」、

*Hey, my good pal Poverty
isn't it time to hit the road?*

と親切に見送った皮肉がいいですね。火の車（第二義は地獄のそれではなく、貧乏のそれなる）以外に小車一台もない敬愚には、教訓歌以

外に、あらゆる貧乏神の歌と句が好き。とは言え、★1815 以前に、真顔も詠んだ「述懐」E10-1 なる貧乏神送りもある。

腹太鼓たゝく日もなく金もなし貧乏神をいかゞ送らむ
With a belly never full enough to drum and no cash
how can Poverty be sent off? It is too much to ask.

思えば、古典和歌を囃さないような、きれいな雄長老焼き直しになる。念のために一茶は最後まで貧乏を抜けなかった。敬愚もそうならないように愚案ある。『古狂歌 貧乏神とブルース』画＋狂歌＋俳句の貧乏神を尽くす本をを出して、一冊を貧乏神の神社などに奉納すれば、貧乏とおさらばすると。もともと、若しも敬愚は長年の「貧楽」に苦しんでこなかったら、神無月の章頭歌に雄長老のブルース調よりも★則本太山の 1740 年の歌 T57 としたに違いない。甲斐あるから英訳二通り

出雲路へ集りたまふ留主なれば我が神国に仏あり月

When they leave to caucus in Izumo, we merrily say Adieu!
In our Land of the Gods, this is Buddha-here-month too.

When they leave to caucus in Izumo, we are still blest
this month in Gods' Country, the Buddha is manifest!

日本の二宗教両立を積極的に詠むから、教科書に入るべきで宣伝したかったし、雄長老に既に何首の章歌もある。歌体は平凡が、「神無月」と云わずに裏を返せば「仏有月」だよ、という発想は素晴らしい。英訳二通りとも拙著 Mad In Translation より。一茶の句「受け海鼠仏法流布の世なるぞよ」は同じ趣であろう。大和を征服した新神らの命令に答えすらしなかった海鼠の無口を、匕首でぎざ／＼に切ってしまった残虐の女神も出雲だから、安心して浮け、いや受け身になって下さい。とは浄土信者の一茶。或いは、海底へ潜らずに食事を求めた信濃人の一茶か（拙著 Rise, Ye Sea Slugs!を参考に）。「行く秋の我に神無し仏無し」と書いた子規はどう思うか、知らないが、日本の神と仏教は互い

の弱点を上手く補っているかと思う。★貧乏神や仏こそ出てこないが、神の留守そのものを明白に詠んだ最初の狂歌っぽい和歌は、恐らく平安中期の好忠の下記であろう。

何事も行きて祈らんと思ひしを社は在りて神無月哉

*I thought that one could always go and pray for anything yet
in Gods-gone month, is a Shrine near by a cause for regret?*
(「を」とは、どれだけ惜しいかという事を言わぬが)
*I thought we could go and pray for anything at any time
but in Godsgone Month, what good is the local shrine!*

小章　時雨

九月の村時雨ならば、芭蕉のバリかけ（少しずつ小便しながら）行く犬の比喩は狂歌に負けないが、★芭蕉より年順が早かった本物の時雨ならば、一見の 1672 年の狂歌 T30 こそ後世の浮世絵に見た気もします。

濡れじとて急げど雲の足はやに走りこくらをする人時雨

*They hurry so as not to get soaked, but the clouds it is plain
have faster legs than the folk who'd race the Time Rain!*

一しきりに降るという一時雨の当て字は原文。大辞典とネットで見当たらないが、山雀という貧乏のちびっ子が物乞いするためにわっと走ってくるのもひと時雨と呼ばれた文章を古本に読んだ季節ちがい朧なる記憶もある。いずれ、原文の「人時雨」を英訳しかねたが、これは秋の月と睨めこくらした歌と同じ面白さを感じる。大自然と小自然たる人間の対決は、どうみても可笑しい。長年よんだ俳句の世界では、「神無月」とはごくマイナー題で、「時雨」こそ十倍も百倍も句数を誇るメージャー題だった。もともと句歌人に時雨庵あっても神無庵はなかろう。いや、真面目に言う：別に変わっていない雨に対して、あれだけ歌句作された事は、世界のどこに見ても他になかろう。御国文

学の最も珍たる現象かと思う（先章に見た山本健吉が指した詠み人しらず歌が、源氏物語の繊細な耳に…などの系譜を遡っても不思議がる）。狂歌にも時雨は神無月よりよく詠まれているが、その差異は古典歌句に比べて少ない。とはいえ、本書を改造すれば、やはり時雨に一章をきちんと設けます。★さて、時雨の最も広い定義は 1672　T30 再載なる下記の貞徳（1653 没）詠み。

　　花の父母と云われし雨がふりを変へ諸国修業を時雨なるらん

This rain is not the one that was father and mother to flowers –
falling hard & cold as discipline on the road, it grows powers.

降=振りは良いが、西行や宗祇やまだ子供だった芭蕉の人生が後句そのものだ。０２２章頭歌の春雨との裏返しという訳ですね。くどい狂訳は申し訳ないが、そういうことでしょう。★後成る狂歌は「修業」より次元の低い。俗の時雨観を詠む。透明の秋の空に慣れた人々は、雨が降るに文句が多かったのも当然。天明狂歌の柿葉枝の「E4-3」は上出来。諺と遊ぶ「世話」とも称する歌の類となる。

　　鬼ならぬ神の御留守は時雨して洗濯すべき日和だになし

When the devil is away, we do our laundry, that is, we play –
what good is it with the Gods gone when it rains every day?

★前にふれた定家の歌が本歌になる木端の 1736 以前の「正直の頭も痛し神無月あまり時雨の誠過ぎるで T54」を洗いなおしたか。★同本の貞柳（1734 没）の首は、結論を提供する。いずれも上出来が、後者を下記に英訳と組んでみた。

　　神無月あまり時雨は誠過ぎた、ちと偽りて日和なれがし

On this Gods-gone Month, the Time-rains are punctual to a fault;
reputation be damned, give us a clear day now & then, just halt!

芭蕉らのきざ（？）なる「淋しがらせ」の発想よりも「ちと偽りて日和なれがし」願望は、素直でいい。★この時雨囃し歌を一段とレベルアップした詠みも、同じ貞柳。少々説明的な英訳をお詫びしながら、

神無月そりやこそしぐれ偽りの
無き世は見えたさつと止めかし　貞柳

Gods-gone Month it is, with right on Time-rain, no falsehood;
we see the world is on course: Now, stop falling! Understood?

やはり口語で山頭火風にもしたくなる。全歌はこうなる：OK, I saw it. Now, Shigure, stop already! ★笑うが、狂歌に携わる人々は狂歌で遊びながら古典和歌も俳諧も尽くし、蕉門だった人も少なくない。時雨は可笑しくも真に受ける詠みもあった。貞柳の十三回忌追善集に出た其律の狂歌は好例なる「丸ぬれに濡るるとままよ初時雨かみなし月の坊主あたまハ」。七夕の笠を脱ぐ傑作を覚えるが、この俳風短歌の言葉があんまりにも丸くて英訳を考えもしかねる。★最後に、時雨こそ出てこないが、冬を頭から受ける、あるいは被る姿勢は似通う占正の 1820 以前の江戸狂歌 E11-2 を見よ。

宿り給う神のお留守の印とて　こうべも今朝は寒く思える

As a sign the gods who deign to stay within my head are absent,
this dawn my crown felt cold, not that my other kami went, too!

日本語の知らない人には、蛇足を加えなければ通じない狂訳かもしれない。神は髪に成らないから完璧な英訳は無用が、日本語もそのままに読めると幸せになる類の好例だ。又、考えさせた。その日、出かける神と solidarity（連帯感？）を示すために頭を剃った者、又髪を出雲へ送って遣った奇人の有無を知りたい。

050

Maple leaves and all their color gone with the wind,
our sun-loving Winter has come in for good.

もみぢ葉の色けは風に去りてみな
日を恋しがる冬は来にけり
　　　　　鈍々亭和樽　1794

本書以外に、古狂歌の最高の読書になる宿屋飯盛編著『新撰狂歌百人一首』の「初冬」に見つけた、一見で何ともないが読む度毎にますます気に入った章頭歌。★恐ろしい寒月に類似する江大津の美徳丸の 1813 以前の上方狂歌「薬草もみな枯れ果てゝ武蔵野のはらの痛みの強き冬の日　k17-2」という例外もあるが、暗い冬には日が世の中に求められている。当然ながら、鈍々亭和樽の章頭歌は前句も後句も歌いたくなるほど美しいだけではなく、ある哲学っぽい系譜に新奇を加える。★当の系譜の結晶は貞隆の 1778 以前の上方狂歌 K23-5 ではなかろうか。

むさくさの木の葉は落ちてさっぱりとなるのは冬の誠也鳬

When squalid old leaves fall off the trees and the whole world
becomes fresh and clean-cut, winter's soul is revealed to us.

「さっぱり」の英訳は大変だったが、そんなところでしょうか。定家名歌の「誠よりふる」は、神が留守も見え透けては季節の真か。或いは神が遠くても空の間もない夏の清水の冬版。枝葉を削り行く裸体の冬その物の心ないし骨を掴み初めた者は、誰か。芭蕉以降になるかも。鈍々亭和樽の章頭歌の心の温かさを択んだが、「むさくさ」が「さっぱり」変わる貞隆の詠みもいい。★1737 年の虚中の「剃り落とすかみな月かや小夜時雨よもの梢をすぼら坊主に　T55-120」はカミに掛けて我が身の坊主化であったら★貞国の 1801 以前の上方狂歌「凩の御剃刀を

頂いてかみなし月の寺の冬枯れ K9-2」に、お寺そのものを坊主化を、という所には、やはり日光が求められていた。が、章頭歌の特異性を理解するために、更に古く、又広く遡らなければならない。★初期狂歌の天才未得が 1649 年以前に詠んだ三首 T24 を先ず見よ。

> 吹風の手にやはゝきを使うらん 山を木の葉の塵塚にして
> *Is that blowhard Wind the consumate rake to spoil not keep*
> *the beauty of autumn hills leaving behind a rubbish heap?*

月の名前を抜きに現象をのみ詠む見事の謎型の歌体。前句は Q で、後句は A。英語では歌体を守れないが、風に「手」はなくとも、女たらしの遊び人は昔「箒 rake」で「熊手」もそうだったから、鴫たつ秋野夕暮れよりも、冬の葉の無い森の殺風景は一層寂しいが塵塚だと可笑しくなる。★未得の二番目首は「梢をやすりこぎにして凩の和え物となる森の落葉ハ」。★熊手に擂り粉木より更に洗練された道具を落葉に寄せる渭明法師の 1794 以前の江戸狂歌「木々のはを削り落としてかんな月 霜柱をもやがて建つらん E4-3」の「神無＝鉋」の掛詞は最高ながら、柱立たせても何になるは大工の片手落ちだ。★三番目の未得の首は、道具を捨ててただ「自づから木の葉吹たて塵にのみ交わる風の神無月哉」。いや、ただではない。中世の説話にある和泉式部の塵と交じる紙＝神で生理ながら詣でしてもいい夢に出た返歌を掠るも、同神社の即興で無ければ、傑作とは言い難い。★神と落葉の関係を詠む傑作は別にある。それは、兼盛（990 年没）の和歌ながら見事の狂歌だ。

> 隠るべき木の葉なければ神無月 時雨に袖を濡らしてぞ行く
> *As no leaves remain to hide behind this month, our gods at dawn,*
> *sleeves soaked by the rain called time, left and now they're gone.*

神は身を隠す必要あるという発想も新奇で脱帽。神に触れる落葉の天明末の狂歌もある。★1792 以前の豊年雪丸の「ぬさに取りし紅葉もむさと散りにけり神の留主の跡の祭は E3-10（E8-3＝おわさぬ）」。むろ

ん★菅家道真の百人一首歌「このたびは幣もとりあへず手向山紅葉の錦神のまにまに」の言及であるが、この「跡の祭」はとてもいい。思えば、現在は過去の跡の祭。少なくとも草木あったところが砂漠化している地方には神は…（無い、と結びたかったが、拙著『反＝日本人』に書いたように砂漠にも優しい少数派民族おられる）。しかし、初冬の淋しさに対し、一点の明るさを求めては生きるための本能だ。紅葉が落ちたら、梟と鷹が森の中が自由自在の暴走族になたり、風も走り回って大声出して喜んだり、人も狼も日と月の光を知らぬ森の床の変身も驚いたり、木の枝ぶりのオンパレードの見物を楽しむとか。その為に、章頭歌の日向愛の首を択んだ訳。

小章　枯葉・枯野

Barely hanging on in the desolate moor, a chrysanthemum,
its days of dewy bloom in Fall, an ancient tale told by a bum.

すご／＼と枯野に残る菊のはな露けき秋は昔語りか　月洞軒

木の葉ちれば、草の多くも死ぬ。翁の趣向と辞世のためか、枯野は俳諧の十八番であろうが、狂歌には晒すべき首は少ない。★上記の元禄の狂歌 T40 ですら狂足らぬ。補うに脚韻を踏むに一文も、定住もない bum が語るに、と加えて初めて狂歌になった。けれども、当の花に詳しい敬愚は、枯野菊の甚だしい下葉こそ誰かが詠むべきだと思う。取らなければ、彼は一杯残り風に音を立つ。すごすごはそのつもりであったとすれば、不十分。★江大津の美徳丸の 1813 以前の上方狂歌「薬草もみな枯れ果てゝ武蔵野のはらの痛みの強き冬の日 k17-2」は、以前に見た日の痛みに薬草も無い原＝腹を加えては、面白いが冬の日がはたして痛む原因かどうか疑問です。★結局、狂歌の四季集の『題林』の「落葉」題の首で、今までに最低の小章を寂しく終えます。０４６の章のさるものの引き続きのような内容だが、五月という詠人の狂歌は「かきのぼる猿の尻より真赤なもみぢも木から落ちてはら／＼」。

051

寒き夜ハいかなる歌もよみつべし
余りかゞめば人丸になる　宗也 T27　1666

On a cold night, just whose poems should a person read?
With arms and legs pulled in, Hitomaru is all you need!

英訳は中々うまくいけないが、原歌に惚れた。現実と人名の偶然一致に頼りながら、よめば直ぐ落ち着く歌ですね。物名と人名を弄ぶ歌を見下す人でも、この狂歌を楽しむかと思う（そうでない人おられば、手紙下さい！）。逆に言えば、これを鑑賞できなければ、日本古来の道教っぽい同音語中心のナイヴな信仰も滅びた。人丸寝の歌もやはり教科書に是非入れたいもう一首だ。英訳に無理あるが、もう一トライ。

On a cold night, what poems would be sound reading?
If you curl up to keep warm, I'd keep Hitomaru around!

宗也の「〜人丸になる」章頭歌にかろうじて負けた寒寝の一首ある。★鷺石の俳風狂歌「尻かしら分らぬ計り引っ担ぐ布団の内で聞く海鼠売り」。これも狂歌大観・上方・江戸の三大集に見当たらず、幕府後期に出た『狂歌題林集』に拾った。尾頭見分けぬ去来の海鼠名句の借り枕に布団を加えて、百年後の野坂か荷風のポルノ屋の小説に出た交合中の二人が納豆売りを聞く場面まで入る三十一音字ならではの内容。そう言えば、章頭歌にぎりぎりの納豆の秀歌も、二首ある。★下記なる天明狂歌の浜辺黒人の首と★二、三十年後の上方狂歌の末期の末丸の「べらりっと寝さして置いた其かわり起きよと叩く納豆の汁」。

門ならで夜半にたゝくは納豆のよくねているを起こすひゞきか
In the wee hours, a knocking sound comes but not from the gate,
would that mean the fermented beans are finally awake?

敬愚は、黒人の首の「門」に潜む水鶏句の数奇だ。読めば直ぐ自分で歌句を詠みたくなる。「門ならでとりなし床の下に舌打つ音聞けば食える納豆」と返歌ないし詠み直しもしたくなったが、甘やかして寝させた報いを詠んだ末丸の方の「べらりと」の耳応えが上だろう。双方を読み直せば、末丸の寝行動の心理学に舌を巻いたが、夜半に半ば覚めている心の意識と納豆がなる過程の平行描写を結ぶ何でしょうかの文尾の「か」の一文字で英訳した黒人の「勝」になる。

小章　炬燵

人丸寝の歌に惚れなかったら、掘れ炬燵の章になったかもしれない。★信安の 1679 以前の狂歌「銭蔵と言わばや言わん炬燵にはあしにおあしの集まりて有り T37」は、足＝お金さえ知れば唸るほど酷い掛詞も体を温まるどうけた傑作。★元禄の寒がり屋で必死の月洞軒の「閉じ籠る炬燵のやぐら立て並べ寒鬼を防ぐはかり事也 T40」は夏蚊に蚊遣＝槍を並べる蚊陣の比喩に借りありそう。★ 下記なる 1813 年の上方の本 k17-2 に出た（東）男清澄のは傑作は、そのまま英訳する

  鮟鱇の七つ道具を喰いながら雪を眺むる炬燵弁慶
  While eating all seven of the Anglerfish tools, I know
  a kotatsu-Benkei is what sits here viewing the snow

が、七つ道具は又七つ武器と掛けているし内弁慶も日本語知らない人の蛇足おまけにせねば。★約十年前の金砂亭如蘭の「鮟鱇の七つ道具を入れさせて雪見の舟の炬燵弁慶 e6-5」が本歌であろう。思えば、人そのものも活けて入る炬燵詠みが皆もよい。★「題林」にも「新撰百」にも再載なった天明狂歌の兄役の橘洲の 1812 以前の江戸狂歌本 E8-3 の首は妙に迷う意味にも愉快ある。

  踏み込んで跡のつかぬぞ面白き炬燵ながらの雪の明ぼの
  No path is left, though you sink into it clear to your crotch, so
  the kotatsu is where to go, when you wake up to find snow.

★「炬燵癖」と卑下題に詠まれた 1783 以前の上方の貞湖の「浦島にあらで炬燵を玉手箱あけて嬉しき老の入物　k10-2」は楽しい。墓の中に入れるよりも。双方の上に蜜柑を見ておる。

小章　霜・霜柱

炬燵は雪見となりがちを、晴れて降らない天気こそ寒い。初雪は、美しいが、友になる茎達の殺し屋は霜だ。農家育ちの若き一茶の「初霜や殺生石も一眺め」は、牡丹と弁天島を共に見せてくれる絵と同類の類似遊びになる。敬愚も農家の面倒をみたから、あの怖い怖い霜を見逃せまい。★枝月の 1777 以前の上方狂歌「かた敷ん衣なければ霜夜には身もさむしろをかぶる乞食」の一つ秀た転掛詞は誰にも読めるが、霜予報毎に病む妹の花や豆の蔓などを毎晩古毛布やビニルなどで必死に被せた敬愚に合点するところは、人間も忘れない霜のど現実。★石季の題林再載の「落書に鳥の跡あり大寺の軒端に立つる霜の柱ハ」と、★浅流庵の 1810 以前の江戸狂歌「おもしろや庭に立ちそう霜柱木の葉の家根は風が吹いたか E7-4-226」は可愛いが、葉の屋根似現実よりも霜柱を壊すだけで、そこに書かれない鳥の跡の石季の首の出鱈目の方が面白い。とは言え、いずれも既に見た蚊の柱の狂歌に負ける。★1818 以前の羅文の上方狂歌 k8-2 は、旨い。脚韻任せに狂訳しよう

> 白／＼と今朝おく霜は冬枯れし野つらを隠す薄化粧かも
> *White all over, this morning's frost seems far better than a hood*
> *to hide the withered face of winter fields: light make-up is good.*

雪の方が普通の化粧か厚化粧になったら、地肌すこしは見え透ける薄化粧は霜。それは雪より荒いから、薄化粧だけではなく安い薄化粧でしょうが。★本歌というべきか知らないが、宿屋飯盛の「霜」歌「化粧せぬ不精女の朝戸出にちと見習へといふて置く霜」は、約三十年前の天明に詠まれた。

052

たゞ独り雪見にころぶ所にて
早く翁と言う人も無し　油のとうし練方

*Out snow-viewing by myself, I got to where one falls down
but no one was there to see whether or not 'my lord' got up.*

天明狂歌の『若葉集』に出た、この「早く翁＝起きな」は、芭蕉の名作「いざさらば雪見にころぶところまで」（いざ出でむ、行かむ、の変種もある）が本句なる最高の派生歌ではないかと思う。雪がふれば、一人で転ぶと木霊すらないから、起きなければ誰も知らず、春まで静かに埋まったままに寝るだろう。因みに、芭蕉の絵を見ると八十か百歳でも見えるが、いかにも「翁」だったとしても、本当は四十ガラと愚に返る年の間中の竹の節数と人の平均の没年と考えられた五十才で、皆に「おきな！おきな！」と呼ばれても、永遠に寝てしまった。生きたうちに弟子必ず尾行した芭蕉と異なって、油のとうし練方は、敬愚と同じ一人狼か。事実でしかないが淋しい。因みに、芭蕉句を本句にした最高の発生句は「ころぶ人を笑ふてころぶ雪見哉」。おわかり？千代女作です（自分も転べば喜ぶ彼女に惚れない人はおられようか）。★さて、翁の雪見の句より八年前になる 1679 年に出た政仍の狂歌 T37 は、いかがでしょうか。

降るからにあら見事やと尻餅をついてまぶせる粉雪成りけり

*Seeing snow fall, "Splendid!" I say, falling on my mochi-butt
what makes it better is the powder-snow dusts it just such!*

尻餅の慣用を弄んだ軽身傑作かと思う。粉雪は殊に冷えた日で確かに尻餅つき易い。★雪と雪見なる本章の最初の、成らなかった章頭歌は 1812 年以前になる雪と人の関係を考える越前の可由の上方狂歌 k16-3、

月は雲花は嵐の苦もあれどたゝ面白き雪の曙
Luna may cloud & Flora meet storms – we worry for the fair;
but Snow at dawn is pure delight, beauty without care.

英語に白雪と「面白さ」の形容の縁がなくて、原歌より擬女度を強めた前句になるが、比べものの花はとくに女と見立てた（又逆也）から、意訳に自負あるが、大雪でない初雪だったら皆も心配になる。★早苗の 1815 以前の江戸狂歌「みん／\と待ちたるほど降らずして一重に薄き蝉の初雪 E9-3」は、滑稽な暗喩ながら、もう少し長く見たい気持ちをよく詠む有心歌でしょう。★同本に出た高喜の狂歌は、実に勘違えるものから比喩ながら比喩ではない。英訳の like=似を省いてもいい。

ひら／\と散り飛ぶ内を世の人の蝶よ花よと愛づる初雪
While it flutters down & flits about, that is when, by words we show
"Like blossoms!" "Like butterflies!" – how much we love first-snow!

やや暖かいと、ふわふわと浮きながら散る初雪は愛でる。粉雪にない身の動きにも、大型ながらあっと云う間に消えがち、シャボン玉より儚さにも人の心は惹かれる。★花と蝶と言えば、後者に旨い掛詞を含む 1784 の万英の上方狂歌「寒さをも忘るゝ酒は百薬のちょうよ花よと雪を愛する k10-1」に蛇足無用。★更に妙な、長にならない蝶は、真鶴の 1815 以前の江戸狂歌 E9-3 に登場する。

降る雪はちら／\飛んで切捨し鰒の蝶にも止まる可笑しさ
Snowflakes flutter down to land on some globefish butterflies
a jerk cut off and tossed out: it's funny, but I'm not sure why.
（いや解る。儚さに儚さつもる。食えば吐かないと死ぬが）

犬か猫に食われたらと思えば、蝶型と云う最も毒ある内臓を軽く捨てるのが雪の肌に隠しても許されるべきではない罪で、敬愚は笑えないが、行間を読む狂訳でもしましょうか。複数の蝶にしたが on a swellfish butterfly か on the blowfish butterfly 等、お好み訳でいい。★狂歌詠みに裕福の人が多くて、雪見が自宅になりがちだった。そして、炬燵か縁から見たら、踏み跡を詠む歌句は数多ある。小侍従の新古今歌＃678「かき曇りあまぎる雪のふる里を積もらぬ先に訪ふ人もがな」の言わんとする心。美に恵まれたら、分かち合えるお客も欲しいが、足跡はもう遅い…。★裸の矛盾で狂風和歌ですが、次の歌＃679 は、一茶の自嘲句の先例なる慈円の名歌「庭の雪に我が跡つけて出でつるをとふれにけりと人や見つらむ」。誰も来ない寂しさを慰める愚案かと思ったが、★1619 年成立の「新撰狂歌集」には「本歌の言葉をもって、心を変えよ」と頼まれた「ある人」の「庭の雪に我が跡つけで出でつるを飛ばれにけりと人や見つらむ」。即ち濁点二つで変心。或い本歌の主は始めから二重歌意を狙った産まれ付き狂歌か？★「人」に限らず、常煮蔽成の 1812 以前の上方狂歌「珍しく思ぼゆるとも犬の子よ足跡な付けそ庭の初雪 K16-3」は犬に無用の丁寧古語ながら残虐だ。初雪を珍しがる子犬は可哀相。★一方、老赤良＝蜀山人の度胸はいい：「よし人は犬と云ふとも降る雪に我が跡つけて出でんとぞ思ふ」。言葉遊びは皆無が勝手な行動をする断言自体も狂歌。★又 1815 以前の江戸狂歌本に為持の文句「心なき隣の門の箒目や我は椿も掃かで愛づるに 1815 E9-3」の詳細は俳風ながら隣を歎くは狂趣。★最も細かい詠みは、1829 以前の清の江戸狂歌 E12-3。二通りの英訳と下記にある。

My footprints – because, unfearing, I flew right out to see first-snow! Now, I fear lest you not fall enough to cover me!
思わずも庭に飛び出し足跡の消ゆるまで降れと思ふ初雪
My footprints! Because I, unthinkingly, flew right out to see the first-snow, now, I do think, or pray, it will cover me!

原文のみそが「おもわず」と「おもふ」の対照にあるが、英語の think の含蓄が異なるから、狂訳が大変だった。二番目の「おもふ」の語義を昔は「念ふ」とも書いたが、現在の think でいいかどうか。Hope か wish もいいかも。★下記なる薫のも同じ本 E12-3 にある。見たいな！

踏むなよと叱れば子等も手に草履はきてまろばす庭の白雪
Scolded children wearing sandals on their hands and feet
smooth out the white snow to leave the garden neat.

狂歌には少々平凡だが、可愛いし、もっとあって面白いかと思うルポですね。★多数の足跡の狂歌を『古狂歌 森羅万笑』に預けたいが、宿屋飯盛編集の 1809 年の「新撰百」から、後一首をどうしても今すぐにみよ。七葉梶丸、別号六条園戸の「やれ踏むな／＼と叱る庭の面の雪に踏んだるから歌の韻」。唐歌だったら脚韻で又も思出ある。小出版社に勤めた頃、神戸出身の写真家の岡やんと台所で脚韻の激論。おーちゃんは、蕪村魔で、我が見つけた蕪村と友人の也有の脚韻詩を見せたか、詳細はもう忘れたが、数時間後、編集部の我が机に立ち寄れば「ロビンの犬の踏んだら糞やらの話はようわからへん」か何かを吐いた。日本語を聞く能力が低いし、彼の漫才顔負けの大げさっぽい早口は、どれだけ互いに通じたか…我が言葉を勘違ったか、おやんの親爺ギャグか、逆に我が聞き違いか、今もよう判らん。もう故人で、上記の「やれ踏むな」歌を見せて、これだったか、と聞くことが出来ない。

小章　冬至に冬の花

冬はもっぱら六つの花が通常で返り花が異常の季節になるが、寒に好んで咲く植物もいる。★在日の頃、雪を笑った近所の甚だしく咲いた花は、上方出身で江戸で名医になった半井卜養（1607-1678）が詠んだ。「鼓の筒の花生に山茶花入て」は「さゞんかをちゝとつゞみの筒（トウ）に入て花のはやしと打ちながめけん T32」。つつの漢字で楽器の胴、囃しで林も縁語の打ち重ねる擬音尽くし。どんどん咲く花の元気も出る卜養ならではの詠みだ。★同じ名医は、俳句歳時記の典型的な冬花も詠んだ。「水仙花をいけて歌よめと有ければ」が前詞で「美しき花の下葉を見るからに口すいせんと人や言うらん T31」。これは天明狂歌の本にも再載されて、「したば」は町民の妻という注意も有るが、

「口すい⇒せん」の転掛詞の枕（？）のもう一つ意味の解説まだ見付けていない。口＋花は、出入口の床の間を飾るとか、小型の植物とか、絶対何かある。卜養の掛詞の密度と発想の精密さを考慮すれば、その発見を期待します。*Mad in Translation* の珍狂訳をご笑納ください。

♪ asked for a poem about posing a narcissus ♪

This beautiful flower has no limbs to hold, but leaves below to the imagination, and Narcissus may be kissed, you know!

ひびきのよいノンセンスが出来たかと自負できる狂訳だが、男として性別変換に口吸いと言えば水鏡の自分自身自なる惚れ男子神は、嫌。★桜には帰りか返り花もあるが、梅は少々早く咲けば冬になる。馬朝の 1790 以前の上方狂歌「夏の夜の蛍斗りか暮れてゆく年の尻にも火をともす梅 K9-1」とは、赤梅賛の歌であろう。★米国の京が英国軍に焼かれた 1812 年の上方狂歌本に出た津人の和多法師の「冬至梅」も、いかにも狂歌の鑑になる：「鶯を繋ぎやすらん毛太りは糸ほど伸びる梅のはな毛に K16-3」。原文の「け太り」を正しく解読したかどうか自信がないが、冬の梅の花毛が偉く長いから朝の太陽が当たると毛の陰は一メトルも長く伸びるを、無印パッドの日記に描いたのを明白に覚えている。対象は、きっと折られて外より暖かい家の中で早く、つまり冬至の暗に陽を一点を捧げた梅の枝である。★正直言って、冬至が好む題だ。が、いい狂歌は、まだ殆ど見つけていない。俳句なら、一茶が上棚にサボテンをのせた句に満足しました。子規は、誰かが台所の棚に乗せた海鼠に気づいた句も、適切かと思う。ソーローの日記や全集も十万か百万句も読み尽くした敬愚は季語と云うよりも記号としての四季を寝ながら裁きうる、自分の王国になっているから、このような大げさの裁き（？）は言えるが、狂歌には、記憶を刻むだけの冬至名歌にまだ出会っていない。いつか見付けると思うが、今のところでは、上方の大御所の木端の 1760 以前の「冬至」歌の「大股に飛脚を走る冬至ころ短き日足にふん張りし道 K1-29」しかご紹介できない。

053

いざさらば円めし雪と身を成して
浮き世の中を転げありかん　赤良

*Here goes nothing! Let me become a ball of snow and so,
rolling through our woeful world, with each turn I'll grow!*

天明狂歌の聖となる四方赤良が二十二、三歳の『寝惚先生』に出た首。まだ明和の 1767 年で、近来の名声が育つ早さを予言し、自分の出世の大胆無敵の戦略を広報した見立てだ。二月の末の雪降った頃という前文もあって、ここでは全くの場違いだ。とは言え、現象は現象で、冬に入れたければ入ります。転がりながら全面的に情報と友情と技法が我が身につきながらこそ成長も早い勇気ある生き方で、この歌を、どこに置いてもともかくもっと有名にしたい（日本人でない若き博士の既訳あるが、雪の投げる礫と誤訳した）。芭蕉の「いざさらば雪見にころぶ所まで」が部分的に言及するが、膝栗毛になるも己が才能に自信あった赤良は、雪こかしに等しい足を見つけなければならなかったのが本音なる。「転げ歩く」という語もいいですね。転げながら成長する。しかも笑話の狂歌師も本来よく歩いた。我が考え過ぎかも知れないが「転歩」を名詞とすれば同音の天歩か只てんぽと云う運に任せる姿勢と、また同音の田畝（てんぽ）に大田南畝の本名も潜む。★念の為、雪こかしの大きくなるもう一首ある。亀洞の「わんぱくを親も冷つく雪こかし大きう成ったら手に余ろうかと」。これも赤良の首と同様に見事の見立てで、親と子の描写にもなるが、四季歌ではない。しかし、見つけた所は、『題林』の狂歌本の冬の巻の中だった。編集においても狂歌は自由自在。

よしあしを埋んで見せぬ白雪はさても冷たい不実もの哉
*It covers up both the beautiful and the ugly – white snow;
what could be colder and falser than that I do not know!*

★上記は、紫笛の 1778 以前の上方狂歌 K23-6。章頭歌の候補者だった。汚さを綺麗に覆う雪の歌句の例が多くて、良しも悪しも一緒に隠すという指摘は、当然ながら全く新奇で惹かれたが、再読すると可笑しみよりも、消極性を気にしまいました。良し悪しを隠すのが必ずしも不実とも限らない。約百年前に *Japanese Women and Girls* に Alice Mabel Bacon は、貴族の教え子の中で肌が白い方も何故あんなにお化粧を付けるかと聞いたら、肌のより黒い子の気持ちを配慮したからであった。皆平等に貌を作り物として提供した方が情け深いという訳ですね。大化粧を堕落と同定した欧米人として、こう聞くのが大きいなショックだったが、よく考慮すれば見事の理ありました。本筋に戻るが、女の肌抜きの大雪を敬愚も詠めば「芥塚をきれいに覆う雪女は誤魔化し好きな下女の類か」。★雪を嫌がる系譜もある。狂歌と変わらない「伊勢物語」の「月…つもれば…老となる」名首と一休の焼き直しをもじる初期狂歌の天才未得の「1649 年 T24」は、「大方」とは大げさと思うが、何回読んでも微笑ましい。狂訳は頑張ったが…。

大方は雪をも愛でじ是も又つもれば人の冷えと成るもの

Most people do not really love the snow, for it may too build-up and not kill but chill us until we turn blue!

紫笛和尚（1718-1779）の歌が無心百％でなければ、雪を「悪い物」と誹った一茶と似通う。一茶が義母に冷たく扱われた結果だと述べたが、紫笛の心知らず章頭歌を止めた。★紫笛が同本に「邪気きぬと目にはさやかに見えねども風の音にぞ驚かれぬる」と秋も冷たさの始まりとして嫌がった。或いは、「小夜蚊」も掛けたか。だったら、秋の蚊の傑作にもなり、寒がり屋の証明は消えるが。研究者の助言を請う。

小章　大雪と雪女

★「大雪のふりける朝」と題した卜養の「ふりなりは花にもまさるお雪様とける心ハてんとつめたや T32」は、雪の性格を責めるか、雪肌えの美女への片思ひの怨みよりも、外出たら路の解けた雪に足が寒くなった誠の嘆きかとは言え、★数十年後、走帆が卜養への洒落た返歌も詠んだ「ふりつめば女に化けるもことわりや雪も狐も同じこん／\ T56」。ここに、むしろ雪女という立派な化け物の存在を伺える。これぞと思ったいい雪女の歌は、上方後期に二首しる。★客観的に雪女の迷信の根拠を仮定する 1819 以前の弓也の「雪女出づる計りに降る夜半は道に迷いの者も有るらん k18-1」と、★雪女か遊女かと見分けない 1815 以前の輪田丸の「手折と云う花にも類う白肌は指切て行くように冷たし k18-2」。双方も比喩ながら実感溢れる傑作。虚子の写生云々というも現代俳句は「雪女」だらけ。掃除は苦手というより多忙の敬愚の観点を「六つの花なる雪女肌白き汚し庭も七罪消され」。そして純粋無心に「冷たさが罪ならば罪深い雪女に目がない雪達磨かな」。

*If being cold is a sin then the Bodhi-daruma-snowman
is blindly in love with the deeply sinful Snow-woman.*

★求めた絶大の比喩あった。1783 以前、後期上方の題林に再載された下記なる酒丸の「大雪」描写は、平家物語の合戦絵を思わせた、びっしり詰めている武士と馬ならぬ女体絵になる。注 K26-1 は「影」色。

及びなき雪の気色や三千の宮女を残らず裸にするとも
*Nothing could beat this dazzling spectacle of snow, not even
if we stripped three thousand Ming Dynasty palace maidens!*

これも章頭歌の選択だった。残念ながら敬愚が勝手に想像した唐国の宮女を、その数でネット検索すれば、百済王国の唐軍に負けた時、戦中の沖縄の悲劇を思い出す「落花岩で絶壁から川に身を投げた三千宮女」の悲しい伝説に由来する。ネットの物知りは、十九世紀末の朝鮮王朝のそれが六百人しかなかったから、百済に三千人は大げさと述べ

たが、いずれにせよ遺体を遠慮したいから、歌詠みの酒丸の熱心なる描写も章頭歌として、却下せざるをえなかった。★雪女でなくとも、femme fatale（致命的な女）の登場を待つもなかった。一発交わしても命取りになる性病になりかねない鉄砲と称された売笑婦もいたし、同名に知られた河豚も雪の狂歌に登場する。別冊で鰒を丁寧に取り上げたいが、女も登場する二首と雪を殊更に上手に取り込む一首のみ見よ。★大狂歌師の貞柳（1734 没 T51）と★1810 以前の無名の駄鹿 K16-1 の下記なる首は、同じ上方も雰囲気は陰陽の対ほど異なる。北枕という虎河豚の毒でゾンビ状態に入った暗喩と、敵の鍋の尻叩きの軽さも、いずれも雪の日ながら脱帽の傑作。

> 揚貴姫の乳ゝは吸いたか其中にころり寝釈迦の北枕して
> Did thou sucking lay thy head b'twixt Princess Yoki's snowy breasts
> content as Shaka sleeping pillow on the North and take thy rest?

> 女より命とりめと鰒汁の鍋の尻までたゝく雪の日
> More fatale than the female sort yet this is "to die for' I say,
> slapping the swellfish-soup stewpot's butt one snowy day.

唐の姫の乳を吹いたかも、国の鍋に命取り女という力強いが美しい詞扱いは。香りの高い前者の英訳は苦しかった。英語にも鍋に親しい慣用あるから後者はばっちり。★さて、この二首の間になる天明狂歌の名人唐衣橘洲の名鰒歌も見よ。「雪の日、友人のもとよりふくと汁たべにこよ、とありければ」、武士としての橘洲は自嘲の返じを詠んだ。

> 命こそ鷲毛に似たれ何のそのいざ鰒喰にゆきの振舞
> If life is light as down, why do I find my heart all a-flutter
> at going out this snowy day to eat a dish of puffer-fish!

武士は死が怖くないが、その命が主にとって貴重だから、武家に鰒食が禁止された。で、橘洲の心は複雑かと思える。寒がり屋の侍は可哀想。鰒喰えば、体温まると思われたから、雪ふる度に困ります。

小章　雪と汚さ

★数年前に択んだ最初の章頭歌は「雪降りて雪隠遠く下駄は無し心にかかる尻の穴かな」という長嘯子の初期上方狂歌だった。『狂歌大観』に入ったから Mad In Translation の英訳はあるが、日本語の「下駄」を shoes か sandals か clogs にせず、そのまま守りたかったから、脚韻に困った。結局、英語の綴りを弄くって、文字通り馬鹿ゲタ狂訳できた。

Snow is falling, the outhouse far removed and you got no geta:
that is when your mind comes to focus on your asshole betta!

本書に、「尻」や雪隠が既に多いと心配したら、二番目の紫笛の不実の雪に替えたが、終にいずれも章頭歌として失格。とは言え、あのばか下駄の脚韻できたら、狂歌を捨ててもならぬ。そして先日、和歌ＤＢで平安時代の本歌らしいのも見た。穴こそないが、藤原公任の「霜おかぬ袖だにさゆる冬の夜に鴨のうは毛を思ひこそやれ」も長嘯子の参考になったカモしれないと思った。ともかく、同体験の有無次第、読者の歌評も尻の如く真二つに割ると思う。だから心理学の蛇足は無用。念のため、有名のみともない肛門の狂歌は、幾つかもある。★先ず、細川忠興（幽斎の甥か）の「あなきたな江尻を出て行く人の足がらくだりかゝる箱根路（T15、27、参 14 等）」だ。中学生好みのくだらない駄洒落と勘違いしやすいが、成人に成った間もない忠興は、小田原陣および奥羽征討にと、下手糞に支度された従軍の頭に置かれて、ど田舎へ送らせた状況を詠むと思えば、偉いだ、さすがに和歌の密伝もち細川家風の歌才！★本来、河を下って行くが、後の成立なる『新旧狂歌誹諧聞書　参 14』は、上の歌の直ぐ前に「人数に垂れをするがのまりこ川けわたるなみのおと計して」を加えて、あたかも全軍下痢かで「あな」という古語は具体的な「穴」に変えた。あれだけ苦労した若者にとって汚い狂歌が気の薬になったら、素晴らしいではないか。★従軍もせずに我々も微笑む江尻歌あります。1682 成立「狂歌旅枕」

の著者不明詠「人に沙汰するがの江尻きたなしと起きつ転びつ笑ふ旅人 T38-44」。だじゃれ嫌う知人は「われわれ日本人」はもうだじゃれに飽きあき、外人だけは面白がると言うが、この尻作の中の傑作か逆なるかわからないが、「江尻汚し」を聞いて転んだ人は日本人だった。★しもねたに戻らなくてもいいように、ここで引き続いて、もう一首の名歌を見よ。「うづ高く左ねぢれの左大べんけっしてこれは公家衆のくそ」。この糞は、蜀山人が公用で京都へ行った時、案内の人に指されて「これでも狂歌になるか」と責められた時の即興として『狂歌鑑賞辞典』などに出るが出典（鼠渓の随筆集「寝ものがたり」）以前に出た上方狂歌の本（k7-3-51）に既存する。★と言うと、同じ大阪の狂歌師栗標（寛政六 1793 か 4 没）が詠まれた「ものゝ具はハコに治まる太平の代にはたかりし侍のくそ」（蛇足「はこ：屎」は大便）等、各身分か職業の糞歌の数々の中の一首に過ぎなかった。四方赤良・蜀山人の盗作した訳ではない。卜養の弁財癲癇を詠んだ歌の変種も赤良のとされたが同様に、世の中の名人崇拝のため、糞を詠む功までもも名人の功になりがち。要するに、糞を詠むのが功となるジャンルは狂歌に限るが、狂歌は四方赤良・蜀山人に限らない。★十年も竹藪に住めば藪蚊までも中が良い敬愚は、雪＋竹の狂歌一首をオマケに置く。花楽案の江戸後期狂歌の「見に行けば杖と思いし竹も今朝おれより先に転ぶ大雪 E7-1」。杖はまだ要らぬが、敬愚も体験スミだ。「腰折るも卑下とは言へぬ雪頭いきなり窓に突っ込む竹」と春の歌ながら「大雪や梅の一本鑓ならぬ竹も折らねば窓に突こまりました」。★雪の無い南方育ちで雪で Snowman を造る事に目が無い敬愚は、雪達磨や仏を詠む首々を抱き籠と竹婦人と合わせて別冊まで預けたいが、とりあえず好例一首で本章を終えたい。同時に章の極めて変な筋と内容で悩まされた読者に、この 1806 以前の上方狂歌 K25-3 を奉納させて頂きたい。名前も良過ぎる延命法師詠みにもなります＝「人の手につくりし罪と諸共に消えていづこへゆき仏そも」。

０５４

冬獣 戯れに言うと思えば恐ろしや
冬は薬と喰らうかわおそ　桃亭 E11-1 1819

I thought to say something in play, but the reality was frightful;
come winter, men really do eat the otters we find so delightful.

秋は食欲とは云え、そういう狂歌はない。しかし、冬は薬食（くすりぐい）。それは間違いない。薬食いは主に猪と鹿になるが馬も牛も鯨も様々の鳥も、この狂歌で判るように栄養に良ければ何でも噛んでも食われた。薬食は、冬部の題ながら「食物」という雑部の題をめぐる０９０章に巨大で特異なる鯨と田を荒らすから百姓と面白い関係になるしし肉と二十世紀のヒット曲と結ぶスキヤキ（と連想なる杉焼き）の三副題を分けて送った。ここは冬にとりわけ多い食べ物を読んでみるが、鳥が多い。★先ず、はし鷹です。1649 年の「吾吟我集」に未得の「名のみして膳にはすへぬ箸鷹のとりえぬるより早つかみぐひ」は、微笑ましいノンセンス半分の描写ながら、★「鷹狩」と題する干則の 1820 以前の江戸狂歌 E11-2 とは章頭歌同様に現代人を驚かせそう。

千年の鶴のよわいをはし鷹につめてめでたし今日の御狩場
Talons extend and the falcon pinches off a thousand years found
in a crane which is blessed today at ye Imperial Hunting Ground!

なるほど千歳の松も枯れてしまったら、君が齢の足しに成る和歌もあるが、同じ千年ですね。★未得もその百七十年前の「寄鶴祝」に明白に詠んだ概念です：「千年の齢をたもつ身所を君にゆつるの料理ならまし」。「譲る」に「鶴」を読みうるのが清濁無用というより超越できる紙上にこそ生きた狂歌だ。縁ある松にはよく見られた理も「れうり」に潜んだかと敬愚は思う。さて、桃山の宴会に鶴など食われた事

をずっと前から知っていたが、章頭歌の背後を調べたら、南北朝時代までも獣肉店という所もあったと解った。これは現在アフリカで問題になってきたブッシュ・ミットみたいで、カワウソも売られたにちがいない。子供の頃、近くにあった動物園の川獺と海のイルカもよく見たが、家族同士で何に生まれ変わりたい話が多かった。必ずあのふたりの合戦となった。小生はどれが派だったか、今になっても忘れます。いずれが常に playful でハッピーと見えた。これは、食うよりも崇拝でもしたくなる魂持ちだ。せめての慰みは、WIKI より：「また内臓も被差別部落民に分配され食べ尽くされている」。敬愚も死ねば過去に生まれ変わったら役立ちたいから、それもプラス。鶴が狂歌の中ではまれにしか食われていないが、冬はまさしく水鳥。薬食いにもなるが、薬と言わずとも鳥は食われた。★上階級の者ならば落雁を見れば即時落涎の狂歌を０４３章で見てきたが、冬の水鳥を引き続ければ、下記に、貞徳が「霜」の題に詠んだ鴨 T20 に、★約二百年後の天明狂歌の大御所の橘洲が詠んだ、手元の日本国語大辞典に見つけた鴨は旨い。

生きながら塩したように水鳥の翅も嘴も霜ぞふりける

*The way frost coats even their wings and beaks – the water fowl
while alive look salted for roasting and make our bellies growl.*

地を走る翼なりけり寒中のお見舞いに誰もかもの進物

*These wings run o'er the ground so fast we're all in luck:
as a treat to bear the cold nothing beats duck but duck!*

貞徳の降＝振りけるよりも橘洲の「誰もかも」の言葉遊びの方が面白いと思うが、★もう少し後になる、下記の山家広住の 1802 以前の江戸狂歌 E6-5 を読めば、上記名人の二首とも即時に忘れるかもしれない。

旨そうと人の見ている冬川津 雌鴨の尻をたゝくさゝ波

*People look and drool to see how the chop laps their butts
for winter rivers can't stay calm below delicious ducks.*

人が鴨の尻触る波を羨ましがるほど滑稽たる新奇は珍しいが、ずばり言って、あたかも男が女の子の跨る自転車のサドルを見て涎を垂らす変態の四コマ漫画の食物ポルノ版で教科書に不向きかも。章頭歌になってもいいが、へんてこ言われても、川獺の意外性が上かと思う。しかも言葉遊び全くないくせに、戯れを詠むのも可笑しい。★冬の水鳥とは別に、冬の薬食を要約するような題林 1805 頃再載の後期江戸狂歌一首を見よ。潮松詠みの歌は、狂訳のハンバーガーではないが、

吸う汁の妻子こどもに別火してうしと思わぬ薬喰かな

Dining apart from the wives and kids who sip soup is no grief at all, to one who would eat such medicine, namely, beef!

Though we may roast ours, us medicine-eaters do not beef about having supper apart from the soup-slurping family.

フロイス神父は 1585 年の 611 個目なる日欧文化対極尽くしの食べ物の章の第 41 番目の対比「私どもハ犬を遠慮し、牛を食べる；彼らハ牛を遠慮し、犬を薬として綺麗に頂く」とあるが、潮松の狂歌の「うし」は「憂し」と思わぬが、仄めかされた食べ物は、まさか牛か？牡丹が猪、紅葉は鹿、桜は馬肉になるが、南蛮人が日本に食用として牛肉を紹介した間もなく鎖国になってからは、牛は食卓から消えたと思った。が、一つ藩が皮作りの副産物として「養生肉」とて主に大名へ贈られた味噌漬けが又「反本丸」と云う薬して売られたが、上記は屋台で売る天保年間の頃以前で、獣肉を売る「ももんじ屋」（百獣屋）」から買って、なんだかの会で食ったか判らないが…

小章　海鼠

冬食と言えば、水鳥と薬食いと寒さに耐える河豚の他には、大勢食わせる鯨と一人が寂しく嚙む海鼠になる。鯨を飲食物の 090 章に預けたから残る物は、やはり孤独の海鼠だ。古今の海鼠句を千本ほど漁って英

訳した上、比喩を分類し分けて自然科学の駄弁当を加えた、一茶句『浮け海鼠』に因む名づけた拙著 Rise, Ye Sea Slugs! を 2003 年に出したが、狂歌と無関係でもない。というと、俳諧の海鼠には特徴がないのが特徴で哲学者曰く本体 ding an sich に最も近い季語として、句作の本質に迫るこの上もない対象だと思った。換言すれば、海鼠という空白は「写生」を断るが、それでも海鼠を句に作れば、人の心はどのように描かれるかという事も読み取れるかと期待しました。で、芭蕉の生きながら一つに凍った海鼠を始めにネットで見つけた現在人のコンテストの落ちこぼれ句までも、多くの作品を読みながら、それぞれの心理上の比喩か暗喩を分析した上に、それぞれを別章に入れた。今ここ、食物か冬の本質に迫る句を八つ本ご紹介しますが、狂歌の本ですから、先ず歌例二首ほど見よ。★天明狂歌の赤良の盛りの数十年後でしょうが、蜀山人の狂歌は、最高の珍味か糞より悪い味という人の意見が甚だしく異なる海鼠腸（このわた）をめぐる。

    酩酊に啜る海鼠腸味よくて長くもがなと思いけるかな

*Slurping down fermented sea cucumber guts I come to think
that flavor is one I'd savor for a long time with a good drink*

一見でなんでもない詠みが、このわた宜しく吸い込むようにじっくりと読めば、細長い愛情か命を寄せながら、その珍味を提供してくれた人に「おもいける」の「いける」という海鼠腸の賛も出している（へっ、いけるじゃないか！）。似通う後句ある藤原義孝の本歌（君がため惜しからざりし命さへ…）は百人一首の＃五十で、ひょっとしたら詠む人か主の知命も五十歳になる。同時に、句内の海鼠に慣れている敬愚は失礼ながら狂歌を反歌ならぬ反句に作って見る＝「酩酊にこのわたくしも長くもがな」。いかがでしょうか、「このわたし」とは？★さて、二番目の狂歌は、天地根の 1818 以前の「このわたをたうべて」詠んだ k8-2 が「良きとさりける」だと、恐らくあまり好まなかったようですが、中々の外交官だった。

形こそ世にも醜き生海鼠なれ腸ハよきものにさりける
In this, our world of appearence, the sea slug is ugly as sin;
yet they say it has delicious guts, it is "beautiful within!"

断って置くが、拙著にある海鼠腸句は、すべてが現代以降。古句なかった。で狂歌が、海鼠腸の前衛だったようです。とは言え、今日 2016.9.19 やっと一句見つけた！阿羅野の 1689 元禄二の「海鼠腸の壺埋めたき氷室哉」。驚いた事に夏の句だ。常夏のフロリダに住む敬愚は、海鼠腸を食って見る機会あるはずを、世界一海鼠句の博士（その号を呉れる大学はないか）ながらも、まだ一度とも頂いていない。注文せんとしたが、取り寄せられなかった。鼻の下同様に、気も長い敬愚は、十数年も、このままだ。んもっ、許さん！という気持ちだが。

Like my Dad
I use scizzors to cut
sea-slug guts

上記は、Rise, Ye Sea Slugs!に出た福島万沙塔の句「父のせしごとく鋏で海鼠腸を」の第三英訳（拙著の二訳よりやや益しかと思う）になるが、これから択ぶ八句を、どれだけ古句か新句か我も前もって知らぬが…

　　生きて居る海鼠と見れば面白し　麦人（1876-1965）
　（夜行で泥を呑み込み清い砂に排泄す働き姿は世に不知）

　　胴切にしもせざりける生海鼠かな　太祇　1709-72
　（百数十年後に八雲が New Orleans に蟹殺す笑話と似る）

　　一休の糞になったる海鼠かな　子規　1897 になるが
　（拙著を読まねば謎を解けまいぞ、それ以上は言えない）

　　わだつみの底に物ある海鼠かな　楽南　現代か在人か
　（物でしかないが、見た目では男の一物と似通う事か）

なまこ食ふ歯音や雪の高木履　素丸　１７１２-９５
（小檜山繁の「海鼠かむ光の粒を噛む如く」もいい！）

静けさや標本瓶に浮くナマコ　敬愚　1951-いつでも
（Ca州出身二系人著小説 Namako の在日自画像を句化）

思ふこと言わぬ様なる海鼠かな　蕪村　1770の句
（海鼠に針打ち込む書生は蕪村の名海鼠句になるが）

「百年の孤独」のボトル海鼠噛む　白山羊　現在人
（焼酎なるが、拙著に有る「噛む」海鼠しかない一章より）
Chewing sea slug, my bottle "A Hundred Years of Solitude."

ころ／＼となまこも縮む寒さかな

紫道　1741没

How cold it is
even sea slugs shrink up
like my balls!

紫道のプラスアルファ句の「も」が我が睾丸を追加する理になる。その気がします。数多句の意味を更に争えば Rise, Ye Sea Slugs!をご覧せ。

小章　氷

本来、「雪」の章の次に「氷」の章あったが、川獺や水鳥など薬食に取り替われた。★氷の章頭歌は下記なる1679年T37の信安詠み＋狂訳

中々に火桶と云わん水桶に手をさしみれば厚氷哉
Sticking my hand in the tub, a brazzier it was & was not;
the ice on the water was atsu-thick, but it felt atsu-hot!

観測は絶妙。熱寒の痛みは、意外にも似る。出典に漢字が「厚」だった。同音の掛詞の場合は、平仮名が多い。この方では、読み終わる間もなく「そうか！「暑」い感じもするね！」と、心の中で合点した方が面白いか。とは言え、章頭歌として余韻不足だったから、惜しくはない。★気に入たも一首の手水鉢歌は、1740年の宗古堂河書のT59ながら題林は河尽詠み。なるほど、見ずにも水は人のカガミになるか。

顔の垢おとす朝けの手水鉢 水の皮むく薄氷かな
This morning, in order to wash off the crud on my face
I first had to clear away a thin ice skin on the basin.

★最も美しい内容の氷がはる首は、1812以前の折鶴の江戸狂歌 E7-1:

さす月を入れたる箱の池水に氷の蓋をしてやおくらん

I'd put a lid of ice on the lake so Luna & her moonshine
are shut up, like in a box and send it to a girl of mine!

（日本語の歌句は渋くて内容は判らぬがどうだい？）

I'd put a lid of ice on the lake so our moon's cold light
is shut up, like in a box so we can go out tonight!

寒月が凄まじい。が、二つ英訳の間の文句は通じますか。何おくらん。「置くらん」か「送らん」か「贈らん」か。密伝など、もう要らぬ。歌も句も、曖昧さを生かしながらも明白に宣伝しなさい！「おく」の漢字をわざと避けるのが判る。しかし、前か後詞で説明をよろしくお願いします。この望みを、お判りでしょうか。上記の「おくらん」は好例ではないか。漢字次第には全く異なる詠みです。本書を今まで丹念に読んで下さった人は、この敬愚はけっして白黒の選択を好む方ではないとお判りになるが、曖昧なる歌は、その中でなくとも、前か後に人の判るように説明が要る。でなければ、言葉なんか無用だ。小箱

ならば、1944 年の戦中米の名曲 Swinging On A Star「星をブラン子に」の台詞 carry moonbeams home in a jar「月光線を瓶入にて家づとにする」ような内容か。と惑った所、ネットで「箱池」を検索すれば、日本橋に「箱池（箱崎池）」と呼ばれる大きな池があったらしい。だったら、狂歌は池大のシュール比喩でしかなかったかもしれない。とは言え、繰り返す：「おくらん」に漢字がなければ、蛇足は要りました。★旭皮の 1815 以前の上方狂歌 k18-2 は、そのままで楽しめるが。

龍宮をこれも覗きのカラクリか大きな眼鏡はりし氷ハ

So is even the Palace of the Dragon King just another automata, viewed through a huge lense – I mean this iced-over water?

Water ワーターと発音すれば脚韻詩になる。因みに、氷はる狂句も多い。1663 年の『犬子集』にある正直の「池にはる氷は魚の目がね哉」は最高（眼鏡と言えば、氏重の「山眉にか〻れる月は目がね哉」と其角の名句「鼻に合わぬ目鏡や朧月」も傑作が、狂歌も狂句も眼鏡に目がない）。★章頭歌を薬食に変えた前に手水桶の暑＝厚氷の他に考慮した歌は天明女流狂歌師の智恵内子の名歌「山姫も冬は氷の針仕事 滝つせ縫ひや閉づる布引」だ。滝＝滾つ瀬＝背の掛詞も、きちんと最後に布引にオチるがいい。神戸の滝というが、丈を「たき」か滝を「たけ」と云う方言のある所だったら更に凄い。が、再考すれば「冬」よりも「名所」歌、しかも描写よりも心を優先したい本書の章頭歌基準に相応しくない。★1649 の天才未得の氷歌は下記なるが、冬の氷の若返り法は、現在の金持の自惚れが特薬なる botox を思わせる。

河つらの皺は氷にのびぬれど冬ごとに寄る我が老の波
The ice spreading over the face of the river clears up its skin, but every winter all I get are ripples, more waves coming in.

★氷の精神の最高の描写は、紫笛の「打ち叩きしても砕けぬ厚氷こいつも意地を張りつめるかや 1778 K23-6」であろう。狂訳おもえば、厚

肌は英語もばっちりが、張りの含蓄は無理です。★氷が「はる」と言えば、有村の 1829 以前の江戸狂歌「山河に氷のはるも時ぞする木々の梢に六つの花びら E12-3」は、すべてのところを得た最高だろうが、冬ではなく春の歌ですね。★氷の張る過程の細かい観測として最高の描写は「暁天氷」と題す鳴女の 1790 以前の上方狂歌 K26-3 でしかない。中々鋭い正反対なる物の発見です。

　　　　下紐のそれならで氷結ぶなり恋する人のきぬ／＼の頃
Ice is not undies, but does bind into sheets we see at sunrise
as lovers who must instead part, exchange their goodbyes.

小章　霰

降るか散るか、見る度に誰も興奮する霰。★ 1649 の本に未得の「うき雲の衣をかけて丸しぬる霰や人を冷やす寒薬 T24-238」とは、『森羅万笑』の古狂歌の歳時記の「霰」の第一歌例になる。食べ物である漢方薬は、熱薬と寒薬に分けるが、お腹を冷やすための寒薬よりも、暖かさを促す薬の方が多いみたい。ともかく、お腹が暑くなりがち敬愚は、霰が好き。★1672 年以前の満永の「雪仏拝まん珠数の断つまにし入れたき物は玉霰哉 T30」も、★こんや七朝の 1802 以前の江戸狂歌 e6-5 も、同じ夢に現実的説明を寄せる。

　　　　驚きてこする眼の玉あられ丸寝の夢を打ち破るかな
Surprised to escape a dream while sleeping dressed, what dread
to wake and find the eyeballs I'd just rubbed were hail instead.

外で寝たら、夢見るに自然現象も飛び込んだに違いない。しかし、眼の球を触る夢は、本当に恐ろしい。★文屋古の文の 1811 以前の上方狂歌「盗人の夢は逃げても玉あられ屋根をば破る音きこえけり K16-2」も、★失出典のへた成の「玉霰下手算盤に似たるかな音計りして積もり見えねば」も、★同失出典の如石は下記の首。

珠数切った様に散らばる玉あられ寒念仏もやめて走りぬ
Like a broken string of prayer beads, hail flies helter-skelter
as the monks chanting mid-winter sutra flee for shelter!

★この如石の首を読めば、ああっ、それ！それ！と声出した。2000 年の Edinburgh では、たまたま友人の家の二階窓から観た。スコット郵便局専用の Bowling green という休息設備で、芝の上に不思議な国のアーリスのフラミンゴの槌こそなかったが、米人の我に言わせれば変てこの試合中、可愛い雲が数本（？）が眩しい真上の青空に浮いたが、緑色の芝の上に、眩しい日光を浴びせながら、いきなりピンポン球大の霰が振り初めた。いや鉄砲の弾さながら飛んできたが、明いた窓（風向きは我が後ろからだった）から、すべて見た。何十人も自分のボールをそのままに捨てたり、抱いたり、霰に襲われながら逃げる姿の滑稽を、一生も忘れない。北の海に面する Edinburgh では、五月か六月だったが。★冬へ戻れば、最も新奇で何回読んでもいい歌例は、歌鼠の 1815 以前の上方狂歌 k18-2 である。

降って跳ぶ霰は魚の目の玉に似ても喰われぬ物と社しれ
Hail-stones that raining down bounce like fish eyeballs
are also similar for not being at all good to eat.

双方を食べてみた敬愚は同感。★雄飛の 1819 以前の上方狂歌「節分の豆まくように降る霰鬼瓦にもいたく当らむ K9-3」は、なんと言えばいい。優しいですね。★四季上に優れた霰は麗文 1820 以前の上方狂歌「K11-1」は、抜群。よく思えばノンセンスなんですが、

待つ春を冬に丸めて初雪の花の蕾とあられたばしる
Rolled up to make blossom buds for the Spring's first snow,
let's hail the icy stones of winter bounding 'round us now.

★真倉の後期江戸狂歌「中空に霰の玉子打ち割れて鳥の産毛や散らす白雪 1829 E12-3」は、酉年の新年に詠まれたら霰と雪の完璧の何故何故物語になるが、玉は玉子にも卵にもならないから英訳は本来無用。

小章　柱氷をモウ一度

本書の「春」二番の章頭歌が、心なき人の泪の氷柱で、既に鶯の泪の氷柱も、神代の鉾になる氷柱にも、牛の涎の氷柱をも、ご覧になったかと思いますが、フロリダ出身の敬愚は、氷柱をココナツの実のようなものかと見てきた。いずれも上から落ちれば人を殺しうるも、多くの人は気にしない。その下に居ても、「ダモクレスの剣」の故事よろしく心配すべきを、世の無関心は不思議。いずれのために、毎年の死傷者は何千人もいると思えば。★我が最も気に入れた氷柱の首は、以文の 1819 以前の上方狂歌 k18-1 とは、

眠りたる冬の山家は軒口に下がる氷柱も涎かとみん
*My sleepy mountain hut seems a picture of hibernation,
even icicles dangling from the eaves look like slobber.*

一見で甲斐もない首ながら、百人一首の源宗于詠み「山里は冬ぞ淋しさ増りける〜」などを念に入れて、山家を「うし」と見れば、丑年でなくても垂れるもいいし、「〜たる」「〜がる」の韻もいいし、「と見ん」に「冬眠」も掛けて、中に棲むご隠居も寝ながら涎たれることも珍しくないと思えば、拙英訳と異なって、山家の鼾ばかり聞こえない傑作と読む。或いは、「と見ん」に「冬眠」を重なる者は敬愚の独り涎たる思い込みに過ぎないか。ここに月の輪も欲しい。冬眠中に臭い涎をたる者は熊なんですから。或いは、これは既に夜景でしょうか。頭文字は、ね・ふ・の・さ・よ。お解り？眠ぶの小夜になります。

055

At this time when the whole world kisses ass, I send toilet paper to serve what's left of the Year, its end!

くそ世話も世の習いとて行年の
尻ぬぐいにとおくる白紙
歌鼠　k18-2　1815

「尻ぬぐい」の第二義は人の不始末の面倒を見るし、これで一年分のお世話になった事が文字通り「白紙に戻す」か。新年用の摺物の為のきちんとした狂歌を中々思い浮かばなかったから、お詫びに紙を師へ贈ったか。或いは長病か何かのことで多くの人にお手数かけた一年だったから、もっぱら同じ狂歌詠みの知人へ、料紙用の白紙を贈ったか。或いは行く年に贈るために神社に奉納されただけか。神社にて紙で神の尻を拭くも合点できるが、下肥汲取りか糞尿買いがその得意先へ送るお歳暮かとは、我が最初の読みだった。歌鼠は、上方の人。地方次第が、上方は江戸よりも徹底的な排泄物の循環制度を誇った。糞尿買いがお客にお歳暮として白紙を配った事があったか。『古狂歌　ご笑納ください』を改造する前に、日本人の皆さんの下しらべと解釈をお願いしたい。★因みに、歌鼠の首の十年前に同じ上方に出た素人も「肥やし取る得意へ米は渡しつゝ我が屋の餅をつく年の尻　1807　K14-3」もある。この素人の尻餅つくを分けて詠むところが面白い。歌鼠の「くそ世話」首の膨大規模と劇的な感慨（？）はない、私的で謙遜の描写に過ぎないが、その方が好む読者もおられそう。★年の尻餅を詠む下記の鈍永の上方狂歌 K13-1＝1753 の方も陳腐ながら、良い良い。

来る春を高き賤しきおしなべて年の尻餅をついて喜ぶ
High & low pound out the sweet-rice butt of the old Year cheerful to fall upon the same as Spring comes near.

★狂歌研究にお世話になる吉岡生夫の『狂歌逍遥第一巻』に「廿五日餅搗」が題の、小生どうやって見逃したか知らない、元禄の月洞軒 T40 の「臼ハかゝ杵こそとゝと夜もすがら二人の中で餅をつく／＼」という滑稽ながら納得のゆく首も掲載された。一方、下記の月洞軒 T40 の首と英訳は拙 *Mad In Translation* に出た

春を待つ餅をつく／＼と思ふにも臼と杵とはとゝかゝのごと
*Pounding sweet-rice to prime the Spring pounds it into me
mortar & pestle do just like ma & pa . . . it has to be!*

おそらく、この首の方に惚れて拾ったら、他のを捨てて吉岡の本に再び出会うまで忘れた。今はどれが上か、もう言えない。左の夜もすがらのつくづくで切った、いや未完成の歌体に余裕か余韻を感じるが、右の比喩の発明する過程は読み物になります。いずれにして、ごく初歩的な凸凹交合は神代を仄めかすから元日、とりわけ古のそういうところの有無を活かした二人神までも遡る。同時に、その餅が月洞軒になる胎児の具現と考えれば楽しい。しかし、この命を宿す年の末はあくまでも春を待つ、あるいは新年を妊婦にするように餅を搗く（字を見ると島を造る。同時に、尻つくのが孕むに結ぶ（お粥杖のように）。とは言え、年の尻は老尻にもなるためか、それを詠む多くの首はロマンチックではありません。歌鼠の章頭歌と比べながら、逆年順で見たら、先ず。★後期上方か江戸の輪田丸の「借銭ハすっぱり済まし産まれ子と成ってムツキを待つ年の尻（題林）」も、そのまま傷もない蛇足無用の秀首だ。歌鼠の章頭歌は不人気だったら、これに取り替えるかもしれない。★安藤犬丸の 1784 以前の上方狂歌「河童のさらにひまなき仕舞事に人もすう／＼云ふ年の尻 k27-4」の「すう」は、何か。尻子玉は新玉ではないてば。掛取りに「すうまない」「すうみません」と言う事か？それなら、尻作だ。★省巴の 1777 以前の上方狂歌「年の尻毛むしゃらくしゃらとはえ際の事繁るのは抜くもならずよ K13-5」。生え＝栄えか。師走の多忙の替え唄っぽい描写ですね。★宵眠の 1734 以前の上方狂歌「年の尻おしつめれども心強う見返りもせずゆき女かな K1-29 歳載 K2-5」とは、きっと雪ふり続いた年かと思うが、章頭歌に

してもいい出来栄えかと思う。★そして、既に章頭歌あるからが多いから遠慮した元禄の月洞軒 T40 のいかされた大尻作

貧乏神まりけるように蹴ていなせ ありはどっこいよき年の暮れ
Just give Poverty a big kick in the arse, like you would a football
send that god off w/ a bang: the year may end well after all!

とは完璧の男らしい Godspeed お送りであろうが、★女の読者にも贈り物あります。其律の 1748 年以前の玉なる花の上方狂歌 K3-1 です。

まだ咲かぬ花の兄分さしおいて年の尻なるつばき不遠慮
With no deference to the elder brother of our flowering trees
Camellia blooms in bold red as the rear end of the year.

唾を吐いたら別になるが、春一番を譲り年の尻に咲く椿は赤くとも潔白ぞ。尻作を更に見たければ『古狂歌 珍題集』を是非ご覧になって…。

小章　煤払・煤掃

煤払いは滑稽になり易い為か、狂歌に多いかと思われたが、初期狂歌に見覚えがない。江戸中期より花が咲く題だ。★栗嶝の 1767 以前の上方狂歌「煤掃のなりハきたなし武蔵坊弁慶顔で箒がいこむ　k6-1」は。「むさし」にはどういう訳か勇みと汚さを両立するが、掃除の道具の数がはたして比べになるか。★『古狂歌 滑稽の蒸すまで』にも紹介した蕪村の親友の也有（1783 没）の「寄煤掃祝」歌「豊なる代にすみながら煤掃の今日は身一つ置所無し 1812　E8-3 再載」は、可愛い。2017.7.3 校正中。拙著盗作にならないように、也有の歌の既訳を見ずに改めてやります。そして、煤払を九十句ほど作った老一茶の文政二年に作った贅沢の嘆きを、共に置く。

In this, the age of transparent affluence where all know grace
we have leisure time but now, on Dusting Day I've no place!

> 猫連て松へ隠居やすす払ひ
> *Cat in tow, off we go to retire*
> *under the pines: dusting day.*

豊なる代は太平祝の系譜の一つが、前の英訳はこれに比べて素朴だったはず。偉く細かいインドの Carnatic 音楽を聴きながら翻訳すると、三音節の語を二つまで使ってしまった。とは言え、時空までも出てくるとさすがにインドの心までも…KUNNAKUDI VAIDYANATHAN のバイオリンに感謝。★友丸の 1783 以前の上方狂歌「煤と共に貧乏神を払ひ出し是から家内ふく計りなり k27-3」も又そうだ。布で丁寧に拭く家内に福は内を掛けて、本人は鬼同然の貧乏神という自嘲さえすれば、払われたよりも喜んで掃除を免れた言い訳できたのもおめでたい。★紙袋を被たり、穿きたりする首もざらとあるから、波津加蛭子の 1812 以前の江戸狂歌「正直を守れるこそ家の煤取りハこうべにかみ袋かぶりて E8-2」と★岡本紫藤の 1785 以前の上方狂歌「正直のこうべにすっぽりかみ袋はき出す煤や塵に交わる k27-5」は、初冬と終冬を神＝紙で結ぶ。★変わった掃除の好例は、魚丸のど現実主義の 1794 以前の「風呂の下へくべてしまうな煤掃きに古木と共に出したから鮭 K26-4」と★破睡軒辻丸の 1812 以前のやばい上方狂歌 k29-2。

> 紙袋あたまへ着せりや煤掃に跡ずさりしてふき回る猫
> *A paper bag pulled o'er pussy's head, backing from the room,*
> *the poor cat hissed and dusted faster than any broom!*

猫と共に暮らした者ならば、後者の姿を見ていない人はいない。猫は、己からそうなる事が多い。取り外すは情けながら、そのままに少し残して観るも面白い。これを中学生に読ませたくない狂歌だが、声が吹く hiss＝dust 拭く掛詞は抜群。英語では無理ながら、脚韻を踏み回っては、狂訳はにゃんとなくさまになやった。

056

One bean to fete each year of all who live in our house:
let's see how many we threw are eaten by the mouse!

節分　年の数人ハ祝うて打豆を
拾う鼠や幾つ喰うらん
黍丸　題林

可愛い／＼節分の狂歌としか言えようがない。古今東西の狂歌もある本に再載されたが、丸名で多分後期江戸の上方狂歌になる。★節分の太陰暦における位置ですが、立春が元日の目安だったから年の内（冬）になる比率が半分だった。その故、一日前だった「鬼は外！」とも呼んだ節分の半分以上は、年暮に行われたが、ことの順番をうまく伝わる見世（女）の 1798 以前の上方狂歌「隠れんぼ節季の鬼も知らぬ子がもうか／＼と春を待ちぬる K5-1」は、いかがでしょうか。節季候に詳しくない敬愚だったら「丑年を待ちかぬる赤前垂にもうか／＼と涎たれる子」かと反歌したくなるが、見世女の首は、そのままこそ可愛い（やはり、江戸時代以前の女性の日記や家集に子供を観測した歌あったら、見たい！）節季の鬼を節分のと混合しては申し訳ないが、可愛い歌が可愛い歌を呼んだ。しかたがなかった。もうしも英訳が可能の首であったら、もう章頭歌になったかも知れない。本筋へ戻る。★煤払いと異なって、言うまでもなく豆を鬼に仮装した男へ投げつけたりする狂気ぶった事は、狂歌詠みに誂えむきで初期狂歌より、ずっと流行った。★1620 年頃成立なる落語の父にもなる安楽庵策伝著の名笑話集『醒睡笑』（何冊もあって千話以上で、わっとしか言えない）にも、初期大集にも天明狂歌集にも再載 T13 T27 E4-3 された雄長老の歌、

鬼はうち福をば外へ出だすとも　年一つづゝ寄らせずもがな
Could it but keep one year from increasing mine, by my troth,
I'd welcome bad spirits and good luck is what I'd send off!

とは、一休も弄んだ無常と釈教の章で見る年寄るを怖がる系譜の極端例になります。念のため、出雲の十月は「神有月」になる同様、年〻の方向の目出度い運次第「方避け」の寺社にて「鬼も内」と唱えたりしたそうです。雄長老は。1586 年建仁寺住持の学僧だから「鬼も内」と詠んだ理もあったかもしれない。★同じ「題林」に再載された未得の 1649 年の私歌撰『吾吟我集』の一首、行事の深い意味を表す秀歌ながら、

節分の夜半にまきぬる煎豆も花咲く春の種とこそなれ　未得

♪*May these parched beans thrown at midnight of the Great Divide become the seeds for flowers to blossom bringing Spring alive!*♪

武家に面目ない長生きしたい雄長老の歌にくらべて狂趣はない。因みに「節分」その語の英訳は困る。何故かと言えば、適切な英単語が存在しなければ the day before the calendrical/astronomical start of spring とか traditional end of winter 等の解説にならざる得ない。Great Seasonal Divide にしたくなります。新造語の略語でいけば、未得の歌はなんとなく狂訳できたが。★未得と人生が重なる在江戸の藩医者の卜養の「鬼は外福は内へと打つ大豆の当りてひるかやらくさやふん」（★T27-284「鬼は外福は内へと打つ豆の腹に当りてあらくさやふん」又★「福はうち鬼は外へと打つ〜　T32-69」）は、「鬼が尻をまくりふんする所」の画賛を人に頼まれたが始まりのようだが、臭さも鬼払うからくさやを節分に食う地方もあったと思えば宜しい。風俗歌として、国語辞典の「くさや」の用例になるべし。とは言え、当時の日本人にも通じなかったようで、初期狂歌一大編集者の行風は「坂東の俗除夜に煎り大豆こしらえる時やらくさやふんと言える言葉をもてよめる」とどこかがで説明も拾った）。「やら臭や糞」まで判らないが、クサヤならば、我がアパートの中で焼いてみた事もある。食べたことあるノルウェーの腐った魚ほど怖くはないが、恐ろしい事に強烈な臭さが二、三週間も消えなかった！今度は、外で焼きます。（馬鹿の外人と思う前に、

本当は同居した日本人の彼女のアイデアだったよ。二人の勉強になりました）。★元禄の月洞軒も「そこな鬼め虎のかわゆや褌の隙にいり豆で金打たれ泣く T40」と詠んだ。当時、虎皮似の褌もコスプレとして売られたかどうか知らぬが、妻に豆吹きで打ったれらしい。鉄砲の弾ほどではないが、結構速く飛ばせたか。敬愚は、飼猫を苛めに来るしぶとい野良を豆吹の大豆で守り切ったが、…。★月洞軒の『大団 T40』の次〻の首は、やっと、営みも豆になる。

まく豆を祝ひ納めて其後にきこしめさる〻夜のまめ哉
The beans thrown, then, let us not forget to finish this rite –
I'm partaking in some "mame" myself with the wife tonight!

英語では豆は女陰にならないが、right=rite（正しく＝儀式）の掛詞で翻訳は自負できる。しかし、古狂歌の「色を好むさし男」が中年からは、大変丁寧になったですね。★あまり長生きはしなかったが、若しもしたら「鳩の杖つく迄いろハ変わらじな互ひに年乃まめハ喰ふとも」って後期江戸の狂歌（失出典）になったはず。★その十年前の若き月洞軒は、こう詠んだ：「鬼今宵鼻をふさぎて逃げにけりまかでも妹が豆の臭さに T40」！女嫌いでなかったから、恐らく生理中の妻を恨む豆男だが、酷いは酷い。臭かったら、数日でも休憩しなさい！或いは撒かで＝真っ赤でという無心歌の詞遊びだけか。★ずいぶん前に見た節季の鬼を、百喜堂貞史の 1783 以前の上方狂歌も詠んだ：「節分は今日に祝えど又跡の節季を払う豆板もがな k10-2」も、微笑ましい。豆のバトンタッチと称しましょうか。数十年前に府中の是政に小屋を借りたら、警察を呼ぶから獅子舞を硬く断るなんだかの掲示が戸の上に貼っていた事を今も覚えているが、残念ながら獅子舞も節季そろ？も一度とも来なかった。邪魔にきた者は、子孕む猫とエホバの証人のみ。だが、百喜堂貞史は不親切な人ではなかった。豆板は、豆板銀、つまり投げてやりたかったお金だ。★豆くう鼠の前に択んだ章頭歌も、節分のアックショーンに比べて退屈なる新年の準備に関する歌ながら面白い、百年の 1818 以前の上方狂歌 k8-2 だ：

門松の松ひき抜けば各山も笑わぬ先にゑくぼ見えけり

*Where gate-pines were dug out of each hill, how funny to see
before Spring comes and mountains 'smile', just the dimples!*

一茶が嘆いた吉原の花街に臨時的に植えた花になるために鳥の巣が台無しにされた土に穴を残した哀れな山桜は哀れも、これは違う。環境の破壊に笑い顔を付ける誤魔化しでもない。びっしりと生えた木々も苦しくなる。根こそぎたり、皮を剥げたり小木を殺すだけの大型獣無ければ、他の動物より手の優しい人間による間引きこそ、森、山全体にとって親切になる。笑むもいい。一見して歌は余韻不足かと思ったが、二、三回読めば、山と一緒に笑うようになった。食われた豆の数で鼠の年も知る首と、この山の笑窪の二首で、しもねた臭い数多首のブラック・ユーモアに巻かれた年の暮に一点の陽を与えんと章頭歌にした。★その代わりに、年のお荷物もう一首を見よ。天明狂歌の朱良菅江の著名歌ですね。我が狂訳以外にも英訳があるという訳です。

しゃく金も今は包むに包まれず破れかぶれのふんどしのくれ

*The money I owe, I can no more hide it than the family jewels
barely in my loincloth rent showing, too, year-end arrears!*

★他の解注者と翻訳者に指摘されていないようですが、菅江の名歌の約百年前の月洞軒の「大団」の元禄二の歳暮に類歌ある＝「この暮の仕廻を何とした帯に包みてやろか股ぐらの金 T40」。この本で初めて、二人の金がきちんと揃えた。とは言え、朱良菅江は盗作でも焼き直しでも本歌取りでもなかろう。Wiki によれば江戸時代、素人歌舞伎で褌は「金隠し」とも称されたし、月洞軒は一匹狼で歌集が広く出回らなかったようです。自筆の「大団」は、天理大学図書館に無かったら『狂歌大観』にも入らず、敬愚の目にも届かなかったはずです。

０５７

*What's to regret when from Emperor Jimmu's Reign the Year
has left us two thousand times yet still remains right here!*

今更になにか惜しまん神武より
二千年来くれて行く年
蜀山人　百首

拙著 *Mad In Translation* の Kicking the Year in its Miserable Rear という章に同じ首を「♪Auld Lang Syne is doing fine♪」と題し、四行詩 AABB 脚韻訳にした：*Why do we still waste our tears / on yet another passing year! / Haven't thousands all the same / left us since great Tenmu reigned?* 驚いたことに原文は「神武」のままながら我が狂訳は「天武」に化けた。「神」を見て心の中で「天」に化けたが、固有名詞音痴で只今 2016. 11.3 調べたら、天武天皇がなんと第 40 代目で初めて「天皇」と称された大王＝おおきみだった。とりあえず、何年も遅いが、Jinmu か Jimmu だと判った。★行年を嘆く系譜の和歌を笑うか、和歌を笑った狂歌を笑うか分らないが、下記の題林再載もあった 1672 年 T30 以前に民部少輔喜隆ないし民部卿の初期狂歌を読めば、ご感想は？

鉄砲もそこのけ程に一年を大晦日まで打ちくらしけり
*What a year that like a musket ball from start to end shot by
so fast, all I could do was get out of its way lest I die!*

民部卿の原文は、狂訳で少々弱った。ベストを尽くしたが、「打ち＋動詞」の口語の鉄砲のわざたらしくない詞遊びの真似が不可能だった。ともかく矢だと、早くとぶも矢程の長さだと身まだあるが、鉄砲の弾は一点。通すも全く見えない。これは儚いとは又なにか別であろう。年は花か人生同様に惜しむべきものという発想は、章頭歌の蜀山人に

は疑問だった。年が無常ではなく、常世のものとして永遠の年だからこそ、悲しく見送るのもおかしいという理だ。★俊成の「新古今」歌「老いぬとも又も逢わむと行く年に涙の玉を手向けつるかな」を、年神の擬人化＋情緒歌の類と長年も勘違いしたが、調べたら重病後で行年を無事に生き残したからこそ、来る年に迎えそうで、感謝の念と神への奉納物としての餞別になる涙の玉が判るようになった。いずれにしても、蜀山人の章頭歌よりも俊成の和歌は滑稽になるが、行年を哀れむ事自体を問う蜀山人の概念上の新奇度は高い。★念のため、上方狂歌の貞富（1712 没）の天明出版の「古今狂歌袋」に再載された首、

月と日は珠数くるがごと手前をも擦り切りたりし年のくれ哉
If months and days are prayer-beads on a string that, wearing breaks
to end the year, it makes sense, indeed, the next needs new beads.

時間と同定なる玉の天体＝珠数の順列の長さが異なる循環が重ねあう太陰暦の日に、あたかも魂の緒の切れて散りゆくと思えば、新年は文字通りの新玉になる。その新玉は原文にないが、外国人の為にも「あらたま」の説話（？）もサービスして上げるかと思いまして。★蛇足無用の年暮の首を幾つかの小系譜に分けて、年順に見よ。「暮れ」を掛ける類が最も多い。1536 年の笑話＋狂歌の「再昌草」に登場する室町和歌の大御所実隆（1455〜1537）の下記の首は、いかがですか。

年は只くれう／＼と云いながら手に取るものは今日までも無し
The Year leaves! The Year leaves! It is what we always say;
but what's it ever left us? – Not a thing as of today!

笑話集だから本当に実隆が詠んだかどうか知らない。「くれう」が「くれよ」か「くれろ」か、その省略の「くろう」か、文法音痴の敬愚は何ともいえないが、どうであろうとも掛詞が通じる。傑作だ。★卜養（1678 没）の家集にある「借銭を背中にせたら老が身ハ年くれずとも物くれよかし T31-79」とは天明狂歌の『古今狂歌袋』に再載され

たが、上記実隆の首は、派生歌であろう。一方、★1679年の狂歌大集に出た清孟の「質ならで今日を限りに流れゆく年はくれ／＼惜しき物哉」の「くれぐれ」は珍しい助動詞掛だ。★初なる江戸狂歌人の夢庵は「乞食の童の姦しきを」と題した1786年再載の「貰ふ事いやでござると言いながら取らねばならぬくれて行く年 e7-5 か」も、蛇足無用。★上方狂歌の1778年の紫笛の「K23-5」の「くるる」は暮＝呉れる」が解りやすいが、「ばかり」は「程」の意味ですね。惜しむが無用で、赤良＝蜀山人の章頭歌と内容は異なるも、大歌意は変わらない。

　　元日もくるゝ年とは知らずして師走ばかりを皆惜しむ也
　　　Not realizing the Old Year is what leaves us New Year's Day,
　　　men regret its end as much as shiwasu, the time we pay.

★狂歌本次第に管江、橘洲、又読人しらず、椿軒の詠む歌になる（！）とは申し訳ない傑作だ。敢えて「送る＝を呉る」として英訳すれば、

　　取れば又取るほど損の行く年をくるゝくるゝと思ふ愚かさ
　　　The more you get the less are left, and yet foolishly each year
　　　we send them off, trusting a new one will bring us cheer!

別種は、「くれる／＼と」も「をくろ／＼と」にもなる。狂歌ならでは、と思えば、そうでもない。老一茶の暮＝呉れ句には「わんと言えさあ言え犬も年のくれ＝文政句帖」は、いかがでしょうか。彼の「馬鹿な猫」が、その上に寝ていた年玉を、早く犬にもやったに違いないと敬愚は想うが、例の骨か（2017.5.10 何の意味かさっぱりだ！）。★「くれ」を掛けない年の寄るをずばり詠む1649年の未得の「老後歳暮」が題の「人質を置いて流れぬ年ならば老ぬるものゝ身を惜しまめや T24」も尤もなる理屈であろうが、「行く年はどこで爺を置去に」と云う一茶の無名の句が狂度が上と思う。「じいじ」の自嘲も、若しも狂句か愚句という分野さえあったら名句になったに違いないが、虚子以後の俳句界に無視されてきた。★一方、朱楽漢江・菅江の名歌 E5-4。

いつ見てもさてお若いと口々に誉めそや去るゝ年ぞ悔しき
The usual praise, "Whenever we meet, you look so young," only makes me regret all the more how years pass on, like this one.

人が「お若い」と褒めばもう老人。敬愚には「お若い」こそ聞かない。六十を超えるも、妹の息子かと勘違える。死ぬまでも、若くいたい憎い人ではないが、しなければならない事ある（本書の出版も）。死ぬ訳ない。菅江は逆に、後何年の命がないと予感した。有心で悲しい狂歌だ。先章に「掛取り」を取り上げたが、自分の状況もそうだから親しく感じる貧乏の年暮を歎く数首を追加してから、もう少しお目出度い「恋」の部へ進みたい。★読人しらず 1783 以前の天明狂歌「貧ぼうのぼうが次第に長くなり振り回されぬ年のくれ哉」は。棒振るを止めて、それを稼ぐの道具にすれば、かの神もいなくなる諺と狂訓歌ないし道歌を大嫌い敬愚は、賤の暮らしの大変さを画くから当の狂歌が好き。★同年の天明狂歌の蛙面坊（時面坊懸水）の歌「待つ春の宵一刻の千金を少し借りたき年のくれ哉　若葉集」は、初期狂歌の朗らかな雰囲気と天明の丁寧さを組み合わせる傑作だ。本書を書くために借金が増す一方の敬愚は、蛙面坊の態度も好き。われも、圧顔して乞うべき。やはり、いい仕事をしたければ乞うしかない。貴賤の差異が巨大なる昔の世の中に、戻ってしまった、現在は。資金という物は既に、お金アル教授などにお金を配る。肩書きない貧乏の我輩に本を出すために千金も一刻も金を呉れる、資金の主も爵も王子も誰もいない。貧乏の我に、今の世は「死ね！」とあひか言わぬ。これからの進歩は、一人の金持ちからではなく、多くの人々から乞う crowd-funding でしょう。残念ながら、それが可能の website を伺って見たら、米国のそれに比べて、日本の方がまだだった。★老一茶も年暮の狂歌を詠んだ：「世に住ば手をすり足をすりこ木にしてかけ廻る年の暮哉」文政 2.5。情けない世間の前には、貧乏の我々は、かの蝿だ。打たるか打たまいか、ともかく祈る替わりに稼ぐにすり減る手も足も、泣いているぞ。

恋

古き狂歌本の著者か編集者も現代の文学大系にある狂歌本か撰集の解釈を書く学者などが、本来ないし原型「狂歌」と呼ばれた古典和歌集の首の多くが二種類になりがち。万葉派は人を派手に非難か風刺する諧謔ないし苛めの類を歌例にしたり、古今派は言葉遊びが多い物名や比喩を歌例にしがち。それに、本に小数の業平に西行に式部に一休のあきらかに大胆で滑稽なる比喩か嘆きか屁理屈の歌例、そして太平記などの落首…。しかし、その全て、しかも源氏物語と説話と連歌までも誰よりも広く首狩した寛容なる文学者の宿屋飯盛を含む皆も、狂歌似の首が最も多い和歌の部を、疎かにした。和歌集の中で狂歌に通じる新奇と可笑しみが一番多い「恋部」です。

序と最初の数章にも述べたが、我々は一見して「無心」と思われる馬鹿げた屁理屈の骨も折れし工夫を重ねた歌こそ、若しも相手の心を動かす為に詠まれた場合、無心ほど「有心」なる詠みは、ありません。とは言え、狂歌の本の「恋」部には、そのままの古和歌が僅かしか見当たらない。理由は、おそらく恋の和歌に微笑ましい発想があんまりにも多ければ、それが正常・正統に見えてくる（英語的に言えば take for granted、当たり前で気づくに値しない）から、新奇で無頼漢たる狂歌とゆかりも無いと無意識にも皆も思うようになったからであろう。敬愚は外人で、古歌の世界にいきなり頭を突っ込めば、狂歌の対極になる「和歌」と異なった狂趣ある首が恋部に多いと直ぐ、素直に認識できたという訳。もう一つ理由は古典和歌の撰集には、悪く言えば器の狭い度胸もない、よく言えば渋い優雅なる傾向が支配する様に成った。百人一首に我が涙の池に溺れる者などは立ち入り禁止。いずれにして、「古狂歌 気の薬あくまで不完全大集」の中で、和歌が一番多い別冊は『古狂歌 物に寄する恋』です。

058

With a man on my mind, my idle eyes turn up toward the sky,
not that he will drop down from heaven or knows how to fly!

徒然と空ぞ見らるゝ思ふ人
あまくだり来むものならなくに
和泉式部　1030 没　夫木再載

自嘲の恋歌は快い。★人麻呂歌「わぎも子が夜戸出の姿みてしより心空なり土は踏めど」の「心空なり」を弄んだ可能性もあるが、有頂天になると天を見るし、夢見る間に目が上へ行くこともあるかと思えば観測ないし反省にもなり得る。上記の英訳は少々やり過ぎ。脚韻を踏まねば My idle eyes turn to the sky / though it's not as if the man I wait for / will descend from heaven で十分。身分の上下関係の問題も関わっている恋を詠む可能性もあるが、それを答えなくとも面白く詠めるから章頭歌にした。★渦丸の 1786 以前の上方狂歌「竹の子の可愛い君がまわり気か こちらをむけばあちらむくとは K26-1」の掛詞「皮⇒可愛い」も「向け＝剥け」も、式部の歌よりも狂度は高いし、渦丸は、ほんまに浮気っぽいべっぴんに惚れてしまった上で当の歌を恨みて詠んだとすれば、有心だ。月夜に育つ竹の子の皮が脱ぎ落ちる音を知りながら、恋の嘆きは、心理生理学の観測に及ばない。章頭歌には式部の首は上なる。★さて、向く目とは少し外れても、身振りのうまく捉えた意味で式部の唄と幾らか似る、より古い歌もある。905 年の古今集#1023 無名詠む恋という奴（擬人かブルースみたいな具現）が届かないように「居る」体が同時に胎児っぽく「折る」体になる（と敬愚は読む）。

枕より跡より恋のせめ来れば せむ方な身ぞ床中にをる
Love's Blues won't let me sleep, tortured from both head & feet;
You'll find me at mid-bed, all curled up if I'm not dead.

Mad In Translation にも英訳あるが、古狂歌の恋の別冊の為の新訳は、全ての可能上の意味を詰め込みながら AABB 脚韻も踏み込んだ二行を装う四行詩。今おもえば、tortured=責められたを、attacked=攻められたように、読者のご理解次第に直してもいい。★行名の 1815 以前の江戸狂歌「思ひ余り膝を抱きてふし寝れば臍をかむかと疑われけり E9-3」という派生歌は、その歌筋を「百人一首」にもある、和歌の恋する者はどのように人に見えるかと嘆く系譜に借りた。★古今集の「恋の攻め・責め」とは万葉集に遡るが、恋の奴の名首は穂積親王の八世紀なる万葉歌#2574 には、こうなる。

　　面忘れだにもえ為やと手握りて打てども懲りず恋ふといふ奴
　　To forget her face, I sucked in my breath, clinched my fist
　　& punched Love's slave – but he didn't even flinch.

つれない人の顔がまぶたを去らず、障子か壁でも拳で投ぐる恋 lovesick blues に気が狂った男を先ず想像したが、千何百年前の日本で、米国の教養も自制力もない男のような事はせまい。考え直せば、こうなる。歌詠むご本人つまり親王が身分にも関わらず恋の奴、つまりその奴隷になったから自害（自分を殴る）でもする恋の独り相撲か。「擬人法だ」と解釈や注を書く人は必ず指摘するが、それが誰でも一見して判る。具体的には、恋の奴とは何者。せめてご意見、仮定でも良いから、述びなさい。無知なる小生は、学者にそう言うのが失礼でしょうが、自分の中か他者か同時に双方とも知りたい。奴の同定できずと英訳は誤魔化しになるから。1539 年の笑話集『遠近草』にも宿屋飯盛の『新撰狂歌百人一首』にも再載された同穂積親王の万葉歌#3816 だけで、答えになるかどうか知らないが、自分と他者化なる恋の奴らしい。

　　家にありし櫃に鍵さし蔵めてし恋の奴のつかみかかりて
　　When I catch that no good Lovesick Blues in my home
　　I'll lock him up in a chest and throw away the key!

親王が宴会でそれを一口芝居にもしたりしたと云う文章もある。いつも好評だったと伝えたが、芝居の詳細は描かれていなかった。運よく、芸者の似通った格闘を一度見た。二つ高い屏風の隙間に立ち、背中を向けながら、引っ張ったり抱き合おうとしたりするシツコイ男の酔っ払いとの格闘を見た岡目の外国人（皮膚科医の国際会議の参加者）が二人の演技と勘違った！恋のために泣けば、喉も詰まるから、恋の奴が親王の首を片手で絞めんとするところ、他の手を逆の方から…その芝居の上に、恋という奴を掴み櫃に入れて、その上に腰かけながら鍵で閉じる、一件おめでたく落着。★擬人化というよりも、物化されている万葉歌#2442の無名詠みは、恋の奴の具現よりも大変繊細と云うか、抽象的と云うか。本の序の前のkeynote恋歌で、既にご覧になるかも。

大地も採り尽さめど世の中の尽し得ぬものは恋にしありけり

Though we scavage the whole earth to exhaustion
there will always be love enough to get lost in!

無名詠みに狂歌同然の首が多い、その一首です。『古狂歌 物に寄する恋』の序に英訳三通りの中で唯一の脚韻狂訳ですが、原文は蛇足無用。★しかし、この抽象的な恋は珍しかった。万葉歌#2907「丈夫のさとき心も今は無し恋の奴に我は死ぬべし」は、親王とあまり変わらない。ますらおハ、そのあるべき気質を裏切る情けない恋の奴として死ぬか、恋の奴に殺されるかと文法音痴の敬愚はよく判らないが、いずれも、武士の不面目ですね。そこがポイント。そして、狂歌の星印をつけてあが、糞まじめは冗談でなければ、ほんとうは情けない和歌でしかなかろう。恋歌のファンには感謝すべきことに、古今集の辺りから、かの「恋の奴」の代わりに「我が恋」という多面的な存在が代々益々人気になった。★下記は、1310年の「夫木和歌抄」にある源仲正（1137以降没）家集恋歌中。読者諸君、これは明らかな狂歌ではないか？

我が恋は海の月をぞまち渡るくらげの骨に遇う夜ありやと

Love means trusting there will be a night, if I wait my chance,
when I come across the bones of a jellyfish: that is romance.
（海月の月もチャンスのつきも掛けない英訳無用ながら）
Love for me means month after month waiting, as I wish
one night, to come across . . . the bones of a jellyfish.

海月の骨に遇うことが優曇華の咲くのを見る以下のチャンスでしょうが、この人の態度は敬愚にはよそではない。長年恋焦がれても特定の相手が無く、中々現れぬ夢の恋人の特徴をリストアップしてその可能性率を計算すれば、宇宙に飛び魚に出会うと云う天文学的な数字になったが、個々の様相の相関する部分もあるから個々の総合計算にも関わらず、一億人に一人位はおられるかも知れない。で、単行本の原稿までも出来たところで、編集長は良心からこそ『反＝日本人論』と『誤訳天国』という真面目な本で名声ある小生にとて出した方が名誉を害しかねないから、出せないと言って企画を取り止めた。担当の編集者の涙まで今も覚えております。彼女は間もなくして出版社を止めて、おめでたく結婚したが、敬愚は、やはり今も独身（涙）。宇宙の飛魚も海月の骨もはまだです。★完全の狂歌らしい「我が恋」は、やはり 1649 年 T24 の天才未得を待った。今は、日本語できなくても寿司通が多くて、お酢が vinegar だと解るおかげで、いい脚韻の風味も。

我が恋の刺身に成らねど辛し酢の目鼻通りて涙こぼるゝ
My koi *may not be* sashimi, *but it sure does smart like* su,
passing through my eyes and nose falling just as tears do.

しかし、コイが carp と解っても、love だと知る外国人は少ないから、蛇足をご自分で足す必要ある不完全の狂訳になる。或いは、バイリンガル向きだが、「我が恋」という和歌と狂歌の類は、相手か相手にしたい人を指したり、また自分の複雑な恋心か状況の描写になったり、二人の関係あるいは望か絶望を悩んだりする甚だしく多様の含蓄で、love とは限らない。上記は one-sided か何かの形容を付けねば、longing か他の別語は要る。ともかく、恋はという恋尽くす面白い歌が多い。

日本人が Snoopy 犬で称すがち Charlie Brown か Peanuts の漫画に時々出た「Love is 〜あれこれ」別冊のように、同じような歌を物は尽し風に共に読んだ方がよっぽど面白いから「古狂歌 物に寄する恋」に任せて、ここでは、これ以上にご紹介しないが、結局、狂歌には「我が恋は〜」それほど多くはない。一方、和歌には意外に多い。たぶん、狂歌詠みの自由自在を誇るだけに紋切り型の「我が恋は」を和歌に任せて、読者は期待しない表現を求めたからであろう。★さて、「恋」の存在を時空に面白く画く二首の単独で読んでも良い首を晒してあげます。下記は 1760 年の本 K1-30 に出た上方狂歌の好人物の木端の狂歌として、やや渋いが、四季の恋の俳風の現実を鑑賞できる人ならば、傑作だ。

> ひさかりに思ひくたぶれ寝入る間は誠に恋の昼休み也
> *The summer heat has knocked me out but maybe saved me, too;*
> *that nap was my first respite from longing day and night for you!*

思えば、物思い地獄の間接的な描写として、木端の描いた事も「恋の奴」のアップグレードにもなる。★約四十年後に出た天明狂歌の賢人の宿屋飯盛の狂歌読書『新撰百』に再載された鳴機亭糸好のも又、狂歌だと恋に苦しめられた表現は、いかにも洗練されているかと云う良い証拠になります。

> 身は恋に縛られてゐる放し亀 はなしもならぬ中ぞ悔しき
> *Love has trussed me up to hang like a turtle caught to be freed;*
> *thoughts move vainly like his feet, could we but talk I'd plead!*

蛇足無用が、動物を開放する放生日も好題だから、「放し＝話し」の掛詞が英語にないのが敬愚も悔しき。とは言っても頑張りました。狂歌の恋の比喩の自由自在を示すために垂れ下がった亀をご紹介したのも可笑しいと思いませんか。本当は、蛇足無用も自分の状況を縛られてゐる放し亀と見る人の心理を分析せんとすれば、偉く長い駄弁になるから、お暇した方が利口と思った。

059

*I am no guide to fishing towns so, tell me, why such rancor
from men who wonder why I do not show them my shore!*

海人の住む里のしるべにあらなくに
うらみむとのみ人の云ふらむ
小野小町 kks727

「案内者」なる古語「しるべ」を除けば、誰でもいと簡単に読める首ながら、この古今歌は仕返しの傑作として著名でないのが変だ。怨まれてを恨むという大歌意だけでも微笑ましい。その上、怨みを「浦見ん」と掛け茶化し、それを世間の面に投げ返す小野小町の一休顔負けの生意気は有り難い。穴無し美人よ、あっぱれ！（少々脱線になるが、数々の川柳によれば「恋の歌人」は、「英国の母」の一代エリザベス女王同様、女得持の十番目の穴が生れつきの不破の関だった。九十九夜も通ったを、深草少将は関心の局所を通すにはノー・チャンスだった。）★『古狂歌　色を好むさし男』に詳しいが、小野小町の名歌「思ひつゝぬればや人の見えつらむ夢としりせば覚めざらましを」の前半の「人の」を「若衆」に直して、後の「しり」がそのまま、つまり読者の心の中で「知り」は「尻」に転じる 1532 年成立の「玉吟抄」の狂歌（釈三卜左 T9）は、最高のもじりですね。それが本歌になった川柳は、もも（百＝股）まで進めば、少将の報いはとりあえず肛門なったはず（その前に風邪ひて死んじゃった）を、とケツ論した。あなめ、あなめ「思ひつゝ」の歌のもじりはセックスに限らなかった。　★小野小町の章頭歌と恨みの恋歌を争そった和歌は、『古今六帖古今六帖』という遊び心の豊なる歌集（970-84 成立）の一首ではなく #2194-2233 の怨みを尽くす四十首になる。紀友則を始に、在原ときはる、紀貫之、凡河内みつねの、男四人が各々十首ずつ「～人の心をいかが頼まん」

と結ぶ歌を詠んだ。前詞から伺うと、一人が失恋して、歌友と裏切り合戦で慰みを求めた。座布団五枚でも上げたい首は、ときはるの

却の石を蟻に負うせて運ぶとも人の心をいかが頼まん

*Load a kalpa stone on an ant to haul it off: that is when
you'll find a human heart to trust, but not before then.*

この間、我が血で一杯の蚊の遺体を床から壁へ天井の隅にあった穴まで運ぶのを二十分もじっくりと見た。蟻は身の重さの何倍も運ぶだけではなく、はこびながら壁を登る…。しかし「劫の石」は山同大。天の乙女の羽衣の羽根一つが百年一度、微かにそれを触われば無に減り消えるまでのとんでもない永き時間単位の基となる方四十里なるコウの岩ならば、ゴジラー同大の蟻の馬鹿力でも超える。言葉遊びと理屈遊びという狂歌車の二輪の後者の好例になる。蟻の劫石を運ぶ「ありえない物」を極まる尽の他の例といえば、水の泡を白玉として拾い、陽炎の影を掴み、袖の涙に魚の棲み、等など中々面白い知的な遊びかと思うが、言及は殆どないから、かの古狂歌の恋別冊に全四十歌を入れた。屁理屈も楽しいと述べる勇＝遊気のある教師さえおられば、学生と似通った尽くしの歌合を行ってみたい。無論、消極的なテマと限らない。その歌合戦を豆本にも纏める事がいと簡単でしょう。屁理屈と言えば、四人合戦の好例をもう一首をご紹介します。

屁をひりて風神雷神負かすとも 人の心をいかが頼まん

*Though I might ye Gods of Thunder and Wind outfart,
could I ever put my trust in another person's heart?*

傑作とは言い難いが、これらの類は和歌に狂歌ある良き歌例証になる。するどい読者は気付くが、後句は前の蟻の劫石の英訳と異なります。意味は同じが、日本語の原文が後句が一定してある。こうして変わると無責任でしょうが、脚韻詩として、この方がはるかに簡単。とは言え数十首と一貫した脚韻の狂訳は、本書と同時に出る『古狂歌 物に寄する恋』にあり、又全首英訳は Cranston 博士の和歌選集にもある。

０６０

君こふる涙しなくば唐衣
むねのあたりは色燃えなまし
貫之　古今集♯572　c905

*But for the tears I shed for you, the silk above my breast,
would burst into flame as red as a red Chinese dress!*

君のおかげで泣く涙こぼれなければ、赤き衣は点火してしまうわ。水で情熱の火を消す恋歌の系譜内で一番好む歌だ。渋くとも、衣の種類で当てる色の糸口を用意して、既に陳腐になった恋と思ひの「ひ＝火」の音を避けて、最後の七文字に「涙し無くば」で、何が起こったはずと結ぶ傑作だ。赤っぽい錦は女着で、代詠であろうが、代詠は英米に比べて日本的だ。現在も演歌に珍しくないが、カントリやブルースの場合、歌手と歌詞の性別が合わなければ、代名詞などを直す。思えば、代詠みにも狂趣ある。しかし、伊勢物語にあるように、人の代詠みとして作られた訳でもない。歌の次という歌集の流れのための紀貫之が即興したはずだ。換言すれば、彼のオマケの概念的な橋渡り。拙著 Rise, Ye Sea Slugs! で同じようなサービスをしたから、読むと判る。前の歌 #571 の人が恋しさの余りに魂が去って「空しきからの」死に身となるし、後の#573 に「涙川」も出てくる。同音なる「から」と胸に近い「むなしき」と涙で前後の歌を渡る。又、火と水が別々に出る恋歌が多くて、この天才編集者は、わざと火＋水のまだ不十分の組み合わせの類を補いたかったかと思える。無論、貫之の文章も殆ど読んでいないし、各歌の年付が歌集にあったら、それも読まないと我が解釈は勝手な仮説でしかないが、火と水と双方よむ歌の系譜の発展の大観は『古狂歌　物に寄する恋』が今まで拝見したどんな本よりも詳しい。★涙の多さと恋焦がれの熱度を一挙両得の誇張描写によって嘆きが微笑ましくなりながら、涙も為になるという楽しい狂趣ぶかい連想も引き

起こすが、そのあたりの傑作は、貫之の百数十年後、本当の女が詠んだ。その女流を極めたスタイルの評価が二流、三流とどこかで読んだが、そういう情緒と大げさに対する偏見を持ちにならぬ読者ならば、敬愚同様に、建礼門院右京大夫=Lady Daibu の歌を素直に楽し得る。

> つれもなき人ぞ情も知らせける濡れずは袖に月を見ましや
> *A heartless bloke has done me good by making my heart aware;*
> *were my sleeves not soaked, would I now see the moon there?*

はい。英語の aware=意識する=は、日本語の「憐れ」も仄めかす。濡れた袖に月が宿るがもう古かったが、彼女の有り難みこそ新奇だった。涙の効用により、薄情の方こそ月の風情を厚くも教えて下さる先生ですわ、という彼女の有り難みと恨みが一体化する首は狂歌そのものの心です。名歌でない事は国文学の恥だと思う。（というと、賛成の読者、そうでない読者、どちらかと言えない読者を知るために日本へ戻って食堂でむりやりアンケートをしたい）。彼女に負けない情緒派の西行上人の袖になると、同じ陳腐に対して、こうなる

> 打ち絶えで嘆く涙に我が袖の朽ちなばなに月を宿さむ
> *Should these tears shed from trouble that I just cannot vanquish*
> *rot my sleeves, then, how may I put up the moon as I'd wish to?*

朽ちる袖に清い月光を見るところにも狂趣あるが、西行は涙の第一歌人ながら、涙の袖の月の宿りに限って、上記の右京大夫の和歌の方が勝つ。涙、つまり「水」へ戻りますが、もう少し火を見よ。★「後拾遺集」にある下記なる和泉式部の名歌は、いかに評価すべきと困った。

> 物思えば沢の蛍も我が身よりあくがれ出づる魂かとぞ見る
> *Longing for him, even fireflies on the moor seemed to be*
> *sparks of burning passion, embers of my soul . . . of me!*

火の比喩は主に「思ひ」になるが、「思えば」が珍しいから、どうしようかと困ったが、英訳してみれば、やはり「火」だった。結局、思ひか恋の「火の子」と「魂の燠」（おきび）と狂訳した。Google で"What is the japanese word for ember?"と検察すれば、翻訳のコマに hungarian detected（ハンガリー語を見出した）そしてその ember の和訳は「男」の苺ではなく一語だった。ああ、『古狂歌 物に寄する恋』は、引き続いて、宗良親王（1311-85）の御製歌を二首も載せるが、★★双方とも借ります。拙和書に『英語はこんなに日本語』もあるが、双方についても言いたくなる言葉は、「和歌はこんなに狂歌」と。

ゆく水のあわれ消えせぬ思ひゆゑ夜は乱れて飛ぶ蛍かな
Water may flow under the bridge but love burns on & I've no doubt
that when my thoughts swarm most at night the fireflies come out!

＋寄熱恋　なにせむに袖の蛍を包むらむ
更では燃えぬ我が思ひかは　宗良親王 1371 以前
What could I, already burning with love, do with more fire?
Spare the fireflies, lest my sleeves become my funeral pyre!

二番首の英訳は、脚韻に導かれて終に西行の「人を沈むる淵」という涙の三瀬川（三途の川と同じ）の歌の火版即ち火葬に化した。狂度が高すぎるが、式部の名歌の派生歌らし親王の歌は、いずれも、もじりではなく本歌同様に広く読まれてもいいと思う。★天明狂歌の仕掛け人の一人の大柄の愛嬌ある侍唐衣橘洲の下記の傑作には、もじりの可笑しさありながら、単なる誇張でもない恋心の真の観測でしょう。

物思へば川の花火も我身よりぽんと出たる玉やとぞ見る
When longing, even the river fireworks seem to come straight
from me, my body, as if my soul explodes "pon to," it's great!

英訳はいいかどうか知らないが、蛍が花火に化けては、御目出度いでしょう。式部のが古風ならば、これは新風。

061

Young crowd bathing in the sea, their salt-white butts do shine,
as molten desire grows within, Mt Fuji's is dwarfed by mine!

海で水あぶる若衆の塩尻を
見るに思ひは富士の山ほど
玄康　古今夷曲集 1666

我が魂を惹く女の、半球と半球の微妙に上下よく動きながら、不完全に繋ぐ凹より揺れるお尻は、この世の最高の美と感じるが、英国の哲学派詩人には Julia の衣装の液体化にあるを、和歌や狂歌には中々見当たらない。玄康の歌には火と水と山と海の恋主要の比喩を全てところ得た。お尻もあるが、男は勘弁だ。とは言え、全人口の５％も同性愛者だったら、この一首でも不足ですね。お詫びします。★同じ時期に女嫌い狂歌師信海は、富士の「おやま」の美しい塩尻の讃美歌「美しきふじのおやまにほの字かな、雪の肌えの塩尻のなり」を詠んだ。男色にゆかりない敬愚も、まったく物質的な信海の詠みよりも、玄康の歌にこそ惚れた。この狂歌ほど気持ちのよい、甚だしくも朗らかに詠む男色の対象を取り扱うポエムは無いと思う。★幾つかの抽象的で男色に苦手の読者ですら軽く読める歌例も見よ。前門（女性自身）にしか興味ない者が想像したくない個所の特徴を星座で美化する首は、入安の「若衆のおもかげの立つ空みれば折あわれなるすばる星かな 1666」。★女以上に言葉の遣り取りゲームを喜ぶ美少年の口説を描くも、原通勝卿の「若衆の心はよそにありそ海の浜の真砂の数くどけとも T30-895」。詞遊びに敏感で毒舌になりがちところが同性愛者は好き。★無心で軽い笑いは、1679 以前になる貞林の「聞けば本の名をば古今と申す也それは和歌集是は若衆 T37-997」。★下記なる紫笛の 1754 以前の上方狂歌は、方向性を弄ぶ相対主義宣伝のような教訓か。

> 同じ色によねと若衆の裏表ひっ返しにも恋衣かな K24-4
> There is but one eros, or color, be it of women or called gay,
> the robes we turn inside out for love the same fabric stay.

これは、名歌になるべきというよりも、あらゆる諺辞典に入ても良い。万が一、外国人の知り合いに狂訳を見せたら、「恋衣」の蛇足を追加して下さい。★とは言え、小さな事ながら差異は有る。川柳も超えた観測と概念を組む人間行動学か身振りの傑作かギャグかの判断が難しいは、宿丸の 1815 以前の上方狂歌 K19-3。

> 脇目からわかぬ若衆の口舌事あちら向いたが中直りかも
> From without, who can make out what gay-boys quarreling say,
> but it seems when they make up is when just one turns away.

前半の場面、つまり、その見事の毒舌も多い口喧嘩を直面したこともあるが、耳が抜群の余所者で無ければ、聞き取り難いが、には後半は同じ色を好む読者の想像力に任す。夫婦の喧嘩して、或いは年と共に夫婦の営みを断る意味で背中を向いて寝る意味と正反対なる川柳を何句も知るが、この狂歌はその身の仕草の同性愛版に多様化する概念狂歌です。★或いは、亀丸が「男色」と題した 1812 以前の上方狂歌「若衆見て口説くと尻のあな憎やうら腹の立こちら向君」が本歌か。入た書名は「浦の見渡し」）。★ずっと前の貞徳（1653 没）の「不見恋」と題された 1666 年の古今夷曲集に再載された難解歌は素晴らしい。

> 若衆もたゞ我が尻の如くにて見むとすれども見られざりけり
> Wakashu – I thought to look them over, but like my own butt
> I tried but failed to get a good picture of what was what.

難解というと、数人の日本人の研究家に聞いても、歌意はあれこれと明白に言えた者は無かった。上記の英訳は我が best guess に過ぎない。若衆については調べて見たが、その観測対象が打ち明けてくれなかった。自分の尻（という若衆の縁語）を見んとしてもうまく見えないと

同様に。又、色道の異なった者同士の互い違い関心のずれに、思ふも思わざりなる男女の片思の和歌にも掠る言葉扱いかと思う。兎も角、反省のある様な狂歌こそ、有心文学を大切に思う学者諸君の注目を引くべきです。又、和歌には男色の存在は不思議なほど不在。狂歌は和歌の B 面と敬愚はよく言うが、それも又、和歌の裏面と言えば宜しいが、男色は、狂歌集の恋歌の 1％から数割を占める。数割の方が少ないから、平均は数パーセントでしかないが、和歌に比べてては沢山だ。★そろそろ、本章の尻をを締めくくる道も考慮しなければならない。「思ひ」が「富士の山」の程になった章頭歌の比喩について、先ず更に考えたい。既に「火」が縁語だから「思ひ」の「ひ」も意識せねば和歌のこひ歌も読めないとか何回も述べたが、その系譜をちょと遡ってみよ。初めは、おそらく下記なる安部女郎の万葉歌#3033 になる。

> 中々に何か知り兼む我山に燃ゆる煙の外に見ましを
> *See the volcano blow its top! I wish it were not me.*
> *And had we never met my dear, it wouldn't be.*

自分が恋に燃えるよりも人が焼かれてしまうのを見る方が楽、或いは見物が本物に勝る恋という、その態度は大変狂ったるから、*Mad In Translation* で上記の毒舌名人ドロシー・パーカー女史風の狂訳にした。正確な英訳も「物に寄する恋」に入るが、この歌に火山と情熱を結ぶとも、「火」が恋と思ひの好比喩になったのが万葉集のちょっと後になるようです。そのため、不尽の山が燃ゆるを千早振る神の思ひと結ぶ拾遺集#597 が、柿本人麻呂とされがちも、本当は詠人知らずだと学者に思われる。★古今歌#534 無名詠の「人知れぬ思ひをつねにするがなる不尽の山こそ我が身なりけれ」では「思ひ」は、やっと「ひ＝火」だ。駿河の掛けも富士の掛けも、合わせて三掛詞もある見事の狂歌と思うが、テマへ戻れば、他にも「恋」の「こ火」が掛けている歌が古今集の随所にある。貫之の０６０章の唐衣の歌にはその掛詞こそ無くても、「火」は胸の中に暗喩ながら依然として燃えるのも、恋に「火」がしっかりと根付いた証だ。★三百年後の新古今集で「思ひ」をオチ

まで預ける西行の空前絶後の優雅の「おも火」歌は、狂歌集の『雅筵』などにも載せられた：「風になびく富士の煙の空に消えてゆくへも知らぬ我が思ひかな」。現実に煙より先になる「火」が、最後の五音字のオチになる上に主格にもなる。歌意はやっと判る。余韻が抜群の筋で西行の最高なる傑作かもしれない。Mad In Translation と『物に寄する恋』に英訳はあるが、原文の麓までも及ばない。★念のために、山の比喩を滑稽までに延ばした天明狂歌も見よ。行道久良喜の「見ぬ恋をするがのふしの山ならで思ひの煙立つぞ浅まし E3-9」。当時の浅間と異なって煙を出さなかった富士山を濁点で汚したくなかったか。一見で、自嘲かと思ったが、やはり人のお説教だ。それが情けないが、「浅間⇒浅ましい」という親父ギャグと思えば、少しは救いに成る。

章頭歌に出る「尻」は、既に色んな章で見てきたが、恋の対象としてはまだです。先ず、現在の尻と異なる。江戸初・中期では、大尻がもっぱら衆道だった。我が見た春画には、最大の尻は男の子の尻だった。とは言え、一か八の違いでもなかった。「小股の切り上がった」表現など（偶々テレビで見た）杉浦日向子に取り上げられた。痩せこけた女が粋だった文脈で語ったが、北斎の画から判断すれば少なくても後期江戸では大尻女に目がなかった男もいた。七、八割男性だった江戸では、交合の体験がなかった人が大方だったから、「小股の切り上がった」女はアソコが届け易いで良いと勘違った（敬愚は童貞だった十六歳の頃までそう思ったから判る）とお解かりになると大変可笑しい現象だ。★文化・文政頃の恋歌にも大尻女が登場する首が珍しくなかった。柿と栗の本を梅の鴬と結ぶ章頭歌♯０１７を詠んだ曲肱百年も 1819 以前の「寄る鳥恋」と題す首（K9-3）は、下記になるが、いかがでしょうか。大と特定しないが、自分の上にしかれたら動きなくなると、狸の金玉みたいな馬鹿でかい物に違いない。偶然かどうか知らないが、★同じ上方で、次年の 1820 に狂名が河童が鄙ぶり詠み K11-1 も下記なる。尻小玉こそ登場しない。やはり、これも同じ女尻好きかと思う。双方を考慮した上に、練りに練った狂訳を敢えて原文と共に、

よし尻にしかれるとても鶏のしめて寝て食べ此命とり
Chicken-neck-wringing girl, you, with your rapacious nates;
I'd prefer death beneath them to life in any other place!

鳥の首ねぢけし君や胴欲な尻に敷かれて死なん思ひぞ
A chicken-neck-wringing ass is rare in the Japanese race –
hen-peck me? Hell, girl, you can even sit on my face!

以上は、ばれ歌ではないが、後者は確かに野暮です（失礼）。体の一部の言及あればLoveというよりもSexないし、対象になる女を詠むと思えば判るが、そう簡単には日本の「恋」歌は分けられない。★同じ恋愛より性欲を詠む、繊細な読者を怒らせる恐れありながらも、決して粗野ではない、章頭歌と争った、もう一首をご紹介します。

女の洗濯するを見て Watching a woman doing laundry

雪の肌えそゝぐ喩のみづからも浅くは思ひ参らせず候
The proverbial water pours by nature down her snow-white skin,
so how can my thoughts stay shallow when I would dive right in!

八割が落首なる1685年成立の「長崎一見 T39」の日記にある落首でないから一見ご本人でも詠んだか。自＝水からの掛詞は英訳無用が、発想が良くて頑張った。歌体そのものも微妙ではないが、読みとけば面白い。孔子や孟子を知らなくても水は己から下だり、障害なければ最も深いところまで行かなければ落ち着かない。敬愚は、凸の処が余る神が欠けたる処ある神の凹へ自ら深く入りたくなる神話も連想します。又、これと例の洗濯女の白き腿か脛を見て雲から落ちる仙人と合わせて考慮すれば、ただ「白い肌」の光に惹かれてと云う従来の説よりも、一層深い。欲望も重力に従う大自然の現象になる。けれど、若しも女性の観点から詠まれたら、どうなるでしょうか。又、章頭歌を詠んだ男好きな信海なども男の体を見ると、女性が男を見るよりも、男が女体を見る目に似通うではないか、と考えさせてくれた一見の狂歌だ。

062

海となる涙の床は舟型の
枕を頼む夢の通ひ路　真顔 E10-1 1815

Give me a new boat-shaped pillow on which to lay my head
so we may meet in our dreams on this sea of tears, my bed!
（舟方の枕もがなとは上記の訳、頼むは夢なる下記の訳）
To move this pillow resembling a boat I raise no sail, instead,
just pray we will meet in dream on this sea of tears, my bed.

舟形枕が新案か、すでに売られた商品で真顔は実践していたか。まだ判らないでそれぞれの読みに英訳一隻になるが、本章は思ひや恋の語内「ひ＝火」に恵まれている日本語ながら、欧米に比べて恋における火と水の比喩の割合と言えば、日本の方が火ではなく、ウェットな水の方だと云う気もします。梅雨あるからなどの風土論よりも、和服の広い袖がハンカチより旨く涙の呼び水になったがためか、という気がします（まあ、その袖も蒸し暑い夏のためにできたと言えば、両説はそう遠からずが）。又、「なみだ」という語は tears より響きが美しい語だというも事実。いずれにしても、蛍と夏虫の夏の恋を除けたら、水の比喩の方が多い。どれだけ多いかと言えば、ひょっとしたら、涙の海と川と池の開発は世界一かもしれない。恋の涙の滑稽は０６６章と、歎く一般の涙の滑稽は０７９章で取り上げる。本章は、先ず日本の恋歌に出てくる夢を見たい。★家持の坂上大嬢へ贈った万葉歌#749の13＋19音字の首「夢にだに見えばこそあらめ かくばかり見えずしあるは恋ひて死ねとか」こそ読者の古代和風夢の知識の試石になる。

If I could but see you in a dream, but, no! So tell me why
are you trying to say that for love of you I should die!

日本では、幾つかの夢観が何世紀も並行に続いた。一つは、詠む人は相手を思えば、相手を夢みる。もう一つは、相手が自分を思って下されば、夢に出てくれる。前者は体験で確認されていることが多いから事実として受け入れたかと思う。家持が、少々怪しいが古から信じられたらしいが、教養ある人には恐らく迷信と思われた後者の方を一応弄んでいて、相手を for fun 軽く苛めている。恋歌でなかったら誰でも狂歌と同定するはずです。章頭歌にもしたくなったほど、力強くて詠んだ名歌です。★真顔の章頭歌の題は「憑夢恋」だったが、「寄枕恋」でもいけそう。本来、夢こそないが涙も入る最も覚えやすい「寄枕恋」の歌は、985年頃の『古今和歌六帖』に出てくる無名詠のであろう。

> 一人寝の床にたまれる涙には石の枕も浮きぬべらなり
> *The teary flood filling the bed of one who sleeps alone*
> *can levitate a pillow though it be made of stone.*

英訳の脚韻で永さは問題にならないが、秀でる狂歌には単純すぎる。優れた諺か金言にはなりそうが。★涙川の傑作と言えば、西行上人の狂歌と変わらぬ既に触れた、滑稽ながら可笑しかどうかを問いたい。悲しいは悲しいが、敬愚にとて可笑しな歌だ。読者諸君の意見は？

> もの思ふ涙ややがて三瀬河人を沈むる淵となるらむ
> *Tears shed for love pool, and by and by leave us in a fix,*
> *heads underwater, drowning, we cross the River Styx.*

三瀬河を古代欧州の死出路に渡る Styx 川に訳してもいいか、自信ないが、脚韻から許可できました。涙の下に溺れながらかの川を渡るという理になった。やはり、それを見せる百コマの動漫画も作りたい。さて、この西行と前に述べた家持の首を捨てて、何故か章頭首に真顔の仮想物の舟型枕の首を択んだか。それは、あくまでも我が趣味でしょう。あったらいい物、創り・造りたくなる物あれば、それを自分の発想と発明と同様に世に分かち合えたいから、択ぶしかない。何々「も

がな」とは、望みながら、欲張りではない。潜在のより大きな可能性の世の中に窓を開く、祝いたい心だ。本書を『古狂歌　ご笑納ください』に定めた前に『古狂歌　舟型枕』も考慮したほど気に入った首だ。とは言って、真顔の歌は本人同様に小綺麗な作品に過ぎない。和歌の優雅も、初期狂歌の野生も感じない。それもいいですが、書名の歌には、まだ不足でしょう。★また、1679年の『銀葉夷歌集T37』にある方碩詠の下記の首は、いかがでしょうか。「〜べき」調も好きだ。

　　　もし舩に恋の重荷も積むならば泪川をや漕ぎ廻るべき
　　　　If my so-called "love's burden" could only be put on a boat,
　　　　I should try sculling about Tear River, this might just float!

馬鹿げたは馬鹿げたが、この詠みは確かに真顔の船枕より可笑しい。この方を章頭歌にすべきか。読者のご意見は？わが窓網に虫を争うヤモリは羨ましい。一人で歌を取捨選択するよりも楽だ。　★同本の次首になる伯水の越さない事ないの情け＝「な「さけ＝酒」」さえあれば、

　　　君が情もし瓢箪に入るならば泪の川を泳ぎ越さまじ
　　　　Could I but pour your kind spirits into this big dried gourd
　　　　using it as my float, Tear River I could ford . . . swimming.

瓢箪を抱いて泳ぐという半語半実の工夫に頷いて直ぐ呑み込んだが、覚めて考え直せば、酒入いた瓢箪は浮けまい。早く飲めば、何とかなるが。空論中の空論の狂歌を虚歌と称したくなるが、日本の枕の船型の枕をまだ見ていない一方、米国のAntique帆船画枕を見つけた。貧乏で買わなかったが。★本来、枕の存在は袖同様にに日本の恋歌には、英米のそれより相当大きいな存在だ。『物に寄する恋』から睦ましい六首の「寄枕恋」を借る。古今六帖#3250（973年）の詠人不知無名歌

　　　わぎも子が来ざりし宵のうち詫びて我が手枕を我ぞして寐し
　　　　That night my baby failed to show, her arm I could not get
　　　　for my pillow I used my own and with myself I sadly slept.

素朴ながら、お一人で自分と寝たというユーモアは、現代人に通じるかどうか疑問です。我と寝るに交合の含蓄もあるから可笑しい。後の五首は全部が天明以降の江戸狂歌。研究者：我が狂訳を Cranston 教授のグッドトライーと比べて下さい。★又も腕枕だが、天明の優しい侍の橘洲は江戸狂歌本 1808 年 E5-4 には意外に格好いい狂歌も詠んだ。

払いこし床の塵もてまじなわん 枕に貸して腕の痺れを
Our bed brushed-off, let us take that dust for a spell to keep the arms we lend each other for pillows from falling asleep!

初解読は迷った首です。相撲用語の払い腰と塵と交じるを想像して活発なベッドインないし一本勝ちと読んだが、長い間使わない床の塵をもって、痺れを治る妙薬と思われた次第です（蛇足：「払い来し〜呪わん」）「塵をおでこに貼る」と効くが俗信のようだった。★1812 以前の江戸狂歌には、里近の「払うちり額へ付けん手枕に痺れきらせし君と我が腕 e7-1」は面白くないが、証拠になる。★敬愚は一人寝しても腕は痺れたりする為か、芽原細道の 1802 以前の江戸狂歌「何一つ障りもなくて逢う夜半は下に成る手の邪魔ばかりなり E6-4」という首に座布団何枚でも上げたい！★手枕を止める事も考えられるが、耳在の対策 E8-4 も、いかがでしょうか。やばいも章頭歌にしましょか。

思ひ切りて切られぬ仲に切りたきハ添寝の邪魔となれる片腕
We, who just cannot part though once we tried, would now part with the arms that come between us when we lay side by side.

残念ながら、本当の事は既に存在しない腕も痺れる。故父は片腕だったから、言える。★八重垣の 1812 以前の江戸狂歌「逢う夜半のくゝり枕もいつとなく そばからもれる憂き名苦しき e7-1」は繊細で良いも蛇足無用。★同書の占吉は、更に細かい派生歌「なぜ来ぬかとかこつ枕の綴じ目より蕎麦殻ばかり見ゆるつれなさ e7-1」もあった。

063

おもいとハただ大石の如くにて
捨てんとすれど力及ばず　貞徳

*My love for her is not 'koi' but 'omoi' and heavy as a boulder
I would toss-out had I but the strength to do so (I am older)!*

又も貞徳か。と思う人もおられそう。断っておく。この長頭丸（別名）いなかったら、狂歌もジャンルとして認められなかった可能性もある。天才の四、五人は凡人に不可能の言葉遊びの傑作を作ったことには変わりが無いが、多くの歌人が参加できる文芸に成らなかった。貞徳が行風に渡した狂歌の数々とその意識と信用（？）は、多くの人々を招いた大狂歌集の編集と出版を可能にした。行風編集の三大狂歌集がでなかったら、天明狂歌も生まれたかどうか疑問。だから貞徳が天才でないから馬鹿にする学者の判断力を問いたい。お説教おわり。「思」の掛詞には、「思ひ⇒火」と「思い＝重い」の二系譜あるが、「重い」の方が珍しい。だから貞徳のように隠喩を諷喩にしなければ、和歌を読んでも気づかれない。ここは、捨てられる小石の恋しさ以上になる力を超える大石の「たいせき」まで細かく考えてもいいかどうか知らい。我が狂訳もやり過ぎにちがいない。けれども。余韻が今一つの首ながら、即古典にすべき何か有るという直感は、ある。貞徳は八十年も超えたから、原文にない「我が方が年上」を脚韻のために加えた。
★「思＝重」の系譜を『古狂歌　物に寄する恋』のために検索すれば、最も古い重みありそうな思ひ歌は定家の息子の民部卿為家（1198-1275）の歌「恋にのみこがるゝ舟の碇縄おもひ沈めば苦しかりけり」。焦⇒漕も重石⇒思い沈の掛詞には貞徳ほど「思い＝重い」意識はあるかどうか定かではないが、英訳無用なる重なる言葉遊びは貞徳の歌だけではなく、下手糞の最終句（オチ）で狂歌失格でなければ、多くの狂歌の顔負けになった。★貞徳の歌ほど明白の初例は1532か1533年の歌合

戦っぽい狂歌集『玉吟抄 T9』の山蒼斎（右勝）「恋しさを力車に乗せかねて 物オモヒとや人の言うらん」。或いは、これは貞徳の更に私的な詠みの片本歌になるかも知れない。★貞徳の先輩ながら人生が重なる雄長老（1603 没）の「貧ぼうは肩につきたる片おもひ思ひもつかぬ人は断り T13-79」の片思いの重いとして具現化ながら、貞徳の歌に影響なかったと思う。★むしろ、1643 年の作品ごとの傑作なる長嘯子の『四生の歌合』にある「寄かな物かぢか」の歌「言の葉も変わらぬ川の底にゐて　こひしき事のいわほとぞ成る T17」（蛇足：河鹿は枯れ葉と似る魚）には「思ひ＝重い」が無くも、若し貞徳は「恋し＝小石」の掛詞を読み、大石に思いついたら、これも片本歌になる。★因みに『狂歌大観』に数回も出る「吾妻へ下りける人*の詠める」と前文ある貞徳の「思い＝重い」の派生歌らし首もある：「大磯の虎はかたちを残すかわ石を見るにもおもひ物かな」。（*前置は『狂歌新撰』T18、又徳元著『関東下向道記』T19 では詠人は貞徳と限らないが）。禰宜ことあれば、あるいは単に力試に通りかかる人はあの石を抱き上げんとする名所の名石。蛇足：残すか⇒かわ＝皮＝川か。大磯御前の遊女と武士と虎と矢と石の伝説をご自分でネットに！ここは重い＝思いの参照に紹介しただけ。★又、狂歌初の大一人集『吾銀我集』1649 年の題が「寄船恋」になる未得の下記の歌も間違いなく、貞徳の腕を上回る狂歌の中の狂歌だ。掛詞ゼロが、これだ：

おもひにしこがれて沈む我が恋は小舟に過ぎた荷物なりけり
*Do I sink because my hot passion burns the boat that should carry
my love's burden, or is it the weight of the same that buries me?*

比喩が複雑ながら完璧に繋ぐ、先に見た為家の和歌の焼き直しだが、漕がれし小舟が＝恋に焦がれるから沈むか、思いが重いから沈むか。英訳はその理を綴るが、原歌は読み直す度に疑わしくなる。一方、貞徳の腰がすえた判りやすい大石の詠みぶりは、大磯の虎とこがれ沈む両首よりも初老の敬愚好みになる。小難しい歌は、小難しい隅碁同様に疲れます。紳士と打ち交わしたい。解り安い歌も読みたい。

064

So this is "love's fishing hook!" – you catch my eye
with just one look and now I am your trout to fry.

是や恋の釣針と云う物ならん
お目にかゝればなお思ひます
　　　太女　　T37-641　　1679

思えば、恋と思ひの「ひ」の字にも釣り針を見出せるが、これは文字と無関係の凄い比喩だ。魚釣りよくする人は誰でも体験あるが、思い出しても、ぞっとする。それは魚の目に。自分の目にと、想像も付かない痛みだ。その恋に太女はずいぶん苦しんでいる。いや。目に引っかかれる恋は痛むでしょうが、ゆっくりと読めば「なお」の意味に引っかかる。イ）初逢すれば恋止（共寝すれば恋は消える）が多いが、むしろ恋募ったか、ロ）既に尊愛した文通の友に狂歌会かどこかで、やっとお目にかかれば「やはり惚れるような顔ではない」とか「やはり年があり過ぎて」とかで二人の関係が友情のレベルに抑えると言う普通の期待はずれではなく、大変な事になった！もう恋愛だ！万葉集ではないから、後者かと思います。

So this is "love's fishing hook," my poet friend, to find that
now you've caught my eye I can't shake you from my mind

So this is "Love's barb!" Now we have finally looked
into each others' eyes I find that I am hooked!

情報過剰意訳とミニマル意訳。しかし、釣り針だとやはり痛いほど愛しあっている。本来、題のある歌だ。常識では、題は必ず読むべきが、それを知らなくても読めるし、一応言い当てゝ見た方が面白いかと思うから、題を見逃すことはよくある。しかし、この首の場合、やはり

見た方がいいと思って、出典の「銀葉夷歌集」を調べた。小文字だった題が前の歌の前で、最初は気が付かなかった。「寄針恋」ではなかった。★さて、太女の眼に針の歌の直後の方碩の歌の題は「不厭恋」で「君はたゞ伊勢白粉と同じこと幾夜ぬれ共あかぬ皃はせ T37-642」。彼は、顔ばせで太女の積極の態度も歌尾の「鱒」を尻取て「はぜ」（鯊又沙魚）を掛けたか、編集者の行風の旨い歌次か、「ます」も「ばせ」も偶然に魚合わせになったか、敬愚はよく分らないが、太女の釣り針の歌の題は「寄鱒恋」の「寄」類ですらなく、その前の首にあった題は、単に「増恋」でありました。今知りたいことは、太女と方碩の関係だ。あの二首の引き続きと釣り合いが見事だから。誰かが小説にしても良い間柄かもと思う。

釣り針の目にかかる程やばいイメージがないと既に述べたが、釣り針や魚と無関係の男が詠んだ、やばい恋歌をも一首ご紹介しよ。不思議なことに、可笑しみも抜群です。★この「恨恋」と題された 1610 年頃に先ず大阪に出た首は、1666 年の初多詠人の大集を初めに、よく再載された入庵の名歌だ。

頼めおく他力にだにも叶わずハ
南無阿弥だぶりと身をや投げなん

**If supernatural powers fail to make love come true, just like *that*
throw yourself off something high – it's *"Namu-Amida-Bu-splat!"***

「南無阿弥だぶり」は許すべきかどうか知らないが、国文学が嫌いになる中学生の悪っ子にでも見せたら、にゃっと笑い出す。この残虐も坊さんが笑いながら詠んだはず。それが国文学への入り口にしてもいい。驚いたことに、そのブラック・ユーモアの英訳に成功した。自分の美面が石にぶつかると思えば身投しないという、古狂歌か和歌か覚えていないが、しないながらも更にやばいだった。一方、次の赤良の名首なる章頭歌の暴力は、ありえない空想的な比喩で、全く無害。

065

化生とハなれをぞ言わん山のいも
鰻になった否やつめなり　宗仙 T37　1679

A changeling, yes, that's what I'd call you, mountain yam=lass!
To see if you turned into an eel or not, I must pinch your ass.

校正中に本章をしめくくるところで、上記なる銀葉夷歌集の歌を下記の著名狂歌の替わりにせねばならんと気づいた。早く本書を PDF して出さないと危ないから、後は、章を本来のままの順番に残す。

あな鰻いづくの山のいもとせを
裂かれてのちに身を焦がすとは　赤良

Poor country girl and backwoods boy split after the fashion
for eels, still roasting on the coals of their own passion!
~~~~~~~~~~~~~~~~~~~~~~~~~
Poor eel, once a yam, up what mountain no one knows,
split down your back then roasted on a spit – so it goes!

これは著名歌ながら、拙著の Mad In Translation 以外に英訳はなかろう。我が特技なる paraversing ないし composite translation（一句か一首を複数の意訳の一つ結晶ないし作品に仕上げる以外には、赤良のような並行に続く掛詞の真二つ通りの筋が翻訳し切れない。これと比べて、かのジョイスの和訳は朝飯前のお仕事だ。しかも。古狂歌を日本人に紹介する前に、外国の掛詞の濃い、死語まで含む多国語文学を和訳せねば、という優先判断には、疑問ある。前衛文学の肩書あり、博士号得る研究に値するから出版社も乗るという訳か。現代俳句の価値を疑った桑原武夫の調査は有名が、一歌一句だけではなく、国文学の取捨選択全体に対して、大なる考え直しが要ると思う。狂歌を調査せずに「第二芸術」ではないが「二次的文学」と蔑視し、真面目に取り上げ

てこなかった文学体制は、文学反省に変えなければならないと思う。大和言葉、母国語の良さを祭り上げながら、英訳無用の諸々特長を尽くした狂歌を疎かにしてきたことは、甚だの矛盾です。古典の選択はある基準に沿う。しかし、その基準は目的あるいは趣味次第に変えられる、概念に勇気と言葉に遊びを求むなら狂歌の傑作は国文学の鑑になる。えらく長いお説教を改造版から省いた方がいいでしょう。さて、赤良の首へ戻るが、理想的な複数翻訳体は上下に分けるよりも、左右に、あるいはダイオモンドに、輪に（2003年に出した *Rise Ye Sea Slugs!* に俳句一つを十二通りの英訳で結晶みたいのもある。本書では、残念ながら実験的な自由を遠慮せざるを得なかった。E-本にもしたいから、20年前からPC・マックが可能とした、古きタイプライタに不可能だった多様なデザインは、再び消える。スマートと言えども携帯電話が小さくて、縦横に自由自在に伸びる本に必要な余白もない。単純という逆進化になる。いつか、ハイパーリンクでその退却を別な可能性で乗り越えそうが。。。歌の内容へ戻る。四方赤良の歌の芋が妹で背が背子の蒲焼の暗喩を読むだけで、そのはちきれた元気は通じるも、山芋の鰻に化する民俗学と古歌を知ると更に面白くなる。★木下長嘯子の1643年の傑作歌合戦『四生の歌合T17』の「山のいも淵せに変わる涙川うき身と成りてなを流すらん」は料理だけ欠けているが、背子と逢瀬ではなく鰻に化して名を流す憂き身とは、万葉の情けない痩せ男虐めの鰻釣の歌を微かに掠る。まさか、詠む者（造名）「なまうなぎぬかりのぼう」がモンテーニュ（1592没）が描いた男に化した女性か。★1671年の「堀川百首題狂歌合」の著正式の「鰻にも成ると云うイモをほり喰わば山居はすると腎虚をばせじ T28」はもう少し解りやすい。都市で堕落して精液費やし過ぎたら、健康を台無しにする腎虚という病症を避けるためには、妹を忘れて鰻にも変わらぬ芋その物を掘った方がいい。★しかし、世の現と幻実を分る事はそう簡単ではなさそう。〔相手の尻を摘めてみる性別（又、人間と鰻の分別）方を提案した章頭歌は歌例〕。赤良の鰻と芋の恋歌の新奇は、その慈悲深い穴に掛ける「あな」の表現とそれを活かす歌筋です。腹からではなく、背の方から割かれても江戸式の料理方で通は喜ぶが、第三人格は弱い。宗仙

の尻摘める一人格の口説きの新案の尤もらしさか力には、負ける。★ 鰻は魚へんにもなるが、水か海に棲む物の恋歌を後三首ほど見よ。最も一般的とは、源俊頼（1055-1129）の「寄鯉恋」歌。題も漢字も敬愚、

哀れなり鯉にて世をば尽くせとや身はよど川の底に棲まねど
How sad to spend all my life on earth in love [as a koi!];
not that I actually live on the bottom of the Yodo River!

原文に片仮名がないが、この場合、片仮名を使う方が判り易いと思った。約千年も前に、こうして掛詞で有心の歌を詠んだ人もいたよ。と、強調したい。★もう一首は、後期江戸最大狂歌師真顔の「寄海鼠腸恋」の歌は細かい傑作だ。

玉の緒をこのわたにして生海鼠にぞなるべかりける妹がすく物
I would become a sea cucumber, with my heartstring as its gut
that my love would suku *(a pun, where* love *means* suck-up*)!*

狂訳の弱点は、真顔が狙う妹が既に海鼠腸の通だという読み方は英語では判らない。真顔はお鼻が高い趣味かと読みましたが、これで地味の女にも目がなかったかという印象も受けます。その方が宜しいかと思う。真顔を嫌う天明狂歌ファンが多いようですが、この面もあってこそ赤良は、真顔に「四方」の号を譲ったかと敬愚は思う。★そして里繁 1820 以前の江戸狂歌 E11-2 は、お約束の三番目の首になる。

枕たこ出来るもむべよ妹と我からむ手足のちょど八本
We've bed calluses like octopus suckers, me & my mate
and the limbs we inter-twine, come up to exactly eight!

約二十年前に百コマいかのパラパラ絵本ないし超短動画ループのために、この狂歌の存在を知る前に、抱き合う恋人を蛸に化かせた。夫婦猫のつるみも又 octopussy にしましたが。

066

*Tears flowing from my eyes made poles thick enough to bear
a sedan in which to carry my love's burden of despair!*

棒ほどな涙ながして今ハはや 恋のおもにを担なうばかりぞ

黒田月洞軒 T40-149 元禄三

恋はオモヒから、涙と重荷を詠む歌は無数あるが、これ程おもしろい涙＋重荷の歌は外にあるまい。ぱらぱら絵本にすれば、一人で二本の棒に心の荷を乗せると棒先が土の上を滑る、の駒でやる米先住民のようにするしかなかろう。重荷の歌の中には、女好きでも男色を詠んだまだ若者だった恋多き月洞軒にこそ、お誂え向きの警告もある。★ 1679 年の行風編の『銀葉夷歌集』に、彼は多分みた春澄が詠んだ「捨られぬ衆道女道を担いなば 恋の重荷に棒や折れなん T37-705」が、であ

る。★愛より肉体的な恋を祭り上げた月洞軒は、章頭歌のような涙が少ない。本来、朗らかな人で拙著 Rise, Ye Sea Slugs!（受け海鼠）にある、その 1687 年詠「よねに逢うて俵ころびでぬれ初めた三浦三崎の海鼠ならねど」という狂歌こそ代表作と言ってもいい。よね（あまっこ）＝米。米が三浦の名物干し海鼠の俵物の俵の縁語。★逆対照の陰気の例は、Rise, Ye Sea Slugs! で与謝野明子の夫と間違ってしまった、二十二歳の永塚節の明治三十四年の短歌「君によりなごむ心はにひ藁に包む海鼠のしか溶くる如」。ぐちゃ／＼の心を、口から海鼠の腸の如く吐き出さぬばかりだ。棒になった月洞軒の涙と、液体化してしまう永塚節の心。狂歌にも真面目の悲しさもあるし、短歌には『サラダ記念日』もあるが、だいたい短歌は陰気で、狂歌は黒田月洞軒の陽気になる。月洞軒の十八番は『古狂歌 色を好むさし男』に入るが、敬愚と共著したい江戸時代に強い色も怖くない狂歌か和歌か短歌魔求む。※ 棒になった涙が、まったく one-of-a-kind つまり皆無種の比喩だ。珍しい宝石や化石などが博物館に集まれて入る、生物と植物の場合全部が樹木か大巣に区分されている。そのおかげで、新奇の物が見つけたら、話題になる。玉の比喩は五十音引きの辞典しかない。だから「棒になった涙」などは、今まで、注目されていない。★など、と言うと、もう一つ皆無物と思う、驚くべき比喩の歌例を今ここに、ご紹介します。2017.7.3 の校正中。上記に触れた恋の歌は『古狂歌物に寄する恋』に入るから本書で英訳を避けたが、下記の歌には不可思議の謎あります。日本に置ける自然科学に関心ある読者を求むから、ここにもフール紹介。1821 以前の天地根の上方狂歌で「片思」という題になる首 k7-5、

我が恋うる妹が心はふじのねが登り登れど先にきの無き
As for the heart of my darling whom I love, like Fuji's peak
I'm afraid the higher we climb the weaker her Qi for me.

やはり「気」も無ければ、さよなら。絶望だ。ですが、掛けている事は空気の気の薄いか、「木」が消えるか。どれか分からない。やはり、自分より広く富士登りの歴史を知る人のご意見を乞う気も有ります。

０６７

We've caught the same love-bug and heartburn feels like hell
so why not sleep together if going to bed can make us well?

君と我が心のうちハ流行風邪
引いて枕を並べてや寝ん
占正　e7-1　1812

恋風は、片思ひか隔たれ逢えない絶望が原因の恋病と異なって、お臍の上の発情のようです。英語の「疫病」には「流行」ほど格好いい語はないから、口語の love-bug 恋虫で狂訳が間に合ったが、口吸いで高校生と大学生に多い伝染性単核球症の婉曲にもなる。そして、我が住む米南部ではその虫もいる。毎年、女夫虫何億羽の同時空中つるみで高速道路邪魔になる love-bug season と称すが道草。★ともかく、占正の章頭歌とそっくりの発想をもう少し具体的に詠んだ真顔の「引きそめし我が恋風邪は妹と寝て汗をかゝずハ抜けじとぞ思ふ」E5-4 もある。出版年頃は近いから、作成の前後順は不知。恋病の歌は後、四、五首も見よ。それぞれのヤミの意味が異なる。★初期狂歌の闇将軍の貞徳の T20 は、精水を使い過ぎ朝起きもできない乱交の果の得病をもって

恋に人腎虚するこそ道理なれ見初めしにだに腰が抜くれば
Of course, desire gives men dry-kidney so we lie down beat –
does love at first sight not always knock us off our feet?

始めてこの「腰が抜く」身振りを漫画で見たら？だったが、現在も通じる軽い慣用語を、初恋を交合過剰の前兆とするのが奇抜の発想だ（★参照：「命知らずとよし言わば言え 君故に腎虚せんこそ望みなれ 作者損失『新撰 犬筑波集』1667」）。貞徳の傑作より占正の江戸後期の歌を章頭歌に択んだ理由は「君と我は卵の中、我はしらみで君を抱

く」の古き小唄にもある「君と我」という語句が可愛いし、「並べてや寝ん」の描写を超える「しましょう」の能動性を狂歌に求むからだ。又、章頭歌に俳諧や川柳に頻繁に出てくる嫌らしい「腎虚」という語は無用。★貞徳の歌を史初の多人狂歌大集 T27 の『古今夷曲 1666 年』の恋の巻の第二歌に択んだ行風の恋病歌の下記の「ハ」切れの重患の恋病の描写こそ、凡作ながら誰でも合点できる再載の多い名歌だ。

今はたゞ心もほれつ身も萎えつ中風に似たり恋の病ハ
All I know now is that my heart is bursting as my body wilts:
it resembles something called palsy, my lovesickness does.

★天明狂聖赤良の『才蔵集』の歌「やみ寝れば緒の無き琴のね姿をたゞかき撫でゝみるばかりなる」は、まったく別格だ。夜這の若き源氏の闇に幽かに聞いた音楽を通して繊細な雰囲気を醸す場面を借りて、病む恋人を優しく撫でるリリカルながら有心狂歌の傑作の中の傑作。*Mad In Translation* で、一弦の琴も演奏したりした老子の無弦の琴の発想まで頭に浮かんだ為か、「病」をすっかり読み過ごして「闇中の無弦」たる道教っぽい幻想に囚われし、寝る美女を覚まさないように撫でたように誤訳してしまった。『誤訳天国』の著者として恥ずかしい自白だが、章頭歌にしたかった。但し、英訳は中々不可能だし、原文も少々難度が高過ぎるからやめた。★四番目の恋病の傑作は、後期江戸狂歌の由刈の「いかなれば恋に此身はヤミながら思ひやむにはやまれざるらん 1815 E9-3」。これは貞門流の掛詞一筋が縦糸で屁理屈上の矛盾を指摘する疑問状の古典的狂歌で良い英訳に思いついたら、又も章頭歌になったかもしれない。（因みに「やみにやまぬ」矛盾は、江戸に流行った頃であった。★鈴木の『落首辞典』によれば 1805 年の何ヶ月も続いた鑓による闇夜の人（主に乞食）殺人魔を取り上げた落首が多かった。中には「月よしと言えど月にはつかぬなり闇とは言えどやまぬ鑓沙汰（より）」なども伺える。由刈の「やみ」尽くしのスタイル上の本歌だったか。）

068

*What delight I'll feel when the cataract pounding on my head
becomes her hands pummeling my back while we lie in bed!*

　　落ちかゝる滝の水より仇人に
　　　背中打たるゝ時の嬉しさ
　　　　古道　e7-1-62　1812

滝下祈願。時代劇で見た方がいい。混んだ電車、お祭りと角力以外には、世の文化の中で、スキンシップ不足、つまり他人を触らぬ方の日本。初英訳では *What joy should she sneak up & slap me on my back* つまり、恋の敵は、後ろからこそこそ近寄りてポンと背中を叩き、笑いながら「ハロー」と言って仲良く或いは仲直りなる嬉しさを想像した。しかし、背中を平手で朗らかに打つ仕草は日本にあったかどうか。或いは、ひょっとしたら、この首はその証明になるか。とまで考えてしまったら、自分を疑って、ついに情交中の無我の女性の仕草であろうと英訳を上のように打ち替えた。そして、念のため、日本人の知人（正直言って、教授）の意見を頼んだ。上記の二つの解読のどれか、それとも双方ともあり得るかと。意外のことに、一時間もしない内に、いつも丁寧すぎる（？）から異見を認識するように気を付かないと賛同と間違いそうな、渋い教授から三つの選択以外の新投稿があった！「何れも違う気がします。図らずも同僚を殺してしまい、その後悔の気持ちから滝に打たれて仏道修行をするけれども心は晴れず、同僚の身内に見つけられて「見つけたぞ」と背中を叩かれた時に、ああこれで仇討ちで殺されれば逃げることもなくなり、気も晴れると考えたということではないでしょうか。」これを拝見した *Wow*！大胆な仮定を常に読みたい。自分の解釈と正面から攻撃されてもいい。敬愚は、そういう者ですから、遠慮しないご異見は、感謝します。しかし百年考えても思い浮かばない読みだ！そこで、わが百数十万語の種本ファイルを丹

念に検索した。なるほど、1812 年の江戸狂歌本 e7-1 には、寄滝恋歌二十九首の中から拾った四首の中の三番目だった。文脈は大事で、前後、他の三首も見よ：★占正が詠む「君故にみなかみがみを祈る也よしのゝ滝の早く落ちよと」（英語は今も恋に落ちる fall in love が、日本語では陥るのみか？）。2017.7.3 の校正中＝さて英訳すれば、

> For you, by god, I pray to all of the gods that so it may be:
> you, my dear, like the falls of Yoshino quickly fall for me!

と、★里近の「恋風の激しく吹いて荒滝の思ふ壺へハ落ちぬ仇人」と★集丸の「滝つせの絶えぬ思ひハいわねとも砕けてくれよ妹が心ね」になる。教授にそれらの首を見せたら「恥ずかしい」と述べたが、氏の見解に近い我がまだ見つけていない本歌はない保証もない。恥じることはない。大胆無敵に読む価値は必ずある。世の先生は間違ったら、学生に尊敬されなくなると心配しがち。しかし、間違いが多ければ多いほど、学習も多い、発見こそある、発明こそある。しかも、少し恥ずかしくなったら、記憶に残るから学ぶのが良い！話の筋はもう何処へ？ともかく、章頭歌の背中を打たれて喜ぶところが気に入った。★念のため、体を触る最も変な、つまり面白い狂歌は未得の 1649 年の『吾吟我集』にあるが、その部か巻は「恋」ではなく、敬愚の理解を上わまる首の多い「世話」（成語句と諺と故事を弄ぶ歌の類）の巻中になる。狂歌は底無き謎の世界で読む楽しみも終わらない。

> 身を抓みて人の痛さを尻のあたり触る男や手癖なるらん
> The proverb says "pinch yourself to feel another's pain," but how
> does that apply to men addicted to stroking other's butts, now?

滝と身を触る話になったが、本来、恋焦がれる愛嬌のある仕草を本章の題にせんと思った。で、その辺りの後期江戸の二首と後期上方の一首で章を括る。★1808 以前の五条猶道の寄玉恋歌は「鳥の子をかえすつもりの玉章も ちと懐にあたゝめよ君 E5-4」。比喩による直訴も可愛

い台詞になる。★1819 以前の「寄玉恋」E11-1 の首は、読み繰り返すごとに益々好きになる。拡大意訳ないし明らかの狂訳は、

burning passion should be shared

湧き出づる泪の玉を手にとりりて
恨めしき顔に打ち付けてまし　真名井

*I'm catching the tear-drops that boil up from my eyes hot
to fling into the spiteful face of s/he who loves me not!*

惨めは惨めが、既に見てきた「行年に涙の玉を手向けつる」俊成の『新古今集』の狂たる和歌よりいかしている幻想でいい。その涙が湧き出づれこぼれば、たしかに沸騰したお湯みたい。しかし、その片思いの情熱の涙で相手を火傷させる場面をパラパラ絵本のために想像すれば、あらっ！自分の手も火傷するでしょう。精神的な熱さで、我が身に害せず、相手に投げたら涙の粒ごとに銃弾のように、その体を抜くとか、だんだん大きくなって石打ち処刑になるとか、酸になって相手を無に消すとか、酷い可能性に限りも無い。ともかく、章頭歌にしたい類ではない！★最終の一首は 1822 以前の己成の上方狂歌 k9-4

恋病で箸は取らねど玉章を封じるほどは隠す飯つぶ

*Too lovesick to lift her chopsticks, yet hope remains;
she hides a few grains of rice to seal an envelope.*

悲しいが、読んだ瞬間、ふっふふと笑わずにいられなかった歌。これも読む度に良くなる類。詞遊びもアクションもない凡作ながら、なるほど短編小説と思えば起承転完は見事ではありませんか。英訳には、一人格か三人格か、男か女か、と択ばなければ成らない。「此の手紙」などで一人格の詠みだったら、相手を求愛する役に立つ歌として更に面白かったが、どんなに祈っても、口説いても、逢ってみても駄目は駄目を伝わねばならない事もある。

069

死にますと言ふて夜すがら抱てねて
今朝の別れは黄泉路帰りか　月洞軒　元禄

A night spent in embrace "dying, dying!" dawn is, instead
of a parting, a return from the Yellow Springs, Land of the Dead!

フランス語にて其時を petit mort「小さな死」と言うが、日本語に等しい動詞「死ぬ」善がりは、仏語は知らないが、英語に見覚えない。中か後期江戸の雑俳に母親のその声を聞く子供が心配をかける「お母さん、死なないで！」云々という句もあるが、月洞軒ほど大胆に比喩を弄んだ歌は、全空絶後。★同じような大胆の比喩ながら、セックスではなく愛を詠んだ純粋の寄後朝恋歌は「和泉式部」の『かさぬ草紙』の話集狂歌あるいは和歌「別れゆく身には名残も惜しからず心をそえて遣ると思えば T 参 27」であろう。★西行法師は式部の首に学んで「月のいる山に心を送り入れて闇なる後の身をいかにせん」と詠んだかどうか知らないが、いずれにして、我が心をどこかへ送る事は、小指に比べては大変な事よ。死に至る。★少々雰囲気が異なるが、伯水の 1679 以前の狂歌 T37 は、狂度は今一つも可愛いでしょう。

逢う時の寝巻につゝむ嬉しさを今朝は跡にも置みやげ哉

This delight that fills my pajama robes whene'er we tryst
remains here on the morning-after as your parting gift.

面白い後朝の狂歌が意外に少なかった。例外は、鶏も出てくる数首。★1792 以前の真顔の「鷲よりもなお恐ろしやいだき逢う中を引き裂くきぬ／＼の鶏」E3-10 は少々陳腐も、裂く絹と後朝の辺りの雰囲気は合点。★瓢皮種の 1808 以前の江戸狂歌「君と我が臍と臍とのあかつきは鳥と鐘とに力落ちたり E5-4」の「臍と臍の垢⇒暁」は申し訳ないが、

四十五年前に初来日の船でマイム米山ままこのビキニ姿の玉に瑕と思った臍の中が何故か真っ黒を不思議がったら日本人のお臍に対する迷信を初めて覚えたが。★故丸の 1812 以前の上方狂歌 K29-3 の撃とう＝詠う？首と、★文字の 1815 の江戸狂歌 E9-3 と合わせて読めば、双方とも殊更に楽しくなる報いもの。思えば、長い川柳に過ぎないが。

　　後朝を怨むやつらに喰われたる玉子のかたきが詠ううたふ鶏
　　Roosters call out to the world that they justly take their revenge
　　against lovers at dawn begrudged for eating eggs and hens.

　　きぬ／＼の別れを告ぐる鶏を玉子のうちに喰わぬ悔しさ
　　Regret is not eating the red rooster when said little fart
　　was still an egg yet to crow that it is high time to part!

いや、脚韻のための and hens ですね。★浦浪の「寝し床のぬくみも冷めぬ鶏の子のかえるや否や送る玉章 1815 年 E9-3」は、暖かい小傑作だ。掛詞がとりあえず良かった鶏にさよなら、掛詞こそないが最も新奇で面白い二首の後朝歌を見よ。★下記になる天地根の 1822 以前の百人一首の#40 歌をくすぐる上方狂歌 k9-4 は、蛇足無用。★1788 つまり天明狂歌の末期の唐紙砂子 E3-9? の前詞に「八重垣結」のなんだかあった。

　　移り香を今朝は鼻にて楽しまん風や引きしと人の問うまで
　　Her scent I kept enjoying with my nose the morning long
　　if truth be told, people keep asking if I've caught a cold!

　　きぬ／＼の別れを知らぬ里もがな夜明けぬ国のありと思えば
　　Ah, to live where lovers never have to part after one night!
　　So, there really are countries where it never dawns, right?

北極の辺りへ行けば夜明のないという知識は、どこから学んだかと思えば、面白い。四方赤良が天にある七夕の歌に詠んだアマゾン川と似通う現代の暁にもなる。

070

よしや又うちは野となれ山ざくら
散らずはねにも帰らざらなん　節松嫁々

*After the Deluge, cherry petals meet their roots: you too may
sow your wild oats but Dear, do come home to sleep it away!*

天明時代の名女流狂歌師の名歌。★名狂歌師の夫の朱楽菅江の名歌「暫くも夜床に尻をすえざるは我が妻ならぬイナ妻ぞかし」の「妻」は、狂歌連で遊びにお忙しい節松嫁々ではなく、部屋から部屋を通うお客数人を同時に取る切れ店の傾城の描写だ。菅江に身のある嫁々がいると、性病を怖がり、そういう真似はしないかと思えるが、友人の赤良が江戸一もてる文人で、彼と橘洲と飯盛等と殆ど只のり、いや只呑み、狂歌と肴を交換したりすれば遊郭で狂歌仙をあした仙やしあさって仙に居続けしたりした所で、家に待っていた嫁々は「よしや」もうそろ／\お帰りなさったら、という歌だろう。山と野になる（そっくりの英語がなくて意訳に苦労した）・花の下で帰えらん事を忘れる・花は根に返る、と云う三つの世話を組む妙作。一人留主は大変よ、とアピールしながら宴会を「散る」のが辛いけど、帰らないと寝ないよ。頼みながら優しい。彼女の器の広さを伝える。★後になる上方狂歌には、中の世話の旨い変種もある。貞糸尼の自白「帰るとも思わず花にねが生えてうちは野となれ山桜見ん 1823 k6-6（寝＝根が生えて？）は派生歌らしい。★二人よりずいぶん先になる 1740 以前に虚楼嘯雲ゞ馬の「花下ならで帰る事をば忘るゝは美形の娘のところに寄りて T58」と★かなり後になる泉和久成の 1816 E10-2 歌も有る。

傾城の詞の花にゑひやせし家路わするゝ居つゞけの客
*Drunk on the pretty harlot's flowering words he is impressed:
the road back home forgotten, we have a stay-over guest.*

脚韻のために、言葉の花に「酔った」という語こそないが、お解かりでしょう。夫の菅江の行動を思わせるが、いずれも川柳の「美しい顔で話しが長く也」で済める単純一色で、節松嫁々の傑作の肩に並ばない。我が論筋はやや弱くなったから、続く前に、留保三つ程ある。イ）遊郭内に花見あっても、遊女も桜だから花見の季節と限らない。ロ）「いな妻」の狂歌にも拘わらず、長宴会の危険度を誇張した。遊郭に廓を持つ狂歌┐師は、それを文学サロンのようにも利用した。ハ）何日続く狂歌遊びが、月見宴になりがちだった。天明の直前の安永八＝1779年八月十三〜十七という五日も続いたものが、最も有名。女性と共に月並会に参加したりしたが、妻は恐らく居続けはしなかったと想像します。在日だったら図書館で調べられることでしょうが、これを読む研究者おられば、改造版出す前に直したい。要するに、生活の詳細に対して無知です。★例え、上記の五日間の月見だが、名狂歌「月をめづる夜のつもりてや茶屋のかゝもつゐに高田のばゝとなるらん」は、赤良が「主の蜀山人」という翁になったから詠んだか、まだ四方赤良だった頃に詠んだか、判らない。一茶坊は本人が爺ちゃんになっても三十代半ばの働き盛りの菊女を「老妻」と称した（ショックだったから、はっきりと覚えている）。一茶は自分のことも「この爺」と卑下したから許しうるが、「婆」の方がよほど多くの狂歌に出た。★恋か夫婦愛と無関係が、章頭歌の数十年前の1768年に高田かどうか知らぬが、同じ「婆」掛けは、上方狂歌の本にも「馬場のさくらに」という題で出た。梅好作の「楊貴妃の花の姿もおしなべてあたら桜をばゝにこそすれ K20-1」。★という所で終わらせたくないが、運よくネットで同じ五日続いた月見に詠まれたが、敬愚は、どういう訳か見逃した、縁ある狂歌を見つけた。

月見詩のさまも酒も李白によう似たり　戻りは足もよろ月の客
The rhyming poems on moon-viewing and drinking much Li Po recall
as we see our Moon's best guest go home on legs too wobbly to fall.

或る人は天明狂歌本の仕掛け人にもなった浜辺黒人詠とする。或る人は石子筆「小僧、千鳥足泥酔の武士を担ぐ図」と伴うとするのみ。しかし誰の作品になるよりも、我が知りたいことは、誰の描写か。漢詩も作った酒に目がない底無し狂歌の聖の赤良か。漢詩作ったかどうか知らないが、わざわざ「武士」と書くから、かの唐衣また酔竹庵の橘洲の主か（二百年以上たつ今もその画像を見ると心は安らかになる）。それとも、節松嫁々の玉の歌を受けて、さすがに家に迎える夫の朱楽菅江でありましょうか。三番目であって欲しい。（よくの「よう＝酔う」の掛詞の蛇足要らぬが、「よろ」は、かの詩人と結ぶ「養老」のずれ掛けないし語呂合わせか、夜露かなんかの店名か号を指すことを知らなければ、未読の首です。）

2017.7.3 の校正中。正直に言えば、節松嫁々の歌を全て拝見したいが、十首ほどしか見ていない。約十年前に二系人 Rokue Tanaka と文通あった。博士研究には彼女と知恵内子と三番目が娘のだらし内子かどうか覚えていないが、論文が終わらない内に交通事故で亡くなった。同僚になりそうな人が亡くなると辛い。敬愚は、狂歌師は男であれ、女であれ、どうでもいい。狂歌そのものに目がない。とは言え、節松嫁々の歌の高質に圧倒される。日本へ戻れば、その家集はないかと探す。同時に、男女を問わず狂歌をあちこちに探す。とりわけ、面白いは狂歌集にない狂歌を求む。俳諧か和歌に携わる人の日記とか…。何か見つけたら、下記の空白に書き込んで下さい。後に教えて、ね。

_____
_____
_____
_____
_____
_____。

071

イギリスもフランスも皆里なまり
度々来るはいやでありんす 筒井鑾渓 1778-1859

Both have accents they would share, the Igirisu and Furansu;
what nerve they have to call on us and speak so de arinsu!

色里も遠里も古里も里訛り。来るは来る、廓に。筒井鑾渓は、とどのつまり将軍に「論語」の講釈もした両手で数え切れない大御用の中で長崎・南町奉行と海外・外国人応接なども名誉ある上方か江戸かというより多才のニッポン人だった。この名狂歌に彼の観測の力と機知も伺える。初・中期狂歌の上方の京都にも柳原遊郭などあった。傾城や比丘尼などの浮かれ女も詠まれたが、男の数が女の数倍になった大江戸の狂歌に出る遊女や川柳に出る夜鷹などに比べては、詠む数にもならない。吉原や新吉原を、一巻か部では無く、それだけの狂歌本もある。現在のアニメ中心の出版界では、彼女達の類は、同じ後期江戸の妖怪・化け物ほど人気と見えないが、本来、遊郭の四季のみならぬ、時刻毎の描写も数多ある。決算こそまだですが、吉原フェッチが、ひょっとしたら天明以後の江戸狂歌本の一割まで達する。が、万人も面白がる題と思わない。遊郭は一種の美術と芸術の都になると言っても、半ば奴隷制度が気持ち悪い。軽く紹介するのも困る。別冊という特別区にも入れたい。とは言って、章頭歌は、何回読んでも笑う。口語を怖がらない狂歌には遊女の訛りは、猫のにゃん調同様に惹かれる。天明狂歌には遊女が本人が詠む歌もあるが、その殆どが和歌っぽい狂歌で面白くない。筒井鑾渓の狂歌（『零砕雑筆』巻二？）は本人が詠むよりも本物よく見せてくれる。★同じ事は、盲目の大学者、塙保己一ないし早鞆和布刈（はやとものめかり）又天明の『万載狂歌集』巻十一にある詠み人しらずのについても言える。

花魁にそふ言ひんすよ過ぎんすよ酔なんしたらたゞ置きんせん
　　　Hey, don't talk like that to my Mistress of the Hairpin Jungle,
　　　getting drunk is no excuse and we'll pay you back for it!

漢字が少ないから 14 大きさのフォントへ拡大できなかった。敬愚の Hairpin Jungle を許して。花魁の絵を見れば、片箸みたいな物があんなに多いと、やはり凄い。かの風車みたいの弁慶よりも。森より木が一本多いジャングルとすれば、まだ優しい。とは言って、禿（かぶろ）の先輩を弁護する熱心はよくも書き止めた。百数十年前の写真に見えるあの九、十歳前後の女の子の顔を見ると、この事いえる子でしょうかと常に吟味します。たとえ筒井鑾渓の「〜リンス」詠みが詞を遊ぶ心の作品に過ぎなくても、考えさせてくれる。★遊郭内外の浮世を描く狂歌を廿首ほどご紹介します。まず、吉原より面白かった初期狂歌に携わった貴族などには旅観光に休養に出張中の歌の類であろう。桃山の雄長老 の朗らかな傑作とその狂訳です。

　　　そり落しかしら虱は無きとても臍より下ハいかにお比丘尼
　　　Though your head was shaved of lice, I shake, bikuni nun,
　　　for down below your navel . . . I bet you have a ton!

多い⇒びくに（＝びくびく？）と云う不完全な三語の掛詞が凄い。地口も怖くなかった雄長老はお寺もちで比丘尼という本来のコスプレ笑婦の毛虱を詠むだけだったか。★1672 年の狂歌大集に夏の有馬の湯女を詠んだ行重の「風呂の湯女それもくどくか口説きより垢は落とさで坊主落とせり T30-914」は、まだ発明されなかった川柳とそう変わらない。とは言え、初で新奇。★一方、『古狂歌　色を好むさし男』なる元禄の月洞軒が同じ鼻の下の長い友人の自剃に自白した「年久しき望ありまの山／＼ぞ 入た入れたき湯女の湯つぼゞ T40-1226 」は、いかがでしょうか。これは春画と変わらぬ歌だろう。そして、ごく根本的な本能ですね。敬愚も例外ない。男は、中に入りたい。しかし、あんなに明白に認めた者は月洞軒だけか。★断って置くが、月洞軒は夫婦と

しての営みも疎かにしなかったが、浮き業の女をそれぞれ集材（？）したようだ。「ぢよんぢよろしゆ花見車にそひくれは涎もたらす うしの春哉　月洞軒 T40」も、★「恋風の立臼とり成りこも参いた東女も馴染めば愛し T40」も、イラス付きになりそう夕刊紙の風俗記事みたい。★が、売笑を詠む多くの狂歌は私的ではなく、定義か一般化だ。1672-87年出版の『地誌所載狂歌抄』の「島原傾城町」について T参 44 では

傾城を譬えて云わば鉄(かな)やすり人のくるへは減らす金銀
Pretty harlots may be called castle-topplers, but I call them files
for they grind away their guests' gold and silver smile by smile.

★同本の「吉原傾城町」と題す、お客さんの観点から詠めば「卜養か」のもじり歌は：「ほの／＼とあげ屋を出でて今朝帰り名残惜しより金惜しぞ思ふ　同-1632」。双方とも男つまりお客の観点でしかない。★1797年の本に出た天明狂歌の国語や国学に強かった宿屋飯盛の歌「川竹の茂りおふと云う芳原ハ浮き世の人の子を捨る薮（Ex 4 絵本譬喩節）」は情け深いと同様に吉原に対してずいぶん厳しい。★一方、後期江戸の新吉原に開業した遊女屋をめぐる書物も著した六朶園二葉（安政五年没）は、遊郭の伝統をこう祭り上げた：（1820以後の E15-6、E15-5 では、下記と異なって「日の本は天の岩戸〜」）。

日本は岩戸神楽の昔より女ならでは夜の明けぬ国
Japan: from ancient times when the Sun entered that cave
we'd still be living in the night without women to save us.
（上記の英訳はごく丁寧のスタイル、下記はやばい狂訳）
In Japan from Ancient Time when Sun behind said cave door hid
the only way night turns into day . . . is with the help of a whore.

確かに天宇受賣命（ウズメオミ神）が岩戸の前に陰部までも露出したり凄まじいストリップ舞をして八百万の神が大声で笑った為、天照大御神がお目出度く出ました。丁寧の意訳は、天照の面目も考慮してで

きた。狂訳はウズメが守護神になった売笑婦と掲載した文脈を考慮してできた。古代から女性による接客は神社の巫女による官人の接待がその起源という仮説さえあると思えば、両訳は全く繋がらないでもない。原文の「神楽」ある方が面白いが、英訳には入れたら長くなるから、ない変種を択んだ。★武士は腹切りならば、遊女は指切り。間接的に遊女との関係を描くが、大胆で新奇その上もない首から話の糸口を切る。百子編の 1740 成立の上方狂歌本 T57 で、彼か雪縁斎一好詠

東寺なる瓜実顔の君ならば指はさら也 腕も切らばや
Melon-seed face of Temple East, w/ solstice here what begs?
Forget the fingers, in your case, I'd lop off my arms and legs!

寺構内笑婦か比丘尼か、それに京都の教王護国寺の称が瓜の冬至南瓜はふざけた枕になるが、他にも瓜に顔を画く祭りとか当寺との何かが縁があったらまだ解からない。いずれにして誉めた顔形と果物と所と季節をとんでもない囃し且つ要求に結んだ理屈に惹かれます。章頭歌にしなかった理由は、自分ではなく人がそうすると云う調子が苛めっぽい。★同じ強いられっぽい要求は『伊勢物語』107 段が有名。敏行朝臣は求愛した女性に逢わせてくれぬから「我が袖は泪川だよ」が主旨の駄歌で相手の良心を責めてみたら、業平朝人の代詠の返歌は、

浅みこそ袖はひつらめ涙川身さえ流ると聞かば頼まん
Shallow, indeed, all this talk about tears soaking your sleeve;
when Tear-River carries you away, then, love, I'll believe!

己が泪川に流されてしまえば、信じてあげるよ、と。瓜顔の傾城は「指切るぞ、切る！」とお客を脅かしでアピールしたら、度胸ある狂歌師の客だったら逆襲にのり「指ですか、丸顔丸身の君ならば両腕でも切らなければもったいないぜ！」という会話を想像して狂訳をした。他の可能的読みあるが、敬愚の仮説的歌意 #1 だ。業平は、瓜実顔の狂歌を見たら、きっと爆笑したに違いない。狂歌と見做してもいい首

の割合を思えば『伊勢物語』は、江戸初期の笑話集とそれほど変わっていない。当の物語を文学として認めながら、狂歌を喰わず嫌いになる文学者の判断力を問わざるをえない。★日本の風俗ながらも珍視された指切は、当然無心の「恋」狂歌にこと欠けない。もう一首を見よ。楯成の 1815 以前の江戸狂歌「切ってやる指を返して逢うことはカタワの様に嫌われにけり E9-3」は。情けないが、悪き習慣を無くしたい気持ちから詠まれたかと思えば合点ゆく。★カタワと言えば、恋と無関係が、狂歌っぽい橘曙覧の短歌ある。哲学者ニッチが、人皆も異常者で本人だけが正常とした文章も思い出すと悲しながら微笑ましい。

人皆の好む諂ひ言われざる我も一つのかたわ者也
*I, who do not use the flattery everyone else loves so much
nor fall for it, am treated like an emotional cripple or such!*

橘曙覧をもっと読まねば treated like か feel like を選ぶ判断も不可能が、脱線ご免。1797 年に吉原を子捨て藪と詠んだかの宿屋飯盛は、石川雅望＝六樹園飯盛として 1816 年に各時刻毎の遊郭の歌集を編集した。身分を問わず人に対する深い共感を抱いた彼の『吉原十二時 E10-2』は他の案内や図中心になる好色物よりも面白い。各時刻に何十首もあるが、幾つの時刻の異本十首ほど見よ。★卯時「肥取の来る頃どうかこうかとハ居つゞけくさい客の長尻」真加世。★巳時「傾城の嘘は八百屋も合点にて実に泣かする辛子まで売る」雲多楼。★午時「笑い絵は吉原にしてくんなませ 徒然草を貸し本屋さん」梅章。★清澄の未時は下記

種をまく文や書きけむ傾城の顔に畑も見ゆる昼見世
*We see the beauty's well-cultivated face at the noon openhouse
as she writes letters that are seeds sown for other's wild oats.*

★申時「むつの花見つゝ女郎が太腿の雪に踏み込む客人のあし」広孝。
★又申「造りてし雪の達磨も吉原や尻の腐れし客も見えける」素后。
★又申？「二日酔の顔ハほとけの色に似て極楽という里のゐつゞけ」

起兼。赤い申顔でないという逆縁語。★酉時「混沌の玉子うりさえ来る頃や夜の世界の始なるらん」双蝶園。★又酉「お客ぞと中の丁から知らせくる茶屋が浴衣も蜘のす絞り」丸主。これらの狂歌は吉原通でなくとも、ある程度までは、面白く読めるかと思った。「ある程度」と言えば、化け物狂歌同様に対象だと私的内容の狂歌に比べて、まだまだという気がします。とは言え、今朝2016.10.27のお手洗い読み物にした山本廣子女史著『泥亀の月を読む』には、小生見逃した当本編集宿屋飯盛本人詠んだ「亥」と「寅」二首を見つけた。★★は下記、

かしましき太鼓の声にけたれてや寝よとの鐘を聞かぬ吉原
The ruckus made by those drums in Yoshiwara make me weep
for I cannot hear the bell that says "It's time to go to sleep!"

吉原を日の出ぬ先と急ぐのはきのう迎えに来しみいら取り
Why are they so busy at Yoshiwara the hour before dawn?
those men who came for others, saying, "I won't be long!"

左の「けたれて」は辞典にないが前後文脈で「邪魔されて」の意味が解るし、日本語の二音字で済む「寝よ」に敬愚は長年ほれている。昔のMacのOff音に日本人の女性が「寝よ」という美声を使わせて頂きました。在日の頃、最愛の猫の半ちゃんにも、布団に履いて電気を消す前に「寝ようよ」と声かけました（半ちゃんは、いつも走って来て、脇の上の肩を枕にして共に寝た！）。少々年寄れば、それが一大事の鐘ですね！右は渋いながら、凄い。ミイラ取りは自分も取られてミイラになるのが諺が、吉原に友が居続けしないように、尋ねたら自分も傾城に招かれてしまうという意味です。

小章「寄○○恋」ないし「物に寄する恋」

本章と同時出版のつもりで『古狂歌 物に寄する恋』の歌例を控えめにせんと思ったが、ここまで読み直せば、何かに寄せる恋歌の面白さを

十分には伝えていないと気になりました。当本は本書同様に厚くて数千首もある。八割まで英訳ある。結局、重ね過ぎる心配は無いと思う。様々の分野を探すよりも、一つ範疇に首狩をした。百数十首の寄虫恋歌より十、廿首に絞ると決めた。★未得の「寄蠅恋」は「昼寝する君が辺りの蠅ならば這いかゝりてや我もせゝらん T24-320、T30」。かの清少納言が蠅にせせられたり舐められたりするこそ大嫌いだったよね。我輩も清少納言を擽らせたい！因みに未得の 1649 年の『吾吟我集』の 648 首の狂歌の中で 130 首が寄恋歌だった。皆も蠅のように「寄～」になるが、歌を読みながら虫を待つか中に潜まれているのを探検するも面白いから、ここで「寄～」の題を抜く。★旅立飛茂吉の「さゝがにのいとしき人の来る宵は軒に我が身もつられてぞ待つ e7-4-190」は、古代の迷信と恋歌の伝統を我が身に結ぶのが妙。★洞住の「ちちよりも君恋しやと寝もやらで憂きみのむしの夜と共になく E5-4」は、蓑虫よりも泣き虫と敬愚は聞くが。★恋歌が得意だった天明狂歌寸前の夢庵の「夜もすがらなきあかしけりなにもかも言わでくすべる君がつらさに e1-1」の虫の名を言い当てることは、力程むずかしくもない。★江戸後期の両足音の「かき送る文の返事のみゝづにて恋に目鼻の付かぬ悲しさ E11-2」は、判りやすい秀歌。★同本に不知の好対もある、

書き送る文は蚯蚓引と言わば言え君をつるべき便りとやせん
Call my writing worm-line script or whatever you may wish,
I still trust this letter will catch you like one might a fish!

不知の積極の態度が好きで、その首も章頭歌にしたくなる。★平方庵早樹の「恋死なば蚤とも成りてかく計りつれなき人の血潮すゝらん 1813 年 E8-5」は陳腐と思えば、★桐正女の「かく計つれなき人を思うのみさしも寝られぬ夜半の苦しさ 同」は、いかがですか。★幾世亭久門の「はねられて落ちる泪は蚤ほどにおさえかねたる身こそ辛けれ 同」の泪と身の比喩は驚くのみだ。★一方、紀長文の「恋病に蝶の羽風も厭うなり目にも散らつく君が面影 同」の超繊細ぶりも、★下記なる同 1813 の本に出た見聞舎元安の首は、軽み抜群のベッドイン傑作。

思ひきや胡蝶の夢のちぎりして枕の塵のそうしせんとは
*Here's a thought! When butterflies rendezvous in dream, one thing:
do they first/then blow the dust off the blossom bed w/ their wings?*

荘周の夢を述べた（？）荘子＝掃除の清濁なくて視覚的に読めばこそ可能となる掛詞は、英訳に触れようともしなかったが、相手がいないために自然に積もる塵が常ながら、この見聞舎元安の蝶々のつるみ跡の掃除ならば、then の方になる。在日の頃、そのお母さんから毒だと学ばれて、蛾と蝶の塵を怖がる人に出会った。一般的でしょうか。当時は？★同本の編集者の萩の屋翁の下記には夢似たか夢にだにの誤り？

荘子より胡蝶となりて夢にたも？花のようなる口を吸わばや
*I'd rather be the butterfly than Soshi, and in my dream wish
to suck nectar from a mouth between a pair of flowery lips!*

★同本の長つなの「蝉の羽の薄き情をかこちでハ時ならず袖のしぐれもぞすれ」は和歌ぎみが、★松風の「憂き人の聞き入れなきをくどくには用いてもみん黒焼の蝉」も、★雨声軒柄守の「木むすめを口説くは恋のころも蝉いつか抱きついてみんと思えば」も、★向陽亭春門の「抱きついてなき居るものを恨めしや別れの鐘をつく／＼法師」も、★道頼の「空蝉のとんだ跡より淋しきハないて別れし閨の抜殻」も、「寄セミ恋」がみんみん皆も申し訳ない狂趣。1813 成立の萩の屋裏住編『狂歌あきの野ら』に各種の虫に寄する恋歌十か廿首ずつに並ぶ。後期江戸狂歌も捨てたものじない例証だ。つく／＼法師は、既に述べたように嫌な声になるが、あの声を聞いて分からざるを得ないと、ますます気分が悪くなる！とは言え、朝一番で聞いた覚えがない。ぐずぐずした奴を起こしたではないか、と思う。

さて、蚤が殊に多い事に興味ある。一茶の日記にも同文化十年の夏に蚤 19 句ある。その前の年は 4 句しかない。後の年は 7 句なる。国へ戻

ったのが文化十年で古畳の上に猫を飼ったが理由であろうが、その年の気象も一役を買った可能性も捨てない。日本の蚤地獄（蚤からみて天国）の体験者として敬愚は何よりも好む句は「遅しとや迎えに出でたる庵の蚤」。このれっきとした夏俳句を、川柳と見下す人は多かろうが、一人格という視座は川柳になかったし、二、三日留守すれば、戸を開くと同時に外へ跳びつくのが事実。狂歌の自由自在と変わらない自嘲の狂句だ。ああそうか。恋の章だった。一茶のもう一句のみ。そうか、夏の部にも触れた句かもしれない。

*My studio fleas are cute as can be
because, because they sleep with me!*
庵の蚤かわいや我と寝ぬるなり

屋根っぽく見えたから英訳を原文の上に置いた。とは言え、本章で見た寄蚤恋ではなく、寄恋蚤ですね。★一茶の句と最も似る歌は宿屋飯盛の「背も腹も蚤に食われて痒ければ夜の衣を返してぞ着る」であろう。裏返しの意味で、恋と無関係の「夏夜」歌ながら、発想が恋歌の仮衣と思う。★一茶の恋人蚤も、寄蟬恋も、全部も恋の部に外れている参照でしかないから、章尾歌に相応しい 1754 年以前の上方の紫笛の寄柳恋歌 K24-4 を見よ。

道野べの草つむ美女の柳腰しばし見とれて立ち停まり梟

*Enthralled by the willow hips of a beauty out picking herbs,
I stood transfixed mid-field like a tree rooting from a stick.*

芭蕉のおかげで著名になった西行の「道の辺に清水流るる柳陰しばしとてこそ立ちどまりつれ」のもじりながら、特定の恋の対象になる。とは言え、求愛を仄めかすもしない、全く達観した西洋と中東の涼しい理想的な恋と暑い本能を一体化するという感じもしませんか。説明し難いが、本歌あってこそ、余韻もあります。

雑

旅・覉旅

072

The monotonous fare has even my baku *fed up with his keeper;
every night, the same dreams of home fill this traveler's sleep.*

獏もさぞ喰い厭きやせん旅枕
夜毎に同じふるさとの夢
喜丸 E11-2　1820

獏ってば、悪夢を喰ってくれると思ったが、時代と地方次第に人の朝よく覚えていない夢のすべてを漠が食ったせいにしたら、ここは喜丸は目覚めても古里の夢が恋人の面影みたいに中々消えない lovesick ならぬ homesick の心の理に獏が喰飽、というのが敬愚の考え過ぎか。★「鄙に年をへける」行安の 1666 年以前の狂歌「赤子もぞ今はかぶりをふる里にあわれあゝや手打するらし T27」は、旅歌の代表にしなくとも、万葉の山上憶良を思わせる我が子の描写で子もない敬愚までも拍手したくなる秀歌だ。★本来、貴族と武士に旅が主に命令された。政治など力関係のための遠さかれか、国を守る勤務のためで、生きて帰られない可能性が多かったためか、哀れな送別の歌が多かったが、代々増えてきた仕事と修行と観光と多様化した旅にも、苦労話が目立つ。英語にも travel の同源語 travail は「苦労」でその義を遡れば獄門用の三棘先道具と知らぬ貞徳は、東西問わず子に勧める旅の世話をこう詠んだ（T27　1666 歳載より）。当の諺を直面から反論する。

思う子に旅をさせよと云う事ハ我が死出知らぬ親の詞か
That old proverb about making your darling child take a long trip?
Parents who know not they'll walk to Hades soon enough say it.

この有心断言は、貞徳＝物名主義に過ぎない無心家という悪評を見事に裏切る。★論という駄弁を騎降し、旅苦労の歌例を見よ。1722 年の「東の犬丸村に逗留して」という甚久法師の前詞なければ忠犬かなにかと勘違いしそうな「犬丸に待ちとう／＼と長居して尾をふる里の方ぞ恋しき T44」は一見で村讃だけと思ったが、恋しきと言えば、章頭歌同様に愛する所を偲んだ歌ですね。★1729 年の良安詠んだ「草臥れて行く足引のやまと路ハもろこし迄も苦になりにけり T46-103」とは。唐と諸腰を掛ける。後者は、両腰に刃物差しているから武士です。旅は武士も大変だと。まだ「国」を出なくても「苦に」なる掛詞にも気づいたか。ちょっとした傑作だと思う。★一方、1734 以前のの百子の「旅痩の足は鷺かも水口へ踏込と早どぢやう汁哉」T52-214 は、暗喩の傑作。健康の為に悪気候の英国を去り、仏国の海に脹脛皆無の痩せた足を浸せば、ムール貝 mussels=muscles 筋肉でも生えそう、とイギリスのお留守の方へ報告した時世漫画家 Thomas Hood を思い出す。コミック文学は東西を問わずそっくりの発想だ。★吉住 1812 以前の江戸狂歌「眠き目は針ほどなるに足は又棒ほどになる旅のくたびれ e7-1」と、★1809 年の本 E7-5 に出た山田可々志の下記の旅の金言っぽい首

世の中よ駕籠をかく身もかゝるゝも肩の痛き尻の痛き
The world is such that whether we travel in a basket sedan
or carry one, our shoulders or our butts will end-up aching.

と、★玄旨法印の「さし入れて洗える足の豆おほみ馬盟とや人の言うらん　同」のいずれも微笑ましいが、地名も掛けた首の後に読めば、少々軽薄に感じる。★吉住と同じ 1812 年の江戸狂歌本の「旅宿」を詠む上方の名もちの満丸の苦労を優雅の類似で美化する「草枕むすべば露の真似をして己もころりまろまりて寝る e7-1-90」を読めば、露と温

度の関係をもっと調べたい決心ができた。関係ないが。★下記なる1815年の上方 K19-3 の友風の首は、陳腐に情緒ながら悲しくも可愛い現実になる。

飯盛に残りし心いっぱいも宿たつ時はなにくわぬ顔
For the serving wench, my heart left on a platter with my soul.
Why, as we go, does she look like she holds an empty bowl?

★1820年の能言の「薬よりあしのうらわに旅寝して豆に付けたる日記のくさぐさ E11-2」と物を書く事の慰みなる主旨は偉い。旅の苦労を笑うのも良いが、旅の余裕もなかった百性に言わせれば、こういう旅は贅沢。今は、どうか。生物圏の限界と貧乏の存在を知っていても、絶えず遠近へ飛び交い jet-lag＝時間差苦労を歎いたり、人から「お疲れ様」という慰みを期待する金持ちは情けない。燃料の大消費を先ず、未来の人も含む生命圏にお詫びを申すべきだ。旅することは罪、罪せずには生きられないが、せめて旅する度ごとに感謝せざるを得ない。

※さて、章頭歌へ戻るが、古狂歌の種本ファイルには、「獏」の登場する歌二十四首もある。良いでも悪いでも多くの夢を記憶すれば、それが脳鉢の場塞ぎで文字通り邪魔になる。獏がなかったら、人は皆狂気になる。この有難い空想獣に恵まれない文化圏に育った敬愚は、獏に目が無い。獏を一首読めば、必ず自ら数首でも詠まなければならない。例えば、夏の部に見た、短夜に腹ぺこ／＼の獏の狂歌を読めば「秋ながき闇夜すがらも人は寝て月夜支度に獏の食溜」と詠み、自分の体験を思えば「悪夢のみ喰うては生きる獏とわれ砂糖が薬なる夏瘦せ」を今ここに打ち込めば、又「歯医者に獏は兄貴か砂糖の値が高いと痩せる安いと太る」までも、ご覧の通り。

０７３

I wonder if it is not really a python, this mountain road;
the further I walk, the more I feel I'm being swallowed.

うわばみも出ばやと思う旅の山
　　どこまで行ても道に呑まるゝ
　　　　汐風　　e7-1　　1812

四回も繰り返す自称代名詞「I」を並べば棒に蛇と見えるが、嫌ですね。原文の山道の形と道端の茂りを這い出そうな物を合わせば、この描写に飲まれない読者は、一人もないと思う。仏国の超自然な小説家ラブレーの巨人の物語に道が自ずから動く小島の章も、英国随筆家のチェスタートンの脚韻詩にし上げた「泥酔が造った」派手にくねるイギリスの田舎道をも、色々と思わせる狂歌だ。★かの青山を待たず、青物に覆われて生きる敬愚に言わせれば、道に飲まれるのがいい心地だが、怖がる人もおられるから対照に、多くの読者も気持ちいいはずな行風が難波堀江を出でて西国へ行く出発の描写も見よ＝「帆をかけてヒフミつの浦風に走りこぐらや足はやき舟　T27-353」。三津を掛けても、狂度が今一つだが、旅での涙もどこにもない天気の日も新奇かもしれない。狂歌の最初の大編集者の行風の歌体は渋くとも、編集した『古今夷曲集』の自分の足速い帆船の歌の二首前の（０７２章に見た）同本の歌#351 の鄙送り赤ん坊の成長ぶりを見失った深い淋しさを詠んだ行安の古典和歌に通じる誠の心も、★自詠の快速の出発の直ぐ後の歌 #354 になる「海路旅の心を」詠む淡路守宗増の歌＝「雲霧もハレ物なれば海わたる時分を診てぞ押し出す舟」とは、これ以上に談林っぽい悪趣味は在り得無い。要するに、行風は、スタイルが月とすっぽんほど異なる二首ですね。一貫性がないと非難したがる人もおられるが、中々楽しい歌次と敬愚は思います。★ご参笑に、旅というより己が町を描くが、同類の悪趣味の比喩の好例は、百二十一年後のもとの木網

の天明狂歌も下記に置きます。蛇足を先に備えば、川口が河港（かこう）を暗示、それが水夫（かこ）に掛けると、ネットの人。

入船は上を下へと帆柱を楊枝に使ふ江戸の川口　もとの木網
*As masts on boats coming in are lowered, they bob and quiver
looking like toothpicks working the mouth of Edo River!*

これも、かの宿屋飯盛が編集した玉の 1787 年の小本『古今狂歌袋』に見つけたが、初期狂歌に携わった者は裕福で、その旅の多くが休養＋観光だった。観光案内みたいな歌になりがちだった。『地誌所載狂歌抄 T 参 44』という何十冊、何千首もある、様々名所案内の様々の巻の中で、敬愚にとって最も面白い所は、もうお馴染みになる行風が責任者だった有馬編（1672）と彼が参加した有馬の後編（1678）だ。★行風編の最初の大集なる 1666 年の『古今夷曲』には既に「箱根山いやその外に有馬なる私雨もはれの言の葉」という単独の有馬詠みもあった。この雨は遠近で少々の雨を降らす芭蕉が「犬の欠けばり」と句作したむれ時雨より更にちっぽけなる霞の小欠片の雨みたい。晴れながら一人で濡れることに見えるが、まるで学者が用意する定義のように「私雨」を詠んだ行風の歌は、鮮やからず只、ちょっとした情報、三十一音字のお知らせのようなものだが、敬愚は「私雨」の存在の紹介を感謝します。読者諸君は同感か。それとも「言の葉」の紹介でしかない歌は歌集に相応しくないと思いますか。後なる 1672 年の「有馬編」に行風の意外に大胆な天神の蜜なる山蜂の００６章頭歌の他に、有馬のからくり人形の筆ぺんとか、それぞれの温泉屋の微笑ましい宣伝などは「古狂歌 案内の案内」別冊に預かる。ここでは、私雨の出る歌のみ、数首を見よ。★正房の 1678 年の有馬編の首は下記。

有馬山私雨のふるよりも湯女にふらるゝ身こそつらけれ
*"My rain" falling on Mount Arima makes no one turn blue;
what hurts is when a yuna happens not to fall for you.*

★同本同編の貞富の「有馬山湯女恋忍ぶ袖にふるわたくし雨は涙也けり」は同じ主旨。百数十年後に若き一茶の先生ないし雇い主の一人の素丸の句「私のしぐれは憎し箱根山」は、同じ状況を十七文字に縮むと、狂歌を上回るかも知れないが、状況は状況。句の多くも俳文中か、歳時記中か、作者を知る人の注があって味わえる。★一方、下記なる同本同編の富由の首は、俳句顔負けの俳風狂歌と思いますが、

有馬山私雨に松茸の笠をひらいてさし出でにけり
On Mount Arima, matsutake open and raise their dome-
umbrellas for a rain that, falling, falls on each alone.
（上記は完璧ではない狂訳で下記はノンセンス訳）
On Mt Arima where my rain only falls on me no doubt
even mushrooms open their umbrellas to come out.

いかがでしょうか。狂訳では、帽子になる傘もないし、双方が同音でもないから、英語では笠を傘にするしかなかった。★私雨の名歌はないが、湯女に関する再載も多い一首はある。1672年の貞林の「有馬山湯女のわめける声聞けば出でぞよ人を入れ換ゆるかは　T30も」の魅力は、色を求む客との諍いのように聞こえながら、早く出でなければ茹で卵なるから湯の交代を大声で必死に告げる無邪気な場面になる。これは二十世紀にも流行った数え歌の常のユーモア。女中を追い駆けて無理やりさせるのが「春掃除」という類。★かの『地誌所』の直ぐ前の歌は「湯治ここちよかりければ」妙祐尼が詠む「難波江のあしの痛みも有馬なる湯に入てこそよしとなりけれT参44」とは宣伝ビラーに載せたいが、★行風の天神蜂の歌に次いで、我が一番気に入る有馬の歌は、有馬温泉の奇特を弄ぶ漂布の1815以前の江戸狂歌「E9-3」。

有馬の湯すごやかな？身は慰みに又行きたいが病なりけり
At Arima's warm springs, bodies soften, we lose our cares:
that is a relief, but we become addicted to going there!

これは、正気そのもの。或いは、対照はユーモアの源で釣り合いよくなることこそ狂歌の特徴だ。或いは、警告は宣伝の一部なり。男性自身を立たせる薬品のラジオ広告は「四時間以上に勃起して苦しむ場合、貴方の医者に必ず連絡を」と締めくくが、我が心が狭ければこそ、慰みを外に求める現代人には、セックスよりも、楽になりすぎる旅こそ病みつきになってしまう事が多い。★古狂歌を読む限り、有馬の多くの客は、腰折のために来た。1615-19 成立の『新撰狂歌集』に「はんや坊ありまの湯にて人の歌よむを聞て」こう詠んだ：「津の国の有馬の出湯は薬にて腰折歌の数ぞあつまる T18」。別な本で宗祇詠みになる。★安楽庵策伝（1554- 1642）の 1623 年の名作『醒睡笑』に西三条道遥院殿=実隆公が詠んだ首と前詞が下記なる。聞＝効の掛詞は英訳無用。

湯治の内に歌の点望む人ありしが宜しからぬ歌しかなかった
Sanetaka, accousted in the bath and asked to grade poems, all bad

昔よりきとく有馬の湯ときけど腰折れ歌は直らざりけり
From long ago, these hot springs of Arima can heal anything
or, so I hear, but your broken-hip poems are another thing!

★新奇ないし狂たる旅の歌は『万葉集』まで遡る。歌#2651 の「難波人葦火焚く屋のすしてあれど己が妻こそ常めづらしき」の常訳、つまり解釈に異見ある。先ず、敬愚の異訳は下記の通り。

Naniwa folk are sooty as the shacks they use for burning cane;
but how nice for your own wife to always seem strange!

問題は「珍しき」。煤しても珍しいは、昔、愛でられた意味でしかなかったと学者は述べるが、敬愚は、英訳の strange つまり変わっているニュアンスもあったかと思う。妻以外の浮気相手も、米国の東北海岸方言で昔 strange と呼ばれた。我が相談した古語学者は揃って、歌の後句は「誰でも馴染んでいる妻こそ愛でる」と読むが、敬愚はまだ疑問は払わない。可愛い夫婦もおられるが、皆愛し合っていて、己が妻こ

そ美しいと思う発想こそ現代より普及した嘘かと思う。古代ギリシアにせよ、日本にせよ妻愛が、尻にしかれた同然に見下されたという気がします。だから、「めづらし」には既になにか常ならぬ含みがあったではないかと仮定する。自分の妻が常に変わっていてこそ惹かれる歌意でなければ、面白くないし、「こそ＋つね」は、重複になる。「煤掃て寝た夜は女房めづらしや 」（五元集）という句から伺えば、其角は敬愚と同意見だった。専門家に逆らうから、二人とも間違っているかもしれないが、狂訳を上記のままにして置く。★難波の葦と言えば、貞徳の数十年前の狂歌を拾った1672年の『後撰夷曲集』の「難波人身を尽しつゝ売りぬれば枯れたるあしがおアシにぞ成る T30-1052」葦の金連術の狂歌はただただ楽しい。★同本に有る「宿」に関する三首も引き続くが、先ず友信は「板橋蕨の宿にて」こう詠んだ：「蕨にて呑めるタバコの不自由な旅はかたわらいたはしの宿」。古綴り法のおかげで「板橋＝労し」が、苦労させるか、第三議なる「大事にしてあげる」ようです。★信元は「武蔵野の蕨を通る旅人は先づ手を握るうかれ女の袖」とは、当然過ぎるもいい。★当大狂歌集の編集者行風は「蕨の宿にて馬子どもの喧嘩するを見て彼が心すなわち奴子詞にてよみ侍りし」という長い前詞の後に「手を出せろ折ってくれべい馬鹿づらめとこさ蕨のじゅくの馬方」と云うルポは、いかがでしょうか。★もう少し高級の（？）地所の狂歌を、下る年順に、後幾つかの例を見よ。先ず『拾遺集』に出た清原元輔の狂趣ある尻取り連歌「春は燃え秋は焦がるゝ竈山　霞も霧も煙とぞ見る」。前句が地方の無名の歌人の作品で、後句は79歳で肥後守として九州に赴き途中だった清少納言の即興に長けた父上の元輔（908-990年）の仕業だった。「煙を加えただけ」との評もあるが、竈の縁語ながら初春の草木の芽は萌え、晩秋の紅葉は焦がれる用語は美しい枕だったを、さらに優雅なる霞と霧も紹介したところこそ、いきなり「煙とぞなる」と結べば、オチというより、前句のオトシで山の名と無名の歌人を笑いものにする。元輔説に異見もあるが、清少納言と同じ毒舌を抑えない性だったら、前句を読んだ時点で、後句をそうするしかなかった。この敬愚も、心から

悪い人ではないが、やはり上記の句を読んだら、同じ後句を詠んだとしてもおかしくない。

> Smoldering in Spring then burning through Fall, Cookstove Mountain.
> Do we joke? From here, fine mist and thick fog both look like smoke!

Cranston 教授に素直な英訳もあるが、敬愚は上記のようにそれぞれの行に脚韻を加えば、やはり生意気の雰囲気も蘇える。★後期江戸の歌雄は、追加も詠んだ「春は燃え秋は焦がせし釜山の尻より黒く出づる雨雲 E9-3」。★釜であろうなんであろう尻の出る地名を美しく詠む歌は珍しくて、1407 年の『内裏九十番歌合』に出た室町の将軍の義満が詠んだ「ききしより名もむつましく思ふなりあしりの浦につもる白雪」まで遡らなければならない。下野国足利が古里ながら訪ねる暇もなかったようで、懐かしい意味の睦ましいが、六つはおむつのみならず、雪の縁語で思ふ成りも形で「あしり」に白雪の柔らかい尻が戦馬の硬い鞍に乗り過ぎた将軍の瞼に浮ぶ…（駄目の解釈？）★さて、古歌の例を続く。下記なる西行が碁石の産出地でもあった伊勢のトウシ＝答志とスガ＝菅島を訪ねた時の微笑ましい旅中の歌を、宿屋飯盛の狂歌読書の『新撰百』にも再載された。飯盛の本を読んだずっと前に、Mad In Translation に同じ首を狂歌として紹介しましたが、

> 合わせばや鷺を烏と碁を打た答志すヶしま黒白の濱
> Let's have a match! Black & white beaches, heron & crow:
> yes, Toushi Isle and Suga can fight it out in a game of go!

Honda の優しい英訳もいい：O that I could see /Tohshi Island play / the game of crow and egret / with the Isle of Suga. やはり「合わせばや」の願望があって生きてくる。念のため、敬愚は盤の全貌を優しく争う紳士同士の碁は好きが、多くの古画は、半ば武装した武士同士の戦いを見せる。烏と鷺は紳士よりも武士かと思った方がいいか。★とは言え、下記なる首の注文「〜せよ」調も悪くないでしょう。

すが島や答志の小石分けかへて黒白混ぜよ浦の濱風
*The black & white pebbles parted by Suga Isle & Toushi Shore…
hey, Beach-wind by the bay, why not mix them up once more!*

西行に台風記あったら読みたい。生きたままの大自然を愛した事は、我は「狂歌」と称するこれらの歌にも感じる。★初期江戸へ戻れば、いや、進めば。月洞軒の狂歌師の信海は「東叡山を拝して」詠んだ「人間の種ならぬ花の盛りには雲の上野の心地こそすれ」T35-62 とは、名所賛のみならず、素晴らしい桜讃ではなかろうか。芭蕉の上野か浅草かも悪くないが、これも上野に歌碑はなければ、是非つくりたい。★1676 成立の「類似名所狂歌集」という不思議な書名の本に、「不破」と題す佐心子賀近の「板や荒れし寒さを凌ぎ大食いにくべる玉子のふわ／\の関」T36-130 は、語感上の不一致が旨く、ふわ／\の関口に舌を巻くのみ。これも歌碑に値する。蝉丸の名歌も悪くないが、お子様に読みながら不破の関が復活するには、これは最高。日本にも昔からオムレツあったかどうか（或いはお好み焼きか）も急に知りたくなるが、シリと言えば、★1685 以前に「川尻に用事有て仁助参りしに舟九艘一同に漕ぐをみて」た長崎一見の「川尻に舳先ならべて漕ぐ舟は数えてみればくそふ也けり」T39 もある。自詠も落首もある日記で、誰の悪趣味の見立てか分からない。もともと昔より日本人は下ネタに怖くなかった。数パーセントまで大便・小便・屁ぴりなる一茶の岩波句集を取捨選択した丸山先生も、きっと自分を疑ったかと思う。敬愚は、それがなかったら一茶は一茶でなくなったから、選者として勇気を感謝する。一茶全集を読めば、やはり割合は正しく反映された。★後期より末期江戸の天明老人（人道）編『狂歌江都名所図会』も、凄い。通念では狂歌も死んだはずの安政三 1856 年出版ながら行風ら初期の地誌に負けない面白い首は、随所にある。日本橋から始めよう。停舫は「日本橋両海道の股にして頂きは不二大江戸は臍 E13-1」。富士を日本の出べそだったか鼻橋だった川柳かよく覚えていないが、道路の零点として日本橋は国の真ん中だった。★朝景は「日本橋江戸の要とみゆるかな不二の扇を手に取る計り」E13-1。確かに富士は逆様の扇子みた

いが、腰からぶら下げて、開こうとする途中か。川に移る姿あったら、手に取って使いそうが。読者は、富士ファンならば未出版の『古狂歌 不二の富士も不尽か』に何百首の富士狂歌は英訳を待つ。★さて、1856 年の本の最も面白いところが、江戸近辺の魚売り場を描く何十か何百首である。両手で数える「太刀魚」の出てくる首の一つを見よ。宝麗舎花柳の「負けぬとて危なげは無し太刀の魚きり売ハせぬ鞘町のかし E13-1（かしら？）」は、いかがでしょうか。切り売りするとしない所まで、細かくていい！★同本の幸亭の首は、規模が大きく異なる種際共通をよく見出した観測と供養の行動をこう詠んだ。

  鯨塚ちかき洲崎の海士が家に汐吹という貝も取り来つ
  The fishing folk of Suzaki a place close to the Whale Mound
  go out and bring home shells that they call spume spouts.

鯨は潮吹くと言われるが、本当は霧みたいと文句を言う者もいるが、殆どが空気だから、そういう細かい事を忘れましょう。捕鯨・反捕鯨の騒ぎのおかげで現在も鯨塚が名所になるが、江戸時代は、京都の耳塚こそよく詠まれた。『古狂歌　滑稽の蒸すまで』の愛国主義＋威張り＋差別＋情け等を考慮するオマケの章に預けたいから、ここは類を全て遠慮します。★旅にも観光にもならないが、間接的に連想できる二首のオマケあります。未完成の『古狂歌　森羅万笑』に多い「山里」という都にも鄙にもならない場が。朗らかな大柄の天明好人物の唐衣橘洲は「這いかゝむ松は有れども世の中の人には腰を折らぬ山里 E11-2」の観測はいかがでしょうか。散文にもよく出てくる陳腐だったらつまらない首だが、山里に関する新しい観測だったら貴重です。敬愚にはその判断をする知識はない。★もう一首は、説明無用。1814 年に上方の舎鳶が詠んだ「老楽歌道」と題する k8-1 は、より適切な〆括りだ。

  老ぬれば名所古跡の遠道へ行かで楽しむ腰折の歌
  Now I'm old, sans travel on distant roads I enjoy at home
  famous sites & ancient ruins found in broken-back poems.

評とルポ

０７４

There never was and never a Genzaemon's likes we'll see
– mannerisms trés bon, he's soi-disant it cannot be!

又と世にある物でない 過去未来
ゲンザヘモンが舞のなり振り
半井卜養 T32-30

現代人なら卜養は名コピライターだったに違いない。その狂歌拾遺で、章頭歌に短題「歌舞妓」と長前詞あった＝「女かと見れば男成りけり、業平のおもかげは昔男なれば今は見ず当世流行し源左衛門おもしろの海道くだりや何と語ると尽きせじと思えば／＼絵にかきて歌よみ侍れとの給ひければ」。右近源左衛門（c1622 生）は卜養同様上方の人で 1650 頃から活躍し、女方の開祖。卜養が藩医つとめた江戸にも歌舞伎を 1672 頃まで演技し続けたが、章頭首はたぶん 1666 年の『古今夷曲集』などにも再載された 1650 年代の名歌か。狂訳の掛詞は again = a Gen(zaemon)となる。★卜養は「万助が女舞に」という数年後の歌もある＝「女かと見れば男のまんの助ふたなり平の是ぞおもかげ T32」。『地誌所載狂歌抄 T 参 44』の再載の題が「狂言尽」で「是もと介」となる。★成立推定 1659 年の東海道名所記の第一首は、卜養の「ふたなり」を更に抽象的に焼き直し「歌舞妓」と題す浅井了意（1612-1691）

美しき若衆歌舞妓をんながた是は世界の真ん中ぞかし
Such beautiful molly-boy kabuki actors in the female role –
this must, indeed, be the center of the whole damn world!

女々しい同性愛ぎみの男子の最も無害の称が古語 molly で一応英訳になるが、日本語の解らない人に young-crowd は YMCA と限らないよと説明してもいいなら wakashu もそのままがいい。もう一人の女形の開祖村山左近かどうか知らないが、日本の臍と呼ばれた日本橋に男女未分の世界源点を寄せた発想に、脱帽子。男女が捏造でしかない世界について初期狂歌にも言及ある。★道哲の 1679 成立 T37 の首は下記なる。化粧は化生になるかならない主張の方向性に自信ない。敬愚は洋のオペラ同様に、女形の女＝歌舞伎嫌いが、その狂歌は楽しい。

  女かと紛ふ歌舞伎の若衆もけわいけしょうの物と言わまじ
  The young-crowd of kabuki who pass for our female kind –
  could not they, too, belong to the made-up monster ilk?

英語では make-up はお化粧（made-up は動詞化の過去）と作り話か捏造する。日本では欧米に比べては、お化粧は相当両性平等の方になるかと思ったが、女性がお化粧が厚かったから化け物になりがちという背後は、道哲の首に伺う。これは、若しも我が読みが正解だとすれば。★敬愚はオペラも歌舞伎も気持ち悪いと思って関心も知識もないが、歌舞伎好きな読者のために、後数首を見よ。歌舞伎嫌いでも面白く読めるは、桜川慈悲成（1833 没）の団十郎を詠む歌の熱心か。大胆の狂訳でいけば、こうなる

  勇ましき兒はお江戸の飾り海老おんめの正月と団十郎に
  Two faces of Edo bring joy to my eyes, dauntless, they laugh at Age.
  What's one year to a Grand Shrimp? I'm catching Danjûrô on stage!

団十郎の着物にも海老が必ずあったが、女正月の十五夜は初歌舞伎か？ Google で「"江戸時代"の"初歌舞伎"の"月日"」検索して 190 件数あるもなんだか解らぬ事ばかり。「初見せ」も調べてみたが、駄目。我が無知を笑っている専門家もおられると思うが、何も知らぬ馬鹿でも検索できるように情報をオンラインに出さないと、こうなるぞ。★同

じ慈悲也の「暫く」を詠む「只一夜あけの烏と市川のかほ／＼／＼ハいさぎよひもの」は、少々難解。市川団十郎が顔世御前役でもしたか。一茶の烏が「くそくらえ」ないし「死ね」というより「顔々」はよほど気持ちいいが、やはり判らん。★百数十年遡れば、俳優に惚れることは無害でもなかった。「林之助という歌舞伎のよき若衆なれば」と月洞軒は前詞を。「美しいと言ふた響きを聞くにさへ風まつ宿のふうりんの助」。名の林之助に掛ける風鈴＝不倫だが、詳細はともかく不義・不倫の事件になったはず。若衆の美男子は美女同様に危なかった。★五十年遡れば、時場無関係の一般論だからこそ解りやすい未得の 1649 T24 以前の歌舞伎を詠んだ。

> 大方ハ歌舞伎も愛でじ是ぞこの積もれば人の恋と成るもの
> *Most people don't actually like kabuki plays because there is fear that what you see builds up to become real love affairs.*

月積もれば老となる伊勢物語の名歌と年積もれば困る一休の焼き直しの狂趣が高いもじり。無論、歌舞伎に限らない。江戸時代のタレントは人間に限らず、日本を巡った象も駱駝もブームになった。★中には、貞柳の 1729 年長崎よりツアーを始めた象の歌「歯抜きならで他の国より象三郎めんよう／＼鼻で饅頭 T45」は、歯＝葉に鼻＝花の可愛い描写。★同年、天皇の御前で初象の披露も出来た。貞柳の弟子の木端が 1735 年に、その姿を見に行ったら遅かったよう T54 です。「象の登りし比他所に有て見ざるゆへ人の咄すを聞て」いっただけ。

> 見たらなを我をや折なん大象の長ひはなしを聞につけても
> *Had I but seen the elephant, I might have viewed its flowers, but those tales I hear about its trunk alone go on for hours!*

鼻⇒話しも鼻＝花も英訳無用が、盲人が像を探ったら勘違う所は古今東西通じるが、これは、んもう、かんべん！テレビか映画の自分が見ていない番組を話し合う連中は、大嫌い。★約百年後。駱駝の夫婦も

著名になった。『半可山人詩鈔』などの狂詩で取り上げられた。拙著 Mad In Translation に「駱駝怨」と題された「一落山師手・日々見物多・却思野飼時・不食貧駱駝」という、第二と四の行が脚韻をふむ、ほぼ四角い詩の四角い英訳もあるが、「びんらくだ」の掛詞が不可能でエクゾチクの展覧会と駱駝の悪運＝sorry lot を逆和訳無用の掛詞 i regret my sorry camelot になる。一方、老一茶は「日本に年を取るのがらくだ哉」 と駱駝までも御代を褒める句にすれば、少しは後に「どこで年とつてもそちハらくだ哉」と留保もする。★1802 以前の江戸狂歌のの一挿絵にたぶん編者市人詠 e6-4 は、写生ながら着陸場の枕になる蘆に足を折って神に感謝を示した賛だ。足の節のからくりだけで評判かと考えさせた。期江戸狂歌の大御所の腕に相応しい悪しからず。

　　　　万里の波路をしのぎ浪花の浦に着たり
　　　　Camel, coming to Naniwa, gained renown through grace

　　伝え聞く獣も渡る難波江のみづに折れ伏すあしの評判
Fabled beast crossed the Bay of Hard Waves where they raise cane
& by the shore bent both knees to prostate himself as he was able!

狂訳は旧聖書の暗喩。水に自から葦に足の原文がいい。英語は本来旧約聖書の Cain という悪っ子か植物 cane と掛けて良いっ子の Able に掛けて終わるが逆訳も不可能。★同じ波路を来ても有難く陸に上がることがなかった人気者もいました。そのお客さんが「寛政十年五月の初め品川の洲崎に（中略）寄りたる」時、後期江戸一大狂歌師真顔。その 1815 の本にこう詠んだ「品川のみを木にとまるセミクジラ皆みん／＼と飛んでこそゆけ E10-1」。だろう、ね！身＝水脈の細かい所もあるが、朗らかでいい。★ここに主に公的な起こり事か人を告げたりしたが、自信が身につけた大狂歌師は私的な何でもかんでも告げる、例えば真顔の後期江戸狂歌「渋柿を喰わせてだにも試みん屎たれ散らす庵の飼猿 E9-3 又 E10-1」は、三十一字の「我が家では」の報告書に過ぎない。問題は、氏が渋柿を食わせて見たら猿が怒り、これは「はこ」つまり糞同然と抗議するように自分の糞を投げたか、それとも猿にはうんこ

を投げる癖あったから、それを止めさせるように渋柿を食わせてみたか、その判断しかねる。前者と思ったが、狂訳すれば、後者だった。

When I fed him astringent persimmon, there was no doubt
what my pet macaque thought, for his shit flew all about!
しかし「試みん」は前句と後句をよく結ぶには後者なる
I'll even feed him bitter persimmon just to see what will pass:
my pet macaque shits too much . . . may it pucker-up his ass!

本章の頭歌、卜養の歌舞伎俳優げんざえ門の讃歌に★1005 年の『拾遺集』の人白子の和歌#965 に借りあるかどうか判らないが、念の為に

我が如くもの思ふ人は古も今ゆく末もあらじとぞ思ふ
Never of old, not now, nor ever will there be
another man by half as melancholy as me!

歌体は全く異なるが、古今末も比較にならないという主張が同じ。断るが、この和歌に鮮やかな言葉遊びこそないが、「物思う」を思うには、微妙の可笑しさがある。英訳の melancholy（暗愁）が憂しの婉曲だ。憂しを争った繊細の紳士達が欧州にもいたが、その詩は研究不足で言えない。★次章はルポながら嘆きになるから、憂しが欝になるまでの物思うを取り上げる卜養医師のもう一つ注目すべき「憂」歌をご紹介しよ：「世を憂しと引っ込み思案する人ハそうぶの悪き生れつき哉 T絵6」。しかし、男は母の、女は父の方から病を引き受ける感じで、これは何も出てこない卜養の妻の事か？1666 年の大狂歌集の再載には、蛇足を最小限に抑えながら読者の理解力も考慮した編者の行風は「巣父」を題にして足したが、許由巣父は中国伝説の人で木上に巣を作って棲んだ。風呂盥に住んだギリシアの哲学者より楽しいかと敬愚は思うが、「ソウブ」というよりも「ソウボ」の綴りが多い。それは、男の観点からしては当然であろう。

時事と日記
０７５

金玉の定まりかねて火事以後は
宙にぶらつくまらのかりやぞ　月洞軒

Since the fire, my poor balls, unsettled, never go to bed,
which leaves no pillow for Dick to lay his sleepy head.

元禄をわたる黒田月洞軒の狂歌日記『大団』の歌♯2016。やれ金玉。まら。かり。それでもバレ歌にも落首にもならない。大火事後に長引く借家住にて、自信もなくなる男の不安が股部に現れてしまう。人見知りの子が足にすがる様に、睾丸は股の付け根を一寸とも離れぬか、酷い場合、胴中に避難してしまうから、亀頭に枕も残らない。睾丸の下げる程度で落ち着きを確認するために、相談役の老家来が手をいきなり将軍の股に突っ込んだ話は誹諧と川柳によく出くわすが、ふぐりの安否の私的用例ないし自白と言えば、単語に拘らない狂歌の本領を見せてくれる歌は、珍しい。信海は貞柳ではなく月洞軒に門を譲った理由は、このような大胆の詠みのためであろう（月洞軒は弟子無用で、貞柳に門権をまわしたが）。全く不思議なことに、ウエブなどでは、かろうじて信海と貞柳のバイオに触れている月洞軒は、拙著と吉岡生夫の本以外には研究書にしか見られない。何故だろうか。江戸中期では、その荒っぽい筆が怖すぎるか、色ごとも多いから『大団』が家集として出版に相応しくないためか。『狂歌大観』に出ている平成の今になっても、この面黒い一匹狼はよくも無視されて来た！★脱線しましたが、月洞軒は火事の跡を嘆いただけではない。古和歌のもじり調に近所ごとの自嘲歌 T40-1843 も詠んだ。

町がゝり借銭乞いが見限りて焼けぼこりほど能い暮はなし
No better Year-end can be found than one on burnt-out ground:
the debt-collectors have given up on our entire town.

前句後句の発想の順番は、歌意上は余り変わらないが、これと月見の邪魔物もないという俳諧の火事の跡とは、大違い。★卜養の 1669 以前の「類火にあいて」が前詞の「丸焼のつれなく見えし我が屋敷あかつち計り憂き物は無し T32-189」は、見事の目撃ルポ。暁と赤土のミニマルもじりは無敵ながら、喜ばしところを見つけた月洞軒の方が偉大。★火事大国日本だから、狂歌ことに落首は事欠けない。『大団』の四、五年後から始めた私的ルポ歌と遠近より落首を誰より多く集めた朝日重章（文左衛門）の『鸚鵡籠中記』から四首も見よ。「是や此行も帰るも焼き出され知るも知らぬも丸焼の京」とは火事の規模をよく描く蝉丸の百人一首の歌のもじり。★下記になは、責任を身分が上の日＝火の本の主らにする単語の日＝火は、英訳無用が脚韻を尽くせば

日本のあるじ成るべき印には先ず大焼をしろしめす哉
Lords of the Land of the Rising Sun, or are they the Spark of the Earth,
that they must first their mettle prove by burning down so much of it!

「鸚鵡籠中記」は生前に出さなかった理由は、当局の責任を訴える落首のためであろう。日本に「火の本」を掛けるとっても新奇です。★

公家はやけ武家は腰ぬけ町はこけ土に生ゆるハもづけ也けり
Nobles roast, while boastful warriors flee, the town is burnt toast;
what is sprouting from the ground must be our wrathful ghosts!

その「土に毛生ずる」老人の毛ほど細いのもあり、馬の毛ほど厚いのもある三色の生え物が幾つかの日記に出てきたが、庶民の恨みの化け物と見た。毛＝化は英訳無用が、又も脚韻を踏めば、読物になった。★大ハーリケーン跡の我が古里を思われる「見渡せば屋並すらりと薦

かけて都は春の乞食なりけり」とは、それなりに美しい。現在のビニールよりも（2016.9.26 屋根直されたが、もう借金で近内に屋根無し）。日記主の文左衛門が自作他作をうまく分けないが、これは本人の歌ならば才能あった。★「こも」と言えば、東京空襲に等しい死者十万余、焼失町数 800 町と云われた 1657 年の明暦大火の落首も検索したらググル・ブックスで部分的に拝見できた秋道博一著『落首がえぐる江戸の世相』には、大火の跡を描く「武蔵野は人のいるべき家も無し薦より出でて薦にこそ入れ」は式部の名歌「冥きより冥き道にぞ入りぬべきはるかに照らせ山の端の月」の旨いもじり。武蔵野の避難所の大希望までも感じる。★著作権保護ためか当本が半ば不可視で同本に入るかどうか知らないが、伊勢の名歌をもじる落首「な焼きそと言へども焼きし武蔵野は人もこまれり我もこまれり」も同じ火事に詠まれたらしい。★ほぼ同じ月日の 1768 年に「死ぬときは死ぬのがよい」とう白隠禅僧の忌にもなる。そして、不思議な一致で彼は落語で述べる歌は「焼亡は柿の本まで来たれどもあかしと云へばここに火止まる」となるが、★それは人麻呂詠とされている「ほのぼのと明石の浦〜」の名歌と般若房宗熙の火除用の「わが宿の垣の本まで焼け来るを般若ぼうにて打てば火とまる」を「合体させた」と云う 1962.11.23 スタジオ録音 NHK などもある。確かに白隠は「人麻呂の」当名歌の文字絵肖像の讃に当般若の自由自在天神っぽい自慢の歌よりも白隠の合体の心地がいい。ただし、般若の歌にも何変種も既在だった。1640 頃の『新鮮狂歌集』の変種の前句が「ほのぼのとかきのもとまで焼けくるを」となるし、1670 頃に信海も明石と火とまるを合体した歌だけではなく、恐らく般若が生きたずっと前にも人麻呂が人丸と呼ばれたら「火止まる」と掛けたはずだ。要するに、白隠の火除け歌は何百年も焼き直されてきたひとまる歌だ。もともと「人丸」も、「安産」の神で「懐妊（ひどまり）」が「火止まり」なるとも読んだが、2016 年現在未整理の古狂歌の神祇と釈教の別冊が出来るまで、結論を控える。★男の読者として月洞軒の欠けたる枕ほどよく火事後の仮住まいの不安を伝える首はなかろうが、女の読者にとって六、七十年後の明和九年二月の火事直後の感覚を分かち合える次の落書の方がじんと来るかと思います：

歎きつゝ火の子ふる夜のあくる日はいかに冷や飯食うぞ悲しき
When dawn came after suffer'ng through a night when sparks flew
having naught but cold food left to eat made us feel more blue

敬愚だったら「いかに悲しき冷や飯と汁」ともじたが、英訳で解りにくい事は、百人一首の道綱母の「歎きつゝ一人ぬる夜の明くる間はいかに久しきものとかは知る」が本歌らしい。★明和には吉原の大火事など他の天災が重ね重ねた果てに、鈴木の落首辞典の年譜を読めば「明暦の火事より多く焼けぬればこれぞ誠の明和九の年」とか★「焼け出され人の屋敷をと老中さても明和九腹の辰年」とか、本来大変うつくしい年号までも不運に感じさせたら、間もなくして改号。号を詠んだ落首と改号はたまたま重なったか、落首が改号の動機となったか、それこそ知りたいが、まだ判らない。そして「年号は安く永くと変えれども」と新しくできた落首は米や塩や「諸色」も高くなったから年の本質がまだめいわくのままと歎いた。★火事ばかりではなく、地震もあったし、嘆きと限らない好例は下記なる「大地震に上野の大仏みくし落ければ」と題した卜養の家集「T32-59、32-206」に二度とも出る「みくし」の首の再載も多い。私的ルポながら、再載の中には卜養の名も抜けた落首の行列にもよく入るが、敬愚には文句を言う資格はない。

釈迦さまにみくしは落て涅槃像これぞまことの地震成仏
His venerable head fell off, or did Shakamuni deign to make
this reclining Buddha – self-enlightenment by earthquake!

1631年に出来上がったら、1640年の大地震に落ちたようです。まだ輪若き本章は、０７４同様に個人的ルポだけのはずだったが、天災と人災に触れたら、次章まで預けるはずだった公的落首も、何首も既に入れちゃった。もともと私的ルポ歌という歌部はない。自分が発見（或いは発明）した歌類にすぎない。★生手書き読みうる人だったら、中

世より出来た貴族の書簡や日記より似通ったルポを幾らでも首狩りできそうと思うが、０５３章で既に紹介した「汚い江尻」で時代一の歌人細川幽斎の二十代の長男が下手糞に支度された従軍の頭に置かれて、小田原陣および奥羽征討にど田舎へ送らせた細川忠興の苦労記（三斎様御筆狂歌 T15）から、江尻以外の狂歌を幾つか見よ。これらが雄長老へ送って大切に守られたようですが、ともかく物の調達に苦労した。それを「米のねは富士より高く成りにけり陣のまかなひいかにするかの」（1666 の大狂歌集に「富士よりも米大豆のねの高けれは普請まかなひ何とするかの」となる）。無論、するか⇒駿河の「か⇒が」は清濁不分で紙上、即ち視覚のみの掛詞。★「兵ろう（糧か粮）の乏しきころ北田の里に八月十五夜に泊まりて」が前詞で「飢えつゝ愛へキタ田で白／＼と見れど食われぬもち月の空　同」。★寒さに関する二、三首もあったが「葛西のうちひるがの城に着き侍りしに彼所のぬし出侍りし程に同腹を脱ぎて遣して」。英訳は無理だろうが、

> はれ物にあらぬ我が身の胴服をヒルカの主にすわれぬる哉
> *Far from a boil in this cold, suckers for ettiquette we don't breach,*
> *I gave my bloody warm down vest to the lord of this place, Leech.*

なるほど。日本人も腫れ物治療に蛭を利用した。間接に頂いた情報も有り難い！が、それよりも、戦後の平和を守るように、寒いくせに負けたはずの敵に服装を下さる度胸に我慢と同情も伝える、しかも歌を父と分かち合えるのが慰みともなったはずと思えば、最好の私的ルポ狂歌になる。文脈が複雑すぎるから章頭歌にすることは不可能が、この素晴らしい行動を詠む歌を教科書に入れて欲しい。（蛇足：思えば、現在の選手みたいに相手に着る物を上げたら、その換わりに何かを貰ったかも知れない。狂歌の謎解き屋鈴木ですら、蛭に掛ける「ひるか」「ひるが」という城（城だったら）か町を、同定しかねたようだが。）

落首
076

太平の眠りを覚ます蒸気船たった四杯で夜も眠れず 無名
Woken from peace by steamship homonyms for tea, that's right;
Just four vessels/cups and we can no longer sleep, even at night!

読者の八割までも読み覚えのある首。万が一学校をサボり、教科書を読まなかった読者もおられる（※）から、蛇足まず加えます。隻の数は異なるが、蒸気船も含んだペーリーの海軍隊の太平洋を渡り泰平を破った1853年に日本は大パニック状態になった。急速に偽りの見せ掛け城までも作り上げるための徹夜も連続で、きっと上喜撰と云う銘柄の緑茶の上物を含んだ茶を沢山飲んだ。力を出すために、茶にお酒も多少入れた人もおられたかと想像します。やはり、国の番をする一般の武士は番茶で間に合ったと思うが、その情報は教科書になかった。しかも、狂歌を何万首読めば、他にも教科書などにない事も発見しました。本歌らしい二首である。★その一首は、1806年成立の近世上方狂歌本の中にある「寄茶祝」という題で、あや足詠「めでたしな宇治の茶の名のきせんとも太平にのみ引きつづく御代 K25-3」。ここには「喜撰＝貴賎」と「のみonly＝飲み」の同音が機知になるが、泰平の概念ないし理想は「平和」の他に、君が代の祝いの二本の副系譜の「平等」と「豊かさ」も含んだから、大変充実した祝歌で知的な人が詠んだ落首にもってこいの餌食だ。その、もう一首を「発見した」と述べたが、誰でも知ってるはずな赤良が詠んだかと疑われた「～夜も眠れず」の名落首（下記千字後ご参考）になる。章頭歌の無名人の傑作を、我が見た落首の中でこれ以上にいい気分になる落首はないが、この二首の見事な本歌ない歌親の合いの子にはなる。*Mad In Translation* では上

喜撰と蒸気船のそれぞれを並行なる二重英訳で紹介せざるをえなかったが、七、八年後の今やコーヒーに vodka 入れたら、やっと良い単一狂訳の歌体に思いついた。

※　脚注など無用学術の本ではないが、この注は急に必要になった！必要だから、脚注という見ない注ではなく、本文にご覧になるように遠慮なく置きます。新情報あった。三十代前半以下の読者諸君に、お詫びする事もあるようです。真面目に勉強なさった方にも、よきせんの落首、つまり章頭歌の覚えがない可能性もあるようです。何故かと言えば、十数年前から明治人作かと疑われて、多くの教科書から消された事を、つい一昨日 2016.2.24 FB の友に知らされた。驚いて、調べたら、その通りだったが、今日 2.26、ネットで詳しく調べたら、最近、1853 年当時、当落首は二つの書簡にも確認されたから、過敏症の国粋主義者が邪魔しなければ、もうそろそろ、教科書の中に戻ると期待しております！その詳細も調べたが、本書にとって両親の歌の確認ほど大切ではないから、以上です）。

★因みに、観光の章０７３に紹介した 1856 年に出た天明老人（人道）編『狂歌江都名所図会』には、蒸気船に間接的にふる首もあった。落首よりルポであろうが、1856 以前の江戸狂歌本 E13-1 にある。

麦わらの蒸気船うる大森に車仕掛けを見る和中散
In Ohmori town, where steam-boats that run on barley-straw are sold,
at the Wachuusan medicine plant you can see machines doing as told.

車が、薬品の歯車ある機械製造がすでに行われたか、お客さんを引ける玩具の車か知らない事を誤魔化し狂訳だが、原歌を読めば、ちびっ子だった頃、台所の流しに走らせた日本製の蒸気船を何十年ぶりに思い出した！母国の南北内戦の前と等しい大昔に、この玩具が遥遥なる日本で売られたことを夢にも想像しかねた。この大森は、佐賀藩精煉方のからくり名人久重＋蘭学者広瀬本恭の共作の蒸気船と蒸気機関車の模型が多くの人目の前に初めて走らせたのは、道草の狂歌が本に出

た前の 1855 年の八月になる。もしも、麦わらが燃料の蒸気船は、玩具用のぽんぽん船と変わらなかったら、史上最初になるかも知れない。Wiki によると 1880 年の仏の新聞にもぽんぽん船がのったにも拘らず初特許は、仏人トマ・ピオ Thomas Piot が 1891 年、英国で受けた。いずれにしても日本より遅いようだ。★一方、本物の船の成功は意外に長い時間かかった。当局の水戸斎昭に頼んだ軍艦建造の結果を報告する落首＝「動かざる御世は動きて動くべき船は動かぬ見ともなき哉」。「動かぬ御代」は祝語のように響くから、果てが哀れも可笑しみ抜群の落首だ。ところで、この「危介丸」と呼ばれた旭丸には蒸気機関すらなかったようです。★『もじり百人一首を読む』にある「吹くからに神風吹いて破船せばあめりか船はあらしと云ふらん」。本歌＝★首 #22「吹くからに秋の草木のしほるればむべ山風をあらしと云うらん」の「嵐＝荒し・粗し」同音掛けにも狂趣あるが、落首の清濁示さぬ古綴法に頼る視的近同音「在らじ」掛が、もっと面白い！落首と云うよりも一種の呪いですね。むろん、それから日本も神風に頼らず、船製造に成功はした。後五十年の日露戦争の船の画には煙突から大変多くの煙が誰にも見覚えあるかと思う。★蒸気船の落首ほど有名ではないが、『狂歌大観』に含まれた社会歴史学者にのみよく知られている中期江戸の文左衛門の『鸚鵡籠中記』にも、我が関心を引いた、有名になってもいい一連の落首もある下記の時事歌は、いかがでしょうか。

素直なる御代のしるしに砂降て槍のふらぬが又も幸せ
How fitting to be polished by sand in our oh so well-bred Age;
let us count our blessings that it's not raining spears instead!

1707 年、富士の吐いた埃で江戸が浅間の近辺同然。川柳によれば、砂を体から払う蒟蒻の値も富士より高かった。この落首か寄砂祝か分らない不思議なる「又も幸せ」なる歌は、現象と精神を結ぶから面白い詠みだと思う。★同本の「上よりはすなをに成れと降る砂に我等ごときは泥坊になる」という明らかに落首なるルポもある。解釈に自信ないが、関西人詠んだ歌ならば「どろぼう」とは「怠け者」の意味か。

砂嵐ならば、外へ出たくないのが都合いいか。が、それよりも「すなおになれ」と云う事は、庶民の機知を「屁理屈」と批判したがる身勝手な上様のレトリックという敬愚の見解を、この落首数奇の武士が共有したか。砂が降るのを「素直になれ」という解釈は、この歌以外になかったか。江戸時代の素直という語の系譜を更に知りたい。★富士の砂の百人一首の業平の紅葉が川の首のもじりもあった。

> 千早ぶる神代も聞かず江戸中に目から鼻から砂くぐるとは
> *No, not even in the Time of ye Myriad Gods was ever seen so much sand thread its way from eye thru nose as in our Edo!*

これも名前を隠す必要なかったと思える。「落首」とされるが、間接的にも誰も批判しないその姿勢からして、ルポの狂歌です。落首には川柳の如くお一人の名編集者がなかったから、普通は、極めて多様だが、どいう訳か砂を詠む歌は全部も同年代の月洞軒の私的ルポの手造りの中々わが好む味もする。そう言えば、敬愚は蒟蒻も好きで砂は怖くない。

落首辞典などお読みになっていない読者のために、もう少し遡って年順の名落首を混じりながら十数か数十玉石を見よ。人の氏名中心のうまい掛詞は事欠けない「平家物語」の落首は、殆どが敗者を馬鹿にする。情けないから、本書に遠慮します。★古くて面白い落首は下記の1569頃の『寒川入道筆記』からである。

> 花よりも団子の京となりにけり今日もいし／＼明日もいし／＼
> *In Kyoto has it come to pass that dumplings beat blossoms at last – today, it is "ishi!" "ishi!" and tomorrow will be no ishier!*

蛇足：英訳の no ishier は no easier、つまり harder。信長の城造りはピラミッドのそれでもないが、石運びには、やはり大変だった。そういう仕事をすると食欲も増すだろうが、京都の方言では「おいしい」が

「いし」だったらしい。★1591 年の怒りの傑作もお見せしなければならない。

末世とはべちにハあらじ木の下のさる関白を見るに付けても
*The End of all no longer seems remote for there below a tree
do we not see our ruler whom we know is a monkey?*

蛇足：秀吉本来の姓が木下、へち＝別、然る＝猿。太閤のせいで、もうマッセと云うもうそろそろ滅びる、人も堕落した悪世の中。敬愚は千利休と秀吉を詠んだ落首はないかと調べて何も見つけなかったが、切腹命令下した二年二日前の夜中に秀吉政権を避難した落首十首ほどある白い壁に書かれたから、番衆（門を警備していた者か）十七名の鼻や耳を削いで磔のみならず、他に数人を自害、そして数週間いない追放された者が泊まったお寺とその近所の者六十六名又磔の存在を初めて知った！★念のため、落首が無用の城造りに村も寺も苦しいと嘆く上に「十ぶんになればこぼるゝ世の中を御存知なきはうんのすへ哉」という憤慨歌もあったようです。この一過は「落首事件」とよぶが、利休は切腹命令を受けた頃、洛中で詠まれた。刀狩りやむりやりの海外戦争への派遣などの政策が大変だったという事を知っていたが、落首のためにあんなに重い集団責任を取らせた残虐極まり行動は…（猿は好きが、2015.6 以降、ルポの自由もないトルコで同じ猿似顔のエルドワン大統領も老秀吉と争う無慈悲の怒りや絶対的な力への願望に囚われ、平等主義で寛容のクルド人を重圧、殺戮している国を内戦へ導くサルタンに化けてしまったのが残念が、責任は勇気を失った NATO 諸国にある）。★1670 頃、信海は「寸白にや大金の男袖こひ」するのを囃した。巨大睾丸に煩う者を笑う点では、狂歌集に入っても、万葉集の赤鼻を銅取に抉るべき等の苛めの類で、多くの落首より悪いと思う。

股ぐらに余る計りの金持て銭をもろふは欲の深さよ T33
*One who boasts an endowment far exceeding his crotch, now,
how greedy can any man get to beg for more baubles yet?*

英訳の baubles は宝石と男の誇る荷物の両意味ある古語ですが、万葉と平家物語のそれより新奇で、半ば羨ましいそうで可笑しいから、失礼ながら、ご紹介しました。無論、狂歌師信海もまじに非難している訳ではないから、落首らしく壁に貼ったりは、しなかった。患者も読まずにすんだはずです。因みに同じような巨大な陰嚢苦しむ象皮病患者の乞食を一茶の日記にも出たし、北斎の漫画にも子車を前に押すのもいる。★身分の下の者を弄ぶのが容易い。その対極になる落首は、文左衛門（1734 没）の『鸚鵡籠中記 T 参 47』に集めた当局の悪行を描く数々の狂歌にある。万が一、外にばれたら選者こそ晒し首になった好例は下記になる。尾張を終わりに掛けられない英語に不満ながら、英訳二通りもする理由は、歌の精神が好きからである。

天下取る事は嫌ひで尾張には家中の物を取るが好き也
*Going out to conquer another country would be such a hassle,
our rulers prefer to stay home and loot every man's castle.*

*Why go out to conquer and plunder the ends of the earth
when loot is close at hand in the land of your birth?*

落首とおもわないが、それと一緒になりがち類は、★大勢の人が参加する一時的現象であろう。1705 年の『狂詠御参宮百人一首』は、九例も『鸚鵡籠中記』に再載されたが、「秋の田を植え付けもせで抜け参り我が着るもの雨に濡れつつ」やら★「春過ぎて夏季に流行る抜け参り衣きながらあまも法師も」の具合に。徳川時代の抜け参りは代々増えて、現在のメッカみたいに大勢だった。1771 年の抜け参りにたったの六日の内に大阪の大商の鴻池 善右衛門は 460 両を十八万四千人の施しを配ったようです。★1813 年の上方狂歌の栗標詠み「走れとて誰かは道を急がする駆け落ち顔抜け参りかな k7-3」と★同人詠み「施しは受けるものとは聞きながらちと恥ずかしき初乞食かな　同」。いずれも抜け参りの心を繊細に描く。もじりも掛詞もないが、この気分の良い上方狂歌を素直に英訳して見よ。Title も作ったから英訳は別になる。

Skip-out Pilgrimages

Run, someone shouts seeing them speed down the road
for pilgrims or not they sure looked like people eloping!

A Pilgrim's Progress

Hearing that he is about to receive the alms that are his due,
some embarrassment cannot be helped when begging is new.

ああ、「初乞食」という見事の新造語は狂訳に入られなかったが悔しい。とは言え、歌意は通じる。★一方 1818 年に、益々人気になってきた「不二詣」を詠んだ上方の桂雄の「登りには恐ろしがりな不二山もいつか下向けば尻に敷く物 k8-2」と★伊勢参の絶頂の 1830 年の「百人一首」もじり歌「千早ぶる神代も聞かずたった今噂連れ合いも皆抜けるとは」誇張では無かったがいずれも狂臭ぷんぷん。その年、450 万人も伊勢を訪問したという。当時の人口は三千万の七か六分の一になる！★1855 俳風なる花月楼の後期江戸の「不二の嶺へ登る同者の白ゆかた斑に残る雪かとぞ見る E12-7」は、抜かず者の麓から見た写生か。

さて、章頭歌の蒸気船落首の「夜も寝られず」後句の本歌になるかと思った★1790 頃に四方赤良詠とされた著名落首もそろそろ見よ。

世の中にか程うるさき物は無しぶんぶというて夜も寝られず
Naught in the world is as irksome as a mosquito coming near –
who can sleep with bunbu *(martial arts & letters) in your ear?*

「文武」政策の擬音か擬声語の当て字流の掛詞は旨いから、又その十数年前の初本の初著名が「寝惚れ先生」だったから、赤良作と疑われたのも当然。当政策のために武家の男ならば朝早くから稽古にも参加せざるをえなかったから、毎晩、夜もすがらほろ酔ひのままで歌詠みと漢詩づくりと狂文書きと編集作業が捗りながら（後に妾となった）

舞妓と小唄も歌った彼ほど困った者がなかったはずだ。本人はあくまでも自作でないと述べてもその疑惑を払え切れなかった。★赤良（蜀山）家集に見つけたお医者の友人、狂号金鶏も当局がまだ寛容だった天明三年に詠んだ、下記の首を赤良作かと間違った事を自白します。

人はみな起き出づるその暁に小便をして寝るぞ楽しき
At sunrise when all the other people get up and leave,
what a pleasure it is to urinate and go to sleep!

金鶏の小歌集「網雑魚」は自作と一緒に蜀山家集に入れた赤良は、きっと同感だった。この首が狂歌よりも現在の短歌みたいが、文武の落首の二、三次的な証言のご参照になると思う。結局、天明狂歌の聖が落首の疑いや階級際文化活動などで当局に脅かされて、無事に生きるように官僚の仕事をせざるをえなかった。優秀だから橋の関の記録などを誰よりも旨く纏めたり、赤良（本名：大田南畝）の苦しみは、現代の歴史学者にとて有り難いことになったらしいが、国一の文学の天才を退職させて、何万首の狂歌を未然につぶした当局を、今になっても敬愚は恨む。★天明狂歌の聖がなるべく陽気に営みを果たしながらも、時々その苦しみを詠んだ＝「五月雨の日も竹橋の反故しらべ今日もふるちやう明日もふるちやう」（享和四？E2-1-59？）とは、青空も見ない日が続く季節で降るに古帳の掛けは不思議にも雨の降る音の催眠術で哀れながら偉人ならではの安定感もある。よく再載されている首だ。★一方、お酒で辛さを紛れんとした首の再載は、あまり見当たらないが、

世中はさてもせわしき酒の燗ちろりの袴きたり脱いだり
My world today is so damn busy – man, just try juggling pots
of hot wine while pulling on and off your stiff culottes!

なんと新奇なる内容！脱がなければ足から後を引く、世界一不便のズボンの袴の裾を踏んで転ぶという訳か、仕事着一足しかないから滲で

きたら切腹だとか、よう分からぬが、敬愚も只今、天井の扇風機が唯一の上司で、ワインをすすりながら下着一枚のブリッフで、お読みになるこの珍文を打ち込む。思い知らせる事だ。お金ないが辛くても、大田さんより、裸にいられる我が貧楽は、まだラッキーの方だ。とは言いながら、「ふる帖」と「袴酒」の二首を「落首」の部のど真ん中に入れた事も、説明しなくちゃ。それは、先のれっきとした落首の「ぶんぶ」と、この二首のより個人ないし私的な嘆きの違いは、程度のものに過ぎないと気づいたからである。又、同じ筋の話から自然にそこまで流れた。いずれも、次なる「述懐」の部に属しうる。換言すれば、「述懐」は名前入れてもいい私的落首だ。落首詠みがケシカランと云う人と社会もおられば、述懐に多い嘆きまでも許さぬ文化につなぐ。★因みに初期狂歌の天才未得は、蜀山人の苦労を百五十年も前から、その詳細まで予測したような述懐歌を詠んだ「交じらえば七重の膝を八重に折る袴のひだの難しの世や T24-621」。「交じらえば」彼などの塵と当局のおかみさんか。言わせてもらえば、袴は人間の穿くべきものではない。敬愚よめば、こうなる。

　　　愚意〳〵と鳴く蛙こそ足の節々ぎにはからずも長ばかま
　　　（ノンセンスならば「〜節々ぎにも穿くべし長袴」にして）
　　　These long cullottes called hakama made for double-knee legs
　　　are perfect not for man but frog an animal that croaks & begs.

上方に遅れて武家が多い江戸にも狂歌が花咲くようになった理由の一つは、時勢だ。武家が町民と交際できた天明独特の寛容のおかげであった。平賀源内や大田南畝（赤良）の下作の天才は火の子になるが、やはり皆さんの遊びを壊さなかった当局も有り難い。同じ寛容のおかげできっと一本立ちの小企業なども花咲いた。当然、天明の末頃から始まった「改革」を恨んだ落首は多かった。★「白川の清き流れに魚すまず濁る田沼の水ぞ恋しき」とか★「白河の清きに魚も住みかねて元の濁りの田沼恋しき」の落首を何変種も伺える。

It's hard to live in clean whitewater (Shirakawa) even for fish;
they miss their paddy-marsh (Tanuma), comfortably brackish.

田沼の政が堕落していたとしても活気でいい一方、腐敗を一切払った白河の政が窮屈だった、と。天明に大飢饉などもあって、良き時代だけでもなかったし、本書で読者も既に気付いているかと思うが、後期江戸にも狂歌は常に思われているほど質は落ちてはいない。★「覚ました」日本は、来日のお返しせんとした岩倉の外交ないし派遣団が国内でかなり不評だったが、内外の状況を公平に考慮すれば「条約は結び損ない金奪られ世間に対して何といわくら」と云う無名の落首自体は不公平。褒めるべきかと敬愚は思う。★明治は今になって、日本が西洋に負けないぞ、と世界に見せた英雄的な時代と見えるが、当時の無名の落首も手厳しかった「上からは明治だなどと云うけれど治明と下からは読む」「おさまるめい」と言う訳だった。落首でないルポないし時事歌を読めば、変化の全貌が始めて見えてくる。

Seen from above 明治 *reads Meiji, i.e., "Brilliant Rule",*
from below, it is osamarumei ("uncontrollable")
so, whom do they think they fool!

★「人力車」と題する金井明善の「大路ゆく車も今は牛ならで氏ある人の引く世なりけり」は明治十一年版「開花新題歌集」に出たが、現代短歌にとて当集の意義を考えたければ、吉岡生夫著の『狂歌逍遥』の第二巻をご覧になって下さい。

落首や諧謔歌など物の悪口は「万葉集」以降、歌集から段々消えた。中世だと一休と月暁のような奇人の私集の滑稽や、負け犬を馬鹿にする戦の物語の卑怯な落首以外には悪口は沙汰されて、やがて非難どころか批判も憚るようになった。とは言え、先に述べた秀吉の落首大虐殺を知るまでには、事の重大さが心の底まで感じなかった。「落首事件」の約百五十年前に、三条西実隆（1455？-1537 年）は、知人に「白

壁という物一器？戯れに」詠むように頼まれたら、★他の二人は心細く「世中は壁に耳ある物なれば 人をおとして歌な詠まれそ」（落としか脅しか？）と★「人に皆かならず癖はあるものぞ そこを心へ遊ばざるべし」と小心を詠めば、★実隆Ｔ参7-13の大胆無敵の詠みは天晴れ。

> 目に見えぬ鬼神をだにおとすべし 壁の耳をば何が畏れん
> *Songs beat gods and demons even though we cannot see them;*
> *Why should we fear what a 'wall with ears' might hear, then!*

無論、皆も癖あると親切に人を嚇さないも良いが、何かも遠慮しなければならないと、困る。宗祇から批判の歌もない古今伝授を受けた実隆が古今序に頷きながら遠慮しなくともいいと主張する上の首に、帽子よく被るのが癖の敬愚も、脱帽。★何かが落首か、勇気の要る狂歌か、歌例を次々と見る内に定義がますます難しくなる。落首と混合しやすい警告か掲示する狂歌もあるが、「熊の見せ物」を見てしまった上方のもゝこは、1729年に出た本に「月の輪も曇る計りに棒ねじてたとえ負けたと胆な潰しそ Ｔ46-183」には、胆＝きも＝肝を潰さない（ショックをさせない）と貴重な製薬原料となる熊胆を掛けるが、生きた内に熊を虐める見世物を訴える。状況次第に、そのような首を詠んだ人の名前を控えなければならないが、良い内容だと「落首」は光栄になるラベルだと思う。★砂防の喰え止めの為になる林が危ないと感じた喜代記の1820以前の江戸狂歌 Ｅ11-2 の良心的な歌も拍手おくりたい

> 植えし上は箸にも折るな笹竹は堤のくえぬ用心のため
> *That cane was not planted to be broken off for your chopsticks,*
> *but to stop the elements from eating away at the dike we fixed.*

地球生命圏を守りたい心を江戸時代に出くわすたびごとに嬉しくなります。脚韻のための情報も加えた狂訳を許せ。

歌例の例証は好きが、落首に限って駄弁をふらねばならぬ。日本人のFB友に本書の章頭歌を一から十点を付けるように頼めば、一人は毒味か厳しい風刺のない狂歌に高点を付けなかった。理由を聞いたら、落首でなければ狂歌でないという潜入観が原因だった。おそらく、古狂歌の紹介に落首が多いし、現在の狂歌の多くも川柳みたい。古狂歌の器の奥深さも広さも知っていなかったから、落首でなければ狂歌として失格、という訳ですね。落首一辺倒の狂歌観を無くすのが、本書の目的の一つだが、同時に落首好きで、その紹介をもう少し続きます。既に数回ふれた鈴木の幅広い『落首辞典』の他にも、明暦大火のネット検索でたまたま見付けた今まで知らなかった秋道博一の『落首がえぐる江戸の世相』という十二テマ毎に落首十首をもって丹念に追求する読みやすい歴史学書を少し拝見したら、単独でつまらないと思う落首も、対象になる事件の一過を追及すれば面白くなると気づいた。どのこともそうであるが、その意識が強くなった。★かの四十七人だが、仇を討つ前に「大石は鮨のおもしになるやらん　赤穂の米を喰つぶしけり」と云う穀潰しの武士失格とこき下ろしが瘤に蜂のさすがに浅ましい落首の悪評通りなるが、★屋敷を襲って敵の首を取ったら「今までは浅い内匠とおもひしに深ひたくみにきられ上野」とか★「吉良れけり上野殿は浅漬よ赤穂の塩に大石のおし」等と、大石を褒め称える。秋道博一が指摘もしたように「今まで…思ひし」者が落首家ご本人の自白にもなるだろう。ある意味で落首家は、自害した者同然、自ら責任を取った。これなどは、あまり早く人を裁かない方が良いと教えてくれると思えば、教科書に入れても悪い影響を与えなかろうし、地名や人名が苦手の敬愚などの記憶が悪い人にとって、歴史の人物は、狂歌の掛詞のおかげでもう少し覚えやすくなる。西洋では、昔の歴史教科書に脚韻詩が多かった。そのおかげで、色々とも覚えやすかったが、現在は殆どない。脚韻のない日本では、掛詞と語呂合わせの多い落首も同じ機能を果たすと思えば、今より何倍も多くの首を歴史教科書に入れた方が良いではないか。あるいは、秋道博一の本を教科書に使って見ればいいではないか。（2016.11.5はアマゾンで2,000,000順番で敬愚の洋書と争うワーストセラーだ。買わねば、良書は、可哀そう！）。

嘆き・述懐
懐旧・無常

077

世の中はいかに苦しと思ふらむ
ここらの人に怨みらるれば　元方

*How it must pain our good ole World to know
there are so many people here, who hate it so!*

これで百中、二首の章頭歌も在原元方詠み。年の内の春の同定の問題を提供した首は矛盾を弄ぶ狂歌ながら、本歌の中でも多産系の本歌として取り上げた名歌だ。一方これは、意外にも知られていない。古今集の最初から遠く離れた歌#1062「世の中」は、どうけたる概念狂歌そのものの鑑だ。その直ぐ前の無でも夕でも中名詠「世の中の憂き度ごとに身を投げば深き谷こそ浅く成りなめ」も嘆きという物を考える歎き、つまり反省になるが、それもそのまま概念狂歌に合格する。「世の中」を擬人化して哀れむ元方の歌の方がよほど高質ながら、年の内の名歌のように中々再載と注目にもならない事が残念。「年の内」の方をつまらない歌で、それを古今集の頭に飾った貫之を悪い編集者と非難した子規は、はたして、この「世の中」の歌まで古今集を読み続けたかどうかを疑うほど良い歌だ。★それと最も近似の首を拾えば藤原高光の『拾遺』歌と、その内容を逆さまに詠む四方赤良のこの世肯定する名歌と共に、下記になる。

かく計り経難く見ゆる世の中を羨ましくも澄める月哉
How hard it is for us to live in this world – Alas, it seems
we look up enviously at pure Luna as she beams!

かく計りめでたく見ゆる世の中を羨ましくや覗く月影
From the sky, our world must seem to be a place so blessed
that Luna peeks down at us because she is envious!

本歌と狂歌の相違が英訳で大過ぎる。赤良のもじりは本歌により近いからこそ歌意の差異が活かされている。本歌は本章のテマに沿う無常と嘆きを詠む。とは言え、藤原高光の心の中は、誰かが知る。彼も谷に身を投げ込む人の憂しを共有するか、元方の朗らかな心地で悲観主義者をふざけている皮肉屋か。月を羨ましく見るという発想は、はたして真に受けるべきか。後者だったら、月の和歌を引っくり返す赤良の「現実肯定的狂歌」という通説も、真に受けるべきかどうか、それも疑問です。その疑問は、少々皮肉調の狂訳表現に潜む。本書と同時に出る『古狂歌　苔の蒸すまで』には、赤良が詠んだ目出度きあれこれを祝う百首も丹念に見るが、この世を褒めるに当たって彼はそんなに特殊でも、うぶでもなかった。彼の名狂歌のずっと前から、つまり徳川幕府の初期より泰平を祝う肯定的な狂歌が事欠けなかったし、その泰平祝を攃るどうけた太平祝の系譜もある。赤良はその系譜を引き受けた。００２章に既に触れた馬鹿げた祝いの伝統もあった。あの章に自尊心あった桃山時代の日本人の心も説明しましたが、多くの支配者は、正気で自信ある人ならば、単なる諂い、つまり機知のない賀と祝いに退屈になったはず。機知やおかしみは、批判の角を和らぐ機能だけではなく、賛美の陳腐のつまらなさを救う為にもなると論じた。
★赤良の家集に入た親友金鶏の「網雑魚」の下記なる 1783 年頃の首を読めば、羨ましく世を覗く月の名歌も 100%真面目の御代肯定ではなく、祝歌遊びの系譜の中に読むべきと納得ゆかない人はないと思います。

戸をあけて寝れども更にいさゝかの風邪さへ引かぬ御代ぞめでたき
*We sleep with open doors and, what is more, still never catch
the slightest cold in this most bless'd of all times e'er told!*

戸ざさぬ事が古代中国まで遡る泰平の具現になるが、この首にありえないこともあるから泰平祝歌の誇張を弄ぶ生意気の精神を聞きとらぬ読者は、ないかと思う。詠んだ金鶏は又赤良の薬医で風邪をばかにしなかったと思う。「古狂歌 滑稽の蒸すまで」には、何百首の証証あるが、初期狂歌から御代の泰平や不動と君の寿のみならず、国も神道も仏教の人物と式と歴史と教えと何でもかんでも狂歌の笑の種になった。★さて、泰平祝歌の誇張を弄ぶ天明後の好例を、一首みよ。1820 以前の江戸狂歌本 E11-2 に出た鯉鮒の歌の題は「寄狂歌祝」です。

笑え人顎の掛けがね外すまで戸ざさぬ御代のたわれ歌には
*Laugh, people, laugh! Doors left unlocked deserve applause
so let the doggerel of our Lord's Reign unhinge your jaws!*

断って置くが、原文の「御代」を読む読者の心を知りたい。単なる「この頃」か「最近」か。それとも天皇の代か幕府だと将軍の代ないし君が代と変わらないか。日本語のままでと、なんとなく読みうるから問題ないでしょう。知らぬが仏。英訳だと困るぞ。上記は「我らが君が代」にしたが「this good Age この善き時代」も考慮した。

嫌われっ子なる「世の中」の視点を詠んだ在原元方以外には、世の中の味方となった歌はおられるか。古今集以降も、世の中を嘆いたり恨んだりする歌（と文章）の類が代々詠まれ続けてきた。「無常」という綺麗な単語をつけても、世の中はどうせ夢（それも悪夢？）の憂き世という駄目なる所だと言わぬばかりを、人にそこから救う薬を売るのが宗教。換言すれば、世の中の悪口は仏教の宣伝だ。キリスト教もそうだけど、いずれも正気の沙汰ではない。世の中を暗く思えばこそ人の心も暗く成る。肉体を苦しめず、宗教的な修業もせず、儚さと苦

労を笑いまで極めれる The Blues などの音学と狂歌こそ、心に充分だと思う。歎きも自嘲に変化すれば、気の薬になる。「無常」も「懐中」も「懐旧」も、「哀傷」も、笑えば元気になる。ブルースっぽい狂歌を紹介する次の０７８章頭歌の主、1623 年頃の富山道冶の小説の人物竹斎の下記なる首は、世の中の儚さというより不正を歎くと思う。

直ぐなるハ先づ伐り倒すそま山の歪むは残る憂き世也けり
On Mt. Timber, straight & true gets chopped down right away.
What a sad and woeful world, where only the crooked stay!

有用な木は伐採され、材木などになるを、無用の木こそ残り巨樹に成ると云う Zhuangzi＝荘子（人間世篇）の逆説的な道の教えをそのままに浮けながら、無用を祝う本来の心を又逆様に歎く可笑しみ。心次第に一人の哀傷歌でも世話 the good die young（美人薄命）っぽい一般的哀傷歌または、一国の政治を叱る落首にもなりうる。アンチ主人公ながらも、行間にはドン・キホーテに通じる正義観も微塵ながら伺える首であろう。とは言え、『竹斎』をまだ完読してはいない。蛇足なるが、杣山（そまやま）は、切るために植えた植林で逆の沙汰は確かにとんでもない。とは言って、品の悪い植物と動物を本能的に間引く農民ばかりの世だったら退屈。という所で章が一応終わったが、★竹斎の材木の歌の同類になる 1785 の天明狂歌本に出た唐衣橘洲の名歌も下記にご紹介しなければならない。

世に立つは苦しかりけり屏風まがりなりには折りかがめども
'Tis getting harder for a man to live upright, though we may bend
like folding screens to stand, this need to be crooked has no end.

形を守るに狂歌を Font size 14 にしなかったが、拙著 *Mad In Translation* で誤魔化した原文を丹念に読めば、権威というか体制というか君が代というか世の中を間接的に非難しているかと思うが、原文が「寄屏風述懐」。当局の受け方次第に、落首にもなりうる内容でしょうか。

０７８

剃刀の刃よりも薄き襟を着て
首の切れぬは不思議なりけり 竹斎 T 参 23

*With my collar worn thinner than a razor blade, let me gloat:
'tis nothing but miraculous I have yet to cut my throat!*

仮名草紙『竹斎』の旅する藪医は、芭蕉が「狂句」と題し「こがらしの身は竹斉に似たる哉」という句の為か、現在も多くの人々になんとなく馴染みある名だが、狂歌の歴史にとっても大切です。暁月坊と実隆と長嘯子と雄長老と貞徳など貴族が開拓した桃山時代までの狂歌とより広く参加できるジャンルを世に紹介した初期の大狂歌集（1649, 66, 72, 79）の間の数十年間の橋渡り役にもなった。『竹斎』と同 1623 年初出版の安楽庵策伝の『醒睡笑』の笑話集のオチないし笑点が狂歌になりがちだった。そのおかげで、貴族の趣味だった狂歌は巷にも早く紹介された。笑いの種となった笑話の狂歌の平均の質はあんまりよくなかったが、落首と俳諧の連歌以外にも可笑し歌の存在の可能性をはっきりと示した。念のため、高質の章頭歌は、行風が編集した大狂歌集がすでに出た 1672 以降になるようです、そのユーモアはいかなる物でしょうか。一語でいえば貧乏しか知らないブルースの類。換言すれば、物理的な豊さの代物とは夢と言葉でしかない。金持ちの商いや狩りや恋の物質要る楽しみの替わりに、貧乏の慰みになる物は、夢を見るか、言葉と遊ぶしかない。夢に言葉もあるが、悪夢もあり頼りには成らない。志願的でない貧乏は、言葉と遊ぶ中で我を忘れる有頂天もあるが、その辛い現実をけっして忘れない。で、語芸の中で、その辛い事情と状況を武器にもって磨いて貧乏度を争う誇張合戦が最高。とは言え、ご心配無用。薄き襟で敬愚の首は切られそうでもない。熱帯のマイアミで AC ない、下着一枚しか着らぬ、裸の貧乏だから。お負けに、その下着は小野小町の頭蓋骨同然、あなめだらけ。薄くて、あなにあなと又 another & another という具合で、近刊『古狂歌 貧乏神とブ

ルース』に写真証明を入れるから、この下着の蜘蛛の巣を欺く竹斎の藪医顔負けの誇張を、見事にも酷い自体をご自分の目で確認できるが、本書の冬部の「神無月」の章と「年末」の章を、お読みになったら初期狂歌の夜明け前にも貧乏がもってこいのテマだったという事は既に明白であろう。禅や茶道などの志願貧乏もあったが、それよりも貴族こそ貧乏だった時代の必然が趣味に祭り上がったかと思う。大名対大名と将軍対将軍の武力と金力が四、五百年も合戦した果てに、天皇までもおのが掛け物だったか書き物を売りに出さなければならなかった。やはり、天皇も同じ神ながらの貧乏神と仲良くなるしかなかった。★ 1502/9 年の『永正五年狂歌合』はまだ、よく消化していない（来日して図書館で解説と注を求む）が、最初の首は下記になる。

今朝てらす日なたぼこうに貧法の神代の春や立ちかへるらん
Bathing in the morning sunshine on this first day of the Year,
with the Spring of our ancient pauper gods we are refreshed.

原歌の「貧乏の神⇒神の代」の転掛詞しかねた英訳は仮定でしかないが、元日もこうして詠むと、まだ知らぬ伝統を感じる。蛇足：「貧法」は原文のまま。★伝説的な狂歌師の暁月坊（藤原為家の子で定家の孫の冷泉為守 1265-1328）は、貴族ながら貧乏で蚊帳を酒に交換した如くの質入を詠んだ歌を既に初夏の「衣替」の章にご紹介したが、彼の幻しい出典『蚤百首』の首も素晴らしい誇張だ。貧乏神こそ出ないが、これも貧乏です。

蚤虱声振りたてゝ鳴くならば我が懐はむさし野の原
If the fleas and lice could but cry out for all to hear
the bosom of my robe would be Musashi moor!

我が手もち『かさぬ草紙』T 参 27 で「むかし」野になるが、一番古い 1562 年の『臥雲日件録抜尤』所収（全百か？出した三首）で「虱百」の「むかし野」を取りながら、その「泣く」を捨てて「鳴く」に直し

た。中部を「こゑ立てて鳴く虫ならば」となる。★一茶の歌とするウエブサイトもあれば、我が読んだ『良寛全集』にも、一回のみならぬ二回も詠人の名にふれない無断に出てくる！「無題」と題された方が「〜音を立てて鳴く虫ならば〜」となるが、「狂体」と題する方は「蚤虱我が懐に鳴くならば聞く人ごとに武蔵野と言わむ」となる。良寛は「聞く人毎に」まで書かなければ「狂体」でない理由はよく判らないが。★雄長老（1547-1602）の貧夫婦の互いの衣を交わす貧乏のブルースも衣更の章に紹介したが、下記 T13 は彼の再載が最も多い首だ。

祖父祖母ひうばひおうじことごとく死なずに居ては何を喰わせん
Grandpa, grandma, great-grandma, great-grandpa – say *"when!"*
If no one dies but stays alive, what would remain to feed them?

という嘆きは、全く新奇。この「おうじ、うば」の歌は、内戦時代に育った雄長老は、人口が増すはず平和に向かう、合理的な計算で不安が生んだものと敬愚は勝手に早合点したが、雄長老生前に書かれた中院通勝の判をやっと読んだら「懐旧　御母儀さまを入れられざる所尤作者の粉骨也殊勝珍重々々」とある。つまり、本来個人的状況から芽生えた私事有心の嘆きです。日本語の特異の個人皆人を問わず文法のおかげで、本来の歌意はどうであれ、私的な小言にも公的な金言にも成りやすい。これは、日本語の長所か短所か、心次第。敬愚としては、母国語よりも日本語が好きになる所です。さて、雄長老の家族の事情が詳しい『狂歌鑑賞辞典』では「慈悲忍辱を専らとするはずの坊さんが、年寄りは死ねというのだから残酷物語だ」と手厳しいが、当時の坊さんが生と死観を現代的な道徳の視座からは、裁きたくない。当時の坊さんが中絶と間取りなどに対しても相当寛容だったからこそ、イエス会の方が憤慨したし、坊さんと言われても、お寺を引き取ったからと云っても、雄長老の心はどうだっただろう。160-240AD に生きた Tertulian が地中海を見て、疫病やらの天災が必要なる間引きだと論じたが、お金も不足した雄長老は、今我々がやっと直面せねばならない我々の時代の先見を詠んだ可能性はないでしょうか。★人口増加と

言えば、1615-1619 頃成立の『新撰狂歌集』にも「よみ人しらず」が「貧しき人の子多くもたるをみて」（別種「衰えたる人あまたの子を見て詠める」）を前詞に子沢山を詠んだ。（新撰：持けれど）。

　　　子供をば鮨にする程持ちたれどいひが無ければ日干しにぞする
　　　Why, they have kids enough to make a whole boxful of sushi,
　　　and, if their rice runs-out, sun-dried they'd be less mushy!

鮨を弁当一杯にすれば、英語の慣用語になる「鰯の缶詰」を思わすし、脚韻を踏むに日干しの方がぐんやぐんや（mushy）としない利もあるとオマケに加えた狂訳は、ご免。徳川の社会が豊になったためか、初期狂歌の盛り、つまり 1666 年から出始めた行風編の大狂歌集の中では貧乏を嘆く歌が少くなかった。皆ちゃんと働いて、隠居までも狂歌を余り詠まなかったから、貧より老に困った者が圧倒的に多かった。貧を詠む首が殆ど貧乏神で、それぞれの題・季語・寄恋の副題として「浅人」「貴賎」などの生活を描く第三者詠みとなりがち。むろん、竹斎のように一人者として詠まれた例外もあった。★例えば 1679 年の銀葉夷歌集 T37 の前詞「貧乏は季になるもならない」なる方重の首

　　　四季おり／＼きて替われども花さえぬ身は貧乏の紙子一貫
　　　（季に着と時の折の縁語も貧乏の神⇒紙子も、英訳無用ながら）
　　　The four seasons fold & unfold, changing on time around the globe
　　　but a guy out of bloom makes do with Poverty's one paper robe.

★1677 年の「地誌所載」の狂歌抄にある「氷室山」と題しながら一年・念の貧乏住まいを竹斎流の誇張で綴る了意の所名も含む首もある、

　　　我が庵は冬蕎麦けしき氷室山夏のあつさは麹室かも
　　　My hut's winter view is a buckwheat field that looks freezing cold
　　　while summer in the hills is steamy as a malt-house full of mold.

後期江戸の一茶も、見るだけに鳥肌した貧地の雪色の蕎麦の景色の寒さと、蒸し暑さの完璧の比喩の組み合わせだ。★1700 頃は「牢人」と「ある人」の Blues としか言えようがない嘆きしかない 113 首の浅井了意著『秋の夜の友 T 参 38』もある。初首の「お足＝＄」は英訳無用が

Even in good health, downhill is harder than up – I may be old,
but truth be told if this year is my last, 'twil be for lack of gold.
達者にも道はあるけど越えかぬる年はお足の無き故ぞかし
Downhill is harder than up even when old and in good health;
if I cannot last another year, it will be for lack of wealth.

★同本の「貧乏の神も同じく寝入るらん我が見る夢は夢も侘しき」は狂度は低いが、物思で終わりがちなる古典和歌と別世界へ運んでくれる。観測の世界。家賃が払えるかどうかと借金の返済期限に近寄る不安になる時は、まさしくこれだ。責めに来る貧乏の悪夢は獏も食わない夜明け直前は地獄だ。★残念ながら最も面白い歌「人のいう魚も恨めしい味もなく世を侘ぶる夢に襲わるゝ身は」を解釈する自信が全くない。「人のいう魚」はスルメと棒鱈など少し野菜に混じる貧乏料理か、「八百比丘尼伝承」曰く人魚というミイラの粉を食べたら長寿を得たは得たが、老楽どころかの話じゃない。解説というよりも、怪説になりがち小生の出鱈目な駄弁も貧乏神の弁だ。お金あったら、この手の問題をすぐ解ける研究者を雇うか、既に日本へ引っ越しては自分で調べた。★天明狂歌の名人山手白人の「貧すれば質におくの手太刀がたなさすがは武士の受けつ流しつ」という剣道縁語で綴る当時の武家の辛い事情の誇りを守る自嘲を読むと鎖国前後に日本を訪ねた欧米人が貧乏ながら高身分の礼儀も作法も自尊心を守った日本人を驚きながら褒めた言葉を思い出した。米国のヒルビリーには似通った性質は、昔はあった。マイアミには皆無だから、知的老貧はくそ食らえです。★もう一人天明狂歌の名人大家裏住がその中で一番貧乏だったようです。特大柄の男ながら押入同大の小屋だったと云う。下記の歌の蛇足：カマチは火打ち石が打つ金物と人の頭。富士は火打箱の銘柄。*

　　　　　　*　　　　　　　　　　　　*
此家は喩えのふしの火打箱かまちで打ちて目から火が出る*
Life in a flat* no bigger than a closet *observatory
* if I but turn about, *I hit my head* and see stars!*
　　　　　　　*　　　　　　　　　　　　*　　　　*

貧乏のブルースの最も有名な狂歌。宿屋飯盛著編『古今狂歌百』に「此家」は「我家」となる。火の子みる眩暈は英語で星みるから、火打ちを止めて家を豆天文台室に化した。共感。老貧も186センチで180センチになる一間だらけの和室の戸口に頭をぶつかった事がよくあった。更に悪いことに、押入に横寝できなかった。ちょっと待って、黒人ブルースに所有持つが全てマッチ箱一つに入れた台詞もつくる

I hit the lintel throwing sparks when I head for the commode:
my flat is but a matchbox, Fuji brand, ready to explode!

当時はマッチ箱がまだだっただろうが、英語人も歌意を読めるかどうか。残念ながら火山は explode より erupt しがちだ。やはり新奇の豆天文台室の勝ちだ。★天明狂歌のもう一人のおめでたい貧乏は大根太木。彼と同じ飯田橋近辺に住んだなだいなだの『江戸狂歌』に見つけたが

世の中のちりし積もりて山と成らば山篭りせん塵のこの身も

In this world, where our garbage piles up to create fine hills,
that's where to hole-up, and as I'm but trash myself I will!

その家を「山田屋」と称し、「ちりもつもって山田屋」をモットにしたと云う。中国に遡る山に篭る仙の市版と塵積もれば山と成る日本独特の祝いを組み、ブルース型の半ば自嘲なかば自慢の傑作だ。★1846年出版、その弟が著した「蜘蛛の糸巻」に1816没の山東京伝の首ある

天井を張れば鼠は騒ぐなり水もたまらず月も宿らず

Improve my home with a ceiling and soon I'll hear mice at play,
and catching no water, the moon won't have a place to stay.

とは、単純の行列ながらも貴重です。敬愚は納得できる貧楽の住まいの利点をこんなに適切に描く狂歌は知らない。或いは、これは逆説的な皮肉か。ただの現実か。貧家に井戸も庭も無ければ、漏る雨水は役立つし月を見るに屋根の穴が頼りだ。敬愚に一年間の都市内貧乏街体験あるが、無情の大家はビルの屋根の上に出て日と月の出入りを見る事すら許さなかった。貧乏には天体まで奪われてしまう世の中は、やはり恨むぞ。★貧楽をもう少し目出度く詠む1820年の上方の活水の「不自由な身のないしょうぎも楽しみは日々に手にもち遣う金銀 k11-1」は、一見して解ったが、将棋を「内証」に打たなければならなかったか。韓国で貧乏の労働者しかいない宿に泊まったら、やはり五目並べか将棋だった。囲碁派で、敬愚だったら、教養ある日本の貧武家の方と共に貧楽をうち過ごしたかった。★「奥まりたる所に住ひける時はひりの柱にかきつけゝる」宿屋飯盛の1812以前に詠んだ、下記なる首とは笑わないが、もたれる柱に傷む自分の存在を強く意識しながら他所からその存在すら認めそうでもない疎外感の対照に何らかの機知が伺える。

Rural blues. Pillar splinters keep stabbing you in the back as if your hut, the looks of which deny you exist, will have visitors.
あな侘しちく／\さして人ぞ来る我ありとだに見せぬ住処を
Rural blues ... backstabbing pillar splinters all day seem to say someone is coming to my shack though it looks like I'm away.

来客を知らす迷信に蜘蛛の舞うのみならぬようですが、そういう事は東西問わずに通じる。日本の家の柱は、翻訳しても、外国人に見せる絵も要るかもしれない。英訳で抽象的な二人格と自嘲調の一人格の二通りも試したが。二番目の英訳の looks like を swears（誓い＝主いないぞ）にすれば狂度の高い擬人法にしてもいいかも。式部の自分を哀れむ無常歌同様に、達観か情緒かわからないが、自嘲は自嘲。

079

よしさらば涙の池に身をなして
心のまゝに月を宿さむ　西行上人

*If it comes to that, I'll turn myself into a pond of tears
and put up a guest, the moon, whenever I should so please.*

はっきり言わせて貰えば、西行は日本一涙の歌人ながら、その数多涙川や涙池の首とその言及を、それほど見当たらない。章頭歌もその好例だ。二首の例外ある。恋の部で既に見た古狂歌集によく再載された三瀬河川になる人の命取る涙は、一首。★もう一首は恋の別冊に取り上げる男泣きの心理学上に意義ある「君したう心のうちは児子めきて涙もろにもなる我が身かな」という首だ。この大胆の見立てを誉める現代の文にしばしば出くわす。★涙川など水体にならぬが百人一首入りで皆もご存知「歎きとて月やは物を思わするかこち顔なる我が涙かな」と云う、読めば読むほど訳の解らなくなる変な歌も忘れてはならぬ。月が波を引くようにわが涙も無理やりに流すかと思えば、擬人化された涙そのものが月を恨むから中に月のかこち顔を見せる学者の解説すら見たこともある（英訳が多いからご自分で検索すれば面白い）。★上方狂歌の祖師貞柳の百人もじり集 T59 の評価は下記になる。

嘆くとて士やは物を思わするあゝ西行はこんな坊ンさまか

*Our warrior says he suffers, so I imagine him weak, not tough:
was Saigyo a spoiled monk or boy not made of sterner stuff?*

貞柳に負けたくない敬愚も詠んでみれば「月にもの思わする責任負わし己が涙に着せる濡衣」は、いかがでしょうか。確かに大男だったという西行ほど涙もろい日本人は、０６０章に紹介した人に泣かせて濡れ袖の月見を感謝する歌も詠んだ建礼門院右京大夫という女性に限る。涙が心身を清し、慰む機能を持つ事は間違いないが、電気無かった昔

の暗き夜半には、月光の反射も慰みになったはずでしょう。★西行の
もう一つ池歌は涙になるか知らないが「波の立つ心の水を鎮めつゝ咲
かん蓮を今は待つ哉」とは複雑になる傑作で、この部の嘆きの類を超
える達観とでも称する別種の狂歌かと思う。涙が池になる事を簡単に
描くが、心の水は、ぱらぱら絵本にも成らない。★同じ「心の水」は
1643 年の木下長嘯子著『四生の歌合』の「おめでたいゑもん」の魚の
歌合 T17 の首にもある。一本立よりも、歌合の魚部中にいかしている

> いかにして心の水にすみながら思ひは消えぬ我が身なるらん
> （いかにイカの縁語も思ひに火も棲み＝墨も英訳無用も兎も角）
> *Squid, with thy ink the water of my heart is now black as jet.*
> *So how does my love still burn and why do we yet see it!*

火と水の矛盾を取り上げるのがいいが、思えば、上記を恋歌部に適切
だったし、歌主は鯉ではなく鯛になったことも喰わず。★嘆きを考慮
する本章には、一休の次の教訓歌がいい。

> 胸の火の燃えたつ時の有るならば心の水をせきとめて消せ
> *If and when some fire in your breast should burn out of control*
> *damn that water in your heart to quell it and save your soul.*

情緒に走らず、感情を抑え涙を流さぬ先に呑めば、物おも火が煩悩ま
で燃え上がらぬように身内に消せ。是は西行の涙だらけの和歌そのも
のの顔にぴっしゃり一打ちの情けか、情けないか分らぬ。涙を流すが
毒抜きと思えば、逆に火に油というように募る場合もある。一休の自
画像を見れば、いくらでも溝が深き面ではあっても、涙による浸食と
いう表情とは見えない。彼は、もう少し泣いて心を癒したら良かった
かと思う。とても悲しい頑固な伯父さんの面だ。一方、和歌の陳腐を
弄ぶ、涙に乗りだす西行は、きっと死ぬまで優しい顔のままだった。
最後に Chesterton の随筆 Smart Novelists and the Smart Set を言及しよ「女
のように泣いた変わり者（の作家）こそ、男のように笑った。」

080

世中は拍子ちがいに成り果てゝ
舌鼓のみうつゝなの身や　入安

With the world now dancing to the beat of a different drum
I can only shake my empty head and click my old tongue!

1610 頃の入安の私集 T16 の他に、1666 年の古今夷曲集 T27 にも、1783 天明の元木網著の本 E15-1 にも再載の多い傑作。愚に返る年に成ってから狂歌を詠む者が多かった為か、老の歎きはとりわけ多い。★和歌の例を先ず見よ。源俊頼（1055-1129）の首は入安の章頭歌の抽象版か。

何事も思ひ到らぬ世の中に身は余りぬるものにぞありける
In this world where everything finds me lacking in thought,
I am, myself, superfluous – literally come to naught.

源俊頼は、あの歌を詠んだ時、本当にとしよりだったか知らないが、★俊頼のもう一首「年を経て身は沈めども世と共にうき立つ物は心なりけり」では、心身ブルースの分け方はやや異なる。★1809 没なる上田秋成の次の歌は、間違いなく入安のと同様に老人しか詠めない内容が故郷を寄せるところが新奇。

古里と思ひしものを年経ては知らぬ國にも我は来にけり
When I returned to what I thought was still my old hometown
years had passed and 'twas a foreign country that I found.

入安と秋成の述懐・懐旧の間になる英国作家 L.P.Hartley の名言「過去は異国也」も思わせるが、日本人の二人が早い。一世代の中の速い変化ないし儚さを感じる。同時に世の中と浮き離れてしまう辛さを詠む懐旧と述懐には、仏教が警告する物の所有と異なる一種の精神的な執着

心を感じるが、入安の「舌鼓」は、正直いってよく解らないが、当てて見れば、世の中を叱る仕草になる。父の方のキツイ表情が、その黒色の角もある眼鏡で強調された怖い右＝保守派の祖母が、世の中にも我が世代にも一日中不満で、舌を打ちっぱなしだった。Grandparents 四人の中で先に心臓麻痺か脳卒で死ぬだろうと、皆思ったが、誰よりもはるかに長生きした。106 歳でやっと嫌になった世におさらばしたまで、あの舌にえらいタコができたに違いない。ひょっとしたら、舌を打つのも健康によい運動ないし体操の内になる。今は世の中が早く変わるから、舌を打つどころかではない。息を飲み込み、子から学ばなければ生きられない、老人にとって情けない世界ですね。入安は 1610 年まで生きたから、日本が平和になる前の野生的な時代に育てられて、徳川の新世界の始まりを見て舌を打てる身になったか。あるいは、鼻声に舌鼓という音楽もあったか。★原題が「寄物語懐旧」で風流雪の 1820 以前の江戸狂歌 E11-2 本とは、入安ほど明確しないズレながら、

いかにせん伊勢物語よむも憂し昔男と我なりしより
What shall I do when even reading The Tales of Ise makes me blue!
(since I came to see myself as that "Old-fashioned Man" it is true)

伊勢物語だと、きっと白髪の老人の風流雪の性生活までも連想する。敬愚は一度会うはずだったが吹雪のために本人の TV 番組 11PM を間に合わなかった藤本儀一。若しもこの歌を読んだらどう思ったか。述懐、旧懐だ。★入安の拍子違いとは、ごく timely。現在人に誂え向きかと思って章頭歌に択んだが、反対に積極的に老化対策を見つけてそれを詠む和泉式部（1030 没）の次の後拾遺集歌の首も、よく考慮した。

人も見ぬ宿に桜を植えたれば花もてやつす身とぞ成りぬる
I ring my grass-hut with flowering cherries so no one sees
how merrily I go to seed while keeping myself in bloom!

男は痩せれば力落ちるから病へんになる。女は窶す。「やつす」と美しさが問題で、病へんには成らない。因みに「櫻」という旧字には小さな女の子も右のへんにある。ともかく花咲く爺と意味がやや違う女盛りを仮装ならぬ花装ですね。自嘲ながら、積極的に身のまわりの美を保つ名案を金言の形に詠む式部独特のユーモア・センスに出会う度に改めて惚れるが、この首は、現代人には鑑賞されうるかどうか確信はない。拙訳の他に、ネットで見つけた唯一の英訳の後句＝The blossoms must/Have made me seedy!＝花等が私を窶させたに違いない＝を見ただけで、彼女の心を知らない人の誤訳と判ったが、大サイトながら七、八年も直されずままで、日本人も原文理解しかねると疑問になった。式部の歌は返歌だったら、本歌は下記なる古今集歌＃77。

> いざ桜われも散りなん一盛り有りなば人に憂き目みえなん
>
> *Cherry bloom! I too would fall and be gone, after flourishing*
> *hanging on to life is wrong, and to all eyes a pitiful thing.*

原歌は式部の歌の百分の一の良さもない。英語の脚韻訳のレベル（flourish＝栄える＝の語源もflor花です）にも及ばぬ、狂歌と称する甲斐もない駄作と思うが。★上記の「花もて」なる式部には又、美の執着を反省する「寄釈教述懐」歌もある。「あぢきなく春は命の惜しきかな花ぞこの世のほだしなりける」（風雅集続歌集）。「花の絆し」は、既に仏教成句だったか式部手作りの新奇新造語か分らないが、素晴らしい表現だ。★式部の六百年後に貞徳は「絆し」や「執着」など用語を使わず、花の替わりに月に対する似通った気持ちを詠んだ。

> 月故にいとゞ此世に居たきかな 土の中では見えじと思へば
>
> *Thanks to the moon I cannot help still wanting to stay around*
> *when I think it will be hard to see from six-feet underground!*

狂歌集に再載が多くも他にまだ見ていない半ば名歌だ。★式部と貞徳の間に、花と世をさらばした西行は法の輪と云う月も絆しとなった

ような歌「いつか我この世の空を隔たらんあわれ／＼と月を思ひて」を詠んだが、その間もなく出た『方丈記』では、世の中の凄まじい天災や人災を跡にして山の超ミニ屋に避難、ヘンリー・ソロー流のネイチャ・ライテイングでもそろそろ始まるところ、仏教信者として月など大自然に惚れてはこの世の絆しになるを気になって、いきなり筆を投げてしまった鴨長明坊さんメ！もっと読みたかったぞ。仏教も（イスラムとキリスト教同様に）糞喰らえ！と大声で叫んでは、文庫を窓から投げ捨てた。いや、敬愚は優しい人で、期待はずれた心の中で怒りを治めたが、思い出は正しければ、月の美しさは殊に問題だった。鴨長明が宗教という執着こそ超越できなかった。そして、百数十年後に『徒然草』の第二十段に兼好は先章に触れた「この世のほだし持たらぬ身に、ただ空の名残のみぞ惜しき」のもあるが、貞徳の素直な「居たき」という自白と「土の中」という裸の言葉のみ褒めたくなる。

★「述懐」と題する 1533 年頃歌合 T9 の対の左なった釈三ト の首は、

歌の道とびたつばかり思ふ人なお腰折に成るもこそせめ
Someone so eager to compose he flies into our Way of Poem
should just go for it! (though you break a hip or backbone)

★同対の右勝の山蒼斎の「歌の会連歌の御会酒の会それより多き人の述懐」は、傑作によくある英訳無用。左の腰折りも良かった。腰折れやすい年齢でいきなり腰折る狂歌を詠む愚に返る皆さんに「腰折を怖がらず攻めるんだぞ」という力強い奨励は在り難くも、和歌ではなく狂歌の「述懐」には、遊びが不足のためか、右山蒼斎の三回の会に題の「述懐」で終にオチつく語呂合せが確かに愉快で「勝」と云う判者に賛成です。傑作かどうか判らないが、この軽み自体は気の薬になる。しかも、我々読者にとって、室町の貴族が通う会に会が重なる老楽の多忙ぶりは、意外に万人の現在といかにもよく似通うかと驚きました。常に選集にある古典和歌ばかり読めば、我々と昔の人との共通なる心と住む状況の一角しか見えてこない。過去は外国であるかないか、和歌よりも狂歌による、その案内の視座が広いのが感謝します。

081

Grow old and your back forms a bow drawn in all but name
when you also have the string for it, or arrow: your cane!

年寄れば腰をかゞみてあづさ弓
つるともなれば矢ともなる杖
無為楽 K24-2 1777

後代の仙崖を思わせるノンセンスっぽい野生派の無為楽の代表作になってもいい首だ。同一杖を弦と矢にする大胆無敵あるいは出鱈目の描写ながら、いつか、この老身即弓の歌を百コマのパラ／＼絵本にしたい。杖の頭の鳩は飛び上がる瞬間、老人は矢と弦を分けて、さらに躰を前鏡しながら空を飛ぶ鳩を討ち射れば…。それとも、後ろからやって来る死神を馬から射り落とすか。又は、僧等の放屁合戦を思わせる老衆は互いを射り合うか。★老の特徴を玩ぶ、なんとなく心地が似通ったもう一つ杖の傑作は、1815年の江戸狂歌本 E9-3 にある蔭広の首だ。

年ふればかしらの雪に辷るかと杖にすがりてありく老人
Years pass and fearing a slip on the snow that is their crown
old people come to depend upon canes to walk around!

この歌も、直ぐパラパラ絵本にしたくなるが、白髪はフケ程はやく散らぬから、頭の雪を地に移る過程か、その他の方法でその上に歩くからくりを思いつくまでは、凄い時間がかかりそう。我が狂訳では、残念ながら伝わってこないが、髪即雪で滑る事は、腰即弓の描写より抽象度が高い。この手のおどけたユーモアは、子供を読者にも聞き試して見たい！敬愚には子も教室もないから、子供に恵まれている読者に頼みます。読ませたら、杖の弓矢も絵にし得る天才の子供おられるかどうか知りたい。★上記二首の詠人の齢なども知らずで英訳したから、

観点を第三者にしたが、間違いなく老人の詠んだ好例は、上方狂歌の祖師の貞柳翁が残した1734年の『机の塵 T53』にある。

　　老ぬればかしらの雪と積もるらん足手も寒く成り増さる也
　　　The snow began to build upon my crown as I grew older –
　　　then, as it did, my hands and feet got colder and colder.

老貞柳の画像には細りとした手足と首。痛ましく膨らんだお腹は、妊婦腹と変わらぬ欧州中世の美男美女画を思わせた。手足の寒さは、消化吸収が悪くて全身の循環が悪くなったからであろう。柔らかい「かしらの雪」の白と知らぬうちにそうなったという貞柳の表現が優雅で和歌体と思えば、らんと強調、狂歌は嘆くなり。★柿の下も栗の下も白髪が雪か霜に見做す歌は多いが、狂歌の方に殊に多い老いの特徴は禿。百首しかない1700年頃の『諸国落首 T参45』の一首とは、編者のお気入りらしく、二度とも載せている。これだ。

　　そろ／\と我は仏に頭からなりかゝるやら光こそすれ
　　　So am I now starting to turn into one from the top down?
　　　We call stiffs Buddha & mine has a very shiny crown!

始めに近い一度目は「五十歳あまりの人」の歌となる。終りに近い二度目は「道具や仁兵衛」と名も追加。新年の章にある光源氏の菜摘み禿げの歌ほど微妙ではないが、この歌も光ると思いませんか。同一語で仏陀と遺体を称する英訳に困るが、原歌の禿のみならず、死にかかる過程も笑う精神の元気を証すから章頭歌にもしたくなる。★とは言え、もっと、うんと可笑しいな禿を詠んだ首は、ある。中には、にゃっと笑わなければ成らないは、1812年の宿屋飯盛編、蜀山人序の『万代狂歌集』に出た酒一友のふざけた反省なる江戸狂歌「E8-3」。

　　わが頭つよく光るハ若き時あまり男を磨き過ぎたか
　　　Is the reason my crown has come to shine (it's really bright),
　　　polishing my manhood a sight too much when I was young?

想像力も豊の千擦でテストステロンを高ませたら、あり得る。禿こそ絶倫とどこかで、いつか読んだが、より大切な話がある。天明間に蜀山人（当時は赤良）等が、上方狂歌の事を殆ど知らないくせに、どこかで詠んだ上方のつまらない玉を磨く一首を晒し首にして、江戸の自らの少しだけ益しなる玉磨く首を祭り上げて威張った。敬愚に言わせれば恥じるべき事件であったから、「玉」という語もないが、やっと磨きの玉に成る狂歌ある本を出したのが有意義かと思って、余計まで意見を述べた。思えば、天明狂歌の行動は、同時代の米人が英国人に対する成金文化の威張り方とも似るが、それは仕方がない。文学大系などで、あの偏見を真に受けて上方がつまらなかったと述べた二十世紀の学者の無責任は、それが許し難い。★さて、天明狂歌のもう一人の大御所の朱ら菅江のみ、ぴかぴか光る頭を100%祝う歌を詠んだ：

禿しより夜は光りて老楽のあたまも玉の数にこそ入れ
Since becoming bald, I brighten every night, so in retirement,
I would put even old crowns among precious luminous gems.

菅江が死後の 1820 の本 E11-2 に出たが、このめでたい姿勢は永遠だ。蛇足：夜半の灯火の油断もない意義ある「老楽」か。古文にしばしばでくわす光る玉は、英文学に見覚えないから、狂訳が長くなった。因みに同時代の一茶は禿の上につるむ蝿や滑る蝿を句にして笑ったが四十歳から髪が白くなった本人が寒がり屋でなければ、頭を剃った。★禿から剃頭へ移る前に、禿が男の老化現象で、公平のために女の老化を詠む狂歌も数首入れた方がいいと思ったが、直ぐ見当たる首は宿屋飯盛の「いつの間に緑の髪も雪つみて柳腰さへかく屈みむる」しか浮かばない。目立ての描写を、あたかも代詠みの題「老女述懐」になった。改造版用意する前に、女流狂歌師ご本人の詠みも欲しい！★落髪か坊主あたまのどれか知らないが、貞柳のお父さんで俳諧にも大御所だった貞因は行風編の 1672 年の『後撰夷曲集』に載せた首 T30 も鋭い。

> 長らえばまた新発意や忍ばれん白髪あたまぞ今は恋しき
> *Live long and you learn things like what you found hard to bear*
> *you now really miss it after you've lost your snowy white hair!*

百人一首にも借りあるが、こいであろうおいであろう段々変わってくる意識。白髪よりも無髪は大変。敬愚は、今までに「思いつき」としか言わなかった物は「新発意」か。和歌に出そうもない、いい単語ですね。★ともかく、若しも、この貞因は髪を飾りとして誇ったようであったら、同本に六十七首後に「剃る迄は鰭の有りける俗躰の頭もゝはや蛸の入道　同 1543」と哀れんだが、出家あってこそ子も出世できたではありませんか。現在、死ぬまで富を守る世代は次代、つまりその子を子分のままに捨て置く。親の脛を齧るとか親の面倒を見るともよく通じるが、才能ある子に財産を早うちに渡すという江戸時代に学ぶ人は今頃は、どれだけおられるか。★1812 年の本 E8-3 に出た天明狂歌の優しい武士の橘洲が友人の「菅江の落髪せしに」詠んで上げた首も百四十年前の貞因に差し上げたい。

> 羨まし君ハかしらの雪解して心の花の時を得ぬらん
> *I envy you, my friend, with the snow on your crown so soon*
> *melting to give the blossoms in your heart time to bloom.*

夜すがらに呑んだり、ハードに遊んだ菅江は、六十才で亡くなるから、結局、その時がごく短かった。まさしく花の命であった。

無論、老は困る。心も花のみ生える訳にもならぬ。★★蕪村の俳友で親友の也有は『耳袋』で描写ながら老の反省としか見えない「老人へ教訓の歌の事」と題する十首も詠んだ。中から二首を見よ。

> くどうなる気短になる愚痴になる思いつく事皆古うなる
> *You grow long-winded, short-tempered, full of complaint,*
> *and all that comes to mind you think is new – it ain't!*

宵寝朝寝昼寝ものぐさ物忘れそれこそ良けれ世にあらぬ身は

Naps before & after noon, sloth & forgetting what you do;
all of this is quite alright for the world forgets you, too!

老は〜って、きついですね！双方とも内容的傑作ながら原文では、後句は前句と面白く応える二番目だけには狂歌らしくオチつく。英訳を諺に相応しい万人なる *you* にした。因みに、数十年前に也有の『鶉の衣』を読んだ。現在所謂アルツハイマー病患者とそっくりの老人を描く美文もある。この痴呆ほど節約で楽しい事はあるまいと云う結論が意外だった。要するに、たった一冊の本あったら読み終わる前に全て忘れてしまうから、何回読んでも同じ笑話か冗談に笑えるほど便利なことはあるまい、と。だから、こうして歌で情けない老を画くのが意外だった。也有は、蕪村同様に我々の尊敬に価する偉人だったが、★新和歌の旗手ながら国粋主義者でなかった全語に寛容で気持ちのいい歌人言道（1868 没）も偉人だった。間接に老を詠む猫の一首は面白い。

衾さへいと重げなる老の身の寝るが上にも寝る猫魔かな

Sleeping on me with my thick night-quilt already a burden
this old man finds that Pussy is a demon for certain!

或いは *finds that his cat* か *old Tom* でもいいが、これで言道はきっと貞柳と良寛などと同様に小腸が黴菌過剰になりがちと解かった。夕食何時間後に熱くなるから冷える夜も布団を外したい所を、人間よりも体温の高い猫にとて、これほど好ましい病症はない。お誂えの暖房かと想って、真上に寝んとする。そして暑いから黴菌が倍に倍にと増し気圧が益々高くなる大腹の上に、猫の重しは地獄の責め石に化する。一方、胃腸が冷えがちで腹巻いる老人には、猫の重しは温石として歓迎するものの、猫は来てくれないはずですね。★そういう相当幸運の人には 1663 年の『鼻笛集』にある風船の歌が解決になる：「孫よりもゑの子飼えとハ暖かな革蒲団をや好む年寄り T26」。孫より犬子は、後に紹介する未得の本歌もあるが、革ぶとんでなくとも、孫を湯たんぽ位には

使ってはならなかったのか。★同 1663 の本より、老の苦労の対照になるもう一首。題が「祝言」で、同じ風船が詠んだ。「そやす」と「目出度や」の含蓄を英語で表すに少なくても二本の英訳が要る。

めでたやと皆よいように吹きそやす世の鼻笛も心慰み

When we are blessed, feeling all is fine, done sans art
even humming becomes consolation for the heart!

When you sound happy, like all is fine, we hear it:
this ordinary humming is so good for our spirit.

人口の割合と正反対に数が多い「老」を詠む歌へ戻れば、先ず指摘一つある。諸君も既に気づいたかもしれないが、老を詠む狂歌には良作が多い。老歌百首の撰集を易く組める。殆どが自嘲つまり老が老を詠むからであろう。愚に返てから、又酒を暇の多い老人はよく呑めるから連想と想像力に好条件も助かる。おまけに、笑いが薬なるから長生きして面白い狂歌を読む人の数が相当多い。とは、敬愚の仮説でした。その福仮説ですが、日本は老化先進国だからこそ、狂歌という気の薬を配るのが急務になると思う。三十一文字はどうしても無理という人には、一茶のような狂句で間に合う。生命圏にとって、世界の人口が多過ぎると思うから、老人の多い社会でも元気にいられる事を証明する責任も感じませんか。そう。敬愚は日本人と結婚して世界のために、若者を輸入せずに日本を老人による老人の為の老楽園にしたい。★その日本で毎日も敬老日になるから、老人の憤慨を見事に詠む貞左が玉雲斎と改名した老後の 1803 年の歌も早く有名になって欲しい：※「是はちと迷惑で候 伯父でなし伯母ならぬ人にオイと言われて K26-2」※。敬愚には、甥一人いる。日本語は出来ないが、若しも出来たら「甥からはオイと呼ばれば我は爺はてまた君の母は婆だぞ」となる。しかし、在日の頃に、妻や事務所の身分の下と思われた人を「おい！」で呼び出す失礼な言語行為が流行ったから、止めさせる運動あったかと微かに覚えているからこそ、貞左の狂歌に驚きました。諸君は？

082

猫背をもいうべき程に老ぬれば
膝に抱かれし昔恋しき　亀井山早道 1793

Now I've aged to where you might call me cat-backed,
I miss the days of old when I was hugged upon a lap.

江戸狂歌 E4-1 にもこんなに可愛い首もあった。前句は老の嘆き、述懐ながら、後句の膝から「懐旧」に転じる。述懐の歌が懐旧の歌より多い。後者は前者の中に入るが、その懐旧の面白い首の割合は断然高い。★膝の出てくる懐旧の名歌ある。天明狂歌の濱邊黒人の亡き母を悔やむ哀傷歌にもなる「あと迄も袖の涙の乾かぬは濡らせし膝の報いなるらん」。悪くないが、尿と涙よりも猫背に猫の心地の良い亀井山早道の首をやすやすと書頭歌に択びました。しかし名歌を何回も読んだから、面白さが色褪せた可能性もあるから、読者のご意見も欲しい。★或いは、双方の報い系の懐旧歌を止めて、後期江戸狂歌の名編集者の湖鯉鮒の1820年 E11-2 の下記の歌は、むしろ章頭歌にした方がいいか。

恥づかしく曲りし己が旋毛さえ禿て目立たぬ年ぞ悔しき

Even the cowlick, that used to embarrass me so – well, now
that I'm getting old and bald, I miss not standing out.

馬鹿正直か、初心か、兎も角いい。敬愚にもやはり中々靡かぬ逆紬に苦しんだ…いや、性格までも共感できる詠みだ。★喜楽亭庭井の 1811 以前の上方狂歌「習い得し棒も杖にと振り替わり今は立居にゑいやっと言う K16-2」。最初の八文字に懐旧の棒術が述懐の杖に化かすと自分を励む発声で道場のそれも連想させる傑作。これも百コマ漫画にしたい。★事多留作で1810 の上方狂歌本に、橘連武雄作で1812 の江戸狂歌本にも出た「寝覚懐旧」と題する「耳よりも遠き昔を偲ぶなり寝覚に近き老の小便 K16-1＋E8-3」。遠近にとび回る思いつきはまだお若いが、

寝小も子だった頃のを偲ぶかと思えば、情けない自嘲。★和樽の 1808 以前の江戸狂歌「歯の弱く成るにつけてもてゝ親の脛を齧りし昔恋しき E5-4」もハードボイルド。蛇足：ててはちち。★辛い目覚めに甘い思いでを見出す宿成の 1820 以前の江戸狂歌 E11-2 は優しい傑作。

老楽の寝られざる夜ハたらちねの起きよ／＼の昔こひしき

On a night when idle old age cannot sleep, the past draws near
as I hear my mother calling me *"Wake up! Wake up, dear!"*

桃山時代に来日したイエス会のバテレンも高く誉めた、体罰まったくなかった日本人の子育て。おかげで、殆どの人は老人になってもいい思い出が多かったはず。★天明狂歌の聖、老蜀山人の家集中に金鶏詠

跨りし乳母が脊中を正真の馬と見し世ぞ今は恋しき

How fondly I recall that world where, straddling her back,
my nursemaid was to me an honest-to-goodness pony!

原文は掛詞皆無で英訳は脱脚韻が、心次第の自由自在なる世の損失を見事に掴む狂歌だ。大人とは大人ごっこを真面目に受け入れた不成人と見做す初心敬愚の気持ちは複雑（拙著『反＝日本人論』の最後の章をご参考）が、有り難い狂歌だ。★完璧な対は、下記なる蜀山人の首、

老いの頭なでてしきりに恋しきは坊やと言われし昔なりけり

Where from this nostalgia whenever I rub my old head?
It takes me back to the time they called me little monk!

蜀山人の髪はどうなったか、知らないが月代の剃り跡を撫でたか。敬愚は自ら髪を一センチしかない坊主刈りする度毎に、髪の杭を撫でれば、必ず髪が短く刈り上げた子供の時代へ戻る！丸でタイム・マシーン・オンだ。髪型が変わるだけに人生のリストアー点が増えると思えば、髪を一生変わらない人は、可哀想に思い出も変化が貧弱であろう。★人生の玩具と道具も然る。下記の西行歌は狂歌そっくりでしょう。

竹馬を杖にも今日はたのむ哉 わらわ遊びを想ひ出つつ
I put my faith in this bamboo horse, my cane today,
while each step conjures memories of child-play.

★天才未得も 1649 年の吾吟我集に、年荷の負いと云う陳腐の述懐を老賀に改めた、再載も多いから狂歌の通なら誰でも知る歌も温和でいい。

長生きは恥多けれど孫彦を屈む背中におひの幸
A long life may bring much shame, but tell not my back
bent for age's happiest burden – my grandchild, in fact!

長生きは恥多+老いの幸いの諺二つも取り組んだ第七巻「世話」部の最初の歌。★もう一変種は「孫よりもゑの子飼えとハむば玉のよる／＼思ふ用心の為 T24-417、T26-1、T27」と云う儒教の孝行主義と道教の役用主義の矛盾を擽る。「孫より犬の子」は良いキャッチで、それも名歌になった。★「老翁早起」が題ながら布団を温まる寝小ではなく、心を暖める 1778 年の上方名人の拾栗の自詠集『狂歌百羽搔』の歌を見よ＝「人よりも早くおきなは比べ見んかしらと霜の同じ白妙 K6-2」。老症と律儀の早起きの翁が見事に一体化だ。翁「は」と起きな「ば」とは、清濁未定の古綴法が許された、否や要求した視的読書を、認めない現代の目耳一貫主義では、読み難いかもしれないが本来よみ易かったはず。★ところで、かの未得の「吾吟我集 T24」の最後から四番目の歌は「述懐」と題しながら老化の好対策を提供してくれる。

しろ髪は毎日見るそうかるなるかうそる道に今は身かろし
To see my hair white as snow every day made me feel blue;
shaving it, I took the path – lighter now, I'm good as new!

出家の歌らしいが、他の歌と異なって原文（狂歌大観）に、全七つ漢字にルビが打たれた。理由は、気付きましたか。英訳は残念ながら、そうではないが、はい、未得の狂歌は、見事の述回文です。

無常
０８３

Being someone not a soul will miss – while I am here,
should I say it? "Alas, poor Shikibu, I knew her well!"

偲ぶべき人もなき身はあるおりに
哀れ／＼と言いや置かまし
和泉式部 （c.970-1030）

娘に先立てられた、毒舌で人に嫌われている私を哀れんでくれる者はいないから、身は有る、生きている内に自分で自分の死を哀れむしかないと言う和泉式部の独特なる紛れもない裸の理屈。どこで見つけた歌か覚えていないが、題の記憶はある。「無常」だったが、精神上の不安と、やはり奇人の心から詠む述懐調の予めなる哀傷歌ではないか。辞世のつもりで詠んだ訳でもなさそうが、ネットで見つけた式部の歌碑が面白くなかったから、この歌こそ彼女のお墓の石に刻みたい。自分の死を偽り、身を仮装してこそこそ人々の反応を見る芭蕉の十弟の一人の子考の悪芝居が広く知られている。この害も無い、自死を馬鹿／＼しく哀れむ情緒にあふれる自愛の哀傷歌も有名にしましょう。★
全く内観的な式部の歌の対極にある無常歌は下記なる西行上人の歌。世を丹念に結ぶ美しい和歌のトップテンにも入ると思う。そのためか、狂訳を幾つかも尽くしました。二番英訳の spider-bot は Sci-fi みたいが、

Boasting dewdrop pearls galore strung by little Arachne,
not to mention rouge at dawn, my, our World looks tacky!
笹蟹の糸に貫く露の玉をかけて飾れる世に社ありけれ
This world the place where we all live is adorned by dewdrops
strung like souls on the thread spun by cane-crab spider-bots!

西行は日本一の涙の歌人のみならぬ、日本一無常の歌人だったかもしれない。原歌の儚さを重ねた玉の糸に掛ける魂の緒が英訳し難く、*Mad In Translation* に二通りではなく、五通りの英訳もあるが、ご覧の通りに一番変わった二本の狂訳を択んだ。中には素直な試しもあるが、上の tacky は、原歌にない暁の紅も勝手に加えた悪趣味になるまで飾り過ぎの意味。下は Sci-fi ながら、かの露の玉を魂の緒とずばり。★西行の「石なごのたまの落ちくるほどなさに過ぐる月日は替わりやはする」の穴に落ちる玉が魂とも、石が玉で日も月も時間だけではなく丸い物で玉だという、歌の中で静かに存在する豊な含蓄を英訳するに要る説明を加えるとソネットという十四行詩まで拡大しなければならないと思えば、止めた方がいいで遠慮しますが、★西行の歌と異なって、お読みになっている読者は殆どないかと思う一茶の派生歌の方が面白い。「石なごの落ちくる玉の一二三四五ッ六七やかましの世や」。どうも「無常」を詠むよりも、無常はもう耐えらない心の嘆きは正直でいいですね！一茶の石なご句もあるが、単なる無常句に過ぎない。しかし、三十一音字だと心をずばりと打ち明けた。亡くなった子の多かった、悲しい老一茶の大事な句作の邪魔になったでしょうか、わいわいと遊ぶ子供の声には思い出や悔しい事が多過ぎて。有心狂歌の好例だ。★人生の儚さをもう少し狂歌っぽく不思議がる西行歌もある。「あればとて頼まれぬかな明日は又昨日と今日は言わるべければ」。同じ発想は幾つかの国語で見つけられるが、★1672 年の狂歌大集にある資之の「恨めしや明暮草の根ををかぶる月日の鼠とる猫も哉 T30」とは更に狂度が高くなる。志願の猫はいいが、草の根も天体を「かぶる」＝咬むるか齧る鼠の概念が無ければ、これも英訳しかねるのが惜しい。★1679 年の大集 T37 にある貞富の場合ちょっとした注入れてみたら狂訳が成功。

月と日の鼠に命かぶられてコトリ／＼と死ぬる人々
Bite by bite, bit by bit . . . the lives of men are gnawed away:
how ye rodents we call months & days love our human clay!

（原文は下記に近いだろうが、上記の方が面白いと思う）
Months & Days are rodents that love to gnaw on human clay
bite by bite, bit by bit until all my friends have passed away.

「ことりことり」とは、中老年の詠人の知人、友人の死に行く時間的過程を描く音色ながら、機知が今一つで人が粘土に捏造された旧約聖書の表現（らしい）で締めくくった。原文の「ひとびと」も擬態語っぽく感じる可笑しさもあるが。★同じ初期狂歌本の無常歌に貞林の下記なる歌は簡単ながら、膝がしらは「皿」とも書くと知らなかった。

皆人のあたまの鉢もひざ皿も死んでの後は焼物にこそ
All of our knee-caps and those round vessels we call heads
will become yakimono (fired pottery) once we're dead.

しかし、無常歌の多くは、雑部にある雑の歎きか釈教歌の中にあるから、個別にうまく集めなかったようで、本章の内容も儚く感じましたが、借家と仮なる世を掛けた道歌ぎみにも関わらず面白い歌は、数首もご紹介できます。★1649 以前の未得の狂歌から始まる：「亭主とて跡に留まる人は誰ぞ此の世をかりの宿と言へるに T24」。響きのいい脚韻訳が二通りも出来たが「仮＝借り」の同音掛がなければ、軽薄に感じた（説得力ない）から、控えた。★1679 に出た「銀葉夷歌集 T37」以前の言因が詠んだ下記の首は亡母のために一夏にできた九十首の一つで「釈教」中だった哀傷歌だろうが、歌のみ読めば、無常歌です。

世間は雷光石火に吸付けてたばこ呑む間の煙とぞなる
Our lives together as humans are as short and rare as the time
lightning, flint-thrown sparks or tobacco smoke stay in the air.

★1729 年に出た『家つと T45』に上方狂歌の祖師老貞柳は「ある人」が詠んだ「世の中ハかりの世なれどかりもよし 夢の世なれば又寝るもよし」に応えが頼まれば、「世の中ハかりの世なれどかり難し 夢の世なれどそうも寝られず」。老貞柳（1734 没）は、弟子に愛された理由は、

これを読めば良くわかるが、やはり体質が悪くて晩年が苦しかったようです。彼の歌は無常歌というよりも老の嘆きの類に通じるが、無常という概念の「仮の世」を弄ぶから無常歌の中で読んだ方も面白いかと、敬愚は勝手に決めた。★年順は先になるが、1679 年の「銀葉夷歌集」の無常歌中の満永が詠んだ「弔ひにたらちねんぶつ申しつつ子は有難くおもほゆる哉 T37」とは、一見で哀傷歌と勘違いしたほど異なった内容です。子が平仮名で、色々の変な解釈に迷ったが、お母さんが亡くなって、その念仏を唱えながら、満永が我が為に念仏を唱える子も有難いと合点したのが正解でしょう。無論、自分の死もありうるという当然ながら一種の悟りを得たが、それは「無常」も初めて、単語だけではなく、現実として感じたという意味で無常歌だ。★天明狂歌の紀定麿の「すかし屁の消え易きこそ哀れなれミは無き物と思ひながらも」の題は「寄屁無常」になる。哀傷歌の対象になるかと先ず思った。又、仏（フランス）のPongeすら詩にしなかった、ぶっ質ながら中実のないオブジェーの歌と思えば関心ある。

Pity the silent fart, vanishing without a trace,
though nothing of substance in the first place– Who is?

How sad a thing, the silent fart, so quick to disappear:
I get no cheer in knowing 'twas nothing from the start.

と狂訳できるが、新羅万象に神あるという日本ならではの哀れ深さの背後なければ、屁理屈に終わる。「無常」なるを、屁そのものの哀傷歌ぎみです。しかし、すかし屁ほど臭いものはない。哀れなるわけない。英語でこの類の形容はdeadly（かの殺生石と同じ）となる。すぐ消えるどころか、空気に居続く者は、この屁。哀れむべき存在は、嗅ぐ人とひる人の方だ。この所で、読者も敬愚も本書の多過ぎる屁をさらばしたくなるが、釈教と哀傷の章にまだ幾首残るかと思います。

もじり

文学が専門でないどころかれっきとした学者でもない、首狩魔の敬愚ながら、０８４章の前に、狂歌断言は、ある。名声ある学者は「狂歌とは主に古典のパロディーによる笑いの文学だ」というような定義を読むと腹が立つ。本書をここまで丹念にお読みになった読者は、それが間違いだとお判りになるはずです。「主に」は、七、八割以上でしょう。しかし、何万狂歌を読めば、パロデイーは、全首の一割以下になると判る。或る首の他の歌の借りは、どれだけあるから「もじり」になるか、という定義の問題もある。掠るだけでは、もじりではない。又、態度の問題もあるが、狂歌をもじりの文学という学者の同定は、狂歌を落首と見たがる凡人と同様にとんでもない間違いだ。とは言え、もじりの類を見よ。

０８４

我が胸は今日はな焼きそ若草の
餅もこもれり酒もこもれり　信海

*Heart, burn not today, I need my breast to lay away
mochi fragrant as spring grass and a stream of sake!*

駆け落ちの二人が野に伏す伊勢物語の古今集入り名歌「むさし（又かすが）野は　今日ハな焼きそ若草の妻もこもれり我もこもれり」のもじり歌の中で、この信海の拾骨捨肉の己が身に詠む歌はとりわけ軽い。★一時代前の 1620-40 頃の無名人作の『仁勢物語』には食欲が色欲を凌ぐも、同じ本歌を「武蔵野は今日ハな焼きそ浅草や夫も転べり我も転べり」ともじる。獄門されて信仰を捨てた吉利支丹が責める間に「転

べ！転べ！」と囃された「ころべキリシタン」。島原一揆が間もなくであろうが、これを時事もじりと称しましょうか。仁勢のもじりは、本歌次第に旨い点に絞る頭いい人の作品と知りながら、藪医竹斎よりいやらしい、ラベライーの大想像力もない粗野のアンチヒーローを敬愚より悪趣味の人にお任せします。★牙誉の 1787 の上方狂歌本 k19-1 の「鳴神の音にや中々春日野に我もこもれり所では無し」とは、もじりというよりも時場の即興に本歌を取らねば損なるほど完璧な借り語句。★今までに見た同本歌もじり十数首の中で最も凄い首は、断然 1820 頃の七宝連の摺物狂歌に出た江戸狂歌の米成の「春日野や妻もこもれる若草になきてネよげに見ゆる小男鹿」だ。信海の章頭歌をはるかに上まわる詠みだ。伊勢物語に己が妹を「ねよげ」（交合すればきっと旨い）という歌も知らぬ、或いは知ってもその嫌らしい含みを気付けなかった多くの読者にはぴんと来ないはずで解りやすい方の狂歌を章頭歌に択んだが、業平のすけべな歌を小雄鹿に寄せた米成の歌の微笑み、上品なるブラックユーモアは、最好。先に述べた粗野の仁勢物語は、伊勢の「ねよげ」を顔の赤らむ娘の若草ではなく臭さの方へもってしまった。注：深海の章頭歌の英訳の heart と burn を名詞と動詞に分けたが、食後の胸焼けは通常、一語の heartburn となる。脚韻を踏むだけではなく、狂歌の言葉遊びのスタイルを英語でもじるという訳です。換言すれば Heart, burn not ...という新奇なる語句を創る心の用意は、お酒のみならず、狂歌読みのおかげである。★胸焼けと云えば、本歌も本意もすべてが異なる私的本歌通りも見よ。連歌大師の宗長（1448-1532）の日記に「ある夜炉火しどろなる炬燵に眠りかかりて紙子に火を点くをも知らずおどろきて（蛇足：驚くは起こされる意味もあった）」とは前詞。「取る所なくてぞ明ぬかた裾もむね走り火の恨めしの夜や」と詠んだがである。★胸は棟に掛けているが本歌の通りが、それは小野小町の「人に逢わむ月のなきには思ひ起きてむね走り火に心焼けおり」だ。やはり思ひの「火」にもご用心に心の水のバケツ一杯をつけて置かねば。宗長の狂歌を自嘲と人は云うだろうが、自慰と言ってもいいと敬愚は思う。転べばただでは起きない狂趣深い連歌師は、焼かれても敗色にならぬブルース流の笑ひで気分転換でき

れば、自分の医者にもなる。八十歳を超えた宗長は、創造力もないから仕方がなくもじりにしたではない。事故にぴったりながら、全く関係ない恋歌に寄せた方が可笑しから、もじる。そういう事故の知らせを受ける友人を喜ばすし、自分にとって痴呆症を避ける知的な運動や寿によろしい気の薬にもなる。事故あった方がむしろ為になったと思えば、狂歌は成功。これこそ歌徳ではないか。

さて、もう少し早いペースでもじりの例歌を見よ。が、その前に誉めたい事がある。小話専門と古典編集者の武藤禎夫著『もじり百人一首を読む』（1998年）には、千数百首もある。素晴らしい選択でイラスもいい。蛇足が少々少な過ぎるがペーパーバックで安くて、学者に限らず誰でも買える。副題の「江戸のパロデイー」は、恐らく江戸ブームの流行のため。読者を狙った出版社の営業部が付けた嘘に違いない（この罪は米国にも通じる。友人の宮本武蔵伝を米国の出版社は無理やりに The Lone Samurai と名付けた。友人は古き良き賢人に知日。「侍」は、一匹ガンファイターでない事ぐらいよく知ってるが、出版社は…。）本当は、武藤禎夫の捩り百人一首には、良ければ上方狂歌も、何でもかんでも、たっぷり入った。我が見逃した、どこの馬の骨の小話集の狂歌もあって、大変ためになる良質の本で、本章も短くなった。人のした事を繰り返す必要もない。では、★天智天皇（626-71）作の「百人一首」第一歌と幽双庵の1669年の『犬百人一首』を見よ。

　●秋の田のかりほの廬の苫をあらみ 我が衣手は 露にぬれつゝ
　★呆れたのかれこれ囲碁の友を集め我が騙し手は終に知れつゝ

単語を一つか二つ変えて出来上がる替え歌は側に見なくて解るが、この近音たる語呂合せ一本のパロデイーは、記憶の悪い人は楽しめるには読み比べしなければならない。「いおの＝いごの」「つゆに＝ついに」というような音素ズレを、読者はどう思うか。敬愚の脳みそにちょど良い擽りだ。　★一方、蜀山人（1749-1823）の「秋の田の刈穂の庵の歌ガルタ取り損なつて雪は降りつゝ」は、それだけで判る。ゆき違

いじゃ（もしも、通じなければ、歌ガルタ少し知っているお祖母さんかお母さんか姉さんに聞いてみて下さい）。★天智天皇の歌は、もじりやすい方ではないから、全首もじり集の外には、稀にしか出ないが、百人一首#2 歌なる持統天皇が洗濯干すに山要る笑点は、川柳向きで広く読める。「山で干すさすが女帝は衣裳持ち」あれば狂歌は無用。争える歌といえば、狂趣ある躬恒（みつね 925 没）の和歌「鶴のをる方にぞありける白妙のあまの濡れぎぬ干すかと思えば」でしかない。まだ未読だが。★#3 歌は、狂歌の焼き直しにお誂え向き。思えば、人麻呂の歌「足びきの山鳥の尾のしだり尾の長々し夜を独りかも寝ん」とは「寄鳥恋」という題を付けたら、そのままは狂歌だ。或いは山鳥が上を飛び渡る鴨の独り寝の画賛でもいけそう。★1539 年の『犬筑波』の俳諧の連歌「人麻呂の歌の味のむまさよ・足引の山鳥の汁たれも食へ」は ante-pasto なるが★1679 本 T37 の政栄の首だと敬愚も涎をたる。

<blockquote>
足曳のやま鳥よりも薬ぞとなが／＼し夜も独りかも食う
Better medicine than Leg-drag Mountain pheasant, believe me,
nothing beats a long night eating duck by myself, guiltily.
</blockquote>

四十年前、ヤマハボートの顧問だった亡き父と白馬でスキーの休み中、ある宿で地方の名物の鍋にした山鳥が山の物と知りながら、父と我が想像したものは、小太りの鶉かなんかで、狩人が鉄砲を片手に、床を引きずれたほど長々しい尾もした色も鮮やかな鳥をもう片手に掴ながら、玄関から入り僕らのテーブルの側を通り、台所へ入ったのを見て、父の大喉仏が魚がかみつく時の浮きが如く上下に動いた。あの美しい、この世にそう多くもない大型野生鳥を、と知っていたら注文しなかった、と小声で悲しそうに話した。鶏肉鍋とそう変わらなかった。鴨だけは、必ず微妙な味がする。薬食いは鴨に限る。山鳥が目の薬にして置きたい。★鳥そのもの出ない 1725 年の近藤助五郎清春著『どうけ百人一首』の「脚引の山屋がうどん汁もよし長々しきを独り啜らん」もある。★1732 年の百玉翁の「雄ばかりハ行衛しら波たつ芦の長／＼し夜を独り鴨ねん」T48 の動物行動学らしもじりは画賛。★『御参宮百人

一首』はネットに存在しないが「足びきの人も奇特や抜け参り長／＼し旅を独り行くかな」は長夜の相対主義より地道でいい。★『題林』再載歌の華産の「山鳥の尾の長々と七夕は今宵の他は独りかもねん」は当然ながら、一夜中の逢うことか其の間の日々、一人寝る各夜、誓いの年々のどれが長々かと訊けば…。★蜀山人は長々しい比喩を避けて「足引の山鳥の尾のしたり顔人丸ばかり歌よみでなし」という尤も主張を下した。これは、０７９章で見た貞柳がもじた歌#86の「かこち顔」の「西行はこんな坊ンさまか」と囃した詠みと幾らかの共通がある。やはり毒舌を振ってこそもじりが面白くなる。★業平の百人一首#17、唐紅の川流れのもじりは既に「紅葉」を詠む冬の狂歌と神の代に知らない発明などはルポの章に既に見てきたが、ここに狂歌の「もじり」はどこまでも個性的になる歌例を一つ。元禄の月洞軒の長い前詞は「月休上方へ点取の歌とて業平の歌にも勝ると自慢しければ氷を潜る冬の夜の月と詠みて、上の句をかく直し笑いける」。その答えは、

Gekkyu asked me to judge a poem about the winter moon
tunneling through ice he boasted beat Narihira's and when
I rewrote the first line as follows, (he? I?) laughed about it

夢の内に川の底にし寝て見れば氷をくゞる冬の夜の月
Inside of a dream, I lay on the river-bed and saw it soon,
tunneling down through the ice, the winter night moon!

Wow! と思いませんか。散文の解読に自信ないが、前句と合わせては、確かに面白くなる。狂歌は主にもじりと勘違いした上に、「二次的」文学と見下した言葉に、学者に、この歌を見せたい。和歌でなければ文学でないとは、狂歌知らぬ意見だ。きちんと調べたら狂歌こそ、和歌を活かす。意訳も異訳になると、我が狂訳も一種のもじりになるかもしれないが、多くの直訳よりも文学になるぞ。★百人一首歌#59の赤染衛門が「安らわで寝なましものをさ夜更けて傾くまでの月を見し哉」を

I would just as well have slept . . . but, no, I stayed up late!
The moon-boat capsized before my eyes: we had a date.

つまり、逢うはずだったを月船が目の前に転覆だと。★この歌では、Homer nodded ホメルも油断。というと蜀山人の百もじり「赤染が居ねぶりをしておつむりも傾くまでの月を見し哉」は注調になるもいいが、赤染衛門は妹のために詠んだ代歌のはずだから、この一度だけは敬愚の狂訳もじりが狂歌の聖のもじりに勝つ。★因みに上方大師貞柳は「下戸ならば寝なましものを酒樽の傾くまでの月ぞ寂しき」。★しかし、波紋の 1819 以前の上方狂歌 k18-1 は、いずれにも勝つ。

天地を動かす程の歌よみのあらば傾く月を止めたや
If there is a poet who can move heaven and earth – why
not stop the moon from tipping and keep it in the sky?

かの歌の捩りと言い難いが、赤染衛門の夫が名天文学者で天体を弄ぶのが全く無関係でもない。赤染の目の卯年の敬愚ならば又、「夜ながらよらぬは何んぞ横になる月の兎も羨まし頃」と詠んだかもしれないが。★物凄いもじりは、後期江戸の泥亀の百人一首の単行本の「迷い子を尋ねあぐみて茶碗酒〜（後は傾げるまでの月の原歌通り）」。必死になって迷い子を探すと茶だけでは目覚めても走りまわりながら叫ぶ馬鹿力は出ない。★泥亀の本を玉の狂歌書にし上げた山本廣子女史が彼の関係を紹介する部の中の天明の名人米人の数十首に「辻番を叩く騒ぎは子を捨つる罪を水鶏の闇に迷ふ敷」もあったが、本歌でなくとも意識を研げたに違いない。米人は渋い。敬愚だったら水鶏の濡れ衣にしたが、可笑しみ抜群の狂歌だ。★**#53 右大将道綱母<対>蜀山人**

歎きつゝ一人ぬる夜の明くる間はいかに久しきものとかは知る
酔ひつぶれ独り寐る夜の明くる間は馬鹿に久しき物とかは知る
Getting too drunk to walk, you lay there and wait for dawn;
such a time, I've come to know, feels ridiculously long!

この#53 にもじり又派生歌が多い。★『もじり百』にある 1852 年の地口の百にあった「花火をば貰うて日暮れ待つ子供は…」も完璧で、物は尽くしに誂え向き。★泥亀に同本（？）の変種も色々あったが「吉原へ流れの苦界十年は～」という闇写版もいい。地獄の鎌の蓋を開くに十年かかった話が、その間好きでもないお客に身を許す事は一夜の待ちぼけより万倍も辛かろうし、花火遊びを待つ子も大変が、飲み過ぎたある夜を思い出せば、蜀山人ないし赤良の方を狂訳した。

★歌#89 式子内親王の「玉の緒よ絶えなば絶えね永らへば忍ぶることの弱りもぞする」は、#53 同様に物は尽くしを誘う。太女は 1679 以前の「長柄の釈迦堂へ参るとて」と題す首「数珠の緒よ絶えなば絶え寝ながらまで爪くる事の弱りもぞする T37」の常の比喩の具体化は、もじりながら力強い和歌だと思う。★1725 年初版の「どうけ百」の近藤助五郎清春画作（？）の「猫の尾よ狂わば狂えじゃらしても尻振るなりの弱り声する（武藤 100 178 頁 PIC）」という活き活きして首の蛇足を「古狂歌」の猫別冊まで預ける。★蜀山人の「玉の緒よ絶えなば絶えねなどといひ今と言つたら先ずお断り」は、常識。★1852 年の教歌百（同出典）の「這いかけし襖の内の咳払い～」の新前句は、川柳を思わせる。陳腐になるが、頃もまさしく。

思えば百人一首のもじり集を番号順か派生歌の数高低順、それとも題か対象か比喩毎に整理すればいい。三番目の集は本歌次第ではなく派生歌次第だ。「酒」ならば、きっと全百首も何回も本歌となった。多くの題はもっと難しい。例えば「風流」の場合、★貴賤法師の#8 歌「我が庵は都の辰巳しかぞすむ～」は、泥亀が『闇夜』版に「風流はただ何事も茶でくらすよを宇治山と人はいふなり」に、★源宗于朝臣の#28 歌「冬里は冬ぞ寂しさ増さりける～」を 1852 頃の地口は「山里へ一人雪見の風流は人めも草も枯れぬと思えば」に、★和泉式部の#56 歌「あらざらむ此の世の外の思ひ出に今一度の逢う事もがな」を 1669 年の『犬百人一首』に賀近？が「あられなき子持の外の思ひ出に今一ト度の風流もがな」とは、目鼻立ちが乏しい太った中年主婦が鏡を眺

める画賛にもなる。懐旧でしょう。このようなもじりは、百年後の武玉川の雑俳の前兆となる。要するに「風流」は、百人一首になくても、そういう集め方もある。古狂歌本がすべてが検索可能オンラインになったら、前百首を覚えている記憶力の抜群の人は「犬」か「猫」かなんでもかんでもだけの百人一首をいと簡単に集められる日は近い。

もともと「百人一首」と伊勢物語あるいは古典和歌集に限らず、あらゆる書物から派生歌に恵まれている子沢山の歌集を作ればいい。００７章頭歌の「古今集」第一首になる元方の年内立春歌の超多産型ぶりを既に見てきた。中には、面白い私化の詠みが多かった。０４２章中に出てくる女郎花に落馬した遍照の珍詠の多産型ぶりにも、もじりよりも派生歌で追加情報か別な視座か賞賛か批判で本歌の尾鰭を付ける詠みも多い。和と狂を問わず、笑ってもいい歌の題です。一方、『古狂歌　滑稽の蒸すまで』に詳しく検討した「君が代」の場合、和歌にはもじりこそ少ないが、借りある歌は多い。代々を経ながら借りた語句と概念は、幾つかの系譜に分化しながら歌に面白い工夫が見られる。要するに、千代八千代、細石は巌になると巌が苔むす等が、それぞれが和歌の中で、子沢山の語句と概念になる。時折に機知を伺えるが、女郎花と異なって君が代の祝いに可笑しみ有る歌は、桃山時代以降の初期狂歌の朗らかなもじりを待った。★業平の伊勢物語＋古今#53 の名歌「世の中に絶えて桜の無かりせば春の心はのどけからまし」は遍照の女郎花の上の落馬に子沢山のトップを争う。本書に既にその派生歌を何首もみてきたが、その「子」の特質ないし性格と言えば、本歌ないし歌の親も狂歌の情熱の性を引き継ぐがちで、落首を含む面白いもじりの歌例が多い。★1381 年成立の『新葉集』には編者の宗良親王か後村上院（文化庁の誰か、日文研の和歌 DB にもう少しお金を下さい！詠む人の名前を打ち込む秘書のサラリーでも）は、好例です。

いかにして老ひの心を慰めむ絶えて桜の咲かぬ世ならば
But how will old folk find consolation amid their gloom,
if this becomes a world with no cherries left to bloom?

これは、本歌取りよりも反論っぽいが、和歌ながら狂度が高い。★参照になるが、同本の無常歌或いは花見歌は、後村上院御製「あす知らぬ老の命に比ぶれば花は頼みの有る日数かな」とは、悲しいが大変いい歌だ。桜の七日も牡丹の廿日のいずれも「花の王」。本歌の骨も肉もないが、ここまでに詠む心は業平の狂歌を欺く誇張に借りがない（あるいは反発がない）とは、言えない。★桃山時代に幽斎か雄長老が詠んだ「尻好きの無き世なりせばいかばかり人の子供の嬉からまし」とは蛇足無用。★1630 頃の『仁勢物語』「世の中に絶へて妻子の無かりせば今の心はのどけからまし」とは、当然のもじり。当然と言えば、明治の末までも桜はどちらかと言えば女だった。業平の本歌よりも本歌の本音を詠んだものももじりの中なる。★1666 以前の満永の「世間に絶えて酒盛り無かりせば下戸の心は嬉しからまし T27」は万葉時代より続く酒論で、少々陳腐。★一方 1679 以前の藤原貞因の「取次の声無かりせば頭を上げぬ礼者をいかで殿は知らまし T37」とは、めたに詠まれていない馬鹿馬鹿しく多忙の当局の写生ではなく動画だ。米国の巨大大学の卒業式で同じのを最近（2016.5）見た。一度に通せる人数が多すぎる。祝い式を何日に分けるべきです。日本では、四百数十年前にも、大量生産みたいに何だかの式を行ったと言う訳です。日本こそ世界を指導したのを祝うべきか、悲しむべきかよく判らないが。★1737 以前に「鬼の衣着て念仏申す絵に」一好は「世の中に絶えて念仏の無かりせば鬼の心はのどけからまし T56」は、皮肉か寛容か判らないが、宜しい。★天明直前の明和頃の江戸狂歌の夢庵は「年の暮絶えて掛取無かりせばかりの世の中すみうからまし e7-5」（済み＝住み憂＝浮からまじ？）。仮＝借りが名掛詞が掛取りではなく、あったかも暮が原因となる屁理屈が楽しい。もじりながらの傑作だ。★天明狂歌の金埒の「世の中に絶えて師走のなかりせば春の心はのどけからまし」とは、夢庵の歌も知っていたら、本歌取りの本歌取りになるが、もう少し抽象的に前向きに運ぶ現代人向けの読みやすさあり。★蜀山人は「世の中に絶えて女の無かりせば男の心のどけからまし」は先にみた「仁勢物語」の「妻子」を「女」に焼き直した。又も本歌取りどりで本歌の

角を更に切り落とし本音を玉に磨いた。女不足の江戸では、男達が長閑になったかどうか知らないが、川柳などを読めば、中々手に入れないからこそ女が恨みの対象になったと思う。★宿屋飯盛の

世の中に酒という物無かりせば何に左の手を使うべき
*If we had none of that thing called sake in our land
what in the world would I do with my left hand?*

とは、日本の酒飲む作法の、外国人も不思議と思う所を指すが表の詠み。大工が死刑されたら墨縄は可哀そうという片本歌も連想すれば、歌禁酒を勧める連中を雄略天皇同然だぞと仄めかす。名歌でないが、名歌にしたい。★1793年の上方の淵龍の「世中に絶えて酒屋の無かりせば上戸のこゝろのどけからまし K5-2」については、敬愚は複雑な気持ちを抱く。上戸はアル中と限らないぜ。★一方1812年の魚丸の家居修造しける人番匠日雇の休みの暇長きとて呟きけるを聞きて「世中に絶えて煙草の無かりせば普請奉行ものどけからまし k29-3」と詠めば理あると思う。★桂雄の1819年の上方狂歌 K9-3 は素晴らしい。

世の中に絶えて桜の無かりせば春風いかにのどけらまし
*Were there no cherry blossoms to excite their lust,
the Winds of halycon Spring might never gust!*

人の性欲を抜けて再び自然の芝居に戻るが、同じ春ながら新年の長閑さを三月まで…。★1821以前の天地根の上方狂歌 k7-5 は現代心理学。

世の中に恋という事の無かりせば春に花見る気にもならまし
*Love, had we none of it in the world . . . without this thing
who would ever want to view the blossoms in the Spring!*

幾つかの章に見てきた天地根の狂歌は柔らかい哲学になりがち。★九百年前の素性の「花の木も今は掘り植えじ春たてば移ろう色に人習いけり」と★八百年前の実方の「植ゑて見る人の心に比ぶれば遅く移ろ

ふ花の色かな」のやりとりにも、同じ心理・哲学的な狂趣も感じないでもない。★ところで「農夫」と言う題で（↓賤が＝静からじの連想）

> 山田守るしづが心は安からじ 種おろすより刈り上ぐるまで
> Minds of peasants guarding mountain plots know no rest
> from the time seeds are planted until the final harvest.

上記を詠んだ者は、誰でしょうか。業平の「世の中に絶えて桜の無かりせば〜」より始まった和歌の派生の系譜が花が心配ですね。その心配が常に主の花を見たいか女をご馳走？したい人、ともかく主の欲深さに根づく心配になりがち。これは、偉く異なる。心配するのが贅沢ではなく、皆の為になる行為だ。そして業平の歌の花を種にしながら無心をもって、有心に変えた明治天皇の御製の歌にはなります。褒めたい。★気分転換に、伊勢の本歌とその派生歌の外なる花と又異なる内なる花を詠んだ中世の好人物の宗良親王のもう一首を見よ。

> 思ひわびぬせめて胡蝶の夢もがな心の花の楽しみにせむ
> What loneliness! At least, let me dream I'm a butterfly
> so I may console myself with blossoms born of mind!

和歌と狂歌には、もじりないし本歌取よりも掠りや仄めかしが多い。故事も歌枕も成語句も歌によく出る単語や活用も、ご自分の新造語を別にして全てが知るも知らずも借りものだ。新案と思われても、一首の筋と発想の新しさは程度の問題に過ぎない。音字数が少ない歌句の場合、様々の借り物の寄せ合わせになりがち。連句と連歌は文脈で発想や筋上で満腹できる量と余韻ある複雑な味もあるを、一本立ちないし単独の歌句だと、成語と故事という借り物でわずかの音字に大量の情報や意味を伝えなければ、良い読者は退屈になる。もじりは怠け者、掛詞は馬鹿者の文学に対する失礼かマイナスではなく、重複の層を設けて、情報の量を増やすための道具だ。

断って置きます。その本歌など借り物を何も知らずとも（文学の教養もない記憶が弱い敬愚みたいな者も）、面白く読まれるかどうかは、或る首を選ぶ基準になった。そのため、むしろ見逃してしまった言及がいかに多くあると思えば鳥肌になる。それに、個々の歌例は、もじり文芸の全てではない。一冊の本として読むべきもじり本が多い。狂歌は、もじりと同定して困ると何回も述べたが、もじりも捨てた物ではない。必ずしも二番茶の二次的なひ弱い文学ではない。蒸留酒だ。視座が重ねがさされて多次元で濃い含蓄あってこそ、旨い。長詩文学だったら借りせずに詠めるが、日本の歌句の短形は違う。絶対必要です。

小章　世話（諺、慣用語句、など）

多くの日本人は「百人一首」の他に両手で数える和歌にしか覚えが無ければ、本歌取りよりも「世話」部に入る諺や成語や故事などの金言を弄ぶ歌を、蛇足無しに鑑賞しやすいはず。現在の日本人は江戸の、いや戦前の日本人に比べて、これをどれだけ知っているかよく判らないが、古典和歌よりも馴染みあるかと思う。未得は、1649年の『吾吟我集』に一巻をこういう「世話」に専じた。その52首の中から本書に「長生きは恥…おひの幸」も「孫よりも犬の子」「人の物を…鼠算用」はほかの文脈（別な章）で既にご紹介したが、後四首を世話歌の好例を見よ。★先ず、たた百年の史ながら鉄砲の慣用語の例証になる首。

支証なき手柄をはなす音をこそ空鉄砲と人の聞くらめ
**The sound of words without impact as empty as a blank no doubt
is what men hear when they say you're 'shooting off your mouth'.**

事実、慣用句などの英訳は至難の業だ。ここは、題の「空鉄砲」に近い英語がたまたまあったとしても「話す＝放つ」こそなくて、他の縁語 blank が出来ても原文と比べては、ひ弱い。★「痒きかたへ手の届かざる事よりも物をえかかぬ人の不自由さ」とは書くだけか描くか解らない（そういえば一物を掻くか）。「自由さ」という日本国語大辞

典にすらない語は、古狂歌にそう珍しくない。翻訳語になったまで「自由」の含みが悪かったと云う。定説は。しかし、不自由さは悪ければ、良い自由は 1649 年にも既にあったことは、これで判った。★「憎まれ子世に出ると云う類かな藪より外にそたつ若竹」（ぞ立つ＝育つ）。★「身をつみて人の痛さを尻のあたり触る男や手癖なるらん」は傑作。「身をつみて人の痛さを知れ」という諺？教訓の面白く歪まれた観測。日本にもイタリアの男同様な手癖あったも知らなかった。★「月にすっぽん」を安永六 1777 年の上方の海鼠っぽい狂号主無為楽が詠めば「御月さまスポンと落ちて池の内のぞいて見れば底に沈めり K24-2」。鼈を擬音に化したところも偉い。一茶句に「牡丹」が急におち座る行動の擬音になったと同じ繊細な語感。日本語で月並みの表現に過ぎないが、月の影は水の底に映るかどうか外人として疑問ある。一茶っ句「船頭よ小便無用浪の月」だったら、この外人に分かりやすい。波の上の月は見える。すっぽんで具現してくれるのも、頂きます。★同じ無為楽のシリーズから「あいた口に餅」は「だゝ言うて声をばかりとあいた口餅くわされて泣き止みし子 K24-2」という歌の常識に圧倒されている敬愚は「だろうね」としか言わぬ。★天明狂歌の大御所の頭光の下記の世話歌を読むとお金のない老敬愚は気分悪くなる、

母のちゝ父の脛こそ恋しけれ 独りでくらふ事のならねば
Our mom's soft tits and our father's hard calves still taste good
when a man cannot manage to feed himself that's understood.

が、諺や語句を弄ぶ「世話」部の「世話」を詠む歌に我が首を悲しく頷けるしかない。★同じ狂歌師の節松嫁々の「名に高きそのきさらざのもちづきは死ぬまではなの下を忘れず」は、ネットから拾っては題しらないが「西行」よりも「はなの下」と思えば、世話の類になる。男ならば鼻の下は色好みなるが、ここは食欲の餅好きの掛けになりそう。或いは敬愚の勘違いか。★1820 以前の江戸狂歌の上方っぽい「丸」号主万物初丸の「十五夜に挿木せよとの諺もツキのよいのを愛づる夕べかも E11-2」は、英語ならば Farmer's Almanac のような豆知識型のお

世話。その昔からあった本の中で、可愛い物覚え用の脚韻二行詩などあった。なるほど、月の満ちる内にと植えたければ、「ツキのよい」が、月も出る宵の内はよい。★宿屋飯盛の新撰百人#22 なる文樹台（四志成？）の「見て老と成し印は挑灯で望の月見に帰る人なし」は、Almanac と縁もないが、それなりに旨い。提灯で餅をつくだけではないが、エロ辞典向きと言っておく。★謎といえば、同じ新撰百に泉元清（上毛）の「諺の耳ばかりかハロもありて夜すがら壁になくきり／＼す」は、諺を直面して、異見あるぞ！というスタイルは無礼と思う人もおられるが、屁理屈を好む敬愚には小式部を思わせる表現のためか、可愛い。★四方赤良の目出度さを詠む百歌に入る下記を読めば、

女郎花馬から落ちた僧正にお怪我のないぞめでたかりける
Falling off his horse upon the damsel flowers, what good fate that he did not get hurt! – just one more thing I'll celebrate.

悟った：諺と成句と故事を言及する「世話」部の歌と名歌をこのように弄ぶ事は、そう変らない。遍照の歌はもう日本製故事と言ってもいい。派生歌多きよく本歌になる名歌とそれを言及する歌は皆も然る。★幽斎か雄長老著の桃山時代の笑話集「遠近草」には「教月法師」（暁月坊 1265-1328 か）が詠んだと云う狂歌「我が妻を人のとるとて人ごとに減らぬ物をばなに惜しむらん」は、妻は減らないもので貸してもいい名言で「世話」部に入れてもいいが、本歌は万葉#3472「人妻と何かぞ言わむ然らばか隣の衣を借りて着なばも」。狂歌は「をば＝小母」と云う掛詞一本で本歌の百倍も面白くなる傑作だ。★初期狂歌名編集者行風が、1672の『後撰夷曲集T30』に披露した多くの歌人との書簡に「最上多賀野氏次木詠草の奥に…（後略）」詠んだ歌「実生ひより詞の花の見事さは何と心を寄せつぎ木そも」とは間接的に本歌取りと世話取りと俗語取りなどの寛容を祭り上げる。確かに、詞の畑にも、接木こそ美味しく実なる。狂歌に限らない。面白い和歌の多くも接木であるおかげに花を咲く。

天象
０８５

天　　月日星うやまひながらさらば又
天へ登ろと云う人も無し　月洞軒　T40　元禄中

While we revere the Moon, Sun & Stars, when all is said & done,
has anyone even tried to climb to heaven? – Not a one!

元禄を含む二、三十年も時折に続く月洞軒の『大団』には、常の歌集によくある歌部こそないが、「雑」の部か巻に「天象」という題も珍しくない。俳句歳時記の「無季」より積極的に様々の現象を「天」から並ぶが、描写と定義と物名と上記の如くのコメントも伺える。『古狂歌 森羅万笑の画廊』にその玉を、いつか適当にご紹介したい。「石」の類にも寛容になる敬愚ながら、現象を詠む歌に限って凡作は退屈でたまらない。ひょっとしたら、それを読むとしばしば読むか聞くちびっ子が現象を面白く語る句か発言を思い出すからである。やはり、比べてしまう。★さて、月洞軒の一休っぽい生意気の「天」詠みと姿勢は異なるも、最も近い試しは下記の永縁（初音僧正 1048-1125）の歌か。

誠にや蓬の島に通ふらむ鶴に乗るてふ人に問わばや

If just I could ask someone who rides cranes, the real deal,
about how I might visit the magical Mugwort Isle for real!

蓬莱にある「よもぎ」ですね。日本の別称にもなる伝説の処で「天」と遠からず存在への疑問というよりも、願望。★未得の 1649 年成立 T24『吾吟我集』の第九巻の「雑」部の「天」中なる最初の首は

明らけき月日二つは天の目の守る下界の人見なりけり
What are Heaven's eyes, the Sun & Moon, so patently doing?
They look caringly on Earth: our wet-nurse is people-viewing!

双大天体が二玉の眼の如く並ぶ最初の字、即ち「明」と、「天」の発音＋守るで「乳母」に掛けることも英訳無用が、日本の桜の世界化のおかげで花見＝blossom-viewing は英語になったから「人見」は両国語で面白い。一茶句「霞む日や さぞ天人の お退屈」の「天人」は、天飛乙女に雷の鬼に仙人かと思うが、ひょっとしたら未得のアマの「人見」の影響も受けた。★ゆめみの 1806 以前の上方狂歌「月と日の盤古が目がね合わねばや世界残らず霞かゝれり K25-3」も派生歌かもしれない。
★乳母と云えば、1666年の『古今夷曲集 T27』の雑巻中の「天」と題した来焉の下記の歌は、未得のそれと同様に一時、章頭歌にした。

万物の育てらるれば月と日をあまのはらなる乳房とや見ん
If All Things by ye Sun and Moon are raised, by my wits,
Of Bodies Celestial, these two can only be . . . the Tits!

乳母の「天」に「原＝腹」を加えて未得の眼よりも乳だよ、とは本歌取りながら反歌にもなる。（注：その意味で「反歌」というのは敬愚一人）。★「天」と題す桂影の 1814 以前の上方狂歌「くうと云う詞ばかりで天のハラ膨れもせねば又減りもせず K8-1」も、★茂喬の 1810 以前の姉妹作（？）の上方狂歌「口無くてもとより物を参らねば膨れも減りもせぬ天のはら K16-1、19-4」は楽しい！★臥丸の 1812 以前の上方狂歌とは乳を保つも腹を天から地球へと替わる点が面白い。我が草稿には「K29-1GlobePIC」あるから、絵もあるようですが、下記は言葉。

天を父と云うもことわり真ん丸な地ぶさはげにも万物の母
Is it logical to call Heaven "Father" when this round earth,
the Mother of all things, is both our breast and our birth.

★「天」を捨てて上方（皇都）の土岐吉丸の 1812 以前の狂歌「地の形を呑み込む安う喩えなば丸薬の如かたまりし土 k16-3」は、天＝乳母を前提にしてあるが、地という記号上に四角い物を丸めては天と一体になる。その「地球」をわざわざ書かずとも、日本人も大地が丸いと判った証になる。惑星を呑むのが変に聞こえるが、pills という丸薬の出典か。★1310 年の夫木和歌抄の「天像」から始まる雑部の自然現象の「天」と題される中で下記は最も狂たる歌。詠人は中務卿子（-991 没）

久方のあまつみ空は高けれど背をくぐめてぞ我は世に住む
The sky of heaven distant and high is surely a thing of worth,
but as for me, I must bow low and crawl to live on earth.

年順を思えば、先にご紹介すべきだったが、本書を書き初めた四、五年前に平仮名しかない和歌を読みこなせなかった。やっと出来るようになって、見つけた訳だ。天象の部にあったとしても、その描写か定義よりも寄天述懐の渋い自嘲みたい。★題こそない 1666 以前の行景の古今夷曲の雑下第一歌「空色がそらの主の幕ならば月や裏もん日や表紋 T27」は、無心の天象歌であろう。★1672 の『後撰夷曲 T30』の弘法大師の「西東北よ南よそれはさう天地の外はもとの古里」は面白いが解読に困る。一休の狂歌「極楽は西方のみかは東にも北道さがせ南にあり」は、南＝皆身や、北道＝来た路の掛詞あっても読み易いが、「空海」の四方と天地と心の関係は、どうなるでしょうか。ぱっと読めば、現代人らしく？恐らく四方どころか、天地にもいないから人間は、宇宙人としてのノスタルジアーを感じるか。しかし、故郷は心の中で四方にも上下にもないという事だけか、或いは本当に空海が詠んだかとか本当はさっぱりだ。ああ、難しい話は苦手です。改造版を用意する前に、我が万倍も空海を読みこなしたはずの松岡正剛先輩（敬愚は工作舎で努めた事もある）の解説をでも伺いたい。★同じ 1672 年の本 T30 の「釈教」部中で、無題の貞富の下記の歌を、「空海」の首と正反対に、地味そのものの理解ではある。

天ハ屋根もろ木ハ柱地ハたゝみ世界ハわれが家居なりけり
Heaven is our roof, with trees for its pillars and earth tatami
while the whole wide world is home to the human family.

脚韻に family=家族のために「人間」の家居にしたが他の動物に失礼しました。★「星」という天象と言えば、99％は大題「七夕」中になるが、「天象」にある星は殆どが面白い。★雅楽（勢州）の 1812 以前の上方狂歌「もし落ちて石や人やにならんかと糸にて繋ぎ合わす星達 k16-3」は意味こそよく繋がないも面白いし、★1815 以前 E9-3 の江戸の真弓の「星」が題の夜景を、現代天文学を思わせる鋭い観測です！

大空の星の林の茂きにやそれより先は見え透かぬ也
The forest of stars in the broad night-sky is so dense
we cannot see beyond it as it is not transparent.

★一方、1806 以前の穂から詠む上方狂歌「満ち欠けも蝕することも無き星ハ月より日より上をこそゆけ K25-3」も、★下記なる 1822 以前の戯雄の上方狂歌 k9-4 も、初歩的な天文学レッスンに過ぎない。

落ちて石と成るという星を仰ぎ見れば足元よりも頭危なし
Fallen, we see they're rocks, so gazing upon the stars, instead
of watching your step, you might better watch your head!

とんだ概念狂歌の傑作になる。原題なかったが「星見」としたくなる。印地（石投げ合戦）の連想すれば、頭こそ危ないが、涙をこぼさないように上を向いてこそ星座か流れ星か彗星か惑星を見る。すると人は躓いて転べば、或いは枝に突き当たれば頭の鉢を割るも仕方がない論筋のよい屁理屈には争いかねます。矛盾を英訳するに三十分の格闘となった。自負できる脚韻を踏めばこれも章頭歌可能と思った。★何回読んでも通じない天体と「空」の狂歌もある。1808 以前の沢辺義周の江戸狂歌「この空にひずみ有りやと月と日の影のさしかね只あてゝ見ん E5-4」。本は手元にないから前後のヒントも無ければ、五月雨の空

か、1806 江戸大火の空か。とにかく進もう。「天」と「地」に「日」と「月」と「星」の後には、風雲雨雷虹山海川水火石金木等々と世界の根本的現象と物質が題になる。科学的な哲学または原子説の祖師のLucretius＝ルクレーティウスの名著 De Rerum Natura（物の本質について）に先ず気付いたが、自然現象の中には「雷」がとりわけ面白い。当現象の原因がまだ知られなかった雷の仮説の数は他の現象よりも多かった。客観的に物を知りたければ、まだ反証されていない諸仮説も打ち明けた。理科に苦手の人でも面白く読める玉の本で、仮説をここにばれないが、その代わりに古狂歌の雷仮説を幾つかも見よ。★1679 以前 T37 の古狂歌は、なるほど落ちたら、もう一度同じハラへ…？

神鳴に臍の用心する事は雲のはらより落ちる故かも　貞林
Do we guard our navels from thunder demons because we feel that what falls from cloud bellies they'd as soon steal back?

何故何故仮説が頼る原＝腹の同音無ければ脚韻も踏み損なったが、「盗み返す」で地から雲への雷も考えさせる事で狂訳になった。★無為楽の 1777 以前の上方狂歌「陰陽師の和合があればかみなりのあまのはらより落とし子ぞする K24-2」の落としは生まれというお目出度く出産か、中絶のどれか敬愚のまだ不完全の日本語読解力では言い難いが、いずれも面白い。★1783 年の内山賀邸＝椿軒の天明狂歌「天のはら鳴りて時々だるなら灸すえてやれ雷の臍 E1-8」は、自然現象というより下痢止めに臍の近いに灸を据える何故何故の類という気もします。雷はお臍の枕だけか、雷ってツボもあるかどうか知らないが。★先の無為楽のもう一首「かみなりの陰と陽とハすいくはなり玉子ほどからごろ／＼となる」は西瓜の育つ過程に初雷の胎児になる頃を歳時記するようです。★可解法師の 1812 以前の上方狂歌「臍よりもあら膽をこそ取られつれ　あなやかしこに落とし鳴神 k16-3」を現在ならば「抜かれてしまう」という怖い方が人と先ず思ったが、自分の発した音 thunder を怖がってあな賢いは穴に入りたい lightning の方であろうか。

又も敬愚には定めない。小生より日本語の読める諸君のご協力を頼むぞ。★茂喬の 1815 以前の上方狂歌 17-1 の英訳はノンセンスが、

雷は聞き落ちするにしくは無し打たれてからハほそも噛まれず
Nothing beats hearing thunder fall when you've time to duck;
it will be too late to bite your navel once you are struck!

それはそうとも。教訓らしくも学ぶ事も無し。一見でわかる力強い詠みだが、最考でへっ？★お臍もない英訳しやすい現象へ進もう。面白いという白きか全色よりも七色になる奴。武雄の 1814 以前の上方狂歌「K8-1」、いかがでしょうか。

足の裏合わす世界へかけたるか半分ばかり見する輪虹ハ
So, does it rest upon our Antipodal World, sole-to-sole,
showing us but half, i.e. – is the rainbow circle whole?

足裏と裏あるいは紙一枚と云う近くにあった日本の概念と異なる欧州の Antipodes は、地球の反対側で「反足」という逆様の世になる。そういう対極に時間と云う次元を加えて一体化するデンマークの科学者詩人 Piet Hein（ピート・ハイン 1905-1996）の grook という愚句を思い出す。*It will steadily shrink, our earthly abode, /until antipode stands upon antipode. /Then, soles together, the planet gone, /we'll know the ground that we rest upon.* 三十一音字には情報量が多過ぎるが、意訳を重ねて

ちぢみ減る地球の果に合点つら皆立つ地とは人の足裏
地球なるこの世ちぢまる果に立つ二人は頼る足裏同士

やって見れば、お判り？後者はピート・ハイン氏の絵そっくりだが、その孫などの許可を得たら百コマ以下のパラパラ動画＝絵本にしたい。★旧暦虹始見の日に FB と Twitter に、走帆の「観すれば唯一字にとゞまりぬ生きてゐりゃ喰死ぬりや又空」を載せた上に、走愚（彼＋我）の合作を加えた：「色々と言われても世の中は虹 生きてゐりゃ喰 死ぬり

や又空」、つまり字を漢字と思えば、二字は虹なる。★もう一首、いや輪の虹を見よ。水行成の 1808 以前の江戸狂歌 E5-4。

　　天路にも見所ありと見ゆるなり浮き雲の峰 虹のかけ橋
　　Even up on the high roads of Heaven we see sightseeing spots:
　　the peaks of some cloud banks and rainbow bridges are hot!

虹を現象として詠むよりも、天にます神か天人にまでも景色の数奇の存在を想像する観光が流行った時代の心を写すかと思うが、四季こそ今一つなるマイアミ生まれ育てには、年よりも一日の過程こそ鑑賞しやすい。★夕焼けの方は凄いが、人生の大半は東になる海の側で、我が場合、暁が第一の天象。和歌の巨大分類集『夫木 1310 年』に「暁」十首ほど入る。一番目は俊成の「暁は鐘の声よりトリの声ちどりしハ鳴き鴫の羽根かき」の意外なる百％音並びは、俳風狂歌にもなる。★「暁」が題とした初可笑しみある歌例に、安土桃山期の『詠百首誹諧 T12』にある詠人不詳の下記なる一首。

　　空見してする小便にぬれゑんのはたに立ちけり横雲の比
　　When all clouds are on-your-mark lined up to start
　　we on wet verandas piss while taking in the sky.
　　（それとも、小便もまた、自ら雲をつくる寒い朝か）
　　As we stand pissing, I look up and out at the horizon's sky;
　　rising from the wet porch, our clouds seem to vie with its!

和歌と観点が少々異なるでしょうが、「比」は「頃」の略字ながら、駒並べならぬ雲が朝出立ちする頃と思えば、朝の余寒に小便の霧の立ち「比べ」の掛詞にもなりうる。見ていながら見ないふりをする意義の「空見」が英訳無用が、「はた」は「端」であろうが、横雲が「旗」も掛け縁語の可能性もある。一見して暁に有頂天で下手な小便が垂れたかと読んだが、朝早いから縁が露か霧にも濡れているか。★初期狂歌の仕掛け人貞徳（1571-1653）も「雑」廿首の初首に「暁」が題で

「小車の指似にハあらで褌をかく暁の小便の数 T20-81」と詠む。小便の数とは、長年重なる自分の早起きの営みか、朝弁の男達のパノラマか。「小車の指似」で懐旧となるから小便の重ねて年寄れば同縁の友の数が少なくなった嘆きかと思えば、逆に暁前に必ず起きる老人同士の数かもしれない。蛇足が、当時ふんどしを「締める」のが「かく」なる。指似だと里吉しげみの 1960 年比の懐旧の名歌詞「オー・チン・チン」を思い出したが山から町に小便をかけたのが夕焼けだったから長い脱線を省き、夕焼けも越えて、★「時間」の長短を詠む宵眠の 1795 以前の上方狂歌「K2-5」を見よ。

> What a long day! What a long night! While my complaints never end bon dances come and go and before I know New Year is here again!
> さて長い日じゃの夜じゃのと言う内につい盆のなり正月がくる
> While we complain "Such long days!" "Such long nights!" Here comes and goes the festival of the dead and it's the New Year!

天から地と様々の現象

「天」象を尽くせば、「地」の品々が続く。★既にみた『貞徳百』の「暁」の直後の「松」は「誰もかく心を持たば老もせじ いつも二葉の千年の松」は、初心のみか、二葉一組で夫婦愛か、という気もします。或いは、二葉は本来の造化する力の象徴でしょうか。★同「竹」が「世間の草木の徳に比べみよ竹ほど用に立つ物は無し」。国に寄れば、バナナとココナツになるが、日本では、確かに竹だけです。★同「河」

> 名人の流れを汲めど末の世は万の道が下手のかわ哉
> We have ladled the water flowing from the great men of old, but I fear we may be too far down-river to match their mold!

更に末なる人として、複雑な気持ちになりますが、河も下る次第に段々汚くなることは確か。長頭丸とも呼ばれた貞徳の名にもモラルが

隠されていない。同音に替わり脚韻で狂訳すれば、蛇足：黴の mold ではなく、鋳型ないし鑑です。もう比べにはならない衰えていると。狂歌の題詠が全て然るではないが、上記と時代が同じの北米のキリスト教の牧師 Jonathon Edwards の小本 Shadows of Divine Things にある自然現象の捉え方と、意外にも近いです。1666、1672、1679 年に出た行風編の大狂歌集の様々の歌部が充実していたが、自然の現象と人の造物といえば、和歌の『夫木集』にもかなわない。★『狂歌大観』に入る 1671 年に出た抜粋でただ 299 首の『堀川狂歌集 T29』の安井了忠、如竹、猶影三人が詠んだ現象の歌に、和歌にない新奇が多い。「山」は

目の上の山を隠せばや富士はまつたけと人の言うらん
Without a mountain in the horizon, a man might well confound
Mount Fuji for a pine-mushroom pushing up from the ground.
（上の意訳は、富士山を松茸が土を出でる姿と見なす解釈）
Without a rise, or mountain in the background, a man might see
said pine-mushroom pushing up from the ground as Mount Fuji.
（中は逆に松茸を富士山と、下はどれかがどれかも知らぬ）
Without a mountain above his eyes, a man might not know
if he is looking at a white-top mushroom or Mt Fuji's snow.

中期と後期江戸の遊び絵の前触れか先見のような自由自在の視座。三次元を知るには背後は要るが、同じ三次元を弄ぶことで判らなくなるも楽しい。最初の意訳は正しいかと思うが、文法音痴のためか、分からぬままに他に二つの見方の過程も想像すれば、やはり英訳。そのものの読み方は、殆ど病気という気もしますが。★同本の「海」の「母の恩の深き海より出る塩は国にみちみち人をはごくむ」とは貞徳の道歌っぽい現象詠みも思わせるが、★「山家」は好揃いで全三首も見ましょう！「山に住み都へかつて出ぬ人は楽をも知らじ苦をも厭わじ」★「牛の声の届かぬ山に住みながらもうもうとして起きる念哉」★「山すみは腹の膨るる技ぞ無き思ふ事をば言わですぐれば」。敬愚は三首とも賛成しかねるが、合わせの活気はいい。中の首の「もうもう」

は「んもつ」と同じか。この狂歌に多い掛詞を珍題集まで預けたいから、もうもうは、これでもういい。★同本の次の題「田家」の最初の首のみですが「田の中の小さき家に身を置きて楽しむ人や田ぬしなるらん」。方言で「楽しい」は「たぬし」とも聞こえた上に「田螺＝田主」という不完全な語呂合わせではないか。尊敬する天皇からなんだかの賞もある友人の翻訳家は、tanushi が tamushi を掛ける事に疑問ある。もじりの章の「百人一首」の第一首の囲碁打つ不完全の語呂合わせ等に慣れてきた敬愚は、まだ賞がない者ながら中期江戸以前の日本人は田主で田虫を連想しても良いかと思う。諸君のご意見、判断を首長く…。★特定の「山」や「野」などは主に旅か名所案内か富士の場合、画賛かただの賛になるが、山か野の鑑と思えば天象の延長にもよく出てくる。1679年の『銀葉夷歌集 T37』にある貞林の首は好例。

武蔵野を盃なりという人の吸ひ筒にせば冨士の大たけ
*People who think of Musashi Field as a cup for their sake
should find the perfect ash-tray in Mount Fuji's Oodake!*

比喩でしかない歌の翻訳は朝飯前のお茶漬ながら、蛇足は前句が古枕を確認すれば、後句は狂趣満々の新しい枕だ。「世話」の類の歌にもなる。★約百年とんで、1771年後の上方の紫笛詠『狂歌まことの道』に「風」を題した（と思うが書き止めなかった）「松の琴波の鼓に竹の笛みな風の手のしらべなりけり K24-5」は、先に見た俊成の和歌の暁の音景色を思わせる。ただし、竹の小枝互いにぶつかると琴になるし、松の音は胡弓の音だと直したくなります。★蘭丸の1777以前の上方狂歌「玉藻とは打てかわりて是は又割れて光を放つ石の火 K24-5」とは「石火」の定義の歌というよりも製造過程を画く博物館の説明みたい。★一方、桂雄の「海」とする1814以前の上方狂歌「ほとりなくたゝえし水のみなかみハ世をうみわたる人のなみだか K8-1」は、歌体が単純の問答ながら、露が蜩の涙とする和歌に学んだためか、詩的には感じます。砂漠化した大地を人々が涙と汗で海を創る百こまパラパラ絵本に描きたい。又、現在版を詠みたい＝「ほとりなくうみわたる世の神

までも住み場なくなる人の津波だ」、或いは「ほとりなくたゝえし人のうみわたる世に魚までもすむカイもなき」とか。★栗四の 1778 以前の上方狂歌 K23-5 の「海」はコレラ以前の日本ですね。

> 良い水も悪い水をも呑み込むと青うなばらの痛み気は無し
> *It gulps down water whether pure or poison but, oh, that blue belly of the sea, looking none the worse for it, is good as new!*

あらゆる病を吸い取るも毒されない二百年前の有馬の湯の本狂歌もある。★1818 年の長風の上方狂歌 k8-2 歌は上記のと別種の青ばらを詠む。

> 朝夕日を吐く月を呑むと見る青海ばらは恐ろしき物
> *Dawn and dusk puking up the sun and swallowing the moon, how terrible a thing is this distended blue belly of the sea!*

元禄俳諧の変な物食う小鳥が本句の海版か、ある仏人哲学者のように海＝女陰の変容やそこに呑み込まれる潜在恐怖症か。栗四の青は綺麗が、この青は幽霊っぽい。川柳等の大まら男の相手は「青女房」と云。

だらしがない章になってしまった。多くの狂歌集には、れっきとした歌部にならない首が沢山ある。狂歌好きに野生的な心が多いためか、何でもかんでも「雑」部に投げ込む。早く章を終わらせないと本も手に負えなくなるから、後三首で切る。★軽い歌例。1813 の上方狂歌本 K17-2 に清澄の「筏」：「蛸のあし八本ばかり流す木をイカダと人の言うぞ可笑しき」。白水上に行く筏ではなさそう。落ち着いて木材を数えて詠めば。★1815 年の上方狂歌本 K19-3 に、小町か式部の本歌を出汁なる茂喬が詠んだ「唐傘」は「日の本に造れとも名のから傘は皆一様にさすあめが」は、時勢のルポでここは場違いが（改造版に直すかも）。★そして、1770 年の上方狂歌本 K24-1 に鳥連が詠む「書」。

> 物言わず笑わぬ本に向かひいて見れば見ぬ世の人も友なる
> *Reading a book that neither complains nor laughs at others, we find ourselves befriending people in a world we cannot see!*

書物に自分と同じ心ある昔の人を見つけた歌は、いつか読んだが、この留保は新奇でいいが、笑う＝からかうと云う前提は、淋しい。日本では laugh at という不親切な姿勢と laugh with という親切なユーモアは混合されがちために、狂歌の良さも伝え憎い。で、一、二、三首になったが、04.23 が Shakespeare 忌ないし書物の日となったら FB と Twitter で他の読書狂歌を紹介したから、追加したくなちゃった。★「草紙詞」と題した行房の 1672 以前の狂歌「文みれば見ぬ世の人の面影も目にぞ散らつく灯火のもと T30」と★成安の 1810 以前の江戸狂歌「友とする見ぬ世の人も書物には生きて働く文字の筆勢 e7-4」は好対照。後者の書物の著者が売れっ子だったら「生きて稼ぐに忙しい文字」と終わったが。念のために両狂歌は、本歌というより、兼好「徒然草」の「一人灯のもとに文を広げて見ぬ世の人を友とするぞ，こよなう慰むわざなる」のが本文となるかもしれない。★或いは天明狂歌の元木網の下記の首を成安が本歌にしたかも。兼好の文章を脚韻の狂訳にすれば、

かきたてて見ぬ世の人を灯火の影と並びの岡のつれづれ
Sitting alone by a flickering lamp-light, I open a book and find
making friends with men in an unseen world settles my mind.

断って置くが、現象は、大自然と読書など格好いい集材だけではなかった。★何にもかもある。例えば、「市」。如館の 1778 以前の上方狂歌「やす／＼の市こそ人の宝なれ売て喜ぶ買うて喜ぶ　K23-5」と★東作の 1820 年以前の江戸狂歌「売り物に飾る言葉の花笠を買いかぶりして騒ぐ市人 E11-2」の双方にも愛嬌すら感じませんか。★或いは、谷のやと詠んだ 1855 以前の江戸狂歌「横文字の紅毛人の登城着も蟹とり染の筒袖の衣 E12-7」は。これは「天象」の端になる外国人の服装。題が無かったが、「筒袖」とすれば、いかがでしょうか。思えば、これは定義っぽい天象よりも次次章の題にならない題、つまり「描写」になるが、その新類を探検する前にれっきとした題「画賛」を見よ。

画讃
０８６

That ancient Turtle with a moxa-mountain is alive because
this Mugwort Isle of ours just keeps on burning as it does.

長生の養生灸が亀の背に
蓬が島を不断すえるは
荻丸 k29-2 PIC 1812

摺物や絵本が流行った後期江戸の数十年間には、画賛・讃は狂歌の一、二割までも占めたかもしれないが、普通はその十分の一でしかなかった。煙草の煙の輪に駒を走らす０９章頭歌は摺物の傑作であれば、この駄歌は上方狂歌の単行本に見つけた、ただの画賛であった。日本と云う蓬が島をかの常世の島を背負う変な老海亀と一体化する歌が新奇。論理筋が不出来のためか解読し難くも、甲斐ある首かと思って、英訳を尽くした。傑作の場合、学生に「ご自分の言葉で詠み直してみて下さい」と頼んだら、傑作は凡作になるが、ここは違う。敬愚は、もう一つ英訳で歌の良し悪しと別になる発想も試みた：

Moxabustion for Longevity

On the back of the Sea-turtle
our Mugwort Isle stays well today
because we always smoke away

本書に画無し。金が無ければ図絵一杯の本は無理。著作権を頼んだりすることは時間かお金か双方もかかるから、裕福のお方か編集っ子と

いう手伝いある出版社に限る。敬愚は二十歳で版画の個展も東京や釜山で開かれたり、アートの方が執筆よりも性に合うが、貧乏だから『古狂歌　画賛画廊』は、本シリーズの最後の方になる。出世しなければ、取り消す。いずれにして、北斎と国定など大画家の摺物は、画そのものは実に讃に値するが、活字が面白ければ絵は無用ためか多くの狂歌本にも画はないか、わずかのカットみたいなものか、退屈な風景。泥亀の百人一首（闇夜版）の絵はすべてが傑作なる例外もあるが、摺物以外には、いずれも画賛と関係ない。何故かと言えば、殆どの画賛は詠んだ人の元には残らない。友人か上司か酒屋の主から、いきなり何かの絵に歌を頼むか、絵も描くちう評判あったら、画に画賛を頼めば、即興に詠み、いや書き上がる。あるいはお金もなくなって、もう一杯呑みたければ、自ら酔っ払いの粗野の画＋賛を押し売りした場合もあるでしょう。詠み捨てられたと云う狂歌のかなり多くの割合は、画賛の類になるでしょう。時折、記憶に残るか、控えに書き留めるから、画抜けに歌集に入るが、摺物以外の画賛の九割以上も火事に焼かれたり、絵と字が見えなくなるまで古居酒屋の壁にかけたり、お金持ちの独り占めアート・コレクションに消えたり、古本屋の買う手の自称 creative のコラージュ作り材料という情けない終焉になる。

画を見なくても楽しめる歌例をご紹介します。★1620 年頃成立の主に本当らしい笑話小集『遠近』に、画賛という題こそないが、「備前中納言詠んだらしい」という前詞の後で、この狂歌ある。

散まじな絵に画く山の桜花たとひ扇に風はありとも
The blossoms of a painted mountain cherry tree are safe,
no matter how much wind should come from this fan!

★卜養（1678 没）には画賛が数多ある。「庭鳥を二つ書ひよこを三つ書て歌よめという」という注文に 1669 以前に詠まれた画賛「二わとりと云うもことわり親二つこの子の名をばお三つとや云わん T31」は再載の多い名歌（酉年の年玉ならば、お三つはとりわけ良い）。人によっ

て絵＋歌も共に頼まれたようだが、卜養には良過ぎる注文が多過ぎて、敬愚には、依頼が最初からでち上げた可能性はないかと疑うが、兎に角この二羽の鶏の派生歌も多い。★貞柳（1734 没）は「鶏の画をかける扇面に讃せよとあれば」やはり「にわとりと言えども絵には一羽ありそれゆえ骨をめんとりにする」となるが、雌鳥＝面取りは骨の角を削いだ団扇であろう。★榊丸の 1812 以前の上方狂歌の本の中にある画と「ニワトリも一羽不便や負けたらば芹やねぶかにけ合わされなむ K28-1-10PIC」。鶏闘する人は本来何羽も持つべきだが、いざとなったら鶏闘用の雄鶏の肉は堅いから適当の野菜と共に料理しなければ。★既にご紹介したかと思う卜養の節分のくさやの二番茶だが、「二王の糞ひりたる所を絵にかき詠めと有けれは」という注文を、排泄物を怖がらない此のお医者さんが「節分の夜では無けれど是も又あらくさやふんとにほふ尻付」と詠んだ。やはり、良過ぎると思わないか。★一方、卜養 T32-95 は難解過ぎる言葉遊び屋という悪評とほど遠い「達磨のゑに」詠んだ初期狂歌流の解りやすい朗らかな心は、これ

口のはたにむさくさ／＼と毛が生へてそゝぼたいとや是を云うべき
Soso Bodhisattva has such dense hair around his mouth, the lips might be confused for something found south of woman's hips!

1970 か 80 年代に「祖宗」が一音字足らぬ毛の多い女陰のそそを、男の毛むじゃむじゃ囲む口元で欺いた現代日本の名漫画家もおられる。猥褻までも女陰そっくりと見せた一コマばかり明白に覚えている。その漫画家は卜養フアンか、鼻の下が長い男は、皆も連想と思い着きがついに同じ物を見てしまうか、それこそ判らないが。いつ頃から、転んだり立ちたりする達磨は、江戸時代の売笑婦の別名にもなった。

初期と中期狂歌の橋渡り役の信海（1688 没）の集には題詠みというよりも、社交つまり即興が圧倒的に多い。数多画賛から二首のみ見よ。★「竹薮の絵に咲く花に毛虫の有を見」たら、画賛は「花の火を灯すに竹の煙はやけむし／＼と云ふにや有らん T33」は、あほらしい。★無

意識にも、西行詠んだ「花の火を桜の枝に炊きつけて煙に成れる朝霞かな」とは、本歌になったかも。細かい描写は画賛の顔負け。西行の歌にも蛍出た川面の煙とみなす霞の本歌あるが。★信海が「直清方へ竹の絵を書てつかわすとて T34」詠んだ

溜りやせぬ竹の切節のたまり水すんと濁らぬスミ絵なりけり
　　（澄⇒墨絵の掛詞を、日本語の解らない人に説明を加えば）
As no dregs stand to build-up in these cut-off bamboo stumps without sitting water to cloud, this will remain a sumi[clear]e.

逆に近い概念なる同音語「澄み」を材料の墨と結ぶのが狂歌らしいが、自然観測もいい画賛だ。★「切節（きりょ）」を日本国語大辞典で調べたら「切った竹の節と節とのあいだ」の義の用例が浄瑠璃・芳野忠信　道行？「悲しみの涙にそむる紫の杖のきりよの溜り水」も良い、狂趣の濃い歌。竹藪に囲まれて住んだ敬愚は、説明いたします。事実、切節に水が溜れば、信海が仄めかしたように雨水と竹の液は早くも濁り、泡もぷくぷく切節濁酒の上戸なる緑金色のぶんぶん虫は、酔っ払い飛行で敬愚の顔に飛び当たったり、猫も怒らせたり…という生態は背後（誰かは、当の虫は酔っていないと言うが、上は正直の印象）。

1680-1735 の上方初期・中期の例。★「楊補子が梅の絵を見て」甚久（1721 没）は、「皆人の欲しやと思う梅の絵を口の吸いほど誉めにける哉 T44」。故事は無論が、「皆人の欲しや」とは００７章でご紹介した「皆人の得難にすと云う安見児」という美人得て喜ぶ『万葉集』最悪の歌が片本歌。青実を吸い顔が歪むも美人に変わらないが、画家は狂歌師に口を吸われたら困るじゃん…。★1731 年の本に白玉翁は「美しき籠に春の花いろ／＼いけたる絵」を見て「色々のこのみ拾わむ秋もあれど先ずいけてよし春の花籠 T48」の歌体は今一つが、木の実＝好みの掛詞で秋をもって春を生かした。★ 1734 没上方狂歌の祖師の貞柳が「富士見の西行の絵に T51」書いた歌は、又も遊び絵タイプ、

西行のたばこの煙空に消て鼻の穴より出し富士のね
As the smoke from Saigyo's tobacco vanishes in thin air,
descending from a nostril, Fuji's peak appears there.

万が一、「西行」が当時の煙草の銘柄（火葬の仮想になりそうで恐らくありえないが）と解ったら、狂訳もやり直すが、とりあえず。最高のタバコを「富士の峰」にすれば当然。貞柳の画賛が「羇旅」の部になったが、西行の思ひの火が煙として富士を出てから空に消えた歌の逆になり、新年部に見た富士＋煙草の初霞の初期狂歌も掠る。貞柳と月洞軒とその師の信海は、皆も大変新奇になる富士の狂歌を沢山よんだから、ふだん他の二人ほどは自由自在に詠めなかった貞柳は、この画賛は、きっと精一杯の工夫だった。**Mad In Translation** に近い英訳が

While smoke from Saigyo's pipe fades into the sky,
out from one nostril comes Mount Fuji on high!

★因みに珍菓亭＝貞柳編の『狂歌五十人一首』に択ばれた月洞軒の首は「煙たつふじに雲の手ひっかけて自在天から釣り釜にこそ」なる。月洞軒の自由自在の天才ぶりを仄めかす選択かと思います。フジは、画賛か画無くとも四季に名所に神祇に恋と何でもの比喩にもなる描写可能の物の中で特異の存在だ。詣でせずとも、誰でも一度以上に詠まなければならなかった題だった。これ以上の富士狂歌を『古狂歌　不二の富士は不尽』が出るまで、とりあえず預けます。

Clouds reach out, take hold of steamy Fuji, so it hangs down
from Heaven like a kettle in the air above the ground.

貞柳門＝中期上方狂歌。★1740 以前に鯉の絵に貞佐が詠んだ「遍照が歌のさまとも言わば言え鯉に心の動く写し絵 T59」以上に画賛はありえない。が古今序に遍照の歌の様は「絵にかける女を見て、いたづらに心を動かすが如し」とある。鯉に恋も微かに匂わせてくれながら、珍しくも画の効能を証言しながら自分を半ば卑下半ば突っ張る傑作。

You may criticize me for being excitable, like Henjo's poetry,
but can I help it if these painted koi *(carp=love) move me?*

★「時雨の松を絵かきし屏風に歌かけよと望まれしに」、優しい鈍永（1767 没）は「片意地な松を時雨の染かねて かねてぞ見ゆる千代のすねもの K13-4」。色変わらぬも曲げた枝ぶりが故に「拗ねる」松は狂歌の種本に五、六本もあるが、「千代の拗ね者」という新造語句で、松の定義が〆たという感じ。★1768 の江戸狂歌本の第一巻を飾る夢庵集に秀歌の割合は極めて高い。その小傑作の一首は「蛭子の絵に賛をといへば」この神も弄ぶ「よるハいかにひるこのみこと釣り垂れてめでたいものをえびす三郎 e1-1」。江戸後期から現在までも化け物に追い越されたようだが、江戸時代の大半では、恵比寿と蛭子のみならず、神と仏又達磨の画賛は、賀と祝いに多いためか、ただ絵になり易いためか、狂歌にもってこい題だった。

天明の画賛。★０９の摺物の煙輪の駒と並ぶ、最高の画賛は「草履うちの絵に」天明狂歌の聖の赤良（後に蜀山家）が詠んだ「打つものも打たるゝものも奥女中 かわらけ成らぬ毛沢山なり」。本歌は 1679 年の狂歌大集 T37 に再載された 1516 没の道寸＝みちたけの絶望的な合戦直前に、百何人の家来と土器から最後の乾杯した時に詠んだ辞世「打つものも打たるゝものも土器の割れての後はもとの塊」。よくもあの歌に、と舌を打ちながらも、工芸品造りを猥褻いりぎりに画賛できた！絵で荒い縄の毛だらけで思いついた赤良の鼻の下の長さも大したもんじゃ。炬燵に座り乳母の毛雪駄を穿く男などが川柳の陳腐だと知っていた敬愚も、これはまったく意外。当時の将軍の妻の多い閨の中まで運ばれたよう。踊りっ子の駒下駄などと異なって人が巡礼などに穿くべき、お爺さんか小母さんも手造る、とても純粋、その草鞋ですね。★1783 年の「狂歌若葉集」に出た赤良の布袋画賛「寺子ども引きたる牛の角文字はいろはにほてい和尚なるかな」とは、だれ見ても可愛い傑作。★上方狂歌の貞以は「夏虫」を詠む「尻へ手のまわらぬ蛍草む

らにすがた隠せど人に知らるゝK10-2-45PIC」は同年になる。川柳描く大便するに手の回らぬ用に困る布袋の稚児よりも、蛍の擬人化は有難い。★三十年後の上方（浪花だが）狂歌の画賛が多い彦丸の布袋画賛「くうこともはこする世話もあらばこそ和尚の腹はそこぬけにしてk17-2-46B PIC」は、川柳の布袋を世話にしながらも、抽象的で猥褻度が低くなる。★「煙草入に鷺をかきたる絵に狂歌を書けといふに」蜀山家（老赤良）は「白鷺は迎ひに来たかたゞ来たか しばしやすらへ煙草一ぷく」とは、狂歌得意の素晴らしい軽みの好例。その「しばし」の一服とは、百数十年後に、C&W の最高のタバコ曲♪Smoke, Smoke, Smoke (that cigarette)♪の心になった（しかもTex Williamsのあの曲を歌う声は百％自然で、白人には、あの時まで無かった良さがある）。

On being told to write a mad poem
for a picture of a tobacco pouch with a heron

White heron – coming to carry me off or just to joke?
No matter, stay . . . rest a while, we'll have a smoke.

後期江戸の画賛は。★1793 年に上方の貞右の多くの画賛の好例に「白雨の景色を画きたるに」詠んだ「黒雲が反りや怒ったと夕立は雨の中での短気ものかも K28-3-47」は又、現象歌。★もう一首の葡萄の下に盥を画きたるに「星の如く盥の水に映れるハこれも葡萄のたなばた祭りか　同-87PIC」は、俳風。★1807 年の上方狂歌本の乙女子の羽子つく画に、蟹丸は「行く末は誰が恋となるつく羽子の空より落ちるをひいふうみめよし K28-2」。赤良と一茶の数え歌を思わせる。一茶はそれを狂歌から学んだか。★1810 年の山本社雀の上方狂歌は、扇の杜若画を「色香なき我がことの葉をかきつはた元の白地がましであろうに K16-1」は狂歌流卑下。★1812 年の紙鳶の絵に抜成は「せがまれた子をだしにして親達ものぼした紙鳶に気も有頂天 K28-1」は川柳風か。

Their kids begged and begged so they did the right thing:
now the parents also feel high as the kite they're flying!

★同 1812 の江戸狂歌本より「物洗う女の水に股の影うつりたるを梢の猿手を伸ばして探る方かける（！）絵に」、菅江が「手を伸ばす己れも猿猴坊なれば月のさわりや取らんとすらん E8-3」。ぎゃっ！という親父ギャグの傑作。★同年の上方狂歌本 K16-3 は「聖」の絵に、東鶏館鳰丸は「言の葉の花となる種つゝむらし風呂敷島の道のひじりは」。敷島が枕と和歌の道なるが、聖だから包む⇒むらし＝漏らして行く。絵の聖は誰か解らないが『風呂敷文化論』を著した李氏に見せたい首だ。★同年の江戸狂歌本 E8-3 には「虎渓の三笑の絵に」、天明名人飯盛は「もろこしの人が三人寄り会ひてから／＼／＼と笑ひてぞおる」の擬声語は文殊の知恵ほど遠いが、三人市とら／＼／＼なすか本成語は？★1815 の江戸狂歌本 E10-1 に当時最大狂歌師真顔は「江の島の岩屋に七福神のつどい給うかた画きたるに」詠んだ下記は楽しいですね。これは、江ノ島に当の岩窟は今もおられば、玄関の前に警告として歌碑にすべきと思いませんか。

弁天に見惚れ給うな福禄寿 岩屋は殊に頭あぶなし
You'd best take care visiting Benten's cave, ye God of Wisdom, besotted with her beauty, you might hit your egghead noggin!

狂歌の傍にあの長々頭の絵がなければ、中国文化圏に無知の方は部分的にしか通用しないが。★又、画あったかどうか覚えていないが、同じ福寿の画賛かと思う猛風の 1822 の上方狂歌本の「福も寿もとみて御座れどいたゞきの痒くも手は届かざらまし k9-4」は可愛い。★「掛取」の絵に活水の 1819 の上方狂歌本 K10-3-69PIC「来年と言わで払えばかけとりの鬼も笑わずよい年の暮」とは苦笑いしないようにと諺を微妙に曲げる。掛取＝借金を取りに来る奴をよく詠む狂歌にも珍しい観点。★1820 再載 E10-3 の「黒斑猫の画」を詠んだ貧乏で我が同輩なる岡持の天明狂歌「さいっころ白と黒との親猫の恋ぞ積もりてフチと成りぬる」。「淵＝斑」の微笑ましい掛詞は、古綴法の清濁を無視するおかげになるが、片仮名のフチは敬愚だ。視覚に頼る歌の鑑だ。傑作なが

ら、読むと悲しくなる。岡持が金持で暇だったら、猫の交配をじっくりと観測したら、かのメンデル牧師より百年も早く遺伝子の秘密を発見したかも。金を平等に撒いたら、進歩は肥え不足で止まらない。★1792 の上方狂歌の本 K27-1 の「雑」部にあった「新彫刻祝」と名付けたい、村田宗柳の翁が八十五才にて石をもて刻める柿本の尊像を得て小園に小社を鎮座なし奉るとて、貞右が当の日本一の大詩人の氏と名を分けてそれぞれを掛詞で活かしながら、文字通り有難き狂歌を詠む

木でつくり絵にかきの本それよりも猶ありがたき石の人丸
Rather than preserve our Persimmon poet on wood-cut prints alone
why not use what keeps fruit here? Give me an image in stone!

小章　文字遊び

画賛でも遊び絵でもない、仮名または漢字遊びの狂歌もある。数百か千首に一つしかない類で、百章の一つにもなりかねるが、ここでちょっとだけご紹介しよ。★白玉翁の 1731 年以前の丹念の蛇足付巨作『雅筵』にある「おしろいの看板とする凸（なかたか）に凹（なかかけ？）知らぬ下駄屋文盲 T48」を何回も読んでいる名歌らしい。★下記なる失出典の詠人不知の狂歌の作意を、蛇足無しにお解かりでしょうか。

世の中は澄むと濁るで大違い刷毛と毛がありはげに毛がなし
Cloudy marks don't mean such nor does their lack mean much
はけ (hake) looks dirty like hair, though the letter itself is bare
はげ (hage) looks clean and bare though the letter grows hair

清濁と晴＜対＞穢＝毛の概念を潰す歌だ。本居宣長は大和言葉に濁音がない、外国の獣同然の濁音は人の言の葉（言葉の「ば」も汚いね）じゃないと云う殆ど病気な発言もある。Mad In Translation の狂訳は In this world, "clear" and "cloudy" are different as can be // yet *hake*/はけ is full of *ke* and *hage*/はげ has none we see となるが、まだ通じていない日本人

の読者おられば、濁点あるハゲは頭がきれいさっぱり、濁点あるハケは毛という汚きものあるから、宣長などの清濁の心理哲学は×だ。★春部にも入れたかった真顔の名歌「三筋まで山のひたいに春がすみかかるところへ出づる朝日奈」は、素晴らしい。待つのを心配すれば額に皺も出るが、これはそれよりも元日に珍しい立春の三つ（年月日）並ぶかと思います。念のために、海から上る日の顔に遠い雲の筋は珍しくない。漢字を知ると有意義となり易い。雲一つあれば、太陽は何となく裸の日よりも「日」らしく見えると思えば、関心した事もあるが、在マイアミながら変な外人でしょう。★其遊の「魚」を詠む 1807 の上方狂歌本 k14-3 に「魚篇に夏と書くのは冬くうて当らぬ文字の理かや河豚汁」は「春」を詠んだ真顔の狂歌と異なって、描写ないし画の感じはしないが、そういう概念中心の感じ遊びもある。河豚はたしかに、魚＋夏＝鰒の文字で書く。その汁は体を夏のように温める特質あるからとは通説だったが、命になる食中毒が当たらないようにわざと季違う漢字だという其遊の発想は面白い。繰り返すが、そういう多様になる捉え方こそ狂歌の心である。馬鹿げた発想でも OK。★さて、最も楽しい歌例は、風水軒白玉翁の 1731 以前の西瓜を詠む狂歌 T48。

釣り置きてふりたる網のやれ／＼という間に瓜の一つは井
When things did not go well lowering a *watermelon* in a hurry
into the same to cool it down – instead we got a *donburi* (丼)！

井戸にぶら下がる西瓜冷やし中の事故というが蛇足か助けか。在日だったら、調査を行って解った上に決める。しかし、「丼」という字で、冷やすべきロケは御解りになったはずかと思います（その言が通じない外国の方に説明は要るが）。★どんぶりには立派な擬音も聞くが、1812 の上方狂歌本の蟹丸（と思うが蟹丸の息子は同名で江戸人になった）の「橋辺月」という、静かな丼を詠んだ歌もある＝「どんぶりの文字かとも見つ四つ橋の中に一点うつる月影 k28-2, K29-2」。

描写
０８７

まん丸に寝ん猫じたぞ心よく
夢をもみけのにやんの苦もなく無為楽 1777

*Tongue-out, purring in a peaceful ring, our calico dreams
of no catastrophe, no caterwauling, just good cat things!*

何万首を狩る内に、四季や恋や釈教などの部にもじりや画賛や落首などの類のように、認められている範疇になっていない、ただ素晴らしい「描写」としか言えようもない首も拾ったが、この上方狂歌本 K24-2 に見つけた首を見ると眼は潤む。「ルポ」同様に描写を狂歌のタイプと見なす者は、敬愚でしかない。思えば、写真や動画という現代美術の道具が現れた前に、細かさを求める心も予めに用意していたようにすら感じる繊細な目を持つ人が詠んだ歌もあるが、章頭歌の猫歌は、その鑑だ。同時に、古狂歌の猫歌の別冊に紹介する数多「にゃん」掛けの歌例であるが、どの部にも合格しない。冬は猫はとりわけ暖かい膝を狙うし、羨ましいな、という気持ちあらば懐旧（人に甘える子の頃が良かった）か述懐（我も眠くなって筆を投げて一緒に寝たい）の念も無意識に重なるかもしれないが、雑部の中でのまま子のような存在だ。繊細というと、「猫舌」です。暑いものに弱いのみではない。夢見る猫の舌を何度も観測している。落ち付いている時又、病気で弱っている時のぶらり下る舌ではなく、舌先が横端がすこし巻き上がり乳呑む仕草だ。猫は目が覚めても、お手が乳を揉む真似に気づいていない人はないが、寝ながら乳を呑む舌を見過ごしがちである。三毛には独自のウサギぽい丸い大尻も珍しくない。狂歌を読む度ごとに二十数年前の我が三毛の寝姿まで思い起こされる。くどく成りますが、に

ゃん＝何＋見⇒三毛の詞詞の遊びないし技巧ありながら、これ以上に温かい三十一音時字の猫の写生はありえまい。愛情あってこそ、工夫に工夫を加えて詠んだはずです。★「夏」部から拾ったが、同じ江戸後期に心が異なるも子規以後の写実か夢二の審美に影響受けていない清い（？）猫描写も、あった。1815 の江戸狂歌本 E10-1 の真顔よんだ

飼い猫の綱につけたる碇とも見まがふ花や庭の姫百合
Ah, Princess Lilly in my garden, who can help but view
thy bloom as an anchor for our pussy's leash, as I do!

★下記なる西行の歌は、秋部か無常部の歌にもなるが、天大から糸小まで視座を動画のごとくに移しながら見る大河ドラマだ。

あまの川流れてくだる雨を受けて玉の網はる笹蟹の糸
Raindrops overflowing from the Milky Way ye Spider catches,
until her web is so bejeweled Gaia's beauty Heaven matches!
（同じ動画ながら、上は純粋自然美訳、下は儚さを詠む）
From Sky River raindrops fall and all can see Arachne spread
a web of stars just to prove even Heaven hangs by a thread

英語に強い読者は *Mad In Translation* の六つ通りの意・異訳もご参照に。込み入れて、脚韻のスムーズに踏む二本の見本を選んだ。原歌ほどうつくしく一行に英訳できたら、一本の翻訳でもしたいが、西行にかなわない。★逆方向ながら、同じ糸を天へ送る江戸後期の良寛は、何故「一度さえ痩せたる殿を山蜘が絲ひきかけて天へ舞ひ上がる」というマザーグースっぽいの歌を詠んだか、さっぱりだ。どう見ても前衛的だ。空想の描写とでも言えましょうか。そう言えば、*Mad In Translation* の半分なる短縮版 *Kyoka, Japan's Comic Verse* の第三章は Mad Fantasy で、このような幻想か空想、言って見ればシュールな狂歌のみなるが、そういう首はあらゆる歌部のもっとも面白い作品になるから、他から分けて別章にしたら残る諸々章の味が薄くなるから、古狂歌シリーズ

には分けていない。例えば、同じ良寛の飛ばぬ豆腐は春部中の帰雁題に残しているように。★もう少し地味ながら新奇しかも私的で狂歌としかよばない 1310 に出た『夫木抄』で見つけた 970-84 成立の『古今六帖』で「御歌魚」のが題なる權僧正広朝の日文研のＤＢにばったりと出会った下記の歌は、ご存知でしょうか。

小車のわだちの水の涸れ／＼に鰭ふる魚は我を呼ぼうか
From the water in the cart-trail ruts soon to be bone-dry
could those fish waving fins be trying to catch my eye?

これを小学生にも紹介したくなりませんか。凄い！魚を助けた中国の故事がなければいい。いずれにして観測と心の描写です。和歌は俳句と狂歌ほど読んでいない。気がつかずにも、このような変わった和歌はどれだけ存在しているか。いや、和歌と言いながらも、それが敬愚を呼ぼうとしている魚の狂歌だ。★さて、れっきとした狂歌へ戻る。俳諧にも名人だった未得の 1649 年の『吾吟我集』には動植物の優れた描写や定義が多い。「紫陽花」の「名のみして口に喰わねどアジサイの花を見るめに活計ぞある T24」（活計＝たづきは「よるべ」の意味）。歌がただ夏歌中であったが、梅雨の灰一色しょんぼりした暗さに紫陽花、とりわけブルー色の紫陽花は目のもてなしになる。因みに、英語では、hydrangea という醜い植物学名しかないから、愛嬌ゼロだ。いや、名前の語源の「水器」の意味ではなく、音が問題です。★1666 年の『古今夷曲』再載もある未得の「名のみして口にねぶらぬあめうしのいかでか絶えぬ涎なるらん　同」は「獣」の八首の中にある事を付け止める前に、ナメクジの別称かと思って、我ながら喜ぶ名誤訳は、

Slugs never run out of ammo as a slug is always a slug:
but why do we find those trails of slime instead of blood?

出来たから悔しかったが、正解は南蛮経由の少々話題になったキャラメル色で飴とよびながら舐められない足が四つの本物牛の子だった。

From their name, you might think that they would be good to lick
but never short of slobber – Caramel Cows, what's the trick?

その色と体液にふれたら、もうさんの描写の鏡にはならない。本筋から随分迷っては失礼しましたが、未得の文通友の貞徳は、この涎を美味しく頂いた顔を想像すれば…。★本来あめ牛の次首だった、1672年の「後撰夷曲集 T30」再載もある未得の「青みどりかつぎて化けし狐こそ池の玉藻の前となりけめ T24」は、難解の傑作。室町時代の伝説で玉藻御前は鳥羽上皇の寵姫で妖狐の化身が正体で見破られたその果て近づく生き物の命を奪う毒石になってしまったが、名が着物で「前」が後ろ出る九尾も仄めかす。英国では緑芝を欺いて子供を死に誘う池の藻を Green Jenny という悪霊と称した。子は溺れないように、単なる描写よりも超自然的な描写の方が賢明という訳です。★同じ未得の次の歌は「腹つゞみ打てる狸の己づから身にたしなみて持つや胴皮 同」もいい。ただの迷信詠みではない。狸は獣に意外なる雌鳥の clucking みたいな音を発し、猫と対決した時、戦いを避けたがりながら絶対猫に負けたくもない狸の腹芸のうちで、思えば鼓にいくらか似る。かの金玉のみならぬ全皮も弾力は抜群で、狸の子が互いに相撲する時、尾の付け根と耳しか噛もうともしない。敬愚は牛の皮に作られた子犬の人形で実験もしたが、やはり子狸ら同じところを噛み掴んだ。首を含む胴のどこでも掴めばモグラ同様に中の肉体は、フクロウの首のように自由自在に回る。悪いっ子を止めよとすれば母狸は細長い口を開けて、子の首を土に押さえる。毒蛇を掴むための股棒と同じ原理ですね。★未得の次次次歌「糸つけて手飼の猫は三味線の革にかけても人にひかるゝ」と★一世代後の後西上皇（1635-85年）の下記を比較すると面白い。双方とも秀歌、いや傑作かと思いませんか。

猫の妻もし恋ひ死なば三味線の可愛やそれも色にひかれて
Plaintive indeed, a banjo made from a cat that died in season,
clawed then and plucked now, all for the same damn reason!

思えば、未得の方に描写の詳細、御製の方には心こそ支配するが、一般的な報いもの Poetic Karma とは、少々異なる猫の変身。★未得の獣の後は「虫」が「地かたぶきて回れぬ舞や是ならん岸ねにこけて行く蝸牛 542」は、凄い。これこそ、誰も書きとめていなかった細かい現象の描写。『花笛集 T26』の再載で「地傾けて舞いまわれす」の前置で「世話」の歌中になるが、マイマイという名はどうでもいい。敬愚は偶々、沖縄だったか小笠原だったか覚えていないが、入日と共に大勢のヤドカリ蟹が一日かけて登った丘の斜面から海岸へと、ころころ転びながら根＝寝に戻る瞬間を目撃した。一分もしない内に何百か何千軒（？）のヤドカリが。しかし、この「こけてゆく」行動を又三十一文字の古い歌に出会うとは、夢にも見なかった（因みに最近蛸がココナツの二つに割った殻を自分が中身にして合わせた球を一輪として海底の山の上から谷へと転げ下るのをビデオで見た）！★未得の次の次の首は再載が多い。蛇足：蛇は脱皮間もなく目が曇りよく見えない。

くちなわの己が針めのほころびを誰に縫えとて脱げる絹そも
Needles are something every snake has, but what cloudy eyes!
Who can thread them much less tailor the new suit to her size?

蛇が飲み込むから凹＝雌にされがち。★が、一番気に入る未得の描写は「浜見れば真砂に蟹のコウ立てゝはさみ切る手を案じ顔する　同」。三語掛けの甲立＝劫立＝紙立（碁用語＋紙細工で又挟み＋鋏切る）の見立てと遊びながら、砂浜で我輩も何回見た物案じ顔する蟹！描写の裏づけ又もできる。★同「魚」に「地獄網にかかるうきめを見る事となど悟りへぬ蛸の入道」。網の浮きあがる目に憂きめに浮き女にもなる坊さんが蛸とよく呼ばれたが、蟻地獄の如く入りやすいが中々出られない漏斗状の小入り口ある小網の節も重なるが、言葉遊びながら、自然描写も絶妙で本書に多すぎる歌例を次々と紹介せざるをえない。

江戸と上方後期の好例。★「土竜」を詠む 1822 の上方狂歌本 k9-4 渓雲詠む「いかなれば海鼠恐るゝ尻かしら分かぬみゝずを喰らうオゴロか」。去来(1651-1704)の名句（尾頭の心もとなき海鼠かな）と、拙著 Rise, Ye Sea Slugs!の海鼠千句の中にある土竜払い用に海鼠どんかその代物（例えば金槌）を田畠に引っ張り回る習慣を弄ぶ。★ 1820 の江戸狂歌本 E11-2 に片言のヤモリは解るが、竜は天井画か、天井の木目か？

珍しき事と思へど宮守は常に見てゐる竜の天井
*I'm feeling it may be something rare to see a gecko
hanging out with the painted dragon on my ceiling*

愚の竜は可愛い人形だが、窓に毎晩守宮五匹もいる。十数年前に我が天井と壁を戦場に化した猫似の尾振り、背張り、斜め寄り、脅し音も発した武蔵と長次郎と名付けた守宮のそれぞれが異なった戦術と戦記を拙著 The Cat Who Thought Too Much の後書に入れた敬愚は守宮の歌を読むだけで有頂天です。★同 1820 本の魚中の「鮃」を詠む常時の「浪の花くらげの月を見んとてか目を空にする平目てふ魚」。蕪村の友人召波の句「うきごとを海月に語る海鼠かな」の風流版の焼き直しだろうが、花も月もおめでたいらなる平目。魚の「うお」に詠嘆を感じるか。★虫中の「蟻」を詠む百鯨の 1815 の上方狂歌 K19-4「食物の徳孤ならずとふることも引くや必ず隣アリ同士」。確かに、その感じあり。伽を招く声だけは聞こえない。一方、人間の場合、一人で食う事が原則となる文化あらば、絶対許せない文化もある。★「蚕」を詠む文之の同年別本 K17-1 の上方狂歌「身の果は蝶とも成りて飛びかいぬ荘子が夢と眠るかいこハ」。なるほど、ものの一過だ。かの夢に蚕も忘れてならぬ。★下記なる同本の山鳥の歌は女大学を思わせるが。

育つるも女の役といとまなく飼屋に子をばたんと儲ける
*Raising them is a woman's job, quite a busy one at that,
so in the silkworm nursery the babies are many and fat.*

人のタイプの描写も、狂歌こそ大胆で面白い。★「題白人」なる勝重の 1729 以前の上方狂歌「白人の肌えハ雪の道のもの踏むたび毎に跡のありけり T46」とは好例。読めば三度吃驚。白人の我も、確かに肌は弱い。いや、美人の雪の肌か。いや、踏めば SM。ちょっと待って。検索だ。「はくじん」ではなく「しらひと」は、ハンセン病の患者！母の再婚した名医のハルビ・ブランク博士は、軍の皮膚医者として戦争直後に日本のハンセン病患者の小島を訪ねた話を伺ったが、その前からもイエス会の記述から桃山時代の日本の癩病患者に対する厳しい差別を知っていたが、この歌はその歴史の中で考慮すれば、患者の歩いた跡を踏めば自分も病気を引く心配すらあったか、という気がします。

The nature of a "white-man's" skin is like a snowy road
where each and every step leaves behind a trail

正直言って我も昔の白人でなかった日本人の心配も感じた事があります。ごく最近（10.1.2016）にも当の病持ちになりがち鎧鼠の我が庭を掘ったりした跡を裸足で歩いた後に、やはり丹念に洗たり、少しだけ痒くなったら余計に心配した（昨年フロリダ州にアルマジロよりハンセン病が移った九件もあった）。

小章　職人など

人間の描写を専詠する数多狂歌は、恋か酒（＋下戸好む餅の対）などに寄せる職人歌合の類になる。既に、月見の章に壁塗りの歌例を見てきたが、何百もある「職」の類は今の云う artesian＝職人よりも意味が広かった。★人のそれぞれの障害に特定の職業が同定されたら、障害そのものも題名になる。例えば『狂歌大観』にある室町時代の「第七十一番職人歌合」に「女めくら」（をんなめくら）が詠む歌の場合、

いかにしてさのみ立つ名を負うつつみ 頭打つまで恋しがるらん
How has my longing grown so strong I beat my own head,
while rumors about me drum through town as I lie in bed!

女盲と云われてもミュージシャンですね。名を負う⇒大鼓かしら⇒頭。カシラは能の掛け声「イヤー」と音の種類「タ」で打つこと。同じ掛詞は英訳無用が脚韻のおかげで何とかできた。歌合の動物もその職人歌合の延長であろうが、同様に寄恋の類が多いから、既に恋の章で幾つかの歌例を見てきた。更なる首を、『古狂歌 物に寄する恋』に預ける。★未得の1849年の『吾吟我集』に歌合の形式も寄恋抜に、三十四首の「職人」入る。貧乏の敬愚の涎出る一首をかしらに。「箔屋」だ。

　　　一枚を万枚になす箔屋こそ金を打出の小鎚なりけれ
　　　'Tis the gilder, who of one sheet makes a thousand-fold:
　　　he's the real thing – a magic mallet to pound out gold!

かの小鎚は新年部によく出た昔は今より大事だった空想道具で、その定義というか語源何故何故仮説にもなる。★金と言えば、1649年以前に未得はその『吾吟我集』の歌#431で子沢山の社会にかける負担かと先ず誤読した「世話」中ながら貸し金屋を詠んだ「人の物をちゝと引き取る貸し金や子に子かさなる鼠算用」。或いは、その利子の働きであろうが。★その二百強年後になる1855年出た天明老人編の『狂歌四季人物』に「金魚売」を詠んだ輪添楼亭舫の首「金魚もち魚商人は分銅のなりなす桶を荷う天秤 E12-7」は、未得の洗練された歌体に比べて、いや、韻文どころか散文にも及ばぬ駄詠だ。けれど、金をよく計る天秤の指摘類似は単純ながらどうけた風に可笑しい。★「海士」を詠む糸女の1815以前の江戸狂歌「海の物断り無しにとる海士も白波の名は着ざる濡衣 E9-3」には白波と濡れ衣という「世話」二つも弄ぶが、そう言えば生きるも盗みだし、海士にも祈る神もちゃんとあるから「断りなく」という表現も濡れ衣。★同じ月並会のもう一つ寄白波海人の歌は於兎門の「白波のよする渚に住みながら海人乙女が色の黒さよ」E9-3。平凡ながら、敬愚も一首詠みたくなった＝「海水に漬かりて辛き世を渡る其身をいかでアマと言う子に」。★それから職と言い難いが、業とも言える「仙人」。石面亭岩礼の1812以前の江戸狂歌 E8-3。

鶴に乗り又風に乗るあやふさハ命知らずと云わむ仙人
Riding cranes or flying on nothing but the wind sounds risky –
mountain saints who'd live forever seem like dare-devils to me.

執着の矛盾などの哲学はくそ食らえ。凡人の観点も狂歌。★同本の浅草千則の「寝て起きて喰ひてはこやの仙人はさて其後も死なぬめでたき」。屎は密教と関係ある箱根の縁語だろうが、一休は同じ日常の営みの果てに亡くなるがオチ。浅草千則の狂歌は一休の負けだね。英語人の一休ファンにも見せたかったから、狂訳したかったが、箱根の掛詞なければ重苦しくなる。★「仙人」は、だいたい職人などよりも四季の歌に交ぜているが、面白いのが又もある。茂喬の 1815 の上方狂歌本 K19-4 にある、掛詞一切もない純粋概念狂歌の好例にもなる。しかも、一茶の「むまい」つまり食いたくなる雪同様に可愛いじゃ。

年ふとも歯は損ねじな仙人は露や霧を喰い物にして
Mountain mystics may be old but all their teeth are there:
I guess that comes from eating just mist, haze, fog and air.

前に saints、今度 mystics 正確は ascetics になる「仙人」の含蓄が広くて英訳で様々の称で宜しいかと思った。★それから「唐人」も描写か定義もある。茂喬の 1811 以前の上方狂歌「大小をさした姿も見えなくになどもろこしの人と云うらむ K16-2-66PIC」。唐の同音諸腰は左右に大刀と小刀か何か武器を差す。中国人が皆商人で臆病、腰に何もなければ「もろこし」の名に負わぬぞ、と。武士という職業と反対になる。★従来の職人と更に、いや、全く異なる新奇タイプの小集もある。上方の梅好編、明和八・1771 年版の『狂歌浪花丸 K20-2』には、おどけ画三十六歌仙だ。精神障害又異常の各種の人ないし患者の画廊＋狂歌だ。顔の表情が少々気味悪いのもあるが、甘ったるいのもある。それと着る物と持ち物もある。あんたら、うつけ、また蔵、ぬくすけ等、初耳

の者おられば、たわけ、うっかり、穀つぶし、呑みすけ等お馴染みの類もおられる。★編集の梅好本人詠んだ同本 の画と

隠すべき尻をからげて頭を頭巾で隠す馬鹿ものもあり
There is the Fool, his hem tucked up in arse-bared disgrace,
while he wraps a scarf around his head to hide his face.

絵が記憶にあるから、頭を fat と形容し脚韻訳のリズムを調整できても、歌として簡単過ぎるか、ちょどいいか。読者次第。★一方、一好の「九十九にそなた百目とちぎられめや薩摩イモケの親父なりとも同＋PIC」は、やや難しくも面白い。少将と小野小町の言及。「いもけ」は、薩摩芋っぽい怪漢で、この仮説では小町という妹にめがなく、やはり妹けは、百＝腿めにすら穴掘ら？抉らずに他界してしまった、あなめなる深草の不満魂の生まれ代わりか。画に見えるイモケの浴衣の綾は、不逢の回数を思わせる回の字一杯なるが、複写の質が低いで芋怪に妹気に芋毛も顔にあるかどうかさだかではない。★一好が詠んだ「ぬくすけ」の「南から吹きぬる風の手車はヌクスケと云うこれやおれがのじゃ　K20-2-19PIC」の画は大型の男の子で「ぬくすけ」は間抜けの感じの顔だったが、漢字で「温介」で暖かい南の風は蚊のもたらした熱病と脳みその奇形がまさか気付かれたかとか考えながら、風の手が彼の手車の手枕になる。米国で walk the dog という空転が当時は「抜くすけ」とも呼ばれたに違いない。「これがおれがのじゃ」は手車のみならず、その手がお名前だとの同定。歌例はそれでいいが、本デザインも特筆に価する。見開けば、左のペイジの縦書きの行列が例外なく、左から右へと進む。漢字が本来書くべき方向で、やはり愉快。しかも、合理的だ。左右頁の題、即ち精神異常症名称は、必ず外側の余白で目立つのが読者にとって良い。

職人にも仙人にも変人にも精神異常にもならぬ、ここに抜けた人のタイプ沢山ある。大工・学者・座頭・カピタン等、いつか『古狂歌　妙に所えた職人』というような別冊も考えられたが、来日して既に出た本を見なければ、その可能性の確率は、なんとも言えない。

哲学・貧報
０８８

T20-99 ハ「述懐」　借銭も病もちくと有る物を
物もたぬ身と誰が言うらん　貞徳 1571-1653 T 絵

*Though my share of debt and disease may not be a lot,
how can anyone call the likes of me "a have-not"!*

「ちくと」は「ちょと」ながら「あるある」の卑語ないし皮肉の逆語にもなりうるかと思う。『貞徳百』の中で「述懐」だから、自分の状況、例えば出家ないし隠居の侘しい生活、を有心に詠む。死ぬまでも財産を手成さない欧州の老人と異なった江戸時代の日本人の裕福家の老後は、確かに髪の毛までも持ち物が軽くなったが、老楽を馬鹿にしてはならないぞ、我が身ある限り棄てられない所有物は必ずあるぞ。たとえ、病と借金だけでも…とは歌意か。

*Though we are not without our share of debt and disease,
how can retirees "own nothing" – enlighten me, please!*

問題は、敬愚みたいに丹念に時代の研究しない読者は「持たぬ身」は、例えば僧が「心無き」と称されるように、出家を形容するようになったかどうかすら知らない。歌が流行り言葉の批判だという可能性もあるでしょう。時代の流行だったら、英訳、つまり歌意はこうなる。

*Of debt and disease we have our fair share, so how
can it be that people like me are called "have-nots" now?*

「物名」は古今集の時代より早く意味が変わってゆくかと思う。貞徳死後なる『後撰夷曲集 T30-1321』には、雑中で題無しに読めば、お隠居よりもただの貧乏の人に対する物名遊びの無心歌と見做しうるか。

Of debt and disease they have their fair share so, how can it be that poor people are called "have-nots" now?

更に調べたら「徒然草」に兼好が「この世のほだしもたたらぬ身に、ただ空の名残のみぞ惜しき」と云うが、持たらぬとも足らぬと持たぬと様々の物思えばお手上げになる。が、米国南部のブルースのおかげで、貞徳の歌は、なんとなく馴染みあるという気もする。劇「ポルギ・アンド・ベッス」曰く *I've got plenty of nothing and nothing's got plenty for me*（僕は無物いっぱい持ってるし、僕にとてこの無物も沢山だ）は、黒人の口に入れたユダヤ系の人の歌詩ながら、まったく出鱈目でもなかった。本物ブルースの名台詞なる Lightning Slim が歌ったではありませんか。♪*If it weren't for Bad Luck, I wouldn't have no luck at all* ♪ 悪運が無かったら俺にゃ運というものこそなかった。その方、ほんもののブルースの方がいい。★哲学歌は、曰く貧乏に得もある。新撰狂歌集（1636）にある無銭法師のに歌は本当だ。まさしく。

軒近き隣にだにも訪われねば貧ほど深き隠家は無し
Even the neighbors no longer knock upon your door;
no hermitage hides a man like simply being poor.

1666 年の T27 の変種では、中務承基佐詠む前句は「壁一重隣にだにも」。都内隠居は中国文学にあったが、これは新奇。心理上の距離を空間的に表す誇張だ。「貧ほど深き隠家はなし」という表現は既存の類「貧乏人に親類無し」より良き、早くも諺辞典に入るべき。本書を書く為に一文無しになったが、確かに世に捨てられている感じだ。邪魔が少ないから仕事は捗るが、貧乏を性格の欠点で信用に値しないと思う米国人は、生きるために要る微々たる援助も中々くれない。★貞

徳の狂歌が再載された同じ 1672 年の本 T30 にもう一つ貧楽の利を、元清が詠んだ。

　　盗人の用心に良き道具には片木の棒にまさる貧ぼう
　　A wooden cudgel is not the best defense against robbery;
　　for that, naught can beat joining the club called poverty!

諺にすれば、「用心には金棒よりも貧乏」か。本書には紹介を控えるが、貧乏に対してあれこれとお説教するような歌もある。機知も乏しい道歌や教訓歌です。『古狂歌　貧乏神とブルース』にその類も見るが、狂歌の良さを判るための対極となる。ソクラテスは悪妻に恵められてこそ哲学者になったと書いたが、貧乏の奴もその悪妻のような存在で、哲学っぽい狂歌を詠むには貧乏が多い。★夢窓国師（1275-1351）の狂歌はやはり気の薬になります。

　　事たらぬ身をな恨みそ鴨の足短うてこそ浮かむ瀬もあれ
　　So regret not what you lack, nor assume you are out of luck:
　　are there not rapids best crossed by the short legs of a duck?

この後句は荘子の「鴨の脚短しと言えども是を接がば憂いなる」つまり、そのままは適切。無味乾燥の応用論から不足と思われることの讃になる狂歌の方が原文よりよっぽど面白い。中国語に逆訳されてもいいかと思う。日本を含む中華文化圏では、諺＝哲学という意識は強い。古き欧米にも金言を考える代わりに使った人（主にお婆さんのようですが）おられたが、四字成句まで縮まなければ、幼稚っぽく聞こえるから、諺など金言を結び合わせるコミカル脚韻詩もあるが、中国と日本のように哲学の武器にはならなかった。兎も角、貞徳の「物もたぬ身」と夢窓国師の鴨の足も成句に似通う。未得が開発せんとした「世話」の部も然り。哲学の焼き直しか改良の試みだ。★悪妻のソクラテスは又、反省ぬきには人生は甲斐ないと述べた。反省するよりもどんどん物を作るに甲斐あると敬愚は思うが、反省を含む心理学の歌例も

見よ。最初の首は和歌。650 年も前の源俊頼（1055-1129）の種際的な比較もある下記の首は何故有名にならずに？

人慣れし浦の鴎もあれぬるに知られぬ者は我が身なりけり
*There are even gulls in the bay grown familiar with humanity
yet here is a man it seems I cannot know – and that is me!*
（上の二語に四音節あるから長いが下に脚韻もない）
*Though even some gulls in the bay have grown tame,
what I cannot know, much less master, is my self.*

俊頼の歌と拙訳はいかがでしょうか。★「化け物」と題した鈍永（1767没）の上方狂歌「k13-3 絵又 k13-4」は、とても正気ですね。

つく／＼と姿かたちを観すれば人より外に化物は無し
*Closely looking at the forms and shapes we can see
the only monsters out there are human, you & me!*

それやそうと言う他ない。いや、話ある。Primo Levi はイタリアの小学生に怪物など想像上の動物の絵を頼めば、期待した型々の多様性がなかった。一様では無かったが、自由自在からほど遠い、ごく限られた範囲内だった。化け物は人の心以外に無い証明だ。★国としての反省と言えば、歌例は中々見当たらないが、芦舟の 1815 の上方狂歌 K19-4

大和にも唐にも地をば争わで錦を織るに名をえぞがしま
*Neither Japan nor China contest their land so they smile
and gain renown, weaving brocade in peace on Ezo Isle*

歌の題は「錦」が、良い美術品は平和のお陰だという社会心理学的な観測も伺える。とは言って、蝦夷にとて貿易がすべて良かったと限らない。約十年後に、老一茶坊は「商人や嘘をうつしに蝦夷が島」、「江戸風を吹かせて行くや蝦夷が島」「来て見ればこちらが鬼也蝦夷が島」という三狂句を作った。★イは、「これやこの行くも帰るも蝦

夷咄知るも知らぬも大方は嘘」と云うもじり百人一首の落首は本歌か。ロは、風邪。大和人と北の原住民が欧州と米大陸の原住民ほど病気の免疫の差を示さなかったが、やはり江戸の風邪に弱かった。ハは、病気が怖い為か、悪用された為か、よく判らないが、狂歌の顔負けの反省ぶりですね。※　哲学と自然科学が一体になった時代の「2015・12・04　#ホッブズ忌」（1588-1679＝機械論的世界観の先駆的哲学者）の日にFBなどに投稿した首は、下記の1679年成立の狂歌大集T37の行重の百人一首のもじりルポと★社雀の1810以前の上方狂歌K16-1。

　　千早振る神代も聞かず人形のからくりながら水くゞるとは
　　Unheard of even in the Age of our mighty Gods, this new doll
　　　naught but an automata, that moves underwater still.

　　天地を人の前にて動かする大カラクリは酒にこそあれ
　　In order to move Heaven & Earth before our eyes no device
　　　though cleverly made, can beat alcohol for an artifice!
　　（古今序にも答えるだけに、二通りの狂訳に値する）
　　If heaven and earth should move right before our eyes,
　　　the grand artifice behind that surprise would be wine.

からくりは哲学でも反省でもないが、わが頭の中に混ぜている。「哲学＝科学を脚韻詩を通して論じた奇女 Margaret Cavendish-Newcastle は Hobbes の機関的脳の仮説に肌合わなかった。まるで禅徒の如く円に執着が強かった女史は、脳丸を四角に還元したH博士の脳論を、上記のカラクリを思わせる二行を渡る比喩 Each brain / hath on a line been stretched （各々が脳は棒線に伸ばされにけり）は名批判句になるべき。その糸のためにも、からくりを哲学と結ぶも、酔いせぬように呑めば正気へ早く戻るように吐くまでも呑むぞと主張したH博士に、酔いを最高のからくりと見た狂歌を読みながら二人に乾杯したくなりました。

　　　　　　　　小章　夢

夢見るも酔いと同様に意識の変わるために哲学の参照に成る。その辺を早くも考えさせた和ポエムは、明和か天明に出た武玉川の狂句「念て見る夢は五臓がからくり師」だ。夢はかの Lucretius の科学書にも大きく取り上げられた。夢には心理と哲学と自然科学のすべても結ぶ。とは言え、それを整理する暇ないから、怠けて狂歌を年順で並ぶだけ。★為家（1198-1275）の歌は、夢と仏教の哲学を見事に合わせた。

> とにかくに現にもあらぬ此世には夢こそ夢の夢にはありけれ
>
> *Let me see . . . if this world is not for real, then even our dreams*
> *are themselves but dreams within that dream, or so it seems.*

無常が重なると可笑しくなる。これは、狂歌だと思う。★1671 年の『堀川狂歌集 T29』に如竹は恐れた夢を詠んだ。

> 心もて心驚くしめし哉しとのしたさの尿たるゝ夢
>
> *A test case of mind surprising mind, well, I'll be!*
> *I just urinated in a dream while wanting to pee.*

可笑しくない純粋自然科学的な観測だ。しかし、お寝小してもただで起きない心はあっぱれと思う。たとえ少々遅すぎても無意識のしたさを意識したから、同じ心は同時に…。これは科学上の発見らしい。★同 1671 本の直前の首が了忠の「夢無しと云う聖人もある物を我は腎精つきて夢見る」も観測ながら贅沢の歎きですね（敬愚も若い頃、一夜に夢精三度もあった！）。★含果亭栗梢の 1777 の上方狂歌 K4-1 は、先に見てきた為家の夢歌の推論ないし必然の結歌と称しましょうか。死は目覚めになる所が信仰か、夢の夜の信仰への笑いか知らないが。

> 夢の世の夢の夢をも見尽くして目を塞ぐのが寝覚なるらん
>
> *After seeing all the dreams in the dream of this world of them*
> *when our eyes are shut for good, do we finally wake-up then?*

★天明の大御所元木網の 1794 以前の首「たゞこらり海鼠の様に寝しよとて跡先も無き夢をこそ見れ E4-3」とは、夢に触れる首の中で秀でる（和歌にもいいのがあるけれど恋部に限る）。『我輩は猫である』漱石は、海鼠と似通った文章も書くようになるが、なるほど、これで夢と結べる。★杣人の 1808 以前の江戸狂歌 E5-4 は、寄草枕の夢歌か。

うたゝ寝の袖に毛虫の這入りて蝶とも成らで夢は覚めぬる

Dozing off on the porch, a caterpiller crawled up my sleeve
and, without becoming a butterfly, I woke from my dream.

蝶に成らなくても詩的で筋が夢になる佳歌ながら、珍しい出来事だ。縁の上に居眠ったか。部屋内と、百足ですね。起こされて冷や汗になる百足がわが夢の中に出たらお金持ちになったくせに…。★江戸大師真顔の 1815 以前の首「いねわろき人に踏まれて目覚れば山田を荒らす小男鹿の声 E10-1」も、面白い。本当に隣に寝る人に蹴られたか、それを夢見して田を守る用に起こされたという夢のからくりか。★ 1819 の上方狂歌 K9-3 本の戯雄の下記の首の屁理屈は判るが、

物喰うと見し夢覚めてひだるきは獏のみ腹を膨らしにけむ

I dreamed that I ate stuff but woke up empty somehow
only my nightmare-hog must have a full belly now

五日引き続き石炭粉の水しか飲食しなかった時の夢以外には、食べる夢はしない。料理番組を見る人は違うでしょうか。★一方、猛風の 1822 以前の上方狂歌「うば玉の暗き夜に猶目を閉じて見るというものは夢ばかり也 K9-4」とは、一見で陳腐だが、月夜に比べては闇夜に夢が多いか逆なるかとか、考えさせてくれた。夢と光の関係は何でしょうか。★東総庵泰郷の 1829 以前の江戸狂歌「読み飽きて眠れば書を見る夢にもろこしへまで通う春の日 E12-2」は、天体が日の本から唐土へ行く陳腐に新風を入れた功もある詠みだ。★本章第三回も触れるが、二千数十年前に科学の祖ルクレティウス名著 *De Rerum Natura*（事物の

本性について）にて、人のみならず諸動物に夢がはたした学習や認識に対して不可欠な役割を丹念に述べたが、後期江戸の気持ちいい和歌論を書いたり、歌を詠んだりした言道も、きっと夢によく通じていた。

今はとてうち寝ぬる時は命さへわが身と共に伸ぶかとぞ思ふ
*What I think now is this: once I've fallen asleep, who knows
but that even my life, stretching with my body, grows!*

上記に題がなかったが、あったら「寝事」か「寝賛」か「寝祝」か。夢も含む心身も癒す睡眠の役割を、科学は益々解ってきたが、Lucretiusさえ見逃した夜ごとに人の丈は少々伸びる事も証明ズミ。しかし、英訳が堅苦しい古臭い文法は、言道の敏感きわめる心による傑作には…。Vodka+レモン汁を大目に呑んで、もう一度狂訳しよ！

*What I think now is whenever I visit the Land of Nod,
even my life stretches out, together with my body!*

やったあああ！睡眠の詩的メルヘンの Nod 王国にしました。いかがでしょうか。★夢と睡眠は DB 検索で歌を検索しやすいが、より大雑把な自己観測は大変です。結局、全集を読みながら偶々出会う首狩の類になる。例えば、源俊頼（1055-1129）の私集『散木奇歌集』に見つけた

つくづくと独り笑みをもしつるかな在らまし事を想ひ続けて
*All by myself yet still I smile, for such is my determined grin
as what must be depends on me, preserving memes within!*

現在語のミームは、お許しください。狂訳は全体も懲り過ぎでしょうが、原歌は、深いぞ。古語の「あらましこと」は、あらまジ（ありえないも笑むだったら英訳し易かった）ではなく、なるべきしてなるが諦め知らず使命感を抱くような積極的で必死の心理を表す四文字だ。すごい活用だ。大和には、そういう意識あってこそ、世界の貴重な文化になった。この使命感を判る現在人は日本にも多くはないが、毎日

「死ね」と言わぬばかり金を崇拝するＵ＄Ａに極貧を我慢しながら執筆を一心不乱にせんとしても（家族は日本人のように「頑張って最高の本を書きなさい」とか言わず「何時おわる？」「早く締め括らないか？」）とばかり言われると、どんなに辛いか。本の事を夢の中にも考えたい（最高の翻訳は寝ながら出来る）が、来月の家賃などの不安でブルースに襲われて目覚める。だから、事情を乗り越えんとする俊頼の歌を有り難く読む。自分が独りではないと感じる時は心強い。その「笑み」は、人のまだ知らない事を知るからにやっと笑う面もあるだろうが、決心で笑む事もあるし、笑むこそ健康＝若さを守るという事実を俊頼も知っていたか。大事な未来を守るために笑いましょう。それも人のためと思えばこそ一人で笑う。★俊頼の見逃された大切な歌の中には、これもある。

嬉しさのあまのみ空に満ちぬれば意図無く神を仰ぎ見る哉

When my joy overflows, filling the sky and all is fine,
I find myself gazing up at the gods without design.

信仰もない英語人の敬愚ながら一見で同感ときた原歌のためか、狂訳にも懲りもなく、原文どうように気分よく流れる。あま＝天に余るを仄めかす神＝上を無駄なく英訳しかねるが、頑張ってご覧通りのを綴った。困るから神を邪魔にする物乞いや言上げは情けないと思う。時折に、青空の朝からこそ酔っ払いたい本能みたいな私的体験から心が通じる。周りの自然を愛でて、有頂天の気分のもとで、神を知らない敬愚も神任せにしたくなる。或いは、常に吸わないが、化学薬品のない天然煙草をも、そういう日に限って、毎年数回すえば幸せ。煙が細く高く真直ぐに天へ届くのを見ながらその糸と一緒に昇るか、人形の如く糸で天のカラクリ師に遊ばされていてもいい。そういう者ですから、この歌を詠んだ俊頼を知るという気もします。断っておくが、現在人が仕事から疲れて、弱くなる夕方に酒などの薬をのむ常識は良くない。夜酒こそ夢にとって毒で、なるべくしない方がいい。諸君、天気のいい日に、朝から飲め、崇め、先輩の俊頼に乾杯しましょう。

小章　教訓歌

狂歌集の中に「教訓」という部こそ見た覚えがなければ、狂訓くさい歌、実践用くさい首なら、ある。★西行の下記の歌は読み方次第にその鑑になる。

> People in this Latter Day have hearts and minds that are so rough
> these gems must be mixed with stones to polish them enough!
> 末の世の人の心を磨くべき玉をも塵にまぜてけるかな
> People in this Latter Day had better buff their dirty hearts;
> the pearls they ought to be are sullied and dulled by dust.

第二英訳は通説次第。つまり、真理なる仏法は玉、それ以外の物が塵。その違いを見分ける能力もない世は、玉塵混交つまりごちゃ交ぜしてしまう。問題は、これだけで歌はつまらないお説教みたい。西行の歌として面白くない。第一英訳は敬愚の異説ないし新案訳になるが、塵と交ぜてこそ玉を磨くのが逆説的にみえるが実践上に効く磨きの知恵で立派な狂訓歌になる。しかし古文無知の文法音痴の資料すら手元にない敬愚の勘で読むのが危ないでしょう。★策伝の笑話集「醒睡笑 1620 頃」の釈教か道歌にもなりうる教訓と読みうる下記の首は、そう。

> 何事も心のまゝと願うこそ作り病うよ満足はせじ
> To pray for everything to go your way is undignified
> & will make you feel sick for you won't be satisfied.

★世話ながら狂訓になる好例は、1794 E4-3 の萩原何某の江戸狂歌。

> 出る杭の打たるゝよりも出ぬ杭の人に踏まれて世を渡らばや
> They say the stake that sticks up is hammered, so we best stay low
> making our way in the world as others step on us to go across.
> （よりもとは反対を言うよりもその皮肉を優先すれば下の訳）

*Rather than a stake protruding pounded down, I'd make my way
through the world helping others cross it treading on my head!*

踏まれては、世をわたると言えば、飛び石に限る。これは西行の教訓より一層狂趣ありそうが、英訳せんとすれば、やはり行間が広い。上の英訳は皮肉。下の英訳は馬鹿げたまでも親切な人の解釈になる。出杭は消極的な理解だ。踏まれても役に立ちたい発想は、本当にいい。読者諸君。その発想は原歌にありますか。それとも、理想家なる敬愚の空想か。別な第三読みあったら、それを解りやすい日本語か英語にして、我に送って下さい。★成語句なき自家作りの哲学っぽい狂訓は、上方の大師貞柳の下記の歌は最好例。換言すれば、余計なアドバイスしかも自然と野生の自由さの味方になるようなアドバイスだからこそ、狂歌の教訓のあるべき姿だ。

あそこゝこに艾の関をすえぬれば病はどこへ出るべきもなし

*If we burn moxa here, there and everywhere Qi may pass
will any place remain for my disease to leave at last?*

1735年の死後出版の『机の塵T53』に出た絶筆に近い八十歳の詠みのようです。欧米で同じ年の偉い人は可愛そうに、血を流した。早めにすれば、血の鉄分を減らし心臓を助けるが、臨機になると逆効果。一方、極東では、もぐさに吸わられっ放しの老紳士は大変だったと思う。これは、その反抗？になる、精一杯の苦笑いになるが、長生願望という執着を除いて、聖同然の性格美人の貞柳は己が病までも気を配ったかと見える。或いは。灸や針の医学には、気の逃げ道という発想あったか。数十年前に読んだ米中部の女教師が著したタイ国の滞在記にある会話を今も覚えている。人柄のとてもいい掃除も得意の下女のくせに、冷蔵庫の下だけが汚かったのを。不思議に思って、終その理を尋ねてみれば「埃にだって、逃げ場一つくらいは要るのではありませんか」と下女が堂々と答えた。日米の掃除魔は、ショックかと思う。或いは、そのタイの下女の言葉は、単なる言訳と疑うかもしれないが、「虫も

五分の魂」よりも、この「埃の避難所」を大事に守った下女を、敬愚は信じる。徹底掃除の無味乾燥の世の中で、祝うべき心と見做す。そのためか貞柳の歎きも、一人の老人の自嘲だけではなく、皆のための狂訓と読みたい。同時に、逃げたハムスターが冷蔵庫の下に、母のジュエリーも盗み隠した思い出も浮かぶ。ああ、身を隠し綺麗な品を集める小さな生き物は、どんなに尊いか。母の玉宝石などはどうでもいい。窮屈の増さる世の中には余裕を残すべき。その余裕こそ、大きさも数も衰える世の中の９９％の可能性を殺さずに、皆の将来を守る。
★教訓歌の中には、対象を見下す憎むべき歌もある。下記は、貧乏人として頂かない。多くの金持ちに比べて、この貧乏はよく働く。

貧乏の棒も稼げば自ずから振り回しよく成るも世の中
If just the "bou" in binbou sounding like "stick" stayed put
and got down to work, poverty would not (stick around).

Stick は名詞の振りかねない「棒」ながら、身に「付ける」か not stick「付けない」という動詞、二つの意味をかける。日本語の知らない人に「棒に振る」という慣用も教えなければならないから、不完全の狂訳です。★下記も、我ら貧乏にとって不公平ながら尤もだ。微妙の違いでしょうし、福の神に祈る読者おられば、異見があるかも知れない。

福の神祈る間あらば働いて貧乏神を追い出せかし
If to the God of Wealth you've time to pray, work
instead, to drive your own God of Poverty, away!

右は、脚韻を踏みながら後一語 work を残すと脚韻の腰は面白くなる自負できる狂訳です。もともと、この類の歌には落首同様に詠む人知らずになりがち。★教訓か道歌かお説教か単なる事実となる歌例で〆る。

世の中を恥じぬ人こそ恥となり恥ずる人には恥ぞ少なき
If you feel no shame before the world, brother, you should;
if you feel ashamed, you're really not that bad, but good.

酒

０８９

とかく世はよろこび烏酒のんで
夜が明たかあ日が暮れたかあ　唐衣橘洲

In this world, always punch-drunk as a happy crow, I cawl out:
Has it dawned? Just cawsome! Has the sun set? Just cawsome!

この歌の活気なる語感にウキウキしない人は、おられまい。戯れながら稼ぐ烏を不良少年と見立てることが多いが、逆に文武の訓練を朝早くから義務付けたりした情けない改革までには、天明狂歌の大御所は全人とも橘洲の「喜び烏」の如くおめでたい連中だった（という印象ある）。英訳の cawsome は、カラスの擬声語 Caw と圧倒されるほど凄いと云う awesome を組んだ新造語。橘洲宅で催された狂歌会は天明狂歌の訓練場だったが、間もなく四方赤良が狂歌の聖になっても橘洲は恨むもせず、生涯皆との友情を守り、忠実の玉の武士であった。

A happy crow, just drinking wine, whatever will be will be!
Has daw-dawn come? Is the sun yet in his caw-caw-fin?

上記の英訳はカラスの擬声語の caw と夜明けの dawn との韻を踏みながら、同 caw を coffin＝棺と掛けて、詩も日も fin＝終わり＝と又掛けて済む。思えば overawed を掛ける *The Over-cawed Drunk* を狂タイトルに。

本書の「四季」部で既に歌例何首も味わった中世の初狂歌師の暁月の「酒百」の朗らかな古狂歌体を思わす上記の名歌主の橘洲も、唐の詩人よろしく酔倒れせず一日中のほろ酔いが理想とした赤良も、天明狂

歌の大御所の殆ども上戸だったし、お酒をよく詠んだ。とは言え、別に天明狂歌に限らなかった。初期狂歌も上方狂歌も酒に浸していた。覚めたよりも酔った詠みが原則だったという気もします。我が集めた酒を詠む約五百首には、天明とその後の江戸狂歌はその一割か二割しかならない。とは言え。酒狂歌例を次々とお見せする前に、なだいなだ氏の『江戸狂歌』などにも再載ある赤良＝蜀山人が「十返舎一九に語ったという」名逸話を、雰囲気を用意するために先ず、見よ。時場の「チョイチョイとよし」なる前文抜きに、省略的にお伝えします。「自作の狂歌を口ずさみながらチビリチビリと飲んでいると蚤が一匹ピョンと…盃に飛び込んできた。★それを見て、「なんだ、とんだお客さん」など苦笑いしながら、狂歌師同士と思えば、とりあえず「盃に飛び込むのみものみ仲間　酒のみなれば殺されもせず」と詠めば、★盃の中のノミが、生意気な野郎で、すかさずそれに反歌をしたじゃないか。「飲みに来たおれをひねりて殺すなよ　のみ逃げはせぬ晩に来てさす」。その生意気に…わしは怒ってゝ盃から奴をひっぱり出すと、敷居の上でひねりつぶしてやると、このノミめ…つぶされながらも歌よみの意地は忘れぬ。★「ぜひ辞世の歌を残させてくれ」と言う…「口ゆゑに引き出だされて捻られて敷居まくらにのみつぶれけり」。いかがでしょうか、このノミの辞世。再載の本により、蜀山人の一人各とか、三人格、色々あるが、★呑む蚤の本歌は、天明狂歌の核心となる橘洲と赤良などの若者の歌の先生の内山賀邸（俳号椿軒 1723-88）の「盃へ飛び込む蚤も呑み仲間つぶされもせず押さへられもせず」であろう。赤良が赤良になった二年前の 1767 年成立の初著なる狂詩集『寝惚先生文集』にある。その酒のむ蚤の先例を求めているが、まだ掴めていない。★一方、その師の酒ノミまでわがもの顔に被った赤良の名述懐歌は、独自なる無敵の狂歌流ラップの自我自慢の傑作だ。

世の中は色と酒とが敵なり どうぞ敵にめぐりあいたい

Wine & women are called the foes of man in every place:
may I be blessed with many such the better to embrace!

★（ご参照に酒こそないが好敵の月洞軒の元禄狂歌もある＝「三味線のこまかに御手のきゝました小唄で殺すいとし御敵じや T40」。）今朝（2016.10.3）Mad In Translation の二通りの英訳を上記の一本の狂訳に改造したが、不満が残る一点まだある。日本の「敵」には、どうしても、敵を討つというか vengeance の含蓄は少しはあるから、敵に巡るは、その者に逢うとは言え、英訳よりも少し怖いニュアンスは、無意識にも伴う。それを生かした狂訳も作ってみたら、こうなる。

In this world where wine & women are the nemesis of man,
let them come and take revenge, I shall ever be their fan!

さて、無数の飲酒歌から、二題ほどに抑えて狂歌が各題にある富を仄めかす。先ず、季題一つ。春部の「三月三日」を取り上げた時に遠慮したお酒、主に「曲水」だ。★四季の酒を詠んだ中世の暁月の百酒集の桃酒歌「三日の日の酒に浮かべる花の名のもゝ度けふは飲むべかりけり」は、申し訳ない。★曲水の酒が必ず桃酒かどうか知らないが秀首が数多ある。1672年の本 T30 に出た忠直の描く事に同情します。

詩の韻も踏みわけ難くせかれけり盃はとく過ぐる曲水
It was so hard for me to compose that damn rhyme scheme &
while my mind was blocked the sake cup flowed downstream.

曲水で down-stream ではなく around the stream だろうが字あまりから誤訳せざるをえなかった。堰かれれば淵になるから踏み難いが韻を踏むのが多くの日本人にとって苦手という訳で歌詠むも堰かれてしまう。★赤良の『巴人集』にある「盃の浮かむ趣向に任せたる狂歌は何の曲水も無し」は、韻を踏まずとも遊びある狂歌の曲水でしょうか。その方がよっぽど楽しそう。★天明 E4-3 間もなく出た海原沖風の歌は、

川水へ流す鸚鵡の盃にもろこし人の口真似ぞする
The parrot picture on one sake cup flowing with the stream
represents our mimicking Chinese, if you know what I mean.

歌の主張は何か。恐らく自分の曲水即興を記するが、韻を踏まなければならない詩作は厭だと解釈しました。★万英の「曲水のゑんこう成れや手を伸ばし取るは流れに浮かぶさかつき 1784　K10-1」は故事ながら詠む人の赤い顔に敬愚は日本猿も見る。★かと思えば菊のや露満の 1855 以前の江戸狂歌「川海老の茹で色に似し盃を手を延ばしとる曲水の宴　E12-7」又も拍手せざるをえない。「宴」に「猿」という同音縁語のオチが渋い！★とは言え概念的だけで、実が不足と感じれば、1810 頃の江戸の狂歌本に出る上方っぽい狂名の玉亭角丸の e7-4 歌は、

盃の流るゝ外に浮きみ出し亀も押さえて詠め酔った人

*Reading his poem while grabbing a turtle that pops up
by the sake cups floating in the circle-stream, a drunk.*

歌の対象かと思ったが、酷った人だと無作法に捕まえた。★曲水以外の雛祭の酒かと思うが、貞楽の 1783 の上方狂歌「雛酒に強いられけりな花よめのもゝ／＼／＼／＼と受ける盃　K10-2」は、三十一音字の川柳みたい。★眠洞の 1897 以前の「酔えば皆口かしましき雛祭り花もの言わぬもゝの酒にも K14-3」とは、参加した女性が雛のように無口か。

酒の第二題は、『万葉集』に遡る是非論。狂歌の上戸・下戸歌合は激論になりがち。大伴旅人（665-731）の酒十三歌の中で早々と論が開始。★先ず歌♯339。「古には酒を聖と称したよ（酒名乎　聖跡負師　古昔　大聖之　言乃宜左）」という旅人の主張の行間に「酒は困ると言う連中、これを聞け」と読み取る。その姿勢は、和歌よりも狂歌らしいと思う。

♪A Traditionalist to a Prohibitionist ♪

*The ancient sages called wine 'Sage',
so, what gives with our Age?*

英語で sage が聖に近い賢人で又賢い。どうしても saint でいかなければ、その脚韻がどうしても低俗になってしまったが、こうなる：

In ancient days, teacher-saints named wine "The Great Saint,"
so what makes some of us so great to claim that, no, it ain't?

第二行は、敬愚が勝手に読んだ原文の行間です。因みに旅人の息子の家持の親友橘奈良麻呂のお父さんが宴会で酔いながら天皇誹謗の言辞を密告されて差別を受けて寂しくなって死んだら、奈良麻呂が乱を起こして姿なくなったら、国中の宴会の酒飲みが一年間も許されなかった。これは旅人の死二十数年後で関係ないが、十三首を入れた万葉の編集者家持の心には酒論はただの空論ではなかった。★古代中国と自分の好みを一体化することは幕末までも続いたが、天明狂歌の好例は既に一度紹介した浜辺黒人の月見酒の首「詩のさまも酒も李白によう似たり戻りは足もよろ月の客」になる。現在の「よく」が「よう」と詠んだ江戸時代以前は、酔うがいと簡単に仄めかしたが、★同じ李白を茂喬の 1813 k17-2 の上方狂歌は、少し拡大すれば、こうなる。

足立たぬ程に酔うても詩百篇つくる韻字は踏みも違えじ
Too drunk to stand, this adept writes a hundred poems
yet, unlike mine, his rhyme misses not a single step.

Rhyme はそのまま動詞にもなるから「踏む」は無用が、さて万酔う酒へ戻りましょう。★濁り酒を好む敬愚は歌#338 と★#341 は下記なる。

験し無き物を思わずは一杯の濁れる酒を飲むべくあるらし
I have no doubt about how to rout your blues, just don't think
and muddy wine, clouding them, will clear you up: so drink!

賢しみと物言ふよりは酒飲みて酔泣するし勝りたるらし
You can try to talk your way out of the blues, but few can;
it's better to drink until you're drunk and cry like a man.

左の最後の一句は、原文では「可飲有良師」となる。その含蓄を全て詰め込むに少々長めの狂訳になった。右の意訳も細かいが力ある。下戸のさかしみ（理屈）に物を言うのが、弱者（下人と女子）の口を走らせる賢さを許せない、という強者の勝手になる反言語の作法の面に潜む力の哲学と思えば、酒と涙で誤魔化すのがよくないと思うが、恋など上下関係と無縁の問題だったら、旅人の言う通りだ。言葉はもう沢山だ（歌詠みは別けれど）。たしかに言葉万能主義に対する異見は有難い。★歌♯344は、難解ながら解けたかと思います。

♪A Red-Faced Riposte to Wrinkle-browed Teetotalers♪
あな醜賢しらをすと酒飲まぬ人をよく見れば猿にかも似る

How unsightly those men too damn smart to drink;
they look far more like monkeys than they think!

十三首の中で最も新奇で狂歌そのものだろう。上戸の酔いの赤顔を「猿」と嘲した下戸への仕返しに、皺の多い猿の額を思い出せば、お前こそ猿だぜ、とは見事！★月暁房作の『酒百』に万葉♯344 もじり「あなみにく酒には思ひます鏡 底なる影は猿にかも似る TK4♯71」の思います⇒真澄鏡もうまい腰だが、旅人の心を読み切れなかったかと思う。因みに猿の皺額を、デンマークのピート・ハイン博士の半世紀以上前のGrook愚句に、霊長類が人に全滅されそうな将来を予見するからなるとある。今のゴリラーの状況を思うと目が潤む。最後の万葉酒賛歌♯349。酒は聖だったとしても、よく飲むことは仏教のいう通りに悪ければ、その報いも覚悟だよと。これは、和歌をして軽み抜群。

この世にし楽しくあらば来む世には虫鳥にも我は成りなむ

This is my life, so if I can but have my fun,
I'll gladly be a bird or bug in the next one!

酒と言えば、最高の文学は初期狂歌の上戸＜対＞下戸の傑作歌戦である。ただし上戸の狂歌師沸斉の「没年」も、下戸の江戸の御藩医で狂歌詠み名人、既にお馴染みになるはずの卜養の確認もできなかった。詠むと確かに彼らしいが。ここは、自分の英訳に惚れた第四番の片方と、結論なる第十番の＜対＞の一つ例にする。★卜養の「四かるべきその人柄も杯に向かえば変わる人の面影」とは反対の方ですね。

What is a man without character? Yet, within a sake cup
another person altogether is all too often looking up!

★沸斉の「十分の上にも 酒は 飲めもせん　勿の過ぎたる後は 食傷」＜対＞★卜養の「十分の上に跡ひく酒のみは　度重なれば後は内損」（蛇足：勿は餅の事）

Having had enough, a drinker would drink more sake yet;
With sweet-rice cake, overeat, and sick of it is all we get!
<vs>
Drinking until full, and then some, decimates a man inside;
Done over and over, it leaves you no body in which to hide!

下戸の肩を持つ酒の危なさを綴る全十首を掲載する 1984 年出版の『江戸狂歌』（参考が篠原文雄著『日本酒仙伝』）著者は、アル中患者などお治療したなだいなだ医。氏は曰く「こんな説教歌があるのなら、ぼくが説教などする必要はない。ぼくは、その日から、患者をみても説教をするのをやめた」。★多くの是非歌の狂訳＋原文は *Mad In Translation* にあるが、禁酒を詠んだ赤良の一首を見逃してしまった。「我が禁酒破れ衣となりにけりさして貰おうついで貰おう」。どうせ英訳無用の酒飲み用語の掛詞でしょうが、さすがに狂歌の聖に乾杯！

約百年後の安永三 1774 年出版。四方赤良が二十五才。★ノミ仲間を詠んだ彼の師賀邸（1723-88）と同時代の上方狂歌師梅好は、お酒の「いろにほへ」を詠んだ。頭文字一つではない。これは全五句頭がである。

「る」と言えば、「ルいやあらんルいやありけんルりつぼのルいなき酒をルすごとに飲む」K21-1（瑠璃壺で奥様の秘蔵酒瓶？）は、いかがでしょうか。★「を」の「ヲしなべてヲさえる酒にヲとらじとヲろかなる身もヲしてこそ呑め」は、飲み過ぎがち性格を上手くとらえた。他人に酒を強いるのみではなく、わが身にも。★「ワめかれてワづかの事にワび言うもワがのむ酒のワざとこそ思え」。「わめかれて」と言えば、やはり奥さんに？これは自嘲か、反省か。★「モろ白酒モらぬ先からモも／＼とモもじりをするモろい下戸の身」。なるほど、甘酒のむ女性は気から酔うことは確かに多い。これも家の人の描写か。

酒が呑み始まると終え難いように、酒の歌を読むもますます酔うから、これもこれもと読みたくもなるが、その殆どを古狂歌の別冊に預けて、ここで雑の酒歌を後十杯ほどで我慢する。なるべく年順によみ込みながら乾杯しよ。★1672年の初期狂歌大集に何十も酒歌は並ぶが伊勢物語の名歌もじりを詠むみつなかの「武蔵野は今日はな出しそ長酒に人は困れり我も困れり T30」。「盃の名にながれたる武蔵野…」で始まる未得の古歌にも出た、極めて広い大盃は困るとは、みつなかの異見だったようです。或る落語のサイトで「〜大酒につまも困れりわれも困れり」と終わる変種は良い。★1679年の大集に信澄の「瓢箪の内より出づる酒なれと駒とは言わでムマイとぞ言う」は、贈りものだったら、旨い短冊の礼歌也。★1729の家集に上方門祖貞柳は「寒中見舞に玉子を送られし人の許へ」送った礼歌「飲むからに冬の寒さも忘られて春の心をあら玉子酒 T45」の心も温かい。★1734没の貞柳七忌の歌集に其水の「百薬の長と云えるも酒なれば薬茶碗で呑むも又よし T57」を読むのがワインをカップで呑む敬愚。★同1740年の本 T57 に下記の住吉住貞堂は良心のアル中か。因みに書名は『狂歌餅月夜』で百子編。

酒呑みて酒の地獄へ落るとも酔た心は仏なりけり　貞堂
Drinking alcohol, though one falls into the Hell of over-drinking
the drunken state of mind seems Enlightened I am thinking.

Buddha-like と saintly も考慮したが、やはり悟りでしょう。★ 1759 年の又上方米因の「初時雨ふるは上戸の楽しみと思うは酒のかんな月ぞや K3-2」とは、燗の掛けてこそ神無月の酒呑み良い言い訳だね。★ 1815 E10-1 以前に、江戸の狂歌大師真顔は下戸かと思ったが、西行流に花見の桜を愛でて心と身の分けたる風に詠む酒歌もある。

今日一日心は花に身は酒に任せし筵ひらく木のもと
*Today, all day, my heart goes to the bloom, leaving me
and my body to wine on this mat below a cherry tree!*

★一方、数年後の文政元年の後期上方軽雲の「菩薩をば絞りつぶした酒なるに鬼ごろしとは誰が名付けゝん 1818 k8-2」には、私こそない百％無心ながら、中々可笑しい。「〜おどし」の方が後か。双方の銘柄は今年も買える。英国に John Barley-corn のウイスキー造りの恐ろしい骨折身潰し火に煮返す過程の一過か哀れむ似通ったが、日本では歌にない地獄絵しか相手になれない暴力一杯のバーラド歌詩もある。★魚丸の 1812 以前の上方狂歌「傾城の揚代からは安いもの小半（こながら）酒で国が傾く K28-1」とは、考えもの。安い酒で国つまり庶民が駄目になっているかという下戸の余計な心配か、国という名の下女を口説く笑話のオチ、いや、落としの歌か。★「盃師」を詠む桃江舎李橋の 1820 以前の江戸狂歌「何よりも小鳥を好む盃師つねに蒔えを職と成しぬる E11-2」の絵と餌の掛を読めば笑まない人はないと思う。★しかし、段々細かくなったお酒の狂歌では、乾杯して杯を逆さまに残す訳ない。1508 年の貧乏公卿の「永正五年狂歌合 T-7」の大らかな正月の歌でおさらばしよ。★直前の首「御礼とて群れつゝ人の来るのみぞあたら閑居の春にはありける」は、春の枕なる長閑さを台無しにする礼者を嘆くが、★件の右の対は、礼者は困るなら屠蘇酒でも詠むかと

今は世にめたと酔たる我なれど酒が無ければ断酒をぞする
*Nowadays, I'm something rare to find, a drunk, but oddly enuf
were there no sake to drink, I would abstain from the stuff!*

思えるが、このとんでもないノンセンスになる一般論こそ面白い。Rye Whiskey という米国の古きフォーク・ソングのリフレインの最後の一行を思い出す♪*If the whiskey don't kill me, I'll live til I die!*♪（若しもウイスキーに殺されなければ死ぬまでも生きるぞ）。「酒が無ければ断酒をぞする」。日本にもそうした訳のわからない言葉が許された事を知ると喜ぶ。★ここに入ると、古狂歌の祝いとお酒の二つの別冊にも重なるから英訳を控えますが、どうしても後味のよい歌から最後に 1811 以前の桃々舎南方が詠んだ上方狂歌の「寄酒祝 K16-2」で乾杯しよ。

酔心よい君が代の酒盛に樽もころりと苔のむす迄
We feel tipsy all the time in my Lord's Reign long may it last until moss growing on empty sake barrels marks times past.

お酒と無縁が、★章頭歌の鳥の参照に同じ天明狂歌出身の大屁股臭という、この上も無い outrageous 狂号もちの川柳顔負けの風俗描写「横柄に人の妻戸をあけ鳥かゝあ／＼と呼びわたるかな」もありました。

小章　煙草も狂歌の十八番

煙草を詠む大章がないが、お酒同様に章頭歌に出てくる。煙の輪乗りの００９章は「除夜」ながら、鉄砲同様に新奇で和歌よりも狂歌らしいタバコの歌例をいっぱい詰め込んだ。とは言え飲と食の二章の間に、一ッぷくの間に三首も追加したい。いずれも宿屋飯盛が編集 1816 年の『吉原十二時 E10-2』の酉時を詠む。★小枝の「雨となる下地なるらし吸い付て出す煙草に雲を起こすハ」何故なぜ物語の理。★右蝶（石蝶？）の「せんにんの嘗める口とて吸ひ付てくれし煙草も霞ふくさま」の千人＝仙人の同音は堪らない。★理也の「吸ひつけし煙草のけぶり麻葉にて痺れて立てぬ客の可笑しさ」は、怪しい！ヘンな煙草だったら浮き雲の上の仙人ほど high（大麻に浮々）になる。Marijuana に、お客もその倅も痺れて立つも立たないも可笑しければ、いいけれど…。

食

０９０

突きあげて千々に物こそ嬉しけれ
我が身独りの鯨ならねど　次重 1672

**My harpoon strikes & up he floats, no greater joy was ever known
. . . though it can hardly be said that this whale is mine alone!**

「百人一首」の歌♯23になる大江千里の「月みれば千々にものこそ悲しけれ我が身一つの秋にはあらねど」をもじる次重の首は『後撰夷曲集 T30』後に、後期江戸の題林にも再載された。薬喰に重なる冬の初鯨傑作だ。「突き」に「千々」は、感慨にあるも鯨類ほど真赤な血を流す獣はないから妙に響く表現だ。銛を投げ込んだ者が船人と持ち主と鯨を分かち合えければならないと云うより、一町の人々に配る事を惜しむ船の持ち主の観点か。★或いは、千々は隣の町々まで及んだか。国の観点を詠む1812年の青峨の上方（浪花）の狂歌 k16-3 もある。

　　逆鉾の神代は知らず鯨突きモリを下ろせば浮かぶ七里

**Even the gods w/ said jeweled halberd knew not how to throw
a harpoon down to stab a whale and keep seven towns afloat.**

太古までは捕鯨しなかったか。若しもチベット仏教信者が詠んだら、こうなる：「白子より鯨を殺す罪の軽さ万人救う魂一つ」と鯨喰の習慣を誉めた。鯨一頭で何千人の薬食い。因みに「逆」を英訳しかねた理由は、**down** という語を繰り返したくなかった。しかし、あの歌は、昔に見た「男の武器」と自称した清涼剤の宣伝にみた要素を全て揃う。怖い外人の美女以外には。★小鯨類つまりイルカと育った敬愚には

「鯨の汐吹かた描きたる画に<for a painting of a whale spouting brine>」と題した武士八十氏が詠んだ天明狂歌 E2-3 の観測の方が有り難い。

荒海のいかれる魚も吹き出だす其しほの目を見れば優しき
Even crazy fish out snorting spume among forces elemental
when we gaze into their eyes, what we see is very gentle.

聖書では優れた人物は「大地の塩」と呼ばれたが、しおの目の塩らしさの含蓄ある英語はない。★人間の似兄弟として鯨類の無常を憐れみながら、銛の一突きの縁の広さを詠む「浜辺五月雨」と題する和樽の 1820 以前の江戸狂歌が多くの人の有り難さを詠む「鯨とる賤屋もモリの世話多しひとつき余りふれる五月雨 E11-2」。一突きで一月は旨い。詠む人の名「和樽」でスイフトの *Tale of the Tub* （鯨の注目を引き、沈まないように使われた空の盥＝樽）という随筆も思い出した。

本来、食物の巻も部もないものの、数々の狂歌本の中で食べ物が随所に出てくる。もじり狂歌本の場合、わが印象では半分までも飲食物になる。本来、料理するも大好きが、今まで続く十九年の極貧の中で外食はめたにしかしない、買える材料もひどく限られているから、口に入らない世のご馳走を見たくないし、読みたくもない。妹が癌と戦う化学治療で食欲がないはずをテレビで料理番組を好んだ。敬愚は食欲あっても食えない食物は勘弁だ。裸婦像だったら、絵を見ても自慰可能。料理を見ても情けない。時々思う。誰かに美食の写真を全部、ぱくぱくと食うてくれる電脳ウイルス君をこそ創って、ウェブに放したら、どんなに愉快かと！ただ、料理そのものではなく、やはり古狂歌の別冊になる「贈答歌」の材料としての飲食物は、別だ。その言葉遊びは楽しい。実生活の中で喰われる頻度か、食物の現象中に出る割合を何倍も上回る狂歌に登場する二つ食物は、双方とも果物。名を当ててみて下さい！狂歌よく読む人だったら直ぐ解る（狂歌通とそうでない者を見分ける為の確な試しにもなりうる）。さて、その答え。一つ目は、「書き」と掛けて「かきくけこ」などの語呂合わせにもお誂え

向きの「柿」だ。二つ目は、「無し」との同音で「ありの実」とも称するから、ちょっとの努力さえすれば結構深そうな屁理屈を詠める「梨」ですね。いずれも英訳無用。Persimmon には同音語ないし、pear にあるも同じ品のある掛詞にはなれない（pair で女性の乳房か男性の睾丸には掛けるが食べ物の贈答には相応しくない）。★初期狂歌より後者の歌例に落語の祖とも云う策伝和尚が「友庵より青梨二送るにそへて」詠んだ「死なれねばかくて命はありのみの折から今は飲む水もなし」の返しは「手折つる花より後にありのみをくふて見れば世に味はなし」。存在哲学ながら果物に下痢をのみ伺うが、同和尚の送答控にもう少し元気になる「（略）ありのみ三つにそえて烏丸大納言殿へ」詠んだ「数ならぬ身はありのみの姿かな思いみつるど言のはもなしT参 25」に★烏丸の「御返し」は「手にとりて眺むる程はありのみをくうと思えばなしにこそ成れ」。水も飲めない下痢に比べて歯もなければ達観は可能。可笑しい。★同じ策伝の「柿をそえて」詠み贈った「かき送るかなの難字やこれならん我さへ読めぬ物と知りつゝT25」は、笑ってしまいます。送る前に、もう少しきれいに書き直して書簡に置いたかな？★数多柿と梨の贈答歌より、後一つ雰囲気の全く異なった歌例で、この物名の二王から別な食物へ進みたい。今度、天明の名女流狂歌師「智恵内子のもとへ大和柿にそへてよみてつかはしける」吉野葛子は「よみ習う哥のたねにと下手ながら心ばかりをかき送るなり」たら、★「返し」に狂歌師は「たまはるは御所にも似たり言のはの花もみもある枝柿のもと」は、いかがでしょうか。狂歌独特の暖かい軽みは、こうしてわかり易い相聞に深く感じますが、英訳して世界と分かち合えないのが辛い。★柿梨でないが、食べ物にかかる狂度の最高の贈答歌は「亭主」と卜養（1678 没）の優曇華。三千年一度の傑作ではないが「或る御方にてうどん出ける殊にほか太きゆえ棒うどんと名を言ひけると亭主」が「食傷の御用心あれご用心あれとて引く八棒うどん哉」。★お返しは「食傷の養成いかで下手くずし（草師？）藪から出す棒うどん哉」とは、意外。亭主にそういう生意気の歌をよく詠んだし、亭主がめげず、棒うどん術のお試合を買ってあげたも偉い。或いは答えも同じ卜養の代詠か。やはり良過ぎると疑う。

「酒」部の瓢箪酒の「むまい」歌の食事版を、年順に見よ。★貞徳の「うまそうに草くう音ぞ聞こえける是や霞の中の春駒 T20」。狂度は低いが、食べ物ながら人中心でない点も、視力に頼らない点も新奇ながら可愛い道草にはなります。★貞徳の名食物狂歌は「腹までもまだ入り足らず旨しとて舌つゞみ打つ狸汁かな」。この汁に、狸肉どころかしゝ肉も鶏肉も無き田から抜きたる大根野菜という具しかない具合だからこそ狸を尽くす貞徳の首は可笑しい。★そして未得は、その 1649 年の名著の「世話」の巻に「料理して振る廻ればついせうに鹿をむまやと今も言いけり」。故事に自分の威勢を示すに秦の趙高が二世皇帝に「鹿を指して馬」だと言って献じたことは腹芸と思えば、この狂歌は…。　★むまい話の中に少々変った未得歌も差し込む：「山雀を飼いぬる籠に入り替えて瓢箪からも出でる駒鳥 T24」。食わらずとも本名が Robin の敬愚には、心のもてなしにはなる。★最高の馬＝旨い狂歌は、敬愚の好物なる胡麻餅を詠む下戸の名医卜養の 1669 年成立の小家集に出た「黒こまのかけて出でたる餅なれば食う人毎にあらむまと言う T31」。荒馬＝あらむま⇒むま⇒むまい。指が触ると肌の荒い餅になるし。

菓子などは。★元禄の月洞軒は「味噌千鳥という菓子」を詠んだ「我ばかり友をも呼ばで味わえて猶しおらしきみそ千鳥かな T40」とは、独り夜の古和歌の涙川に千鳥を淋しがった本歌がありそう。月洞軒と同師なる上方狂歌の祖貞柳は名菓子屋で、お菓子なる贈答歌など結構あると思うが、敬愚よりも和菓子に細かい人にお任せしたい。★馴染みなる食品を詠む東山の 1815 以前の上方狂歌「饅頭のおぼろ八月と食い違い中に隠したあんの黒ん坊 K19-4」は。瓢箪から駒が出るよりも、饅頭から「黒ん坊」が現れた方があん外でしょう。★餡を好むには在日十年もかかったが、日本のピッケルは初口から気に入った、そのピッケルの発明を長喜は詠む 1830 以前の江戸狂歌は「沢庵も座禅のならひ初めけん物言わぬ色につける大こん E12-4」。沢庵の発明の謙遜の始りは涙。★因みに、物言わぬ色は、素性法師の古今集歌を忘れない。

山吹の花色衣主や誰問えど答へず口なしにして
To whom belongs this Keria-colored cape? – Anyone?
Aster, I'd say, for when I asked her, she stayed mum.

同じ花の名は色々あるが、菊の長名 crysanthemum を mum と省略すれば口無となる。Globe-flower を利用するもう一本の狂訳は Mad In Translation にある）。大根にも含蓄あるかもしれないが、無口にして置きます。★味色が全く異なるもう一つ大根の漬物を詠む歌は、綾足の1806 以前の上方狂歌「春も早おわり大根奈良漬のかすかになれる事の惜しさよ K25-3」は、奈良に伴う哀愁を掠るも、狂歌よりも薄漬の俳風和歌。敬愚は自分でその心を突き止めんとすれば、こうなった。

九重の味は不思議よ奈良漬は酒の老酒聖のうんこ
Narazuke have a fresh yet ancient taste, a patina faintly redolent of Chinese rouchuu (old-sake) shat by a Saint.

古狂歌でもない敬愚の怪しい駄歌を英訳するのも失礼します。喰う方にも死の心配あるから、掛詞に頼る柿と梨と、可愛い言葉になる「うまい」と、可笑しい物になる大根漬け、そして鰒という別なる魅力。春の毒蝶も、冬の怖い雪女と結ぶ鰒汁の温かさを既に味わった。

危くてこそ喰いたいもののう魂一方、義理も法律も身を主の物とする武士。殉死にお預けすべき命だ。そういう緊張から出てくる秀句と歌は無数ある。十数年前から書き始めた本 Swellfish Soup（鰒汁）と云う鰒尽しを、きちんとした別冊に作れるまで、既にご紹介した鰒歌句以外には、お預けたい。お詫びに、自作の狂句から始まる狂歌を一首ご紹介します＝「何ともなや翁めさめて福と知る句とも悟らぬ代々とわれ」。蛇足＝数十年前に芭蕉の名句を読んだ以来、翁が「鰒汁」を「福と知る」と掛けたかと思い続けてきたが、人はそういう遊びは芭蕉に相応しくない為か、清濁とわずふぐ＝ふく」の紙上の楽しみを認

めない為か、「そのことがないよ」という。敬愚と同感する読者は、一人もおられまいか。味方がないと淋しい。

様々の魚からなす鮨は、今までに子沢山の比喩として見てきたが、食物として見よ。天才未得の 1649 年以前の「石鰈」から始まる＝「石かれい石もちなどを重ねつゝみさごの鮨の重しにやする T24」。この魚の行動学と鮨作りをともに頂く通の詠みだ。ミサゴと言う鷹の捕らえた魚の貯蔵された魚が腐敗（発酵）するとキムチ同様に造るに重石要るが魚と鷹を組むこそ面白いメルヘン。★1666 年の「古今夷曲集」に「釈教魚といふ事」を詠んだ長好の「仏にハまだなまなりの魚の鮨菩薩界まで押しかゝりたや T27」は、一茶の「うけ海鼠」の概念上の本歌かも知れない。宗教の法という表は救ってやりたいが、本音は早くご馳走にしたい。英語界では、悪い事をすれば故人が墓の中で動くとよく言うが、この歌を聞いたら仏は笑って地震でも起こしそう。★1672 年の「後撰夷曲集」で満永が「子孫多くもたる老人への挨拶に」詠んだ「孫や子を鮨にする程もつ家の重石には良き いしな禅門 T30-1461」が、さすがに禅門で解かり難い。京弁でイシはおいしい、名古屋弁で「いしな」は「小石」にもなるが、食卓の膳だもん？（諸君、ヘルプ！）★1666 年の本に又「津国福嶋と云所にて踊にを子も女も群集するを見て」行安詠んだ「秋風の福嶋の人の踊るとて雀鮨ほど集まりにけり T27」は単なるルポが、比喩の雀鮨の実存を教えてくれる。★1672 年の本に恵立が「福嶋雀鮨を」確認。「口のうちに歯音の高く聞ゆるハ喉を飛び越す雀鮨かも T30」という首は、ハードボイルド描写。歯＝羽というとんだ掛詞に雀の骨を噛む音を聞きながら、焼き鳥屋の宣伝みたい！昔の日本人は、今も小魚の骨を噛み食う韓国人のように、タッフだったらしい。★1793 以前の『狂歌上段集』にある吾友軒米人が詠んだ「大はらやおしも効いたりくま笹の一夜雑魚寝になるる鮓桶」の重石なる「おし」が「きいたり」すれば「唖」という軽い冗談に気づいたか。雑魚寝だから大腹＝原女が売るのも道理かも。ネットで調べたら、れん根も混じったし…。★1809 以前の江戸の花満の自家製「一夜鮓こはだよ海苔よ玉子よと蓼食う虫の好きを味わう e7-4」も★

1830以前の五柳園の江戸狂歌「人の波うち寄る度に動けるはあたけの松に繋ぐ鮓舟 E12-4」も、★美鳥の1855以前の江戸狂歌「紅毛の登城の下馬に売る鮨の刻みする女も紅き縮れ毛　E12-7」も、★同 E12-7 の文昌堂尚丸の詠む首は我々も同定しやすい江戸の鮨そのもの。

買う人をまとにも狙う鮨売は鉄砲巻の海苔も持ちけり
The sushi sellers think of customers as targets and take aim
w/ teppou-maki (nori-wrapped muskets) it's in the name.

海苔には、何か掛けていると思うが、法に背かないか他の意味かよく判らない。★鮨でない料理法も詠まれた。1672年の本に一見の「料理する魚のめでたい御代なれば身も楽々とすき焼きぞ喰ふ T30、T39」を一見で♪上をむいて♪の「スキヤキ」ソングの本来の料理法、鋤ないしシャベルの上と早合点したが、残念ながら「杉焼ある座にて」という沿い文もあった。★対に名も実も鋤焼の首あるが、先ず1818以前の桂舟の上方狂歌「田や畠をすかぬ人でも牛の肉喰わば痩せじも肥やしこそせめ k8-2」。スキもスギこそ無かったが、「鋤かぬ」で逆にスキヤキの鋤やらシャベルの上の方だと思う。しかも、百姓でないお人も鹿と豚と鴨以外に牛も好むようになった証だ！★お約束の鋤焼は1820以前の河童の「買って来た値も百性が薬喰ころり一人は余程すき焼 k11-1」。考えさせる。スキヤキ用の豚か牛肉は、紅葉の林に食う歌句の武家？の薬食の宴会よりも安くて、一人で一杯食べられた。「買って来た」といえば、漬けた料理に用意の肉か、出来上がった一人前のお持ち帰りのファストフードか、これで判らないが。★同本に活水の

田を荒らすしゝは嫌えど百性も薬食には誰もすき焼
Even our peasants, who hate the boars who ravage their crops,
are happy to eat shovel-roasted medicine and lick their chops!

とは、みごとの嫌 vs 好⇒鋤の英訳が不可能だったが、心は行間にある果報か因果に喰われる正当化の味は無事に伝える。★同本の猪にとっ

てもう少し失礼な首は畝守の「田畑より我が身に肥をした作か毎夜土鍋にしゝかけて喰う K11-1」。詠む人の名でお気持ちも判る。因みに、しし＝猪・鹿肉のことでありながら、しし＝小便をかけて松のふぐりに焼かれたハマグリを食う二見浦の俳諧か川柳を読んだ覚えがある。★喰われた生き物の存続の問題にふれる歌もある。四方赤良の名歌「一つ取り二つ取りては焼いて食ふ鴫なくなる深草の里」とは、言葉遊びだけか、狩り過ぎの警告か。断わって置くが、伊勢物語の一二三段の別れた薄情の夫に、野と成ればせめて鶉狩りに来て欲しいと詠む女の悲しい歌と小野小町を訪ねた深草将佐の空しい数々の通いも暗い雰囲気をかもすが、★鳴く＝亡・無くなる掛詞は、憂き世を逃がすために山に来たら鹿の寂しい声に出くわした和歌を弄んだ連歌師の宗訊の（1483-？）の狂歌「鞠の皮筆毛の用に獲り尽し山の奥にも鹿ぞなくなる」を部分的に焼き直した可能性は高い。赤良＝蜀山人の歌のもう一つ変種は「焼いて」まで同じで、その後は「食ひくひななくなる深草の里 」。「くいクイナ（水鶏）」は、谷川俊太郎の「いるかいるかいるかいないか」と始まる名詩により近い言葉遊びではあるが、食い違いに終わる水鶏の変種はノンセンスに過ぎない。深草の捨てられた妻の惨めなアピールを思わせる鶉の方に余韻がある。★「ある人のもとより包丁せし鴨を恵まれしを食うべて」という前詞ある栗飯の 1811 以前の上方狂歌 K6-5 の「取り分けて＝鳥分けて」も素晴らしい。

料理と言いとりわけて良き味鴨や羽は見えねど咽を飛びけり
***Properly carved, naught foul was left in your well-spiced duck:
not one feather did I spy though it flew right down my throat!***

贈答歌でなければ、一人の鯨でなかった歌の替わりに章頭歌にしたかも知れない。鯨の硬い油（**blubber**）の歯応えは良いが鴨の味は…そう言えば詠んだ人の狂名（栗飯）と食べた事もあります。★「ご馳走様」という感謝をしめすデザートの狂歌で食事の章にけりを付けたい。坊さんの行風が編集した 1666 年の『古今夷曲集』に見つけた天才未得の「上も無き大仏餅の本来を悟れば米の菩薩なりけり」は凡作ながら。

神祇

０９１

ねぎ事をさのみ聞きけむ社こそ
果はなげきのもりと成るらめ　さぬき

*Visit a shrine where not one supplication was ever refused;
and you will find its sacred grove surplanted by the blues.*

905 以前。今集♯1055「さ」は「のみ」を強調する「さのみ」は「あれだけ」の意味。「聞きけむ」は聞き入れる、即ち叶う。「嘆き」の同音語は社の替わりに神々しくない投げ木の森＝盛つまり植林ないし「杣」の事（章末に林の別説あるが）。数多祈願を叶えば、むしろ人も神も終に困る。二十世紀米国 C&W の大ヒット曲名（Sometimes I thank God for）*Unanswered Prayers*「叶わない祈りも（時々神に感謝する）」の前提にもなる古今集歌と並ぶ掛詞のおかげで悲喜劇風の狂歌と称してもいい。「題は知らず」が、狂歌集なら「神祇」部に違いない。社の神が叶わねば諦めず無茶な願い事も平気なる大聖歓喜天にもってゆく天地を無理やりに動かしたい欲張屋もおられるが、飯盛の名詠「歌よみは下手こそよけれ」の「こそ」は、この概念歌の社にも頷けていると思いたい。★古今集 1057 の無名詠む「なげきおばこりのみ積みて足引きの山のかひ無き成りぬべらなり」とは。山と山の間ないし谷なる峡もなければ、甲斐なくなる事は、足引き山が恋人の邪魔になるも名に負えなくなる笑い。既に見た恋と酔いのために谷を無くした歌より渋いと同時に可笑しい傑作だ。★人の世話をする神達にとって何よりも辛いものが美人。いや、本人ではなく、美人を望む祈願だ。大勢も禰宜すれば皆も叶う訳ない。神が八百万おられても、美人は小数。「Competing for Love 争恋」と題する元禄 T40 の月洞軒の歌。

露涙我も／＼とこぼすともこちへ結ぶの神のおめくみ
"Let it be me!" "Let it be me!" Plentiful as dew these tears we shed,
hoping the Goddess scoops up my heart and not a rival's to wed.

男同士の恋争いは常になるが、これで求愛の次元は変え、神との祈り争いになる。当然ながら珍しい指摘だ。男は涙で濃い争うを笑ふが、十に九人が神を恨めば、神は重荷に堪えず、美人を殺す。情けないがその為に「〜は薄命」となったようです。★一方、恋の縁語「結び」と「解く」の矛盾を嘆く事は、神祇歌に珍しくない。『古狂歌　物を寄する恋』の中に数多歌例の中から一首を択びかねるが古和歌までも遡る数首を見よ。1310頃成立の「夫木和歌抄」再載の藤原伊行の歌、

とけやらぬ人の心は辛からで結ぶの神を恨みつるかな
I do not mind that her heart won't untie (=open) for me,
but begrudge ye lazy gods of hymen who tie us up only.

和歌らしい渋い詠みが解けと結ぶの矛盾が、潜在になるが、その概念は明白にできた。★資之の1787年の上方狂歌本 k19-1 に出た首は

君が心いよ／＼我にほどけぬハ結ぶの神を祈り過ぎたか
Can I not manage to untie that hard knot that is thy heart
for praying too much to Gods to tie us up from the start?

「祈り過ぎ」は、釈教部の０９４章頭歌が本狂歌だったかも知れないが、疑問の「か」で終る調子もいい「結＜対＞解」の恋歌の鑑だと思う。元木網が編集の1783年の歌人絵付の狂歌百 E15-1 に、この資之の首を「言葉は可笑しき所も見えず心のおかしき」ないし「心より入たる狂歌」の好例として挙げたが、資之をネット探しても生没不詳の人。★1788年の狂歌本に自隠も「寄下紐恋」と題した歌「あまり強く結ぶの神を祈り過ぎていよ／＼固き君の下紐 E1-6」で結びなおし。「心」が「下紐」に撮り換われてはみそ。紐で首を〆括るも脱帽。★下記な

る 1813 の狂歌本 E8-4 に三十軒半徳は、諦めや恨みや惜み等の無用物を捨てて、神を責めるのがいい。古歌の雨乞などに読む神口説き調か。

> 誓てし縁を結ぶの神ならバほどかせ給へ妹が下紐
> *If you are, indeed, the god to whom I prayed to bind us for life,*
> *why not just untie the string on her undies to give me my wife?*

Wife だと一生 life は決まっているが脚韻の為に結びもくどくなる。小話を止めて。人をではなく、神を恨む歌人の真の心は判らない。口説きたい人に読ませたら、「神を責めないで」と叱ってからゴールインさせてくれる夢を見たか。★恋ばかりの神祇はつまらない。００６の章頭歌で既にご覧になった行風の有馬で天神をとても優しく詠んだ「砂糖よりあまみつ神」は、あらゆる神祇歌の中で我がファボーだが、もう一つ微笑ましい歌例を 1770 以前の上方狂歌本『狂歌気のくすり』の閲者なる米都が「熱田太神宮寒中裸参り多きを見て」詠んだ「千早振神の恵みのアツダとて裸参の人ぞ多かる K24-1」。こういう軽みある詠みは、雅楽を除けば多くの宗教と比べて重苦しくない神道の心に合うかと思う。英訳無用なるもその証になる。★アツダと言えば、寒い日に尋ねた西行上人も、お酒の熱燗が用意されなかったのを名におわぬぞと文句を詠めば、「西行だって東に来ても同じではないか」との返歌を食わせてしまったが、★貞柳が米都より早く 1730 頃に詠んだ「百日行人」と題した歌 T 参絵 7 で双方の発想をアツダという語無しに合わせた歌の蛇足：「に無い⇒担い」も「着ている＝効いている」。

> 裸でも寒そうにない行く人は幾つ重ねて酒やきてゐる
> *These pilgrims naked, yet none look cold walking through our town*
> *like winter clothing, they're well stuffed with sake for their down.*
> （酒のみならず荷う行動は体を温めるかと思うから追加狂訳）
> *Pilgrims naked, yet none look cold for what they do not wear*
> *while warmed by sake and the sacred burdens they bear.*

★断っておくが、人に物名をもって請い、神の名の加持か神に祈るという明らかに神祇の歌となる類と、多少異なる一般的な単語そのものの超自然的な共感によるspellないし言向（ことむけは、今日2016.10.16初めて知った語だが、spell に良いのもあるから、「のろい」の感じが支配的になる「呪文」は訳語として好きではない）の歌が面白いと思う。皆に馴染みあるのが「蛍こいこい」。「呪文」ではないが、spellです。歌例にかの元禄の月洞軒の「蹴上げぬる鞠のかわゆくなるままに駒よこいこい恋とこそなれ T40」。その題が「蹴鞠」だけ。「寄蹴鞠恋」としてもいい。「祈恋」という題は多いが、この類の狂歌を「言向恋」と称しうるか？蛇足：皮⇒可愛ゆくに鞠＝心の〜来い⇒恋。鞠の内側は鹿。周りは馬の革（中が大麦の穀粒と思えば、蹴られても満腹で恨めまい）。蹴りながら恋を祈る。百っぺん落とさなければ、恋は叶うとか。叶い過ぎては困るからこそ数で責めなければ、といえば、章頭歌の「禰宜ごとをさのみききけむ社こそ果てはねげきの森と成るらめ」をもう一度見るとこうなる。

> *That this shrine where so many prayers are answered,*
> *should, in the end, become an arbor of repetance!*

最初の英訳は、願いをよく叶う社の類こそ長めに見て困るだろうという一般論にしたが、「さのみ〜こそ」を読めば読むほど、或る特定の社を示すかもしれない、と感じた。★ネットで鹿児島市の蛭兒神社の「由緒」説を探れば、「この付近一帯は親神の心を察して奈毛木（なげき）の森」と云われ、大隅の国の景勝の地として、安倍清行朝臣の女とするさぬきが古今歌を詠んだが、遊行上人は（一遍1239-1389か、職称か知らないが）奈気木の特徴をこう描く「春は花 秋は紅葉のあかなくに散るや木の社と云うらん」。★1193年頃の『六百番歌合』の権太夫詠む古今歌の派生歌「あわれとも思ひもや知る我が恋をなげきのもりの神に祈らむ」も見つけた。なるほど、嘆きあれば同音の所に救いを求むべきか、不吉で避けた方が利口か、神ではなく人の心次第。

０９２

*If the gods=hairs graced everyman's crown, then, honestly,
we might try hollowing-out our foreheads to become torii!*

皆人のこうべにカミのましませば
額を抜きて鳥居とや見ん
深山奥住 E4-1 1793

古和歌のなげきの森を出発点にしたが、この狂歌こそ、現代っ子に通じる神祇歌の新旗になってもいい。但し、外人の知り合いの為に絵を用意した方が用意。頭を守る髪を根こそぎ、刈り剃って月代を作る。今は日本人もこの習慣を不思議がる人はきっとおられるが、江戸狂歌本に出た深山奥住のブラック・ユーモアの首を考えると、昔にもいたかも知れない。★とは言え、「大病本復して月代せし人」の為に 1734 以前に一好が詠んだ「唐人に似たる間があっち者 さかやき剃って神国の人 T52」という首で、国民としての月代意識、いや自慢も伺う。あっちとは、寝て死後の世界か高熱で唐人の寝言も聞える外国かよく分らないが、苗代は外国にあっても月代は日本。紛れも無くやみの世から無事にこの世に戻った証だ。★武光の 1815 以前の江戸狂歌「月代と人や見るらん生い茂る黒髪山の頂きの湖 E9-3」を伺うと、結局この不自然美が、大自然までも投影された。湖の漢字にも見える月は、たしかに水の上にはよく光る。★最もはっきりした大自然月代讃は、一茶の狂歌「月代の中ずり程に山焼けて山の額の美しき哉」になるが、真に受けるべきかどうか知りません。今朝の春の煙を青空の「瑕」と見たのも同じ一茶だから。そう言えば、月代あって「神国の人」という一好の首も神を髪と掛けたら矛盾ですね。神道の祭司にも神の子孫たる公家も髪こそ剃らなかった。戦国時代が長引き暑い兜を何時でも被らなければならなかった武士の勇気を尊敬、商いの一貫した単位が好む、農民の雑草など無用物を一切きれいにしたい心の合併であろうが、神

も髪も大事にした神道と月代は、本来関係ないはずだった。★月代より広い頭と髪＝神＝紙の同音系譜の傑作を見よ。1649年の「吾吟我集」に未得が詠んだ「神祇」部八首の一つ。

千早ぶる社頭を見るにゆふしでの紙より外の神ぞ無かりき
*From what I see of the Shrine's dynamic and sacred facade,
there is/are no kami=god/s but zig-zag kami=paper/s made*

髪と紙を交じる木綿四手または紙垂は、かのぎざぎざのジグザグ形のさっぱりしたカミ飾り。四角ながら斜めで動きある、lightning（日本語の雷は光か音か分らないし、稲妻ははっきりしない稲光と混合されて困る）みたい。社「頭」で髪結うも掛けて紙しかないと。紙＝神と「千早古・振」の英訳も困るが、一応神の早い力と光を表す雷も紙成りなるがうまく伝えなかった。ともかく神学ではなく、遊びに詠まれた「紙より他に神ぞ無かりき」の言葉は「アラーの他に神はない」という偏見に比べては元気が。★未得の私集の二番目から最後なる首は「神祇」の回文になった：「冬らしき景色おもしろ岩の木の葉いろ霜をきしけきしらゆふ」。「お＝を、う＝ふ、け＝げという古綴法で回文は少し楽になるが、この白木綿（しゆふの花）は様々の名の大幣などの神具（？）もそれらしいが、まだ未解読。★1672年の「後撰夷曲集」に顕興の「禿げしうへ蠅は𛀁ると正直のかうべなりせば神ぞ宿らん T30」の蠅は髪代わりの神か、双方とも着いてくれない。★同本の宣秀の「正直な人のかうべの鉢巻や宿らせたまふ神の〆縄 T30」は、単純過ぎるが、無駄も無い鉢巻説話になる。それと頭の額を抜けて鳥居にする深山奥住の章頭歌のやり過ぎる首と、対にして双方とも教科書に入れて学生に読ませたら面白い。★それから七年後の1679年の「銀葉夷歌集」に重香が詠んだ「男女みな正直のこうべやら生えぬる毛（け）をもカミとこそ言え T37」。普通も、頭の毛をカミと云うから何も言っていないが、なるほど、重香は「毛＝穢」＜対＞「髪＝神」という古くからあった宗教哲学っぽい対照をもって、かみのけを見事に弁護してくれました。出家の際に落髪をしたくなかったお爺さんの笑話のオ

チにも使いたい首だ。★ずばりと髪＝神をもって、仏教のしきたりを軽く叱る路竹の 1815 以前の上方 K19-4 狂歌もある。

あたま剃る仏法はいざ正直のこうべはかみの宿り所よ
It is Buddhist law that makes us shave our heads – so, where
will gods=kami=hair found on honest crowns live if not there?

子どもの話しかかる感じか、少々淋しくなってきた一人住まいの敬愚は読み繰り返した。髪を剃る仏教は毛＝穢という概念を日本にたやすく持ち込んだとすれば、それが血＝穢という害念が本来あったからであろう。★それが男が女から力を奪った弥生時代の理か、逆に別小屋で男の煩い要求から休憩したくて月の触りを忌むのが女の賢い発明だったか、月の障りが神も仏の聖なる場に禁止されるようになったようです。そういう概念を結ぶ狂歌は、笑話集などに再載された根拠も全くない中世の説話に登場する。和泉式部が熊野神社へ向う途中、月経ぎみになり、森中の小屋に身を篭り、詣では台無しかと嘆く心を歌に託し「晴れやらぬ身のうき雲のたなびきて月の障りとなるぞ悲しき」（別種：「古の五しゅうの雲の晴やらで月の～」T参27）と詠み、★指導を求めて祈れば、その夜、神社の守護神熊野権現は夢に現れた。

Izumi Shikibu near the Kumano Shrine
regretting that she might have to cancel her visit:
My body that won't clear up is so clouded that the moon
is utterly blocked making me sad for I would visit soon.

The Guardian Deity of the same replies in her dream:
As kami (gods/paper) have always consorted with rubbish
why would a moon-block(menses) bother them one whit!

夢の中の方が起きている式部か小式部の詠みうる範囲中。しかし彼女が詠んだという「悲しき」歌には、その独特なる遊び心は皆無。たとえ中世より古い出典あったとしても（ないけれど）存疑どころか絶対

彼女の作品ではない。しかし、話は何故つくられたかと考えれば、史的に何らかの意義は無論ある。神社へ参る客数を増やすように、誰かが女を招く環境作りキャンペインとして「生理なんか気にしないで、いらっしゃい！」との宣伝かという仮説はいかがでしょうか。あるいは、血が汚いという迷信に悩む女を哀れんだ純粋の心から作った可能性もないでしょうか。だったら、歌徳説話、つまり歌のよき効果の真なる好例にもなる。たとえ説話集のために男の偽りの作品であっても。★夢に出た熊野権現の歌徳級の答えで一件落着かと思われるが、残念ながら1589年成立の雄長老百の夏の歌中に「泉」と題して「夜ごとに式部がそゝや洗ふらし結ぶ泉の水の臭さは」と詠んでしまった。式部ファンとして怒りながら、脚韻を踏むために無数の罪を犯している敬愚は「泉」が氏名にあると、偶然の一致を活かしたい動機の強さもよく判るから許す。しかも和泉式部が晩年に隠居した誠心院、俗名「和泉式部寺」にあった「式部の井」（鈴木棠三著『狂歌鑑賞辞典』はうんと詳しい）を汲んでみた上で、その水が悪かったら、雄長老が京都の皆さんに覚えやすい警告を詠むのが功となるを、前詞が無かった。やはり、許せない。彼女の悪臭は彼雄長老の悪趣味が産んだ濡衣にすぎない。が、天明狂歌初の人気だった多人の大集1783年の『万載狂歌』にも再載された事は、同じ悪趣味は他の男にも共有されたことを証明する。★次の天明狂歌の大作1785年の『徳和歌後』の「神祇」巻に有難きことに、熊野権現の歌とうまく噛み合う、久壽根兼満の傑作もある＝「はらひ給ひ清めて給ふ幸いに　あま下りますカミ屑の籠」。この感じだと、紙を捨てるも神に本納しても同じ尊い気分になる。

脱線が長引き過ぎて謝る。無駄話をせずに雑なる神祇の歌例を次々と見よ。★1649 T24前に未得が詠んだ神祇部の八首の一つ「人の世のからきをくみて紀の海の塩屋の神や慈悲を垂れけん E15-1歳載」は神道に釈迦の跡垂神の慈悲を心地よく繋ぐ。北欧にも似通った塩作りの神は海底にましましたのも面白い。★初期狂歌を形付けた1666年の『古今夷曲集』の十六首の神祇歌から一首。正定の「正直の神のちかひのかの字にし濁りをさいた身を祈るなり T27」とは、記号としての濁点も考え

させる渋い傑作。誓いは違わないように、と。★楚石の 1814 以前の上方狂歌「お百度をうつとも無理は理生無し神は正直一遍ぞよき k8-1」とはなるほど。正直と同定しがち神の道は真っ直ぐ。ネットを探れば「神」が出ても「南無阿弥陀仏を一遍（一度）唱えるだけで悟りうる時宗の開祖一遍（1239-1289）の言及と判った。しかし、全国に念仏踊りを普及した時、仲良くだった神道の境内が踊りの場所になりがちだった。狂歌の主旨が「神社の百度参りも然る」ことでしょうか。因みに、先に見た「式部」の夢に返歌した同じ熊野権現から、一遍も衆生済度のため「信不信を択ばず、浄不浄を嫌わず、その札を配るべし」との夢告を受けた。式部説話の夢返歌の本文でしょうか。★1666 年の「古今夷曲集 T27」の神祇歌もう一首は詠み人しらずの難解歌か

生臭き恋をも祈る神なれば御前てとるもみくじらぞかし
If you seek a god to whom to pray for raw love beyond the pale
mikuji strips should do the trick: they pun bloody well with whale!

難解ながら、御神籤をどの動物よりも血合いが凄い鯨に掛けている事は明解。生臭こ恋だけは、難解。生理中かまわぬよりも発情中の猫か恋鹿を欺く浮かれた恋人同士か、後代の川柳の何日も部屋を出ない新世帯か、坊さんに許されなかった女道か、その御籤。編集者の行風は坊さんのためか、釈教歌の数が神祇歌の十倍以上もあったが、★1672 の『後撰夷曲集 T30』には、彼は神祇歌を五十首までも増やした！歌例に三首みよ。かの古今序を静かに掠る友知の繊細な審美目は驚いた

歌の文字切り付るなら和らかん神の鳥居の石のかたくと
Were letters of a poem inscribed well they might
warm the cold stone of the torii to the sight.

敬愚も四角い柱（足？）を硬く感じる。神の心を和らぐを鳥居の石まで応用する筋がいい。歌意よりも刻んだ文字の丸みが和らいでくれるか。「冷たい石を暖める」が古今序の「和らぐ」から遠すぎるなら

*Were the letters of a poem inscribed they might make
it seem softer – the hard stone of the gods' torii gate*

★行事の有意義の詳細を描く自喩の「雨乞のいさめのための踊子は袖をつらねてふるの明神　同」とは、連ねて振ると勇めの結びは少々判りかねるが、勇め・為・連ね・雨の韻も踏む踊り子は、その袖の水道パイプに涙を呼び水で天の川から雨水を招くつもりか…。★一圃の「拝殿にかけし絵馬の書付も撥ねたる文字の天満天神　同」。００６章で既に見た天神の文字がはねるは、馬の縁語ながら、詠みが下手。行風は皆に「神社で気付いた事を、一つ詠んで下さい」という注文に答えたか。★1679年成立の行風編の第三大集の『銀葉夷歌集』には三十九首の神祇歌ある。固有所を詠む首が多い。そうでない好例を三つ見よ。且保の「宮すゞめ山田にむら／＼集まるも銭を礫に打てば退きけり T37」とは小鳥か賤が子か分らない。日本の神社とお寺が賑やかでいいが、ぎゃっと言わせる行為。★同本の政栄の首こそむまい。

氏子ども我を取らじと神前にかくる絵馬も比べ馬かな
*Drawing votive horse-tablets by the altar, the children's faces
come alive: "Take mine!" "No, mine!" Call it Ema horse races!*

狂訳の用語などに問題あるかもしれないが、可愛い場面を描きたかった。関係ないが、今度来日すれば、絵馬の中に競馬の馬も出てくるかどうかを調べたくなった。★太女の「鈴の音は同じ昔になるらめど立ちふる神子ぞ改まりけり T37」は、同じ春の花の本歌取よりも、若い子と自分を比べた方がよほど辛いが、鈴の音が同じと耳鳴りに苦しむ敬愚と比べて太女は羨ましい。★神子と言えば、桃山時代の雄長の「神子たちの神楽にけわう唐の土さらにおもてハしろ／＼として T13」は、大胆。古評曰く「酔すぎたる神楽おもてなど云える事かわりて面の白／＼尤風流／＼」。風流かどうか知らないが、古事記の天宇受賣命か、日本書紀の天鈿女命が岩戸の前に踊った顔は星夜の光を映るようにそ

うした。今も「面白い」というごく日本的な事柄だからこそ、神楽のために唐の土を輸入しなければならないのが困った笑ひだ。

Shrine maidens do a sacred dance wearing Chinese earth,
making whiteness whiter in our land that gave white-face birth.

雄長の首は、貞柳編の『狂歌五十人一首 T 絵 6』にも入たが、★貞柳著の『絵本御伽品鏡 T 絵 7』に返歌もある＝「千早振神代も聞かず此神子は化粧をせぬか面くろやの」。という言葉で、化粧は肌を焼かないように守るという知識もあったか。絵は、ちびっ子一人に、神子一人を指す。英米国の白人と黒人の芝居と混合しないように面白いと面黒い意味を、日本語と日本史を知らない人に説明した上で我が狂訳を。

Even the Age when Gods ran riot never heard the likes of this:
a shrine maiden not powdering up – it's so black-face, isn't it!

★天明狂歌の古典なる『徳和狂歌集』にある雲楽斎の「常は嘘をつくまの人も正直のかうべにかぶる鍋の数々」は季語の歌と一緒に出る神祇歌の類が多い。（夏にある筑摩祭は、その年寝た者の数を示した神社で造られた鍋を被る行列）。★道草の 1856 以前の江戸狂歌「薬師堂鉢巻したる蛸の絵馬頭痛の願の礼に納めつ E13-1」とは観測の類だが、当の絵馬が新しかったらルポともなる、★吐虹の 1776 以前の上方狂歌「貧乏な我ら如きを守れかし古借銭もすみよしの神 K13-3」とは、地神の名の新用でしょう。住吉に澄みの掛けが多い。済みが新奇。★神祇と釈教の別冊がまだ整理されていないため、本章の筋も今一つだと鋭い読者はもう気付いたかと思うが、もう出来た祝賀と寄恋の別冊にある殊に面白い神祇歌を数首みてから、釈教へ進む。1750 年の本 K2-1 にある上方狂歌の大御所木端の「神代の巻を見て」詠んだ首は

神の代に鶺鴒の尾の動きしか動かぬ国の固めとぞなる
That motion of Wagtail's tail teaching our gods how to mate
solidified us into this country, a real steady-state.

首は、祝い本の「動かぬ」国と御代の系譜に入る。同時に、日本語にある英語にない「地を固める」概念が苦手で狂訳が科学用語で終わる奇訳になった。★天明狂歌の赤良＝蜀山人の百人一首#17（唐紅の川流れという業平の原歌も狂歌とおもうが）もじり歌「千早振神も御存知ない道を いつのまにかハよく教え鳥」とは。イザナギとイザナミの余る物と不足の所を見つけても、その前に（或いは後に？）鶺鴒に教えなければならなかったのが、千早振りと云う神らが動物の本振りすら知らなかったら、やはり岩舟に乗って宇宙から来た状況的証明にもなる。尾がぴくぴく動く鶺鴒は鳥のつるみの常と言えば、肛門で、これは本当ならばアレは或る大師が唐から覚えて大和に持ち込む必要もなかった。狂文は失礼。ここでは特筆に価することは、国の神までも囃す日本人の精神の自由と寛容。★安人の「寄噛神祇」と題する 1804 以前の江戸狂歌「八百よろづ万の神のかみ分けてかみしめ給う此うまし国 e6-6」は、ただ／＼可笑しくてたまらない。歯固めの日だったら何とかなるが、噛みがみの神々の国が「旨し」と、神の代はまだ幼稚で何もかんでも見ては口に入れたくなる。換言すれば、世の中が食べ物であった。まるでちびっ子が口を開いては一国をぱっくりと食べよとする感じ。というより、限りなく噛みたければ、さすがに旨し国だとは安人の理と言った方が妥当。やはり神々の噛み／＼ながら、富士さんから始めて国土を食い尽くすパラパラ絵本も思いつく。いや、それも浅すぎる。これは征服した新神等の征腹となった古事記の焼き直しと思えば面白い。神が食べたい好物次第に国を分けた頃、神らの代表が終に海底へ行って「従う」誓いを求めても無口を守った頑固の海鼠だけは、今も噛むのが大変の素晴らしい何故何故物語にもなるではないか。★念の為、1812、つまり八年後に出た上方狂歌の本に空丸は

二神の教えを今も精出して儲けたかねに子をうまし国 K29-1
Two gods taught us how to screw & our country is still blessed
to be where the money we earn working hard bears interest!

要するに早々うまし国の派生歌。安人のうまし初心に対し、空丸は商人の利子を生む欲張りを後ろ盾にする国祝。一茶も少し遅れて、文政七の句帖に「日の本や金も子をうむ御代の春」を、また次年の中七を「金が子をうむ」と同じような祝いを作った。狂歌は時勢に敏感のようです。残念が、英語の利子 interest に「子」こそない。しかし文字通り面白い interesting。★恐ろしい神話を跡に清き神道を、月経に交合に利子に詠むと罰が当たりそう。心地の宜しい首で章を完成して購うに、先ず「寄木神祇 k12-4」が題の牧笛の 1809 以前の上方狂歌を見よ。

Unlike Buddhas made from cut-down and carved up wood,
growing here, our divine trees, they are precious as they are.
伐り刻む仏と違い神木は其まゝ貴き国の生え抜き
Unlike Buddhist statues carved up from what is cut down,
our Divini-trees are native and rooted in sacred ground.

国産という意味の英語のいう Nature の語源も、切り刻む事ないから自然（じねん）に出来て善いというニュアンスもあるが「しんぼく」が祭り上げるためか四度も「き」という字に「木」を聞かせる（そのの漢字も加えては五つ）。★国粋主義者の真面目臭きも感じるが、文化は大自然と分けない所は、この敬愚も日本の国粋主義者だ。後期江戸狂歌の大御所の真顔の「社頭祝」と題する 1815 年の狂歌で神祇章を〆くくる、あるいは奉納を致します。「君が代はなお長かもじかみ垣に玉くしのはをさして祈れば E10-1」。加茂神社の地神を仄めかすかどうか知らないが、紙垂（しで）や木綿（ゆう）をつけた榊の枝である玉串＝玉櫛の掛詞は、ネットの検索で解った。その神垣に女性の玉櫛を葉ではなく歯から差し込んで置く傍に、この狂歌を捧げておけば、どんなに旨い洒落か、と思えば、この首こそ章頭歌にしたかったが、やはり蛇足を読まなければ通じないから遠慮しました。

釈教

０９３

嘘をつき地獄に落ちる物ならば
無き事作る尺迦いかゞせん　一休

*If we go to Hell for telling lies, pray tell me one thing:
how does Shaka get away with making up . . . Nothing?*

*If we go to Hell for telling lies about what is and is not:
how did Shaka get away with making up all that rot!*

この一休歌を 1666 年成立の『古今夷曲集』の釈教部の百八十首の一首。行風編者は「水鑑（宗純編）の中に」という前置で出典もわざわざ明白にした事が、たぶん「一休話」の「一休」と見分けるためではなかったか。「無き事作る」とは、先ず概念の「無」と勘違いして上品過ぎる英訳をしたが、経などにある教義のあれこれであろう。禅の前衛と云うか儒教のあの世不信派と云うか、彼らにとって教義のすべてが空想に過ぎなかった。そこまでは敬愚の理解の程度です。しかし、S 教授と相談すれば、「紫式部も出たら面白い」と述べた。へっ！？と思って、調べた。かの大なる小説を書いた事で彼女は、五戒の一つである妄語戒を犯したから地獄へ堕ちたという説話もあったと解りました。なるほど。昔の欧米では、女はどの物語か詩か小説を著しても、それを世と分かちあえば、それだけで主人を裏切る不義に等しいで刑罰に値する罪と見なされた。しかし、空想は嘘だから駄目と言えば、その話の記録は何も見つからない。聖書を疑うか矛盾する事を書かなければ、空想なる小説は OK だった。さて、紫式部の説話へ戻る。かの物語は恋に焦がれる内容で大焦熱地獄の方となったが、運よく彼女より百

年以上前に生きた小野篁という方に救われたと云う。彼の千本閻魔堂に紫式部の供養塔も入れて閻魔王から彼女の無罪放免を受けたと云う。そうか。章頭歌の英訳より明白に釈迦の罪を指す狂訳ある：

*If men go to Hell for telling lies is a sin as well as disgrace,
what shall we do with Shaka who made up that damn place!*

釈迦をどう罰するか。自ら捏造した空想地に落としましょうか。自分が想像・創造する地獄の釜に落ちたり、怪物に喰われたりのが始末なるパラパラ絵本が我が脳鉢に沸くる脳みそにぽくっと浮ぶ。★一休との問答よりも歌合戦の平等の相手の親当の歌も、又面白い。

極楽や地獄があると騙されて喜ぶ人におじる人々
*Fooled into believing Heaven & Hell are not fake,
some people rejoice and some people quake.*

狂歌として、この首は遊びが足らぬ完璧過ぎるが、脚韻のお陰で狂訳に原歌にない余韻もある。★恐らく「一休禅師」の最もよく知られている釈教歌は「元旦や冥土の旅の一理塚　めでたくもあり目出度くも無し」である。★「門松は冥土～」だけ変わる変種も「門松は冥土の旅の一里づか馬駕籠もなく泊り屋も無し」という大変種もあるが、いずれも年を取れば死に近づくと思えば新年は糞食らえという、骸骨を持ち歩く臍曲がり一休ならではの釈教の心だ。★その一休の歌の本歌は「古今集」にも出た「伊勢物語」の八八段の首である。

大方は月をも愛でじ是ぞこの積もれば人の老いとなるもの
（老＝負いも、月はそのまま month にならない英訳無用が）
*On the whole, a moon means a month and doesn't delight me,
for they pile up, they do, and all too soon we are buried!*

「大方」は「概して言えば」という私観で、これも見事の狂歌だ。無常は仏教と限らないが、一休がそれを神道の本拠になる元日に持ち込

んだ所で、本歌より狂たる。★ご参照に、同本歌を初期狂歌の行重は「大方は酒をも飲まじ是ぞ此つもれば人の酔となる物」T30（1679年）と★未得は「雪積もれば…冷えとなる 1649 以前」も★更に狂度を極めれば、1814 年の『題林』に再載された桂雄の上方狂歌「これぞこの積もれば老と成る月を山のハ抜けて入れずもあらなん K8-1」になる。傑作で英訳もしたいが、英語で端＝歯応えもない。★その本歌になる伊勢八二段の二つの歌に「あかなくにまだきの月の隠るるか山の端逃げて入れずもあらなん」と★「おしなべて峰も平らに成りななむ山の端無くば月も入らじを」など、釈教と無関係の本歌までも英訳するのも申し訳ないが、いずれも立派な狂歌になる論点をもう一度証明したくて（はい、くどいです）しかたがない。数多伊勢の英訳を見てきたも良い狂訳こそないから、万が一これを読んでいる和英の翻訳をなさる諸君にも見せびらかしたいという下心もある。

Must Luna rush to hide from us when we've hardly met?
Flee, you mountain ridges so she has nowhere to set!

If we were to flatten every peak, just think of the boon
when not one mountain remains to take in the moon!

逃げる山は想像し難いから、前者は理なく馬鹿馬鹿しい。後者は、無論かなたは残るから、あり得ないが、山を平らにすることは残念ながら可能だ。その二番目の詠むキャラクターの名は「きのありつね」となっている。天明狂歌の狂名の多くと同様に、語句として読みうる。年一度で満足できる星合と異なる常に恋する気があるから、飽かない。さて、山の歯どころか歯茎すらない、海より数メートルしか抜けていない平らのフロリダ州に住む敬愚は、釈教から脱線してしまった駄弁を、お詫びします。今朝は 2016.11.14 で昨夜は七十年ぶりの巨大月。生まれ育った小島の高い灯台の上に立って見る招待を断って、本書の校正をしながら、2034 年の巨大月を見る約束をしました。当年、母は生きておられれば、お祖母さんが亡くなった同じ 106 歳になる。

094

With prayers, pushing them too hard may prove unwise;
I'd take care if I were you, not to overshoot Paradise!

念仏を強ひて申すも要らぬもの
若し極楽を通り過ぎては
桃水和尚　1683 没

「念仏に明け暮れるうつけを嘲笑して」という微笑ましい前詞も書きとめたを、出典を失くした。江戸狂歌本にも再載されたことがネットから解るし『狂歌大観』の中に見た覚えもあるこの章頭歌は、我がトップ・テン狂歌の数に入る。諸君に頼むしかない。★一休のが本歌か

極楽は十万億土はるか也とても行かれぬ草鞋一足
Paradise it lies a million leagues yonder, that's far away:
with just one pair of macrame straw sandals? No way!

同様に死出の道を具体化して俗信を理屈で操るが、同じ笑でも桃水和尚の歌の品の良さよ！私話だが、在日の頃の隣の隣の小屋には、日蓮宗の肉体労働者たちが住めば、その前を歩く度に梢の中にいる心地になった。彼らの鼻声は、蝉時雨ならず嵐以外には称がない。いや、もっと凄い比喩ある。数珠が同時に、ガラガラ蛇の大巣の雑交寝みたい。若しもそういう信者の直ぐ隣だったら、桃水和尚の歌を大声で唱えて姦しい念仏を鎮圧したかもしれないが、直ぐ隣でなかったから遠慮するにすんだ。★数珠の摩擦のみ考慮すれば、熱いが、それが日蓮。極楽浄土に行く道は涼しいという。それが蓮葉上の悟りの心境か西は納涼の夕方の西か、ただ地獄の焦熱との対か知らないが、一休の「草鞋一足」の首よりも、狂歌本に再載が多い未得の「極楽は涼しき道と聞くからに経帷子を着てや行くらん」も同じ死出の道ながら、一休の方の狂度が高いかと思う（★ただし未得の狂歌に慈円和尚の「我が寺の

浄土参りの遊びこそ あさき物から誠なりけれ」は本歌だったら、その「浅き」が「麻着」になる真は、道が涼しい証になるのが狂歌で判ると思えば、評価は高くなる。一茶坊の句「朝露に 浄土参りのけいこ哉」を見て、慈円は子供の参りごこでも、と思ったが前詞は「天王寺に詣で給ふ時百首御歌」で大人のこの世の寺参りをあの世の練習となるだろうが、慈円の歌にも狂趣ある）。★1666年の『古今夷曲集T27』に章頭歌のよき「対」になる、即ち同じ凄まじい念仏を葦葉も詠む。

西方を目当にすずの玉々も念仏は楽の種が島也
Prayer beads are musket balls shooting outward in all four directions – veritable seeds to grow paradise not make war.

かの河豚の鉄砲で北枕を仄めかすと怖いが、早く西へ行きたくて自殺も平気だった一編の信者を思えば。いや、そうでもない、数珠のおかげで極楽へ早・速くいける明るい狂歌です。きっと或る宗派が、経より数珠を四方の初信者へ普及したかと想像します。種子島は英訳しかねた。★因みに、誰でも極楽へ行きたいとは限らない。一休の討歌相手の親当は「歳々に悪魔外道の流さるる其の西方に行きたくも無し」という憤慨歌もある。悪人こそ救われるという教義を受けなかった人の言い分でしょう。★それなどに比べて、1666年の古今夷曲集T27に出た理西の釈教歌は、いかにも微笑ましい。

極楽の金座敷は尻ひえん只行べきは地獄釜ぞこ
The golden dais of Paradise, they'll surely freeze my ass;
'tis better I go to Hell and get warm in a stewpot fast!

金属の台を見て寒がり屋の歌か。章頭歌に考慮したが、少々軽すぎる。一方、1679年の大集T37に出た下記なる正恵の歌は微笑ましくも深い。

寝覚にも思ひ出して床敷は彼極楽を恋の病か
So you wake up thinking of it as you lie alone in bed –
could paradise, like being lovesick, be all in the head?

今も、これを章頭歌にした方がいいかと苦しむ。これは信仰心まったくない者の観測か、信仰心ある者の証言のどちらか、よく判らないが、恋の病と見立てるのが新奇。押しがましくない自問の「か」は、たまらない。室町時代の来日したイエス会の方も極楽を待ちかねて袖に石を詰み海に飛び込んだ仏教信者の自殺の目撃者の話を書き止めたから、病になる信仰熱は確かにある。★半世紀以上前の 1499 年の『竹馬狂吟』には、飛び込み成仏の狂歌もある：「阿弥陀は波の底に社あれ・南無といふ声のうちより身を投げて」という謎々の俳諧の連歌（後に『昨日は今日の物語』の念者の狂歌「南無と云う声のうちより身を投げて阿弥陀は水の底に社あれ T 参 21」と再載）。一遍の死まで遡る。日本にも他国に負けない酷い熱心の信者がいた。★更に風刺化される「ある聖の川に身を投げたるが（中略）」と題する花道つらねの 1812 以前の江戸狂歌「南無といふ声のうちより身を投げて阿弥陀ぶく／＼ぶく／＼／＼／＼E8-3」は、明らかに信者詠みではなく、後世の笑いだ。★初期狂歌の釈教歌へ戻れば、1679 成立 T37 の銀葉夷歌集に一飛詠の歌は、狂足らぬ少々重苦し首ながら、敬愚は free-thinker として賛成。

今生はおっとりをいて目に見えぬ後世を願うやそれぞ大欲
To think little of life now and instead wish for things unseen
in the next world is a form of avarice beyond the mean!

死に際にあの世の話を持ち込んだ神父に、ヘンリ・ソーローは、その五月蝿い口を止めさせるように残した名言は One world at a time 一度に一世（で充分だ）。賛成。★事実、狂歌の存在すら知らなかった二十数年前にも、あの世の存在を問う狂歌を一茶の日記（『信濃毎日出版の全集』3-43）に見つけた。「回国塚（中略）五尺ばかりの碑有。空翠狂歌、金翠建之」と前詞に「極楽も地獄も生きて居る内ぞ 死での後は何が有るべし」であった。二十二年前の事だ。当の本の余白に英訳を七、八通りも書き込んだが、下記の長さは俳句同然に縮んだ、小の脚韻二行詩が出来たら、有頂天になった。

Heaven or hell, one thing is true:
You cannot take them with you!

逝けば、金などの持ち物を天国へ運ぶ事はありえないと云う英語の成語句をもじる、当時狂歌知らなかった敬愚の初狂訳だ。原歌を詠んだ空翠（1763 年没）は、江戸の蔵前の札差を業にした俳人だった。一茶は禅の坊ではなく、あの世を真面目に信じた浄土宗徒だったから、生前に行く先をご自分で定めると解釈したはずだが、敬愚は各々人に内在する天国と地獄しかないとしか読めない。1995-6 に読んだ一茶日記。2007 か 8 に又拝見すると、すっかり忘れていた原文と余白に書いた英訳を十数年ぶりに見ては、すぐ悟った。大した語学力もない小生ながら、狂歌を面白く英訳デキルじゃないかと。概念と言葉遊び優先の英訳ならば、損が常になる翻訳の過程も、上記の空翠の狂歌のように、原文を凌ぐ可能性もある、と。既に俳句翻訳で、機知のマイナスとプラスが釣り合うように、色々と試したが、これで狂歌が要る狂訳できると判って、二、三千首ある Mad In Translation を著した。工夫は駄目と思う人もおられるが、とんだ狂訳と平行に原文と直訳も出せば、翻訳者の主観を押し付ける心配無くに済む。学者等の無味乾燥の翻訳よりも、責任こそ取りながら遊び続く姿勢だ。★章頭歌に値するもう一首の釈教歌と言えば、1672 年の貞富の「T30」。

罪重き我をば救ひ取り給え阿弥陀仏の力ためしに
How about it, Amidabutsu, why not test your powers to see
if you just might not be able to save even a wretch like me!

悪党こそ救われるという教義を茶化す意もあるかどうか、それも知らないが、祈たり、乞たりするよりも、神・仏を試す方が、生意気を極まる頼みか、掛詞などの言葉遊び全くない裸のチャレンジだ。神・仏をどうせ擬人化したら、そういうように、遠慮なくお相手にしてもいい。そうすれば、狂体百％の歌になります。

095

The dead are called buddhas and speaking of long tongues,
crying-out to all at birth: "Admire me alone!" is dumb.

み仏の舌の長さぞ知られける
産声にまで唯我独尊
繁雅　k17-1　1815

この狂歌、いなや釈迦の威張り言葉を囃すあらゆる狂歌と川柳が好きというより、自画自讃する神・仏までも気に入らない日本人が好き。上記の上方狂歌の大御所繁雅の狂歌が出た 1801 年以前の俳風柳多留拾遺四の川柳と先ず標準なる三行訳に、そして二通りの他の三行訳を一つ二行のＡＡＢＢの脚韻詩を潜めた狂訳に組んだ。

お釈迦さま生れ落るとみそをあげ

Shakamuni dropped
from his mother already
talking himself up!

Shaka's the most! No sooner born, then out pops this boast:
"I alone deserve respect!" How crass can a baby get?

川柳一つに、あれだけ英訳を尽くす理由は、その釈迦批判は、それだけ気に入ったからである。後の研究＝読書で狂歌も八首ほど見つけたが、繁雅の章頭歌は多少難解も択んだ理由は、舌長（したなが）は、言い過ぎ或いは言い方が生意気でありながら、「御ほとけ」即ち「仏」とも云う遺体の場合、体温次第が、いずれ舌が文字通り口から出る。長くなるはなる。だからここに、幼い釈迦は「仏」ごっこする具体と慣用語が妙にも結ぶ。座禅が仏教と同一視されがちから無言っぽいイメ

ージある現代人と経の言葉の供水に泳いだ江戸時代の人とは、同じ狂歌を読む意識は少々異なるかと思うが、ともかく。★若き四方赤良が巴人として詠んだこの釈教歌は釈迦一人か多くの法師を指すか。

わしの山いでにし人は世の中をことごとく我が玉子とや思ふ
Those men who went forth from Eagle Mountain do not beg;
they think the whole wide world is nothing but their egg!
（一人と That man ... does not beg / he thinks ...his egg）

「寄玉子釈教」が原題か我が発想か覚えていないが、鷲山は釈迦が生まれた地ではなく、蓮経を教えた場所と云う。蓮経だと天台・日蓮・浄土宗ないしその祖と法師を指す。世界が我が物顔をするのがわしの物と掛けたようです。「我が玉子」では、シェイクスピアーの世界が我が牡蠣を知るはずがなかった赤良はよくも詠んだ表現。自分の信仰の正しさを厭になるほど主張する宗派でしょうか。★唯我独尊を囃した猥褻的な狂歌も 1685 頃の落首も平気の介の長崎一見 T39 の狂歌集にある。「灌仏」を詠んだ「生るゝと早かゆそうな釈迦頭 天上天下唯我毒瘡」である。「痒」に灌仏の縁語「湯」と「尊」が「瘡」になる不完全の語呂合せも気に入る。厭らしさの為の厭らしさと云うより、原発言の過剰な自慢への反発だったら、やれやれと言うしかない。慎みを美徳とする日本では、あの自慢こそ気持ち悪くて、聞いたら痒くなる。★左大小鮫鞘の諺を合わせて同じ事をもう少し控えめに詠む 1793 以前の江戸狂歌 E4-1 もある。

何事も知らぬが仏と聞けしかと利口に物を唯我独尊
We heard knowing naught was what Enlightenment was about
so Buddha's smart boast "I alone am worthy" makes us doubt.

この「世話」ものの釈教歌は妙に良くて気に入るが、舌が長いという繁雅の歌の野生の力を章頭歌に択んだ。★同本にずばりと抗議を詠む鯛鮨雄の「世の人を屁とも思わぬ高慢か誕生ぶっと鳴りわたるなり E4-

1」は傑作かどうか知りたい。「仏＝ぶつ」の擬声語掛詞は英訳無用ごくダイレクトな非難だ。2016.11.14 このこと言うのがいけるかいけないか判らないが、只今は「唯我独尊」という語を見るたびごとに数日前、米国の大統領に選ばれた自慢話に目がない嘘つきの事を思い出す。世界最強の国は、この知らぬが仏の肉体化の尻にしかれている世の中は末世でなければ…。★そう言えば、女性を侮辱するのも平気な人で、仏教と女性の身分を考える一首でも見よ。行風編の 1679 出版の『銀葉夷歌集』に言因が詠んだ下記の狂歌に woman+women の狂訳

Originally, women must be feral cats as they are hurled
from homes in all three worlds and never own a thing.
本来は野良猫なれや三界の家を離れて一物も無し
Is woman by nature a feral cat to be treated like that –
leaving home in three worlds w/ naught to her name?

「女三界に家なし」の諺を取り上げる「世話」部の歌と見えても、当本の「釈教」部にある。何故かと言えば、言因（後に上方狂歌の祖師貞柳）の「亡母孝養の一夏九十首」から転載された十数首の一つです。一夏で、夏安居（げあんご）を指すが、その期間中、写経を行い、それを家で読んだり、解夏すれば先祖供養のため寺に納経する。どれだけ普通な習慣だったかを、一茶句「よそ目には夏書と見ゆる小窓哉」は間接的な証になるが、作句と仏教でない本の写しもあったようです。亡き母を詠む事は、写経に近いで私的コメントを歓迎する狂歌本の釈教部に相応しい歌だ。因みに、このお母さんが仏教を教えるやり方を褒めた首は、既に００６章に紹介しました。日本の仏教は、どちらかと言えば、人の身分が生まれ前の宿縁で天命だから最低の人生に諦める事を教えたが、母になると女の身分は…。と上の首は間接的には、反抗を示す。訳の解らない亡母を詠むもう一首を見てから次章へ進む。「法華経を一部八まきするからは地獄の鬼もなんだ弁慶」の「なんだ」は涙で泣き顔の弁慶、一部八巻は鉢巻で母の寒念仏の美声の記憶か。

096

*Is it bad karma tigers get for eating us that makes them
fall into Hell and end up as the loincloths of demons?*

人も喰う報いか虎の身の果は
地獄へ落ちて鬼の褌
茂喬　K19-4

無心の釈教歌の好例。とは言っても、完全にそうでもない。間接的にも、今や真面目に信じがたい報いか業因を、無意識にも誰もいくらかは信じたかと思えば、道歌になる。又人、虎と鬼の哀れながら可愛い宇宙を感じさせてくれる詠む茂喬の心の善さを感じさせる。思えば、地獄にだけではなく、雷の鬼にもなるし、褌だけではなく、虎巻になるが、若しかしたら、その由来を子供に聞かれて、子は「人を食うからだよ」という会話取りが、この狂歌の源になる。三十一音の小学生でも読める易しい何故／＼物語ですが、珍しいところは報い対象である。通常、咎の意味がよく解る動物、つまり人に成る。又、狂歌集次第に同じ首でも釈教部か述懐と懐旧の雑歌にも入る。さて、歌例を。
★下記沢庵和尚の歌は1666年の最初の多人狂歌大集の再載のままだ。理屈中心で掛詞が相当少ない釈教歌で英訳はし易い。

　　いか計り海老を取り喰う報ひあらば終には老の腰や屈まん

*One can hardly eat a shrimp without causing cosmic hurt;
after years of eating them, a crooked back is just desert.*

*If we must pay for each shrimp we eat, then in the end,
is it any wonder that with age our backs must bend?*

英訳二枚に挟まれる原歌は、海老のサンド也か。より古い「新撰百」には「曲がらん」となるが、これは一番よく出くわす報歌であろう。

長生の象徴の海老を、と思えば微笑ましいが、海老食えぬ貧乏も屈むぞ。二番目の英訳は狂訳で、ユーモア・センス抜群の沢庵法師にも見せられないのが惜しい。適当なお寺あれば、いつか奉納してあげる。★貞徳が詠んだ「女郎花身投げし人の成りたると云うハはうしやう物語かも T20-39」は「羽觴物語」か「有情物語」か、双方か。李白曰く「羽觴を飛ばす」が次々と酒杯のやり取りをするが、敬愚も一度失恋で自棄酒に vodka を滝呑すれば崖から飛んだか落ちたか記憶ないが、人にお手数や心配をかけましたが、遍照も宴会戻りで酔っ払って落馬したら、身投げ同然で女郎花に迷惑をかけた。女郎花に生まれ変わり、今度、人は自分の身の上に落ちたら納得できるが、そうではなく、女郎花が太った法師の下敷きにぺちゃんこなべになった被害者になる身分は、前世に彼女花達の方がいけない事、即ち身投げした報いだ。貞徳は遍照が落馬した時、何故女郎花の身の上になったかの説話となる釈教歌だ。★鈴木著『狂歌鑑賞辞典』で見つけた斉藤麻呂（1768-1854）の『傍廂』より言及したい珍しくも報い歌と返歌の二首もある。難解の歌をよく詠んだ国学者の賀茂季鷹が「我が耳の遠くなりしは年を経て聞えぬ歌を詠みし報か」と反省すれば、それを聞いて「ある太守」家来に向って褒めたら、★御前にいた老医師は、なんじゃ「それぐらいの歌でしたら、私もできます」と詠んだは「我が耳の遠くなりしは年を経てきかぬ薬を盛りし報か」と、確かに「きく」の掛けは狂度が賀茂の首より高いかも。これを自嘲比べとよびましょうか。★人以外で報いは。1783 年の天明狂歌のきねや仙女の「から猫のみ筋の糸に繋がれて何の因果にばち当る身ぞ E1-9」は、沢庵の海老食う歌より複雑で秀歌になる。複雑と言えば、「何の罰」で三味線の撥を思わせるが、唐猫は三毛ではなく黒猫で、労咳（結核）を治すようにみ筋の帯紐で繋がりっぱなしで外で自由に遊べない哀れな暮らしを強いられたか（或いは「死の間際に斬り殺そうとしたが果たせず、自らの終末を悟った」話を読めば更に可哀そうか）。昔の欧米だったら黒猫で差別を受けたが、日本では逆に福猫や魔除猫としての義務もつらかったか。第三可能性は、黒い猫は肌まで黒いから誰かが黒い三味を造った。が、その消息はまだない。★1672 成立の「後撰夷曲集 T30」に満永が「むな

しき鳥に虫の湧きしを見て」詠んだ下記を一見して、陳腐と思ったが、最後の動詞を読むまで意味が通じない「お好みし」は、新奇の一捻りだろう。

生物を好みし報い顕れて虫くひ鳥が虫に喰わるゝ
For having loved something alive, our karma is explicit:
I see a bug-eating bird being devoured by insects.

「好む＝love」を食うと並ぶ所に狂趣あるが、★1756以前の紅圓の上方狂歌「扣かれて殺さるゝ蚊は前夜にて棒ふり虫の報い也けり K13-2」とは、屁理屈で可笑しみが上。棒ふる行為は無害。一茶が同じボウフラの棒ふるを経の踊りと見た。★1815以前の上方狂歌の如棗亭栗洞の「すつぽんよ思ひ知るらん汁となりて今吸わるゝは吸いついた科」（『狂歌夜光玉』）は、又陳腐で「しる」が掛けずに二回も繰り返す詠みも下手糞が、これから喰う者に、これはお前の報いじゃと言って自分の行為を正当化せんとするがいい。しかし、鼈は何を吸ったか。小魚？それが知らないと汁が思い知るにはならない。★「報い」の歌は必ずしも悪い因果ではない。狂歌の本によるが、釈教部も無かった四季に限る『狂歌題林』で「夏書」が題で夏部に入た雨風詠み下記の歌は、じっくり読めば蛇足無用。

夏書する人も天にや生まれなん筆を坊主とする功徳にて
Someone who copies sutra during the summer should be plunked
into heaven, reborn for the feat of turning brushes into monks.

英語で髪を剃る事は「坊主にする」という慣用語がないから、turning brushes into monks の第二意味を説明しなければ、日本語の知らない人は狂訳の意味を読み取れない。しかし、日本で天に生まれるという発想は、これで初めて！「欲界の六欲天」の最高位にある他化自在天でここに生まれた者は、他人の楽しみを自由に自らの物とする事ができると云う第六天の事か（Wiki参考）。

097

We're indebted to demons, not Buddha, if the reason why
we refrain from doing evil is fear of Hell after we die.

銀葉夷歌集　鬼の恩仏にくわっと勝りけり
　地獄を恐れ悪事なさねば　酒粕　1679

美貌は、見る人の欲望や恋心を催し、この世を脱し難い絆しになりがちから、罪を避けたい人はそれを見ない方が賢いと思われるが、美男子ならぬ法師はけしからん、と清少納言が述べた。皆さんが見たくなる目鼻でなければ、人は集まり、注意深くお説教を最後まで聞こうともしないから、救われまい、地獄に落ちるかもしれない、と。宗教とその後世は、嘘では無く真実だとすれば彼女の言う通りでしょう。合理的に物事を考え尽くせば、常識からはとんでもない許し難い結論に着く。毒舌なる清少納言は、酷い人という意見もあるが、自分が正しいと知りつつ、丁寧に直ぐ後に「と云っては罰が当たる」となんかの柔らかい言葉で留保を加えた。少々回りくどい筋になったが、さて、我が主旨がと言えば、枕草子と狂歌の違いは、後者は留保もお詫びもせずに済む。酒粕の狂歌を上記の英訳通りに「〜ねば」が「if 若しも」と読めば、清少納言ほど悪くはないが、前句を真に受けて、後句をその説明とすれば、やはり危ない主張だ。『銀葉夷歌集』の編集者が優しい行風だから、前者のifの意味であろう。★とは言え、「鬼」を詠んだ釈教歌は、酒粕の歌だけではなかった。楽園・浄土・天国よりも地獄こそ為になるという論だが、むろん鬼の反面なる仏こそ救い主になる釈教歌が多い。何首でも見るが先ず、参照か背後に先ず 1666 年の『古今夷曲』に再載された入安の「いもが子に限りしもせじ汁のミをしゃくしと成てすくひ上げばや」は、既に紹介した人の家に入りお粥の鍋を勝手にもらった古代の弁解・弁護歌とその焼き直しになる 1623 年成立の策伝著『醒酔笑』にある夢安坊の月見のための芋畑泥坊ぶり

の弁解歌もその系譜ですね。★しかし、鬼の状況も見過ごさない同古今夷曲集T27にある行好の下記なる歌は、更に慈悲深いでしょう。

皆人の若し成仏をするならば地獄の鬼や飢え死なまし
*If everyone were to become buddhas with their last breath
Wouldn't the poor devils in Hades slowly starve to death?*

敬愚は能や説話やその他の草・双紙を殆どはいけんしていないから、初出典と言っても、和歌か狂歌で読んだ限りになるが、鬼もかつえすれば困るという指摘は新奇のようです。★又同書T27の夏の蚊の歌として出た、下記の妙な歌には同じ気配りを感じる。「よ」は己の意味の「予」か「四方」（の生き物）も「夜」も食うべきか。蚊程という英語の慣用はないから、一応、食われる負担を広く配ると意訳したが、

罪あるもあらぬ人をも生きながら
鬼は蚊ほどによもや喰うべき　宗朋 1666
*People whether or not they commit sins are all eaten alive;
demons must eat and, as mosquitoes, spread the burden wide.*

★下記の一休、それとも笑話の「一休」の狂歌も気配りが宜しい。

この世にて慈悲も悪事もせぬ人ハさぞや閻魔も困りたまわん
*In this world it seems there are folk who do nothing good or bad
how hard that must make it for Emma, who takes the tally*

一茶は線香も屁もしない無為を嘆く何句も作ったが、「閻魔も困りたまわん」が無ければ、無為も無意味だ。善玉悪玉を明白に描く黄表紙でなければ、鼠色の人生を見分けなければならぬ閻魔王が虫眼鏡をかけて苦労する。欧米の悪魔と全く異なる、本来良心ある好人物で、その難業を助けたくなる事も当たり前。★1679年の『銀葉夷歌集T37』には、この楽しい系譜を藤原貞因がとことんまで運んでしまった。

> 願わくば我後の世は鬼と成りて地獄に落つる人を助けむ
> *My wish is that in the Other World I may a demon be,*
> *so falling into Hell I might help others escape misery.*

鬼に親切するを勝つに、鬼になり人助け献身比べのチャンピオンか。しかし、良い子でなかったお馴染みの狂歌師もおられる。★上記の十数年後の元禄三年に若き黒田月洞軒の作品は「題しらず T40」。

> 我死なば地獄の釜の底からぞ此世で落ちぬさまを落とさむ
> *If I should die, then, from the bottom of the cauldren in Hell*
> *you bet I'll do my damndest to make you/her fall in as well!*

皆を脅す悪太郎ぶりなら you。恋に落ちてくれなかった人への恨みなら her ですね。中々治らない病気で、この歌で神仏を脅す（小生は一人だが死んだら大変なことになるから早く助けてくれ！）なら all。法師ながら己が性悪も詠んだ師信海はこの歌を読んだら「さすがに我が弟子」と喜んだかと思いますが、悪いは悪い★一方、信海の白玉の弟子の貞柳の門人栗梢が良いっ子で「かりの世にかりの此身の消えやらで閻魔の帳のさぞ御面倒 K5-1」と詠んだ。仮⇒借りがあらば返せないと気が咎める。長らえるのを恥ずかしく思いながらの達観した辞世かどうか知らないが、謙遜で善い釈教歌だ。★帳を読まない閻魔画、天平を注意深くぶら下がって見る。貞柳の亡き母の孝養歌中これもある

> 罪料の重い軽いと聞くからにうゐ天秤と世を見しけり
> *To hear our sins called heavy or light, I cannot help but see*
> *this world is less Dewdrop Inn than a jittery pair of scales!*

この「うい」は辞典が無為の対の「有為」で「あらゆる因縁の結合によってつくられた生滅変化する一切の現象」となるが、「うい転変」のもじり新語句。その天秤は dharma scales でいいと思うが形容詞 jittery 欲しかった。「儚し仮世の宿というよりも」の説明を狂訳に加えた。★1666 の「古今夷曲」の釈教部中の実久の「身の塵を吸いとらせんと

騙し手に琥珀の玉の珠数や爪くる T27」とは、内容上は同定しがたい。数珠は仏教具と解るが、山伏の藪医のトリックみたいが、寺子かお客に対して坊さんがと思えば、複雑な気持ちだ。★又「十悪の中に貧（貪？）欲」と題す貞富の 1672 年の「後撰夷曲」の「後生願ひ無欲に見えて欲深し黄金仏と身を成さんとは T30」とは一見難しくないが、題の「貧欲」という語は初めて。『狂歌大観』の編集者は「貪欲」の間違いではないかと注ある。歌の内容は「貧欲が貪欲なる」ではないか。★「欲」は必ずしも釈教部に限らない。行風坊の編集した三大狂歌集には仏教っぽい発想は随所にある。1679 年の『銀葉夷歌集』には「秋」巻にある伯水の「一葉さえ月を見るには妨げじゃ欲には桐も無きがまし也 T37」と★正信の「数多く実なる上にもなれ／＼と思うは欲にいたゞきも梨 同」は、好例。★後者は「人欲」と題した貞徳の「人の欲喩えんかたは無かりけり富士の山にも頂きぞある」が本歌。

What can we compare to human greed
when even Mount Fuji has a peak!

富士の頂は面白い。高くもまだ頂たい。頂は限界で宇宙的な人の欲に及ばない。中期江戸の也有の人＜対＞猫の恋の本歌かも。★欲と言えば、色々ある。上方の宵眠が 1795 以前に詠んだ K2-5 こそ微笑ましい。

後の世を知るも知らぬも町人は仏の肌ゑ願わぬぞ無き
Whether they are or are not interested in the world to come,
in that town, the Buddha's skin is desired by everyone.

なるほど、金色のスムーズな肌も理想だったか。昔の日本人はすっかり雪の肌えに惚れ惚れで、これも認めたと知るのが愉快。ぱさぱさのそれしかない敬愚は絵のイエス・キリストの見事な顎鬚をも羨ましく思う事もあるから、日本の町人の気持ちを馬鹿にするつもりもないが。

Whether or not they give a damn for heaven, the townfolk sin,
for not a soul but desires to wear the Buddha's gilt skin!

098

屁なりともあだなるものと思ふなよ
ブツといふ字は佛なりけり 仙崖 1750-1837

Who says a fart is but empty air, cut one and it goes
'butsu!' – now, if that is not our Buddha, who knows!

それはそう。仙崖義梵の前にも仏を屁の「ぶつ」と掛けた狂歌は幾らでもあったが、全首とも溺れる擬声か屁が臭くなるも実こそ無かった感じで、仙崖の屁を主人公にする大胆の形（なり）ほど心地の良い放屁歌は外にあるまい。★いずれに当たらない屁ではなく、不公平の仏をぶつ／＼と掛けた例もある。稲村詠み 1808 以前の江戸狂歌「なむあみだぶつ／＼口に唱えるもここというのも差別やは有 E5-4」が、経にうんざりなった体験（近所の小家が既に述べたように蝉時雨どころか夏の嵐）もある人は、不平がまだよい。現在の語学界を蔓延る語「差別」と組むのが又意外。なんの差別か。前後を見れば「分別」のふんふんか。「ここ」は「九九」と書くが、草鞋で捜しても九九より他分からないから、改心して…」のような発言によく出たためか、日蓮宗の他宗非難ないし差別の印になったか。仙崖の歌に負けない傑作かという気もするが、読めない。★空（くう）の掛ける歌例も多い。1666年の『古今夷曲集 T27』の釈教歌の中で夢窓国師の転載も多い釈教歌

西向きに背中をくふと観ずれば東じらみに夜は明にけり
waking to a double-pun: eat = kuu = sky eastern-light=shirami=lice

Facing West in bed, I felt them eat my back – oh, kuu! thought I,
as Eastern lice chime with the Eastern-light of our pre-dawn sky!

狂歌をしてもずいぶんノンセンスっぽい言葉遊び。西向きに屁をひらぬ俳諧と道歌は大勢あるが、西向きに寝ることは信者には当然ながら、

その上に東向きの背中を考慮した歌は他になかろう。東は先ず浄土の裏なる「空（そら）」だが、「喰う」と思えば「観＝かん」は「感ずる」虱に見る東白み。強いて言えば、謎々歌の歌体で前句を読めば「へえっ？」と思わせ、後句を読めば「なるほど」とオチが付く。

> *Facing West with the Pure Land in front, my back becomes sky punning "eat," while the pre-dawn Eastern light puns "lice."*

同音は別にして、夜明け前の闇ならば英語にあるが、日本人ほど夜這いしなかった為か、英語では The darkest hour is just before dawn（夜明け前は最も暗い刻だ）という諺あるも、「東白み」を気付く者はなかったようです。単語はない。工夫を重ねても英訳は半ば失敗作。ただし、その無理を考えながら、やっと判った。空＝食うの理にありながら、「虚」に近い仏教縁語「空」（くう）にとられず、西が浄「土」も又「空」と対照する。★釈教じゃないが、ご参照に同じ 1666 の本の「恋」部に、休甫が詠む「きぬ／＼の東じらみにかく恥は我が古夜着のうらみ也けり T27」もある。判り易く蛇足無用。

虱といえば、日本の仏教よりも風呂もしなかった室町の聖 Xavier を思い出す。蚤虱に自分の肌と血を許す謙遜なる神様とイエスの僕の心を当時の仏徒の誇りと欲張りを対照せんとした戦略だったか信仰か双方かよく判らないが、彼はきっと昔の達磨に関する話も聞いた。★紫笛の 1771 以前の上方狂歌本 K24-5 の歌は達磨の第一特徴の変な説話也。

> 達磨どの尻の腐るを覚えずに九年居るとはきついご油断
> *For old Dharuma not to realize his arse was rotting away and that for nine years, is first-degree negligence I'd say.*

無心の心配か。まあ、きついはきついが、小事を見過ごさなければ、大仕事を果たすまいと敬愚は思う。尻はまだ腐っていないが一日十八時間腰掛っぱなしの敬愚は立つ度に鏡に尻がまだあるかどうかをちゃ

んと調べる。★一方、1814 年以前の上方の貞右の二十五年忌に出た彼が詠んだ達磨忌の狂歌 k27-2 は、

物言わず睨んだ計り達磨忌の喧嘩は跡から来る尻も無し
On Dharuma Day, he stares ahead in silence, leaving no ground
for quarrels to stay around & bite him on what he doesn't have.

尻をきれいに片付ける。小生は達磨に足が無くても尻があるかと思ったが、その人形を上げて見ると、確かにかの割れ目もない。目の瞳を描き加えるも、尻目を加える話もない。腐ったと言えば、腐り落ちて、さっぱり残らない。「尻に来る」は bite one on the ass 以外には、尻が喧嘩など者の始末になる慣用語はない。

★達磨のない尻から、章頭歌の仏教の屁へ戻れば桃山の「桜にはあらぬはるべをこき混ぜて枝を垂れたるハコ柳かな」を詠んだ雄長老もお寺持ち。奈良絵本の放屁合戦の場面も思へば、お寺。芋や豆や大根の漬物も消化吸収機能が悪いお年寄りの坊さんも多ければ、空＝屁＝ぶつの哲学上の屁理屈が無かったも、お寺は放屁天国ないし地獄だったに違いない。★「梅が香に御ならの匂ひこき交ぜて草の庵も春べなりけり」を詠んだ一茶も貧乏の坊、あるいは坊とは自由に旅できる方便だったかもしれないが、一人で屁を百句もやすやすとこけた。★釈教の章に出家や隠居も、その端に入れてもいいと思うが、天明狂歌に屁が絶えなかった。「山里にしり込みしつつ入りしよりうき世の事は屁とも思わず」という屁は比喩でしかない品の高い赤良の名歌あれば、★十か二十年後になる「山家」と題された歌「山住みは屁をひるのみか夜は猶くさきの風の音ばかりなる」は、一茶の同代の狂歌と変らない屁の縁語尽くしで、屁を我が物顔にひる男に負け嫌い女流狂歌師#1の智恵内子ナラではの尻作だと思いませんか。きっと、屁比べではなく、男たちの数多屁歌を囃す為に詠んだが、肖像付きの五十人集に女史は後ろから画かれている。絶世の美人という評判に対して画く人が恐れ入れたか、結婚していると女性が顔を画しなかったか、その方が

粋と思われたか。そう言えば、彼女は、中年になってそのイメージをぶっ飛ばしたくなったから、屁の狂歌に力を入れたも又可能。しかし、天明人の屁を詠む興味がどこから入ったかと言えば、大仏まで屁をひらせた平賀源内の漢詩を通して学んだかと思えば、屁理屈と屁に目がなかった中国人の影響も嗅ぎ出せるが、それは仏徒の「ぶつ」に結ぶとも、一茶の「草」の庵と智恵内子の「草木」の山家は、大和言葉ならではの草木のにおひがする。残念ながら、それだけは英訳無用だ。

★本線へ戻れば、Buddha でない「仏」もおられる。その第二義の意味か語源を思わせる歌を見よ。★親当（ちかまさ）が「死んでから仏に成るは要らぬもの活きたるうちによき人と成れ」と言えば、★一休は「死んでから仏というも何ゆえぞ 小言も言わず邪魔にならねば」

Anyone can be a buddha after they are good and dead:
what you'd be become while you are still alive, instead!
＜対＞
So, why are we all called saints (hotoke) after we die?
We neither complain nor get in the way, that is why!

我が理解は正しければ、親当の道歌風の教訓と比べて、一休のが次元の高い笑だ。けれども。一見で解かった一休のブラック・ユーモア（遺体を仏と言うのが、死んでから悪事をしないから）の歌を日本人の知人に見せたら、解釈に賛成した者は一人もいなかった。外人で勝手に読み込んでいるか、同じ性のおかげで一休の機知は偶々通じたか。読者諸君のご意見も頼みます。★因みに、1679 年の『銀葉夷歌集』の「無常」部には、毎雄が詠んだ「あら惜しや／＼と身をば惜しむや死んでは人の物も言わねば T37」が、派生歌で参考になるかと云う気がしますが、これも歌意に自信ない。下記の狂訳の歌意は、三通りとも異なる。改造版できるまで正解も知りたいが、とりあえず

Oh, I regret it, I regret that I must die, for once I am dead
they will talk about me, when I'd discuss them, instead!

Pityful, indeed! How I regret all deaths for once they die
I can't talk about myself, but just about the dead guy!

How pityful, it's cause for regret, for once they die
you can no longer talk trash about that other guy.

なるべく地名や用語もない神祇と釈教の歌を見てきたが、特定的な神社、寺、祭り、教義など詠む歌も多い。それを避ける事は特別な知識のない読者にとって親切だし、無知の自分にも都合がいいが、数首みよか。★1649 以前の未得の「彼岸にいたらん時の帆柱や舟岡山にたてる卒都婆木 T24」は、宮城県白石市白川犬卒都婆三本木があるし船岡という場所を知らずとも面白く読めるかも。★「寄鰹節釈教」が題なる玉雲斎（1790 没貞右か百年前の信海）の「お迎えをまつのかたちに南無あんた鰹のぶしの数の尊さ K26-4」も一見で難しかったが、ネットのおかげで「あんた」が武士の言葉で鰹節＝武士と解ったが、どこかのお寺で国の武士も多く参加したのを祝うか、ただ武士が多いのを感謝する南無阿弥陀ぶしか…。やはり、これも解くまでも預けるべきだった首が、こうして紹介すると自分の無知晒しになるが、面白そうな物が手元にあると皆に分かち合えたい。★友風の 1815 以前の上方狂歌「あしなえの車は牛に引きかえて他力頼みの善光寺参り K19-4」を読むと一茶句で手に下駄また四這して参った者かよく覚えていないが、その善光寺参りだ。しかし、足萎は貴族の足弱が牛の車で行くと異なって小車に座り神仏の他力を頼みながら自分の手力で歩んだか。或いは、善光寺で足萎えなどのために牛車でも用意した障害者フレンドリー詣での他力になったか。（改造版まで善光寺歴史に詳しい人おられば、ご連絡を！）。★当の寺だけは、一茶全集を読んだから多少知ってる。1856 に出た天明老人編『狂歌江都名所図会』に文栄子雪磨は

入る事は無用と書きし禁札に男文字のみ見る善光寺 E13-1
At Good Light Temple (Zenkou-ji), No Trespassing sign headers
are all written in what may best be called bold male letters.

と詠めば、女子は年に一度しか来られなかった。山の上で、その日だけは女達が海も見えた、という一茶句もあったが、この文栄子雪磨の狂歌は描写に過ぎないか、指摘あるだけで非難になるか。その答えは幕末の社会史に詳しい人に任すしかない。★同本に絵馬やという方の歌「塵の世を浮雲避けてすむあまの月の障は無き善光寺 E13-1-246」を読めば、女子のお客は常になくとも老尼がそこで住むもいいか、尼住まない山だから月は澄むのどれか、よく分からない。形容は単語をとび越え易い日本語だから、当時の寺と山の実状も知らなければならない。★また千澄の「頭を丸めてなおる善光寺角の取れたる女なるらん E13-1」が得度式の髪を剃り落とす微笑ましい捉え方か男尊女卑は読者の心次第が、年一度の女来てもいい同じ日に行うか、「なおる」はどういう意味か、女の心を直すか、治るか。★同本なる望月楼の首

雪国の信濃をうつす善光寺いかでや肌を脱ぎし御仏
How can Buddhas at the Temple of Goodlight reflecting the snow country we call Shinano expose their honorable skin just so?

一見では、尼が仏になる前に、一応男になる教義と信濃の寒さを「肌を抜く」という超自然と自然現象の矛盾を詠んだ首かと詠んだが、落ち着いて読み直したら、信濃という特定の地名はともかく、ごく一般的で判りやすい歌で、建物の中になる仏像も上半身（主に胸）の肌が見えるのが寒そう。一応英訳できても、当時は仏像が外だったかどうかも調べないと完全には読み尽くせない。調べたら、外にある美顔の可愛い／＼「濡れ仏」という、衣をちゃんと着ていたのを見つけたが、いつ頃から善光寺に設けられたか、知らない。詳細に苦手ですから、「古狂歌 気の薬」の神仏別冊に協力できる、江戸時代以前の宗教と和歌も得意の共著の志願者を求む。

辞世
099

この世をばドリャお暇と線香の
煙と共にはいさやうなら　十返舎一九

Guess it's time to blow this world if I may take my leave
one joss stick burning so the smoke will carry me away!

ドリャは、ヨッショッとのような立ち上がる時の掛け声のようで、腰の永く据えた此の世に慣れて腰が重くなっても、積極的に去る。英語には特定の運動以外には、ないから掛け声こそ訳していない。その替わりに、お暇の意味の名詞の leave が二行より（線香を）そのままに「して置け」と動詞化する英語で珍しい詩の行末を越す掛詞。これが線香だが、ネットによる「遺言で棺に花火を仕込ませ、葬儀に集まった人々の度肝を抜いた」という話が正しければ、お線香で花火に火をつけた可能性もある。一九の小説には面白い狂歌が少なくないが、これほど美しく、あるいは活気なる独特の旋律で詠まれた口語体の歌は、どう見ても希。★狂度の最も高い辞世が 1666 年の「古今夷曲集」を始めに多くの狂歌本に再載された俳諧の連歌師なる宗朋の名絶筆だ。

ほつくりと死なば脇より火をつけて跡はいかいに成して給われ
My dropping dead is the first verse, for the next, just light the hair
in my armpits & as I turn to ash, my soul will haikai everywhere!

「ほつくり」は、「発句」をうち掛けながら「ぽっくり」だろう。俳諧用語の一連の頭となる一字は、清濁未定の古綴法に頼る。脇毛を刈

るべしと囃す虐め歌も万葉集にあるが、これこそ「ぎゃっ！」と言わせる。火つけるには現実性ある。脂汗を着火財にする事のみ抜けているる。メーヒコの伝説女流美術家フリター・カーロが火葬された時、アフロっぽい髪の毛が一瞬ぷっと火に爆発して「さぞ太陽の女神の如に見えた」と共に見送った同国の名画家の夫は書き止めた。江戸時代の日本では火葬が珍しかった。が、遺体を去り歌体へ戻れば、掛詞の連想は夢の連想のように曖昧。脇役は知ってるが、吾が輩ならぬ我が灰の灰買へ持って売るかなんだかの含蓄を解読できないが、魂は死出の俳徊かとか色々と想像してしまう傑作だ。一時間前の 2016.5.13 までは、宗朋の辞世の方が頭章歌だったが、他の章歌に比べて、難度が高過ぎるかと心配しながら、一九のおばたりや辞世の語感にますます惹かれて、決着についた。★狂歌本の中では、上記がおそらく最も有名な二首の辞世だが、一般的に一番よく出会う近世辞世歌は「宗閑（鑑）と云う人せなかに腫れ物の出でて身まかりける時によめる」狂歌初期早々の 1618 年成立の『新撰狂歌集』に前詞あった俳諧師の「そうかんハいづくへ行くと人問わバちと用ありてあの世へと言え T18」。1666 年の『古今夷曲集 T27』には前詞「背に癰瘡（ようそう）の出来て身まかる時よめる」の後に下記なるが、英語では、いずれも同じ

宗鑑はどこへと人の問うならバちと用あってあの世へと言え

If anyone should ask where old Soukan went, just say
he had business in the other world and couldn't stay.

辞世に癰＝用という見事の同音を生かしてこそ、狂歌本の中でも宗鑑は「大狂歌師」と称された事もある。彼の『犬筑波集』は、初期狂歌の大集より百数十年も早く桃山時代に出て、それで凡人でも面白く読める俳諧のジャンルができたが、14・17 調の俳諧歌が多くても、かの時鳥をパッスする首も、この辞世も 17・14 調。残念ながら彼に歌集あるかどうか、それすらまだ知らない。★都という世から遠ざかれた宗良親王が数百年前に詠んだ辞世を欺く首は、宗鑑の辞世の本歌か、

> 我を世に在りやと問わばしなの成るイナと答へよ嶺の松風
> *If you wonder whether I'm still alive, let me say in Shinano,*
> *I'm still in the sticks, but like trees on the ridge I pine here.*

伊那の「信濃宮」の1344-73年の三十年間を無事に生き残ったが、孤独を嘆く歌として、抜群のユーモアだ。場所の「伊那＝居否」に鄙も仄めかしたかどうかよく判らないが、辞世でなくとも狂歌である。「しなの」から「いな」までの連続掛詞は、素晴らしい。まだド田舎ながら（帰都を）松＝待つです。宗良親王は狂歌師になったとしてもおかしくない。★大田南畝（蜀山人）にも取り上げられた、なだいなだの『江戸狂歌』に紹介された、少々有名になった大胆無敵の辞世の好例は1645年に処刑された山中源左衛門の「わんざくれふんばるべいか今日ばかり明日は烏がかつ齧るべい」という「べらんめえ調」の六方詞ないし奴言葉の辞世だ。この源左衛門は、ちゃんばらの時代劇に出てくる鼻持ちならない悪漢。ちょっとした身分から得る権力を大にふり、酔れば人を苛めたり店を壊したり困った小者ながら、同類の常よりも大柄でしかもいざとなったら、死も勇ましく向い、堂々と喧嘩腰の辞世を捨て台詞に残した。そのため、このつまらない人が、絶対引かぬ江戸っ子の粋の始まりとか暴走族の鑑になったらしい。英国には悪漢と方言と無縁が、勇気そのものの辞世もある。つまらない理由で死刑になってしまった、国の為に自由自在に四海の敵の宝を奪って来た騎士のSir Walter Raleigh爵は首のちょん切る台の階段を踏み初めるところ「お世話頼む上まで登る死刑台 戻れば首は自ら落ちぬ」。そして、首切り板台（the block）に首を凭れる直前、もう一名首「斧を打つ人よ顎鬚気を付けろ 罪犯したのが奴じゃないから」と。原名文は和訳の文字通りだ、ポエムでは無かったが、日本の勇者の辞世と変わらない、死を前にしても冷静でユーモア・センスも健在の精神を祝いしたくてご紹介しました。辞世の勇気と遊気は狂歌のそれと同じ。

逆説的になるが、死を素直に受けるべき文化に生きれば、死にたくないという辞世を詠むも勇気要る。少数派で、新奇値もあれ。★本当の辞世かどうか知らないが、1533年前に山蒼斎T9が詠んだは楽しい。

餓死にも又酔死にも打ち死にも恋死もいや死なば空死
*I'd not die drunk, of starvation or fighting die in action
nor from love, but if I must, I'll do it like a possum!*

昨日空死の達人なる袋鼠の遺体を道の中で見た！自動車には空死はきつい油断。★百まで生きたかった上方狂歌の聖の貞柳は八十一歳で他界した五年前にも健康が今一つも『続家つと』に辞世らしく詠んだ：「親も無し子も無しさのみ銭も無し望む義も無し死にとうも無し T50」。★国を救う為に長年の痩せ我慢ながら研究の成果が当局に抑えられ泡に消えて、敗れし心から1793年に亡くなった林子平の名辞世、

親も無し妻無し子無し版木無し金も無けれど死にたくも無し
*I have no parents, no wife, no kids, no galley-blocks, no money
and no desire to leave this world, so my dying is not funny.*

近代歴史家によく知られているかと思うが、上記の二首の本歌の存在も知られているか。狂訳には脚韻で踏み迷い、狂趣が強くなった。★1837の剃髪の時に詠まれた元日坊立春（佐野渡？）の歌「正月の首にかみの毛はなくも更に仏になる気では無し E15-5」もかろうじて、死にたくない類になる。死に際ではなかったが、やはり予感ありました。同年三月「更に仏に」なってしまった。

突っ張るも反抗する事もなく、ただ美しく死にたい者もいる。釈教の章同様に一休を見逃せない。★1481年に88歳で消えた一休の辞世は、

借り置きし五つの物を四つ返し本来空に今ぞもとづく
*Of the five borrowed elements I return four with wear,
to become original anon…… nothing but empty air.*

「元」を仄めかす基づくの第三義なる「到着」が「空」と言えば、現在、五元の種を含む星の埃に成るかもしれないが、臍曲がり屋の一休は、ずっと生きたいかと思もわれるを、こうして死に際だと恨みもなく、丁寧にわが身を返済するという心ができては祝うべきことです。

★本人の職業の用語を持ち込む辞世は少なくないが、1623 没の碁の聖本因坊家又本因坊算砂の辞世は好例、1666年の『古今夷曲集T27』に前詞が「臨終に碁打ちなりければ」となる。再載 K19-1, T 絵 6,Eo 等。

碁なりせば劫を立てゝも生くべきに死ぬる道には手も無かりけり
Were life but go, I could live longer by resorting to koh;
on the way to death there is no saving move, so I go!

名歌で変種も多い。「べきに」が「べきを」。美濃の国の野瀬の本に「立てゝ」は「棄てゝ」になり、「手一つも無し」で終わる。劫を立てば、その石を捨てる覚悟もあるが、打ち繰り返すうちに様々の展開も可能で、立てる段階か捨てる段階のどれが得か相手次第が、レトリック上、立てた事が前提なる「捨てても」助けない方が良さそう。が、劫を知らない人に説明は無理。その喜びをやりながら脳みそにつける。知らない人に失礼しますが、代々の知的で活気ある極東の人々の心を知りたければ、せめて劫の喜びが感じるようになるまで、囲碁を習いなさい！因みに、十年前に人工知性の碁 Handtalk を相手にした敬愚は、もの凄い劫を打って見たら、直ぐ「ロジック違反」で PC がフリーズしてしまった事も何回あった。Google の AlphaGo が碁プロの李世ドルを負かしたが、敬愚は何番みても氏の過剰に通常の打ち方に不満を覚えた。一風変わった劫でも打ったら、アルファー碁の電脳怪物も頭がおかしくなるかと思って。それでも人が負けたら、もうお手上げが、死んでも劫の喜びを知るのが人間だけ。★俳家で川柳より早く風俗の句集を編んだり 1715 年没の許六の辞世は微笑ましい。

今までは下手が死ぬぞと思ひしに上手も死ねば糞上手かな
I always thought dying was just something the untalented do
but when a man of talent dies . . . we're good at dying, too!

（そして、若しも「糞上手」に掛けあったら下記になる）
'Til now I thought dying was for nincompoops beyond cure
but if poets really do die, I bet we make better manure!

『俳家奇人談』の変版で「下手ばかり死ぬる事ぞ」と始り「糞上手なり」と終わるが、「終焉の偈に、一時二打破ス屎糞ノ壺芬々タル臭気梵天ニ供す」という描写に次ぐ知月尼という（癩瘡に口臭が甚だしい）女流俳人が言及した。恐ろしい描写は彼女か彼女が許六に関して書いたか、よく判らない。許六の首は日本の辞世句と歌を沢山、脚韻ふまずに英訳した Joel Hoffman の Japanese Death Poems から借りた。同本に 1749 没の俳家の去音の辞世句「夢の葉か散るしゃらくさし最後のへ」と 1854 年没の一夢が五十一歳の辞世「夢一つ破れて蝶の行衛かな」という己が名か俳号を見事に活かした辞世句もある。おの名と俳号の歌句と結ぶ意味が伝わっていなかったから、拙著 A Dolphin In The Woods で適当にやり直したが、見逃された「去音」の余韻は殊に惜しかった。
★狂歌へ戻れば、上方の栗毬の 1780 以前の辞世は、一語ある Wow!

死ぬとても何が惜しまん丸裸天上下唯我独身 k4-2
So, what is bad about dying when we get naked and finally
can boast that in all heaven and all earth there is just me!

ホトケになるから、釈迦同然。御誕生の手前味噌。自慢はよくないが、自分でも一度したかった。死は得なるぜ。とは言え 1779 年八十五歳で他界した丈石の狂句「極楽に誕生日は今日なれや」の方がよっぽど可愛い。★同 1779 年没の儒学者で俳諧出身の狂歌師桃縁斎（又芥河）貞佐は禅師顔負けにハードボイルド現実も驚いては良かった K26-2-PIC。

死んでゆく所ハおかし仏護寺の犬の小便する垣のもと
After I die, my final resting place seems funny even to me:
under the hedge where the Butsugo temple dogs pee.

信仰皆無の敬愚は、上記を打ち込みながら「一二三死にいたるわれ何時か何処へゆくもゆかぬも知らぬが仏」と詠んだ。英訳したが Do as you please – when and wherever I go or stay, know this: / buried under a tree or dispersed in the air, ignorance is bliss. とは、くど過ぎる。★そういう墓場を知っても平気で笑う貞佐の達観は特筆に与える。上記の英訳辞世の本は法人辞世に傾くが、長い序を締めくくる辞世の歌例は異なります。『筵埃随筆』が出典で 1779 頃の名声なかった歌人が残した「ある時は花の数には足らぬども散るには洩れぬ友田金平」である。ホッフマン氏は、せめて己が名だに形見に残したいという一般人にもある私的志願を物語る辞世だと解釈したが、それを拝見しながら面白い先例もきっとアルと思って検索すれば、当時は名辞世だった本歌を二首も見つけた！★先ず、1747 年に八十三歳で亡くなった寺坂吉有衛門の

咲く時は花の数には入らねとも散るには同じ山桜かな
While not among the forty-seven who bloomed, now, falling,
I, too, would be counted with the wild cherries I hear calling!

だ。四十八番目の浪人で、身分が低かった為、世にその偉業を伝えるために四十七人と共に仇討ちしないように命令されたが、自分の役割を果たしてこの辞世で心が一緒だよと世に伝えて去った。★しかし、友田金平の辞世の本歌は、四十八人目の辞世の他にも、更に古い辞世もある。それは 1615 年の「咲く頃は花の数にも足らざれど散るには洩れぬ矢部寅之助」の辞世だ。さてこの寅之助は。徳川家康の大阪冬の陣に続いた夏の陣に間に合わず、関西で有名だったらしい大男が弁慶顔負けの武器を背負って可哀相な駒を半殺しにして急いで来たが、やっと大阪に着いたら、命よりも望んだ戦いの光栄と報酬には遅かった。島原を予言せず、これで戦争もないと思って、駄々をこねるよりも水も飲まず断食を始まれば、廿日以内に死んでしまった！「とも」を掛けた凡人の友田も、より古い辞世の二人と共に、命を捨ててもいい夢か希望が叶わず、不満でも抱いたかどうかまだ判らないが、その本歌取り（最初の方も恐らく我がまだ発見していない本歌あると思う）で、

辞世も他の歌と例外ではなかった。念のために、1615年の方の「花の数」は、桜というよりも「玉」同然の形容の「花」かと思う。二十世紀より散る桜が男になった。その前にはもっぱら女だった。四十八人目の山桜は新奇だった。桜が男となる早い歌例であろう。

勇ましく或いは大げさの辞世も、死にたくない志願を隠せない辞世も見てきたが、何よりも好む辞世ならぬ辞世は、序歌の章の最後の歌例として既に見た四方赤良の死を考慮する歌E8-3だ。英訳は新しい。

> 鶴もいや亀もいや松竹もいや ただの人にて死ぬぞめでたき
> Who would be a crane or turtle, bamboo or pine tree?
> To get to die as just a guy is good enough for me.

赤良の「めでた」百首の中だったかどうか覚えていないが、まだ若い頃に詠まれた歌だ。飯盛が編集1812年の『万代狂歌集』の題「祝の心を」は素晴らしい。再載が多いから、敬愚だけではなく、多くの江戸人も同感だ。若しも詠んだ直後に亡くなったら、立派な辞世になったはず。敬愚は清少納言だったら、赤良の生き続けた事を残念と書く。

> A turtle, crane, pine or bamboo . . . none are for me!
> To die as just a human is a blessing so I am happy.

気に入った歌を何度ともなく翻訳したくなる事は、好む漢字を何度とも筆で書き直したいと同じ。ひょっとしたら老一茶も、赤良の「ただの人」の首に己が首を頷いては「鬼もいや菩薩もいやと海鼠かな」という難解句を作ったか。線香をたかぬ屁もひらぬと何度も自白した一茶（屁の句をよく作ったくせに、嘘になるが）は、無為の海鼠の自分を、渋くとも肯定できたか。人間の限界を認めたら、自分の性を諦めるのと、そう変わらない。★白鯉館卯雲（1783没）の歌「食へば減る眠れば覚むる世中にちと珍らしく死ぬも慰み」を英訳せんとすれば、二つ微妙にことなる読み方になった。どれが正解か、ご意見下さい。

Eating I lose weight, feeling tired I wake up, good grief!
This may seem rare if not odd, but dying will be a relief.
（上記は食ても痩せてちゃう下記は食うもどうせ減る）
Eating we still get hungry and sleeping wake up still here,
but dying is too rare to bore and brings relief if not cheer.

子供の頃より小腸が下手糞で「喰えば減る」の悪夢と長年戦って来た敬愚は、食欲が十人前で餓鬼同然。夜は妊婦の如く腹が張り熱で汗かいて起きたりするのみならぬ、腸の沼から毒された血が脳を回し夢も獏に喰われ切れず、気分も悪くなって「死にたい」というも口から出てくる。今は、うんと元気になっているからそう書けるが、「死ぬも慰み」の気持ちは、よく判る。だから上の意訳に傾くが、世の中は同じ事の繰り返すという贅沢な嘆きをする下の方は系譜あるから、死にたいほど退屈になった解釈は正しいかと思う。ただし、退屈と無縁なる敬愚だから、心からは後者を理解しかねる。★後期江戸には最も気に入った二首の現実そのものの辞世は、両方とも名人作。先ず、良寛。

生くること難しと知れど死する事また易からず思ほゆる哉
Living is hard, that I already knew – but dying, too,
I've come to know is hardly an easy thing to do!

この馬鹿正直ぶりは、狂歌そのもの。良寛は人気ながら、狂歌はそうでないとは、論理上矛盾。その良さは同じですから。★そして、広重の、この世とあの世を結ぶ狂度の高い「世話」式の辞世の一首も良い。

死んでゆく地獄の沙汰はともかくも あとの始末は金次第なれ
Passing through Hell? I don't know about that – but, first
you'll need some money to dispose of me on earth!

なんとなく信仰・習慣・実践をそろって明白ながら軽くえぐる絶筆に、かの浮世絵を思わせる遊気も感じる。日本の仏教の多くの宗派は、欧州のカトリックのと同様に、死出の道の支度や旅費も高かったし、地

獄を渡り切って楽園か天国なんかへ無事に着くかどうかが懸かっていたが、それがともかくも、実にある火葬か樽と運送代や葬式と墓の経費などのお金までも、気を配る広重の臨終は、お見事。

英米の文人にも面白い捨て台詞が少なくないし、英語で last words はあるも「辞世」という特定の単語も、文学のジャンルもない。誕生日よりも没日ないし忌を大事にする上、短型詩世界一の日本だけは、辞世しかない何冊の単行本すらある。★江戸時代の日本だと、歌や句と縁も無い人までも、最初で最後の句か歌に辞世をひねり出すことが当然となり、いずれ必然となる。句作か歌詠が苦手、しかも真面目の完ぺき主義者の人は、代詠みか盗作で用を足さなければ安らかには死に切れないという恐ろしい可能性も想像しがたくない。だから 1791 年かその前に用意された六十九歳没の十口の辞世は中々利口と思います。

> 笑ひ草のこさんよりも常々に挟持おきつれ今は苦も無し
> Rather than leave a poem that people might laugh at I wrote
> this one early and set it aside, so now I can die – composed.

羨ましい。敬愚も死んでもいいと云う幸せの日を待ち永らえるが、辞世歌一首だけで済めない。世の中の人と分かち合えたい夢が多過ぎて、その重荷を背負う内に死出の道に一歩とも進めまい。『古狂歌 気の薬』のシリーズのおかげで出世して、人を雇って夢開発工房でも開いて、次々と夢に足や羽を付けて世に出し切れて、重荷が軽荷なるまで減らさねば、夢が可哀想で、生き続けるしかない。今は、六十五。早く出世するか痴呆になって夢を忘れなければ、もう一つ人生が要る。つまり、百十五歳までも頑張らなければならないかもしれない。

※古狂歌の研究のお世話になった歌人の吉岡生夫も辞世歌集を編著なさいました。敬愚は文学の歴史家ではないが、本来「読み捨ての和歌」とよばれた狂歌は、捨て台詞と云う辞世にも縁があるみたい。

哀傷
１００

岩戸やぶる手力もがも手弱き
女にしあれば術の知らなく 手持女王

Oh, to be Armstrong, able to pry open the boulder-door – instead of me, weak woman that I am! How could I bring back the dead?

1980-90 年の東京。混んだ電車に立ちながら、岩波文庫の『万葉集』を完読した間に笑いが絶えなかった。笑いの種の多くを、中西のくどい現代訳と渋い注釈の中に見つけた訳ではなく、行間又万葉仮名から自ら気づいた掘り出し物であった。中には、我が勝手な解釈ないし独りよがりも多ったが、研究者ですら読み逃した機知も幾らか拾ったかと今も自負します。章頭歌なる万葉歌＃419 は、その好例になる。「どうせ女に過ぎない」というレトリックと詠人の名前タモチ（手持）ノオウキミと結ぶところは、微笑ましいが、より大きい歌意そのものは悲しながら微笑ましい概念狂歌になるかと思う。日本語の読解力が今の半分でしかなかった昔の反日本人論家ロビン・ギルも、一見して判った一方、中西の現代訳の後半「私はかよわい女なので王に逢うすべもないことよ」を読めば、疑問に思った。逢うすべと云うよりも、死から救い、この世へ戻してあげたい話のはずではないか、と。

Oh, for strong arms to break in that cave door – I am his wife, but as a weak-armed woman, cannot bring him back to life!

哀傷歌の哀笑ないし狂たる心には、理ある。様々の文化において、非合理の詞又行為は「世の中が順調に運んでいないぞ」という知らせを

神に伝える戦略だった。ありえないはずの物事（この場合、死者を助けることは、男にも不可能の事を、弱き女だから出来かねるという歎きは、論理上でたらめ）を神に聞かせたら、変な理屈の可笑しさで上機嫌になる神は、悪状況（人の死であれ、旱であれ）を取り消すか直してくれる。数十年前に文化人類学の書を山ほど読み尽くしたら、何となく判ってきた事です。

> How I wish for hands strong enough to bust that cavern door,
> but handweak woman that I am, I can think of nothing more!

この2016.11.16の新訳では、何のために戸を破りたいという情報追加を遠慮した。何故かといえば、蘇らせたい以外の仮説も浮かんだから、我が読み込みが正しかったかどうか、とそれと分けられない中西他の自分より沢山知っているはずの学者に対する批判も、はたして公平かどうかという事を、出版が近づけば近づくほど、不安になったからである。死出の道から人を救う発想は、古今集にあるが万葉集にあるとすれば、覚えていない。一方、王などの喪や埋葬に際して、近親者が追って死ぬ「殉葬」が646年に禁止された。彼女の夫であろう河内王が694頃に葬られた。すると、女王が王と一緒に殉葬するのが伝統的な理想で、中西の「逢う」にも一理あるが、狂意訳でいけば、

> Oh, for the strength to open that cave door instead of groan,
> but as a weak-armed woman, alas, I must leave him alone!

共に殉葬すべきを「彼を一人ぼちに放さなければならないか」と永遠に共になりえないことを一応悲しんでおられる。彼女の心は、判らない。死ぬべきだったから良心の咎めるか、殉死禁止になったのがラッキだった。多分双方の気持ちだ。ともかく、ただ「逢う」話でもない。それから2016.11.17の只今、ネットで「迷探偵」の「天照大神の岩戸開きのように、再び蘇えって、この世を明るくしてください、という願いを込めた」という読みを拝見、これなら哀傷ながら、ほんのりとし

た賀っぽい雰囲気も感じた。無論、小生も古事記が本歌ならぬ本記と考えていたが、その縁語を気づいても歌意に、このように結ばなかった。「迷探偵」の散文を狂訳にすれば、

Oh, for strength to force the cave door but as a weak-arm woman
all I can do is hope he will come out to brighten our world again!

更に面白くなるぞ。「迷探偵」の会話の相手でブログの担当智導世津翁は、「古事記」が694の後になる712年上程で「手持女王が編者であったか、もしくは、古事記を暗誦していたという稗田阿礼である」と述べる。人物と地名などの関係の詳細を更に知りたければ、ご自分で、その geocities.jp/ojyaru_24/kozi. という頁か氏の（きっとある？）本をどうぞ。はやく、哀傷狂歌へ進みたい。★その前、あくまでもご参照に過ぎないが、手弱き女の一首の狂歌例を狂言よろしく、休憩に見よ。1826 頃の編集者が多すぎて面白くなかった『狂歌吉原形四季細見 E12-1』に天明狂歌名人の米人の多少面白い詠みもある。

　　参照　遊び女がか弱き手にも大江戸の金を動かすよし原の里
Even the weak arms of a woman of pleasure can move
the gold of Big Edo provided she is in Yoshiwara.

章頭歌の万葉集の死人を救うべき哀傷歌に次いで、「古今集」のそれの好例へ進む。★小野高村詠んだ歌#829 は、哀傷歌巻の冒頭になる：

泣く涙雨と降らなん渡り河水増さりなば帰りくるがに
May my tears fall as rain to flood the river we all must cross
so she will not pass but, coming back to life, belie our loss!

無論、涙の量を極める表現で作者の悲しみも伝えるが、三途川を涙の供水で広めば渡らなくなるか、山も越す死出の道を遮るとか、その仮想を当時の人も文字通りに信じたと思わないが、愛する人が亡くなると存続者は痛みながら、或いは傷む故に笑うべき屁理屈を捏ねる。男

が妹の死を哀れむのが前詞にある。恋人か本物の妹か、双方か。とは言え、笑話を作ったら、通夜で過剰に泣く女を優しく囃す歌と読めば面白いかと思う。いずれにしても、狂訳でした。

愛する人の死出の道のユーモアはその本来の表現だったらしが、何百年後の江戸初期の狂歌を伺えば、哀傷ユーモアが多様化した。★1688年没なる信海T33はその限界を試した。「幼少の時乳を呑ませける者の果てたると聞て」こう詠んだ。

> お乳の人の死んだと云うにはっとさて乳の上がりたる心地こそすれ
> *Thy wet-nurse died they say but my eyes stay dry, I mean what a relief it is to know that you are finally weaned!*

心理上やっと乳離か。女嫌い＝男色の坊さんで、乳母への気持ちはどうなったか知らないが、初めて読んだ時、可笑しくてぷっと笑い出した。哀傷よりも祝いですね。情けない傑作にもなる。読み直せば、章頭歌には万葉歌より適切でしょうか、と考えてしまう。★念のために、信海には、もっと酷い「哀傷」歌もある。「手習う小人の弔いで名残惜しと云う事を詠めと云うにいと誠とも覚え侍られざれば」、この稚児愛の変態は「名もおしゝ名残もおしゝ口惜し吸わで別れて憂き名立身ハ T33」（蛇足＝稚児の小便のししの隠れ縁語もある）。★「かく言いければ、やはたの僧は水臭しと言うに」と馬鹿正直に自白すれば、「水くさしと云うもことわり香水も心も配るあなたこなたへ T33」。たった百年前に日本人は香水を好まぬとイエス会の方が報告したくせに驚いた言葉だが、撒いたというよりも参った、この信海という狂歌師坊。★約八十年経つ。上方狂歌K13中期の1753年以前の歌も馬鹿正直。「父羅人身まかりし。。。周忌に」と、紅圓はこう詠んだ、

> 愚痴なれど返らぬ事を南無あみだ仏／＼／＼／＼言うて弔らう
> *Grumbling stinks but "namu-amida-butsu(boo!)-butsu(boo!) boo!-boo!" if he never comes back, it will console me, too!*

たとえ嫌な親父が現にあるとしても、「返らぬ」ように願う逆哀傷の哀傷の気持ちを述べる歌は狂歌に限るでしょう。誤訳だったら、恥ずかしいが、英語に「ぶつぶつ」と似る含蓄ある同母音を見つけた。★又も下手くそな編集で屁になるが度量の 1787 以前の上方狂歌 K19-1 は

南無阿弥陀ぶつと云うたが最後屁や無常の煙の悪くさうなり
The end of the sutra "namu-amida-butsu" toots a last fart
indeed, this smoke seems to prove that transience stinks!
（上は火葬中で哀傷歌なるが、下は己がぶつの語で予見）
If that "namu-amida-butsu" was my last fart, then I think
the smoke from my cremation more than likely will stink!
（つまり下同様に辞世ながら、火葬の煙も臭そうぞと）
Namu-amida-butsu sounded like a fart, alas, no joke,
it stank as will the last proof of my passing, smoke!

要するに「無常の煙」が火葬のそれで、哀傷歌になると早合点したが、「臭そう」は予見ではないか。他人の仏が臭そうと言えば失礼で、自嘲＋卑下なる辞世と解釈した方が無害かと。胃腸が悪い人の辞世だったら、警告のにおいもする。さもなければ、「なむあみだぶつ」を真面目に頂けない武家の儒者の最後の笑いになる。経を囃しながら死ぬことは十分勇気ある辞世になる。念のために、無常の煙をご存じない人のために、四十五年前に大学から一、二キロも離れなかった糊の工場に馬かその骨が焼かれたと聞いたが、あの煙が本当に酷かった。少々異なる臭いが、皮膚科に我が背中から切り取られた悪性出来物の凹を焼き跡に完成？した時、虫を焼くとそっくりの臭いだった。美味しそうなアロマを期待しなかったが、もう少し良い匂いになりたかった！という訳で、死ぬ前に芳しい物しか食わない聖以外には、無常の煙は常に臭いかと思うようになってきたが、いずれにして、改造版では、度量の臭そう狂歌を辞世の章へ移すべきでしょうか。

趣味悪い哀傷歌と哀傷歌かどうか明白ではない首は、以上です。もう少し悲しいが、同時に微笑ましい英米の墓石にも時折見付ける愛想ある機知か可笑しみで和らぐ哀傷歌を見よ。★1770 出た本に上方の秀歌が多い其律の「娘たね六才疱瘡にて死せしを悲しみて」詠んだ「たねいもは掘り出しものと思いしに土に埋めむと今日こそは知れ K24-1」とは愛称が生かされた哀傷歌。農家で種芋を春まで保つための穴蔵を見たこともあるが、仏も入りそうな空間だったと思えば、この歌を聞いた家族の者は複雑な気持ちになったはずです。★「幼娘疱瘡にて身まかりける悲しさのあまり詠める」1796 以前の路芳の上方狂歌 K11-2。

A puppet with pock-marks has been folded-up and stored away
in her box our sweet girl still looks like she'll come out to play.
疱瘡のからくり人形かたづけて可愛や娘箱へ入れたか
Like a puppet with pock-marks folded-up and stored away,
will our sweet daughter ever come out of her box to play?
（脚韻を踏む言葉のからくりで人工的になったから）
Folded up and stored away, a puppet marked by pox
our sweet little girl, have they put you in a box?

暗い前衛映画に出そうなイメージ。詳細だらけなった仮定的狂訳も殺がなければならなかった。★1679 年の「銀葉夷歌集」の「無常」部の最初の歌「題しらず」一休和尚の「敷島に遊ぶ手ずさの糸切れて転ぶ姿は本の木の切れ T37」も、ひょっとしたら哀傷歌だと思う。★同1796 の上方狂歌本に、路芳は「ある人の愛子金三郎といえるに予化け物はなし等して遊ばせつればいと戯れつるが五才という年の冬身まかられければ其たらちねに詠みて贈る悼みの歌」と丁寧に前置きすれば

金さまをのばす寿命の無きぞ憂き狸を話して聞かしたに
How sad the life of thy boy, Gold, could not be stretched out
despite his having listened to all I told him about tanuki!

音字は少々破調なるが、いいではないか。本当かどうか知らないが、狸の睾丸の皮を鎚と金の間に置いたら金箔は偉くのばせる事は江戸時代の常識だった。Tanuki を raccoon-fox と称したいが、複数は四音節になる。Raccoon dog となりがちを南部ではアライグマ専門の狩犬 coon dog と混合しやすいで、日本語のままに置いた。在日の頃、窓際によく寝て我を愛した姫狸の足(paws)は細かったし、一人で遊び上手などからして、狐だ。惚れたら柔らかい表情で直接に眺めるが、狸も変な病気で金君と同様に若い内に死にました。★貞右は 1789 以前に「去年出生せし鶴といえる娘の今年身まかりけるを」狂歌師らしく「九百九十九年の不足いつの世に算用するぞ鶴は一年 k27-2」と詠んだ。蛇足無用。★この次の紫笛の歌 K23-6 は、死者を馬鹿にする類も詠んだ。

♪A Eulogy that is Silly called *"The Unfilial Filly"* ♪
此娘逆さまごとを好みつゝ親に先立つ大不孝者
How this Maiden loved to put the Cart before the Horse!
Dying before her Parents 'twas but a matter of course.

この類は欧米に多いためか英訳はごく自然に読めるが、狂タイトルを失礼しました。Filly は若い雌馬で親不孝な unfilial との矛盾なる語呂合わせに可笑しみがあって…。似たブラック・ユーモアの脚韻詩が墓石によく刻まれたから Graveyard Humor というジャンルすらなる。下記は良過ぎるで本物かどうか知らぬが、我が狂訳は字余りになちゃった。

Beneath this stone lies Dr John Bigelow,
an atheist all dressed up with no place to go.
此石の下にねむるはビゲロ博士
行先もなき晴れ着の無神主義者

信者でない敬愚はビゲロ博士の代わりに反歌=「釈迦もかの世を信じない者も死ねば皆も同じぞ仏なさい、この野郎！」と。★可笑しな哀傷歌や碑詩が先ずわが注目を引いたためか、読んだ狂歌集に少ない類

から、狂趣も余韻ある秀でた哀傷歌を数首しか拾わなかった。辞世の歌句ならば、単行本何冊もあるものの哀傷歌に何もないかと思った。探さなかっただけです。今日 1016.11.19 ネットで検索すれば、無論ある。調べた理由は、貞柳の母のための九十首の中からの抜粋に等しく、あるいはその上になる長嘯子が詠んだ 1627 年に亡くなった十七歳のお嬢さんを偲ぶ哀傷歌群の七、八首の抜粋も yamatouta.sennin のサイトに出会ったからです。四首も見よ。★

> 黒髪も長かれとのみ掻き撫でしなど玉の緒の短かりけん
> *Loving how long it was, I gently combed my girl's black hair;*
> *that the string of her soul (life) was cut short seems unfair!*

一茶が娘のさと女のためにしたように、哀傷歌は「うなゐ松」と云う文の中だそうですが、小娘は幾らでも可愛くて、もうそろそろ大人になる才女の死の打撃が強い。★

> 思ひつつぬる夜も逢ふと見えぬかな夢まで人やなき世なるらん
> *Thinking of her as I fell asleep, hoping to see my dear girl,*
> *but even in dreams those who pass away are not here.*

前句は小野小町の「思ひつつ寝れば〜」の名歌を借りて、亡き娘に対する愛情の多さを示す。物思いの激しさに寝られず寝酒を自棄酒ほど飲んだら夢も出ない事は当然が、長嘯子の生活に詳しくない。★

> せめてわがぬる夜な夜なは逢ふと見えよ夢に宿かる君ならば君
> *At least at night, every night let's meet, I'd see thee nigh;*
> *an inn is always reserved in my dreams for sweety-pie!*

きっと、この娘が死ななかった北斎の娘と同様に、旅か出家の場合、長嘯子と共に暮らしたかと思う。月に宿りを提供する歌が多ければ、夢の中で人という発想は、これが初めて？（本歌の有無を知りたい）。★「年の暮に」*At Year's End* に詠まれた。

　　　　なき人の来る夜と待ちし袖の上に涙の外の玉は見ざりき
　　　　Waiting on the night when the dead not present are said to come
　　　　the only pearls upon my sleeves are tear-drops for my little one.

涙の玉に年の玉に魂の掛詞もお盆の魂迎えなら知っていたが、大晦日のそれがこれで初めて覚えた。我が大好きなる「四生合戦」の著だったら（同定はまだ見たい）、長嘯子は初期狂歌最大の師かもしれないが、上記の歌が弟子が死後に集めた『挙白集』より。★長嘯子が他界した同じ 1649 年に、未得の『吾吟我集 T24』も出たが、その中に個人が対象よりも、一種の人のタイプを詠む哀傷歌もある。回文です。

　　　　また飛ひぬ女とおとあはれぬししらし死ぬれは跡をとめぬ人玉
　　　　His woman dies and off she flies – once again, she has no master…
　　　　nothing stops the human soul; pity her spouse, sad to outlast her!

清濁はないと読み難ければ、英語では回文は無理が読みやすい狂訳だ。★天明狂歌の手柄岡持の下記の歌はもう紹介せず約束した曖昧の類

　　　　玉の緒も馬の尾に似て切れぬれば哀れ胡弓の音も聞こえず
　　　　No "heart-strings" found in Japanese, but souls strung "on a thread"
　　　　and being of the fiddle ilk, when that breaks, the music is dead.

多分三弦師の哀傷歌だ。さもなければ特定の人の哀傷歌でなく、無常歌になるだろうが、人間全部の情けない死を嘆く哀傷歌と思えば、それもいい。蛇足になるが、若しも古い胡弓がモンゴルの馬頭琴と変わらなければ、弓の毛のみならぬ楽器の弦までも馬尾の毛だ！又死ぬ前に「呼吸」がやや荒い音もするが「胡弓」の低い音に似る。

人間でない哀傷の対象もあった。「万葉集」には鷹を真面目に哀れんだ長歌もあるし、短歌だと民謡などに出てくる鹿と虱の死も歎く。前者の本歌はたぶん中世の『梁塵秘書』の今様「峰に起き臥すだにも仏

に成ること いと易し己が上毛を整へ筆に結び一乗妙法書いたんなる功徳に」。髪を切らぬそのままに筆となる仙人が、歌謡集『田植草紙』の鹿の腹毛で筆を作り経を書き救われる歌の本歌になるらしい。この目出度き歌筋は、狂歌になってから儚くなる。鹿の死を直接に哀れむよりも、その毛あるいは毛が材料の筆の儚き命を哀れむ珍哀傷歌に変身する。五、六「異伝」も鈴木著「狂歌鑑賞辞典」にあるが、★最も信用できる編集者の行風は1666年の大集に宗訊（連歌師の宗訊1483-？）作とした変種は「鹿の毛は筆に成ても安からずとかく料紙の上で果れば」。縁語の猟師の上。文字通りに想像すれば後期江戸の狸の巨大睾丸の下引きになる狩人を、敬愚は思い出すが、鈴木曰く「秀句」なるかの縁語掛詞のおかげで行風編集の大集の四十年も早かった幾つかの集にも出る。桃山時代の雄長老本人の百首集にないが、存疑詠み「鹿の毛は筆に成りても苦はやまず終にりょうしの上で果てけり」とは、読みやすく正しく彼の様だ。★「哀れなり筆に成りても 鹿の毛のりやうしの上で つゐに果てぬる」のような下手のかわの詠みもあるが、それぞれが変種をして差がかなり大きいと思えば、口コミで広く普及された証かと思う。下記は上の歌々を合わせた猟師抜大雑把狂訳

the hair of this deer became a brush & slowly wrote itself away
'til bald & shot it dropping left just these words on paper to say

両リョウシの掛詞が無ければ、狂訳で何とか工夫して補う試しに、生まれた初めての終わらないポエムを思いついた。方向が逆なる難しい回文ではない。ただ最後の say がそのまま the hair of the deer へと続く。大声で歌ってみたら成功！この類は、超短動画のループの劇伴音楽に利用可能と思えば…嬉しい。★虱の哀傷歌も変種が多様だが、一番古い多人の狂歌集『新撰狂歌集』（1619〜36 成立？）の哀傷の巻の第一番目の歌は、詠人不知で「哀れなりおふち虱の跡問えば爪の上こそ墓どころなれ T18」。形容の「おふち」は奈良県の方言で日の当たらない陰湿の地の「おうじ」か、「横死」か「小小父」か何か）を知らずとも、宗鑑の辞世「問えばあの世にちと用がる〜」と『梁塵秘抄』の

「頭に遊ぶは頭虱頂の窪をぞ極めて食ふ櫛の歯より天降る麻笥の蓋にて命終わる」と云う今様を組み合わせ、もう少し地味の哀傷歌に化したようだが、新撰集の蚤哀傷歌の狂趣が足らない。又も、大雑把訳。

Would thou ask me where that little louse may be found?
On my dirty fingernail which is his final resting ground.

虱は抓めるが、英語では、虱一匹の louse は、つまらない人（性別ないが、どういう訳か99%の用例は男性になる）。それを活かしたら、英訳の方が原歌よりも可笑しくなる。例外は、1623 頃成立の『かさぬ草紙』に「ある人」詠む「虱子の身の行く末を尋れば爪の先こそ墓どころなれ T 参 27」の直ぐ後になる「蚤虱つめの上にてなく泪つもり／＼てふちと成けり」。ここに「亡く⇒泣く、亡くな⇒涙」とか「淵＝ぷち」とつぶる擬音らしい、下手糞の言葉遊びは、こんなに旨く重なると微笑ましい。★一方 1902 年出版の『狂言鴬蛙集』で見つけた、天明狂歌の大御所の朱楽菅江の哀傷歌は、どう見ても大人向き。「年頃飼い馴らしたる斑犬の、病にかゝりて死なれしかば厚く葬りて跡ねもごろに吊ひ（？）、石のしるしを建てゝ、之れに書きつけゝるは」次の賛辞なる狂歌ないし経歌である。

来世にてならば仏果をえのころよ南無阿弥陀ぶち／＼
In the world to come, you'll gain the Buddhahood that is thy due
Namu-amida-poochie! we cry for our Pooch, you good dog, you!
（三十代に猫派へ変信仰したが忠実犬に借あるからもう一首）
In the next world, he'll gain Buddhahood, for no man is so true.
Godspeed, namu-amida-poochie pooh, you good dog, you!

仏果を「得⇒犬」。つまり、来世成仏ぞよ。バター臭い狂訳になるが、ブルーという狩犬の名歌の歌詞を少しもじって見れば、Pooch は犬の愛称。朱楽菅江が愛犬のために詠んだ哀傷歌が温かいが、人でなければ、繊細な哀傷狂歌は、まず無かろう。★人が対象の、繊細な狂歌の鑑を

見よ。智恵内子の恩師は「物事うときが好みてからやまとの文どもよみけるがみな月ばかりに身まかりければ」、下記の歌を詠んだ。

集めつる窓の蛍の影きえて涙や文のしみと成るらん
The glow of fireflies in my window fades and teardrops
run across the pages like silverfish staining the letters.

前詞なければ、万葉仮名の「孤悲」ないし恋病かと勘違いそうな歌ですね。★下記の無名人のための哀傷歌の後に「時成狂歌」と書いてあるが、いつ、どこ、詠人の名、我が読み拾った出典、これらの必要な情報を全て知らないが、有心ながら無心を欺く「はかない」掛詞で読者を楽しませる狂歌ならではの不思議な力をこの素朴の首を分かち合えたい。

その人の標しの塚はありながらはかなく落ちる我が涙かな
Here is a mound for one once quick and brave – so why, oh why
do I cry? – because my tears fall on grass over no grave.

工夫にも泪の英訳を、拙著 *Kyoka, Japan's Comic Verse - a Mad In Translation Reader* という狂歌読書の哀傷の章の最後に置きました。

小章　狂歌師回忌 DEATH DAY と賛辞

追善が一年忌、三年忌、五年忌など百年忌まで永くなる程、故人の哀傷が次第に祝か賀歌に転じるという気もします。俳家の忌を句にするように、狂歌師は狂歌になる。★早めの例は、1672 年に出た『後撰夷曲集』上巻の最後の首になった。狂歌初の一人大撰『吾吟我集 1649 年』の著者未得が「身まかりし時に」詠まれた貞富の「住なれし穢土を離れて極楽へ参る人こそ そのみとく成れ」。江戸＝穢土の掛詞が、本来沢庵が江戸へ行きたくない手紙に詠んだ社交の狂歌にある。未得はその身が得のままか徳にも掛けるかよく分らないが、哀傷というよりも

偲びながら賀ないし讚歌になる。どの狂歌師について忌歌は幾つかもあるが、狂歌師の中で最も詠まれている者は上方狂歌の門祖の貞柳だ。縦に代々横に藩々と拡大した、その門人の恩師を詠んだ忌歌の数は何千首もありぬべき。『狂歌大観』の幾つかの上方狂歌本を見ても何百首を伺う。「古狂歌　気の薬」シリーズに辞世＋哀傷歌別冊あらば、何十首も紹介したいが、本書では、家族者が詠んだ二首で十分。★師が死んだ同じ1734年に出た『置みやげ』に弟の貞峨は下記のと詠んだ

知るしらぬ人を狂歌に笑わせしその返報に泣てたまわれ
*Whether or not you met, if his poems made you laugh, that's why
'tis only right for recompense that it should be your turn to cry!*

★1737年に、その三年忌として出た『狂歌戒の鯛T55』にある息子の柳因の狂歌は、家族の氏名の鯛屋を活かす。中々気に入った首だから八年前に幾通りの英訳も試した。原歌と二首の狂訳は下記。

*Words he dressed in fin and tail, even dead, stay dapper,
flapping alive as we partake – Teiryû is still the Snapper!*
新しい尾びれの付た言の葉は死後まではねる鯛屋貞柳
*His words live on, & convulsed with laughter, who is dead?
Like sashimi, moving still, 'Snapper' Teiryû is forever read.*

尾鰭の意訳が異訳に転じた二番目の英訳を打ち込みながら前句を更に改良しました。英訳にタイがイギリスの sea bream ではなく、米語の snapper にした理由は、snapper は又歌と落語用語で云うオチになるし、snap に弾きある。そして、赤い魚で red=read という掛け詞にもなる。古狂歌を英語の世界に紹介した740頁の *Mad In Translation* の第三頁の Benediction（善語ないし賀賛）に敬愚は、こう詠んだ。

狂歌師に鯛ほど似合う魚なき
喰うも喰われも同じおめでたい

after-matter

参考＋後書＋文献＋宣伝

◎　ご参考に　◎

一題尽くしの見本

狂歌を数万首も打ち込んだファイルにある各題のとんでもない富は、本書の限られた歌例ないし「見本」だけで、はたして無事に伝われたかどうか、という心配あったから、春部の中で小章に「若菜」（又七種、薺叩き、粥とその杖）を追加した際、当題々の全首を抜粋、参考用に下記に貼る事にした。本書に入れた首を間引きしたり、既に別冊のために別なファイルへ移った首（ある時点から、コピーのみ移るようになったが、残念ながら最初は重複を避けるように消し移った）を考慮すれば、「全首」も七、八割の首になる。それは、下記にある。ファイルのままに近い状態だ。若菜など「全首」を俳句歳時記の如きずらりと並べて見ても、けっして退屈にならないと思うが、読者に異見あるかもしれない。時折の参照と参考の首と自分向けの駄記を残したが殆どが裸の狂歌。摘むも叩くも食うもあり、比喩と実践も多い活気抜群の題だから、更なる弁護は無用。おまけに、この資料の見本は、七草の「お粥の杖」という文字通りの後の祭り、即ち奥さん達の臀部を打つ、とてもいかした小題で終わらせて頂きました。※お断り。転載、引用なさる場合の追加情報：或る首を、本から「狩り」ボールペンで書き留めながら、再読を解りやすくする様に多くの平仮名を漢字に直した。敬愚は記憶は悪いから、さもなければ将来に既に脳みその具の骨を折って解読した狂歌と再び格闘せねば。限れた時間を狩りた首の区分と解釈と英訳等に扱いたい。引用する場合、原文通りよりも本書通りの外人独りの読み下した時折に、誤った古狂歌であると知れ。

ＤＯＣファイルの若菜・七種・粥など

摘む人の腰は屈めど幾年も若菜／＼と名のみ老せぬ　貞亀
題林（寂連の番外首か同じ本歌）
参焦：年ごとの春の野に出でて摘みつれば若菜や老の数を知るらん　小澤蘆庵　近代和歌
幾春か摘めど若菜は人魚にもまして齢を野辺の手すさみ　可笑 K17-1
　（木乃伊の人魚の化石化と代々伝わる不変の仕草の滑稽の比喩）
処女子に打交じり摘む男のこ若菜より先づ囃されにけり　桂居音高 E12-2
　（江戸時代も男の子は辛いね！）

若菜摘＋老＋雪
年寄のあやかり物のつむわかな我が黒髪に雪はふりつゝ　釈三ト 1533 T9-4（曖昧が色っぽい）

雪＋鶯菜
春寒み雪の下なる鶯菜ネは細くして葉をも広げず　未得 1649 題林 E15-1
雪＋若菜
雪間より笑ふ若菜をこそぐりて橋や山田の脇の下道（津）呉竹永清 K16-3（野はらも脇の下も）
白雪のふる野の若菜たしなくて?籠の底にも掻き探すほど　神田居 E11-1
雪ながら摘みし若菜は手のうちに消える斗りぞ小さかりける　釾桂園斧児 E12-2
手の跡を雪のうけとる若菜かな　千代

＋君が為
一口を千代をも雪にこもりく?の初若菜をや君にさゝげん　浅誘庵 E11-1
若菜？＋陸奥の仙台
若菜ともわかぬ雪間を手弱女の踏みにじりたる跡ぞゆかしき　砧音数 E5-3
雪分けて野辺の若菜は摘みくれど?質草の無き宿の寒けさ　友風　k17-1
若菜＋門田

雪消えて門田の若菜つい摘みぬ粥たく釜の下燃えの間に　茂喬　k17-1
　（狂趣は薄いが魚船上の刺身同様、天然数奇の限りなる写生）

雪＋薺
まだ雪に隠れんぼする隠れ野のしほ／＼?髪と言わん薺よ　桂花亭錦月　K3-3

若菜＋野守
春日の野の飛火野のともり出でて見よ　いゝいくかありてわゝわかな摘まん　東作？E2-1,3-5（清濁＝燈り⇒どもり⇒守出でよ？見事いや聞事ながら。。。）
春日の野の飛火乃野守ゆでて見よ今つミたての若菜ひと鍋　百林亭真杉　1822 摺物 Mckee 訳　（本歌　春日野のとぶ火の野守り出でて見よ今いくかありて若菜つめてん　無名 KKS #18）
夜の内に野守は先へ摘て取る若菜で許す今朝の野嵐　悦丸　k29-1（摘む人嵐？）

新奇の若菜
春日野に若菜つみつゝよろづ菜の味は奥歯にかみぞ知るらん　正式 T28-9 左持
　（味に直したが万が一「あち」も掛ける？植物名も知らぬ本歌は？）

写生＋菜
間引き菜ハさゝれ石まの山畑のかたしゃ？老の後まきの種　宗長　e7-5 新撰百
　（春が遅い所で。宿屋飯盛みつけた連歌師の狂歌）
写生＋若菜
肴にと言葉をのべの遠ければ背戸の若菜を来客に摘む？み？め？　了忠　T29-13 1671年（これこそ私的なる老楽の写生か）

菜と薺＋売買
人の手に渡らぬ先と薺売とるや捨てゝん天の玉もの　橘洲　E1-2 明和十五番狂歌合
　（題が菜叩きが内容は菜売。料理支度を掛けてバナナ叩きの如くの意味か。橘洲の首は、値を高くするため許せない行為の描写か？）
薺売てん貧乏に此金を与へたびらこ神仏の座　坂柳　同（抜け字？）
七種をたゝかぬ先に薺売拾ひし金をとり囃すらし　秀安　同

拍子よく金拾ふたる薺売とゝんとうとの鳥あへすして　赤良　同（唐の鳥⇒とりあえずハさすがに赤良）
江戸人は手をも汚さで葛師の若菜つみ来る船をこそ待て　麟馬 E11-1　1819

駒＋若菜
わづかなる草の若葉に繋がれて所も去らぬ野辺の春駒　宗良親王千首　1371（そのままでいいが、「なヅナ」の隠し掛詞が心か）
春駒のはミ出す雪の下若菜残こるを　我もはミ出してつむ　四方歌垣　真顔 1822？
　（時折「み」の字が「ミ」となるが、何故か敬愚ハまだ解らない）
参焦句　土手の馬くわんを無下に菜摘哉　其角　1707

若菜＝女の子
初若菜せりあうて取る小娘がねからほれたと言うも可笑しき　栗毬 K4-3
摘みにやり遅く帰れる下女の名のワカナのはをもいたすかみ様　不知 T12-5（葉＝歯をも致す？痛す？）
床につみし源氏草子は知り知らず若菜は上下祝い社すれ　猶影 T29-15　1671（敬愚は何だか知らず方）
摘むおなごその名を問ふも若な哉　無名 1651（＝解かな　狂句）
七草のかゆひ所へ手の届く庭の若菜を孫に摘ませむ　再現（粥⇒痒い。Noah Brauman 訳の摺物より。詠人は入日か）

武蔵野＋菜摘
武蔵野に今日ハ遠慮もしら雪の富士を股から見る若菜摘み　貞意　題林
爪の立つ地も無き今の武蔵野は青物店に若菜つむ也　問中庵松朝 E11-2
原若菜
姉いもと形見に摘めて帰るのは同じはらから美味しい七草　茂喬 K17-1
　（「茂喬に娘二人いたか？姉結婚、妹亡くなったか）

沢若菜
衣手にふる野ゝ沢の初葉雪と古歌とを踏み分けて摘む　半月 K17-1-10
水辺若菜

七草を打ちまぜ摘んで里人の渡らぬ先に洗う芹川　三枝 K17-1（叩く唄の先の先の言葉と遊びながら、早摘みの利を。しかも、洗の字中の先も考える！）

七種の種類
根芹
君をのみ恋こがれつる手すさみに門田に出でて根芹をぞ摘む　ある人 TK 参 21（君とのみ寝たい訳。参照：君がため春の野に出でて若菜つむ…古今集 21）
春寒み雪を蒲団とかぶりつゝすくんだ根芹ひき起こす也　観湖舎林百鯨 K16-1
春寒み雪を蒲団とかぶりつゝね入りし芹も引き起こす也　観湖舎林百鯨 K17-1
西行に見せたや今朝の賑わしき鴫立ち？つ？沢に若な摘み？む？人　琴成 E7-1
宮人も辷（る？）厭ひで芹薺雪け（げ＝消？）の沢につめ立てつむ　湖雪（詰め＝爪立ちて？）
積みて藁で束ねん沢水に洗髪とも見ゆる根芹を　鶏六 E7-1（積もり見て？）

仏の座
咲きかゝるけまんの花の色はえて仏の座こそにぎはゝしけれ　未得 1649 年 T24-88
　（仏具の首飾りのけまん牡丹の花は桃色が、一音字で賑わしさを示すか）
七種を寺には少しはゞからん仏の座をもたゝくと思えば　栗毬 1780 年 K4-2
仏法はまだ注連縄の外ながらホトケの座をば入る七種　順馬 1819 年 E11-1
手つさみに束ねし雪の消えた跡に仏の座をし摘る　三笑 E7-1（抜け字か。句ならば、雪きえし御仏の座を摘む小僧　敬愚）

鶯菜
籠を手にさげつかゝえつ名にめでて鶯菜をや摘みて入らん　来焉 T27 1666
籠提げてねごとに摘むハ鶯菜　Or　美籠持ねごとにつめば鶯菜　敬愚

菜叩く　七種叩く　七草部　七種部

摘＋囃　摘＋叩
芹薺はやす人よりつむ人の手ハ鉄火箸あしハ擂り粉木　金埒　題林

土混じり摘みし若菜を取り出してあとは袂もたゝく七草　鉄廼屋大門（とは後期江戸ながら素晴らしい）E12-2
とこの山は我が名をもらすなとみかどの詠ませ給ひけん。いとおかし、
七くさの明ぼの寒きとこの山わかな洩らすな俎板の上　つぶりの光 E3-8
　（「叩く方へ」詠まれたこの首は蕉風でしょうか。

＋鳥
かき寄せてたゝく若菜のほと／＼と唐土日本のとり／＼の声　山蒼斎 1533　T9-4
　（唄に出ても唐土の声とは言えないが？）
人毎に若菜に口をたゝき添え珍し顔に喰う御みゝかな　道増 T11　16c（福耳の人形に出す？）
先明けて皆よろ昆布で口祝う箸も隙なき鳥の声／＼　柳葉 K13-5

武家人日
七草をわたらぬ先と囃すかな唐土の鳥や二本さす家　季遊 K14-2
七くさを囃す庖丁かな火箸にほんの鳥の渡るまな板　於保曾礼長老 1783
七草か唐土の鳥に起こされて叩く片手に目をこすりこ木　石部金吉　E1-291
　（良写生。出た本は『狂歌月並摺』。）

叩＋水鳥
夜もすがらたゝくハ唐土の鳥ならで日本の人の水鶏なりけり　入安 T16　T27
　（水鶏は戸も叩くから隣などからのお客も来たかと？）
粥＋叩＋薺＋鳥
粥にして猶もくいなの鳥のとしたゝくなゝくさ薺なりとて　月洞軒 T40-640（酉年＝戸したたく？水鳥は鶏の字になるし、妻に「もう少しお待ちなさい！喰いなってば！」と叩かれる男か。薺で「な」のNo!を強調したか）
日本の鳥唐土の鳥の渡らざる先にと口をたゝく七種　貞柳 T51-252 題林
百草やちぐさの中に選ばれてとり囃さるゝ今日の七種　順磨浦女 E12-2-66/7
　（鳥追い歌の類。疫病退散の呪いの意味も？）

人目（？）七草を囃すおなごは叱られてわらはれん？木に顔を赤めた　栢丸　K26-3
（笑われては困る？「木」は減本にある？）

女子暗喩＋叩
摘まれては又叩かる〝若菜かな　宗鑑　1546没
うましとて口をもた〝く若菜かな　貞徳　1633没（旨い狂句）

七草＋叩かる
と〝／＼と今日た〝かる〝七種やおひし野原のま〝子なるらん　貞徳　T20-5（尻をspankという日本になかったはずの体罰か？老いし腹で末っ子？）
つみた〝き後はくひつく若菜かな　貞徳（英国民謡 John Barley Corn の短縮版）
妻戸ならでほと／＼た〝く七草は七日候とのおとづれに社　信安　T37-78
もの臭き事をやめよとな〝くさの甲斐／＼しくも叩く口哉　月洞軒　T40-1705（甲斐あるも歌意は？一茶にも草を臭いと掛ける癖ありました）
＋家人
た〝かれた夜のねよきより七種をた〝く朝ぞ起き心よき　如容　題林（あれか？）
か〝かっと鳥が鳴けばとく起きて囃す薺の音はと〝とん　石のはらわた　E2-3
寝忘れて慌てし目をすりこ木の拍子間抜けにた〝く七草　手枕哥種　E2-3
（指先こそ危ない！一茶の自嘲だらけの七種叩き句もここに！）
面白う拍子をとりの渡らぬ先まつハ薺のはた〝きをする？　蝉鳴　題林（葉たたき＝羽ばたき？）
和歌浦＋叩
七種を囃す若菜や和歌の浦よせてトントン打ちかた男なみ　畑野畦みち　若葉集（原文は「男浪」）

粥
呪文っぽい粥祝か　あしき事なにも七種なずな粥いわひ改む今朝の寿　月洞軒　T40-2220（繰り返されている七のナと薺のナを悪の無いナと結ぶ新奇）
福涌粥
神達の数にかないし七くさを今朝たくからや福わかしと云う　茂喬　k17-1（変換違いの「福和菓子」も可笑しいが、七の日で幸運か。沸かしに若しも縁掛か）

邪祓粥
年中の邪気を払えるしるしにや喰えば汗かく七くさの粥　芳水 K17-1（汁⇒印が、七味唐辛子もかけたか）

七種爪　七日爪　菜爪　薺湯、薺爪

七種の日までは爪をとりもせずよろづの宝かきぞ集まる　野戸川人友 E3-7
　（わざと切らないと。だから、もうそろそろ爪を洗う）
垢爪や薺の前も恥ずかしき　一茶
あすは元日の爪でも切らう　山頭火

十五日＝望月の小豆粥の粥杖
　（妊娠して男の子生むように武家の妻のお尻が粥杖で打たれる式）
大内に打たれて痛む尻よりも腹をかゝえん粥杖の興　天地根 K7-5
　（大内に中国風の体罰？それと比べて妊娠は大変になると？）
粥杖にふりむく妹が身ハよれて糸の柳の腰にぬも付く　浅草庵
　（摺物の侍の妻と縫い物中のお嬢さんの北斎画に）
粥杖で打ちしを妹が腹たてゝ尻をもて来るは又もいはゝむ　麦浪亭渓雲 K9-4（祝はむ？）粥杖に逃ぐるふりして打たれけり　三敲　講談社大歳時記
粥杖にもちふる岸の青柳に打たれてや子を孕む白魚　文窓明 E7-4（餅ふる？）
かの杖にならぬ先から枝たれて己れが腰を打てる青柳　音芳 e7-4-202（杖の前に字抜けたが、多分「粥」だったが、「かの」が面白いかと思った）
春風にお孕めと打てる粥杖は柳の腰も逃しやはせじ　釈氏定規 E3-8
打たれても腹は立たれず諸共に腹をかゝえて笑ふ粥杖　蓬莱亭安則 E12-2
狙ひより打たんとすれば逃げられて孕みし事の違う粥杖　勝雨亭露持 E12-2
粥杖の側つゐ喰ひし飼猫も孕みて見ゆる閏年かな　桂花園千照 E12-2

2017.7.6 校正中。解釈や英訳なしに、ただ歳時記の句例の如くで十分でしょうか。編集者を雇うお金もないし、本書の読者はまだ皆無で、へたくそな日本語で狂歌という日本の文学を日本人に紹介することは、感謝されるか、ただ笑われるかということも、まだ判りません。

文献と本書の記号

四十年前に、学生から金を受けて論文を代わりに書いた人を知った。二、三冊の本から盗作し寄せ合わせたわずかな資料を尤もの研究に見せるために、当本の脚注で繋いだ文献にあった何十本と何十雑誌の名と頁番号まで借りて、立派な本物の論文に仮装して出来上げた。そのような偽者を喜んだ教授達は、誰より多くの本と雑誌を読んだ敬愚は、その努力が要る時間を費やした為に、論文の後に手書きで文献を下手に追加するしか暇なかったから大変な目にあった。綺麗に文献をタイプしなければ、大学卒業を許せない上流歴史学者の教授がとりわけ煩くて今も腹が立つ。米国の一流大学でも、内容をきちんと読んで学生の思想の世の中への貢献を評価できる（つまり、本物の論文の判る）教授は、十人に一人しかない。とは、我が印象だったが、これ等の体験あるから、文献を見て論文の正当性が判ると思えば、とんだ間違いだと確実に知る。とは言え、今まで書き出した洋書の中には、参考した本を全て載せたのみならず、それぞれの感想と短評も述べた書が多い。しかし、それに触れた書評は皆無。なんのために苦労したか、と又腹が立つ。今度は、時間＝金つまり余裕もないから、仕方なく疎かにします。大雑把に言えば、**90%以上の狂歌は下記の文献中になる**。原歌の綴りの問いには、手元にある『狂歌大観』以外には答えない。各首に本を同定する番号を付けたから、図書館で江戸狂歌本か近世上方狂歌本の series をご自分で調べて下さい。解読に問題がある首にのみ、頁#も書いたから多分ファイルにある。E-mail 下されば、教えます。出典にある綴りを読まぬ人は図書館へ行かないで、本書を言及させて貰いたいからこそ、番号中心に同定した。わが首狩は、長年かかって一文無しになったが、本を売る宣伝の為に遠近で公演したくない。じっとして、書物の中の首狩を続きたい。無礼が、読者の宣伝に頼るしかない。本書の中で面白い歌を見つけたら、ここが出典と書いてくれ。

T『狂歌大観』1982-84。中世から中期江戸 1740 頃まで百数十古狂歌本を注と解釈など情報が殆ど無い裸の紹介（拙著 *Mad In Translation* の 648-

9頁に各本をリストしたが、全 series を一冊ずつ取り上げる下記なる吉岡生夫の本とウェブサイトも格好の参考になると思います）。1730-40 の何冊は、上方狂歌である。五十音引きの三番巻は手元にない。

K『近世上方狂歌業書』は、1984 より一冊ずつ出たが、今のところは 29 冊目か。中期江戸 1750 頃〜後期江戸までの百数十古狂歌本。酷く小さい、しかも濃過ぎるか薄過ぎる活字を、読むために特別な虫眼鏡を買わねばならなかった！とは言え只今も PC に良い中距離眼鏡ない。お金はもう残らず、悔しい。各本は、著者＋出版状況＋上方狂歌の系譜に関する細かい解説か小論文から始まるのがいい。けれど、大観と同じき、各本にある狂歌をご自分で解読しなければならない、専門家向けの裸（上記 Mad 出版後に読んだが、これも吉岡氏の本とサイトでご参考を）。K series の#＋#で書名は調べるが、原文の年順と無関係だ。

E『江戸狂歌本選集』1998-2007 が十五冊で、中期江戸＝1770 頃〜後期までの百数十古狂歌本。上方のと正反対に大文字で読み易い虫眼鏡無用の素晴らしい印刷だ。その中で宿屋飯盛の 1809 年の新撰狂歌百人一首 E7-5 の発見は殊に喜んだ。狂歌大観と我が見解とそっくり。

F 夫木『夫木和歌抄』は 1310 頃。二十万首の類別。安く手に入る。只今遅すぎて F の略にすべきだったと。漢字も適当にあるから、下記の DB の 100％平仮名に慣れる前に、和歌狩をもっぱら夫木に頼った。吉岡生夫さんは、もうそろそろ本書に関する本を出版するかもしれない。

日文研和歌 DB は、何百万首も検索できる。煩いログインもなく、誰でも只で読めるが、殆ど全てが平仮名だし、詠む人の名前まだ打ち込んでいない歌が多い。文化庁長、頼むぞ。漢字に強いタイプできる、もう一人を雇って下さい。日本は沈没したら、もう遅いよ。

yamatouta.sennin は、人物毎の和歌選集。水垣氏（まさか、まだ一人で？）は歌人と各首を適切に紹介、通釈、派生歌などの情報を備える。

解りやすいし美しい。日文研 DB の全集は首狩に好むが、ひらがなの森が無理という人ならば、本サイトは、沢山提供してくれる穴場だ。

蜀山歌集　オンライン。他の歌集にない歌も多い。共になる金子じつえの狂歌小史を Mad In Translation で絶賛したが、万葉集に遡る殆どの歌例は既に上記なる E7-5 が出典か。又、友人の金鶏の歌集も一緒なる。

狂歌題林集　編集は真顔門の百尺楼桂雄他、文政元ころ出版で四季つまり歳時記っぽい狂歌集だ。古典文庫 565 は四季になる四巻まである。Google　Books で表紙しかないが、6 巻まである（恋と雑？）ようが。

狂歌逍遥　吉岡生夫著　3 冊以上。T,K,E 三大 series に一冊ずつ。数百書それぞれの秀歌撰＋解釈。後に全三体系の年表や、和歌と短歌との関係と甲斐と歴史の評論と研究資料などのおまけ。website も役に立つ。

狂歌鑑賞辞典　鈴木棠三　本書と落首の別冊も名歌と史的に意義ある歌の宝蔵。少しずつ読むと多くの知識を身につける。予備校か独学の講座にお誂え向きが、文学としての狂歌は、拙著か吉岡氏の方を推薦。

パロディー もじり百人一首を読む　武藤 禎夫の 1998。「江戸の」と始まるが、上方狂歌のもある。十数通りのもじりがよく撰ばれたし、プロ編集者の無駄も無理もない文章で纏める。値段も安くて良い！

狂歌百人一首泥亀の月を読む　山本廣子　2009。「もじり」を類語で定義する常ではなく、その内容と意義の分析。女流の繊細な紹介です。

江戸狂歌　なだいなだ 1986。最も読みやすい天明狂歌の社会中心の紹介。活発の庶民の元気な反体制的な精神と結ぶ狂歌の勇気と遊気か。

Eo 本書と別冊にある。公会図書館にある明治ながら後期江戸の狂歌本

後書の駄弁

玉琴の化して女となると見し
夢の覚むれば通う松風　桂舟 k8-2 1818

*I had this dream where I saw a beautiful zither of mine
become a woman and woke to the passing scent of pine.*

上の狂訳に wind は見えない。香も通えばと思ったが、歌体としての「狂歌」の初言及は藤原定家の明月記（1180-1235）にある。歌仙会場で「柿の本」という書きとめるべき和歌を詠む有心座と「栗の本」の捨ててもいい狂歌を詠む無心座が設けた。前者代表の慈鎮和尚は「心有ると心無きとか中に又いかに聞けとや庭の松」という虐めぎみの問歌を後者へ渡した。その代表の宗行卿は直ぐ詠んだ返歌は下記です。

心無しと人はのたまえど耳しあればききさぶらふぞ軒の松風
*My lordship declares that we lack hearts but, with Thy leave,
one only needs ears to hear the wind in the pine by the eave.*

万が一風の香も仄めかされているかと思って「きき」を漢字の「聞き」に直さなかったが、この首は、ついに天皇から好評を受けたと云う。歌意は新奇というより常識でしかないが、狂歌詠みの初弁護として、狂歌好きになってきた敬愚にとって、有り難い歌です。とは言え、なぜ歌を詠む人が柿と栗それぞれの本に集めたかと云う事は、明白ではない。相容れない二歌流か家風に属する者同士の文学上の棲み分けならぬ詠み分けは、一仮説になるが、もう一つは、その日その日の合戦結果に従い、勝者と負者同士に分けて宴会を開くから、片方に属する事は一時的でしかない。証拠こそないが、狂歌書も中世の暁月以前の狂歌師も存在しなかったようで、第二仮説、つまり歌合の中での臨時的な工夫だと結論するしかない。だからと言って狂歌が劣等で、栗の木の本は罰かと思えば、そうでもない。競争に負けるとやはり、辛い。自棄酒もあるが、血内テストステロンがどんと落ちて食欲も性欲も無

くなる男が多い。立ち直るには、笑いが最強の気の薬で、狂歌詠みこそ治療になる。尾を引きずって栗の本へ寄る負け犬の歌人も、たった一晩の狂歌遊びで自信も取り戻して尾も高く振りながら元気で帰宅できたはず。仮説に過ぎないが、敬愚にとて、昔話でもない。体験だ。妹が癌治療の実験化学に大手術を重なった獄門中、ある日、後三ヶ月（「クリスマスまで」）の命だろうと母に頼まれて、北フロリダの片田舎の妹の農家へ引っ越した。当時、海鼠千句の本 Rise, Ye Sea Slugs! の売り高が上々で、多くの俳句誌や俳句会などから依頼もあった頃にも関わらず、二週間の内に引っ越した。妹は動物愛護に尽くした良心の人ながら、その三匹の老ダルメシアン犬同様、世を白黒でしか認識できぬ硬い頭持ちで、敬愚は比喩か皮肉で何かを茶化して軽く通そうとすれば、理解しかねた。敬愚は自分の聞き間違いまでも面白がると、妹は「面白くない。間違いは危ないよ」とすっぱい顔になって叱る。その妹の命が五年も伸ばしたが、二、三年目で兄さんは死にたいほどくたびれた。知性の遊びを知らない人と長く住めば、脳みそまでも腐る。しかも、妹よりも我が体重が落ちて、栄養不足で老化も甚だしかった。長年のよき連れ俳句を後釜にして、狂歌の研究と脚韻を踏む狂訳で笑いを増やしながら、心の体操を意識的に始めた。やはり毎日、毎日、笑いを下さった狂歌のおかげで、救われました。脳みその弱化を止めて、そして、最後に痩せた体も段々立ち治った。只今は六十五才ながら、見た目は三十五（寝不足の日は四十五）才。

　　だから、この外人は日本人の誰よりも狂歌に借りがあると言っても嘘ではない。狂歌研究の短暦。十年前は、手元に岩波体系の一冊に天明狂歌の『徳和集』となだいなだの『江戸狂歌』しかなかった。後書の著者にお会いした楽しみもあったくせに、拝見がまだだった。川柳研究のために買った岩波の同本に狂歌は偶々あっただけ。一茶の紙魚じみの歌が狂歌と見做したのが先か、ネットで江戸狂歌の見本を先に見たか、ともかく何時か狂歌の面白さに悟った間もなく、誰よりも丹念に狂歌を読んでいる関西の歌人の吉岡生夫さんの存在も知るようになった。E-mail で相談した上で、初期の狂歌集がびっしり入る『狂歌大観』と二万首の分類別和歌集『夫木和歌抄』を、既にお世話になっ

た苔華堂という古本屋さんを通して遥遥日本から買い込んだ。自分の知性も懸けた気分で必死に読みながら、択んだ首を又必死に英訳してみた。妹と老犬の面倒を見ながら、毎日何回もあった急務の暇を盗んだ執筆で、二頁ずつのミニ章になった740頁の洋書 Mad in Translation を書き上げて出版したが、妹亡くなった一ヶ月前に、千〜二千時間も費やした、学生と共に完成したかった「月愛で」句集の草稿は永遠に失くされて、己が子でも死んだように心中で泣き続く内に、狂歌を日本へ持ち帰る新企画が産んだ。妹の農家も売られたら、買うに高過ぎる上方近世狂歌と江戸狂歌本双 series ある日本国外唯一の大学図書館あるコロンビア大の NYC へ引っ越し、当大に千＄を支払ったら、ブルックリンのアパートまで本を持ち帰え、改造したゴミから拾ったロッキング椅子に腰掛けながら完読した。狂歌大観で見つけた数千首は、何万首に増えた。今やっと皆さんとその獲物を分かち合える。

　さて、「玉琴」で始まる天地根撰の1818年の『狂歌新三栗集 k8-2』に見つけた桂舟の上方狂歌をなぜ後書の首に置いたか。定家の日記の松風の狂歌弁護の対になる上にも、理由はある。狂歌というジャンルの幅を示す連想に繋ぎたいからです。狂歌何万首を獲れば「夢」をめぐる歌だけでも何百首もあるが、恋歌以外の夢歌にフロイド博士を待たずも、意識の高さに驚いた。精神医なだいなだは『江戸狂歌』で、酒とりあえずアルコール中毒に関する狂歌の器の深さを打ち明けたが、1984年の当時、活字になった狂歌の数がまだ少な過ぎて「夢」の狂歌を集めるには早過ぎた。しかし、夢と酒だけでもない。本書で例証した様に、古狂歌は無数のテーマを詠み尽くした。が、その貢献に等しい名声はない。『日本国語大辞典』に和歌と俳諧と川柳の十分の一か百分の一の用例しかない。最古の用例、新奇・規の用例あるいは、ただより面白い用例になり得る狂歌が数多あると思えば、残念。

　松の鳴る事も、女に成る楽器も、馴染みだ。少々詳しい話になるが、針型の葉の風と奏でる音楽は、琴よりも口笛か弓楽器の音色に通じる。生れ育った小島では、海水＝塩分に強い空高く伸びるオストラリア・パイン（鉄木）の殊に長い針の音は、山地のブルーグラス音楽のスコット松の高き淋しい（high and lonesome）音よりも、一層高くて

微妙に変るから脆い。洋鋸の背骨を弓で弾くか、手を空に奏でる初無弦のエレキ楽器テルミンの音に似る。日常の風の手にて天使の合唱、嵐なら幽霊の半ば苦しい、半ば美し唸り声、ハリケーンだと阿鼻叫喚そのもの恐ろし叫びになるも面白い。日本だったら、1822 年の北斎画の摺物に出た秋響亭槌丸詠み「山の霞のべは小松のねのはるに引ける胡弓も弓初かな」は、我が感覚にぴったり合う。小松引くから根＝音の張るが、ここは関心のことは、松が胡弓になる。子松引くに共同音になる。琴は風の松よりも、老竹の小枝がぶつかり合う音に近い。思えば、古典文学に出てくる琴は、松の風と共に引かれている。同じ楽器ではない。音の異なる二種の楽器こそ良き演奏になる。だから松の風と琴、そして竹林の中に胡弓を弾くといい。夢に琴が女に化する体験はまだですが、実験的な弦楽器を作った頃（約二十年前）、少々細めのチェローを弓で奏でながら女になった夢見た。前日、弓を引く楽器の振動は、そのまま大人の笑具にもなるし、工夫すればその為の楽器も造られる…確かに変な新案を空想したが、その晩だった。楽器が半ば女と化して、ただならぬ夢の呼び水となってしまった。

How odd to ask if things have or have not hearts or minds,
when black ink has painted ye sound of wind in the pines!
心とは何を云うらん不思議さよ墨絵に描きし松風の音
So what is your so-called kokoro if not strange – just think
of the sound of wind in pines drawn in black & white ink!

柿と栗の本の松風の歌の交換の数百年後の南北朝時代の臨済宗の僧夢窓国師の上の歌は 1672 年の大狂歌集 T30 に出た。心は夢窓国師の云う通りですね。墨絵の松の風が身になれば、無心を有心に有心を無心にも化しうる。真面目腐った有心歌は人の気持ちを逆撫してしまうものの、酷くふざけた無心歌は人を笑わせし、人の冷たき心を溶けて恋愛という互いに有心なる結果を生むかもしれない。心あってこそ、自白を抑えて無心歌を詠むと逆に無心ながらラテン系口説きの有心歌を詠む（あるいは歌う）事もありうる。同一事は、自然不自然と真面目不

真面目になりうる。文化と相手の期待次第に本音は逆に読まなければならない。そこまで悟れば、日本の古典和歌集によく出くわす誠と素直（良い）＜対＞擬人と技巧（悪い）の解釈の仕組みを受け入れまい。

　本書にお読みになった数千首の中には、判断の厳しさ次第が、ずっと前から有名になったはずの数十首から数百首の狂歌と狂趣ある和歌あると思いませんか。そうならなかった理由は、色々あるが可笑しい歌句に対するよろしくない先入観ではなかろうか。国文学専攻の日本人の百分の一の読解力もない敬愚みたいな初心者が、本書に出てくる面白い歌を発見、一般読者向きに紹介せざるをえない事が、そのためであろう。国語能力と学識よりも心が開いているかどうかが問題。

　狂歌は単なる慰みではなく、本来自由自在だった大和心の運動場と避難所ともなります。繰り返すが、貧乏で明日続けられる保証はない。現在の日本人に早くも御祖先の無敵なる遊気を紹介させて頂きたかったから、原稿は未熟ながら早く出します。古狂歌をよく読めば、情けないほどマンネリ化してしまった現代アニメとつまらないゲーム文化の、想像力アップの変身を早く見たい。いや、その変身に一役を買いたい。こう書くと日本人を見下すように見えるが、母国と母国人に対して、もっと厳しい。狂歌のベストセラー短編できたら、次に二十年以上の夢になる百コマ以下の手作り超短動画で視覚文化の革命を起こし得る馬鹿自信があるが、優れた視覚文化の過去ある日本人の手がいいと思うから、革命の場面を日本の大学にしたい。同時に世界的老化の前衛の数に入りたい。その為、日本人になる覚悟もある。地球生命圏の天敵になるアメリカン・ドリームの自由自在な消費主義の無責任を拒否し、無害の社会を創らなければ、もうそろそろ空は万火山が噴火した如に毒々し、海は死体同然に太り腐り、縮む大地は砂漠化し、多様無数の生き物は人とゴキブリ二人きりの穴屋に成る。数十年前の Japan as number one は成金の軽薄な夢だった。風景気に恵まれなかったら、更に酷いことになったかも。今は、心こそ若い子供も少年も中年も皆も楽しむ活気に溢れる老楽園の好見本を早く創らねば、世界は滅びる。ユー（良い）トピアは、もう夢じゃない。ユートピアかノートピアだ。この偉業をなさる力は、古狂歌という気の薬にあるぞ。

日本文学が損しないように
狂歌は不可欠なる八点

「日本語も気の薬…」と副題なる我が古狂歌のFBペイジを読んだFB友で関西の商社マンGHさんは曰く「「…日本語も気の毒」と読み替えてみるもいい。これだけ豊かな笑いと爽快感をもたらす文学が読まれていないのは、日本語としては甚だ気の毒な話です。」専門家の意見はまだが、万人の為の狂歌紹介で、有難い証言だ。GHは、もともと狂歌を諧謔や皮肉や風刺になる落首と同定していたが、我が古狂歌の見本を読んだら、文学としての狂歌の朗らかな笑ひも知るようになった。その「日本語も気の毒」は、下記の「八損」として要略できます。

●狂歌ほど日本語の面白さと特異性を楽しく子供と若者に教える歌は他ないから、教科書や名歌句集やＮＨＫ番組などに殆ど紹介されていないのが国語の教育の大損だ。

●俳諧・和歌・川柳の用例が多い『日本国語大辞典』にも狂歌の用例が少ない。より面白い例、古い例、歌例まだない単語も詠む狂歌を十倍も増やさないと辞典魔も研究者も大損。

●1990年代より続いた日本の不景気、想像・創造力不振に対し、古狂歌の馬鹿元気なる自由自在の遊びが気の薬になるものの、読まず嫌いが国民の経済と生活も大損。

●狂歌は意識しないと見付けないから、田辺聖子の大小説『ひねくれた一茶』に彼の悪口傑作の狂歌「〜棒にふる郷の人の紙魚／＼憎き面」も無ければ、ちゃんばらドラマや落語に見逃された狂歌の数々の笑点も大損。

●『古狂歌 滑稽の蒸すまで』をご覧になったら判りやすいが、年賀、誕生日カード、新家祝、お土産の贈答、暑中見舞、追善に、そのほか日常生活のどんな事にも役立つ古狂歌を詠めるように成るか、気楽に選ぶ「今日の狂歌」のウェブサイトか他の狂歌を販売する企業がなければ、大損。

●吉丸の1812年の上方狂歌「碑となりて物言いに出る石あれバ言わで其まゝ動かぬも有り k16-3」は現実に過ぎないが、歌碑にお誂え向きの首は沢山ある。石に、卒塔婆に書かねば音は出ないだけが、見逃された人と歌を思えば、繊細な人の目が潤むほどの大損。

●古狂歌知らずは、短歌の由来(吉岡生夫の著書が例証をもって、丁寧に論ずるように)も知らないことで、歌の可能性も知りかねるから、歌人こそ誰よりも大損。

●笑いが長生きに良いという大雑把な事を何度も述べたが、もう少し絞れば、二ヶ国語を話す人は一つ言語しかできない、同じ初期痴呆症患者も2～5年間も長く元気に生きられるような最近の調査結果を拝見したら、屁理屈と掛詞をよく相手にする脳の神経に似通った余力が育てば好効果はありそう。で、狂歌をよまなければ老後の健康も大損。

いただきます

「古狂歌 気の薬あくまでも不完全大集」の一冊以上
ご覧になって異見ある読者に上記の八点の他に
思い浮かぶ狂歌の奇特(?)とその裏に
なる「狂歌知らなければ損だよ!」
と云う小生が見逃した点を
必ず教えて下さいね。

改造版前に省く、求む出版社と才女向けの珍聞

昨年、或る日本の出版社への紹介を『反＝日本人論』と『誤訳天国』他で、少々名声あったロビン・ギルだった頃に拙著の良き紹介・書評を書いて下さった日本人の名翻訳者に本シリーズを或る出版社に紹介するように、頼んでみたが、氏は断った。あっさりと。理由は、小生の望みが、甘いそうです。出版界の状況が我が在日の頃と大に異なり

> 文学は死に体で、それをどう魅力的に見せるかで、出版、
> 教育、執筆の現場で生々しい闘いが繰り広げられています

ネットで多くの出版社のサイトを視察した上、我が印象は同じ。出版社の顔となるHPは、殆どが醜い。資本あるぞと、伝えんとするフローチャートとパイ図か、大量出版だよと、数多書物を詰め込むために何も見えない。例外になるデザインの趣味に惹かれたHPも、中身を探求すれば、つまらない本とつまらない紹介と（あった時）ひどい英語のペイジ。香りの高い洋書和訳と和書英訳を誇る出版社は自分が出した本の書名まで間違う。記念なる Anniversary は忌になる Memorial Day に化けたりするも許すが、二年前に直そうとすれば、E-mail の返信もなく、今は直されていない。気に入る出版社を口説きたいが、調べた出版社は気になるばかりであった。表紙と英語ペイジは兎も角、どの出版社を見ても、多くの本の中見が、やはり軽薄が主流と見えた。軽薄でない例外の多くは、同じ名人と作品を皆も重ね重ねて出す。専門家向けの出版社には、新人と新本の新奇はありそうが、一般読者向けの本を出す出版社は…。にも関わらず「古狂歌 気の薬」のシリーズがよく売れば、出版社を変えさせる力は敬愚の手に入るかと考えたい。諦めない。日本人の知人は、古狂歌が新日本人の関心を引くのが無理と信じているか、比較文化論が専門だったロビンには国文学は無理という先入観から紹介をせんともしないで諦めたかも知れない。

只今、出版社＋大学＋嫁さんを求む。本書の総合紹介「古狂歌 ご笑納下さい」と、同時出版いたす比喩中心の別冊「古狂歌 物を寄する恋」と賀＋祝中心の別冊「古狂歌 滑稽の蒸すまで」を、三冊ともご覧になった上で、敬愚あるいは「古狂歌 気の薬」企画に賭けるかどうかを決めるに十分の情報があるかと思います。或いは揃って提供する相手も宜しい。今直ぐに bilingual 共著・共編集・共出版 collaborative author-publishing の実践百％のゼミを開く座を設ける勇気のある大学からラブコールあったらいい。出版社と大学と働く、仲人にお嫁さんを頼む本の企画＋編集プロダクションの会社に雇われてもいい。或いは、2017に十九年ぶりに日本へ戻りたいから、早くもご連絡下さい！ロングセラーになる本書と姉妹の二冊の改造版を秋出版に用意する前に余裕はそんなにないし、今直ぐに本書の数分の一の短縮版の E-book を完成したい。その方こそ『サラダ記念日』を上回るベスト・セラーになる可能性あるかと思います。本書が出ると古狂歌は面白いという秘密は、ばれてしまうから、早く出さないと盗作も出かねない。続くシリーズのための大切な呼び水だから、チャンスを洩らしたくない。企画がよく捗るため、日本に居た方がいいと思います。※ 出版社よ、あまりぐずぐずしない方がいい。万が一、契約を結ぶ前に、拙出版社 Paraverse Press の経理も受け取ってくれる文才に長けたお嫁さんになってくれる人を見つけたら、全て自分達で行い、売上の利益を二人に独占したら、遅くなる。今の時代、自分でやると何倍も儲ける。古狂歌のシリーズのみならず、三千古句ある花見の本 *Cherry Blossom Epiphany* と古今千句ある海鼠の本 *Rise Ye Sea Slugs!* など和原文も入る洋書十二冊あり、中には在日だったら大本屋に入れて外国人によく売れる本と、和訳されたら英語を含む和書として売れる本も何冊ある。65 歳ながら、ご心配無用。三十代の自分に比べて、全身も若い。若内に受けた怪我も治る運動を工夫して、大成功。耳のそばの髪に霜が少しふれては四十代と見えるが、我が妹を「母」に、甥を「弟」にと間違える事もよくある。元気でも年は年で、ぽっくりと死ねば何十冊の本の著作権（Hearn と Blyth と等しい量）を持って、貴女は若い男子と再婚すればいいから、出版社に契約しない内に、気軽くご連絡下さい、わが姫様。

アポロギャッ！

大人になってから日本語に出会った文法音痴で、編集と清書と校正は不可欠と知りながら、ご覧の通りめちゃくちゃの本です。出版社まだで編集者もない、手伝ってくれる生徒もない、編集っ子の雇うお金もない、相談できる妻も無い。しかも今までに気に入った Poet と Poem の索引を作るも、まま良かった XP が Win7+MSWord 2013 に改悪されたら日本語に必要の IME は甚だ具合が悪くなって、Find 機能は変に過敏になってフリーズし過ぎるから、今度は、お止めにするしかなかった。改造版ができるまでに、Google Books でアップロードするから、特定の狂歌や詠人を、そこで検索して下さい。日本へ引っ越し日本語 OS の良い PC＋ソフトを得たら、喜んで作ります。その時まで、読者の皆さんに甘えるしかない。※　断って置くが、十年前と異なって珍しい名前などを加える時もＩＭＥに苛められて、我が怒りは、とても堪えなくなった。問題は、LenovoのＰＣのプローＯＳ買っても駄目、Ultimateへ直さなければ日本語は無理ところから始まったようです。ＬはＭＳがＵを送ってくれないと言う。ＭＳはＬの方が受けってくれないと言う。小生は「文部省よ、日本語を守ってくれ！」と叫びたい。Google の AI の助けなければ、本書を果たしてできたか。何回も求めた漢字をネットから拾った。例えばＭＳに存在しない「釈教」という語を「釈迦」と「教える」を打てばいいが「神祇」の「ぎ」は困った。やっと、2017 にＦＢで日本語を自由自在に書けるようになった。ＰＣではなくＦＢは何かを変えた。しかし、皆も一太郎みたいなＡＩで日本語を早く打てるようになるべき。そのために、文化庁も戦うべき！この敬愚も力になったら、共に戦いたいぞ。

本書の書名の初案 (the first idea for this book's title) 001 の章頭歌に因む

千年を亘る百万首から拾った★
古狂歌 箒星を見るにも

robin d gill, aka
初心洞の敬愚
又 Flying Tofu

百章の頭歌

+歌よみは下手こそ良けれ天地の動き出してたまるものかは+

玉箒星を見るにも君が代は塵おさまりていや栄えなん
おとゝしも去年も今年もおとゝいも昨日も今日も我こふる君
生酔の行き倒れても辻番のよく世話をする御代ぞめでたき
詣でする道にて泡をふくの神これぞまことの弁財てんかん
書物ものこらず棒にふる郷の人の紙魚／＼憎き面哉
砂糖よりあまみつ神のいますこそ山蜂多く有馬なるらめ
年の内に春は来にけり一年を去年とや言わむ今年とや言わむ
年暮れし涙のつらら溶けにけり苔の袖にも春や立つらむ
一夜あけて心の駒いさみつゝふけるタバコの輪乗りをぞする
通りますと岩戸の関のこなたより春へふみ出すけさの日の足
よみ歌は又古としや明けて今朝あらたま／＼に出来たと思えど
天下皆はるにわなりの下手の弓いられぬ道を教へ給われ
蓬莱に泳ぎ着きたる亀太郎これぞむつきの初朝ぞや
不尽の山夢に見るこそ果報なれ路銀も要らず草臥もせず
子の日すと春の野ごとに尋ねぬれば松にひかるゝ心地こそすれ
汚さじと思う袂も厭わずに根ながら入れる野辺の摘草
柿栗の流れの外に楽しきは梅のもとなる鴬の歌
一おどり踊ろか下から手を出してやあっと早蕨ソレ／＼そっこに
棹姫の裳裾吹き返しやわらかな景色をそゝと見する春風
軒のはに妻乞う猫よ心あらば吾が思う人も呼び出してよ
丸めんと思ひし歌の一趣向 水になりたる春の淡雪
ほろ／＼と降る春雨や花育つちゝかとも思う母かとぞ思う
春の日に磯の波わけこゆるぎのあまも時をぞわかめ狩りつゝ
雁鴨はわれを見捨てて去りにけり豆腐に羽根のなきぞ嬉しき
身を分けて見ぬ梢なく尽くさばやよろづの山の花の盛りを
お許しと色に言わせて見る人の頭を撫でる藤の花かも

心には 誰も思えどかわづほど春の別れをなく者は無し
　　今日は早夏のころもに成りぬれば脱げてぞ出でるたんぽゝの綿
　　　　春夏のき違ひなれや昨日まで笑ひし山になく郭公
　　　　短夜も待つには長き時鳥 そちの勝手に時計かけたか
　　　家も皆水にひたらば五月雨のあめの魚にや人も成りなん
　　　　　螢をば集めて学ぶ古の人をひじりと云ふは尤
　　煙たさに泪こぼしてふすべ出し跡で蚊なしと言うぞ可笑しき
　　　　むしゃくしゃと茂れる庭の夏草の草の庵もよしや借宅
　　　角力にハあらぬ裸の門涼み我も暑さに負けじとぞ思う
　　（「詠む歌を聞く人毎にひやされて冷や汗かけば 爰ぞ納涼」
　　を章頭歌として省いて上記の歌の章に入れると辛いが、と）
　　　　逢ふ時は笠や脱ぐらん 天の川　年に一度ぬれ過ごすとも
　　顔はられ足ふまれてもヨイ／＼と互いにまるう行き踊り哉
　　　　今日の秋眼の玉の月は一つ睨みこくらによるや世の人
　　　うか／＼と野飼の牛に行き当たりお許しあれと言ひし三五夜
　　　隠れゐて我があと去らぬ影法師ゐ並びてだに月を見よかし
　　　稲の穂の寝て話し合う民草は秋の最中のよさとこそ知れ
　　　　今日酒に菊も浸さぬ不性者なか／＼命長く有るべき
　　　　鳥さしの手には及ばぬ雁がねのさおに引かれる星月の影
　　　雪隠の窓は閉じても秋の夜の長尻寒う吹きまくるなり
　　　夜なくは珍しからず昼の野へ虫のねごとを聞きに社ゆけ
　　　踏み迷う山道に気をもみぢ狩しおりの紙を鹿に喰われて
　　　出雲路へあす立つ神に捧げばや菊には要らぬ杖の数々
　　　冷たさに冬のかしらを打つ真似か握り拳へ息をかけたハ
　　　　偽のある世なりけり神無月 貧乏神は身をも離れぬ
　　もみぢ葉の色気は風に去りて皆日を恋しがる冬は来にけり
　　　寒き夜ハいかなる歌もよみつべし余りかゞめば人丸になる
　　　　たゝ独り雪見にころぶ所にて早く翁と言う人も無し
　　いざさらば円めし雪と身を成して浮き世の中を転げありかん

戯れに言うと思えば恐ろしや冬は薬と喰らうかわおそ
くそ世話も世の習いとて行年の尻ぬぐいにと送る白紙
年の数人ハ祝うて打豆を拾う鼠や幾つ喰うらん
今更になにが惜しまん神武より二千年来くれて行く年
徒然と空ぞ見らるゝ思ふ人あまくだり来むものならなくに
海人の住む里のしるべにあらなくにうらみむとのみ人の云ふらむ
君こふる涙しなくば唐衣むねのあたりは色燃えなまし
海で水あぶる若衆の塩尻を見るに思ひは富士の山ほど
海となる涙の床は舟型の枕を頼む夢の通ひ路
おもいとハただ大石の如くにて捨てんとすれど力及ばず
是や恋の釣針と云う物ならん　お目にかゝればなお思ひます
化生とハなれをぞ言わん山のいも鰻になった否やつめなり
棒ほどな涙ながして今ハはや恋の重荷を荷う斗ぞ
君と我が心のうちハ流行風引いて枕を並べてや寝ん
落ちかゝる滝の水より仇人に背中打たるゝ時の嬉しさ
死にますと言ふて夜すがら抱てねて今朝の別れは黄泉路帰りか
よしや又うちは野となれ山ざくら散らずはねにも帰らざらなん
いぎりすもふらんすも皆里なまり度々来るはいやでありんす
獏もさぞ喰い厭きやせん旅枕夜毎に同じふるさとの夢
うわばみも出ばやと思う旅の山どこ迄行ても道に呑まるゝ
又と世にある物でない過去未来ゲンザヘモンが舞のなり振り
金玉の定まりかねて火事以後は宙にぶらつくまらのかりやぞ
太平の眠りを覚ます蒸気船たった四杯で夜も眠れず
世の中ハいかに苦しと思ふらむここらの人に怨みらるれば
剃刀の刃よりも薄き襟を着て首の切れぬは不思議なりけり
よしさらば涙の池に身をなして心のまゝに月を宿さむ
世間は拍子違いに成り果てゝ舌鼓のみうつゝなの身や
年寄れば腰をかゞみてあづさ弓つるともなれば矢ともなる杖
猫背をもいうべき程に老ぬれば膝に抱かれし昔恋しき

偲ぶべき人もなき身はあるおりに哀れ／\と言いや置かまし
　　我が胸は今日はな焼きそ若草の餅もこもれり酒もこもれり
　　月日星うやまひながらさらば又天へ登ろと云う人もなし
　　まん丸に寝ん猫舌ぞ心よく夢をも三毛のにやんの苦もなく
　　長生の養生灸が亀の背に蓬が島を不断すえるは
　　借銭も病もちくと有る物を物もたぬ身と誰が言うらん
　　とかく世はよろこび烏酒のんで夜が明たかあ日が暮れたかあ
　　突きあげて千々に物こそ嬉しけれ我が身独りの鯨ならねど
　　ねぎ事をさのみ聞きけむこそ果ハなげきのもりと成るらめさぬき
　　皆人のこうべにカミのましませば額を抜きて鳥居とや見ん
　　嘘をつき地獄に落ちる物ならば無き事作る尺迦いかゞせん
　　念仏を強ひて申すも要らぬもの若し極楽を通り過ぎては
　　み仏の舌の長さぞ知られける産声にまで唯我独尊
　　人も喰う報いか虎の身の果は地獄へ落ちて鬼の褌
　　鬼の恩仏にくはつと勝りけり地獄を恐れ悪事なさねば
　　屁なりとも仇なるものと思ふなよブツといふ字は佛なりけり
　　この世をばドリャお暇と線香の煙と共にはいさやうなら
　　岩戸やぶる手力もがも手弱き女にしあれば術の知らなく

編集者を見つけたら、上記も省くかも知れないが、清書・編集・校正をやってくれる者は今、いません。お金も名声も出版社も無ければ、一人でやるしかない。国語を大学できちんと学んでいない外人だと尚さら大変だ。古語の読解能力は甚だ不十分、しかも自由自在に日本語を書けない「てにをは」文法音痴の身ながら、狂歌の取捨選択も解釈も余計なる。教養ある日本人の目を通さないで出版する事が狂気の沙汰だ。本意じゃない。※夢は。叶えば、心身も美しい名声ある才女に草稿を読ませて「ベストセラーになるに間違いないわ」と云う御判断を下されば、著作権を半々にする契約を結び、婿入りさせて貰う。

　　歌をよむ女は妻にすまじもの男を尻に敷島の道　郡司外史　返歌↓
　　柔らかき桃のお尻に敷かれてもいい和歌の未知なる奥の園　敬愚

郡司外史 の『笑辞苑』のアドバイス無用。才女は怖くない。日本へ引っ越し、二人で「古狂歌　気の薬」の別冊をじっくりと磨きながら屋久島か西表に幸せの新世帯を…ああ、ああ夢の己に御馳走様でしたが、現実はそう甘くはいかない。原稿を読ませるどころか、そういう方には連絡すら中々取りかねる。やはり、借り金で暮らしうる限れた時間が無くなる前に、夢を後釜に置いて、自分で本を出すしかない。

読者に頼む、編集上のご意見こそ急務です

才女ながら編集者になってくれる妻か、良い編集者ある出版社が現れるまで待てば、貧乏を追い払う日も遠くなる。千万人でも読んでくれる短縮版の用意を、今も始めなければ遅い。と知りながら、約二十年間、日本にいない外人一人の判断で、ベストセラーになる為の沙汰、つまり約二千首を三～五百首まで減らすことは、無理。で、親切な読者諸君にアピールするしかない。専門家でなくてもいい。ただ、生かしたい、殺したい首を、教えて下さい。短縮版は若者も狙うから、高校生や大学生のお子さんか学生にも、狂歌を見せて、その意見を聞いて下さい。心の知らない読者のために本を編集する事は無意味です。入力要る。章の問題もある。本書は最初から百章になったはずが、段々不安になってきて、結局 52 小章を章内に設けたが、長い章も二章に分けて、二百章位で良さそうという感じもします。百首に馴染みあるから判断は迷ったでしょうか。長年直したくない改造版を作る前に、そこらあたりも、皆さんのご意見を聞きたい。なるべく具体的に。例えば、「＿＿＿も個別な章を上げる甲斐あるぞ」とか。などを書くも注釈を最小限に抑えるために読者層をきちんと判る必要ある。同時に、読者の読解力と知識は様々で、己が蛇足は人の不足になる。で、「注釈を最小限に抑える」ことも相対的な注文でしかない。複雑で、読者から多くのインプットが無ければ、進み難い。むろん、趣味の問題もある。駄弁嫌いで、余白を求めるスッキリした本を求む人と、駄弁の道草を家畜顔負けに幾らでも召し上がりたい読み放題を愛でる読者もおられる。一人相撲は、嫌よ。好き嫌い遠慮もないお手紙ください！

「古狂歌 気の薬 あくまでも不完全大集」

●『古狂歌 ご笑納ください』は、この少々不完成の初版だ。副題は「万葉集まで首狩に行ってきました」。短形詩の笑にこそ日本人の本来なる元気を見出す。約二千首（＋約一千英訳）の歌例は、四季と恋の大なる歌部を始めに、旅、神祇、釈教など古狂歌本にある歌部の総合紹介。一応百章にしたが、改造版は多分、章をその倍になるまで増やす。410 万語の源本の、ベストセラーになりうる百か十万語以下の短縮版ないし蒸留撰も、なるべく早く出したい。（俵万智の『オレがマリオ』を開けてみれば、わが子を描く狂歌に通じる微笑ましい内容の歌「「ただいま」を言え言え言えと言われば「ただいません」と返すおさなご」「「ケンカしちゃダメ」と言いつつおさな子は蝶の交尾をほぐしておりぬ」「振り向かぬ子を見送れり振り向いたときに振る手を用意しながら」を読むと、編集を彼女にも頼みたくなる。）

●『古狂歌 滑稽の蒸すまで』は只今、少々不完成の初版が発売中。副題の「鮑の貝も戸ささぬ国を祝ふ」和歌と狂歌を問わず千五百首（約半分英訳）は、塵積もり山を成す、小石が岩になる、御代は動きなくなる、また泰平になる、豊かになる等の諸々小系譜ごとの章に分けて、君と国を祝う歌の大系譜を遡り、幕末まで続く従来より深き広き、そして、可笑しく追及しながら、一時的に流行った天明狂歌の四方赤良の肯定的な志向の前後・文脈もやっと明白になる。和歌と狂歌を問わずと書いたが、執筆の最後の一年間に祝い関係の和歌を百、二百、三百首も次々と発見、それも消化して英訳したりすると、シリーズ初の三冊とも遅くなってしまった。が、その前に中世は古典和歌と徳川時代の狂歌の間の空白でしかなかった。系譜を遡りたければ、中世も読まなければならない。その中で新しい系譜も見つけた。

●『古狂歌 物に寄する恋』は、長年『同 寄〇〇恋』だったが、丸の字はオンラインで小さくなるから意味も解らなくなるから、変えた。副題は「託せば思ひも軽くなる」。古代和歌の恋中心の比喩歌まで遡る

数千首の大半が「寄海恋」とか「寄蟻恋」の如く何かの物に寄せた題が原本のままが、小半数の首には、著者の勝手に「寄」題を付けた。和歌の恋歌の狂歌っぽさと、その比喩尽くしの楽しさを現代人に紹介するよう集めて、解＝快釈。シリーズの中で、若い読者と女性向け（と勝手に思う）ために、たぶん英訳の一番多い「古狂歌気の薬」の本になります。その短縮版は、若い女性の編集者を見つける次第です。あれこれの物か品を尽くす恋の比喩尽くしを皆も参加できる遊びにしたい。東西古今、恋に苦しむことが多い。その重荷を軽くする魔法使いの狂歌は、多くの人、とりわけ若者の為になるかと思います。

『古狂歌 神と仏を弄ぶ』。副題「神祇と釈教こそ屁理屈の穴場」。日本に置ける宗教の討論が激しくも欧州＋近東よりも寛容。おかげで詠む意見も多様で面白い。宗教は難しいから四、五人組で共著したい。

『古狂歌 貧乏神とブルース』。仮定副題「笑えば治る世の悩み」。憂きか欝というBluesを、擬人扱いして囃す屁理屈も、カントリーミュージックよろしくの誇張も自分の苦労を面白がる貧楽と老楽の薬だ。

『古狂歌 猫は恋に限らない』。副題は「にゃんでバチ当たる吾が輩」。古句も共に入れるが、我が資料を足しうる共著者を見つければ直ぐやりたい。因みに、洋書の拙著にThe Cat Who Thought Too Muchもある。

『古狂歌 人と人の興あれば』。副題は「栗の本こそ柿も梨に目がない」か。贈答歌に相聞の社交歌。散文も多い前詞が苦手、日本人の共著者がなければ無理が、狂歌の得意になる分野で、不可欠な別冊だ。

『古狂歌 色を好むさし男』。副題「乱髪の女より面白う黒田月洞軒」。吉原より身近なる私性生活の歌。川柳以前の三十一字のエロ。笑話が知られても、笑歌は、今までに見逃されてしまった。共著者求む。

『古狂歌 珍題集』。副題は「涎・屁・鼻毛などを詠んだり」か。「ぎゃっ」と言わせる歌の類。狂句も加えるかどうか未定。その和英訳もしたことある荒俣宏さんでもお暇あったら共著したくなる別冊です。

『古狂歌 森羅万笑』。仮の副題は「四季、無季を問わず物は尽くし」。天象など現象の定義となる歌を蛇足が少ない千頁で歳時記っぽい本になる。二十年前「科学旭日」に拙連載「森羅万笑」もあった。

『古狂歌 来る世虫に成ても』。副題「酒の是非を四季と飲みながら」。俳諧よりも狂歌は酒臭い。屁理屈や新奇やシュールな連想には、アルコールは不可欠の心の燃料になった。共著者には、二人既に考慮中。

『古狂歌 画賛の画廊』。副題「三十一字は絵に勝る事もある」。摺物に限らないあらゆる画賛を狂歌中心に鑑賞したい、或いは絵と想像力を探検する歌集にしたい。

『古狂歌 七夕の絵空ごと』。副題は「細長い恋と天象を詠む」か「天人に羽衣あれば舟と橋と鵲は」か。和歌の類書もあるが、天文学や神話や中国語に強い女性の共著者見つければ、狂歌中心の七夕集は可能。

『古狂歌 妙に所えた職人』。副題「大工・学者・座頭・カピタン等」。職人歌合の単行本は多い。日本へ戻って人の本を見ないと決らないが、絵と細かい職業の話よりも歌とその機知を中心に書きたい。

『古狂歌 煙の輪も禅か』。副題「やまと言葉に詠まれた煙草」。後期江戸に絵付の煙草小史の狂歌本もあるが、煙草歌傑作は諸々本にばらばらになる。思想の草かと思わせる四季歌も、健康に良いか悪いかの歌合も面白い。東京の Tobacco & Salt Museum はスポンサーになるか。

『古狂歌　食べ物を茶化す』。副題「菓子は可笑しいがスキ焼きぞ好き」。贈答歌の別冊と少々重複なるが、もじり集などが食べ物だらけ。貧乏が長続けて和食の知識が少ないから、食いしん坊の共著者求む。

『古狂歌　御製代々の軽み』。副題「よみ捨てられなかったユーモアの宝」。或いは、宗良親王を初めに、皇族には他の身分だったら狂歌あつかいとされて詠み捨てられた新奇で微笑ましい歌も預けられたから、その歌蔵には我が求む面白い歌が沢山あるかと前提し、探検すれば持ち帰った御首狩の成果。万が一御製歌に橙を詠む狂歌を見つけたら…

『古狂歌　うたを詠んだ俳人の心』「狂歌書に出なかった俳諧の珍歌」。一茶の「書物を棒にふるさと」の人の「紙魚じみ憎い」面の狂歌だけではない。多くの俳人も和歌の本筋とやや異なる歌を詠んだと思う。その日記や書簡や家集に面白い歌例が何百首も見つけたら、本にする。

『古狂歌　自由自在のやまとうた』。「和歌にもある新奇と可笑しみ」。既に本書にある言道と良寛の歌に、まだ殆ど見ていない1775首なる長嘯子の「拳白集＝1649年」とか戸田茂睡の「梨本集＝1698年」と香川景樹の「桂園一枝＝1830年」等日文研にない自由を感じる多くの歌集を完読してから、別冊に値するかどうかを決る。

『古狂歌　別冊ハまだない雑題集』。副題「鉄砲・鞠・水遊・碁・硝子・等々」。本にならぬ先から雑題集を出すかどうかまだ知らないが。

協力・共著者、妻（見つければ）またParaverse Pressでなければ、出版社の編集者の意見次第に出る順番と別冊の内容と書名も変わります。

　　古も今も変わらぬ羊歯目や花より種だ心と言葉
If "words are leaves," leaving seeds that sprout in the mind
we who write are humble ferns and not the flowering kind.

INDEX?

本書に負けない数の歌句いっぱいあった数冊の本の為、五十音の Index を楽しく作りました（そうする内に必ず発見も多かった！）が、今度は心身も力を尽くしたが状況は許せない。長年の研究、つまり読書＋解読の上に、また長年の英訳も含めた執筆に頑張ってきた内に終、お金はすっかり無くなった。現在は、早く出版しなければ、出る前に阿弥陀ぶつぶつと借金の淵に溺れてしまいそう。或いは、引越しも迫るし、pc の故障、本来楽しむ hurricane season も怖い。改造版までに、歌と詠人の Index を作りたい。手伝手を求む。よろしくお願いします。

こうしてボールペンの小さい文字で狩りた狂歌を書きとめたが、芯のみ替えた良いペンもあったから、三十本も費やしたかも知れないぞ。

上記は、ブルックリンの部屋の中でロッキング椅子に座りっぱなしに本が片手に、三つ折の紙を本のあちら側に載せて書いた。部屋をめたにしか出なかったから、南出身ながら青白い北国の人になった。

Brooklyn on top. Back in Miami in front of a rented bungalow below.

自分の写真を撮る人には精神異常が多いと云うが、そろそろ廿年ぶりに来日、否や秋刀魚定食を夢見ると思えば、帰国するから昔の知人も本書を手に取れば、このお爺んになったよ、という意味。下記は初心

596

www.ingramcontent.com/pod-product-compliance
Lightning Source LLC
Chambersburg PA
CBHW081822230426
43668CB00017B/2345